해커스공무원

김대현
행정법총론

최신 4개년 기출문제집

김대현

약력

제8회 변호사 시험 합격, 대한민국
제47회 공인회계사 시험 합격, 대한민국

현 | 해커스공무원 행정법 강의
현 | 법무법인 시우 파트너 변호사
전 | 법무법인 광장 변호사
고려대학교 법학전문대학원(법학전문석사/우선선발, 우등졸업)
고려대학교(경영학사)

저서

해커스공무원 3분의 1로 줄여 쓴 김대현 행정법총론 기본서
해커스공무원 김대현 행정법총론 최신 4개년 기출문제집
해커스공무원 김대현 행정법총론 워크북
해커스 김대현 행정법 실전동형모의고사

공무원 시험의 해답
행정법총론 시험 합격을 위한 필독서

<해커스공무원 김대현 행정법총론 최신 4개년 기출문제집>은 단순히 기출문제를 소개하는데 그치기 보다는, 기출문제 학습과 기본이론 강의, 기본서를 최대한 연계하여 스스로 공부하는 노하우를 쌓을 수 있도록 많은 공을 들였습니다.

첫째, 최신 4개년 기출문제 24회분(공무원 7급 및 9급, 군무원 7급 및 9급) 중 각론 문제를 제외하고 총론 문제만을 실었습니다.

둘째, 판례 복사+붙여넣기식 해설은 지양하였습니다.
수험생에게 필요한 것은 기본이론 강의에서 배운 내용과 연계되는 "해설"이지, 조금만 검색해도 나오는 판례 문장의 단순 나열이 아닙니다. 가급적 강의에서 가르친 논리 그대로 지문을 정오판단할 수 있도록 상세히 서술하고자 노력하였습니다.

셋째, 단권화 작업을 용이하게 하기 위하여 본 교재의 해설에 <해커스공무원 3분의 1로 줄여 쓴 김대현 행정법총론 기본서>의 해당 페이지를 기재하였습니다.
개념 이해가 선행되지 않은 상태에서 지문을 눈에 바르기만 하는 식의 문제풀이는 당장 모의고사 점수를 높여줄 수는 있어도, 실제 시험에서는 한계에 봉착하기 마련입니다. 문제를 풀면서 모르는 내용이 있거나, 새롭게 깨우치는 내용 등이 있다면 언제든지 기본서로 돌아가 전체적인 체계를 살펴보고, 추가로 습득한 지식을 메모하는 습관을 들이셔야 합니다. 궁극적으로는 해설에 기재된 페이지를 참고하지 않아도, 기본서 해당 파트를 스스로 찾아 단권화할 수 있는 습관을 들이는 것이 이번 학습의 목표입니다.

더불어, 공무원 시험 전문 사이트인 해커스공무원(gosi.Hackers.com)에서 교재 학습 중 궁금한 점을 나누고 다양한 무료 학습 자료를 함께 이용하여 학습 효과를 극대화할 수 있습니다.

부디 <해커스공무원 김대현 행정법총론 최신 4개년 기출문제집>과 함께 공무원 행정법총론 시험의 고득점을 달성하고 합격을 향해 한걸음 더 나아가시기를 바랍니다.

김대현

차례

PART 1 국가직 9급

01회 | 2025년 국가직 9급 — 10

02회 | 2024년 국가직 9급 — 16

03회 | 2023년 국가직 9급 — 23

04회 | 2022년 국가직 9급 — 29

PART 2 국가직 7급

05회 | 2025년 국가직 7급 — 38

06회 | 2024년 국가직 7급 — 47

07회 | 2023년 국가직 7급 — 53

08회 | 2022년 국가직 7급 — 60

PART 3 지방직 9급

09회 | 2025년 지방직 9급 — 68

10회 | 2024년 지방직 9급 — 74

11회 | 2023년 지방직 9급 — 80

12회 | 2022년 지방직 9급 — 86

PART 4 지방직 7급

13회 | 2024년 지방직 7급 — 94

14회 | 2023년 지방직 7급 — 99

15회 | 2022년 지방직 7급 — 105

16회 | 2021년 지방직 7급 — 112

PART 5 군무원 9급

17회 2025년 군무원 9급　　118

18회 2024년 군무원 9급　　126

19회 2023년 군무원 9급　　133

20회 2022년 군무원 9급　　140

약점 보완 해설집(책 속의 책)

PART 6 군무원 7급

21회 2025년 군무원 7급　　150

22회 2024년 군무원 7급　　160

23회 2023년 군무원 7급　　167

24회 2022년 군무원 7급　　173

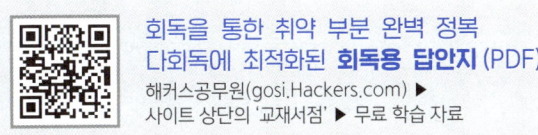

회독을 통한 취약 부분 완벽 정복
다회독에 최적화된 **회독용 답안지 (PDF)**
해커스공무원(gosi.Hackers.com) ▶
사이트 상단의 '교재서점' ▶ 무료 학습 자료

이 책의 활용법

문제해결 능력 향상을 위한 단계별 구성

STEP 1 기출문제로 문제해결 능력 키우기

최신 4개년 7, 9급 국가직, 지방직, 군무원 기출문제, 총 24회분을 회차별로 수록하였습니다(7급 기출문제의 경우, 각론 문제는 제외 후 총론 문제만 수록하였습니다). 직렬별로 수록된 기출문제를 통해 각 직렬별 출제 경향을 파악할 수 있으며, 학습한 이론이 어떻게 문제로 출제되는지 등을 확인하고 문제해결 능력을 키울 수 있습니다. 특히 각 회차 말미에 수록한 정답표를 통해 해설집 없이도 빠르게 정답을 파악하고, 학습이 부족한 이론이 무엇인지 확인할 수 있습니다.

STEP 2 상세한 해설을 통한 이론 학습

문제풀이와 동시에 행정법총론의 이론을 요약·정리할 수 있도록 각 선지마다 상세한 해설을 수록하였습니다. 이를 통해 방대한 분량의 행정법총론 내용 중 시험에서 주로 묻는 핵심 개념들이 무엇인지 확인하고, 이론을 다시 한번 복습할 수 있습니다. 더불어 각 선지 해설에 함께 명시된 기본서 페이지를 통해 기본서와 기출문제를 연계하여 학습할 수 있고, 각 이론의 전체적인 체계를 보다 쉽게 파악할 수 있습니다.

정답의 근거와 오답의 원인, 관련 이론까지 짚어 주는 정답 및 해설

PART 2 국가직 7급

05회 | 2024년 국가직 7급

정답

01	②	02	②	03	②	04	②	05	②
06	③	07	④	08	③	09	③	10	④
11	④	12	①	13	②	14	①	15	④
16	③	17	③	18	①				

01 답 ②

① 공무원과 지방자치단체의 관계도 종업원과 영업주의 관계와 다를 바가 없어 양벌규정의 법리가 적용되지 않을 이유가 없다는 취지이다(2004도2657, ▷기본서 163쪽).

② **질서위반행위규제법 제3조 【법 적용의 시간적 범위】** ① 질서위반행위의 성립과 과태료 처분은 행위 시의 법률에 따른다.
② 질서위반행위 후 법률이 변경되어 그 행위가 질서위반행위에 해당하지 아니하게 되거나 과태료가 변경되기 전의 법률보다 가볍게 된 때에는 법률에 특별한 규정이 없는 한 변경된 법률을 적용한다.
③ 행정청의 과태료 처분이나 법원의 과태료 재판이 확정된 후 법률이 변경되어 그 행위가 질서위반행위에 해당하지 아니하게 된 때에는 변경된 법률에 특별한 규정이 없는 한 과태료의 징수 또는 집행을 면제한다.

③ 행정질서벌(과태료)은 고의·과실을 요하는 반면(질서위반행위규제법 제7조, ▷기본서 164쪽), 과징금은 이를 요하지 않는다(2013두5005, ▷기본서 165쪽).

④ **질서위반행위규제법 제3조 【법 적용의 시간적 범위】** ① 질서위반행위의 성립과 과태료 처분은 행위 시의 법률에 따른다.
② 질서위반행위 후 법률이 변경되어 그 행위가 질서위반행위에 해당하지 아니하게 되거나 과태료가 변경되기 전의 법률보다 가볍게 된 때에는 법률에 특별한 규정이 없는 한 변경된 법률을 적용한다.
③ 행정청의 과태료 처분이나 법원의 과태료 재판이 확정된 후 법률이 변경되어 그 행위가 질서위반행위에 해당하지 아니하게 된 때에는 변경된 법률에 특별한 규정이 없는 한 과태료의 징수 또는 집행을 면제한다.

02 답 ②

① 행정대집행의 절차가 인정되는 경우에는 따로 민사소송의 방법으로 공작물의 철거, 수거 등을 구할 수는 없다(99다18909, ▷기본서 150쪽).

② 철거의 목적이 된 건물 내에 점유자가 있는 경우에 해당한다. 철거를 하기 위해서는 먼저 점유자로부터 인도를 받아야 한다. 원칙적으로 대집행은 대체적 작위의무인 철거의무에 대해서는 적용될 수 있으나, 비대체적 작위의무인 인도의무에 대해서는 적용될 수 없다. 다만, 이 경우에는 인도의무가 철거의무를 이행하기 위한 부수적 의무에 해당하므로, 예외적으로 대집행 절차에 의해 퇴거 조치까지 이행하게끔 할 수 있다.
구체적으로, 점유자들이 퇴거 조치에 불응하는 것은 공무집행방해죄에 해당하므로, 경찰로부터 행정응원을 받아 이들을 현행범 체포하는 방식으로 점유를 이전 받도록 하고 있다(2016다213916, ▷기본서 151쪽).

③ 누군가가 국유재산 위에 불법 건축물을 지어놓았다면, 행정청은 대집행을 통해 위 건축물을 철거할 필요가 있다.
본 지문은 국가가 국유재산을 제3자로 하여금 사용할 권한을 부여하였는데, 누군가가 국유재산 위에 불법건축물을 지어놓아 제3자가 그 사용권한을 침해받고 있는 사안을 전제로 한다. 이때 행정청은 제3자를 위하여 대집행을 개시하여야 하지만, 만약 이를 개시하지 않는다면 제3자로서는 관리청을 대위하여 민사소송을 제기할 수 있다(2009다1122, ▷기본서 152쪽).

④ 협의취득은 보상합의와 동일한 의미이다. 강제로 수용하기 전에 당사자 간에 자율적인 협의를 하도록 하고, 만약 협의가 성립할 경우 이를 사법상 매매계약으로 본다. 사법상 계약으로부터 발생한 철거의무이므로, 이를 불이행하였더라도 대집행이 불가하다(2006두7096, ▷기본서 218쪽).

03 답 ②

① **행정기본법 제31조 【이행강제금의 부과】** ⑥ 행정청은 이행강제금을 부과받은 자가 납부기한까지 이행강제금을 내지 아니하면 국세강제징수의 예 또는 「지방행정제재·부과금의 징수 등에 관한 법률」에 따라 징수한다.

▼ 재개발/재건축 관련 인가의 법적 성격

구분	"인가"의 성격	
	조합설립 O	조합설립 X
정비구역 지정 및 고시	-	-
조합설립추진위원회 구성	인가 (②)	해당사항 없음
조합설립	특허	해당사항 없음
사업시행계획	인가 (③)	특허 (④)
관리처분계획	인가	인가
관리처분	-	-

PART 1

국가직 9급

해커스공무원
김대현 행정법총론
최신 4개년 기출문제집

01회 / 2025년 국가직 9급
02회 / 2024년 국가직 9급
03회 / 2023년 국가직 9급
04회 / 2022년 국가직 9급

01회 2025년 국가직 9급

지문의 내용에 대해 학설의 대립 등
다툼이 있는 경우 판례에 의함

01 □□□

행정법의 일반원칙에 대한 설명으로 옳지 않은 것은?

① 폐기물처리업에 대하여 사전에 관할 관청으로부터 사업계획 적합통보를 받고 막대한 비용을 들여 허가요건을 갖춘 다음 허가신청을 하였음에도 다수 청소업자의 난립으로 안정적이고 효율적인 청소업무의 수행에 지장이 있다는 이유로 한 불허가처분은 신뢰보호의 원칙 및 비례의 원칙에 반하는 것으로서 재량권을 남용한 위법한 처분이다.
② 지방자치단체장이 사업자에게 주택사업계획승인을 하면서 그 주택사업과는 아무런 관련이 없는 토지를 기부채납하도록 하는 부관을 주택사업계획승인에 붙인 경우, 그 부관은 부당결부금지의 원칙에 위반되어 위법하다.
③ 지방의회의 조사·감사를 위해 채택된 증인의 불출석 등에 대한 과태료를 그 사회적 신분에 따라 차등 부과할 것을 규정한 조례안은 과태료를 부과하는 목적에 비추어 볼 때 그 합리성을 인정할 수 있어서 헌법에 규정된 평등의 원칙에 위배되지 않는다.
④ 과세관청이 납세의무자에게 부가가치세 면세사업자용 사업자등록증을 교부한 행위는 그가 영위하는 사업에 관하여 부가가치세를 과세하지 아니함을 시사하는 언동이나 공적인 견해를 표명한 것으로 볼 수 없다.

02 □□□

사인의 공법행위에 대한 설명으로 옳지 않은 것은?

① 「체육시설의 설치·이용에 관한 법률」상의 신고체육시설업에 있어서 적법한 요건을 갖춘 신고의 경우에는 행정청의 수리처분 등 별단의 조처를 기다릴 필요 없이 그 접수시에 신고로서의 효력이 발생하는 것이므로 그 수리가 거부되었다고 하여 무신고 영업이 되는 것은 아니다.
② 허가대상 건축물의 양수인이 구 「건축법 시행규칙」에 규정되어 있는 형식적 요건을 갖추어 시장·군수 등 행정관청에 적법하게 건축주의 명의변경을 신고한 때에는 행정관청은 그 신고를 수리하여야 실체적인 이유를 내세워 신고의 수리를 거부할 수는 없다.
③ 인허가의제 효과를 수반하는 건축신고는 일반적인 건축신고와는 달리 특별한 사정이 없는 한 행정청이 그 실체적 요건에 관한 심사를 한 후 수리하여야 하는 이른바 '수리를 요하는 신고'에 해당한다.
④ 구 「장사 등에 관한 법률」상 납골당설치 신고는 수리를 요하지 않는 자기완결적 신고에 해당하므로, 형식적 요건을 갖춘 신고서가 접수기관에 도달한 때 곧바로 효력이 발생한다.

03

행정행위의 취소에 대한 설명으로 옳지 않은 것은?

① 도로관리청이 도로점용허가 중 특별사용의 필요가 없는 부분을 소급적으로 직권취소하였더라도, 도로관리청은 이미 징수한 점용료 중 취소된 부분의 점용면적에 해당하는 점용료를 반환하여야 하는 것은 아니다.
② 과세관청이 조세부과처분을 취소하면 그 부과처분으로 인한 법률효과는 일단 소멸하는 것이므로, 그 후 다시 동일한 과세대상에 대하여 조세부과처분을 하여도 이미 소멸한 법률효과가 다시 회복되는 것은 아니다.
③ 수익적 행정처분에 대한 취소권의 행사는 기득권의 침해를 정당화할 만한 중대한 공익상의 필요 또는 제3자의 이익보호의 필요가 있는 때에 한하여 허용될 수 있다는 법리는 쟁송취소의 경우에는 적용되지 않는다.
④ 행정청이 의료법인의 이사에 대한 이사취임승인취소처분(제1처분)을 직권으로 취소(제2처분)한 경우, 제1처분과 제2처분 사이에 법원에 의하여 선임결정된 임시이사들의 지위는 법원의 해임결정이 없더라도 당연히 소멸된다.

04

행정계획에 대한 설명으로 옳은 것만을 모두 고르면?

> ㄱ. 구 「도시 및 주거환경정비법」에 따른 주택재건축정비사업조합이 수립한 사업시행계획은 인가·고시를 통해 확정되면 구속적 행정계획으로서 행정처분에 해당한다.
> ㄴ. 환지계획은 환지예정지 지정이나 환지처분의 근거가 되고 그 자체가 직접 토지소유자 등의 법률상의 지위를 변동시키거나 다른 고유한 법률효과를 수반하는 것이어서 항고소송의 대상이 되는 처분에 해당한다.
> ㄷ. 비구속적 행정계획안이나 행정지침이라도 국민의 기본권에 직접적으로 영향을 끼치고, 앞으로 법령의 뒷받침에 의하여 그대로 실시될 것이 틀림없을 것으로 예상될 수 있을 때에는, 공권력행위로서 예외적으로 헌법소원의 대상이 될 수 있다.

① ㄱ, ㄴ
② ㄱ, ㄷ
③ ㄴ, ㄷ
④ ㄱ, ㄴ, ㄷ

05

행정행위의 부관에 대한 설명으로 옳지 않은 것은?

① 어업면허처분에서 면허의 유효기간을 1년으로 정하는 경우, 면허의 유효기간은 어업면허처분의 효력을 제한하기 위한 행정행위의 부관이라 할 것이고 이러한 행정행위의 부관은 독립하여 행정소송의 대상이 될 수 없다.
② 도로점용허가의 점용기간은 행정행위의 본질적인 요소에 해당한다고 볼 것이어서 부관인 점용기간을 정함에 있어서 위법사유가 있다면 이로써 도로점용허가 처분 전부가 위법하게 된다.
③ 행정처분과 실제적 관련성이 없어 부관으로 붙일 수 없는 부담은 사법상 계약의 형식으로도 행정처분의 상대방에게 부과할 수 없다.
④ 사도개설허가에서 정해진 공사기간은 사도개설허가 자체의 존속기간을 정한 것이라 보아야 하므로, 공사기간 내에 사도로 준공검사를 받지 못하였다면 사도개설허가는 당연히 실효된다.

06

행정행위에 대한 설명으로 옳은 것은?

① 사실상 영업이 양도·양수되었지만 승계신고 및 그 수리처분이 있기 이전에 양도인이 양수인으로 하여금 영업을 하도록 허락하였다면 양수인의 영업 중 발생한 위반행위에 대한 행정적인 책임은 양도인에게 귀속된다.
② 산림청장이 「산림법」등이 정하는 바에 따라 국유임야를 대부하는 행위는 사경제적 주체로서 하는 사법상 계약이지만, 이 대부계약에 의한 대부료부과 조치는 행정청이 공권력의 주체로서 일방적으로 행하는 행정처분이다.
③ 인가처분에 하자가 없더라도 기본행위에 하자가 있다면, 기본행위의 하자를 내세워 바로 그에 대한 행정청의 인가처분의 취소를 구할 수 있다.
④ 행정청이 행정처분을 하면서 논리적으로 당연히 수반되어야 하는 의사표시를 명시적으로 하지 않았으면, 그것이 행정청의 추단적 의사에 부합하고 상대방이 이를 알 수 있는 경우에도, 행정처분에 이와 같은 의사표시가 묵시적으로 포함되어 있다고 볼 수 없다.

07

공법상 계약에 대한 설명으로 옳은 것은?

① 甲 주식회사가 국책사업인 '한국형헬기 개발사업'에 개발주관사업자 중 하나로 참여하여 국가 산하 중앙행정기관인 방위사업청과 체결한 '한국형헬기 민군겸용 핵심구성품 개발협약'의 법률관계는 공법관계에 해당한다.
② 구 「예산회계법」상 입찰보증금의 국고귀속조치는 국가가 공권력을 행사하는 것이므로 이에 관한 분쟁은 행정소송의 대상이 된다.
③ 과학기술기본법령상 국가연구개발사업 협약의 해지 통보는 단순히 대등 당사자의 지위에서 형성된 공법상 계약을 계약당사자의 지위에서 종료시키는 의사표시에 불과하다.
④ 국립의료원 부설주차장에 관한 위탁관리용역운영계약은 관리청인 국립의료원이 순전히 사경제주체로서 행한 사법상 계약이다.

08

기속행위와 재량행위에 대한 설명으로 옳지 않은 것은?

① 구 여객자동차 운수사업법령상 마을버스 한정면허시 확정되는 마을버스 노선을 정함에 있어서 기존 일반노선버스의 노선과의 중복 허용 정도에 대한 판단은 행정청의 재량에 속한다.
② 구 「수도권 대기환경개선에 관한 특별법」에서 정한 대기오염물질 총량관리사업장 설치의 허가는 부작위의무를 해제해 주는 행위로서 그 처분의 여부 및 내용의 결정은 기속행위에 해당한다.
③ 국유재산의 무단점유 등에 대한 변상금 징수의 요건은 구 「국유재산법」에 명백히 규정되어 있으므로 변상금을 징수할 것인가는 처분청의 기속행위이다.
④ 「국토의 계획 및 이용에 관한 법률」상 개발행위허가는 허가기준 및 금지요건이 불확정개념으로 규정된 부분이 많아 그 요건에 해당하는지 여부는 행정청의 재량판단의 영역에 속한다.

09

「행정절차법」상 행정절차에 대한 설명으로 옳은 것은?

① 행정청은 행정입법안에 관하여 공청회를 마친 후 입법할 때까지 새로운 사정이 발견되어 공청회를 다시 개최할 필요가 있다고 인정할 때에는 공청회를 다시 개최하여야 한다.
② 구 「국적법」에 따른 귀화는 성질상 행정절차를 거치기 곤란하거나 거칠 필요가 없다고 인정되는 사항이 아니므로, 처분의 이유제시를 규정한 「행정절차법」이 적용된다.
③ 국가에 대해 행정처분을 할 때에도 사전 통지, 의견청취, 이유 제시와 관련한 「행정절차법」이 그대로 적용된다고 보아야 한다.
④ 다수의 당사자등에 의해 선정된 대표자가 있는 경우에는 당사자등은 직접 또는 그 대표자를 통하여 행정절차에 관한 행위를 할 수 있다.

10

「공공기관의 정보공개에 관한 법률」상 정보공개에 대한 설명으로 옳은 것만을 모두 고르면?

> ㄱ. 정보비공개결정에 대하여 이의신청이 있는 경우 국가기관등은 정보공개심의회를 개최해야 하는데, 법령에 따라 비밀로 규정된 정보에 대한 청구에 해당하는 경우에는 정보공개심의회를 개최하지 아니할 수 있다.
> ㄴ. 공공기관이 보유·관리하고 있는 정보가 제3자와 관련이 있는 경우, 제3자의 비공개요청이 있다는 사유만으로도 「공공기관의 정보공개에 관한 법률」상 정보의 비공개사유에 해당한다.
> ㄷ. 재소자가 교도관의 가혹행위를 이유로 형사고소 및 민사소송을 제기하면서 그 증명자료 확보를 위해 '징벌위원회 회의록' 등의 정보공개를 요청한 경우, 징벌위원회 회의록 중 징벌절차 진행 부분은 비공개사유에 해당한다.

① ㄱ
② ㄱ, ㄷ
③ ㄴ, ㄷ
④ ㄱ, ㄴ, ㄷ

11

제재처분에 대한 설명으로 옳지 않은 것은?

① 자동차운수사업면허조건 등을 위반한 사업자에 대한 과징금부과처분이 법이 정한 한도액을 초과하여 위법할 경우 법원으로서는 그 전부를 취소할 수밖에 없다.
② 「행정기본법」상 제재처분 제척기간의 적용 대상인 제재처분은 '인허가의 정지·취소·철회, 등록 말소, 영업소 폐쇄와 정지를 갈음하는 과징금 부과'에 한정된다.
③ 여러 처분사유에 관하여 하나의 제재처분을 하였을 때 그 중 일부가 인정되지 않고 나머지 처분사유들만으로 처분의 정당성이 인정된다고 하더라도 그 처분은 위법하다고 보아 취소할 수 있다.
④ 효력기간이 정해져 있는 제재적 행정처분의 효력이 발생한 이후에도 행정청은 특별한 사정이 없는 한 상대방에 대한 별도의 처분으로써 효력기간의 시기와 종기를 다시 정할 수 있다.

12

공법상 부당이득에 대한 설명으로 옳지 않은 것은?

① 개발부담금 부과처분이 취소된 이상 그 후의 부당이득으로서의 과오납금 반환에 관한 법률관계는 단순한 민사 관계에 불과한 것이고, 행정소송 절차에 따라야 하는 관계로 볼 수 없다.
② 조세환급금은 조세채무가 처음부터 존재하지 않거나 그 후 소멸하였음에도 불구하고 국가가 법률상 원인 없이 수령하거나 보유하고 있는 부당이득에 해당하고, 환급가산금은 그 부당이득에 대한 법정이자로서의 성질을 가진다.
③ 당연무효인 변상금부과처분에 의하여 납부한 오납금에 대한 납부자의 부당이득반환청구권은 처음부터 법률상 원인이 없이 납부된 것이므로 납부시에 발생하여 확정된다.
④ 국가는 국유재산의 무단점유자를 상대로 구 「국유재산법」에 따른 변상금 부과·징수권을 행사해야 하고, 이와 별도로 국유재산의 소유자로서 민사상 부당이득반환청구의 소를 제기할 수는 없다.

13

행정의 실효성 확보수단에 대한 설명으로 옳지 않은 것은?

① 대집행에 요한 비용을 「국세징수법」의 예에 의하여 징수하였을 때에는 그 징수금은 사무비의 소속에 따라 국고 또는 지방자치단체의 수입으로 한다.
② 외국인의 출입국에 관한 사항에 관하여는 「행정기본법」상 행정상 강제 규정이 적용된다.
③ 「부동산 실권리자명의 등기에 관한 법률」상 장기미등기자가 같은 법에 규정된 기간이 지나서 등기신청의무를 이행하였다고 하더라도 이행강제금을 부과할 수 없다.
④ 지방자치단체 소속 공무원이 지방자치단체 고유의 자치사무를 수행하던 중 「도로법」의 규정에 의한 위반행위를 한 경우, 지방자치단체는 「도로법」의 양벌규정에 따라 처벌대상이 되는 법인에 해당한다.

14

행정소송의 제소기간과 행정심판의 청구기간에 대한 설명으로 옳지 않은 것은?

① 부작위위법확인의 소는 부작위상태가 계속되는 한 제소기간의 제한을 받지 않으므로, 행정심판 등 전심절차를 거친 경우에도 「행정소송법」상 제소기간이 적용되지 않는다.
② 당사자소송에 관하여 법령에 제소기간이 정하여져 있는 때에는 그 기간은 불변기간으로 한다.
③ 행정청이 법정 심판청구기간보다 긴 기간으로 잘못 알린 경우에 그 잘못 알린 기간 내에 심판청구가 있으면 그 심판청구는 법정 심판청구기간 내에 제기된 것으로 본다는 취지의 「행정심판법」의 규정은 행정소송 제기에도 당연히 적용되는 규정이라고 할 수는 없다.
④ 처분이 있음을 안 날부터 90일을 넘겨 청구한 부적법한 행정심판청구에 대한 재결이 있은 후 재결서를 송달받은 날부터 90일 이내에 원래의 처분에 대하여 취소소송을 제기하였다고 하여 취소소송이 다시 제소기간을 준수한 것으로 되는 것은 아니다.

15

항고소송의 피고적격에 대한 설명으로 옳은 것은?

① 조례에 대한 무효확인소송에서 피고적격이 있는 행정청은 지방의회이다.
② 합의제 행정기관의 처분에 대해서는 그 기관 자체가 피고가 되므로, 중앙노동위원회의 처분에 대한 소는 중앙노동위원회가 피고가 된다.
③ 국가공무원에 대한 징계처분의 처분청이 대통령인 경우에는 대통령이 피고가 된다.
④ 대리기관이 대리관계를 표시하고 피대리 행정청을 대리하여 행정처분을 한 때에는 피대리 행정청이 피고가 된다.

16

「공익사업을 위한 토지 등의 취득 및 보상에 관한 법률」의 내용으로 옳지 않은 것은?

① 사업시행자가 사업인정고시가 된 날부터 1년 이내에 재결 신청을 하지 아니한 경우에는 사업인정고시가 된 날부터 1년이 되는 날의 다음 날에 사업인정은 그 효력을 상실한다.
② 재결에 계산상 또는 기재상의 잘못이 있는 것이 명백할 때에는 토지수용위원회는 직권으로 또는 당사자의 신청에 의하여 경정재결을 할 수 있다.
③ 보상액의 산정은 협의에 의한 경우에는 협의 성립 당시의 가격을, 재결에 의한 경우에는 수용 또는 사용의 재결 당시의 가격을 기준으로 한다.
④ 중앙토지수용위원회는 이의신청을 받은 경우 재결이 위법하다고 인정할 때에는 그 재결의 전부 또는 일부를 취소할 수 있고 보상액을 변경할 수는 없다.

17

「국가배상법」상 영조물의 설치·관리의 하자로 인한 손해배상책임에 대한 설명으로 옳지 않은 것은?

① 「국가배상법」상의 영조물의 설치·관리상의 하자로 인한 책임은 무과실책임이고 나아가 「민법」상의 공작물의 점유자의 책임과는 달리 면책사유도 규정되어 있지 않다.
② '공공의 영조물'이라 함은 국가 또는 지방자치단체에 의하여 특정 공공의 목적에 공여된 유체물 내지 물적 설비를 말하며, 국가 또는 지방자치단체가 소유권, 임차권 그 밖의 권한에 기하여 관리하고 있는 경우뿐만 아니라 사실상의 관리를 하고 있는 경우도 포함된다.
③ '영조물의 설치 또는 관리의 하자'에는 영조물이 공공의 목적에 이용됨에 있어 그 이용상태 및 정도가 일정한 한도를 초과하여 제3자에게 사회통념상 수인할 것이 기대되는 한도를 넘는 피해를 입히는 경우까지 포함된다.
④ 공유나 사유임을 불문하고 사실상 도로로 사용되고 있었다면, 도로의 노선인정 기타 공용개시가 없었다고 하여도 해당 도로는 「국가배상법」상 영조물이라고 할 수 있다.

18

판례의 입장으로 옳지 않은 것은?

① 증액경정처분이 있는 경우 당초처분은 증액경정처분에 흡수되어 소멸하고, 소멸한 당초처분의 절차적 하자는 존속하는 증액경정처분에 승계되지 아니한다.
② 「공무원연금법」상 퇴직연금의 환수결정은 당사자에게 의무를 과하는 처분이므로 퇴직연금의 환수결정에 앞서 당사자에게 의견진술의 기회를 주지 아니하면 「행정절차법」상 의견제출에 관한 규정이나 신의칙에 어긋난다.
③ 거부처분이 있은 후 당사자가 다시 신청을 한 경우에는 그 내용이 새로운 신청을 하는 취지라면 관할 행정청이 이를 다시 거절하는 것은 새로운 거부처분이라고 보아야 한다.
④ 처분청이 「행정절차법」상 고지절차에 관한 규정에 따른 고지의무를 이행하지 아니하였다고 하더라도 경우에 따라 행정심판의 제기기간이 연장될 수 있음에 그칠 뿐, 그 때문에 심판의 대상이 되는 행정처분이 위법하다고 할 수는 없다.

19

행정입법에 대한 설명으로 옳지 않은 것은?

① 행정규칙의 내용이 상위법령에 반하는 것이라면 법치국가원리에서 파생되는 법질서의 통일성과 모순금지 원칙에 따라 그것은 법질서상 당연무효이고, 행정내부적 효력도 인정될 수 없다.
② 행정처분이 법규성이 없는 내부지침 등의 규정에 위배된다고 하더라도 그 이유만으로 처분이 위법하게 되는 것은 아니고, 또 내부지침 등에서 정한 요건에 부합한다고 하여 반드시 그 처분이 적법한 것이라고 할 수도 없다.
③ 행정관청 내부의 사무처리규정에 불과한 전결규정에 위반하여 원래의 전결권자 아닌 보조기관 등이 처분권자인 행정관청의 이름으로 행정처분을 하였다면 그 처분은 권한 없는 자에 의하여 행하여진 무효의 처분이다.
④ 행정소송에 대한 대법원판결에 의하여 명령·규칙이 헌법 또는 법률에 위반된다는 것이 확정된 경우에는 대법원은 지체 없이 그 사유를 행정안전부장관에게 통보하여야 한다.

20

인허가의제에 대한 설명으로 옳지 않은 것은?

① 인허가의제의 효과는 주된 인허가의 해당 법률에 규정된 관련 인허가에 한정된다.
② 「국토의 계획 및 이용에 관한 법률」상 건축물의 건축에 관한 개발행위허가가 의제되는 건축허가신청이 국토의 계획 및 이용에 관한 법령이 정한 개발행위허가기준에 부합하지 아니하면 허가권자로서는 이를 거부할 수 있다.
③ 주택건설사업계획 승인처분에 따라 의제된 인허가가 위법함을 다투고자 하는 이해관계인은 의제된 인허가의 취소를 구할 것이 아니라 주택건설사업계획 승인처분의 취소를 구하여야 한다.
④ 어떤 개발사업의 시행과 관련하여 인허가의 근거 법령에서 절차간소화를 위하여 관련 인허가를 의제 처리할 수 있는 근거 규정을 둔 경우, 사업시행자는 인허가를 신청하면서 반드시 관련 인허가의제 처리를 신청할 의무가 있는 것은 아니다.

정답

01	③	02	④	03	①	04	②	05	④
06	①	07	①	08	②	09	③	10	①
11	③	12	④	13	②	14	①	15	④
16	④	17	④	18	②	19	③	20	③

02회 2024년 국가직 9급

지문의 내용에 대해 학설의 대립 등
다툼이 있는 경우 판례에 의함

01 ☐☐☐

「행정기본법」상 기간의 계산에 대한 설명으로 옳지 않은 것은?

① 행정에 관한 기간의 계산에 관하여는 「행정기본법」 또는 다른 법령등에 특별한 규정이 있는 경우를 제외하고는 「민법」을 준용한다.
② 법령등을 공포한 날부터 일정 기간이 경과한 날부터 시행하는 경우 그 기간의 말일이 토요일 또는 공휴일인 때에는 그 말일로 기간이 만료한다.
③ 법령등을 공포한 날부터 일정 기간이 경과한 날부터 시행하는 경우 법령등을 공포한 날을 첫날에 산입한다.
④ 법령등 또는 처분에서 국민의 권익을 제한하거나 의무를 부과하는 경우 권익이 제한되거나 의무가 지속되는 기간을 계산할 때에 기간을 일, 주, 월 또는 연으로 정한 경우에는 기간의 첫날을 산입한다. 다만, 그러한 기준을 따르는 것이 국민에게 불리한 경우에는 그러하지 아니하다.

02 ☐☐☐

행정절차에 대한 설명으로 옳지 않은 것은?

① 청문은 당사자가 공개를 신청하거나 청문 주재자가 필요하다고 인정하는 경우 공개할 수 있다. 다만, 공익 또는 제3자의 정당한 이익을 현저히 해칠 우려가 있는 경우에는 공개하여서는 아니 된다.
② 일반적으로 당사자가 근거규정 등을 명시하여 신청하는 인·허가 등을 거부하는 처분을 함에 있어 당사자가 그 근거를 알 수 있을 정도로 상당한 이유를 제시한 경우에는 당해 처분의 근거 및 이유를 구체적 조항 및 내용까지 명시하지 않았더라도 그로 말미암아 그 처분이 위법한 것이 된다고 할 수 없다.
③ 공무원 인사관계 법령에 따른 처분에 관하여는 「행정절차법」 적용을 배제하고 있으므로, 군인사법령에 의하여 진급예정자명단에 포함된 자에 대하여 의견제출의 기회를 부여하지 아니하고 진급선발취소처분을 한 것이 절차상 하자가 있어 위법하다고 할 수 없다.
④ 과세의 절차 내지 형식에 위법이 있어 과세처분을 취소하는 판결이 확정되었을 때는 그 확정판결의 기판력은 거기에 적시된 절차 내지 형식의 위법사유에 한하여 미치는 것이므로 과세관청은 그 위법사유를 보완하여 다시 새로운 과세처분을 할 수 있다.

03

국가배상에 대한 설명으로 옳은 것은?

① 국가배상청구의 요건인 '공무원의 직무'에는 행정주체가 사경제주체로서 하는 작용도 포함된다.
② 청구기간 내에 헌법소원이 적법하게 제기되었음에도 헌법재판소 재판관이 청구기간을 오인하여 각하결정을 한 경우, 이에 대한 불복절차 내지 시정절차가 없는 때에는 국가배상책임을 인정할 수 있다.
③ 군 복무 중 사망한 군인 등의 유족인 원고가 「국가배상법」에 따른 손해배상금을 지급받은 경우, 국가는 「군인연금법」 소정의 사망보상금을 지급함에 있어 원고가 받은 손해배상금 상당 금액을 공제할 수 없다.
④ 외국인이 피해자인 경우 해당 국가와 상호보증이 없더라도 「국가배상법」이 적용된다.

04

정보공개에 대한 설명으로 옳지 않은 것은?

① 구 「학교폭력예방 및 대책에 관한 법률」에 따른 학교폭력대책자치위원회의 회의록은 「공공기관의 정보공개에 관한 법률」 소정의 '공개될 경우 업무의 공정한 수행에 현저한 지장을 초래한다고 인정할 만한 상당한 이유가 있는 정보'에 해당한다.
② 정보공개를 청구하는 자가 공공기관에 대해 정보의 사본 또는 출력물의 교부 방법으로 공개방법을 선택하여 정보공개청구를 한 경우, 공개청구를 받은 공공기관은 「공공기관의 정보공개에 관한 법률」에서 규정한 정보의 사본 또는 복제물의 교부를 제한할 수 있는 사유에 해당하지 않는 한 그 공개방법을 선택할 재량권이 없다.
③ '2002학년도부터 2005학년도까지의 대학수학능력시험 원데이터'는 연구목적으로 그 정보의 공개를 청구하는 경우 「공공기관의 정보공개에 관한 법률」 소정의 비공개대상정보에 해당한다.
④ 「공공기관의 정보공개에 관한 법률」상 '공개하는 것이 공익 또는 개인의 권리구제를 위하여 필요하다고 인정되는 정보'에 해당하는지 여부는 비공개에 의하여 보호되는 개인의 사생활의 비밀 등 이익과 공개에 의하여 보호되는 국정운영의 투명성 확보 등의 공익 또는 개인의 권리구제 등 이익을 비교·교량하여 구체적 사안에 따라 신중히 판단하여야 한다.

05

행정행위의 직권취소 및 철회에 대한 설명으로 옳지 않은 것은?

① 처분에 대하여 행정심판이나 행정소송이 제기되어 쟁송이 진행되고 있는 도중에는 행정청은 스스로 대상 처분을 취소할 수 없다.
② 행정청은 사정변경으로 적법한 처분을 더 이상 존속시킬 필요가 없게 된 경우 그 처분의 전부 또는 일부를 장래를 향하여 철회할 수 있다.
③ 제소기간의 경과 등으로 처분에 불가쟁력이 발생하였다 하여도 행정청은 실권의 법리에 해당하지 않는다면 직권으로 처분을 취소할 수 있다.
④ 행정청은 위법 또는 부당한 처분의 전부나 일부를 소급하여 취소할 수 있다. 다만, 당사자의 신뢰를 보호할 가치가 있는 등 정당한 사유가 있는 경우에는 장래를 향하여 취소할 수 있다.

06

과징금에 대한 설명으로 옳지 않은 것은?

① 구 「독점규제 및 공정거래에 관한 법률」 소정의 부당지원행위에 대한 과징금은 부당지원행위의 억지라는 행정목적을 실현하기 위한 행정상 제재금으로서의 성격에 부당이득환수적 요소도 부가되어 있으므로 국가형벌권 행사로서의 처벌에 해당하지 아니한다.
② 행정기본법령에 따르면, 과징금 납부 의무자가 과징금을 분할 납부하려는 경우에는 납부기한 7일 전까지 과징금의 분할 납부를 신청하는 문서에 해당 사유를 증명하는 서류를 첨부하여 행정청에 신청해야 한다.
③ 관할 행정청이 여객자동차운송사업자의 여러 가지 위반행위를 인지하였다면 전부에 대하여 일괄하여 최고한도 내에서 하나의 과징금 부과처분을 하는 것이 원칙이고, 인지한 위반행위 중 일부에 대해서만 우선 과징금 부과처분을 하고 나머지에 대해서는 차후에 별도의 과징금 부과처분을 하는 것은 다른 특별한 사정이 없는 한 허용되지 않는다.
④ 과징금의 근거가 되는 법률에는 과징금에 관한 부과·징수 주체, 부과 사유, 상한액, 가산금을 징수하려는 경우 그 사항, 과징금 또는 가산금 체납 시 강제징수를 하려는 경우 그 사항을 명확하게 규정하여야 한다.

07

다음 사례에 대한 설명으로 옳은 것만을 모두 고르면?

> A시는 관광지개발사업을 시행하기 위하여 「공익사업을 위한 토지 등의 취득 및 보상에 관한 법률」의 절차에 따라 甲 소유 토지 및 건물을 포함하고 있는 지역 일대의 토지 및 건물들을 수용하였다. A시 시장은 甲에게 적법하게 토지의 인도와 건물의 철거 및 퇴거를 명하였으나 甲이 건물을 점유한 채 그 의무를 이행하지 않고 있다.

ㄱ. A시 시장의 토지인도명령에 대해 甲이 이를 불이행하더라도 그 불이행에 대해서 A시 시장은 행정대집행을 할 수 없다.
ㄴ. 甲이 위 건물철거의무를 이행하지 않을 경우, A시 시장은 행정대집행의 방법으로 건물의 철거 등 대체적 작위의무의 이행을 실현할 수 있는 경우에는 따로 민사소송의 방법으로 그 의무의 이행을 구할 수 없다.
ㄷ. 甲이 토지 인도의무를 이행하지 않을 경우, 甲의 토지인도의무는 공법상 의무에 해당하므로 그 권리에 끼칠 현저한 손해를 피하기 위한 경우라 하더라도 A시 시장이 그 권리를 피보전권리로 하는 민사상 명도단행가처분을 구할 수는 없다.
ㄹ. 甲이 위력을 행사하여 적법한 행정대집행을 방해하는 경우 대집행 행정청은 필요한 경우에는 「경찰관 직무집행법」에 근거한 위험발생 방지조치 또는 「형법」상 공무집행방해죄의 범행방지 내지 현행범체포의 차원에서 경찰의 도움을 받을 수 있다.

① ㄱ, ㄷ
② ㄴ, ㄹ
③ ㄱ, ㄴ, ㄹ
④ ㄴ, ㄷ, ㄹ

08

신뢰보호의 원칙에 대한 설명으로 옳지 않은 것은?

① 개발사업을 시행하기 전에 사건 토지 지상에 예식장 등을 건축하는 것이 관계 법령상 가능한지 여부를 질의하여 민원 부서로부터 '저촉사항 없음'이라고 기재된 민원예비심사 결과를 통보받았다면, 이는 이후의 개발부담금부과처분에 관하여 신뢰보호의 원칙을 적용하기 위한 공적인 견해표명을 한 것에 해당한다.
② 시의 도시계획과장과 도시계획국장이 도시계획사업의 준공과 동시에 사업부지에 편입한 토지에 대한 완충녹지 지정을 해제함과 아울러 당초의 토지소유자들에게 환매하겠다는 약속을 했음에도 이를 믿고 토지를 협의매각한 토지소유자의 완충녹지지정해제신청을 거부한 것은 신뢰보호의 원칙을 위반하거나 재량권을 일탈·남용한 위법한 처분이다.
③ 국회에서 일정한 법률안을 심의하거나 의결한 적이 있다고 하더라도 그것이 법률로 확정되지 아니한 이상 국가가 이해관계자들에게 위 법률안에 관련된 사항을 약속하였다고 볼 수 없으며, 이러한 사정만으로 어떠한 신뢰를 부여하였다고 볼 수도 없다.
④ 헌법재판소의 위헌결정은 행정청이 개인에 대하여 신뢰의 대상이 되는 공적인 견해를 표명한 것이라고 할 수 없으므로 그 결정에 관련한 개인의 행위에 대하여는 신뢰보호의 원칙이 적용되지 아니한다.

09

행정처분에 대한 설명으로 옳지 않은 것은?

① 과징금부과처분이 법이 정한 한도액을 초과하여 위법할 경우 법원으로서는 그 한도액을 초과한 부분이나 법원이 적정하다고 인정되는 부분을 초과한 부분만을 취소할 수 있다.
② 건축물대장의 용도는 건축물의 소유권을 제대로 행사하기 위한 전제요건으로서 건축물 소유자의 실체적 권리관계에 밀접하게 관련되어 있으므로, 건축물대장 소관청의 용도변경신청 거부행위는 국민의 권리관계에 영향을 미치는 것으로서 항고소송의 대상이 되는 행정처분에 해당한다.
③ 한국철도시설공단(현 국가철도공단)이 공사낙찰적격심사 감점처분의 근거로 내세운 규정은 공사낙찰적격심사세부기준이고, 이러한 규정은 공공기관이 사인과의 계약관계를 공정하고 합리적·효율적으로 처리할 수 있도록 관계 공무원이 지켜야 할 계약사무처리에 관한 필요한 사항을 규정한 것으로서 공공기관의 내부규정에 불과하여 대외적 구속력이 없다.
④ 「식품위생법」에 따른 식품접객업(일반음식점영업)의 영업신고의 요건을 갖춘 자라고 하더라도, 그 영업신고를 한 당해 건축물이 「건축법」 소정의 허가를 받지 아니한 무허가 건물이라면 적법한 신고를 할 수 없다.

10

「공익사업을 위한 토지 등의 취득 및 보상에 관한 법률」상 손실보상에 대한 설명으로 옳지 않은 것은?

① 영업을 하기 위해 투자한 비용이나 그 영업을 통해 얻을 것으로 기대되는 이익에 대한 손실은 영업손실보상의 대상이 된다고 할 수 없다.
② 토지소유자가 손실보상금의 액수를 다투고자 하는 경우 토지수용위원회가 아니라 사업시행자를 상대로 보상금의 증액을 구하는 소송을 제기해야 한다.
③ 토지수용위원회의 재결에 대한 토지소유자의 행정소송 제기는 사업의 진행 및 토지의 수용 또는 사용을 정지시키지 아니한다.
④ 어떤 보상항목이 손실보상대상에 해당함에도 관할 토지수용위원회가 사실을 오인하거나 법리를 오해함으로써 손실보상대상에 해당하지 않는다고 잘못된 내용의 재결을 한 경우에는, 피보상자는 관할 토지수용위원회를 상대로 재결취소소송을 제기하여야 한다.

11

행정심판 재결의 효력에 대한 설명으로 옳지 않은 것은?

① 행정심판 재결의 내용이 처분청의 처분을 스스로 취소하는 것일 때에는 그 재결의 형성력이 발생하여 당해 행정처분은 별도의 행정처분을 기다릴 것 없이 당연히 취소되어 소멸된다.
② 행정처분이나 행정심판 재결이 불복기간의 경과로 확정될 경우 그 확정력은 처분으로 법률상 이익을 침해받은 자가 당해 처분이나 재결의 효력을 더 이상 다툴 수 없다는 의미일 뿐 판결과 같은 기판력이 인정되는 것은 아니다.
③ 당사자의 신청을 받아들이지 않은 거부처분이 재결에서 취소된 경우에 행정청은 종전 거부처분 또는 재결 후에 발생한 새로운 사유를 내세워 다시 거부처분을 할 수 없다.
④ 교원소청심사위원회의 결정은 처분청에 대하여 기속력을 가지고 이는 그 결정의 주문에 포함된 사항뿐 아니라 처분 등의 구체적 위법사유에 관한 판단에까지 미친다.

12

판례의 입장으로 옳지 않은 것만을 모두 고르면?

> ㄱ. 정보의 부분 공개가 허용되는 경우란 당해 정보에서 비공개대상정보에 관련된 기술 등을 제외 혹은 삭제하고 나머지 정보만 공개하는 것이 가능하고 나머지 부분의 정보만으로도 공개의 가치가 있는 경우를 의미한다.
> ㄴ. 음주운전으로 적발된 주취운전자가 도로 밖으로 차량을 이동하겠다며 단속경찰관으로부터 보관중이던 차량열쇠를 반환받아 몰래 차량을 운전하여 가던 중 사고를 일으킨 경우, 국가배상책임이 인정되지 않는다.
> ㄷ. 원고적격의 요건으로서 법률상 이익에는 당해 처분의 근거 법률에 의하여 보호되는 직접적이고 구체적인 이익뿐만 아니라 간접적이거나 사실적·경제적 이해관계를 가지는 경우도 여기에 포함된다.
> ㄹ. 영어 과목의 2종 교과용 도서에 대하여 검정신청을 하였다가 불합격결정처분을 받은 자는 자신들이 검정신청한 교과서의 과목과 전혀 관계가 없는 수학 과목의 교과용 도서에 대한 합격결정처분에 대하여 그 취소를 구할 법률상 이익이 없다.

① ㄱ, ㄴ
② ㄱ, ㄹ
③ ㄴ, ㄷ
④ ㄷ, ㄹ

13

행정벌에 대한 설명으로 옳지 않은 것은?

① 지방자치단체 소속 공무원이 지방자치단체 고유의 자치사무를 수행하던 중 「도로법」 규정에 의한 위반행위를 한 경우 지방자치단체는 「도로법」 소정의 양벌규정에 따라 처벌대상이 되는 법인에 해당하지 않는다.
② 「개인정보 보호법」에 따르면, 죄형법정주의의 원칙상 '법인격 없는 공공기관'을 「개인정보 보호법」 소정의 양벌규정에 의하여 처벌할 수 없고, 그 경우 행위자 역시 위 양벌규정으로 처벌할 수 없다.
③ 과태료의 부과·징수, 재판 및 집행 등의 절차에 관한 다른 법률의 규정 중 「질서위반행위규제법」의 규정에 저촉되는 것은 「질서위반행위규제법」으로 정하는 바에 따른다.
④ 「질서위반행위규제법」에 따르면, 당사자와 검사는 과태료 재판에 대하여 즉시항고를 할 수 있으며, 이 경우 항고는 집행정지의 효력이 있다.

14

다음 사례에 대한 설명으로 옳지 않은 것만을 모두 고르면?

> 세무서장 A가 甲에게 과세처분을 하였는데, 그 후 과세처분의 근거가 되었던 법률규정은 헌법재판소에 의해 위헌으로 선언되었다. 그러나 그 과세처분에 대한 제소기간은 이미 경과하여 확정되었고, A는 甲 명의의 예금에 대한 압류처분을 하였다. 한편, 과세처분의 집행을 위한 위 압류처분의 근거규정 자체는 따로 위헌결정이 내려진 바 없다.

> ㄱ. 甲에 대한 과세처분과 압류처분은 별개의 행정처분이므로 선행처분인 과세처분이 당연무효가 아닌 이상 압류처분을 다툴 수 있는 방법은 존재하지 않는다.
> ㄴ. 압류처분은 과세처분 근거규정이 직접 적용되지 않고 압류처분 관련 규정이 적용될 뿐이므로, 과세처분 근거규정에 대한 위헌결정의 기속력은 압류처분과는 무관하다.
> ㄷ. 과세처분 이후 조세부과의 근거가 되었던 법률규정에 대하여 위헌결정이 내려진 경우, 과세처분이 당연무효가 아니더라도 위헌결정 이후에 과세처분의 집행을 위한 압류처분을 하는 것은 더 이상 허용되지 않는다.

① ㄱ
② ㄱ, ㄴ
③ ㄱ, ㄷ
④ ㄴ, ㄷ

15

공법상 계약에 대한 설명으로 옳은 것만을 모두 고르면?

> ㄱ. 행정청은 법령등을 위반하지 아니하는 범위에서 행정목적을 달성하기 위하여 필요한 경우에는 공법상 법률관계에 관한 계약을 체결할 수 있고, 이 경우 계약의 목적 및 내용을 명확하게 적은 계약서를 작성하여야 한다.
> ㄴ. 계약직공무원 채용계약해지의 의사표시를 하는 경우 징계해고 등에서와 같이 그 징계사유에 한하여 효력 유무를 판단하여야 하거나, 행정처분과 같이 「행정절차법」에 의하여 근거와 이유를 제시하여야 한다.
> ㄷ. 공익사업을 위한 토지 등의 취득 및 보상에 관한 법령에 의한 협의취득은 사법상의 법률행위이지만 당사자 사이의 자유로운 의사에 따라 채무불이행책임이나 매매대금 과부족금에 대한 지급의무를 약정할 수 있는 것은 아니다.
> ㄹ. 「지방자치단체를 당사자로 하는 계약에 관한 법률」에 따라 지방자치단체가 일방 당사자가 되는 이른바 공공계약이 사경제의 주체로서 상대방과 대등한 위치에서 체결하는 사법상의 계약에 해당하는 경우 그에 관한 법령에 특별한 정함이 있는 경우를 제외하고는 사적 자치와 계약자유의 원칙 등 사법의 원리가 그대로 적용된다.

① ㄱ, ㄴ
② ㄱ, ㄹ
③ ㄱ, ㄷ, ㄹ
④ ㄴ, ㄷ, ㄹ

16

행정행위의 부관에 대한 설명으로 옳지 않은 것은?

① 기부채납받은 행정재산에 대한 사용·수익허가에서 공유재산의 관리청이 정한 사용·수익허가의 기간은 그 허가의 효력을 제한하기 위한 행정행위의 부관으로서 이러한 사용·수익허가의 기간에 대해서는 독립하여 행정소송을 제기할 수 없다.
② 토지소유자가 토지형질변경행위허가에 붙은 기부채납의 부관에 따라 토지를 국가나 지방자치단체에 기부채납(증여)한 경우, 기부채납의 부관이 당연무효이거나 취소되지 아니한 이상 토지소유자는 위 부관으로 인하여 증여계약의 중요부분에 착오가 있음을 이유로 증여계약을 취소할 수 없다.
③ 행정행위의 부관인 부담에 정해진 바에 따라 당해 행정청이 아닌 다른 행정청이 그 부담상의 의무이행을 요구하는 의사표시를 하였을 경우, 이러한 행위가 당연히 항고소송의 대상이 되는 처분에 해당한다고 할 수는 없다.
④ 행정처분에 부담인 부관을 붙인 경우 부관의 무효화에 의하여 본체인 행정처분 자체의 효력에도 영향이 있게 될 수 있으며, 그 처분을 받은 사람이 부담의 이행으로 사법상 매매 등의 법률행위를 한 경우 그 법률행위 자체는 당연무효이다.

17

행정계획에 대한 설명으로 옳지 않은 것은?

① 행정청은 구체적인 행정계획을 입안·결정할 때 비교적 광범위한 형성의 재량을 가진다.
② 행정청이 행정계획을 입안·결정할 때 이익형량을 하였으나 정당성과 객관성이 결여된 경우에는 그 행정계획 결정은 위법하게 될 수 있다.
③ 도시계획의 결정·변경 등에 관한 권한을 가진 행정청은 이미 도시계획이 결정·고시된 지역에 대하여도 다른 내용의 도시계획을 결정·고시할 수 있고, 이때에 후행 도시계획에 선행 도시계획과 서로 양립할 수 없는 내용이 포함되어 있다면, 특별한 사정이 없는 한 선행 도시계획은 후행 도시계획과 같은 내용으로 변경된다.
④ 도시기본계획은 도시의 장기적 개발 방향과 미래상을 제시하는 도시계획 입안의 지침이 되는 장기적·종합적인 개발계획으로서 직접적인 구속력이 있으므로, 도시계획시설결정 대상면적이 도시기본계획에서 예정했던 것보다 증가할 경우 도시기본계획의 범위를 벗어나 위법하다.

18

행정행위에 대한 설명으로 옳지 않은 것은?

① 여객자동차운송사업의 한정면허는 특정인에게 권리나 이익을 부여하는 수익적 행정행위로서 재량행위에 해당한다.
② 난민 인정에 관한 신청을 받은 행정청은 원칙적으로 법령이 정한 난민 요건에 해당하는지를 심사하여 난민 인정 여부를 결정할 수 있을 뿐이고, 법령이 정한 난민 요건과 무관한 다른 사유만을 들어 난민 인정을 거부할 수는 없다.
③ 자동차관리사업자로 구성하는 사업자단체 설립인가는 인가권자가 가지는 지도·감독 권한의 범위 등과 아울러 설립인가에 관하여 구체적인 기준이 정하여져 있지 않은 점 등에 비추어 재량행위로 보아야 한다.
④ 공익법인의 기본재산 처분허가에 부관을 붙인 경우, 그 처분허가의 법적 성질은 명령적 행정행위인 허가에 해당하며 조건으로서 부관의 부과가 허용되지 아니한다.

19

행정입법에 대한 설명으로 옳지 않은 것은?

① 정부는 권한 있는 기관에 의하여 위헌으로 결정되어 법령이 헌법에 위반되거나 법률에 위반되는 것이 명백한 경우 등 대통령령으로 정하는 경우에는 해당 법령을 개선하여야 한다.
② 헌법 제107조 제2항은 구체적 규범통제를 규정하고 있기 때문에 당사자는 구체적 사건의 심판을 위한 선결문제로서 행정입법의 위법성을 주장하여 법원에 대하여 당해 사건에 대한 적용 여부의 판단을 구할 수 있다.
③ 일반적으로 법률의 위임에 따라 효력을 갖는 법규명령의 경우에 위임의 근거가 없어 무효였다면 나중에 법 개정으로 위임의 근거가 부여되었다고 하여 그때부터 유효한 법규명령이 되는 것은 아니다.
④ 법률의 시행령은 모법인 법률에 의하여 위임받은 사항이나 법률이 규정한 범위 내에서 법률을 현실적으로 집행하는 데 필요한 세부적인 사항만을 규정할 수 있을 뿐, 법률에 의한 위임이 없는 한 법률이 규정한 개인의 권리·의무에 관한 내용을 변경·보충하거나 법률에 규정되지 아니한 새로운 내용을 규정할 수는 없다.

20

판례의 입장으로 옳지 않은 것은?

① 「여객자동차 운수사업법」에 따르면, 여객자동차 운수사업자가 거짓이나 부정한 방법으로 지급받은 보조금에 대한 국토교통부장관 또는 시·도지사의 환수처분은 기속행위에 해당한다.
② 재량권의 일탈·남용에 관하여는 행정행위의 효력을 다투는 사람이 주장·증명책임을 부담한다.
③ 사업주가 당연가입자가 되는 고용보험 및 산업재해보상보험에서 보험료 납부의무 부존재확인은 당사자소송으로 다투어야 한다.
④ 지방자치단체의 장이 「공유재산 및 물품관리법」에 근거하여 기부채납 및 사용·수익허가 방식으로 민간투자사업을 추진하는 과정에서 사업시행자를 지정하기 위한 전 단계에서 공모 제안을 받아 일정한 심사를 거쳐 우선협상대상자를 선정하는 행위는 항고소송의 대상이 되는 행정처분에 해당하지 않는다.

정답

01	③	02	③	03	②	04	③	05	①
06	②	07	③	08	①	09	①	10	④
11	③	12	③	13	①	14	②	15	②
16	④	17	④	18	④	19	③	20	④

03회 2023년 국가직 9급

지문의 내용에 대해 학설의 대립 등
다툼이 있는 경우 판례에 의함

01

행정절차법령상 처분의 신청에 대한 설명으로 옳지 않은 것은?

① 행정청은 신청인의 편의를 위하여 다른 행정청에 신청을 접수하게 할 수 있다.
② 행정청은 신청에 구비서류의 미비 등 흠이 있는 경우 접수를 거부하여야 한다.
③ 행정청은 처리기간이 "즉시"로 되어 있는 신청의 경우에는 접수증을 주지 아니할 수 있다.
④ 행정청은 다수의 행정청이 관여하는 처분을 구하는 신청을 접수한 경우에는 관계 행정청과의 신속한 협조를 통하여 그 처분이 지연되지 아니하도록 하여야 한다.

02

행정행위의 취소와 철회에 대한 설명으로 옳지 않은 것은?

① 「행정기본법」은 직권취소나 철회의 일반적 근거규정을 두고 있고, 직권취소나 철회는 개별 법률의 근거가 없어도 가능하다.
② 행정행위의 철회 사유는 행정행위가 성립되기 이전에 발생한 것으로서 행정행위의 효력을 존속시킬 수 없는 사유를 말한다.
③ 수익적 처분이 상대방의 허위 기타 부정한 방법으로 인하여 행하여졌다면 상대방은 그 처분이 그와 같은 사유로 인하여 취소될 것임을 예상할 수 있으므로, 이러한 경우까지 상대방의 신뢰를 보호하여야 하는 것은 아니다.
④ 수익적 행정처분을 직권취소할 때에는 이를 취소하여야 할 중대한 공익상 필요와 취소로 인하여 처분상대방이 입게 될 기득권과 법적 안정성에 대한 침해 정도 등 불이익을 비교·교량한 후 공익상 필요가 처분상대방이 입을 불이익을 정당화할 만큼 강한 경우에 한하여 취소할 수 있다.

03

행정행위의 부관에 대한 설명으로 옳지 않은 것은?

① 수익적 행정처분에 있어서는 법령에 특별한 근거규정이 있는 경우에만 그 부관으로서 부담을 붙일 수 있다.
② 기선선망어업의 허가를 하면서 운반선, 등선 등 부속선을 사용할 수 없도록 제한한 부관은 그 어업허가의 목적달성을 사실상 어렵게 하여 그 본질적 효력을 해하는 것이므로 위법한 것이다.
③ 부관은 면허 발급 당시에 붙이는 것뿐만 아니라 면허 발급 이후에 붙이는 것도 법률에 명문의 규정이 있거나 변경이 미리 유보되어 있는 경우 또는 상대방의 동의가 있는 경우 등에는 특별한 사정이 없는 한 허용된다.
④ 토지소유자가 토지형질변경행위허가에 붙은 기부채납의 부관에 따라 토지를 국가나 지방자치단체에 기부채납한 경우, 기부채납의 부관이 당연무효이거나 취소되지 아니한 이상 토지소유자는 위 부관으로 인하여 기부채납계약의 중요부분에 착오가 있음을 이유로 기부채납계약을 취소할 수 없다.

04

공법관계와 사법관계의 구별에 대한 설명으로 옳지 않은 것은?

① 국유재산 중 행정재산의 사용허가는 공법관계이나, 한국공항공단이 무상사용허가를 받은 행정재산에 대하여 하는 전대행위는 사법관계이다.
② 조달청장이 「예산회계법」에 따라 계약을 체결하거나 입찰보증금 국고귀속조치를 취하는 것은 사법관계에 해당한다.
③ 국유재산의 무단점유에 대한 변상금부과는 공법관계에 해당하나, 국유 일반재산의 대부행위는 사법관계에 해당한다.
④ 조달청장이 법령에 근거하여 입찰참가자격을 제한하는 것은 사법관계에 해당한다.

05 □□□

「행정기본법」상 제재처분의 제척기간인 5년이 지나면 제재처분을 할 수 없는 경우는?

① 제재처분을 하지 아니하면 국민의 안전·생명 또는 환경을 심각하게 해치거나 해칠 우려가 있는 경우
② 거짓이나 그 밖의 부정한 방법으로 인허가를 받거나 신고를 한 경우
③ 정당한 사유 없이 행정청의 조사·출입·검사를 기피·방해·거부하여 제척기간이 지난 경우
④ 당사자가 인허가나 신고의 위법성을 경과실로 알지 못한 경우

06 □□□

행정입법에 대한 설명으로 옳지 않은 것은?

① 총리령·부령의 제정절차는 대통령령의 경우와는 달리 국무회의 심의는 거치지 않아도 된다.
② 법령보충적 행정규칙은 물론이고 재량권 행사의 준칙이 되는 행정규칙이 행정의 자기구속원리에 따라 대외적 구속력을 가지는 경우에는 헌법소원의 대상이 될 수 있다.
③ 상위법령의 위임이 없음에도 상위법령에 규정된 처분 요건에 해당하는 사항을 부령에서 변경하여 규정한 경우 그 부령의 규정은 국민에 대한 대외적 구속력이 있다.
④ 「특정다목적댐법」에서 댐 건설로 손실을 입으면 국가가 보상해야 하고 그 절차와 방법은 대통령령으로 제정토록 명시되어 있음에도 미제정된 경우, 법령제정의 여부는 「행정소송법」상 부작위위법확인소송의 대상이 될 수 없다.

07 □□□

행정행위의 하자에 대한 설명으로 옳은 것은?

① 과세처분의 취소를 구하는 행정소송에서 선행처분인 개별공시지가결정의 위법을 독립된 위법사유로 주장할 수 있다.
② 재건축조합설립인가처분 당시 동의율을 충족하지 못한 하자는 후에 추가동의서가 제출되었다는 사정만으로도 치유된다.
③ 적법한 건축물에 대한 철거명령은 그 하자가 중대하고 명백하여 당연무효라고 할 것이지만, 그 후행행위인 건축물 철거 대집행계고처분은 당연무효라고 할 수 없다.
④ 세액산출근거가 기재되지 아니한 납세고지서에 의한 부과처분은 강행법규에 위반하여 취소대상이 된다고 할 것이지만 이와 같은 하자는 납세의무자가 전심절차에서 이를 주장하지 아니하였거나, 그 후 부과된 세금을 자진납부하였다거나, 또는 조세채권의 소멸시효기간이 만료된 경우 치유된다.

08 □□□

항고소송의 대상에 대한 설명으로 옳지 않은 것은?

① 어떠한 처분에 법령상 근거가 있는지, 「행정절차법」에서 정한 처분 절차를 준수하였는지는 소송요건 심사단계에서 고려하여야 한다.
② 병무청장이 「병역법」에 따라 병역의무 기피자의 인적사항 등을 인터넷 홈페이지에 게시하는 등의 방법으로 공개한 경우 병무청장의 공개결정은 항고소송의 대상이 되는 행정처분이다.
③ 국민건강보험공단이 행한 '직장가입자 자격상실 및 자격변동 안내' 통보는 가입자 자격의 변동 여부 및 시기를 확인하는 의미에서 한 사실상 통지행위에 불과할 뿐, 항고소송의 대상이 되는 행정처분에 해당하지 않는다.
④ 행정청의 행위가 '처분'에 해당하는지가 불분명한 경우에는 그에 대한 불복방법 선택에 중대한 이해관계를 가지는 상대방의 인식가능성과 예측가능성을 중요하게 고려하여 규범적으로 판단하여야 한다.

09

공익신고자 丙은 甲이 「국민기초생활 보장법」상의 복지급여를 부정수급하고 있다고 관할 乙행정청에 신고하였다. 이에 대하여 甲은 乙에게 부정수급 신고를 한 자와 그 내용에 대해 정보공개청구를 하였다. 이후 甲은 乙의 비공개결정통지를 받았고(2022.8.26.) 이에 대해 국민권익위원회에 고충민원을 제기하였으나(2022.9.16.), 국민권익위원회로부터 乙의 결정은 문제가 없다는 안내를 받았다(2022.10.26.). 그리고 甲은 乙의 비공개결정의 취소를 구하는 행정심판을 제기하게 되었다(2022.12.27.). 이에 대한 설명으로 옳은 것만을 모두 고르면?

> ㄱ. 「개인정보 보호법」상 정보주체에게 열람청구권이 보장되어 있더라도, 甲은 이에 근거하여 乙에게 신고자에 대한 정보공개를 요구하여 그 정보를 받을 수 없다.
> ㄴ. 甲의 행정심판청구는 행정심판 제기기간 내에 이루어졌으므로 적법하다.
> ㄷ. 甲의 국민권익위원회에 대한 고충민원 제기는 이의신청에 해당하므로, 고충민원에 대한 답변을 받은 날이 행정심판 제기기간의 기산점이 된다.
> ㄹ. 학술·연구를 위하여 일시적으로 체류하는 외국인 丙은 「국민기초생활 보장법」상의 복지급여 지급기준에 대해 정보공개를 청구할 권리가 인정된다.

① ㄱ, ㄴ
② ㄱ, ㄹ
③ ㄴ, ㄷ
④ ㄱ, ㄷ, ㄹ

10

「행정절차법」상 송달과 처분절차에 대한 설명으로 옳지 않은 것은?

① 처분기준의 설정·공표의 규정은 침익적 처분뿐만 아니라 수익적 처분의 경우에도 적용된다.
② 정보통신망을 이용하여 전자문서로 송달하는 경우에는 송달받을 자가 지정한 컴퓨터 등에 입력된 때에 도달된 것으로 본다.
③ 공청회가 개최는 되었으나 정상적으로 진행되지 못하고 무산된 횟수가 2회인 경우 온라인공청회를 단독으로 개최할 수 있다.
④ 송달이 불가능한 경우에는 송달받을 자가 알기 쉽도록 관보, 공보, 게시판, 일간신문 중 하나 이상에 공고하고 인터넷에도 공고하여야 한다.

11

「질서위반행위규제법」상 과태료에 대한 설명으로 옳지 않은 것은?

① 신분에 의하여 성립하는 질서위반행위에 신분이 없는 자가 가담한 때에는 신분이 없는 자에 대하여도 질서위반행위가 성립한다.
② 하나의 행위가 2 이상의 질서위반행위에 해당하는 경우에는 각 질서위반행위에 대하여 정한 과태료 중 가장 중한 과태료를 부과한다.
③ 자신의 행위가 위법하지 아니한 것으로 오인하고 행한 질서위반행위는 그 오인에 정당한 이유가 있는 때에 한하여 과태료를 부과하지 아니한다.
④ 행정청이 위반사실을 적발하면 과태료를 부과받을 자의 주소지를 관할하는 지방법원에 통보하여야 하고, 당해 법원은 「비송사건절차법」에 따라 결정으로써 과태료를 부과한다.

12

「행정조사기본법」상 행정조사에 대한 설명으로 옳지 않은 것은?

① 행정기관의 장은 조사원이 조사목적의 달성을 위하여 한 시료채취로 조사대상자에게 손실을 입힌 때에는 그 손실을 보상하여야 한다.
② 개별 법령 등에서 행정조사를 규정하고 있지 않더라도, 행정기관은 조사대상자가 자발적으로 협조하는 경우에는 행정조사를 실시할 수 있다.
③ 행정기관의 장은 조사대상자의 신상이나 사업비밀 등이 유출될 우려가 있으므로 인터넷 등 정보통신망을 통하여 조사대상자로 하여금 자료의 제출 등을 하게 할 수 없다.
④ 행정기관의 장은 당해 행정기관 내의 2 이상의 부서가 동일하거나 유사한 업무분야에 대하여 동일한 조사대상자에게 행정조사를 실시하는 경우에는 공동조사를 하여야 한다.

13

판례의 입장으로 옳지 않은 것은?

① 거부처분에 대한 집행정지는 그 거부처분으로 인하여 신청인에게 생길 손해를 방지하는 데 아무런 보탬이 되지 아니하므로 허용되지 않는다.
② 사정판결의 요건인 처분의 위법성은 변론종결시를 기준으로 판단하고, 공공복리를 위한 사정판결의 필요성은 처분시를 기준으로 판단하여야 한다.
③ 집행정지의 요건으로 규정하고 있는 '공공복리에 중대한 영향을 미칠 우려'가 없을 것이라고 할 때의 '공공복리'는 그 처분의 집행과 관련된 구체적이고도 개별적인 공익을 말하는 것으로서 이러한 집행정지의 소극적 요건에 대한 주장·소명책임은 행정청에게 있다.
④ 「도시 및 주거환경정비법」에 근거한 조합설립인가처분은 행정주체로서의 지위를 부여하는 설권적 처분이고, 조합설립결의는 조합설립인가처분의 요건이므로, 조합설립결의에 하자가 있다면 그 하자를 이유로 직접 항고소송의 방법으로 조합설립인가처분의 취소 또는 무효확인을 구하여야 한다.

14

「국가배상법」상 이중배상금지에 대한 판례의 입장으로 옳지 않은 것은?

① 「국가배상법」제2조 제1항 단서에서 정한 '다른 법령의 규정'에 따른 보상금청구권이 모두 시효로 소멸된 경우라고 하더라도 「국가배상법」제2조 제1항 단서 규정이 적용된다.
② 경찰공무원인 피해자가 「공무원연금법」에 따라 공무상 요양비를 지급받는 것은 「국가배상법」제2조 제1항 단서에서 정한 '다른 법령의 규정'에 따라 보상을 지급받는 것에 해당하지 않는다.
③ 훈련으로 공상을 입은 군인이 「국가배상법」에 따라 손해배상금을 지급받은 다음 「보훈보상대상자 지원에 관한 법률」이 정한 보훈급여금의 지급을 청구하는 경우, 국가는 「국가배상법」제2조 제1항 단서에 따라 그 지급을 거부할 수 있다.
④ 군인이 교육훈련으로 공상을 입은 경우라도 「군인연금법」 또는 「국가유공자예우 등에 관한 법률」에 의하여 재해보상금·유족연금·상이연금 등 별도의 보상을 받을 수 없는 경우에는 「국가배상법」제2조 제1항 단서의 적용 대상에서 제외하여야 한다.

15

다음 사례에 대한 설명으로 옳은 것은?

> A구 의회 의원인 甲은 공무원을 폭행하는 등 의원으로서 품위를 손상시키는 행위를 하였다. 이러한 사유를 들어 A구 의회는 甲을 의원직에서 제명하는 의결을 하였다. 이에 甲은 위 제명의결을 행정소송의 방법으로 다투고자 한다.

① 甲이 제명의결을 행정소송으로 다투는 경우 소송의 유형은 무효확인소송으로 하여야 하며 취소소송으로는 할 수 없다.
② A구 의회는 입법기관으로서 행정청의 지위를 가지지 못하므로 甲에 대한 제명의결을 다투는 행정소송에서는 A구 의회 사무총장이 피고가 되어야 한다.
③ 「행정소송법」제12조의 '법률상 이익' 개념에 관하여 법률상 이익구제설에 따르는 판례에 의하면 甲은 제명의결을 다툴 원고적격을 갖지 못한다.
④ 법원이 甲이 제기한 행정소송을 받아들여 소송의 계속 중에 甲의 임기가 만료되었더라도 수소법원은 소의 이익을 인정할 수 있다.

16

행정소송에 대한 설명으로 옳지 않은 것은?

① 건축물의 하자를 다투는 입주예정자들은 건물의 사용검사처분에 대해 제3자효 행정행위의 차원에서 행정소송을 통해 다툴 수 있다.
② 당사자소송으로 서울행정법원에 제기할 것을 민사소송으로 지방법원에 제기하여 판결이 내려진 경우, 그 판결은 관할위반에 해당한다.
③ 민사소송인 소가 서울행정법원에 제기되었는데도 피고가 제1심법원에서 관할위반이라고 항변하지 않고 본안에서 변론을 한 경우에는 제1심법원에 변론관할이 생긴다.
④ 환경부장관이 생태·자연도 1등급으로 지정되었던 지역을 2등급으로 변경하는 내용의 생태·자연도 수정·보완을 고시하는 경우, 1등급 지역에 거주하던 인근 주민은 생태·자연도 등급변경처분의 무효 확인을 구할 원고적격이 없다.

17

손실보상에 대한 설명으로 옳은 것은?

① 「공익사업을 위한 토지 등의 취득 및 보상에 관한 법률」상 사업시행자와 토지소유자 사이의 협의취득에 대한 분쟁은 민사소송으로 다투어야 한다.
② 「공익사업을 위한 토지 등의 취득 및 보상에 관한 법률」에 따라 사업인정고시가 된 후 토지의 사용으로 인하여 토지의 형질이 변경되는 경우에 토지소유자는 중앙토지수용위원회에 그 토지의 매수청구권을 행사할 수 있다.
③ 헌법재판소는 「개발제한구역의 지정 및 관리에 관한 특별조치법」 제11조 제1항 등에 대한 위헌소원사건에서 토지의 효용이 감소한 토지소유자에게 토지매수청구권을 인정하는 등 보상규정을 두었지만 적절한 손실보상에 해당하지 않는다고 위헌결정을 하였다.
④ 사업시행자는 동일한 사업지역에 보상시기를 달리하는 동일인 소유의 토지등이 여러 개가 있는 경우 토지등의 소유자가 일괄보상을 요구하더라도 「공익사업을 위한 토지 등의 취득 및 보상에 관한 법률」에 따라 단계적으로 보상금을 지급하여야 한다.

18

행정의 실효성 확보수단에 대한 대법원 판례의 입장으로 옳지 않은 것은?

① 행정법상의 질서벌인 과태료의 부과처분과 형사처벌은 그 성질이나 목적을 달리하는 별개의 것이므로 행정법상의 질서벌인 과태료를 납부한 후에 형사처벌을 한다고 하여 이를 일사부재리의 원칙에 반하는 것이라고 할 수는 없다.
② 「건축법」상 시정명령을 받은 의무자가 그 시정명령의 취지에 부합하는 의무를 이행하기 위한 정당한 방법으로 행정청에 신청 또는 신고를 하였으나 행정청이 위법하게 이를 거부 또는 반려함으로써 결국 그 처분이 취소되기에 이르렀더라도, 이행강제금 제도의 취지에 비추어 볼 때 그 시정명령의 불이행을 이유로 이행강제금을 부과할 수 있다.
③ 건물의 소유자에게 위법건축물을 일정기간까지 철거할 것을 명함과 아울러 불이행할 때에는 대집행한다는 내용의 철거대집행 계고처분을 고지한 후 이에 불응하자 다시 제2차, 제3차 계고서를 발송하여 일정기간까지의 자진철거를 촉구하고 불이행하면 대집행을 한다는 뜻을 고지한 경우, 제2차, 제3차의 계고처분은 새로운 철거의무를 부과한 것이 아니라 대집행기한을 연기통지한 것에 불과하다.
④ 관할 행정청이 여객자동차운송사업자가 범한 여러 가지 위반행위 중 일부만 인지하여 과징금 부과처분을 하였는데 그 후 과징금 부과처분 시점 이전에 이루어진 다른 위반행위를 인지하여 이에 대하여 별도의 과징금 부과처분을 하게 되는 경우, 종전 과징금 부과처분의 대상이 된 위반행위와 추가 과징금 부과처분의 대상이 된 위반행위에 대하여 일괄하여 하나의 과징금 부과처분을 하는 경우와의 형평을 고려하여 추가 과징금 부과처분의 처분양정이 이루어져야 한다.

19

서훈 또는 서훈취소에 대한 설명으로 옳은 것만을 모두 고르면?

> ㄱ. 서훈취소는 대통령이 국가원수로서 행하는 행위이지만 통치행위는 아니다.
> ㄴ. 서훈은 서훈대상자의 특별한 공적에 의하여 수여되는 고도의 일신전속적 성격을 가지는 것이므로 유족이라고 하더라도 처분의 상대방이 될 수 없다.
> ㄷ. 건국훈장 독립장이 수여된 망인에 대한 서훈취소를 국무회의에서 의결하고 대통령이 결재함으로써 서훈취소가 결정된 후에 국가보훈처장이 망인의 유족에게 독립유공자 서훈취소결정 통보를 하였다면 서훈취소처분취소소송에서의 피고적격은 국가보훈처장에 있다.
> ㄹ. 국가보훈처장이 서훈추천 신청자에 대한 서훈추천을 거부한 것은 항고소송의 대상으로 볼 수는 없어 항고소송을 제기할 수는 없으나 행정권력의 부작위에 대한 헌법소원으로서 다툴 수 있다.

① ㄱ, ㄴ
② ㄱ, ㄹ
③ ㄱ, ㄷ, ㄹ
④ ㄴ, ㄷ, ㄹ

20

행정대집행에 대한 설명으로 옳지 않은 것은?

① 행정대집행은 「행정기본법」상 행정상 강제에 해당한다.
② 대집행에 요한 비용은 「국세징수법」의 예에 의하여 징수할 수 있다.
③ 「행정대집행법」상 대집행의 대상이 되는 대체적 작위의무는 공법상 의무이어야 한다.
④ 대집행에 요한 비용에 대하여서는 행정청은 사무비의 소속에 따라 국세와 동일한 순위의 선취득권을 가지며, 대집행에 요한 비용을 징수하였을 때에는 그 징수금은 국고의 수입으로 한다.

정답

01	②	02	②	03	①	04	④	05	④
06	③	07	①	08	①	09	②	10	③
11	④	12	③	13	②	14	③	15	④
16	①	17	①	18	②	19	①	20	④

04회 2022년 국가직 9급

지문의 내용에 대해 학설의 대립 등
다툼이 있는 경우 판례에 의함

01 □□□
신뢰보호의 원칙에 대한 설명으로 옳지 않은 것은?

① 건축주와 그로부터 건축설계를 위임받은 건축사가 관계 법령에서 정하고 있는 건축한계선의 제한이 있다는 사실을 간과한 채 건축설계를 하고 이를 토대로 건축물의 신축 및 증축허가를 받은 경우, 그 신축 및 증축허가가 정당하다고 신뢰한 데에는 귀책사유가 있다.
② 행정청이 상대방에게 장차 어떤 처분을 하겠다고 공적 견해표명을 하였더라도 그 후에 그 전제로 된 사실적·법률적 상태가 변경되었다면, 그와 같은 공적 견해표명은 효력을 잃게 된다.
③ 수강신청 후에 징계요건을 완화하는 학칙개정이 이루어지고 이어 시험이 실시되어 그 개정학칙에 따라 대학이 성적 불량을 이유로 학생에 대하여 징계처분을 한 경우라면 이는 이른바 부진정소급효에 관한 것으로서 특별한 사정이 없는 한 위법이라고 할 수 없다.
④ 병무청 담당부서의 담당공무원에게 공적 견해의 표명을 구하지 아니한 채 민원봉사 담당공무원이 상담에 응하여 안내한 것을 신뢰한 경우에도 신뢰보호의 원칙이 적용된다.

02 □□□
행정행위의 효력에 대한 설명으로 옳지 않은 것은?

① 영업허가취소처분이 나중에 행정쟁송절차에 의하여 취소되었더라도, 그 영업허가취소처분 이후의 영업행위는 무허가영업이다.
② 연령미달 결격자가 다른 사람 이름으로 교부받은 운전면허는 당연무효가 아니고 취소되지 않는 한 유효하므로 그 연령미달 결격자의 운전행위는 무면허운전에 해당하지 아니한다.
③ 구 「도시계획법」상 원상회복 등의 조치명령을 받고도 이를 따르지 않은 자에 대해 형사처벌을 하기 위해서는 적법한 조치명령이 전제되어야 하며, 이때 형사법원은 그 적법여부를 심사할 수 있다.
④ 조세부과처분을 취소하는 행정판결이 확정된 경우 부과처분의 효력은 처분 시에 소급하여 효력을 잃게 되므로 확정된 행정판결은 조세포탈에 대한 무죄를 인정할 명백한 증거에 해당한다.

03

다단계행정결정에 대한 설명으로 옳지 않은 것은?

① 「공유재산 및 물품 관리법」에 근거하여 공모제안을 받아 이루어지는 민간투자사업 '우선협상대상자 선정행위'나 '우선협상대상자 지위배제행위'에서 '우선협상대상자 지위배제행위'만이 항고소송의 대상인 처분에 해당한다.
② 구 「원자력법」상 원자로 및 관계 시설의 부지사전승인처분 후 건설허가처분까지 내려진 경우, 선행처분은 후행처분에 흡수되어 건설허가처분만이 행정쟁송의 대상이 된다.
③ 공정거래위원회가 부당한 공동행위를 한 사업자에게 과징금 부과처분을 한 뒤 다시 자진신고 등을 이유로 과징금 감면처분을 한 경우, 선행처분은 후행처분에 흡수되어 소멸하므로 선행처분의 취소를 구하는 소는 부적법하다.
④ 자동차운송사업 양도·양수인가신청에 대하여 행정청이 내인가를 한 후 그 본인가신청이 있음에도 내인가를 취소한 경우, 다시 본인가에 대하여 별도로 인가여부의 처분을 한다는 사정이 보이지 않는다면 내인가취소는 행정처분에 해당한다.

04

행정행위의 하자에 대한 설명으로 옳지 않은 것은?

① 이미 불가쟁력이 발생한 보충역편입처분에 하자가 있다고 하더라도 그것이 당연무효의 사유가 아닌 한 공익근무요원소집처분에 승계되는 것은 아니다.
② 건물철거명령이 당연무효가 아니고 불가쟁력이 발생하였다면 건물철거명령의 하자를 이유로 후행 대집행계고처분의 효력을 다툴 수 없다.
③ 도시계획시설사업 시행자 지정 처분이 처분 요건을 충족하지 못하여 당연무효인 경우, 도시계획시설사업의 시행자가 작성한 실시계획을 인가하는 처분도 무효이다.
④ 선행처분인 공무원직위해제처분과 후행 직권면직처분 사이에는 하자의 승계가 인정된다.

05

다음 사례에 대한 설명으로 옳은 것은?

> 민간시민단체 A는 관할 행정청 B에게 개발사업의 승인과 관련한 정보공개를 청구하였으나 B는 현재 재판 진행 중인 사안이 포함되어 있다는 이유로 「공공기관의 정보공개에 관한 법률」 제9조 제1항 제4호의 사유를 들어 A의 정보공개청구를 거부하였다.

① A는 공개청구한 정보에 대해 개별·구체적 이익이 없는 경우에도 B의 정보공개거부에 대해 취소소송으로 다툴 수 있다.
② A가 공개청구한 정보에 대해 직접적인 이해관계가 있는 경우에는 B의 정보공개거부에 대해 정보공개의 이행을 구하는 당사자소송을 제기하여 다툴 수 있다.
③ A가 공개청구한 정보의 일부가 「공공기관의 정보공개에 관한 법률」상 비공개사유에 해당하는 때에는 그 나머지 정보만을 공개하는 것이 가능한 경우라 하더라도 법원은 공개가능한 정보에 관한 부분만의 일부취소를 명할 수는 없다.
④ B의 비공개사유가 정당화되기 위해서는 A가 공개청구한 정보가 진행 중인 재판의 소송기록 자체에 포함된 내용이어야 한다.

06

항고소송에서 수소법원의 판결에 대한 설명으로 옳지 않은 것은?

① 행정처분의 취소를 구하는 소에서, 비록 행정처분의 위법을 이유로 취소판결을 받더라도 처분에 의하여 발생한 위법상태를 원상회복시키는 것이 불가능한 경우에는 원칙적으로 취소를 구할 법률상 이익이 없으므로, 수소법원은 소를 각하하여야 한다.
② 해임처분 취소소송 계속 중 임기가 만료되어 해임처분의 취소로 지위를 회복할 수는 없다고 할지라도, 그 취소로 해임처분일부터 임기만료일까지 기간에 대한 보수 지급을 구할 수 있는 경우에는 해임처분의 취소를 구할 법률상 이익이 있으므로, 수소법원은 본안에 대하여 판단하여야 한다.
③ 관할청이 「농지법」상의 이행강제금 부과처분을 하면서 재결청에 행정심판을 청구하거나 관할 행정법원에 행정소송을 할 수 있다고 잘못 안내한 경우 행정법원의 항고소송 재판관할이 생긴다.
④ 「행정소송법」 제19조에서 말하는 '재결 자체에 고유한 위법'이란 원처분에는 없고 재결에만 있는 재결청의 권한 또는 구성의 위법, 재결의 절차나 형식의 위법, 내용의 위법 등을 뜻한다.

07

행정법관계에 대한 설명으로 옳지 않은 것은?

① 군인연금법령상 급여를 받으려고 하는 사람이 국방부장관에게 급여지급을 청구하였으나 거부된 경우, 곧바로 국가를 상대로 한 당사자소송으로 급여의 지급을 청구할 수 있다.
② 법무사가 사무원을 채용할 때 소속 지방법무사회로부터 승인을 받아야 할 의무는 공법상 의무이다.
③ 사무처리의 긴급성으로 인하여 해양경찰의 직접적인 지휘를 받아 보조로 방제작업을 한 경우, 사인은 그 사무를 처리하며 지출한 필요비 내지 유익비의 상환을 국가에 대하여 민사소송으로 청구할 수 있다.
④ 「공익사업을 위한 토지 등의 취득 및 보상에 관한 법률」상 환매권의 존부에 관한 확인을 구하는 소송 및 환매금액의 증감을 구하는 소송은 민사소송이다.

08

행정법규의 양벌규정에 대한 설명으로 옳지 않은 것은?

① 양벌규정은 행위자에 대한 처벌규정임과 동시에 그 위반행위의 이익귀속주체인 영업주에 대한 처벌규정이다.
② 종업원의 범죄성립이나 처벌이 영업주 처벌의 전제조건이 되는 것은 아니다.
③ 법인 대표자의 법규위반행위에 대한 법인의 책임은 법인 자신의 법규위반행위로 평가될 수 있는 행위에 대한 법인의 직접책임이다.
④ 양벌규정에 의한 법인의 처벌은 어디까지나 행정적 제재처분일 뿐 형벌과는 성격을 달리한다.

09

과징금 부과처분에 대한 설명으로 옳지 않은 것은?

① 「독점규제 및 공정거래에 관한 법률」상의 과징금은 법이 규정한 범위 내에서 그 부과처분 당시까지 부과관청이 확인한 사실을 기초로 일의적으로 확정되어야 할 것이지, 추후에 부과금 산정기준이 되는 새로운 자료가 나왔다고 하여 새로운 부과처분을 할 수 있는 것은 아니다.
② 영업정지에 갈음하여 부과되는 이른바 변형된 과징금의 부과 여부는 통상 행정청의 재량행위이다.
③ 과징금은 행정상 제재금이고 범죄에 대한 국가 형벌권의 실행이 아니므로 행정법규 위반에 대해 벌금 이외에 과징금을 부과하는 것은 이중처벌금지의 원칙에 위반되지 않는다.
④ 「부동산 실권리자명의 등기에 관한 법률」상 명의신탁자에 대한 과징금의 부과 여부는 행정청의 재량행위이다.

10 □□□

행정상 손해배상에 대한 설명으로 옳지 않은 것은?

① 국가배상청구권의 소멸시효 기간은 지났으나 국가가 소멸시효 완성을 주장하는 것이 신의성실의 원칙에 반하는 권리남용으로 허용될 수 없어 배상책임을 이행한 경우, 국가는 원칙적으로 해당 공무원에 대해 구상권을 행사할 수 있다.
② 공무원이 관계법령의 해석이 확립되기 전에 어느 한 설을 취하여 업무를 처리한 것이 결과적으로 위법하더라도 처분 당시 그 이상의 업무처리를 성실한 평균적 공무원에게 기대하기 어려웠던 경우라면 원칙적으로 공무원의 과실을 인정할 수 없다.
③ 공무원이 직무를 수행하면서 그 근거가 되는 법령의 규정에 따라 구체적으로 의무를 부여받았어도 그것이 국민의 이익과 관계없이 순전히 행정기관 내부의 질서를 유지하기 위한 것이라면 그 의무에 위반하여 국민에게 손해를 가하여도 국가 등은 배상책임을 부담하지 않는다.
④ 행정처분이 후에 항고소송에서 취소되었다고 할지라도 그 기판력에 의하여 당해 행정처분이 곧바로 공무원의 고의 또는 과실로 인한 것으로서 불법행위를 구성한다고 단정할 수는 없다.

※ [11~12] 다음 사례에 대한 설명으로 옳지 않은 것을 고르시오.

11 □□□

> 건축주 甲은 토지소유자 乙과 매매계약을 체결하고 乙로부터 토지사용승낙서를 받아 乙의 토지 위에 건축물을 건축하는 건축허가를 관할 행정청인 A시장으로부터 받았다. 매매계약서에 의하면 甲이 잔금을 기일 내에 지급하지 못하면 즉시 매매계약이 해제될 수 있고 이 경우 토지사용승낙서는 효력을 잃으며 甲은 건축허가를 포기·철회하기로 甲과 乙이 약정하였다. 乙은 甲이 잔금을 기일 내에 지급하지 않자 甲과의 매매계약을 해제하였다.

① 착공에 앞서 甲의 귀책사유로 해당 토지를 사용할 권리를 상실한 경우, 乙은 A시장에 대하여 건축허가의 철회를 신청할 수 있다.
② 건축허가는 대물적 성질을 갖는 것이어서 행정청으로서는 그 허가를 할 때에 건축주 또는 토지소유자가 누구인지 등 인적 요소에 관하여는 형식적 심사만 한다.
③ A시장은 건축허가 당시 별다른 하자가 없었고 철회의 법적 근거가 없으므로 건축허가를 철회할 수 없다.
④ 철회권의 행사는 기득권의 침해를 정당화할 만한 중대한 공익상의 필요 또는 제3자의 이익을 보호할 필요가 있고, 공익상의 필요 등이 상대방이 입을 불이익을 정당화할 만큼 강한 경우에 한해 허용될 수 있다.

12

A시 시장은 「학교용지 확보 등에 관한 특례법」 관계 조항에 따라 공동주택을 분양받은 甲, 乙, 丙, 丁 등에게 각각 다른 시기에 학교용지 부담금을 부과하였다. 이후 해당 조항에 대하여 법원의 위헌법률심판제청에 따라 헌법재판소가 위헌결정을 하였다(단, 甲, 乙, 丙, 丁은 모두 위헌법률심판제청신청을 하지 않은 것으로 가정함).

① 甲이 부담금을 납부하였고 부담금부과처분에 불가쟁력이 발생한 상태라면, 해당 조항이 위헌으로 결정되더라도 이미 납부한 부담금을 반환받을 수 없다.
② 乙은 부담금을 납부한 후 부담금부과처분에 대해 행정소송을 제기하였고 현재 소가 계속 중인 경우에도, 乙이 위헌법률심판제청신청을 하지 않았으므로 乙에게 위헌결정의 소급효는 미치지 않는다.
③ 丙이 부담금부과처분에 대한 행정심판청구를 하여 기각재결서를 송달받았으나, 재결서 송달일로부터 90일 이내에 취소소송을 제기하였다면 丙의 청구는 인용될 수 있다.
④ 부담금부과처분에 대한 제소기간이 경과하여 丁의 부담금 납부의무가 확정되었고 위헌결정 전에 丁의 재산에 대한 압류가 이루어진 상태라도, 丁에 대해 부담금 징수를 위한 체납처분을 속행할 수는 없다.

13

행정입법에 대한 설명으로 옳지 않은 것은?

① 부령의 형식으로 정해진 제재적 행정처분의 기준은 그 규정의 성질과 내용이 행정청 내부의 사무처리준칙을 정한 것에 불과하므로 대외적으로 국민이나 법원을 구속하는 것은 아니다.
② 항정신병 치료제의 요양급여 인정기준에 관한 보건복지부 고시가 다른 집행행위의 매개 없이 그 자체로서 직접 국민의 구체적인 권리·의무와 법률관계를 규율하는 성격을 가질 때에는 항고소송의 대상이 되는 행정처분에 해당한다.
③ 법률의 위임에 의하여 효력을 갖는 법규명령이 법개정으로 위임의 근거가 없어지게 되더라도 효력을 상실하지 않는다.
④ 한국수력원자력 주식회사가 조달하는 기자재, 용역 및 정비공사, 기기수리의 공급자에 대한 관리업무 절차를 규정함을 목적으로 제정·운용하고 있는 '공급자관리지침' 중 등록취소 및 그에 따른 일정 기간의 거래제한조치에 관한 규정들은 상위 법령의 구체적 위임 없이 정한 것이어서 대외적 구속력이 없는 행정규칙이다.

14

행정작용에 대한 설명으로 옳은 것은?

① 구체적인 계획을 입안함에 있어 지침이 되거나 특정 사업의 기본방향을 제시하는 내용의 행정계획은 항고소송의 대상인 행정처분에 해당하지 않는다.
② 공법상 계약이 법령 위반 등의 내용상 하자가 있는 경우에도 그 하자가 중대·명백한 것이 아니면 취소할 수 있는 하자에 불과하고 이에 대한 다툼은 당사자소송에 의하여야 한다.
③ 지도, 권고, 조언 등의 행정지도는 법령의 근거를 요하고 항고소송의 대상이 된다.
④ 「국가를 당사자로 하는 계약에 관한 법률」에 따라 국가가 당사자가 되는 이른바 공공계약에 관한 법적 분쟁은 원칙적으로 행정법원의 관할 사항이다.

15

「행정절차법」상 처분의 사전통지 및 의견제출 절차에 대한 설명으로 옳지 않은 것은?

① 법령등에서 요구된 자격이 없거나 없어지게 되면 반드시 일정한 처분을 하여야 하는 경우에 그 자격이 없거나 없어지게 된 사실이 법원의 재판에 의하여 객관적으로 증명된 경우에는 사전통지를 생략할 수 있다.
② 행정청의 처분으로 의무가 부과되거나 권익이 제한되는 경우라도 당사자가 의견진술의 기회를 포기한다는 뜻을 명백히 표시한 경우에는 의견청취를 생략할 수 있다.
③ 별정직 공무원인 대통령기록관장에 대한 직권면직 처분에는 처분의 사전통지 및 의견청취 등에 관한 「행정절차법」 규정이 적용되지 않는다.
④ 대통령이 한국방송공사 사장을 해임하면서 사전통지절차를 거치지 않은 경우에는 그 해임처분은 위법하다.

16

「행정소송법」상 취소소송에 대한 설명으로 옳지 않은 것은?

① 대한민국에서 출생하여 오랜 기간 대한민국 국적을 보유하면서 거주한 재외동포는 사증발급 거부처분의 취소를 구할 법률상 이익이 있다.
② 국민권익위원회가 소방청장에게 일정한 의무를 부과하는 내용의 조치요구를 한 경우 소방청장은 조치요구의 취소를 구할 당사자능력 및 원고적격이 인정되지 않는다.
③ 임용지원자가 특별채용 대상자로서 자격을 갖추고 있고 유사한 지위에 있는 자에 대하여 정규교사로 특별채용한 전례가 있다 하더라도, 교사로의 특별채용을 요구할 법규상 또는 조리상의 권리가 있다고 할 수 없다.
④ 피해자의 의사와 무관하게 주민등록번호가 유출된 경우, 조리상 주민등록번호의 변경을 요구할 신청권을 인정함이 타당하다.

17

행정상 즉시강제에 대한 설명으로 옳은 것만을 모두 고르면?

ㄱ. 항고소송의 대상이 되는 처분의 성질을 갖는다.
ㄴ. 과거의 의무위반에 대하여 가해지는 제재이다.
ㄷ. 목전에 급박한 장해를 예방하기 위한 경우에는 예외적으로 법률의 근거가 없이도 발동될 수 있다는 것이 일반적인 견해이다.
ㄹ. 강제 건강진단과 예방접종은 대인적 강제수단에 해당한다.
ㅁ. 위법한 즉시강제작용으로 손해를 입은 자는 국가나 지방자치단체를 상대로 「국가배상법」이 정한 바에 따라 손해배상을 청구할 수 있다.

① ㄴ, ㄷ
② ㄱ, ㄴ, ㅁ
③ ㄱ, ㄹ, ㅁ
④ ㄷ, ㄹ, ㅁ

18

다음 중 「행정심판법」에 따른 행정심판을 제기할 수 없는 경우만을 모두 고르면?

ㄱ. 「공공기관의 정보공개에 관한 법률」상 정보공개와 관련한 공공기관의 비공개결정에 대하여 이의신청을 한 경우
ㄴ. 「공익사업을 위한 토지 등의 취득 및 보상에 관한 법률」상 토지수용위원회의 수용재결에 이의가 있어 중앙토지수용위원회에 이의를 신청한 경우
ㄷ. 「난민법」상 난민불인정결정에 대해 법무부장관에게 이의신청을 한 경우
ㄹ. 「민원 처리에 관한 법률」상 법정민원에 대한 행정기관의 장의 거부처분에 대해 그 행정기관의 장에게 이의신청을 한 경우

① ㄱ, ㄴ
② ㄱ, ㄹ
③ ㄴ, ㄷ
④ ㄷ, ㄹ

※ [19~20] 다음 사례에 대한 설명으로 옳은 것을 고르시오.

19

건설회사 A는 택지개발사업을 위해 관련 법령에 따른 절차를 거쳐 甲 소유의 토지 등을 취득하고자 甲과 보상에 관한 협의를 하였으나 협의가 성립되지 않았다. 이에 관할 지방토지수용위원회에 재결을 신청하여 토지의 수용 및 보상금에 대한 수용재결을 받았다.

① 甲이 수용재결에 대하여 이의신청을 제기하면 사업의 진행 및 토지의 수용 또는 사용을 정지시키는 효력이 있다.
② 甲이 수용 자체를 다투는 경우 관할 지방토지수용위원회를 상대로 수용재결에 대하여 취소소송을 제기할 수 있다.
③ 甲은 보상금 증액을 위해 A를 상대로 손실보상을 구하는 민사소송을 제기할 수 있다.
④ 甲이 계속 거주하고 있는 건물과 토지의 인도를 거부할 경우 행정대집행의 대상이 될 수 있다.

20

A시 시장은 식품접객업주 甲에게 청소년고용금지업소에 청소년을 고용하였다는 사유로 식품위생법령에 근거하여 영업정지 2개월 처분에 갈음하는 과징금부과처분을 하였고, 甲은 부과된 과징금을 납부하였다. 그러나 甲은 이후 과징금부과처분에 하자가 있음을 알게 되었다.

① 甲은 납부한 과징금을 돌려받기 위해 관할 행정법원에 과징금반환을 구하는 당사자소송을 제기할 수 있다.
② A시 시장이 과징금부과처분을 함에 있어 과징금부과통지서의 일부 기재가 누락되어 이를 이유로 甲이 관할 행정법원에 과징금부과처분의 취소를 구하는 소를 제기한 경우, A시 시장은 취소소송 절차가 종결되기 전까지 보정된 과징금부과처분 통지서를 송달하면 일부 기재 누락의 하자는 치유된다.
③ 「식품위생법」이 청소년을 고용한 행위에 대하여 영업허가를 취소하거나 6개월 이내의 기간을 정하여 그 영업의 전부 또는 일부를 정지하거나 영업소 폐쇄를 명할 수 있다고 하면서 행정처분의 세부기준은 총리령으로 위임한다고 정하고 있는 경우에, 총리령에서 정하고 있는 행정처분의 기준은 재판규범이 되지 못한다.
④ 甲이 자신은 청소년을 고용한 적이 없다고 주장하면서 제기한 과징금부과처분의 취소소송 계속 중에 A시 시장은 甲이 유통기한이 경과한 식품을 판매한 사실을 처분사유로 추가·변경할 수 있다.

정답

01	④	02	①	03	①	04	④	05	①
06	③	07	①	08	④	09	④	10	①
11	③	12	②	13	③	14	①	15	③
16	②	17	③	18	③	19	②	20	③

PART 2

국가직 7급

해커스공무원
김대현 행정법총론
최신 4개년 기출문제집

05회 / 2025년 국가직 7급
06회 / 2024년 국가직 7급
07회 / 2023년 국가직 7급
08회 / 2022년 국가직 7급

05회 2025년 국가직 7급

지문의 내용에 대해 학설의 대립 등
다툼이 있는 경우 판례에 의함

01 □□□

신뢰보호원칙에 대한 설명으로 옳지 않은 것은?

① 행정청이 단순히 착오로 어떠한 처분을 계속하였다가 추후 오류를 발견하여 합리적인 방법으로 변경하는 것은 신뢰보호원칙에 위배되지 않는다.
② 행정청이 공적 견해를 표명할 당시의 사정이 변경된 경우에는, 특별한 사정이 없는 한 행정청이 그 견해 표명에 반하는 처분을 하더라도 신뢰보호원칙에 위반된다고 할 수 없다.
③ 입법 예고를 통해 법령안의 내용을 국민에게 예고하였다면, 그것이 법령으로 확정되지 아니하였더라도 신뢰보호의 대상이 될 수 있다.
④ 행정청의 공적 견해표명이 있었는지의 여부를 판단하는 데 있어서는 담당자의 조직상의 지위와 임무, 당해 언동을 하게 된 구체적인 경위 및 그에 대한 상대방의 신뢰가능성에 비추어 실질에 의하여 판단하여야 한다.

02 □□□

행정처분에 대한 설명으로 옳지 않은 것은?

① 「도로교통법」상 술에 취한 상태에 있다고 인정할 만한 상당한 이유가 있음에도 불구하고 경찰공무원의 측정에 응하지 아니한 때에는 필요적으로 운전면허를 취소하도록 되어 있으므로 해당 법조의 요건에 해당하였음을 이유로 한 운전면허취소처분에 있어서 재량권의 일탈 또는 남용의 문제는 생길 수 없다.
② 구 「청소년 보호법」에 따른 청소년유해매체물 결정 및 고시처분은 정보통신윤리위원회와 청소년보호위원회가 이 결정 및 고시처분이 있었음을 관련 웹사이트 운영자에게 제대로 통지하지 아니하였다면 그 효력 자체가 발생하지 아니한다.
③ 기속행위에 대한 사법심사의 경우 법원은 사실인정과 관련 법규의 해석·적용을 통하여 일정한 결론을 도출한 후 그 결론에 비추어 행정청이 한 판단의 적법 여부를 독자의 입장에서 판정하는 방식에 의하게 된다.
④ 「국토의 계획 및 이용에 관한 법률」에 따른 개발행위허가와 「농지법」에 따른 농지전용허가·협의는 금지요건·허가기준 등이 불확정개념으로 규정된 부분이 많아 그 요건·기준에 부합하는지의 판단에 관하여 행정청에 재량권이 부여되어 있으므로, 그 요건에 해당하는지 여부는 행정청의 재량판단의 영역에 속한다.

03

행정행위의 부관에 대한 설명으로 옳지 않은 것은?

① 행정청이 부담을 부가하기 이전에 상대방과 협의하여 부담의 내용을 협약의 형식으로 미리 정한 다음 수익적 행정처분을 하면서 이를 부가할 수 있다.
② 수익적 행정처분과 부관 사이에 실제적 관련성이 있다고 볼 수 없는 경우 공무원이 공법상의 제한을 회피할 목적으로 행정처분의 상대방과 체결한 사법상 계약 형식의 부담은 위법하다.
③ 행정처분에 붙인 부담이 무효라고 하더라도 특별한 사정이 없는 한 그 처분을 받은 사람이 부담의 이행으로 한 사법상 매매 등의 법률행위 자체까지 당연히 무효가 되는 것은 아니다.
④ 수익적 처분에 붙인 부담이 그 처분 당시 법령을 기준으로 적법하더라도 처분 후 부담의 전제가 된 주된 행정처분의 근거법령이 개정됨으로써 행정청이 더 이상 부관을 붙일 수 없게 되었다면 그러한 부담은 곧바로 위법하게 된다.

04

행정행위의 효력에 대한 설명으로 옳지 않은 것은?

① 처분은 권한이 있는 기관이 취소 또는 철회하거나 기간의 경과 등으로 소멸되기 전까지는 유효한 것으로 통용된다. 다만, 무효인 처분은 처음부터 그 효력이 발생하지 아니한다.
② 항고소송에서 행정처분이 적법하다고 주장하는 피고가 그 적법사유에 대한 입증책임을 부담하는 것은, 처분의 공정력을 부정하는 것이 아니며 입증책임과 공정력은 별개의 문제이다.
③ 취소처분의 원인이 된 교통사고나 법규 위반에 관하여 범죄사실이 증명되지 않아 운전면허 취소처분을 받은 사람의 무죄판결이 확정되었다 하더라도, 해당 취소처분이 여전히 취소되지 않은 상태에서 계속 운전하였다면 「도로교통법」상 무면허운전죄로 처벌하여야 한다.
④ 「개발제한구역의 지정 및 관리에 관한 특별조치법」 제30조 제1항에 의하여 행정청으로부터 시정명령을 받은 자가 이를 위반한 경우, 그 시정명령이 당연무효가 아니더라도 위법한 것으로 인정되는 한 같은 법상 시정명령 위반죄가 성립될 수 없다.

05

행정절차에 대한 설명으로 옳지 않은 것은?

① 구 「행형법 시행령」 제144조의 규정에 반하여 교도소장이 아닌 관구교감에 의해 징벌처분이 고지되었다면 위 징벌처분에 절차상 하자가 있으므로 징벌처분에 대하여 국가배상책임이 인정된다.
② 행정청의 처분에 법령상 근거가 있는지, 「행정절차법」에서 정한 처분절차를 준수하였는지는 본안에서 당해 처분이 적법한가를 판단하는 단계에서 고려할 요소이지, 소송요건 심사단계에서 고려할 요소가 아니다.
③ 구 「군인사법」상 보직해임처분은 일반적으로 장교가 심신장애로 인하여 직무를 수행하지 못하게 되었을 경우, 당해 직무를 수행할 능력이 없다고 인정되었을 경우 등에 있어서 당해 장교에게 직위를 부여하지 아니함으로써 직무에 종사하지 못하도록 하는 조치로서, 처분의 근거와 이유 제시 등에 관한 구 「행정절차법」의 규정이 별도로 적용되지 아니한다.
④ 「행정절차법」상 신청에 따른 처분이 이루어지지 아니한 경우에는 아직 당사자에게 권익이 부과되지 아니하였으므로 특별한 사정이 없는 한 신청에 대한 거부처분이라고 하더라도 직접 당사자의 권익을 제한하는 것은 아니어서 처분의 사전통지대상이 된다고 할 수 없다.

06 □□□

「공공기관의 정보공개에 관한 법률」에 대한 설명으로 옳은 것은?

① 공공기관이 보유·관리하고 있는 정보가 제3자와 관련된 사안에서 정보공개 청구된 사실을 통지받은 제3자가 비공개를 요청한 경우 공공기관은 비공개 결정을 하여야 한다.
② 보안관찰제도의 민주적 통제야말로 법집행의 투명성과 공정성을 확보함과 동시에 공공의 안전과 이익에 도움이 된다는 점에 비추어, 「보안관찰법」에 따른 보안관찰 관련 통계자료는 비공개대상정보에 해당하지 아니한다.
③ 대한주택공사가 보유하고 있는 아파트재건축주택조합의 조합원들에게 제공될 무상보상평수의 사업수익성 등을 검토한 자료는 비공개대상정보에 해당하지 않는다.
④ 청구인이 정보공개거부처분의 취소를 구하는 소송에서 공공기관이 청구정보를 증거 등으로 법원에 제출하여 법원을 통하여 그 사본을 청구인에게 교부 또는 송달하게 하여 결과적으로 청구인에게 정보를 공개하는 셈이 되었다면 당해 문서의 비공개결정의 취소를 구할 소의 이익은 소멸되었다고 보아야 한다.

07 □□□

사인의 공법행위로서의 신고에 대한 설명으로 옳지 않은 것은?

① 인·허가의제 효과를 수반하는 건축신고는 특별한 사정이 없는 한 행정청은 그 실체적 요건에 관한 심사를 한 후 수리하여야 한다.
② 노인의료복지시설의 폐지신고는 '수리를 필요로 하는 신고'에 해당하지만, 신고행위 자체가 효력이 없음에도 행정청이 이를 수리한 경우, 그 수리행위가 당연무효로 되는 것은 아니다.
③ 사업양도·양수에 따른 허가관청의 지위승계신고의 수리는 적법한 사업의 양도·양수가 있었음을 전제로 하는 것이므로 그 수리대상인 사업양도·양수가 존재하지 아니하거나 무효인 때에는 수리를 하였다 하더라도 그 수리는 유효한 대상이 없는 것으로서 당연히 무효라 할 것이고, 사업의 양도행위가 무효라고 주장하는 양도자는 민사쟁송으로 양도·양수행위의 무효를 구함이 없이 막바로 허가관청을 상대로 하여 행정소송으로 위 신고수리처분의 무효확인을 구할 법률상 이익이 있다.
④ 노동조합의 설립신고가 행정관청에 의하여 형식상 수리되었더라도 법에서 정한 실질적 요건을 갖추지 못하였다면, 실질적 요건이 흠결된 하자가 해소되거나 치유되는 등의 특별한 사정이 없는 한 그 설립은 무효이다.

08 □□□

과징금에 대한 설명으로 옳지 않은 것은?

① 과징금의 근거가 되는 법률에는 과징금의 부과·징수 주체, 부과 사유, 상한액 및 가산금을 징수하려는 경우 그 사항뿐만 아니라, 과징금 또는 가산금 체납 시 강제징수를 하려는 경우 그 사항까지도 명확하게 규정해야 한다.
② 구 「독점규제 및 공정거래에 관한 법률」에서 부당내부거래 억지를 위한 제재로 형사처벌과 아울러 의무위반행위에 대하여 가하는 행정상의 제재금으로 과징금의 병과를 예정하고 있더라도 이중처벌금지원칙에 위반된다고 볼 수 없다.
③ 구 「표시·광고의 공정화에 관한 법률」 위반으로 공정거래위원회의 경고를 받은 경우 벌점을 부과받게 되고 이후 과징금의 부과 및 가중사유에 반영되더라도 그 경고는 행정소송의 대상이 되는 처분에 해당하지 않는다.
④ 공정거래위원회의 과징금 납부명령 등이 재량권 일탈·남용으로 위법한지는 다른 특별한 사정이 없는 한 과징금 납부명령 등이 행하여진 '의결일' 당시의 사실상태를 기준으로 판단하여야 한다.

09 □□□

행정상 강제에 대한 설명으로 옳은 것은?

① 행정청은 의무자가 행정상 의무를 이행할 때까지 이행강제금을 반복하여 부과할 수 있지만, 의무자가 의무를 이행하면 새로운 이행강제금의 부과를 즉시 중지하고, 이미 부과한 이행강제금도 징수해서는 안 된다.
② 「행정대집행법」에서는 행정청이 법령등에 따라 부과한 의무의 불이행에 대해서만 행정대집행의 대상으로 삼고 있고 법령등에서 직접 명령한 의무의 불이행에 대해서는 행정대집행의 대상으로 삼고 있지 않다.
③ 직접강제는 현재의 급박한 행정상의 장해를 제거하기 위한 경우로서 그 성질상 행정상 의무의 이행을 명하는 것만으로는 행정목적을 달성하기 곤란한 경우 행정청이 국민의 신체 또는 재산에 실력을 행사하여 그 행정목적을 달성하는 것으로서, 다른 수단으로는 행정목적을 달성할 수 없는 경우에만 허용되며 이 경우에도 최소한으로만 실시하여야 한다.
④ 형사(刑事), 행형(行刑) 및 보안처분 관계 법령에 따라 행하는 사항이나 외국인의 출입국·난민인정·귀화·국적회복에 관한 사항에 관하여는 「행정기본법」상 행정상 강제 규정들이 적용되지 않는다.

10

행정입법에 대한 설명으로 옳은 것만을 모두 고르면?

> ㄱ. 법률의 시행령이나 시행규칙의 내용이 모법의 입법 취지와 관련 조항 전체를 유기적·체계적으로 살펴보아 모법의 해석상 가능한 것을 명시한 것에 지나지 아니하거나 모법 조항의 취지에 근거하여 이를 구체화하기 위한 것인 때에는 모법의 규율 범위를 벗어난 것으로 볼 수 없으므로, 모법에 이에 관하여 직접 위임하는 규정을 두지 아니하였다고 하더라도 이를 무효라고 볼 수는 없다.
> ㄴ. 법령의 위임이 없음에도 법령에 규정된 처분 요건에 해당하는 사항을 부령에서 변경하여 규정한 경우에는 그 부령의 규정은 행정청 내부의 사무처리 기준 등을 정한 것으로서 행정조직 내에서 적용되는 행정명령의 성격을 지닐 뿐 국민에 대한 대외적 구속력은 없다고 보아야 한다.
> ㄷ. 어떠한 고시가 다른 집행행위의 매개 없이 그 자체로서 직접 국민의 구체적인 권리의무나 법률관계를 규율하는 성격을 가질 때에는 항고소송의 대상이 되는 행정처분에 해당한다.

① ㄱ, ㄴ
② ㄱ, ㄷ
③ ㄴ, ㄷ
④ ㄱ, ㄴ, ㄷ

11

행정벌에 대한 설명으로 옳은 것은?

① 과태료재판의 경우, 법원으로서는 기록상 현출되어 있는 사항에 관하여 직권으로 증거조사를 하고 이를 기초로 하여 판단할 수 있는 것이나, 그 경우 행정청의 과태료부과 처분사유와 기본적 사실관계에서 동일성이 인정되는 한도 내에서만 과태료를 부과할 수 있다.
② 양벌규정에 따른 영업주의 처벌은 금지위반행위자인 종업원의 처벌에 종속하며, 종업원의 범죄가 성립하고 실제 처벌이 이루어진 경우에만 가능하고, 그 책임은 종업원의 고의·과실에 대한 사용자의 무과실책임으로 본다.
③ 「질서위반행위규제법」에 따르면 과태료는 행정법규위반이라는 객관적 사실에 대하여 과해지는 것으로 법령상 책임자로 규정된 자에게 부과되고, 위반자의 고의·과실을 요하지 않는다.
④ 국가가 본래 그의 사무의 일부를 지방자치단체의 장에게 위임하여 처리하게 하는 기관위임사무의 경우 지방자치단체는 양벌규정에 의한 처벌대상이 되는 법인에 해당한다.

12

행정작용에 대한 설명으로 옳지 않은 것은?

① 잠정적 처분인 선행처분이 후행처분으로 흡수되어 소멸하는 경우 선행처분의 취소를 구하는 소는 부적법하다.
② 국가인권위원회의 성희롱결정 및 시정조치권고는 성희롱 행위자로 결정된 자의 인격권에 영향을 미치지만 공공기관의 장 또는 사용자에게 일정한 법률상의 의무를 부담시키는 것은 아니므로 행정소송의 대상이 되는 행정처분에 해당한다고 볼 수 없다.
③ 구치소 내 과밀수용행위는 피청구인이 우월적 지위에서 청구인의 의사와 상관없이 일방적으로 행한 권력적 사실행위로서 헌법소원심판의 대상이 되는 공권력 행사에 해당한다.
④ 다른 법률에 특별한 규정이 있는 경우이거나 「지방자치단체를 당사자로 하는 계약에 관한 법률」상 개별규정의 규율내용이 매매·도급 등과 같은 특정한 유형·내용의 계약을 규율대상으로 하고 있는 경우가 아닌 한, 지방자치단체를 당사자로 하는 계약에 관하여는 그 계약의 성질이 사법상 계약인지 공법상 계약인지와 상관없이 원칙적으로 「지방자치단체를 당사자로 하는 계약에 관한 법률」이 적용된다.

13

「국가배상법」상 국가배상책임에 대한 설명으로 옳지 않은 것은?

① 행정입법의무의 불이행으로 인해 수퍼마켓 등의 소매점에 대한 장애인의 접근권이 침해된 경우, 그로 인하여 장애인이 입게 되는 정신적 손해는 추상적인 수준에 머물게 되므로 국가의 위자료 지급의무가 배제된다.
② 국가배상책임은 공무원의 직무집행이 법령에 위반한 것임을 요건으로 하는 것으로서, 공무원의 직무집행이 법령이 정한 요건과 절차에 따라 이루어진 것이라면 특별한 사정이 없는 한 이는 법령에 적합한 것이고 그 과정에서 개인의 권리가 침해되는 일이 생긴다고 하여 그 법령적합성이 곧바로 부정되는 것은 아니다.
③ 법관의 재판에 법령의 규정을 따르지 아니한 잘못이 있다 하더라도 이로써 바로 그 재판상 직무행위가 「국가배상법」제2조 제1항에서 말하는 위법한 행위로 되어 국가의 손해배상책임이 발생하는 것은 아니다.
④ 국회가 법률로 행정청에 특정한 사항을 위임했음에도 불구하고 행정청이 정당한 이유 없이 이를 이행하지 않는다면 권력분립의 원칙과 법치국가 또는 법치행정의 원칙에 위배되는 것으로서 위법함과 동시에 위헌적인 것이 되고, 이는 행정청이 법률에서 대통령령으로 정하도록 위임받은 사항을 전혀 입법하지 않은 경우는 물론 그 법률이 위임한 사항을 불충분하게 규정함으로써 법률이 위임한 행정입법의무를 제대로 이행하지 않은 경우도 마찬가지이다.

14

「행정소송법」상 취소소송에 대한 설명으로 옳은 것만을 모두 고르면?

> ㄱ. 국민건강보험공단이 甲 등에게 '직장가입자 자격상실 및 자격변동 안내' 통보 및 '사업장 직권탈퇴에 따른 가입자 자격상실 안내' 통보를 한 경우, 이 각 통보는 甲 등의 가입자 자격의 변동 여부 및 시기를 확인하는 의미에서 한 사실상 통지행위에 불과할 뿐, 처분성이 인정되지 않는다.
> ㄴ. 사단법인 대한의사협회는 「국민건강보험법」상 요양급여행위, 요양급여비용의 청구 및 지급과 관련하여 직접적인 법률관계를 갖지 않고 있으므로, 보건복지부 고시인 '건강보험요양급여행위 및 그 상대가치점수 개정'으로 인하여 자신의 법률상 이익을 침해당하였다고 할 수 없다는 이유로 이 고시의 취소를 구할 원고적격이 없다.
> ㄷ. 행정청이 「산업재해보상보험법」에 의한 보험급여 수급자에 대하여 부당이득 징수결정을 한 후 징수결정의 하자를 이유로 징수금 액수를 감액하는 경우에 감액처분은 감액된 징수금 부분에 관해서만 법적 효과가 미치는 것으로서 당초 징수결정과 별개 독립의 징수금 결정처분이므로 징수의무자에게는 감액처분의 취소를 구할 소의 이익이 있다.

① ㄱ, ㄴ
② ㄱ, ㄷ
③ ㄴ, ㄷ
④ ㄱ, ㄴ, ㄷ

15

행정상 손실보상에 대한 설명으로 옳지 않은 것은?

① 국가는 경찰관의 적법한 직무집행으로 인하여 손실발생의 원인에 대하여 책임이 없는 자가 경찰관의 직무집행에 자발적으로 협조하거나 물건을 제공하여 생명·신체 또는 재산상의 손실을 입은 경우에는 손실을 보상하지 아니한다.
② 「감염병의 예방 및 관리에 관한 법률」상 필수예방접종에 관한 국가의 보상책임은 무과실책임이기는 하지만, 책임이 있다고 하기 위해서는 질병, 장애 또는 사망이 당해 예방접종으로 인한 것임이 인정되어야 한다.
③ 「공익사업을 위한 토지 등의 취득 및 보상에 관한 법률」에 따라 수용 대상 토지의 보상액을 산정함에 있어 해당 공익사업의 시행을 직접 목적으로 하는 계획의 승인, 고시로 인한 가격변동은 이를 고려함이 없이 재결 당시의 가격을 기준으로 하여 적정가격을 정하여야 한다.
④ 사업시행자는 「공익사업을 위한 토지 등의 취득 및 보상에 관한 법률」에 따라 이주대책기준을 정하여 이주대책대상자 중에서 이주대책을 수립·실시하여야 할 자를 선정하여 그들에게 공급할 택지 또는 주택의 내용이나 수량을 정할 수 있고, 이를 정하는 데 재량을 가진다.

16

영조물의 설치·관리의 하자로 인한 국가배상책임에 대한 설명으로 옳은 것은?

① '공공의 영조물'은 국가나 지방자치단체가 단지 사실상의 관리를 하고 있는 것이 아니라 소유권, 임차권 그 밖의 권한에 기하여 관리하고 있는 특정 공공의 목적에 공여된 유체물 내지 물적 설비를 말한다.
② 영조물의 설치 및 관리에 있어서 항상 완전무결한 상태를 유지할 정도의 고도의 안전성을 갖추지 아니한 경우 영조물의 설치 또는 관리에 하자가 있다고 볼 수 있다.
③ 공립학교의 고등학생이 교사의 단속을 피해 담배를 피우기 위하여 3층 건물 화장실 밖의 난간을 지나다가 실족하여 사망하였다면, 학교 관리자에게 그와 같은 사고가 있을 것을 예상하여 복도나 화장실 창문에 난간으로의 출입을 막기 위하여 출입금지장치나 추락위험을 알리는 경고표지판을 설치할 의무가 있다 할 것이므로, 이 경우 학교시설의 설치·관리상의 하자가 인정된다.
④ 영조물의 설치 또는 관리상의 하자로 인한 사고는 다른 자연적 사실이나 제3자의 행위 또는 피해자의 행위와 경합하여 손해가 발생하더라도 영조물의 설치 또는 관리상의 하자가 공동원인의 하나가 되는 이상 그 손해는 영조물의 설치 또는 관리상의 하자에 의하여 발생한 것으로 볼 수 있다.

17

「환경영향평가법」에 대한 설명으로 옳지 않은 것은?

① 환경영향평가를 거쳐야 할 대상사업에 대하여 환경영향평가를 거치지 아니하였음에도 불구하고 승인 등 처분이 이루어진다면, 이러한 행정처분의 하자는 법규의 중요한 부분을 위반한 중대한 것이고 객관적으로도 명백한 것으로서 당연무효이다.
② 환경영향평가대상사업에 해당하는 국립공원 집단시설지구개발사업에 있어 그 시설물기본설계 변경승인처분 등과 관련하여 환경영향평가대상지역 안의 주민들에게는 환경상 이익의 침해를 이유로 그 처분 등의 취소를 구할 원고적격이 인정되지 않는다.
③ 국립공원 관리청이 국립공원 집단시설지구개발사업과 관련하여 그 시설물기본설계 변경승인처분을 함에 있어서 환경부장관과의 협의를 거친 이상, 환경영향평가서의 내용이 환경영향평가제도를 둔 입법 취지를 달성할 수 없을 정도로 심히 부실하다는 등의 특별한 사정이 없는 한, 공원관리청이 환경부장관의 환경영향평가에 대한 의견에 반하는 처분을 하였다고 하여 그 처분이 위법하다고 할 수는 없다.
④ 환경영향평가 절차를 거쳤다면, 비록 그 환경영향평가의 내용이 다소 부실하다 하더라도, 그 부실의 정도가 환경영향평가제도를 둔 입법 취지를 달성할 수 없을 정도이어서 환경영향평가를 하지 아니한 것과 다를 바 없는 정도의 것이 아닌 이상 그 부실은 당해 승인 등 처분에 재량권 일탈·남용의 위법이 있는지 여부를 판단하는 하나의 요소로 됨에 그칠 뿐, 그 부실로 인하여 당연히 당해 승인 등 처분이 위법하게 되는 것이 아니다.

18

「행정소송법」상 취소소송의 제소기간에 대한 설명으로 옳지 않은 것은?

① 불특정다수인을 대상으로 하는 고시 또는 공고에 의하여 행정처분을 하는 경우에는 그 행정처분에 이해관계를 갖는 자는 고시 또는 공고가 있었다는 사실을 현실적으로 알았는지 여부에 관계없이 고시가 효력을 발생하는 날 행정처분이 있음을 알았다고 보아야 한다.
② 행정청으로부터 행정심판 제기기간에 관하여 법정 심판청구기간보다 긴 기간으로 잘못 통지받은 경우에 보호할 신뢰 이익은 그 통지받은 기간 내에 행정심판을 제기한 경우뿐만 아니라 행정소송을 제기한 경우에까지 확대가 된다.
③ 특정인에 대한 행정처분을 주소불명 등의 이유로 송달할 수 없어 관보·공보·게시판·일간신문 등에 공고한 경우에는, 상대방이 당해 처분이 있었다는 사실을 현실적으로 안 날에 그 처분이 있음을 알았다고 보아야 한다.
④ 당사자가 동일한 신청에 대하여 부작위위법확인의 소를 제기하였으나 그 후 소극적 처분이 있다고 보아 처분취소소송으로 소를 교환적으로 변경한 후 여기에 부작위위법확인의 소를 추가적으로 병합한 경우, 최초의 부작위위법확인의 소가 적법한 제소기간 내에 제기된 이상 그 후 처분취소소송으로의 교환적 변경과 처분취소소송에의 추가적 변경 등의 과정을 거쳤다고 하더라도 여전히 제소기간을 준수한 것으로 보아야 한다.

19

「도시 및 주거환경정비법」상 정비사업에 대한 설명으로 옳은 것만을 모두 고르면?

> ㄱ. 토지 등 소유자들이 조합을 설립하지 아니하고 직접 시행하는 도시환경정비사업에서 토지 등 소유자에 대한 사업시행인가처분은 사업시행계획에 대한 보충행위로서의 성질을 가진다.
> ㄴ. 재개발조합과 조합장 또는 조합임원 사이의 선임·해임 등을 둘러싼 법률관계는 사법상의 법률관계로서 그 조합장 또는 조합임원의 지위를 다투는 소송은 민사소송에 의하여야 한다.
> ㄷ. 재건축조합이 행정주체의 지위에서 「도시 및 주거환경정비법」에 따라 수립하는 관리처분계획은 정비사업의 시행 결과 조성되는 대지 또는 건축물의 권리귀속에 관한 사항과 조합원의 비용 분담에 관한 사항 등을 정함으로써 조합원의 재산상 권리·의무 등에 구체적이고 직접적인 영향을 미치게 되므로, 이는 구속적 행정계획으로서 재건축조합이 행하는 독립된 행정처분에 해당한다.

① ㄱ, ㄴ
② ㄱ, ㄷ
③ ㄴ, ㄷ
④ ㄱ, ㄴ, ㄷ

20

「국가공무원법」상 직위해제에 대한 설명으로 옳지 않은 것은?

① 직위해제처분은 당해 행정작용의 성질상 행정절차를 거치기 곤란하거나 불필요하다고 인정되는 사항 또는 행정절차에 준하는 절차를 거친 사항에 해당하므로, 처분의 사전통지 및 의견청취 등에 관한 「행정절차법」의 규정이 별도로 적용되지 않는다.
② 직위해제처분은 공무원으로서의 지위를 그대로 존속시키면서 다만 그 직위만을 부여하지 아니하는 처분이므로 만일 어떤 사유에 기하여 공무원을 직위해제한 후 그 직위해제 사유와 동일한 사유를 이유로 징계처분을 하였다면 뒤에 이루어진 징계처분에 의하여 그 전에 있었던 직위해제처분은 그 효력을 상실한다.
③ 직위해제는 공무원의 비위행위에 대한 징벌적 제재인 징계와 법적 성질이 달라 소청심사의 대상이 되지 아니한다.
④ 헌법상의 무죄추정의 원칙이나 직위해제 제도의 목적에 비추어 볼 때, 형사 사건으로 기소되었다는 이유만으로 직위해제처분을 하는 것은 정당화될 수 없다.

21

다음 사례에 대한 설명으로 옳지 않은 것은?

> 한국자산관리공사는 甲이 1년간 특정한 국유재산을 무단점유하였다는 이유로 甲에 대하여 변상금 부과처분을 하였다.

① 甲에게 해당 국유재산의 점유나 사용·수익을 정당화할 수 있는 법적 지위가 있었다면 甲에 대한 변상금 부과처분은 당연무효이다.
② 甲이 변상금을 납부하고 제소기간 내에 변상금 부과처분에 대한 취소소송을 제기하면서 이와 병합하여 이미 납부한 변상금 상당액의 반환을 구하는 부당이득반환청구의 소를 제기한 경우, 법원은 변상금 부과처분이 위법하다는 판결이 확정되기 전에는 부당이득반환청구를 인용할 수 없다.
③ 甲이 변상금을 납부한 다음 변상금 부과처분에 대한 항고소송을 제기하지 않은 채로 이미 납부한 변상금 상당액의 반환을 구하는 부당이득반환청구의 소를 제기한 경우, 변상금 부과처분에 하자가 있더라도 그 하자가 취소사유에 불과한 때에는 법원은 甲의 부당이득반환청구를 인용할 수 없다.
④ 한국자산관리공사는 甲에 대한 변상금 부과·징수권의 행사와 별도로 甲의 무단점유를 이유로 甲에 대한 민사상 부당이득반환청구의 소를 제기할 수 있으며, 한국자산관리공사가 甲에 대한 변상금 부과·징수권을 행사하였다고 하여 甲에 대한 민사상 부당이득반환청구권의 소멸시효가 중단되지는 않는다.

22 □□□

다음 사례에 대한 설명으로 옳은 것만을 모두 고르면?

甲은 골프장업을 준비하면서 관할 행정청인 乙시장으로부터 골프장 진입도로부지에 대하여 공사기간을 1년으로 정한 사도개설허가를 받았으나, 사업부진으로 丙에게 일체의 사업권을 양도하였다. 丙은 乙시장으로부터 위 사도개설허가의 피허가자 명의를 丙으로 변경하고 공사기간을 1년 6월로 변경하는 내용의 변경허가처분(A처분)을 받았다. 그 후 甲은 丙을 상대로 사업권반환을 청구하면서 乙시장에 대하여 위 사도개설허가의 취소를 신청하였으나 乙시장은 위 취소신청을 거부(B처분)하였다.

ㄱ. 甲이 B처분을 대상으로 취소소송을 제기할 때 대상적격이 인정되려면 甲에게 사도개설허가의 취소를 구할 법규상 또는 조리상의 신청권이 인정되어야 한다.
ㄴ. 甲이 B처분에 대하여 취소소송을 제기하였다가 A처분에 대한 취소소송으로 소변경을 할 경우 새로운 소에 대한 제소기간의 준수 여부는 당초 B처분에 대한 소를 제기한 때를 기준으로 한다.
ㄷ. 허가에 붙은 기한이 그 허가된 사업의 성질상 부당하게 짧은 경우에는 이를 그 허가 자체의 존속기간이 아니라 그 허가조건의 존속기간으로 볼 수 있는바, 사도개설허가에 부가된 공사기간이 사도개설에 충분한 기간이 아니라면 사도개설허가에서 정해진 공사기간 내에 사도로 준공검사를 받지 못하였다 하더라도, 이를 이유로 사도개설허가가 당연히 실효되는 것은 아니다.

① ㄱ, ㄴ ② ㄱ, ㄷ
③ ㄴ, ㄷ ④ ㄱ, ㄴ, ㄷ

정답

01	③	02	②	03	④	04	③	05	①
06	③	07	②	08	③	09	④	10	④
11	①	12	②	13	①	14	①	15	①
16	④	17	②	18	②	19	③	20	③
21	②	22	②						

06회 2024년 국가직 7급

지문의 내용에 대해 학설의 대립 등
다툼이 있는 경우 판례에 의함

01 ☐☐☐

행정벌에 대한 설명으로 옳지 않은 것은?

① 지방자치단체가 고유의 자치사무를 처리하는 경우 당해 지방자치단체는 국가기관과는 별도의 독립한 공법인이므로 양벌규정에 따라 처벌대상이 되는 법인에 해당한다.
② 「개인정보 보호법」상 법인격 없는 공공기관은 양벌규정에 의하여 처벌될 수 있으며, 이 경우 행위자 역시 위 양벌규정으로 처벌될 수 있다.
③ 「질서위반행위규제법」에 따르면 고의 또는 과실이 없는 질서위반행위는 과태료를 부과하지 아니한다.
④ 질서위반행위에 대하여 과태료를 부과하는 근거 법령이 개정되어 행위 시의 법률에 의하면 과태료 부과대상이었지만 재판 시의 법률에 의하면 부과대상이 아니게 된 때에는 개정 법률의 부칙 등에서 행위 시의 법률을 적용하도록 명시하는 등 특별한 사정이 없는 한 재판 시의 법률을 적용하여야 하므로 과태료를 부과할 수 없다.

02 ☐☐☐

행정대집행에 대한 설명으로 옳지 않은 것은?

① 정당한 사유 없이 공유재산에 시설물을 설치한 경우 행정청은 행정대집행의 방법으로 이 시설물을 철거할 수 있고, 이러한 행정대집행이 인정되는 경우에는 민사소송의 방법으로 시설물의 철거를 구하는 것은 허용되지 아니한다.
② 건물의 점유자가 철거의무자일 때에도 건물철거의무에 퇴거의무가 포함되어 있지 않으므로 별도로 퇴거를 명하는 집행권원이 필요하다.
③ 아무런 권원 없이 국유재산에 설치한 시설물에 대하여 행정청이 행정대집행을 실시하지 않는 경우, 그 국유재산에 대한 사용청구권을 가지고 있는 자는 국가를 대위하여 민사소송으로 그 시설물의 철거를 구할 수 있다.
④ 공공사업에 필요한 토지와 건물을 사업시행자가 협의취득할 때 건물소유자가 매매대상 건물에 대한 철거의무를 부담하겠다는 취지의 약정을 하였다고 하더라도 이러한 철거의무는 「행정대집행법」에 의한 대집행의 대상이 되는 공법상의 의무가 아니다.

03

행정의 실효성 확보수단에 대한 설명으로 옳지 않은 것은?

① 「행정기본법」에 따르면, 행정청은 이행강제금을 부과받은 자가 납부기한까지 이행강제금을 내지 아니하면 국세강제징수의 예 또는 「지방행정제재·부과금의 징수 등에 관한 법률」에 따라 징수한다.
② 「농지법」상 이행강제금의 부과는 행정처분이므로 취소소송을 제기할 수 있으며 법원은 당해 사건에서 과도한 이행강제금이 부과되었다고 판단하면 그 금액을 감액하여야 한다.
③ 구 「주택건설촉진법」의 규정을 위반하여 주택을 공급한 자에게 과태료를 부과한다고 하여 주택을 공급한 자와 제3자 간에 체결한 주택공급계약의 사법적 효력까지 부인된다고 볼 수는 없다.
④ 수도조례 및 하수도사용조례에 기한 과태료의 부과 여부 및 그 당부는 최종적으로 「질서위반행위규제법」에 의한 절차에 의하여 판단되어야 하므로, 그 과태료 부과처분은 행정소송의 대상이 되는 행정처분이라고 할 수 없다.

04

행정법의 기본원칙에 대한 설명으로 옳은 것은?

① 평등의 원칙은 본질적으로 같은 것을 자의적으로 다르게 취급함을 금지하는 것이므로, 위법한 행정처분이 수차례에 걸쳐 반복적으로 행하여졌다면 행정청에 대하여 자기구속력을 갖게 된다.
② 진정소급입법은 허용되지 않는 것이 원칙이지만 국민이 소급입법을 예상할 수 있었거나 신뢰보호의 요청에 우선하는 심히 중대한 공익상의 사유가 소급입법을 정당화하는 경우에는 허용된다.
③ 어떤 행정처분이 실효의 법리를 위반하여 위법한 것이라면 이는 행정처분의 당연무효사유에 해당한다.
④ 제1종 보통면허로 운전할 수 있는 차량을 음주운전한 경우에도 이와 관련된 면허인 제1종 대형면허와 원동기장치자전거면허까지 취소할 수 있는 것은 아니다.

05

건축신고에 대한 설명으로 옳지 않은 것은?

① 「건축법」상 수리를 요하지 않는 건축신고에 있어서는 원칙적으로 적법한 요건을 갖춰 신고하면 행정청의 수리 등 별도의 조치를 기다릴 필요 없이 건축행위를 할 수 있다고 보아야 한다.
② 「건축법」상 건축신고가 다른 법률에서 정한 인·허가 등의 의제효과를 수반하는 경우에는 일반적인 건축신고와는 달리 특별한 사정이 없는 한 수리를 요하는 신고에 해당한다.
③ 건축신고 반려행위가 이루어진 단계에서 당사자로 하여금 반려행위의 적법성을 다투어 그 법적 불안을 해소한 다음 건축행위에 나아가도록 함으로써 장차 있을지도 모르는 위험에서 벗어날 수 있도록 길을 열어주기 위하여 건축신고 반려행위는 항고소송의 대상이 된다.
④ 인·허가의 근거 법령인 건축법령에서 절차간소화를 위하여 관련 인·허가를 의제 처리할 수 있는 근거 규정을 둔 경우, 주된 인·허가를 신청하려는 사업시행자는 반드시 관련 인·허가 의제 처리를 동시에 신청해야 한다.

06

공법상 계약에 대한 설명으로 옳지 않은 것은?

① 행정청은 법령등을 위반하지 아니하는 범위에서 행정목적을 달성하기 위하여 필요한 경우에는 공법상 법률관계에 관한 계약을 체결할 수 있고, 이 경우 계약의 목적 및 내용을 명확하게 적은 계약서를 작성하여야 한다.
② 계약직공무원 채용계약해지의 의사표시는 일반공무원에 대한 징계처분과는 달라서 일정한 사유가 있을 때에 국가 또는 지방자치단체가 채용계약 관계의 한쪽 당사자로서 대등한 지위에서 행하는 의사표시로 취급되는 것으로 이해되므로 「행정절차법」에 의하여 근거와 이유를 제시하여야 하는 것은 아니다.
③ 시립무용단원의 위촉은 공법상 계약에 해당하지만 해촉에 대하여는 민사소송으로 다투어야 한다.
④ 「국가를 당사자로 하는 계약에 관한 법률」에 따라 국가가 당사자가 되는 이른바 공공계약은 사경제 주체로서 상대방과 대등한 위치에서 체결하는 사법상 계약으로서 그에 관한 법령에 특별한 정함이 있는 경우를 제외하고는 사법의 원리가 그대로 적용된다.

07 □□□

행정입법에 대한 설명으로 옳은 것은?

① 법률의 위임에 의해 유효하게 성립된 법규명령은 이후 법 개정으로 위임의 근거가 없어지더라도 법규명령의 효력에 영향이 없다.
② 행정권의 행정입법 등 법집행의무는 헌법적 의무라고 보아야 할 것이므로, 하위 행정입법의 제정 없이 상위 법령의 규정만으로 집행이 이루어질 수 있는 경우라도 하위 행정입법을 하여야 할 헌법적 작위의무는 인정된다.
③ 법률조항의 위임에 따라 대통령령으로 규정한 내용이 헌법에 위반되는 경우에는 그로 인하여 모법인 해당 수권(授權) 법률조항도 위헌이 된다.
④ 법률이 행정부가 아니거나 행정부에 속하지 않는 공법적 기관의 정관에 자치입법적 사항을 위임하는 경우 헌법에서 정한 포괄적인 위임입법의 금지는 원칙적으로 적용되지 않는다.

08 □□□

하자의 승계에 대한 설명으로 옳지 않은 것은?

① 도시·군계획시설결정과 실시계획인가는 별도의 요건과 절차에 따라 별개의 법률효과를 발생시키는 독립적인 행정처분이므로 선행처분인 도시·군계획시설결정에 하자가 있더라도 그것이 당연무효가 아닌 한 원칙적으로 후행처분인 실시계획인가에 승계되지 않는다.
② 「공인중개사법」 위반으로 업무정지처분을 받고 그 업무정지기간 중 중개업무를 하였다는 이유로 중개사무소개설등록취소처분을 받은 경우, 양 처분은 그 내용과 효과를 달리하는 독립된 행정처분으로서 서로 결합하여 1개의 법률효과를 완성하는 때에 해당한다고 볼 수 없다.
③ 수용보상금의 증액을 구하는 소송에서는 선행처분으로서 그 수용대상 토지 가격 산정의 기초가 된 비교표준지공시지가결정의 위법을 독립된 사유로 주장할 수 없다.
④ 보충역편입처분과 공익근무요원소집처분은 각각 단계적으로 별개의 법률효과를 발생하는 독립된 행정처분이다.

09 □□□

행정처분의 효력에 대한 설명으로 옳지 않은 것은?

① 과세처분에 관한 이의신청절차에서 과세관청이 이의신청 사유가 옳다고 인정하여 과세처분을 직권으로 취소한 이상 그 후 특별한 사유 없이 이를 번복하고 종전 처분을 되풀이하는 것은 허용되지 않는다.
② 점용료 부과처분에 취소사유에 해당하는 흠이 있는 경우 도로관리청으로서는 당초 처분 자체를 취소하고 흠을 보완하여 새로운 부과처분을 하거나, 흠 있는 부분에 해당하는 점용료를 감액하는 처분을 할 수 있다.
③ 행정처분이 불복기간의 경과로 인하여 확정될 경우 그 처분의 기초가 된 사실관계나 법률적 판단이 확정되고 당사자들이나 법원이 이에 기속되어 모순되는 주장이나 판단을 할 수 없게 된다.
④ 민사소송에 있어서 어느 행정처분의 당연무효 여부가 선결문제로 되는 때에는 이를 판단하여 당연무효임을 전제로 판결할 수 있고 반드시 행정소송 등의 절차에 의하여 그 취소나 무효확인을 받아야 하는 것은 아니다.

10 □□□

정보공개에 대한 설명으로 옳지 않은 것은?

① 정보공개거부처분의 취소를 구하는 행정소송에서 정보공개청구인이 정보공개거부처분을 받은 것 외에 추가로 법률상 이익이 있어야 하는 것도 아니며, 정보공개청구의 대상이 되는 정보가 이미 공개되어 있다는 사정만으로 소의 이익이 없는 것도 아니다.
② 「공공기관의 정보공개에 관한 법률」에 따라 중앙행정기관은 전자적 형태로 보유·관리하는 정보 중 공개대상으로 분류된 정보를 국민의 정보공개 청구가 없더라도 정보통신망을 활용한 정보공개시스템 등을 통하여 공개하여야 한다.
③ 정보공개청구인이 공공기관의 비공개 결정 또는 부분 공개 결정에 대한 이의신청을 하여 공공기관으로부터 이의신청에 대한 결과를 통지받은 후 취소소송을 제기하는 경우, 그 제소기간은 이의신청에 대한 결과를 통지받은 날부터 기산한다.
④ 견책의 징계처분을 받은 자가 소속기관의 장에게 징계위원회에 참여한 징계위원의 성명과 직위에 대한 정보공개청구를 하였으나 해당 정보가 비공개 대상이라는 이유로 거부된 경우, 그 견책처분에 대한 취소소송의 기각판결이 확정되었다면 정보공개거부처분의 취소를 구할 법률상 이익은 인정되지 않는다.

11 □□□

「개인정보 보호법」에 대한 내용으로 옳지 않은 것은?

① 고정형 영상정보처리기기운영자는 고정형 영상정보처리기기의 설치 목적과 다른 목적으로 고정형 영상정보처리기기를 임의로 조작하거나 다른 곳을 비춰서는 아니 되며, 녹음기능은 사용할 수 없다.
② 개인정보처리자는 공중위생 등 공공의 안전과 안녕을 위하여 긴급히 필요한 경우에는 개인정보를 수집할 수 있으며 그 수집 목적의 범위에서 이용할 수 있다.
③ 개인정보처리자는 정보주체가 필요한 최소한의 정보 외의 개인정보 수집에 동의하지 아니한다는 이유로 정보주체에게 재화 또는 서비스의 제공을 거부하여서는 아니 된다.
④ 정보주체는 「행정기본법」 제20조에 따른 행정청의 자동적 처분이 자신의 권리 또는 의무에 중대한 영향을 미치는 경우에는 해당 개인정보처리자에 대하여 해당 결정을 거부할 수 있는 권리를 가진다.

12 □□□

당사자소송에 대한 설명으로 옳지 않은 것은?

① 「행정소송법」상 당사자소송의 피고적격에 관한 규정은 당사자소송의 경우 피고적격이 인정되는 권리주체를 행정주체로 한정한다는 취지이므로, 사인을 피고로 하는 당사자소송을 제기할 수는 없다.
② 명예퇴직한 법관이 미지급 명예퇴직수당액에 대하여 가지는 권리는 명예퇴직수당 지급대상자 결정 절차를 거쳐 「법관 및 법원공무원 명예퇴직수당 등 지급규칙」에 의하여 확정된 공법상 법률관계에 관한 권리로서, 그 지급을 구하는 소송은 「행정소송법」의 당사자소송에 해당한다.
③ 「도시 및 주거환경정비법」상 행정주체인 주택재건축정비사업조합을 상대로 관리처분계획안에 대한 조합 총회결의의 효력을 다투는 소송에 대하여는 「행정소송법」상 집행정지에 관한 규정이 준용되지 아니하므로, 이를 본안으로 하는 가처분에 대하여는 「민사집행법」상 가처분에 관한 규정이 준용되어야 한다.
④ 공법상 계약의 한쪽 당사자가 다른 당사자를 상대로 효력을 다투거나 이행을 청구하는 소송은 공법상의 법률관계에 관한 분쟁이므로 분쟁의 실질이 공법상 권리·의무의 존부·범위에 관한 다툼이 아니라 손해배상액의 구체적인 산정방법·금액에 국한되는 등의 특별한 사정이 없는 한 공법상 당사자소송으로 제기하여야 한다.

13

재결취소소송에 대한 설명으로 옳지 않은 것은?

① 행정심판의 재결에 이유모순의 위법이 있다는 사유는 재결처분 자체에 고유한 하자로서 재결처분의 취소를 구하는 소송에서는 그 위법사유로서 주장할 수 있으나, 원처분의 취소를 구하는 소송에서는 그 취소를 구할 위법사유로서 주장할 수 없다.

② 징계혐의자에 대한 감봉 1월의 징계처분을 견책으로 변경한 소청결정 중 그를 견책에 처한 조치는 재량권의 남용 또는 일탈로서 위법하다는 사유는 소청결정 자체에 고유한 위법을 주장하는 것이어서 소청결정의 취소사유가 된다.

③ 행정심판청구가 부적법하지 않음에도 각하한 재결은 심판청구인의 실체심리를 받을 권리를 박탈한 것으로서 원처분에 없는 고유한 하자가 있는 경우에 해당하고, 따라서 위 재결은 취소소송의 대상이 된다.

④ 제3자효를 수반하는 행정행위에 대한 행정심판청구에 있어서 그 청구를 인용하는 내용의 재결로 인하여 비로소 권리이익을 침해받게 되는 자는 그 인용재결에 대하여 다툴 필요가 있고, 그 인용재결은 원처분과 내용을 달리하는 것이므로 그 인용재결의 취소를 구하는 것은 원처분에는 없는 재결에 고유한 하자를 주장하는 셈이어서 당연히 항고소송의 대상이 된다.

14

항고소송의 대상인 처분에 대한 설명으로 옳지 않은 것은?

① 병무청장이 병역의무 기피자의 인적사항 등을 인터넷 홈페이지에 게시하는 등의 방법으로 공개한 경우 병무청장의 공개결정은 항고소송의 대상이 되는 행정처분에 해당하지 않는다.

② 어떠한 처분의 근거나 법적인 효과가 행정규칙에 규정되어 있다고 하더라도, 그 처분이 행정규칙의 내부적 구속력에 의하여 상대방에게 권리의 설정 또는 의무의 부담을 명하거나 기타 법적인 효과를 발생하게 하는 등으로 그 상대방의 권리·의무에 직접 영향을 미치는 행위라면, 이 경우에도 항고소송의 대상이 되는 행정처분에 해당한다.

③ 공정거래위원회가 「하도급거래 공정화에 관한 법률」 제26조(관계 행정기관의 장의 협조)에 따라 관계 행정기관의 장에게 한 원사업자 또는 수급사업자에 대한 입찰참가자격의 제한을 요청한 결정은 항고소송의 대상이 되는 처분에 해당한다.

④ 산업단지개발계획상 산업단지 안의 토지소유자로서 산업단지개발계획에 적합한 시설을 설치하여 입주하려는 자는 산업단지지정권자 또는 그로부터 권한을 위임받은 기관에 대하여 산업단지개발계획의 변경을 요청할 수 있는 법규상 또는 조리상 신청권이 있고, 이러한 신청에 대한 거부행위는 항고소송의 대상이 되는 행정처분에 해당한다.

15

취소소송의 피고에 대한 설명으로 옳지 않은 것은?

① 취소소송은 다른 법률에 특별한 규정이 없는 한 그 처분 등을 행한 행정청을 피고로 하므로, 대외적으로 의사를 표시할 수 있는 기관이 아닌 내부기관은 실질적인 의사가 그 기관에 의하여 결정되더라도 피고적격을 갖지 못한다.

② 권한의 위임이나 위탁을 받아 수임행정청이 자신의 명의로 한 처분에 관한 취소소송은 원칙적으로 수임행정청을 피고로 하여 제기하여야 한다.

③ 중앙노동위원회의 처분에 대한 소송은 중앙노동위원회 위원장을 피고로 한다.

④ 권한의 대리가 있는 경우, 대리 행정청이 대리관계를 표시하고 피대리 행정청을 대리하여 행정처분을 한 때에는 대리 행정청이 피고로 되어야 한다.

16 □□□

「공익사업을 위한 토지 등의 취득 및 보상에 관한 법률」에 따른 토지 등의 취득 및 보상에 대한 내용으로 옳지 않은 것은?

① 사업시행자는 공익사업을 준비하기 위하여 타인이 점유하는 토지에 출입하여 측량하거나 조사할 수 있다.
② 공익사업에 필요한 토지등의 취득 또는 사용으로 인하여 토지소유자나 관계인이 입은 손실은 사업시행자가 보상하여야 한다.
③ 보상액을 산정할 경우에 해당 공익사업으로 인하여 토지 등의 가격이 변동되었을 때에는 이를 고려하여야 한다.
④ 토지소유자가 제기하는 행정소송이 보상금의 증감에 관한 소송인 경우 사업시행자를 피고로 한다.

17 □□□

행정조사에 대한 설명으로 옳지 않은 것은?

① 「행정조사기본법」상 조사원이 가택·사무실 또는 사업장 등에 출입하여 현장조사를 실시하는 경우, 그 권한을 나타내는 증표를 지니고 이를 조사대상자에게 내보여야 한다.
② 「행정조사기본법」 제5조 단서에서 정한 '조사대상자의 자발적인 협조를 얻어 실시하는 행정조사'는 개별 법령 등에서 행정조사를 규정하고 있는 경우에도 실시할 수 있다.
③ 납세자 등이 대답하거나 수인할 의무가 없고 납세자의 영업의 자유 등을 침해하거나 세무조사권이 남용될 염려가 없는 조사행위라 하더라도 재조사가 금지되는 세무조사에 해당한다.
④ 우편물 통관검사절차에서 이루어지는 우편물의 개봉, 시료채취, 성분분석 등의 검사는 행정조사의 성격을 가지는 것으로서 압수·수색영장 없이 우편물의 개봉, 시료채취, 성분분석 등 검사가 진행되었다 하더라도 특별한 사정이 없는 한 위법하다고 볼 수 없다.

18 □□□

무효등 확인소송에 대한 설명으로 옳지 않은 것은?

① 행정처분의 당연무효를 선언하는 의미에서 그 취소를 구하는 행정소송을 제기하는 경우에는 무효등 확인소송과 같이 제소기간의 제한이 없는 것으로 본다.
② 행정처분의 근거 법률에 의하여 보호되는 직접적이고 구체적인 이익이 있는 경우에는 「행정소송법」상 '무효확인을 구할 법률상 이익'이 있다고 보아야 하고, 이와 별도로 무효확인소송의 보충성이 요구되는 것은 아니다.
③ 동일한 행정처분에 대하여 무효확인의 소를 제기하였다가 그 후 그 처분의 취소를 구하는 소를 추가적으로 병합한 경우, 주된 청구인 무효확인의 소가 적법한 제소기간 내에 제기되었다면 추가로 병합된 취소청구의 소도 적법하게 제기된 것으로 볼 수 있다.
④ 행정처분의 당연무효를 주장하여 그 무효확인을 구하는 행정소송에 있어서는 원고에게 그 행정처분이 무효인 사유를 주장·입증할 책임이 있다.

정답

01	②	02	②	03	②	04	②	05	④
06	③	07	④	08	③	09	③	10	④
11	④	12	①	13	②	14	①	15	④
16	③	17	③	18	①				

07회 2023년 국가직 7급

지문의 내용에 대해 학설의 대립 등
다툼이 있는 경우 판례에 의함

01 □□□
사인의 공법행위에 대한 설명으로 옳지 않은 것은?

① 공무원이 한 사직 의사표시는 그에 터잡은 의원면직처분이 있고 난 이후라도 철회나 취소할 수 있다.
② 자기완결적 신고의 경우 적법한 요건을 갖춘 신고를 하면 신고의 대상이 되는 행위를 적법하게 할 수 있고, 별도로 행정청의 수리를 기다릴 필요가 없다.
③ 「건축법」에 의한 인·허가 의제 효과를 수반하는 건축신고는 특별한 사정이 없는 한 행정청이 그 실체적 요건에 관한 심사를 한 후 수리하여야 하는, 수리를 요하는 신고에 해당한다.
④ 구 「유통산업발전법」에 따른 대규모점포의 개설등록 및 구 「재래시장 및 상점가 육성을 위한 특별법」에 따른 시장관리자 지정은 행정청이 실체적 요건에 관한 심사를 한 후 수리하여야 하는, 수리를 요하는 신고로서 행정처분에 해당한다.

02 □□□
신뢰보호의 원칙에 대한 설명으로 옳지 않은 것은?

① 「행정기본법」에 의하면 행정청은 공익 또는 제3자의 이익을 현저히 해칠 우려가 있는 경우를 제외하고는 행정에 대한 국민의 정당하고 합리적인 신뢰를 보호하여야 한다.
② 「행정기본법」에 의하면 행정청은 권한 행사의 기회가 있음에도 불구하고 장기간 권한을 행사하지 아니하여 국민이 그 권한이 행사되지 아니할 것으로 믿을 만한 정당한 사유가 있는 경우에는, 공익 또는 제3자의 이익을 현저히 해칠 우려가 있는 경우를 제외하고는 그 권한을 행사해서는 아니 된다.
③ 신법의 효력발생일까지 진행 중인 사건에 대하여 신법을 적용하는 것은 법률의 소급적용에 해당하므로 원칙적으로 허용될 수 없다.
④ 헌법재판소의 위헌결정은 행정청이 개인에 대하여 신뢰의 대상이 되는 공적인 견해를 표명한 것이라고 할 수 없으므로 그 결정에 관련한 개인의 행위에 대하여는 신뢰보호의 원칙이 적용되지 아니한다.

03 □□□
「행정기본법」상 부관에 대한 설명으로 옳지 않은 것은?

① 행정청은 처분에 재량이 있는 경우에는 부관을 붙일 수 있다.
② 행정청은 처분에 재량이 없는 경우에는 법률에 근거가 있는 경우에 부관을 붙일 수 있다.
③ 부관은 해당 처분의 목적에 위배되지 아니하여야 하며, 그 처분과 실질적인 관련이 있어야 하고 또한 그 처분의 목적을 달성하기 위하여 필요한 최소한의 범위 내에서 붙여야 한다.
④ 행정청은 사정이 변경되어 종전의 부관을 변경하지 아니하면 해당 처분의 목적을 달성할 수 없다고 인정되는 경우에도 법률에 근거가 없다면 종전의 부관을 변경할 수 없다.

04

행정입법에 대한 설명으로 옳지 않은 것은?

① 법령의 위임이 없음에도 법령에 규정된 처분 요건에 해당하는 사항을 부령에서 변경하여 규정한 경우에는 그 부령의 규정은 행정청 내부의 사무처리 기준 등을 정한 것으로서 행정조직 내에서 적용되는 행정명령의 성격을 지닐 뿐 국민에 대한 대외적 구속력은 없다.
② 법원이 법률 하위의 법규명령이 위헌·위법인지를 심사하려면 그것이 재판의 전제가 되어야 하는데, 여기에서 재판의 전제란 구체적 사건이 법원에 계속 중이어야 하고, 위헌·위법인지가 문제된 경우에는 그 법규명령의 특정 조항이 해당 소송사건의 재판에 적용되는 것이어야 하며, 그 조항이 위헌·위법인지에 따라 그 사건을 담당하는 법원이 다른 판단을 하게 되는 경우를 말한다.
③ 재량권행사의 준칙인 행정규칙이 그 정한 바에 따라 되풀이 시행되어 행정관행이 이루어지게 되면, 평등의 원칙이나 신뢰보호의 원칙에 따라 행정기관은 그 상대방에 대한 관계에서 그 행정규칙에 따라야 할 자기구속을 받게 되고, 그러한 경우에는 대외적인 구속력을 가지게 된다.
④ 상위법령에서 세부사항 등을 시행규칙으로 정하도록 위임하였음에도 이를 고시 등 행정규칙으로 정한 경우 그 행정규칙은 대외적 구속력을 가지는 법규명령으로서 효력이 인정된다.

05

확약에 대한 설명으로 옳지 않은 것은?

① 「행정절차법」상 법령등에서 당사자가 신청할 수 있는 처분을 규정하고 있는 경우 행정청은 당사자의 신청에 따라 장래에 어떤 처분을 하거나 하지 아니할 것을 내용으로 하는 확약을 할 수 있으며, 문서 또는 말에 의한 확약도 가능하다.
② 「행정절차법」상 행정청은 확약을 한 후에 확약의 내용을 이행할 수 없을 정도로 법령등이나 사정이 변경된 경우에는 확약에 기속되지 아니하며, 그 확약을 이행할 수 없는 경우에는 지체 없이 당사자에게 그 사실을 통지하여야 한다.
③ 행정청이 상대방에게 장차 어떤 처분을 하겠다고 확약을 하였더라도, 그 자체에서 상대방으로 하여금 언제까지 처분의 발령을 신청하도록 유효기간을 두었는데도 그 기간 내에 상대방의 신청이 없었다면, 그 확약은 행정청의 별다른 의사표시를 기다리지 않고 실효된다.
④ 어업권면허에 선행하는 우선순위결정은 행정청이 우선권자로 결정된 자의 신청이 있으면 어업권면허처분을 하겠다는 것을 약속하는 행위로서 강학상 확약에 불과하고 행정처분은 아니다.

06

행정행위에 대한 설명으로 옳은 것은?

① 행정청의 의사표시를 요소로 하는 법률행위적 행정행위 중에서 명령적 행위에는 하명, 허가, 대리가 속한다.
② 상대방에게 권리, 능력, 법적 지위, 포괄적 법률관계를 설정하는 특허는 형성적 행정행위이며 원칙적으로 기속행위이다.
③ 인가는 기본행위의 효력을 완성시켜 주는 보충적 행위이므로 기본행위가 무효인 경우에는 이에 대한 인가가 내려지더라도 그 인가는 무효이다.
④ 특정의 사실 또는 법률관계의 존재를 공적으로 증명하여 공적 증거력을 부여하는 행정행위는 확인행위로서 당선인결정, 장애등급결정, 행정심판의 재결 등이 그 예이다.

07

기속행위와 재량행위에 대한 설명으로 옳은 것은?

① 재량행위에 대한 법원의 심사는 재량권의 일탈 또는 남용 및 재량권의 한계 내에서의 행정청의 판단, 즉 합목적성 내지 공익성의 판단 등을 대상으로 한다.
② 육아휴직 중 「국가공무원법」 제73조 제2항에서 정한 복직 요건인 '휴직사유가 없어진 때'에 하는 복직명령은 기속행위이므로 휴직사유가 소멸하였음을 이유로 복직을 신청하는 경우 임용권자는 지체 없이 복직명령을 하여야 한다.
③ 재외동포에 대한 사증발급은 행정청의 기속행위에 속하는 것으로서, 재외동포가 사증발급을 신청한 경우에 구 「출입국관리법 시행령」 [별표 1의2]에서 정한 재외동포체류자격의 요건을 갖추었다면 사증을 발급해야 한다.
④ 구 「주택건설촉진법」 제33조에 의한 주택건설사업계획의 승인은 인간이 본래 가지고 있는 자연적 자유의 회복을 내용으로 하는 행정청의 기속행위에 속한다.

08

「행정절차법」상 행정절차에 대한 설명으로 옳지 않은 것은?

① 행정청이 처분기준 사전공표 의무를 위반하여 미리 공표하지 아니한 기준을 적용하여 처분을 하였다고 하더라도, 그러한 사정만으로 곧바로 해당 처분에 취소사유에 이를 정도의 흠이 존재한다고 볼 수는 없다.
② 처분의 처리기간에 관한 규정은 강행규정이므로 행정청이 처리기간이 지나 처분을 하였다면 이는 처분을 취소할 절차상 하자로 볼 수 있다.
③ 행정청은 위반사실등의 공표를 할 때에는 특별한 사정이 없는 한 미리 당사자에게 그 사실을 통지하고 의견제출의 기회를 주어야 하며, 의견제출의 기회를 받은 당사자는 공표 전에 관할 행정청에 서면이나 말 또는 정보통신망을 이용하여 의견을 제출할 수 있다.
④ 다수의 당사자등이 공동으로 행정절차에 관한 행위를 할 때에는 대표자를 선정할 수 있고, 다수의 대표자가 있는 경우 그 중 1인에 대한 행정청의 행위는 모든 당사자등에게 효력이 있지만, 행정청의 통지는 대표자 모두에게 하여야 그 효력이 있다.

09

「공공기관의 정보공개에 관한 법률」상 정보공개에 대한 설명으로 옳지 않은 것은?

① 지방자치단체는 그 소관 사무에 관하여 법령의 범위에서 정보공개에 관한 조례를 정할 수 있다.
② 정보공개청구인은 공공기관의 비공개결정에 불복하는 행정심판을 청구하려면 「공공기관의 정보공개에 관한 법률」에서 정하는 이의신청 절차를 거쳐야 한다.
③ 정보공개거부처분 취소소송에서 공개청구의 취지에 어긋나지 아니하는 범위 안에서 공개를 거부한 정보가 비공개대상정보에 해당하는 부분과 공개가 가능한 부분으로 분리될 수 있다고 인정되면 법원은 공개가 가능한 부분을 특정하고 판결의 주문에 공개가 가능한 정보에 관한 부분만을 취소한다고 표시해야 한다.
④ 공공기관이 공개청구의 대상이 된 정보를 청구인이 신청한 공개방법 이외의 방법으로 공개하는 결정을 하였다면, 이는 정보공개청구 중 정보공개방법에 관한 부분에 대하여 일부 거부처분을 한 것이므로 청구인은 그에 대하여 항고소송으로 다툴 수 있다.

10

행정상 의무이행 확보수단에 대한 설명으로 옳은 것은?

① 병무청장이 구「병역법」에 따라 병역의무 기피자의 인적사항 등을 인터넷 홈페이지에 게시하는 등의 방법으로 공개한 경우 병무청장의 공개결정은 항고소송의 대상이 되는 행정처분이 아니다.
②「부동산 실권리자명의 등기에 관한 법률」제5조에 의하여 부과된 과징금 채무는 대체적 급부가 가능한 의무이므로 과징금을 부과받은 자가 사망한 경우 그 상속인에게 포괄승계된다.
③ 가산세는 세법에서 규정하는 의무의 성실한 이행을 확보하기 위하여 세법에 따라 산출한 본세액에 가산하여 징수하는 조세로서, 본세에 감면사유가 인정된다면 가산세도 감면대상에 포함된다.
④ 가산세는 납세자가 정당한 이유 없이 법에 규정된 신고, 납세 등 각종 의무를 위반한 경우에 개별세법이 정하는 바에 따라 부과되는 행정상의 제재로서 납세자의 고의·과실 또한 중요한 고려 요소가 된다.

11

이행강제금에 대한 설명으로 옳지 않은 것은?

① 이행강제금 납부의무는 상속인 기타의 사람에게 승계될 수 없는 일신전속적인 성질의 것이므로 이미 사망한 사람에게 이행강제금을 부과하는 내용의 처분이나 결정은 당연무효이다.
② 이행강제금은 대체적 작위의무의 위반에 대하여도 부과될 수 있으며,「건축법」상 위법건축물에 대한 이행강제수단으로 행정대집행과 이행강제금을 합리적인 재량에 의해 선택적으로 활용하는 이상 이는 중첩적인 제재에 해당하지 않는다.
③「건축법」상 시정명령을 받은 의무자가 이행강제금이 부과되기 전에 그 의무를 이행하였더라도 그 시정명령에서 정한 기간을 지나서 이행한 경우라면 행정청은 이행강제금을 부과할 수 있다.
④ 건축주 등이「건축법」상 시정명령을 장기간 이행하지 아니하였더라도, 그 기간 중에는 시정명령의 이행 기회가 제공되지 아니하였다가 뒤늦게 시정명령의 이행 기회가 제공된 경우라면, 행정청은 시정명령의 이행 기회 제공을 전제로 한 1회분의 이행강제금만을 부과할 수 있고 시정명령의 이행 기회가 제공되지 아니한 과거의 기간에 대한 이행강제금까지 한꺼번에 부과할 수는 없다.

12

행정벌에 대한 설명으로 옳지 않은 것은?

① 양벌규정에 의한 영업주의 처벌은 그 자신의 종업원에 대한 선임감독상의 과실로 인하여 처벌되는 것이므로 종업원의 범죄성립이나 처벌이 영업주 처벌의 전제조건이 될 필요는 없다.
② 질서위반행위를 한 자가 자신의 책임 없는 사유로 위반행위에 이르렀다고 주장하는 경우 법원은 그 내용을 살펴 행위자에게 고의나 과실이 있는지를 따져보아야 한다.
③ 지방국세청장 또는 세무서장이「조세범 처벌절차법」에 따라 통고처분을 거치지 아니하고 즉시 고발하였다면 이로써 조세범칙사건에 대한 조사 및 처분 절차는 종료되고 형사사건 절차로 이행되어 지방국세청장 또는 세무서장으로서는 동일한 조세범칙행위에 대하여 더 이상 통고처분을 할 권한이 없다.
④「질서위반행위규제법」상 과태료 사건은 다른 법령에 특별한 규정이 있는 경우를 제외하고는 행정청의 주소지의 지방법원 또는 그 지원의 관할로 한다.

13

「국가배상법」상 영조물의 설치·관리의 하자로 인한 손해배상책임에 대한 설명으로 옳지 않은 것은?

① 국가 또는 지방자치단체에 의하여 특정 공공의 목적에 공여된 유체물 내지 물적 설비는 국가 또는 지방자치단체가 사실상의 관리를 하고 있는 경우에도 '공공의 영조물'이라 볼 수 있다.
② 영조물이 그 용도에 따라 갖추어야 할 안전성을 갖추지 못한 상태에는 영조물이 공공의 목적에 이용됨에 있어 그 이용 상태 및 정도가 일정한 한도를 초과하여 제3자에게 사회통념상 수인할 것이 기대되는 한도를 넘는 피해를 입히는 경우까지 포함된다.
③ 영조물이 안전성을 갖추었는지 여부는 영조물의 설치자 또는 관리자가 그 영조물의 위험성에 비례하여 사회통념상 일반적으로 요구되는 정도의 방호조치의무를 다하였는지를 기준으로 판단하여야 하고, 그 설치자 또는 관리자의 재정적·인적·물적 제약 등은 고려하지 않는다.
④ 객관적으로 보아 영조물의 결함이 영조물의 설치·관리자의 관리행위가 미칠 수 없는 상황 아래에 있는 경우에는 영조물의 설치·관리의 하자를 인정할 수 없다.

14

「행정소송법」상 취소소송에 대한 설명으로 옳지 않은 것은?

① 부당해고 구제신청에 관한 중앙노동위원회의 결정에 대하여 취소소송을 제기하는 경우, 법원은 중앙노동위원회의 결정 후에 생긴 사유를 들어 그 결정의 적법 여부를 판단할 수 있다.
② 취소소송에서 쟁송의 대상이 되는 행정처분의 존부는 소송요건으로서 법원의 직권조사사항이고 자백의 대상이 될 수 없다.
③ 이미 직위해제처분을 받아 직위해제된 공무원에 대하여 행정청이 새로운 사유에 기하여 직위해제처분을 하였다면, 이전 직위해제처분의 취소를 구하는 소송을 제기하는 것은 부적법하다.
④ 취소소송 계속 중에 처분청이 계쟁 처분을 직권으로 취소하더라도, 동일한 소송 당사자 사이에서 그 처분과 동일한 사유로 위법한 처분이 반복될 위험성이 있어 그 처분에 대한 위법성의 확인이 필요한 경우에는 그 처분의 취소를 구할 소의 이익이 있다.

15

「행정소송법」상 항고소송에 대한 설명으로 옳은 것은?

① 부작위위법확인소송에서 부작위상태가 계속되는 한 그 위법의 확인을 구할 이익이 있다고 보아야 하므로 행정심판 등 전심절차를 거친 경우에도 제소기간에 관한 규정은 적용되지 않는다.
② 외국 국적의 甲이 위명(僞名)인 乙 명의의 여권으로 대한민국에 입국한 뒤 乙 명의로 난민 신청을 하였고 법무부장관이 乙 명의를 사용한 甲을 직접 면담하여 조사한 후에 甲에 대하여 난민불인정 처분을 한 경우, 甲은 난민불인정 처분의 취소를 구할 법률상 이익이 없다.
③ 주민 등의 도시관리계획의 입안 제안을 거부하는 처분에 대하여 이익형량의 하자를 이유로 취소판결이 확정된 후에 행정청이 다시 이익형량을 하여 주민 등이 제안한 것과는 다른 내용의 계획을 수립한다면 이는 재처분의무를 이행한 것으로 볼 수 없다.
④ 무효확인소송에서 '무효확인을 구할 법률상 이익'을 판단함에 있어 행정처분의 무효를 전제로 한 이행소송 등과 같은 직접적인 구제수단이 있는지 여부를 따질 필요가 없다.

16

「행정소송법」상 취소소송의 판결의 효력에 대한 설명으로 옳지 않은 것은?

① 전소의 판결이 확정된 경우 후소의 소송물이 전소의 소송물과 동일하지 않더라도 전소의 소송물에 관한 판단이 후소의 선결문제가 되는 경우에 후소에서 전소 판결의 판단과 다른 주장을 하는 것은 기판력에 반한다.
② 행정처분을 취소하는 확정판결이 있으면 그 취소판결 자체의 효력에 의해 그 행정처분을 기초로 하여 새로 형성된 제3자의 권리는 당연히 그 행정처분 전의 상태로 환원된다.
③ 처분의 취소판결이 확정된 후 새로운 처분을 하는 경우, 새로운 처분의 사유가 취소된 처분의 사유와 기본적 사실관계에서 동일하지 않다면 취소된 처분과 같은 내용의 처분을 하는 것은 기속력에 반하지 않는다.
④ 법원이 간접강제결정에서 정한 의무이행기한이 경과한 후에라도 확정판결의 취지에 따른 재처분이 행하여지면, 처분상대방이 더 이상 배상금을 추심하는 것은 허용되지 않는다.

17

행정기관의 권한에 대한 설명으로 옳지 않은 것은?

① 「정부조직법」 제6조 제1항은 권한위임 등에 관한 대강을 정한 것에 불과할 뿐 권한위임의 근거규정이 될 수 없으므로 권한의 위임을 위해서는 법률의 개별적 근거가 필요하다.
② 대외적으로 처분 권한이 있는 처분청이 상급행정기관의 지시를 위반하는 처분을 한 경우, 그러한 사정만으로 처분이 곧바로 위법하게 되는 것은 아니다.
③ 피대리행정청의 의사에 의해 대리권을 수여받은 행정기관이 대리관계를 표시하면서 피대리행정청을 대리하여 처분을 한 경우, 당해 처분에 대한 취소소송의 피고는 피대리행정청이 된다.
④ 「국세징수법」에 근거하여 한국자산관리공사가 행하는 공매의 대행은 세무서장의 공매권한의 위임에 해당하므로 한국자산관리공사의 공매처분에 대한 취소소송에서 피고는 한국자산관리공사이다.

18

공무원의 종류 및 공무원법관계에 대한 설명으로 옳은 것은?

① 「국가공무원법」상 실적과 자격에 따라 임용되고 그 신분이 보장되며 평생 동안(근무기간을 정하여 임용하는 공무원의 경우에는 그 기간 동안) 공무원으로 근무할 것이 예정되는 공무원에는 법관이나 검사도 포함된다.
② 공무원연금법령상 급여청구권은 법령상 요건이 충족되면 성립하는 권리이므로 급여의 신청에 대하여 공무원연금공단이 이를 거부한 경우 그 거부결정에 대한 항고소송은 허용되지 않는다.
③ 공무원임용의 결격사유에 해당하는 자를 국가공무원에 임용하는 행위는 당연무효이지만, 임용결격자와 국가 간에 실제로 근로고용관계가 성립하였으므로 임용결격자는 퇴직시에 「공무원연금법」상 퇴직급여를 받을 수 있다.
④ 국가공무원이 금고 이상의 형의 집행유예를 선고받아 당연퇴직하게 된 경우, 그 후 「형법」에 따라 그 형의 선고가 효력을 잃게 되었다면 이미 발생한 당연퇴직의 효력은 소멸한다.

19

「공익사업을 위한 토지 등의 취득 및 보상에 관한 법률」상의 토지 등의 취득 및 그 보상에 대한 설명으로 옳은 것만을 모두 고르면?

> ㄱ. 사업인정은 공익사업의 시행자에게 일정한 절차를 거칠 것을 조건으로 일정한 내용의 수용권을 설정하여 주는 형성행위이며, 사업시행자에게 해당 공익사업을 수행할 의사와 능력이 있어야 한다는 것도 사업인정의 한 요건이 된다.
>
> ㄴ. 사업시행자가 「공증인법」에 따른 공증을 받아 협의 성립의 확인을 신청한 경우, 그 신청이 수리되면 협의 성립의 확인이 있었던 것으로 간주되고 그에 관한 재결이 있었던 것으로 재차 의제되므로 그에 따라 사업시행자는 사법상 매매의 효력만을 갖는 협의취득과는 달리 확인대상 토지를 수용재결의 경우와 동일하게 원시취득하는 효과를 누리게 된다.
>
> ㄷ. 토지수용위원회의 수용재결이 있은 후에도 토지소유자 등과 사업시행자는 다시 협의하여 토지 등의 취득이나 사용 및 그에 대한 보상에 관하여 임의로 계약을 체결할 수 있다.
>
> ㄹ. 사업인정고시는 수용재결절차로 나아가 강제적인 방식으로 토지소유자나 관계인의 권리를 취득·보상하기 위한 절차적 요건에 지나지 않고 영업손실보상의 요건이 아니므로, 사업시행자가 시행하는 사업이 공익사업에 해당하고 그 사업으로 인한 폐업이 영업손실 보상대상에 해당한다면 사업인정고시가 없더라도 사업시행자는 영업손실을 보상할 의무가 있다.

① ㄱ, ㄴ
② ㄱ, ㄷ, ㄹ
③ ㄴ, ㄷ, ㄹ
④ ㄱ, ㄴ, ㄷ, ㄹ

20

다음 사례에 대한 설명으로 옳지 않은 것은?

> 甲은 토지 위에 컨테이너를 설치하여 사무실로 사용하였다. 관할 행정청인 乙은 甲에게 이 컨테이너는 「건축법」상 건축허가를 받아야 하는 건축물인데 건축허가를 받지 않고 건축하였다는 이유로 甲에게 원상복구명령을 하면서, 만약 기한 내에 원상복구를 하지 않을 경우에는 행정대집행을 통하여 컨테이너를 철거할 것임을 계고하였다. 이후 甲은 乙에게 이 컨테이너에 대하여 가설건축물 축조신고를 하였으나 乙은 이 컨테이너는 건축허가대상이라는 이유로 가설건축물 축조신고를 반려하였다.

① 「건축법」에 특별한 규정이 없더라도 「행정절차법」상 예외에 해당하지 않는 한 乙은 원상복구명령을 하면서 甲에게 원상복구명령을 사전통지하고 의견제출의 기회를 주어야 한다.

② 乙이 행한 원상복구명령과 대집행 계고가 계고서라는 1장의 문서로 이루어진 경우라도 원상복구명령과 계고처분은 독립하여 있는 것으로서 각 그 요건이 충족된 것으로 볼 수 있다.

③ 乙이 대집행영장을 통지한 경우, 원상복구명령이 당연무효라면 대집행영장통지도 당연무효이다.

④ 甲이 제기한 원상복구명령 및 계고처분에 대한 취소소송에서, 乙은 처분시에 제시한 '甲의 건축물은 건축허가를 받지 않은 건축물'이라는 처분사유에 '甲의 건축물은 신고를 하지 않은 가설건축물'이라는 처분사유를 추가할 수 있다.

정답

01	①	02	③	03	④	04	④	05	①
06	③	07	②	08	②	09	②	10	②
11	③	12	④	13	③	14	②	15	④
16	②	17	①	18	①	19	④	20	④

08회 2022년 국가직 7급

지문의 내용에 대해 학설의 대립 등
다툼이 있는 경우 판례에 의함

01 ☐☐☐

행정법의 일반원칙에 대한 설명으로 옳지 않은 것은?

① 「행정기본법」은 비례의 원칙을 명문으로 규정하고 있다.
② 행정처분이 수차례에 걸쳐 반복적으로 행하여졌다면 그 처분이 위법한 것인 때에도 행정청에 대하여 자기구속력을 갖게 된다.
③ 공적 견해표명 당시의 사정이 사후에 변경된 경우 특별한 사정이 없는 한 행정청이 그 견해표명에 반하는 처분을 하더라도 신뢰보호원칙에 위반된다고 할 수 없다.
④ 주택사업계획승인을 하면서 그 주택사업과 아무 관련이 없는 토지를 기부채납하도록 하는 부관을 붙인 경우, 그 부관은 부당결부금지원칙에 위반되어 위법하다.

02 ☐☐☐

행정행위의 하자에 대한 설명으로 옳지 않은 것은?

① 인가처분에 하자가 없다면 기본행위에 하자가 있다 하더라도 기본행위의 무효를 내세워 바로 그에 대한 행정청의 인가처분의 취소 또는 무효확인을 소구할 법률상의 이익이 없다.
② 행정처분의 당연무효를 선언하는 의미에서 취소를 구하는 행정소송을 제기한 경우에는 취소소송의 제소요건을 갖추어야 한다.
③ 행정처분이 발하여진 후에 헌법재판소가 그 행정처분의 근거가 된 법률을 위헌으로 결정하였다면, 그 행정처분은 특별한 사정이 없는 한 당연무효이다.
④ 납세자가 아닌 제3자의 재산을 대상으로 한 압류처분은 그 처분의 내용이 법률상 실현될 수 없는 것이어서 당연무효이다.

03 ☐☐☐

행정규칙에 대한 설명으로 옳지 않은 것은?

① 중앙행정기관의 장이 정한 훈령·예규 및 고시 등 행정규칙은 상위법령의 위임이 있다고 하더라도 「행정기본법」상의 '법령'에 해당하지 않는다.
② 처분이 행정규칙을 위반하였다고 해서 그러한 사정만으로 곧바로 위법하게 되는 것은 아니다.
③ 처분의 근거나 법적인 효과가 행정규칙에 규정되어 있더라도 그 상대방의 권리·의무에 직접 영향을 미치는 행위라면, 항고소송의 대상이 되는 행정처분에 해당한다.
④ 행정규칙의 내용이 상위법령이나 법의 일반원칙에 반하는 것이라면 행정내부적 효력도 인정될 수 없다.

04 ☐☐☐

행정계획에 대한 설명으로 옳지 않은 것은?

① '4대강 살리기 마스터플랜'은 4대강 정비사업 지역 인근에 거주하는 주민의 권리·의무에 직접 영향을 미치는 것이어서 행정처분에 해당한다.
② 구 도시계획법령상 도시계획안의 내용에 대한 공고 및 공람 절차에 하자가 있는 도시계획결정은 위법하다.
③ 행정주체는 구체적인 행정계획을 입안·결정함에 있어서 비교적 광범위한 형성의 자유를 가진다.
④ 행정주체가 행정계획을 입안·결정함에 있어서 이익형량의 고려 대상에 마땅히 포함시켜야 할 사항을 누락한 경우 그 행정계획결정은 재량권을 일탈·남용한 것으로서 위법하다.

05

「행정기본법」상 처분의 취소 및 철회에 대한 설명으로 옳지 않은 것은?

① 행정청은 당사자의 신뢰를 보호할 가치가 있는 등 정당한 사유가 있는 경우에는 위법한 처분을 장래를 향하여 취소할 수 있다.
② 당사자가 부정한 방법으로 수익적 처분을 받은 경우에도 행정청이 그 처분을 취소하려면 취소로 인하여 당사자가 입게 될 불이익을 취소로 달성되는 공익과 비교·형량하여야 한다.
③ 행정청은 중대한 공익을 위하여 필요한 경우에는 적법한 처분의 전부 또는 일부를 장래를 향하여 철회할 수 있다.
④ 처분은 무효가 아닌 한 권한이 있는 기관이 취소 또는 철회하거나 기간의 경과 등으로 소멸되기 전까지는 유효한 것으로 통용된다.

06

행정행위에 대한 설명으로 옳은 것은?

① 상대방 있는 행정처분이 상대방에게 고지되지 아니한 경우에는 특별한 규정이 없는 한 상대방이 다른 경로를 통해 행정처분의 내용을 알게 되었다고 하더라도 행정처분의 효력이 발생한다고 볼 수 없다.
② 기한의 도래로 실효한 종전의 허가에 대한 기간연장신청은 새로운 허가를 내용으로 하는 행정처분을 구하는 것이 아니라, 종전의 허가처분을 전제로 하여 단순히 그 유효기간을 연장하여 주는 행정처분을 구하는 것으로 보아야 한다.
③ 공무원에 대한 당연퇴직의 인사발령은 공무원의 신분을 상실시키는 새로운 형성적 행위이므로 행정소송의 대상이 되는 행정처분이다.
④ 지적공부 소관청의 지목변경신청 반려행위는 국민의 권리관계에 영향을 미친다고 볼 수 없어서 행정처분에 해당하지 않는다.

07

행정절차에 대한 설명으로 옳지 않은 것은?

① 당사자가 근거규정 등을 명시하여 신청하는 인·허가 등을 거부하는 처분을 함에 있어 당사자가 그 근거를 알 수 있을 정도로 상당한 이유를 제시한 경우에는 당해 처분의 근거 및 이유를 구체적 조항 및 내용까지 명시하지 않았더라도 그로 말미암아 그 처분이 위법한 것이 된다고 할 수 없다.
② 환경영향평가절차를 거쳤다면, 환경영향평가의 내용이 다소 부실하다 하더라도, 그 부실의 정도가 환경영향평가를 하지 아니한 것과 다를 바 없는 정도의 것이 아니라면 당연히 당해 승인 등 처분이 위법하게 되는 것은 아니다.
③ 행정청이 당사자와 도시계획사업의 시행과 관련한 협약을 체결하면서 관계법령 및 「행정절차법」에 규정된 청문의 실시 등 의견청취절차를 배제하는 조항을 두었다고 하더라도, 청문의 실시에 관한 규정의 적용을 배제할 수 있다고 볼 만한 법령상의 규정이 없는 한, 청문의 실시에 관한 규정의 적용이 배제된다거나 청문을 실시하지 않아도 되는 예외적인 경우에 해당한다고 할 수 없다.
④ 「국가공무원법」상 직위해제처분을 할 경우 처분의 사전통지 및 의견청취 등에 관한 「행정절차법」의 규정이 적용된다.

08

행정조사에 대한 설명으로 옳지 않은 것은?

① 세무조사에 중대한 위법사유가 있는 경우 이러한 세무조사에 의하여 수집된 과세자료를 기초로 한 과세처분 역시 위법하다.
② 과세관청의 질문조사권이 행해지는 세무조사결정은 납세의무자의 권리·의무에 직접 영향을 미치는 공권력의 행사에 따른 행정작용으로서 항고소송의 대상이 된다.
③ 「행정조사기본법」제4조(행정조사의 기본원칙)는 조세·보안처분에 관한 사항에 대하여 적용하지 아니한다.
④ 행정기관의 장은 법령등에 특별한 규정이 있는 경우를 제외하고는 행정조사의 결과를 확정한 날부터 7일 이내에 그 결과를 조사대상자에게 통지하여야 한다.

09

제재처분에 대한 설명으로 옳지 않은 것은?

① 일정한 법규위반 사실이 행정처분의 전제사실이자 형사법규의 위반사실이 되는 경우, 형사판결이 확정되기 전에 그 위반사실을 이유로 제재처분을 하였다면 절차적 위반에 해당한다.
② 행정청이 여러 개의 위반행위에 대하여 하나의 제재처분을 하였으나, 위반행위별로 제재처분의 내용을 구분하는 것이 가능하고 여러 개의 위반행위 중 일부의 위반행위에 대한 제재처분 부분만이 위법하다면, 법원은 제재처분 전부를 취소하여서는 아니 된다.
③ 법령위반 행위가 2022년 3월 23일 있은 후 법령이 개정되어 그 위반행위에 대한 제재처분 기준이 감경된 경우, 특별한 규정이 없다면 해당 제재처분에 대해서는 개정된 법령을 적용한다.
④ 행정법규 위반에 대한 영업정지 처분은 행정목적의 달성을 위하여 행정법규 위반이라는 객관적 사실에 착안하여 가하는 제재이므로, 반드시 현실적인 행위자가 아니라도 법령상 책임자로 규정된 자에게 부과되고, 특별한 사정이 없는 한 위반자에게 고의나 과실이 없더라도 부과할 수 있다.

10

항고소송에 대한 판례의 입장으로 옳은 것만을 모두 고르면?

> ㄱ. 건축물대장 소관청의 용도변경신청 거부행위는 국민의 권리관계에 영향을 미치는 것으로서 항고소송의 대상이 되는 행정처분에 해당한다.
> ㄴ. 자동차운전면허대장에 일정한 사항을 등재하는 행위와 운전경력증명서상의 기재행위는 행정소송의 대상이 되는 독립한 행정처분으로 볼 수 없다.
> ㄷ. 「병역법」에 따라 관할 지방병무청장이 1차로 병역의무기피자 인적사항 공개 대상자 결정을 하고 그에 따라 병무청장이 같은 내용으로 최종적 공개결정을 하였더라도, 해당 공개 대상자는 관할 지방병무청장의 공개 대상자 결정을 다툴 수 있다.
> ㄹ. 한국마사회가 조교사 또는 기수의 면허를 취소하는 것은 국가 기타 행정기관으로부터 위탁받은 행정권한의 행사가 아니라 일반 사법상의 법률관계에서 이루어지는 단체 내부에서의 징계 내지 제재처분이다.

① ㄱ, ㄴ, ㄷ
② ㄱ, ㄴ, ㄹ
③ ㄱ, ㄷ, ㄹ
④ ㄴ, ㄷ, ㄹ

11

「행정심판법」에 따른 행정심판기관이 아닌 특별행정심판기관에 의하여 처리되는 특별행정심판에 해당하는 것만을 모두 고르면?

> ㄱ. 「국세기본법」상 조세심판
> ㄴ. 「도로교통법」상 행정심판
> ㄷ. 「국가공무원법」상 소청심사
> ㄹ. 「공익사업을 위한 토지 등의 취득 및 보상에 관한 법률」상 토지수용재결에 대한 이의신청

① ㄱ, ㄴ
② ㄱ, ㄷ, ㄹ
③ ㄴ, ㄷ, ㄹ
④ ㄱ, ㄴ, ㄷ, ㄹ

12

행정벌에 대한 설명으로 옳지 않은 것은?

① 「지방자치법」상 사기나 부정한 방법으로 사용료 징수를 면한 자에 대한 과태료의 부과·징수 등의 절차에 관한 사항은 「질서위반행위규제법」에 따른다.
② 구 「행형법」에 의한 징벌을 받은 뒤에 형사처벌을 한다고 하여 일사부재리의 원칙에 반하는 것은 아니다.
③ 「도로교통법」상 경찰서장의 통고처분은 행정소송의 대상이 되는 행정처분이 아니다.
④ 「질서위반행위규제법」상 법원의 과태료 재판이 확정된 후에는 법률이 변경되어 그 행위가 질서위반행위에 해당하지 아니하게 된 경우라 하더라도 과태료의 집행을 면제하지 못한다.

13

정보공개에 대한 판례의 입장으로 옳지 않은 것은?

① 정보공개 청구권자의 권리구제 가능성은 정보의 공개 여부 결정에 영향을 미치지 못한다.
② 정보공개청구에 대하여 행정청이 전부공개 결정을 하는 경우에는, 청구인이 지정한 정보공개방법에 의하지 않았다고 하더라도 청구인은 이를 다툴 수 없다.
③ 정보공개거부처분취소소송에서 행정기관이 청구정보를 증거 등으로 법원에 제출하여 결과적으로 청구인에게 정보를 공개하는 결과가 되었다고 하더라도, 당해 정보의 비공개결정의 취소를 구할 소의 이익은 소멸되지 않는다.
④ 「형사소송법」은 형사재판확정기록의 공개 여부 등에 대하여 「공공기관의 정보공개에 관한 법률」과 달리 규정하고 있으므로, 형사재판확정기록의 공개에 관하여는 「공공기관의 정보공개에 관한 법률」에 의한 공개청구가 허용되지 아니한다.

14

부작위위법확인소송에 대한 설명으로 옳지 않은 것은?

① 부작위위법확인소송은 처분의 신청을 한 자로서 부작위의 위법의 확인을 구할 법률상의 이익이 있는 자만이 제기할 수 있다.
② 당사자가 행정청에 대하여 어떠한 행정처분을 하여 줄 것을 요청할 수 있는 법규상 또는 조리상의 권리를 갖고 있지 아니한 경우에 제기한 부작위위법확인의 소는 부적법하다.
③ 부작위위법확인소송의 경우 사실심의 구두변론종결시점의 법적·사실적 상황을 근거로 행정청의 부작위의 위법성을 판단하여야 한다.
④ 부작위위법확인소송은 행정심판 등 전심절차를 거친 경우라 하더라도 「행정소송법」 제20조가 정한 제소기간 내에 제기해야 하는 것은 아니다.

15

국가배상에 대한 판례의 입장으로 옳은 것은?

① 공익근무요원은 「국가배상법」 제2조 제1항 단서규정에 의하여 손해배상청구가 제한된다.
② 외국인이 피해자인 경우에는 해당 국가와 상호보증이 있을 때에만 「국가배상법」이 적용되며, 상호보증은 해당 국가와 조약이 체결되어 있어야 한다.
③ 공무원에 대한 전보인사가 인사권을 다소 부적절하게 행사한 것으로 볼 여지가 있다 하더라도 그러한 사유만으로 그 전보인사가 당연히 불법행위를 구성한다고 볼 수는 없다.
④ 직무집행과 관련하여 공상을 입은 군인이 먼저 「국가배상법」에 따라 손해배상금을 지급받았다면 「국가유공자 등 예우 및 지원에 관한 법률」이 정한 보상금 등 보훈급여금의 지급을 청구하는 것은 이중배상금지원칙에 따라 인정되지 아니한다.

16

조세의 부과·징수 및 그 구제에 대한 설명으로 옳지 않은 것은?

① 심판청구 등에 대한 결정의 한 유형으로 실무상 행해지고 있는 재조사 결정은 재결청의 결정에서 지적된 사항에 관하여 처분청의 재조사결과를 기다려 그에 따른 후속 처분의 내용을 심판청구 등에 대한 결정의 일부분으로 삼겠다는 의사가 내포된 변형결정에 해당하므로, 처분청은 재조사 결정의 취지에 따라 재조사를 한 후 그 내용을 보완하는 후속 처분만을 할 수 있다.
② 납세의무자에 대한 국가의 부가가치세 환급세액 지급의무는 그 납세의무자로부터 어느 과세기간에 과다하게 거래징수된 세액 상당을 국가가 실제로 납부받았는지와 관계없이 부가가치세법령의 규정에 의하여 직접 발생하는 것으로서, 그 법적 성질은 부당이득 반환의무가 아니다.
③ 과세표준과 세액을 감액하는 경정처분에 대해서 그 감액경정처분으로도 아직 취소되지 아니하고 남아 있는 부분을 다투는 경우, 적법한 전심절차를 거쳤는지 여부, 제소기간의 준수 여부는 당해 경정처분을 기준으로 판단하여야 한다.
④ 증액경정처분이 있는 경우, 원칙적으로는 당초 신고나 결정에 대한 불복기간의 경과 여부 등에 관계없이 증액경정처분만이 항고소송의 심판대상이 되고, 납세의무자는 그 항고소송에서 당초 신고나 결정에 대한 위법사유도 함께 주장할 수 있다.

17

다음 사례에 대한 설명으로 옳은 것은?

> 경기도 A군수는 개발촉진지구에서 시행되는 지역개발사업의 시행자로 B를 지정·고시하고 실시계획을 승인·고시하였다. B는 개발사업구역에 편입된 甲 소유 토지에 관하여 「공익사업을 위한 토지 등의 취득 및 보상에 관한 법률」에 따라 甲과 협의를 하였으나 협의가 이루어지지 아니하자 경기도 지방토지수용위원회에 위 토지에 대한 수용재결 신청을 하여 수용재결서 정본을 송달받았다.

① 甲은 수용재결에 불복할 때에는 그 재결서를 받은 날부터 60일 이내에, 이의신청을 거쳤을 때에는 이의신청에 대한 재결서를 받은 날부터 30일 이내에 각각 행정소송을 제기하여야 한다.
② 甲이 수용재결에 이의가 있을 경우 경기도 지방토지수용위원회를 거쳐 중앙토지수용위원회에 이의를 신청할 수 있다.
③ 甲이 수용재결에 대하여 중앙토지수용위원회의 이의재결을 거친 후 취소소송을 제기할 경우, 이의재결에 고유한 위법이 없는 경우에도 중앙토지수용위원회를 피고로 하여 수용재결의 취소를 구하여야 한다.
④ 甲이 보상금의 증액청구를 하고자 하는 경우에는 경기도 지방토지수용위원회를 피고로 하여 당사자소송을 제기하여야 한다.

18

다음 사례에 대한 설명으로 옳지 않은 것은?

> 甲은 구「주택건설촉진법」상 아파트를 건설하기 위해 관할 행정청인 A시장으로부터 주택건설사업계획승인을 받았는데, 그 후 乙에게 위 주택건설사업에 관한 일체의 권리를 양도하였다. 乙은 A시장에 대하여 사업주체가 변경되었음을 이유로 사업계획변경승인신청서를 제출하였는데, A시장은 사업계획승인을 받은 날로부터 4년여간 공사에 착수하지 않았다는 이유로 주택건설사업계획승인을 취소한다고 甲과 乙에게 통지하고, 乙의 사업계획변경승인신청을 반려하였다.

① A시장의 주택건설사업계획승인의 취소는 취소하여야 할 공익상의 필요와 그 취소로 인하여 당사자가 입게 될 기득권의 침해·신뢰보호 등을 비교·교량하였을 때 공익상의 필요가 당사자가 입을 불이익을 정당화할 만큼 강하지 않다면 적법성을 인정받을 수 없다.
② 사실상 내지 사법상으로 주택건설사업 등이 양도·양수되었을지라도 아직 변경승인을 받기 이전에는 그 사업계획의 피승인자는 여전히 종전의 사업주체인 甲이다.
③ 주택건설사업계획승인취소처분이 甲과 乙에게 같이 통지되었다 하더라도 아직 乙이 사업계획변경승인을 받지 못한 이상 乙로서는 자신에 대한 것이든 甲에 대한 것이든 사업계획승인취소를 다툴 원고적격이 인정되지 않는다.
④ A시장이 乙에 대하여 한 주택건설사업계획승인취소의 통지는 항고소송의 대상이 되는 행정처분이 아니다.

19

공법상 계약에 대한 설명으로 옳지 않은 것은?

① 행정청은 공법상 계약의 상대방을 선정하고 계약 내용을 정할 때 공법상 계약의 공공성과 제3자의 이해관계를 고려하여야 한다.
② 중소기업 정보화지원사업에 따른 지원금 출연을 위하여 중소기업청장이 체결하는 협약은 공법상 대등한 당사자 사이의 의사표시의 합치로 성립하는 공법상 계약에 해당하고 그 협약의 해지 및 그에 따른 환수통보는 공법상 계약에 따라 행정청이 대등한 당사자의 지위에서 하는 의사표시이다.
③ 공법상 계약의 한쪽 당사자가 다른 당사자를 상대로 그 효력을 다투거나 그 이행을 청구하는 소송은 공법상의 법률관계에 관한 분쟁이므로 특별한 사정이 없는 한 공법상 당사자소송으로 제기하여야 한다.
④ 민간투자사업 실시협약을 체결한 당사자가 공법상 당사자소송에 의하여 그 실시협약에 따른 재정지원금의 지급을 구하는 경우에, 수소법원은 주무관청이 재정지원금액을 산정한 절차 등에 위법이 있는지 여부를 심사할 수는 있지만 실시협약에 따른 적정한 재정지원금액이 얼마인지를 구체적으로 심리·판단할 수 없다.

정답

01	②	02	③	03	①	04	①	05	②
06	①	07	④	08	③	09	①	10	②
11	②	12	④	13	②	14	④	15	③
16	③	17	②	18	③	19	④		

PART 3

지방직 9급

해커스공무원
김대현 행정법총론
최신 4개년 기출문제집

09회 / 2025년 지방직 9급
10회 / 2024년 지방직 9급
11회 / 2023년 지방직 9급
12회 / 2022년 지방직 9급

09회 2025년 지방직 9급

지문의 내용에 대해 학설의 대립 등
다툼이 있는 경우 판례에 의함

01 ☐☐☐
행정쟁송에 있어서 가구제에 대한 설명으로 옳지 않은 것은?

① 「행정소송법」상 집행정지의 결정 또는 기각의 결정에 대하여는 즉시항고할 수 있다.
② 행정처분의 효력이나 집행 혹은 절차속행 등의 정지를 구하는 신청은 「행정소송법」상 집행정지신청의 방법으로서만 가능할 뿐 「민사소송법」상 가처분의 방법으로는 허용될 수 없다.
③ 「행정심판법」상 임시처분은 집행정지로 목적을 달성할 수 없는 경우 관할 행정심판위원회가 직권으로 또는 당사자의 신청에 의하여 결정할 수 있다.
④ 집행정지결정 후 본안소송이 취하되어 소송이 계속되지 아니하더라도 집행정지결정의 효력이 당연히 소멸되는 것은 아니고 별도의 취소조치를 필요로 한다.

02 ☐☐☐
「행정절차법」상 처분의 이유제시에 대한 설명으로 옳은 것은?

① 신청 내용을 모두 그대로 인정하는 처분인 경우, 처분 후 당사자가 요청하더라도 행정청은 그 근거와 이유를 제시하지 않아도 된다.
② 단순·반복적인 처분 또는 경미한 처분으로서 당사자가 그 이유를 명백히 알 수 있는 경우, 처분 후 당사자가 요청하더라도 행정청은 그 근거와 이유를 제시하지 않아도 된다.
③ 긴급히 처분을 할 필요가 있는 경우, 처분 후 당사자가 요청하더라도 행정청은 그 근거와 이유를 제시하지 않아도 된다.
④ 처분 당시 당사자가 어떠한 근거와 이유로 처분이 이루어진 것인지를 충분히 알 수 있어 그에 불복하여 행정구제절차로 나아가는 데 별다른 지장이 없었던 것으로 인정되는 경우에도 처분서에 처분의 근거와 이유가 구체적으로 명시되지 않았다면 그 처분은 위법하다.

03 ☐☐☐
선결문제에 대한 설명으로 옳지 않은 것은?

① 위법한 행정대집행이 완료되면 대집행계고처분의 무효확인 또는 취소를 구할 소의 이익은 없다 하더라도, 미리 그 행정처분의 취소판결이 있어야만, 그 행정처분이 위법임을 이유로 한 손해배상 청구를 할 수 있는 것은 아니다.
② 행정행위의 하자가 취소사유에 불과한 때에는 그 처분이 취소되지 않는 한 처분의 효력을 부정하여 그로 인한 이득을 법률상 원인 없는 이득이라고 말할 수 없다.
③ 과세대상과 납세의무자 확정이 잘못되어 당연무효인 과세에 대하여는 체납이 문제될 여지가 없으므로 체납범이 성립하지 않는다.
④ 연령미달의 결격자인 피고인이 소외인의 이름으로 운전면허시험에 응시, 합격하여 교부받은 운전면허는 당연무효이므로, 그 경우 피고인의 운전행위는 무면허운전에 해당한다.

04

법치행정에 대한 설명으로 옳지 않은 것은?

① 자치조례에 대한 법률의 위임은 법규명령에 대한 법률의 위임과 같이 반드시 구체적으로 범위를 정하여야 할 필요가 없으며 포괄적인 것으로 족하다.
② 구 「여객자동차 운수사업법」 및 동법 시행령상 개인택시 운송사업자의 운전면허가 취소된 때에는 그의 개인택시 운송사업면허를 취소할 수 있도록 규정되어 있으므로, 개인택시운송사업자 甲이 운전면허 취소사유인 음주운전 교통사고로 사망하였다면 그 운전면허 취소처분이 없더라도 관할관청은 甲에 대한 개인택시운송사업면허를 취소할 수 있다.
③ 고도의 정치성을 띤 국가행위에 대하여는 이른바 통치행위라 하여 법원 스스로 사법심사권의 행사를 억제하여 그 심사대상에서 제외하는 영역이 있을 수 있으나, 이와 같이 통치행위의 개념을 인정하더라도 과도한 사법심사의 자제가 기본권을 보장하고 법치주의 이념을 구현하여야 할 법원의 책무를 태만히 하거나 포기하는 것이 되지 않도록 그 인정을 지극히 신중하게 하여야 한다.
④ 법률의 시행령은 모법인 법률에 의하여 위임받은 사항이나 법률이 규정한 범위 내에서 법률을 현실적으로 집행하는 데 필요한 세부적인 사항만을 규정할 수 있을 뿐, 법률에 의한 위임이 없는 한 법률이 규정한 개인의 권리·의무에 관한 내용을 변경·보충하거나 법률에 규정되지 아니한 새로운 내용을 규정할 수는 없다.

05

행정소송상 재판관할에 대한 설명으로 옳지 않은 것은?

① 토지의 수용 기타 부동산에 관계되는 처분등에 대한 취소소송은 그 부동산의 소재지를 관할하는 행정법원에 이를 제기할 수 있다.
② 수소법원의 재판관할권 유무는 법원의 직권조사사항이며, 소송당사자에게도 관할위반을 이유로 하는 이송신청권이 인정된다.
③ 원고가 고의 또는 중대한 과실 없이 행정소송으로 제기하여야 할 사건을 민사소송으로 잘못 제기한 경우, 수소법원으로서는 만약 그 행정소송에 대한 관할도 동시에 가지고 있다면 이를 행정소송으로 심리·판단하여야 한다.
④ 처분과 관련되는 손해배상청구소송이 계속된 법원에 당해 처분에 대한 취소소송을 병합할 수는 없다.

06

거부처분의 취소소송에 대한 설명으로 옳지 않은 것은?

① 도시계획구역 내 토지 등을 소유하고 있는 주민으로서는 도시시설계획의 입안권자 내지 결정권자에게 도시시설계획의 입안 내지 변경을 요구할 수 있는 법규상 또는 조리상 신청권이 있다.
② 주민등록번호가 피해자의 의사와 무관하게 유출된 경우 조리상 주민등록번호의 변경을 요구할 신청권이 인정된다.
③ 신청권은 그 신청에 따른 단순한 응답을 받을 권리를 넘어서 신청의 인용이라는 만족적 결과를 얻을 권리를 의미한다.
④ 「민원사무 처리에 관한 법률」에서 민원사항의 신청에 대한 행정기관의 절차적인 접수의무를 규정하고 있다고 하더라도, 그로써 바로 민원인에게 그 민원에서 요구하는 행정기관의 행위에 대한 실체적인 신청권까지 인정되는 것이라고 볼 수 없다.

07

법령보충적 행정규칙에 대한 설명으로 옳지 않은 것은?

① 헌법 제40조와 헌법 제75조, 제95조의 의미를 살펴보면, 의회가 구체적으로 범위를 정하여 위임한 사항에 관하여는 당해 행정기관이 법정립의 권한을 갖게 되고, 입법자가 규율의 형식도 선택할 수도 있다 할 것이다.
② 법령에서 전문적·기술적 사항이나 경미한 사항으로서 업무의 성질상 위임이 불가피한 사항에 관하여 구체적으로 범위를 정하여 위임한 경우에는 고시 등으로 정할 수 있다.
③ 구 「지방공무원보수업무 등 처리지침」 [별표 1] '직종별 경력환산율표 해설'이 정한 민간근무경력의 호봉 산정에 관한 부분은 「지방공무원법」과 구 「지방공무원 보수규정」 [별표 3]의 단계적 위임에 따라 행정규칙의 형식으로 법령의 내용이 될 사항을 구체적으로 정한 것이고, 법령의 내용 및 취지에 저촉된다거나 위임의 한계를 벗어났다고 보기 어렵다면, 대외적 구속력이 있는 법규명령으로서의 효력을 갖는다.
④ 법령보충적 행정규칙은 법규명령 또는 행정규칙에 해당하므로 처분성을 갖는 경우라도 항고소송의 대상이 될 수 없다.

08

행정상 손실보상제도에 대한 설명으로 옳지 않은 것은?

① 「공익사업을 위한 토지 등의 취득 및 보상에 관한 법률」상 토지소유자가 행정소송으로 손실보상금의 증액을 구하는 경우에는 관할 토지수용위원회를 피고로 하여 보상금 증액 청구의 소를 제기하여야 한다.
② 손실보상은 공공필요에 의한 행정작용에 의하여 사인에게 발생한 특별한 희생에 대한 전보라는 점에서 그 사인에게 특별한 희생이 발생하여야 하는 것은 당연히 요구되는 것이고, 공유수면 매립면허의 고시가 있다고 하여 반드시 간척사업이 시행되고 그로 인하여 손실이 발생한다고 할 수 없다.
③ 「산업입지 및 개발에 관한 법률」상 민간기업에게 산업단지개발사업에 필요한 토지 등을 수용할 수 있도록 규정한 조항은 헌법 제23조 제3항의 '공공필요'에 위반되지 않는다.
④ 「공익사업을 위한 토지 등의 취득 및 보상에 관한 법률」상 적법하게 시행된 공익사업으로 인하여 이주하게 된 주거용 건축물 세입자의 주거이전비 보상청구권은 공법상의 권리이고, 주거이전비 보상청구소송은 공법상의 법률관계를 대상으로 하는 행정소송에 의하여야 한다.

09

「행정소송법」상 취소판결의 기속력에 대한 설명으로 옳은 것은?

① 취소소송에서 청구를 기각하는 판결이 확정된 경우에도 기속력이 인정된다.
② 취소판결의 기속력은 판결의 주문에 대해서만 인정된다.
③ 행정청의 거부처분을 취소하는 판결이 확정될 경우, 취소사유가 행정처분의 절차의 위법으로 인한 것이라면 그 처분 행정청은 확정판결의 취지에 따라 그 위법사유를 보완하여 다시 종전의 신청에 대한 거부처분을 할 수 있다.
④ 취소판결의 기속력에 반하는 처분은 그 하자가 중대하지만 명백하다고 볼 수는 없다.

10

소의 이익에 대한 설명으로 옳지 않은 것은?

① 지방의회 의원에 대한 제명의결 취소소송 계속 중 의원의 임기가 만료된 경우라도 그 제명의결의 취소를 구할 법률상 이익이 인정된다.
② 특별한 사정이 없는 한 경원관계에서 허가 등 수익적 처분을 받지 못한 사람은 자신에 대한 거부처분의 취소를 구할 소의 이익이 있다.
③ 항고소송의 일종인 무효확인소송에서는 행정처분의 근거 법률에 의해 보호되는 직접적이고 구체적인 이익이 있는 경우에 '무효확인을 구할 법률상 이익'이 있고, 별도로 무효확인소송의 보충성이 요구되지 않는다.
④ 고등학교에서 퇴학처분을 당한 후 고등학교졸업학력검정고시에 합격하였다면 퇴학처분을 받은 자는 퇴학처분의 위법을 주장하여 그 취소를 구할 소송상의 이익이 없다.

11

취소소송 확정판결의 기판력에 대한 설명으로 옳지 않은 것은?

① 「행정소송법」은 기판력에 관한 명문의 규정을 두지 않아, 「행정소송법」 제8조 제2항에 따라 「민사소송법」상 기판력 규정이 준용된다.
② 취소판결의 기판력은 소송물로 된 행정처분의 위법성 존부에 관한 판단에 미치는 것이므로 전소와 후소가 그 소송물을 달리하는 경우에는 전소 확정판결의 기판력이 후소에 미치지 아니한다.
③ 과세처분의 취소소송에서 청구가 기각된 확정판결의 기판력은 그 과세처분의 무효확인을 구하는 소송에는 미치지 않는다.
④ 과세처분 취소소송의 피고는 처분청이지만 행정청을 피고로 하는 취소소송에 있어서의 기판력은 당해 처분이 귀속하는 국가 또는 공공단체에 미친다.

12

처분사유의 추가·변경에 대한 설명으로 옳지 않은 것은?

① 항고소송에서 처분청은 당초 처분의 근거로 삼은 사유와 기본적 사실관계가 동일성이 있다고 인정되는 한도 내에서만 다른 사유를 추가·변경할 수 있다.
② 당초 처분의 근거로 삼은 사유와 사회적 사실관계의 기본적 동일성이 인정된다면 그에 대한 규범적 평가와 처분의 근거 법령 변경으로 당초 처분의 내용을 변경할 필요성이 제기되는 경우라도, 처분청은 당초 처분의 내용을 그대로 유지한 채 근거 법령만 추가·변경할 수 있다.
③ 처분청이 처분 당시에 적시한 구체적 사실을 변경하지 아니하는 범위 내에서 단지 그 처분의 근거 법령만을 추가·변경하는 것에 불과한 경우에는 새로운 처분사유의 추가라고 볼 수 없다.
④ 어떤 처분 내용의 적법성을 뒷받침하기 위하여 당초 처분사유와 기본적 사실관계의 동일성이 인정되는 다른 사유가 처분 당시에 이미 존재하고 있다면 처분청은 그 처분에 대한 취소소송의 사실심 변론종결 시까지 그 사유를 적극적으로 주장·증명하여 법원으로부터 그 처분이 적법하다는 판단을 받아야 한다.

13

행정법의 법원(法源)에 대한 설명으로 옳지 않은 것은?

① 재량권 행사의 준칙인 행정규칙이 그 정한 바에 따라 되풀이 시행되어 행정관행이 이루어지게 되면 평등의 원칙이나 신뢰보호의 원칙에 따라 행정기관은 그 상대방에 대한 관계에서 그 규칙에 따라야 할 자기구속을 받게 된다.
② 위법한 행정처분이 수차례에 걸쳐 반복적으로 행하여졌다 하더라도 그러한 처분이 위법한 것인 때에는 행정청에 대하여 자기구속력을 갖게 된다고 할 수 없다.
③ 구 농림수산식품부에 의하여 공표된 「2008년도 농림사업시행지침서」가 되풀이 시행되어 행정관행이 이루어졌다거나 그 공표만으로 신청인이 보호가치 있는 신뢰를 갖게 되었다고 볼 수 없다면, 이 지침에 명시되지 않은 기준을 충족하지 못하였다는 이유를 들어 신청인의 사업자 인정신청을 반려한 처분은 행정의 자기구속의 원칙에 위배되지 않는다.
④ 세무조사가 과세자료의 수집 또는 신고내용의 정확성 검증이라는 본연의 목적이 아니라 부정한 목적을 위하여 행하여졌다고 하더라도, 이러한 세무조사에 의하여 수집된 과세자료를 기초로 한 과세처분은 위법하지 않다.

14

판례의 입장으로 옳은 것은?

① 행정청이 구 「토지구획정리사업법」상 토지구획정리사업의 환지예정지를 지정하고, 그 사업에 편입되는 건축물로서 지장물 소유자에게 지장물의 자진이전을 요구한 후 이에 응하지 않자 지장물의 이전에 대한 대집행을 계고하고 다시 대집행영장을 통지한 경우, 위 계고처분 등은 「행정대집행법」 제2조에 따라 명령된 지장물 이전의무가 없음에도 그러한 의무의 불이행을 사유로 행하여진 것이므로 위법하다.
② 선행처분인 철거명령을 다투지 못한 경우에도, 이에 후속하는 대집행계고처분 취소소송에서 불가쟁력이 발생한 철거명령의 위법을 다툴 수 있다.
③ 행정청이 행정대집행의 방법으로 건물철거의무의 이행을 실현할 수 있는 경우에는 건물철거 대집행과정에서 부수적으로 건물의 점유자들에 대한 퇴거조치를 할 수 없다.
④ 법령상 요구되는 청문절차가 의무적 절차인 경우, 그 청문절차를 거치지 않은 처분은 무효이다.

15

행정행위 하자의 치유에 대한 설명으로 옳지 않은 것은?

① 주택재건축정비사업조합설립인가처분 당시 토지소유자 등의 동의율을 충족하지 못한 하자는 소제기 이후에 추가 동의서가 제출되어 동의율을 충족한다면 치유된다.
② 흠이 있는 행정행위의 치유는 행정행위의 성질이나 법치주의 관점에서 볼 때 원칙적으로 허용될 수 없는 것이고, 예외적으로 이를 허용하는 때에도 국민의 권리나 이익을 침해하지 않는 범위에서 구체적 사정에 따라 합목적적으로 인정하여야 할 것이다.
③ 행정청이 청문서 도달기간을 다소 어겼다 하더라도 처분상대방이 방어의 기회를 충분히 가졌다면 청문서 도달기간을 준수하지 아니한 하자는 치유되었다고 봄이 상당하다.
④ 징계처분이 중대하고 명백한 흠 때문에 당연무효의 것이라면 징계처분을 받은 자가 이를 용인하였다 하여 그 흠이 치유되는 것은 아니다.

16

행정계획에 대한 설명으로 옳지 않은 것은?

① 이미 고시된 실시계획에 포함된 상세계획으로 관리되는 토지 위의 건물의 용도를 상세계획 승인권자의 변경승인 없이 임의로 판매시설에서 상세계획에 반하는 일반목욕장으로 변경한 경우, 행정청이 그 영업신고를 수리하지 않고 영업소를 폐쇄한 처분은 적법하다.
② 구 건설교통부장관이 구역지정의 실효성이 적은 7개 중소도시권은 개발제한구역을 해제하고 구역지정이 필요한 7개 대도시권은 개발제한구역을 부분조정 하는 등의 내용을 담은 '개발제한구역제도개선방안'을 발표한 것은 헌법소원의 대상이 되는 공권력의 행사에 해당되지 아니한다.
③ 구「도시계획법」상 도시계획은 도시기본계획에 부합되어야 한다고 규정되어 있으므로, 서울특별시 도시기본계획에 포함되어 있지 않은 원지동 추모공원의 설치를 내용으로 하는 서울특별시장의 도시계획시설결정은 위법하다.
④ 자연환경 보호 등을 목적으로 하는 도시관리계획결정은 식생이 양호한 수림의 훼손 등과 같이 장래 발생할 불확실한 상황과 파급효과에 대한 예측 등을 반영한 행정청의 재량적 판단으로서, 그 내용이 현저히 합리성을 결여하거나 형평이나 비례의 원칙에 뚜렷하게 반하는 등의 사정이 없는 한 폭넓게 존중하여야 한다.

17

다음 사례에 대한 설명으로 옳은 것만을 모두 고르면?

> 1976.12.15. 대한민국에서 출생한 甲은 2002.1.18. 미국 시민권을 취득하여 대한민국 국적을 상실한 재외동포이다. 법무부장관은 '甲이 공연을 위하여 병무청장의 국외여행허가를 받고 출국한 후 미국 시민권을 취득하여 사실상 병역의무를 면탈하였으므로 甲의 입국 자체를 금지해 달라'는 병무청장의 요청에 응하여 「출입국관리법」에 따라 2002.2.1. 甲의 입국을 금지하는 결정을 하였다. 법무부장관은 그 정보를 내부전산망인 '출입국관리정보시스템'에 입력하였으나, 甲에게 통보하지는 않았다(이하 '이 사건 입국금지결정'이라 한다). 이후 2015.8.27. 甲은 자신의 거주 지역을 관할하는 재외공관장 乙에게 재외동포(F-4) 체류자격의 사증발급을 신청하였다. 乙은 甲의 아버지에게 전화로 '이 사건 입국금지결정으로 사증발급이 불허되었다.'고 통보하면서 처분이유를 기재한 사증발급 거부처분서를 작성해 주지는 않았다(이하 '이 사건 사증발급 거부처분'이라한다).

ㄱ. 이 사건 입국금지결정은 항고소송의 대상인 처분에 해당한다.
ㄴ. 이 사건 사증발급 거부처분은 문서로 처분을 하도록 한 「행정절차법」 제24조 제1항을 위반한 하자가 있다.
ㄷ. 乙은 이 사건 입국금지결정의 공정력과 불가쟁력으로 인해 甲에게 사증을 발급할 수 없다.
ㄹ. 재외동포에 대한 사증발급은 행정청의 재량행위에 속하는 것으로서, 재외동포가 사증발급을 신청한 경우 재외동포체류자격의 요건을 갖추었다고 해서 무조건 사증을 발급해야 하는 것은 아니다.

① ㄱ, ㄷ　　② ㄱ, ㄹ
③ ㄴ, ㄷ　　④ ㄴ, ㄹ

18

「행정기본법」상 처분의 재심사에 대한 설명으로 옳지 않은 것은?

① 처분에 관한 법원의 확정판결이 있는 경우, 그러한 처분은 재심사의 대상에서 제외된다.
② 처분으로 법률상 이익이 침해된 제3자는 해당 처분에 대해 재심사를 청구할 수 있다.
③ 공무원 인사 관계 법령에 따른 징계 등 처분에 관한 사항은 재심사의 대상에서 제외된다.
④ 처분의 재심사 결과 중 처분을 유지하는 결과에 대해서는 행정소송을 통하여 불복할 수 없다.

19

행정상 강제에 대한 설명으로 옳은 것은?

① 외국인의 출입국에 관한 사항에 대하여는 「행정기본법」상 행정상 강제에 대한 규정이 적용된다.
② 행정상 강제조치에 관하여 「행정기본법」에서 정한 사항 이외의 사항을 다른 법률에서 정할 수 없다.
③ 행정상 즉시강제는 현재의 급박한 행정상의 장해를 제거하기 위한 경우로서 의무를 명할 시간적 여유가 없는 상황에서 의무불이행을 전제로 하지 않고 행정청이 곧바로 국민의 신체 또는 재산에 실력을 행사하여 행정목적을 달성하는 것을 말한다.
④ 보안처분 관계 법령에 따라 행하는 사항에 관하여는 「행정기본법」상 행정상 강제에 대한 규정이 적용된다.

20

영업허가의 양도와 제재처분의 효과 및 제재사유의 승계에 대한 설명으로 옳지 않은 것은?

① 「식품위생법」에 따른 영업장 면적 변경에 관한 신고의무가 이행되지 않은 영업을 양수한 자가 그 신고의무를 이행하지 않은 채 영업을 계속하는 경우, 시정명령 또는 영업정지 등 제재처분의 대상이 된다.
② 불법증차를 실행하고 유가보조금을 받은 운송사업자로부터 운송사업 영업을 양수하고 구 「화물자동차 운수사업법」에 따라 신고를 하여 운송사업자의 지위를 승계한 양수인에게, 행정청은 불법증차 차량에 관하여 지급된 유가보조금의 반환을 명할 수 있다. 다만, 그에 따른 양수인의 책임범위는 지위승계 후 유가보조금 부정수급액에 한정된다.
③ 행정청은 개인택시운송사업의 양도·양수에 대한 인가를 한 후, 그 양도·양수 이전에 있었던 양도인에 대한 운송사업면허 취소사유를 들어 양수인의 사업면허를 취소할 수 있다.
④ 분할하는 회사의 분할 전 「하도급거래 공정화에 관한 법률」 위반행위를 이유로 신설회사에 대하여 동법에 따른 시정조치를 명하는 것이 허용된다.

정답

01	④	02	①	03	④	04	②	05	②
06	③	07	④	08	①	09	③	10	④
11	③	12	②	13	④	14	①	15	①
16	③	17	④	18	②	19	③	20	④

10회 2024년 지방직 9급

지문의 내용에 대해 학설의 대립 등 다툼이 있는 경우 판례에 의함

01 ☐☐☐

신뢰보호의 원칙에 대한 설명으로 옳지 않은 것은?

① 행정청의 공적 견해의 표명 후 그 견해표명 당시의 사정이 변경된 경우에도 행정청이 공적 견해표명에 반하는 처분을 하는 경우에는 특별한 사정이 없는 한 신뢰보호의 원칙에 위반된다.

② 신뢰보호의 원칙에서 개인의 귀책사유라 함은 행정청의 견해표명의 하자가 상대방 등 관계자의 사실은폐나 기타 사위의 방법에 의한 신청행위 등 부정행위에 기인한 것이거나 그러한 부정행위가 없더라도 하자가 있음을 알았거나 중대한 과실로 알지 못한 경우 등을 의미한다.

③ 행정청의 공적 견해표명이 있었는지 여부를 판단함에 있어서는, 반드시 행정조직상의 형식적인 권한분장에 구애될 것은 아니고, 담당자의 조직상의 지위와 임무, 당해 언동을 하게 된 구체적인 경위 및 그에 대한 상대방의 신뢰가능성에 비추어 실질에 의하여 판단하여야 한다.

④ 행정청은 권한 행사의 기회가 있음에도 불구하고 장기간 권한을 행사하지 아니하여 국민이 그 권한이 행사되지 아니할 것으로 믿을 만한 정당한 사유가 있는 경우에는 그 권한을 행사해서는 아니 되지만, 공익 또는 제3자의 이익을 현저히 해칠 우려가 있는 경우는 예외이다.

02 ☐☐☐

개인적 공권에 대한 설명으로 옳지 않은 것은?

① 환경영향평가 대상지역 밖의 주민이라 할지라도 공유수면매립면허처분 등으로 인하여 그 처분 전과 비교하여 수인한도를 넘는 환경피해를 받거나 받을 우려가 있는 경우에는, 공유수면매립면허처분 등으로 인하여 환경상 이익에 대한 침해 또는 침해우려가 있다는 것을 입증함으로써 그 처분 등의 무효확인을 구할 원고적격을 인정받을 수 있다.

② 공무원연금 수급권과 같은 사회보장수급권은 헌법규정만으로는 이를 실현할 수 없어 법률에 의한 형성이 필요하고, 그 구체적인 내용 즉 수급요건 등은 법률에 의하여 비로소 확정된다.

③ 행정처분에 있어서 수익처분의 상대방은 그의 권리나 법률상 보호되는 이익이 침해되었다고 볼 수 없으므로 달리 특별한 사정이 없는 한 그 수익처분의 취소를 구할 이익이 없다.

④ 행정계획은 행정기관 내부의 행동 지침에 불과하므로, 도시계획구역 내 토지 등을 소유하고 있는 주민은 입안권자에게 도시계획입안을 요구할 수 있는 법규상 또는 조리상의 신청권이 없다.

03 ☐☐☐

무효등 확인소송에 대한 설명으로 옳은 것은?

① 무효확인판결에는 취소판결의 기속력에 관한 규정이 준용되지 않는다.
② 무효등 확인소송의 제기 당시에 원고적격을 갖추었다면 상고심 계속중에 원고적격을 상실하더라도 그 소는 적법하다.
③ 행정처분의 무효란 행정처분이 처음부터 아무런 효력도 발생하지 아니한다는 의미이므로 무효등 확인소송에 대해서는 집행정지가 인정되지 아니한다.
④ 행정처분의 당연무효를 주장하여 그 무효확인을 구하는 행정소송에 있어서는 원고에게 그 행정처분이 무효인 사유를 주장·입증할 책임이 있다.

04 ☐☐☐

행정소송의 피고에 대한 설명으로 옳지 않은 것은?

① 취소소송은 다른 법률에 특별한 규정이 없는 한 그 처분 등을 행한 행정청을 피고로 하지만, 처분등이 있은 뒤에 그 처분등에 관계되는 권한이 다른 행정청에 승계된 때에는 이를 승계한 행정청을 피고로 한다.
② 조례가 집행행위의 개입 없이도 그 자체로서 직접 국민의 구체적인 권리·의무나 법적 이익에 영향을 미치는 등의 법률상 효과를 발생하는 경우 무효확인소송의 피고는 당해 조례를 통과시킨 지방의회가 된다.
③ 「행정소송법」상 원고가 피고를 잘못 지정한 때에는 법원은 원고의 신청에 의하여 결정으로써 피고의 경정을 허가할 수 있다.
④ 행정처분을 행할 적법한 권한 있는 상급행정청으로부터 내부위임을 받은 데 불과한 하급행정청이 권한 없이 행정처분을 한 경우 실제로 그 처분을 행한 하급행정청을 피고로 하여야 할 것이지 그 처분을 행할 적법한 권한 있는 상급행정청을 피고로 할 것은 아니다.

05 ☐☐☐

행정조사에 대한 설명으로 옳지 않은 것은?

① 우편물 통관검사절차에서 이루어지는 우편물의 개봉, 시료채취, 성분분석 등의 검사는 수출입물품에 대한 적정한 통관 등을 목적으로 한 행정조사의 성격을 가지는 것으로서 압수·수색영장 없이도 이러한 검사를 진행할 수 있다.
② 세무조사결정은 납세자의 권리·의무에 직접 영향을 미치는 공권력의 행사에 따른 행정작용으로서 항고소송의 대상이 된다.
③ 「행정조사기본법」에 따르면 조사대상자의 자발적인 협조에 따라 실시하는 행정조사에 대하여 조사대상자가 조사에 응할 것인지에 대한 응답을 하지 아니하는 경우에는 법령등에 특별한 규정이 없는 한 그 조사를 거부한 것으로 본다.
④ 「행정조사기본법」상 행정조사를 실시하기 전에 관련 사항을 미리 통지하는 경우 증거인멸 등으로 행정조사의 목적을 달성할 수 없다고 판단되는 때에는, 행정기관의 장은 행정조사 종료 후 지체 없이 행정조사의 목적 등을 조사대상자에게 구두로 통지할 수 있다.

06 ☐☐☐

위법한 직무집행행위로 인한 손해배상책임에 대한 설명으로 옳지 않은 것은?

① 「국가배상법」상 '공무원'이라 함은 널리 공무를 위탁받아 실질적으로 공무에 종사하고 있는 일체의 자를 가리키는 것으로서, 단지 공무의 위탁이 일시적인 사항에 관한 활동을 위한 것은 포함되지 않는다.
② 「국가배상법」이 정한 배상청구의 요건인 '공무원의 직무'에는 권력적 작용만이 아니라 행정지도와 같은 비권력적 공행정작용도 포함된다.
③ 어떠한 행정처분이 후에 항고소송에서 위법한 것으로서 취소되었다고 하더라도 그로써 곧 당해 행정처분이 공무원의 고의 또는 과실에 의한 불법행위를 구성한다고 단정할 수는 없다.
④ 헌법상 과잉금지의 원칙 내지 비례의 원칙을 위반하여 국민의 기본권을 침해한 국가작용은 국가배상책임에 있어 법령을 위반한 가해행위가 된다.

07

행정행위에 대한 설명으로 옳은 것만을 모두 고르면?

ㄱ. 변상금 부과처분에 대한 취소소송이 진행 중인 경우 부과권자는 위법한 처분을 스스로 취소하고 그 하자를 보완하여 다시 적법한 부과처분을 할 수 없다.
ㄴ. 행정청이 「도시 및 주거환경정비법」 등 관련 법령에 근거하여 행하는 조합설립인가처분은 사인들의 조합설립행위에 대한 보충행위로서의 성질을 갖는 것에 그친다.
ㄷ. 「여객자동차 운수사업법」에 따른 개인택시운송사업면허는 특정인에게 권리나 이익을 부여하는 재량행위이다.
ㄹ. 귀화허가는 외국인에게 대한민국 국적을 부여함으로써 국민으로서의 법적 지위를 포괄적으로 설정하는 행위에 해당한다.

① ㄱ, ㄴ
② ㄴ, ㄷ
③ ㄷ, ㄹ
④ ㄱ, ㄷ, ㄹ

08

국가배상에 대한 설명으로 옳은 것은?

① 「국가배상법」에 따른 손해배상의 소송은 배상심의회에 배상신청을 하지 아니하면 제기할 수 없다.
② 국가배상소송을 제기하는 경우 민사소송이 아니라 공법상 당사자소송으로 제기하여야 한다.
③ 군 복무 중 사망한 사람의 유족이 국가배상을 받은 경우, 관할 행정청 등은 「군인연금법」상 사망보상금에서 소극적 손해배상금 상당액을 공제할 수 있을 뿐, 이를 넘어 정신적 손해배상금까지 공제할 수는 없다.
④ 공공시설물의 하자로 손해를 입은 외국인에게는 해당 국가와 상호 보증이 없더라도 「국가배상법」이 적용된다.

09

행정절차에 대한 설명으로 옳지 않은 것은?

① 「행정절차법」상 행정청은 처분을 할 때에 단순·반복적인 처분 또는 경미한 처분으로서 당사자가 그 이유를 명백히 알 수 있는 경우에는 처분 후 당사자가 요청하더라도 당사자에게 그 근거와 이유를 제시하지 않아도 된다.
② 육군3사관학교의 사관생도에 대한 징계절차에서 징계심의대상자가 대리인으로 선임한 변호사가 징계위원회 심의에 출석하여 진술하려고 하였음에도, 징계권자나 그 소속 직원이 변호사가 징계위원회의 심의에 출석하는 것을 막은 후 내린 징계위원회의 징계의결에 따른 징계처분은 특별한 사정이 없는 한 위법하여 원칙적으로 취소되어야 한다.
③ 공무원 인사관계 법령에 의한 처분에 관한 사항 전부에 대하여 「행정절차법」의 적용이 배제되는 것이 아니라 성질상 행정절차를 거치기 곤란하거나 불필요하다고 인정되는 처분이나 행정절차에 준하는 절차를 거치도록 하고 있는 처분의 경우에만 「행정절차법」의 적용이 배제된다.
④ 군인사법령에 의하여 진급예정자명단에 포함된 자에 대하여 「행정절차법」상 의견제출의 기회를 부여하지 아니한 채 진급선발을 취소한 처분은 위법하다.

10

「공공기관의 정보공개에 관한 법률」상 정보공개청구에 대한 설명으로 옳지 않은 것은?

① 정보의 공개를 청구하는 자는 정보공개청구서에 청구대상 정보를 기재함에 있어서 사회일반인의 관점에서 청구대상정보의 내용과 범위를 확정할 수 있을 정도로 특정함을 요한다.
② 공공기관이 공개청구의 대상이 된 정보를 공개는 하되, 청구인이 신청한 공개방법 이외의 방법으로 공개하기로 하는 결정을 하였다면, 이는 정보공개청구 중 정보공개방법에 관한 부분에 대하여 일부 거부처분을 한 것이고, 청구인은 그에 대하여 항고소송으로 다툴 수 있다.
③ 「유아교육법」에 따른 사립유치원은 공공기관의 정보공개에 관한 법령상 공공기관에 해당하지 않는다.
④ 행정청이 정보를 공개하는 경우에 그 정보의 원본이 더럽혀지거나 파손될 우려가 있거나 그 밖에 상당한 이유가 있다고 인정할 때에는 그 정보의 사본·복제물을 공개할 수 있다.

11

행정소송에 대한 설명으로 옳지 않은 것은?

① 해당 처분을 다툴 법률상 이익이 있는지 여부는 직권조사 사항으로 이에 관한 당사자의 주장은 직권발동을 촉구하는 의미밖에 없으므로, 원심법원이 이에 관하여 판단하지 않았다고 하여 판단유탈의 상고이유로 삼을 수 없다.
② 행정청은 「민사소송법」상의 보조참가를 할 수 있을 뿐만 아니라 「행정소송법」에 의한 소송참가를 할 수 있고 공법상 당사자소송의 원고가 된다.
③ 부작위위법확인의 소에 있어 당사자가 행정청에 대하여 어떠한 행정행위를 하여 줄 것을 요구할 수 있는 법규상 또는 조리상 권리를 갖고 있지 아니한 경우에는 원고적격이 없거나 항고소송의 대상인 위법한 부작위가 있다고 볼 수 없어 그 부작위위법확인의 소는 부적법하다.
④ 국가가 국토이용계획과 관련한 지방자치단체의 장의 기관위임사무의 처리에 관하여 지방자치단체의 장을 상대로 취소소송을 제기하는 것은 허용되지 않는다.

12

행정대집행에 대한 설명으로 옳지 않은 것은?

① 관계 법령상 행정대집행의 절차가 인정되어 행정청이 행정대집행의 방법으로 건물의 철거 등 대체적 작위의무의 이행을 실현할 수 있는 경우에는 따로 민사소송의 방법으로 그 의무의 이행을 구할 수 없다.
② 「공익사업을 위한 토지 등의 취득 및 보상에 관한 법률」에 따른 토지 등의 협의취득은 사법상 계약에 해당하므로, 협의취득시 부담한 의무는 행정대집행의 대상이 되지 않는다.
③ 「행정대집행법」에 따르면 대집행에 요한 비용을 징수하였을 때에는 그 징수금은 사무비의 소속에 따라 국고 또는 지방자치단체의 수입으로 한다.
④ 자기완결적 신고에 해당하는 대문설치신고가 형식적 하자가 없는 적법한 요건을 갖춘 신고임에도 불구하고 관할 행정청이 수리를 거부한 후 당해 대문의 철거명령을 하였더라도, 후행행위인 대문철거 대집행계고처분이 당연무효가 되는 것은 아니다.

13

행정의 실효성 확보수단에 대한 설명으로 옳지 않은 것은?

① 행정법상의 질서벌인 과태료의 부과처분과 형사처벌을 병과하는 것은 일사부재리의 원칙에 반하지 않는다는 것이 대법원의 입장이다.
② 계고서라는 명칭의 1장의 문서로서 일정기간 내에 위법건축물의 자진철거를 명함과 동시에 그 소정기한 내에 자진철거를 하지 아니할 때에는 대집행할 뜻을 미리 계고한 경우라면 「건축법」에 의한 철거명령과 「행정대집행법」에 의한 계고처분의 요건이 충족된 것은 아니다.
③ 직접강제는 행정대집행이나 이행강제금 부과의 방법으로는 행정상 의무 이행을 확보할 수 없거나 그 실현이 불가능한 경우에 실시하여야 한다.
④ 과세관청이 체납처분으로서 행하는 공매는 우월한 공권력의 행사로서 행정소송의 대상이 되는 공법상의 행정처분이며 공매에 의하여 재산을 매수한 자는 그 공매처분이 취소된 경우에 그 취소처분의 위법을 주장하여 행정소송을 제기할 법률상 이익이 있다.

14

행정입법에 대한 설명으로 옳지 않은 것은?

① 위임명령이 위임 내용을 구체화하는 단계를 벗어나 새로운 입법을 한 것으로 평가할 수 있다면 이는 위임의 한계를 일탈한 것으로서 허용되지 않는다.
② 교육부장관이 대학입시기본계획에서 내신성적 산정기준에 관한 시행지침을 마련하여 시·도교육감에게 통보한 경우, 각 고등학교에서 위 지침에 일률적으로 기속되어 내신성적을 산정할 수밖에 없고 대학에서도 이를 그대로 내신성적으로 인정하여 입학생을 선발할 수밖에 없으므로 내신성적 산정지침은 항고소송의 대상이 되는 행정처분에 해당한다.
③ 법규명령이 법률상 위임의 근거가 없어 무효였더라도 사후에 법 개정으로 위임의 근거가 부여되면 그때부터는 유효한 법규명령이 된다.
④ 행정청이 개인택시운송사업면허발급 여부를 심사함에 있어서 이미 설정된 면허기준의 해석상 당해 신청이 면허발급의 우선순위에 해당함이 명백함에도 면허거부처분을 하였다면 특별한 사정이 없는 한 그 거부처분은 위법한 처분이 된다.

15 ☐☐☐
행정행위의 부관에 대한 설명으로 옳지 않은 것은?

① 행정처분에 붙은 부담인 부관이 제소기간 도과로 확정되어 이미 불가쟁력이 생긴 경우에도 그 부담의 이행으로서 하게 된 사법상 매매 등의 법률행위의 효력을 다툴 수 있다.
② 부담부 행정처분에 있어서 처분의 상대방이 부담을 이행하지 아니한 경우에 처분청이 이를 들어 당해 처분을 철회할 수 없다.
③ 지방국토관리청장이 일부 공유수면매립지에 대하여 한 국가 귀속처분은 매립준공인가를 함에 있어서 매립의 면허를 받은 자의 매립지에 대한 소유권취득을 규정한 구 「공유수면매립법」의 법률효과를 일부 배제하는 부관을 붙인 것이다.
④ 부담이 처분 당시 법령을 기준으로 적법하다면 처분 후 부담의 전제가 된 주된 행정처분의 근거 법령이 개정됨으로써 행정청이 더 이상 부관을 붙일 수 없게 되었다 하더라도 곧바로 위법하게 되거나 그 효력이 소멸하게 되는 것은 아니다.

16 ☐☐☐
행정행위의 하자에 대한 설명으로 옳지 않은 것은?

① 수익적 행정처분의 취소 제한에 관한 법리는 처분청이 수익적 행정처분을 직권으로 취소하는 경우에 적용되는 법리일 뿐 쟁송취소의 경우에는 적용되지 않는다.
② 구 「학교보건법」상 학교환경위생정화구역에서의 금지행위 및 시설의 해제 여부에 관한 행정처분을 함에 있어 학교환경위생정화위원회 심의절차를 누락하였다면, 특별한 사정이 없는 한 이는 행정처분을 위법하게 하는 취소사유가 된다.
③ 행정청이 청문서 도달기간을 어겼다면 당사자가 이에 대하여 이의 하지 아니한 채 스스로 청문일에 출석하여 방어의 기회를 충분히 가졌더라도 청문서 도달기간을 준수하지 아니한 하자가 치유되는 것은 아니다.
④ 토지등급결정내용의 개별통지가 있었다고 볼 수 없어 토지등급결정이 무효라면, 토지소유자가 그 결정 이전이나 이후에 토지등급결정내용을 알았다 하더라도 개별통지의 하자가 치유되는 것은 아니다.

17 ☐☐☐
행정계획에 대한 설명으로 옳지 않은 것은?

① 후행 도시계획결정을 하는 행정청이 선행 도시계획의 결정·변경 등에 관한 권한을 가지고 있지 아니한 경우 선행 도시계획과 양립할 수 없는 내용이 포함된 후행 도시계획결정은 다른 특별한 사정이 없는 한 무효이다.
② 「도시 및 주거환경정비법」에 따라 인가·고시된 관리처분계획은 구속적 행정계획으로서 처분성이 인정된다.
③ 도시계획시설의 지정으로 말미암아 당해 토지의 이용가능성이 배제되거나 또는 토지소유자가 토지를 종래 허용된 용도대로도 사용할 수 없기 때문에 이로 인하여 현저한 재산적 손실이 발생하는 경우에는, 원칙적으로 국가나 지방자치단체는 이에 대한 보상을 해야 한다.
④ 도시계획시설결정의 장기미집행으로 인해 재산권이 침해된 경우, 도시계획시설결정의 실효를 주장할 수 있고, 이는 헌법상 재산권으로부터 당연히 직접 도출되는 권리이다.

18 ☐☐☐
이행강제금에 대한 설명으로 옳지 않은 것은?

① 「건축법」상 이행강제금은 시정명령의 불이행이라는 과거의 위반행위에 대한 제재이다.
② 행정청은 이행강제금을 부과받은 자가 납부기한까지 이행강제금을 내지 아니하면 국세강제징수의 예 또는 「지방행정제재·부과금의 징수 등에 관한 법률」에 따라 징수한다.
③ 처분의 근거법령에 의하면 「비송사건절차법」에 따라 이행강제금 부과처분에 불복하도록 규정하고 있었지만, 관할청이 이행강제금 부과처분을 하면서 재결청에 행정심판을 청구하거나 관할 행정법원에 행정소송을 할 수 있다고 잘못 안내한 경우라도 이행강제금 부과처분에 대해 행정법원에 항고소송을 제기할 수 없다.
④ 「건축법」상 이행강제금을 부과받은 사람이 이행강제금사건의 제1심결정 후 항고심결정이 있기 전에 사망한 경우, 항고심결정은 당연무효이고, 이미 사망한 사람의 이름으로 제기된 재항고는 보정할 수 없는 흠결이 있는 것으로서 부적법하다.

19

손실보상에 대한 설명으로 옳은 것만을 모두 고르면?

ㄱ. 공공필요에 의한 재산권의 수용·사용 또는 제한 및 그에 대한 보상은 법률로써 하되, 정당한 보상을 지급하여야 한다.
ㄴ. 「하천법」 부칙과 이에 따른 특별조치법이 하천구역으로 편입된 토지에 대하여 손실보상청구권을 규정하였다고 하더라도 당해 법률규정이 아니라 관리청의 보상금지급결정에 의하여 비로소 손실보상청구권이 발생한다.
ㄷ. 「공익사업을 위한 토지 등의 취득 및 보상에 관한 법률」상 보상금의 증감에 관한 소송인 경우 그 소송을 제기하는 자가 토지소유자 또는 관계인일 때에는 지방토지수용위원회 또는 중앙토지수용위원회를 피고로 한다.
ㄹ. 수용재결에 불복하여 취소소송을 제기하는 때에는 이의신청을 거친 경우에도 수용재결을 한 중앙토지수용위원회 또는 지방토지수용위원회를 피고로 하여 수용재결의 취소를 구하여야 하지만, 이의신청에 대한 재결 자체에 고유한 위법이 있는 경우에는 그 이의재결을 한 중앙토지수용위원회를 피고로 하여 이의재결의 취소를 구할 수 있다.

① ㄱ, ㄴ
② ㄱ, ㄹ
③ ㄴ, ㄷ
④ ㄴ, ㄷ, ㄹ

20

판례의 입장으로 옳지 않은 것은?

① 교원소청심사위원회의 결정은 학교법인에 대하여 기속력을 가지지만 기속력은 그 결정의 주문에 포함된 사항에 미치는 것이지 그 전제가 된 요건사실의 인정과 불리한 처분 등의 구체적 위법사유에 관한 판단에까지 미치는 것은 아니다.
② 어업권면허에 선행하는 우선순위결정은 행정청이 우선권자로 결정된 자의 신청이 있으면 어업권면허처분을 하겠다는 것을 약속하는 행위로서 행정처분이 아니다.
③ 행정지도가 강제성을 띠지 않은 비권력적 작용으로서 행정지도의 한계를 일탈하지 않았다면, 그로 인하여 상대방에게 어떤 손해가 발생하였다 하더라도 행정기관은 그에 대한 손해배상책임이 없다.
④ 「공익사업을 위한 토지 등의 취득 및 보상에 관한 법률」상 적법하게 시행된 공익사업으로 인하여 이주하게 된 주거용 건축물 세입자의 주거이전비 보상청구권은 공법상의 권리이고, 따라서 그 보상을 둘러싼 쟁송은 민사소송이 아니라 공법상의 법률관계를 대상으로 하는 행정소송에 의하여야 한다.

정답

01	①	02	④	03	④	04	②	05	④
06	①	07	③	08	③	09	①	10	③
11	②	12	④	13	②	14	②	15	②
16	③	17	④	18	①	19	②	20	①

2023년 지방직 9급

지문의 내용에 대해 학설의 대립 등
다툼이 있는 경우 판례에 의함

01
자동화된 행정결정에 대한 설명으로 옳지 않은 것은?

① 자동화된 행정결정의 예로는 컴퓨터를 통한 중·고등학생의 학교배정, 신호등에 의한 교통신호 등이 있다.
②「행정기본법」상 자동적 처분은 항고소송의 대상이 된다.
③「행정기본법」상 자동적 처분을 할 수 있는 '완전히 자동화된 시스템'에는 '인공지능 기술을 적용한 시스템'이 포함되지 않는다.
④「행정기본법」은 재량행위에 대해서 자동적 처분을 허용하지 않고 있다.

02
법치행정의 원칙에 대한 설명으로 옳지 않은 것은?

① 규율대상이 국민의 기본권 및 기본적 의무와 관련한 중요성을 가질수록 그리고 그에 관한 공개적 토론의 필요성 또는 상충하는 이익 사이의 조정 필요성이 클수록, 그것이 국회의 법률에 의해 직접 규율될 필요성은 더 증대된다고 보아야 한다.
② 법률의 시행령은 법률에 의한 위임 없이도 법률이 규정한 개인의 권리·의무에 관한 내용을 변경·보충하거나 법률에 규정되지 아니한 새로운 내용을 규정할 수 있다.
③ 법률유보의 원칙은 '법률에 의한 규율'만을 요청하는 것이 아니라 '법률에 근거한 규율'을 요청하는 것이기 때문에 기본권의 제한에는 법률의 근거가 필요할 뿐이고 기본권 제한의 형식이 반드시 법률의 형식일 필요는 없다.
④ 행정작용은 법률에 위반되어서는 아니 되며, 국민의 권리를 제한하거나 의무를 부과하는 경우와 그 밖에 국민생활에 중요한 영향을 미치는 경우에는 법률에 근거해야 한다.

03
행정입법의 사법적 통제에 대한 설명으로 옳지 않은 것은?

① 중앙선거관리위원회규칙은 법규명령이므로 구체적 규범통제의 대상이 될 수 있다.
② 처분적 법규명령은 무효등확인소송 또는 취소소송의 대상이 된다.
③ 대법원 이외의 각급법원도 구체적 규범통제의 방법으로 법규명령 조항에 대한 위헌·위법 판단을 할 수 있다.
④ 행정입법부작위는 부작위위법확인소송의 대상이 된다.

04
행정의 실효성 확보 수단에 대한 설명으로 옳지 않은 것은?

① 구「국세징수법」상 가산금 또는 중가산금의 고지는 항고소송의 대상이 되는 처분이 아니다.
② 지방자치단체 소속 공무원이 지방자치단체 고유의 자치사무를 수행하던 중 구「도로법」에 위반하는 행위를 한 경우 지방자치단체는 구「도로법」상 양벌규정에 따라 처벌대상이 되는 법인에 해당한다.
③ 구「음반·비디오물 및 게임물에 관한 법률」상 불법게임물에 대한 수거 및 폐기조치는 행정상 즉시강제에 해당한다.
④ 공매처분을 하면서 체납자에게 공매통지를 하지 않았거나 공매통지를 하였지만 그것이 적법하지 아니하다 하더라도 공매처분 자체는 위법하지 않다.

05

사인의 공법행위에 대한 설명으로 옳은 것은?

① 공무원에 의해 제출된 사직원은 그에 터잡은 의원면직처분이 있을 때까지 철회될 수 있고, 일단 면직처분이 있고 난 이후에도 자유로이 취소 및 철회될 수 있다.
② 시장 등의 주민등록전입신고 수리 여부에 대한 심사는 「주민등록법」의 입법 목적의 범위 내에서 제한적으로 이루어져야 하는바, 전입신고자가 30일 이상 생활의 근거로서 거주할 목적으로 거주지를 옮기는지 여부가 심사 대상으로 되어야 한다.
③ 행정청은 신청에 구비서류의 미비 등 흠이 있는 경우 원칙상 형식적·절차적인 요건만을 보완요구하여야 하므로 실질적인 요건에 관한 흠이 민원인의 단순한 착오나 일시적인 사정 등에 기인한 경우에도 보완을 요구할 수 없다.
④ 사인의 공법행위는 원칙적으로 발신주의에 따라 그 효력이 발생한다.

06

행정소송의 판결에 대한 설명으로 옳지 않은 것은?

① 처분등을 취소하는 확정판결은 제3자에 대하여도 효력이 있다.
② 취소 확정판결의 기속력은 판결의 주문 및 전제가 되는 처분등의 구체적 위법사유에 관한 판단에도 미치므로, 종전 처분이 판결에 의하여 취소되었다면 종전 처분의 처분사유와 기본적 사실관계에서 동일하지 않은 다른 사유를 들어서 새로이 동일한 내용을 처분하는 것 또한 확정판결의 기속력에 저촉된다.
③ 법원은 원고의 청구가 이유있다고 인정하는 경우에도 처분등을 취소하는 것이 현저히 공공복리에 적합하지 아니하다고 인정하는 때에는 원고의 청구를 기각할 수 있다.
④ 과세의 절차 내지 형식에 위법이 있어 과세처분을 취소하는 판결이 확정되었을 경우 과세관청은 그 위법사유를 보완하여 다시 새로운 과세처분을 할 수 있고, 그 새로운 과세처분은 확정판결에 의하여 취소된 종전의 과세처분과는 별개의 처분이다.

07

행정상 사실행위에 대한 설명으로 옳지 않은 것은?

① 행정상 사실행위의 예로는 폐기물 수거, 행정지도, 대집행의 실행, 행정상 즉시강제 등이 있다.
② 행정청이 위법 건축물에 대한 단전 및 전화통화 단절조치를 요청한 것은 항고소송의 대상이 되는 행정처분이라고 볼 수 없다.
③ 교도소장이 영치품인 티셔츠 사용을 재소자에게 불허한 행위는 항고소송의 대상이 되는 행정처분에 해당한다.
④ 교도소 내 마약류 관련 수형자에 대한 교도소장의 소변강제채취는 권력적 사실행위이나 헌법소원의 대상은 아니다.

08

행정의 실효성 확보 수단에 대한 설명으로 옳지 않은 것은?

① 「농지법」상 이행강제금 부과처분에 대한 불복은 「비송사건절차법」에 따른 재판절차뿐만 아니라 「행정소송법」상 항고소송 절차에 따를 수 있다.
② 관계법령상 행정대집행의 절차가 인정되어 행정청이 행정대집행의 방법으로 건물의 철거 등 대체적 작위의무의 이행을 실현할 수 있는 경우에는 따로 민사소송의 방법으로 그 의무의 이행을 구할 수 없다.
③ 「행정조사기본법」에 따르면 조사대상자의 자발적인 협조를 얻어 행정조사를 실시하고자 하는 경우 조사대상자는 문서·전화·구두 등의 방법으로 당해 행정조사를 거부할 수 있다.
④ 통고처분은 상대방의 임의의 승복을 그 발효요건으로 하기 때문에 그 자체만으로는 통고이행을 강제하거나 상대방에게 아무런 권리·의무를 형성하지 않으므로 행정심판이나 행정소송의 대상으로서의 처분성을 인정할 수 없다.

09

다음 각 사례에 대한 설명으로 옳은 것만을 모두 고르면?

- 행정청 甲은 국유 일반재산인 건물 1층을 5년간 대부하는 계약을 乙과 체결하면서 대부료는 1년에 1억으로 정하였고 6회에 걸쳐 분납하기로 하였다. 甲은 乙이 1년간 대부료를 납부하지 않자, 체납한 대부료를 납부할 것을 통지하였다. 「국유재산법」에 따르면 국유재산의 대부료 등이 납부기한까지 납부되지 아니한 경우에는 「국세징수법」상의 강제징수에 관한 규정을 준용하고 있다.
- 행정청 甲은 국가 소유의 땅을 무단점유하여 사용하고 있는 丙에게 변상금 100만 원 부과처분을 하였다.

ㄱ. 甲이 乙에게 대부하는 행위는 공권력의 주체로서 상대방의 의사 여하에 불구하고 일방적으로 행하는 행정처분이 아니다.
ㄴ. 甲은 대부료를 납부하지 않은 乙을 상대로 민사소송을 제기하여 대부료 지급을 구해야 한다.
ㄷ. 변상금 부과처분은 순전히 사경제 주체로서 행하는 사법상의 법률행위이므로, 丙은 그 처분에 대해 민사소송을 제기하여 다툴 수 있다.

① ㄱ
② ㄴ
③ ㄱ, ㄷ
④ ㄱ, ㄴ, ㄷ

10

행정지도에 대한 설명으로 옳지 않은 것은?

① 행정기관은 행정지도의 상대방이 행정지도에 따르지 아니하였다는 것을 이유로 불이익한 조치를 하여서는 아니 된다.
② 행정기관이 같은 행정목적을 실현하기 위하여 많은 상대방에게 행정지도를 하려는 경우에는 특별한 사정이 없으면 행정지도에 공통적인 내용이 되는 사항을 공표하여야 한다.
③ 위법한 행정지도에 따라 행한 사인의 행위는 위법성이 조각되어 범법행위가 되지 않는다.
④ 행정지도가 강제성을 띠지 않은 비권력적 작용으로서 행정지도의 한계를 일탈하지 아니하였다면, 그로 인하여 상대방에게 손해가 발생하였다 하더라도 행정기관은 손해배상책임이 없다.

11

행정행위의 하자의 승계에 대한 설명으로 옳지 않은 것은?

① 2개 이상의 행정처분이 연속적 또는 단계적으로 이루어지는 경우 선행처분과 후행처분이 서로 합하여 1개의 법률효과를 완성하는 때에는 선행처분에 하자가 있으면 그 하자는 후행처분에 승계된다.
② 선행처분과 후행처분이 서로 독립하여 별개의 법률효과를 발생시키는 경우에는 선행처분에 불가쟁력이 생겨 그 효력을 다툴 수 없게 되면 수인한도를 넘는 가혹함을 가져오며 그 결과가 당사자에게 예측가능하지 않더라도 하자의 승계가 인정되지 않는다.
③ 과세관청의 선행처분인 소득금액변동통지에 하자가 존재하더라도 당연무효사유에 해당하지 않는 한 후행처분인 징수처분에 대한 항고소송에서 그 하자를 다툴 수 없다.
④ 수용보상금의 증액을 구하는 소송에서는 선행처분으로서 그 수용대상 토지 가격 산정의 기초가 된 비교표준지공시지가결정의 위법을 독립된 사유로 주장할 수 있다.

12

「행정소송법」상 당사자소송에 대한 설명으로 옳지 않은 것은?

① 당사자소송이란 행정청의 처분등을 원인으로 하는 법률관계에 관한 소송, 그 밖에 공법상의 법률관계에 관한 소송으로서 그 법률관계의 한쪽 당사자를 피고로 하는 소송을 의미한다.
② 공법상 계약의 한쪽 당사자가 다른 당사자를 상대로 효력을 다투거나 이행을 청구하는 소송은 공법상의 법률관계에 관한 분쟁이므로 분쟁의 실질이 공법상 권리·의무의 존부·범위에 관한 다툼이 아니라 손해배상액의 구체적인 산정방법·금액에 국한되는 등의 특별한 사정이 없는 한 당사자소송으로 제기하여야 한다.
③ 명예퇴직한 법관이 미지급 명예퇴직수당액에 대하여 가지는 권리는 명예퇴직수당 지급대상자 결정 절차를 거쳐 명예퇴직수당규칙에 의하여 확정된 공법상 법률관계에 관한 권리로서, 그 지급을 구하는 소송은 당사자소송에 해당하며, 그 법률관계의 당사자인 국가를 상대로 제기하여야 한다.
④ 당사자소송은 공법상 법률관계에 관한 소송이므로 이를 본안으로 하는 가처분에 대하여는 「민사집행법」상 가처분에 관한 규정이 준용되지 않는다.

13

「공공기관의 정보공개에 관한 법률」상 정보공개에 대한 설명으로 옳은 것만을 모두 고르면?

> ㄱ. 모든 국민은 정보의 공개를 청구할 권리를 가진다.
> ㄴ. 법무부령인 「검찰보존사무규칙」은 행정기관 내부의 사무처리준칙인 행정규칙이지만, 「검찰보존사무규칙」상의 열람·등사의 제한은 「공공기관의 정보공개에 관한 법률」 제9조 제1항 제1호의 '다른 법률 또는 법률에 의한 명령에 의하여 비공개사항으로 규정된 경우'에 해당한다.
> ㄷ. 해당 정보를 취득 또는 활용할 의사가 전혀 없이 정보공개 제도를 이용하여 사회통념상 용인될 수 없는 부당한 이득을 얻으려 하거나, 오로지 공공기관의 담당 공무원을 괴롭힐 목적으로 정보공개청구를 하는 경우 권리 남용에 해당함이 명백하므로 정보공개청구권의 행사가 허용되지 아니한다.
> ㄹ. 청구인이 정보공개와 관련한 공공기관의 결정에 대하여 불복이 있거나 정보공개청구 후 10일이 경과하도록 정보공개 결정이 없는 때에는 「행정심판법」에서 정하는 바에 따라 행정심판을 청구할 수 있다.

① ㄱ, ㄴ
② ㄱ, ㄷ
③ ㄴ, ㄹ
④ ㄷ, ㄹ

14

국가배상에 대한 설명으로 옳지 않은 것은?

① 시·도경찰청장 또는 경찰서장이 지방자치단체의 장으로부터 권한을 위탁받아 설치·관리하는 신호기의 하자로 인해 손해가 발생한 경우 「국가배상법」 제5조 소정의 배상책임의 귀속 주체는 국가뿐이다.
② 헌법재판소 재판관이 청구기간 내에 제기된 헌법소원심판청구 사건에서 청구기간을 오인하여 각하결정을 한 경우, 이에 대한 불복절차 내지 시정절차가 없는 때에는 배상책임의 요건이 충족되는 한 국가배상책임을 인정할 수 있다.
③ 영조물의 설치·관리자와 비용부담자가 다른 경우 피해자에게 손해를 배상한 자는 내부관계에서 그 손해를 배상할 책임이 있는 자에게 구상할 수 있다.
④ 군 복무 중 사망한 군인 등의 유족이 「국가배상법」에 따른 손해배상금을 지급받은 경우 그 손해배상금 상당 금액에 대해서는 「군인연금법」에서 정한 사망보상금을 지급받을 수 없다.

15

행정소송의 심리에 대한 설명으로 옳지 않은 것은?

① 「행정소송법」에 따르면 법원은 필요하다고 인정할 때에는 직권으로 증거조사를 할 수 있으나, 당사자가 주장하지 아니한 사실에 대하여는 판단할 수 없다.
② 법원은 행정처분 당시 행정청이 알고 있었던 자료뿐만 아니라 사실심 변론종결 당시까지 제출된 모든 자료를 종합하여 처분 당시 존재하였던 객관적 사실을 확정하고 그 사실에 기초하여 처분의 위법 여부를 판단할 수 있다.
③ 「행정소송법」에 따르면 법원은 당사자의 신청이 있는 때에는 결정으로써 재결을 행한 행정청에 대하여 행정심판에 관한 기록의 제출을 명할 수 있고, 제출명령을 받은 행정청은 지체 없이 당해 행정심판에 관한 기록을 법원에 제출하여야 한다.
④ 결혼이민[F-6 (다)목] 체류자격을 신청한 외국인에 대하여 행정청이 그 요건을 충족하지 못하였다는 이유로 거부처분을 하는 경우 '그 요건을 갖추지 못하였다는 판단', 즉 '혼인파탄의 주된 귀책사유가 국민인 배우자에게 있지 않다는 판단' 자체가 처분사유가 되는바, 결혼이민[F-6 (다)목] 체류자격 거부처분 취소소송에서 그 처분사유에 관한 증명책임은 피고 행정청에 있다.

16

「공익사업을 위한 토지 등의 취득 및 보상에 관한 법률」에 대한 설명으로 옳지 않은 것은?

① 구 「하천법」에 의한 하천수 사용권은 「공익사업을 위한 토지 등의 취득 및 보상에 관한 법률」이 손실보상의 대상으로 규정하고 있는 '물의 사용에 관한 권리'에 해당한다.
② 토지수용위원회의 재결에 대한 토지소유자의 행정소송 제기는 사업의 진행 및 토지의 수용 또는 사용을 정지시키지 아니한다.
③ 사업인정은 공익사업의 시행자에게 그 후 일정한 절차를 거칠 것을 조건으로 일정한 내용의 수용권을 설정하여 주는 형성행위이다.
④ 어떤 보상항목이 공익사업을 위한 토지 등의 취득 및 보상에 관한 법령상 손실보상대상에 해당함에도 관할 토지수용위원회가 사실을 오인하거나 법리를 오해함으로써 손실보상대상에 해당하지 않는다고 잘못된 내용의 재결을 한 경우에는, 피보상자는 관할 토지수용위원회를 상대로 재결취소소송을 제기하여야 한다.

17

다음 사례에 대한 설명으로 옳은 것은?

> 식품접객업을 하는 甲은 청소년의 연령을 확인하지 않고 주류를 판매한 사실이 적발되어 관할 행정청 乙로부터 「식품위생법」 위반을 이유로 영업정지 2개월을 부과받자 관할 행정심판위원회 丙에 행정심판을 청구하였다.

① 丙은 영업정지 2개월에 갈음하여 「식품위생법」 소정의 과징금으로 변경할 수 없다.
② 甲이 丙의 기각재결을 받은 후 재결 자체에 고유한 하자가 있음을 주장하며 그 기각재결에 대하여 취소소송을 제기한 경우, 수소법원은 심리 결과 재결 자체에 고유한 위법이 없다면 각하판결을 하여야 한다.
③ 丙이 영업정지처분을 취소하는 재결을 할 경우, 乙은 이 인용재결의 취소를 구하는 행정소송을 제기할 수 없다.
④ 丙은 행정심판의 심리과정에서 甲의 「식품위생법」상의 또 다른 위반 사실을 인지한 경우, 乙의 2개월 영업정지와는 별도로 1개월 영업정지를 추가하여 부과하는 재결을 할 수 있다.

18

「행정절차법」에 대한 설명으로 옳지 않은 것은?

① 처분기준을 공표하는 것이 해당 처분의 성질상 현저히 곤란하거나 공공의 안전 또는 복리를 현저히 해치는 것으로 인정될 만한 상당한 이유가 있는 경우에는 처분기준을 공표하지 아니할 수 있다.
② 행정처분의 상대방에 대한 청문통지서가 반송되었거나 행정처분의 상대방이 청문일시에 불출석하였다는 이유만으로 행정청이 관계법령상 그 실시가 요구되는 청문을 실시하지 아니하고 한 침해적 행정처분은 위법하다.
③ 「행정절차법」상 사전통지 및 의견제출에 대한 권리를 부여하고 있는 '당사자등'에는 불이익처분의 직접 상대방인 당사자와 행정청이 직권으로 또는 신청에 따라 행정절차에 참여하게 한 이해관계인, 그 밖에 제3자가 포함된다.
④ 행정청이 처분을 하면서 당사자가 그 근거를 알 수 있을 정도로 이유를 제시한 경우에는 처분의 근거와 이유를 구체적으로 명시하지 않았더라도 그로 말미암아 그 처분이 위법하다고 볼 수는 없다.

19

「질서위반행위규제법」에 대한 설명으로 옳지 않은 것은?

① 질서위반행위 후 법률이 변경되어 그 행위가 질서위반행위에 해당하지 아니하게 되거나 과태료가 변경되기 전의 법률보다 가볍게 된 때에는 법률에 특별한 규정이 없는 한 변경된 법률을 적용하여야 한다.
② 고의 또는 과실이 없는 질서위반행위라고 하더라도 과태료를 부과할 수 있다.
③ 행정청의 과태료 부과에 불복하는 당사자는 과태료 부과 통지를 받은 날부터 60일 이내에 해당 행정청에 서면으로 이의제기를 할 수 있다.
④ 법원이 심문 없이 과태료 재판을 하고자 하는 때에는 당사자와 검사는 특별한 사정이 없는 한 약식재판의 고지를 받은 날부터 7일 이내에 이의신청을 할 수 있다.

20

인가에 대한 설명으로 옳지 않은 것은?

① 「자동차관리법」상 자동차관리사업자로 구성하는 사업자단체인 조합 또는 협회의 설립인가처분은 자동차관리사업자들의 단체결성행위를 보충하여 효력을 완성시키는 처분에 해당한다.
② 구 「도시 및 주거환경정비법」상 조합설립추진위원회 구성승인처분은 조합의 설립을 위한 주체인 추진위원회의 구성행위를 보충하여 그 효력을 부여하는 처분이다.
③ 주택재개발정비사업조합이 수립한 사업시행계획에 하자가 있음에도 불구하고 관할 행정청이 해당 사업시행계획에 대한 인가처분을 하였다면, 그 인가처분에는 고유한 하자가 없더라도 사업시행계획의 무효를 주장하면서 곧바로 그에 대한 인가처분의 무효확인이나 취소를 구하여야 한다.
④ 구 「도시 및 주거환경정비법」상 토지소유자들이 조합을 설립하지 아니하고 직접 도시환경정비사업을 시행하고자 하는 경우에 내려진 사업시행인가처분은 설권적 처분의 성격을 가진다.

정답

01	③	02	②	03	④	04	④	05	②
06	②	07	④	08	①	09	①	10	③
11	②	12	④	13	②	14	①	15	①
16	④	17	③	18	③	19	②	20	③

12회 2022년 지방직 9급

지문의 내용에 대해 학설의 대립 등
다툼이 있는 경우 판례에 의함

01 □□□
행정입법에 대한 설명으로 옳지 않은 것은?

① 자치조례에 대한 법률의 위임은 반드시 구체적으로 범위를 정하여 할 필요가 없으며 포괄적인 것으로 족하다.
② 부령 형식으로 정해진 제재적 행정처분의 기준은 법규성이 있어서 대외적으로 국민이나 법원을 기속하는 효력이 있다.
③ 고시가 법령의 수권에 의하여 법령을 보충하는 사항을 정하는 경우 위임의 한계를 벗어나지 않는 한 그 근거 법령과 결합하여 대외적으로 구속력이 있는 법규명령으로서의 효력을 가진다.
④ 법률의 시행령이 형사처벌에 관한 사항을 규정하면서 법률의 명시적인 위임 범위를 벗어나 처벌의 대상을 확장하는 것은 위임입법의 한계를 벗어난 것으로 그 시행령은 무효이다.

02 □□□
행정행위의 부관에 대한 설명으로 옳은 것은?

① 행정처분에 부가한 부담이 무효인 경우에는 그 부담의 이행으로 이루어진 사법상 법률행위도 무효가 된다.
② 부관의 사후변경은 종전의 부관을 변경하지 아니하면 해당 처분의 목적을 달성할 수 없는 경우가 아니라면 인정되지 않는다.
③ 행정처분과 실제적 관련성이 없어 부관을 붙일 수 없는 경우에도 사법상 계약의 형식으로 공법상 제한을 회피할 수 있다.
④ 행정재산에 대한 기한부 사용·수익허가를 받은 경우, 그 사용·수익허가의 기간에 대하여 독립하여 행정소송을 제기할 수 없다.

03 □□□
판례상 재량행위에 해당하는 것만을 모두 고르면?

ㄱ. 「여객자동차 운수사업법」상 개인택시운송사업면허
ㄴ. 구 「수도권대기환경특별법」상 대기오염물질 총량관리사업장 설치허가
ㄷ. 「국가공무원법」상 휴직 사유 소멸을 이유로 한 신청에 대한 복직명령
ㄹ. 「출입국관리법」상 체류자격 변경허가

① ㄱ, ㄹ
② ㄴ, ㄷ
③ ㄱ, ㄴ, ㄹ
④ ㄱ, ㄴ, ㄷ, ㄹ

04 □□□
행정절차에 대한 설명으로 옳지 않은 것은?

① 계약직공무원 채용계약해지의 의사표시는 「행정절차법」에 의하여 근거와 이유를 제시하여야 하는 것은 아니다.
② 교육부장관이 부적격사유가 없는 후보자들 사이에서 어떤 후보자를 상대적으로 더욱 적합하다고 판단하여 국립대학교의 총장으로 임용제청을 하였다면, 그러한 임용제청행위 자체로서 이유제시의무를 다한 것이다.
③ 「국가공무원법」상 직위해제처분에는 처분의 사전통지 및 의견청취 등에 관한 「행정절차법」의 규정이 적용된다.
④ 과세처분 시 납세고지서에 법으로 규정한 과세표준 등의 기재가 누락되면 그 과세처분 자체가 위법한 처분이 되어 취소의 대상이 된다.

05

행정법의 일반원칙에 대한 설명으로 옳은 것만을 모두 고르면?

> ㄱ. 비례의 원칙은 법치국가원리에서 당연히 파생되는 헌법상의 기본원리이다.
> ㄴ. 평등의 원칙은 본질적으로 같은 것을 자의적으로 다르게 취급함을 금지하는 것이므로, 위법한 행정처분이 수차례에 걸쳐 반복적으로 행하여졌다면 행정청에 대하여 자기구속력을 갖게 된다.
> ㄷ. 국가가 임용결격사유가 있는 자에 대하여 결격사유가 있는 것을 알지 못하고 공무원으로 임용하였다가 나중에 결격사유가 있음을 발견하고 그 임용행위를 취소하는 경우 신의칙이 적용된다.
> ㄹ. 지방자치단체장이 사업자에게 주택사업계획승인을 하면서 그 주택사업과는 아무런 관련이 없는 토지를 기부채납하도록 하는 부관을 주택사업계획승인에 붙인 경우, 그 부관은 부당결부금지의 원칙에 위반되어 위법하다.

① ㄱ, ㄴ
② ㄱ, ㄹ
③ ㄴ, ㄷ
④ ㄷ, ㄹ

06

행정행위에 대한 설명으로 옳지 않은 것은?

① 건축허가는 대물적 성질을 갖는 것이어서 행정청으로서는 허가를 할 때에 건축주 또는 토지 소유자가 누구인지 등 인적 요소에 관하여는 형식적 심사만 한다.
② 시·도경찰청장이 횡단보도를 설치하여 보행자 통행방법 등을 규제하는 것은 국민의 권리·의무에 직접 관계가 있는 행위로서 행정처분이다.
③ 국유재산의 무단점유에 대한 변상금 징수의 요건은 「국유재산법」에 명백히 규정되어 있으므로 변상금을 징수할 것인가는 처분청의 재량을 허용하지 않는 기속행위이다.
④ 공유수면의 점용·사용허가는 특정인에게 공유수면 이용권이라는 독점적 권리를 설정하여 주는 처분이 아니라 일반적인 상대적 금지를 해제하는 처분이다.

07

「공공기관의 정보공개에 관한 법률」상 정보공개에 대한 설명으로 옳지 않은 것은?

① 정보공개 청구권자의 권리구제 가능성은 정보의 공개 여부 결정에 아무런 영향을 미치지 못한다.
② 학교환경위생구역 내 금지행위 해제결정에 관한 학교환경위생정화위원회의 회의록에 기재된 발언내용에 대한 해당 발언자의 인적사항 부분에 관한 정보는 비공개대상에 해당하지 아니한다.
③ 공공기관이 정보공개를 거부하는 경우에는 어느 부분이 어떠한 법익 또는 기본권과 충돌되어 비공개사유에 해당하는지를 주장·증명하여야 하고, 그에 이르지 아니한 채 개괄적인 사유만을 들어 공개를 거부하는 것은 허용되지 아니한다.
④ 공개를 구하는 정보를 공공기관이 한때 보유·관리하였으나 후에 그 정보가 담긴 문서등이 폐기되어 존재하지 않게 된 것이라면 그 정보를 더 이상 보유·관리하고 있지 아니하다는 점에 대한 증명책임은 공공기관에게 있다.

08

행정처분의 위법성에 대한 설명으로 옳지 않은 것은?

① 행정청이 행정처분을 하면서 상대방에게 불복절차에 관한 고지의무를 이행하지 않았다면 이는 절차적 하자로서 그 행정처분은 위법하게 된다.
② 행정처분이 나중에 항고소송에서 위법하다고 판단되어 취소되더라도 그러한 사실만으로 바로 행정처분이 공무원의 고의나 과실로 인한 불법행위를 구성한다고 할 수 없다.
③ 절차상의 하자를 이유로 행정처분을 취소하는 판결이 선고되어 확정된 경우, 그 확정판결의 기속력은 취소사유로 된 절차의 위법에 한하여 미치는 것이므로 행정청은 적법한 절차를 갖추어 동일한 내용의 처분을 다시 할 수 있다.
④ 권한 없는 행정청이 한 위법한 행정처분을 취소할 수 있는 권한은 그 행정처분을 한 처분청에게 속하는 것이고, 그 행정처분을 할 수 있는 적법한 권한을 가지는 행정청에게 그 취소권이 귀속되는 것은 아니다.

09

영업의 양도와 영업자지위승계에 대한 설명으로 옳지 않은 것은?

① 「식품위생법」상 허가영업자의 지위승계신고수리처분을 하는 경우 「행정절차법」 규정 소정의 당사자에 해당하는 종전의 영업자에게 행정절차를 실시하여야 한다.
② 관할 행정청은 여객자동차운송사업의 양도·양수에 대한 인가를 한 후에도 그 양도·양수 이전에 있었던 양도인에 대한 운송사업면허 취소사유를 들어 양수인의 사업면허를 취소할 수 있다.
③ 영업양도행위가 무효임에도 행정청이 승계신고를 수리하였다면 양도자는 민사쟁송이 아닌 행정소송으로 신고수리처분의 무효확인을 구할 수 있다.
④ 사실상 영업이 양도·양수되었지만 승계신고 및 수리처분이 있기 전에 양도인이 허락한 양수인의 영업 중 발생한 위반행위에 대한 행정적 책임은 양수인에게 귀속된다.

10

여객자동차운송사업을 하는 甲은 관련법규 위반을 이유로 사업정지 처분에 갈음하는 과징금부과처분을 받았다. 이에 대한 설명으로 옳지 않은 것은?

① 甲이 현실적인 위반행위자가 아닌 법령상 책임자인 경우에도 甲에게 과징금을 부과할 수 있다.
② 甲에게 고의·과실이 없는 경우에는 과징금을 부과할 수 없다.
③ 과징금부과처분에 대해 甲은 취소소송을 제기하여 다툴 수 있다.
④ 甲에게 부과된 과징금이 법이 정한 한도액을 초과하여 위법한 경우, 법원은 그 초과부분에 대하여 일부 취소할 수 없고 그 전부를 취소하여야 한다.

11

국가배상제도에 대한 설명으로 옳은 것은?

① 공무원에게 부과된 직무상 의무가 단순히 공공일반의 이익만을 위한 경우라면 그러한 직무상 의무 위반에 대해서는 국가배상책임이 인정되지 않는다.
② 국가의 비권력적 작용은 국가배상청구의 요건인 직무에 포함되지 않는다.
③ 경과실로 불법행위를 한 공무원이 피해자에게 손해를 배상하였다면 이는 타인의 채무를 변제한 경우에 해당하므로 피해자는 공무원에게 이를 반환할 의무가 있다.
④ 지방자치단체가 권원 없이 사실상 관리하고 있는 도로는 국가배상책임의 대상이 되는 영조물에 해당하지 않는다.

12

행정벌에 대한 설명으로 옳은 것은?

① 양벌규정에 의한 영업주의 처벌은 금지위반행위자인 종업원의 처벌에 종속되는 것이므로 영업주만 따로 처벌할 수는 없다.
② 통고처분은 법정기간 내에 납부하지 않는 것을 해제조건으로 하는 행정처분이므로 행정소송의 대상이 된다.
③ 행정청의 과태료 부과에 대해 서면으로 이의가 제기된 경우 과태료 부과처분은 그 효력을 상실한다.
④ 법원이 하는 과태료재판에는 원칙적으로 행정소송에서와 같은 신뢰보호의 원칙이 적용된다.

13

행정상 강제집행에 대한 설명으로 옳은 것만을 모두 고르면?

> ㄱ. 행정청은 퇴거를 명하는 집행권원이 없더라도 건물철거 대집행 과정에서 부수적으로 철거의무자인 건물의 점유자들에 대해 퇴거 조치를 할 수 있다.
> ㄴ. 권원 없이 국유재산에 설치한 시설물에 대하여 관리청이 행정대집행을 통해 철거를 하지 않는 경우 그 국유재산에 대하여 사용청구권을 가진 자는 국가를 대위하여 민사소송으로 그 시설물의 철거를 구할 수 있다.
> ㄷ. 공유 일반재산의 대부료 지급은 사법상 법률관계이므로 행정상 강제집행절차가 인정되더라도 따로 민사소송으로 대부료의 지급을 구하는 것이 허용된다.
> ㄹ. 관계법령에 위반하여 장례식장 영업을 하고 있는 자에게 부과된 장례식장 사용중지의무는 공법상 의무로서 행정대집행의 대상이 된다.

① ㄱ, ㄴ
② ㄱ, ㄹ
③ ㄴ, ㄷ
④ ㄷ, ㄹ

14

선결문제에 대한 판례의 입장으로 옳지 않은 것은?

① 조세부과처분이 무효임을 이유로 이미 납부한 세금의 반환을 청구하는 민사소송에서 법원은 그 조세부과처분이 무효라는 판단과 함께 세금을 반환하라는 판결을 할 수 있다.
② 영업허가취소처분으로 손해를 입은 자가 제기한 국가배상청구소송에서 법원은 영업허가취소처분에 취소사유에 해당하는 하자가 있는 경우에는 영업허가취소처분의 위법을 이유로 배상청구를 인용할 수 없다.
③ 물품을 수입하고자 하는 자가 세관장에게 수입신고를 하여 그 면허를 받고 물품을 통관한 경우에는, 세관장의 수입면허가 중대하고도 명백한 하자가 있는 행정행위이어서 당연무효가 아닌 한「관세법」소정의 무면허수입죄가 성립될 수 없다.
④ 영업허가취소처분 이후에 영업을 한 행위에 대하여 무허가영업으로 기소되었으나 형사법원이 판결을 내리기 전에 영업허가취소처분이 행정소송에서 취소되면 형사법원은 무허가영업행위에 대해서 무죄를 선고하여야 한다.

15

공법상 계약에 대한 설명으로 옳은 것은?

① 지방자치단체가 일방 당사자가 되는 이른바 '공공계약'이 사법상 계약에 해당하는 경우에도 법령에 특별한 규정이 없다면 사적자치와 계약자유의 원칙 등 사법의 원리가 그대로 적용되지 않는다.
② 국립의료원 부설 주차장 위탁관리용역운영계약은 공법상 계약에 해당한다.
③ 공법상 계약이더라도 한쪽 당사자가 다른 당사자를 상대로 계약의 이행을 청구하는 소송은 민사소송으로 제기하여야 한다.
④ 지방자치단체가 A주식회사를 자원회수시설과 부대시설의 운영·유지관리 등을 위탁할 민간사업자로 선정하고 A주식회사와 체결한 위 시설에 관한 위·수탁 운영 협약은 사법상 계약에 해당한다.

16

취소소송의 판결에 대한 설명으로 옳은 것은?

① 원고의 청구가 이유있다고 인정하는 경우에도 이를 인용하는 것이 현저히 공공복리에 적합하지 않다고 판단되면 법원은 피고 행정청의 주장이나 신청이 없더라도 사정판결을 할 수 있다.
② 영업정지처분에 대한 취소소송에서 취소판결이 확정되면 처분청은 영업정지처분의 효력을 소멸시키기 위하여 영업정지처분을 취소하는 처분을 하여야 할 의무를 진다.
③ 공사중지명령의 상대방이 제기한 공사중지명령취소소송에서 기각판결이 확정된 경우 특별한 사정변경이 없더라도 그 후 상대방이 제기한 공사중지명령해제신청 거부처분취소소송에서는 그 공사중지명령의 적법성을 다시 다툴 수 있다.
④ 행정청은 취소판결에서 위법하다고 판단된 처분사유와 기본적 사실관계의 동일성이 없는 사유이더라도 처분시에 존재한 사유를 들어 종전의 처분과 같은 처분을 다시 할 수 없다.

17

A행정청이 甲에게 한 처분에 대하여 甲은 B행정심판위원회에 행정심판을 청구하였다. 이에 대한 설명으로 옳은 것은?

① B행정심판위원회의 기각재결이 있은 후에는 A행정청은 원처분을 직권으로 취소할 수 없다.
② 甲이 취소심판을 제기한 경우, B행정심판위원회는 심판청구가 이유가 있다고 인정하면 처분변경명령재결을 할 수 있다.
③ 甲이 무효확인심판을 제기한 경우, B행정심판위원회는 심판청구가 이유있다고 인정하면서도 이를 인용하는 것이 공공복리에 크게 위배된다고 인정하면 甲의 심판청구를 기각할 수 있다.
④ B행정심판위원회의 재결에 고유한 위법이 있는 경우에는 甲은 다시 행정심판을 청구할 수 있다.

18

다음 각 사례에 대한 설명으로 옳은 것은?

- A시장으로부터 3월의 영업정지처분을 받은 숙박업자 甲은 이에 불복하여 행정쟁송을 제기하고자 한다.
- B시장으로부터 건축허가거부처분을 받은 乙은 이에 불복하여 행정쟁송을 제기하고자 한다.

① 甲이 취소소송을 제기하면서 집행정지신청을 한 경우 법원이 집행정지결정을 하는 데 있어 甲의 본안청구의 적법 여부는 집행정지의 요건에 포함되지 않는다.
② 甲이 2022.1.5. 영업정지처분을 통지받았고, 행정심판을 제기하여 2022.3.29. 1월의 영업정지처분으로 변경하는 재결이 있었고 그 재결서 정본을 2022.4.2. 송달받은 경우 취소소송의 기산점은 2022.1.5.이다.
③ 乙이 의무이행심판을 제기하여 처분명령재결이 있었음에도 B시장이 허가를 하지 않는 경우 행정심판위원회는 직권으로 시정을 명하고 이를 이행하지 아니하면 직접 건축허가처분을 할 수 있다.
④ 乙이 건축허가거부처분에 대해 제기한 취소소송에서 인용판결이 확정되었으나 B시장이 기속력에 위반하여 다시 거부처분을 한 경우 乙은 간접강제신청을 할 수 있다.

19

다음 사례에 대한 설명으로 옳은 것은?

> 「도시 및 주거환경정비법」에 따라 설립된 A주택재건축정비사업조합은 관할 B구청장으로부터 ㉠ 조합설립인가를 받은 후, 조합총회에서 재건축 관련 ㉡ 관리처분계획에 대한 의결을 하였고, 관할 B구청장으로부터 위 ㉢ 관리처분계획에 대한 인가를 받았다. 이후 조합원 甲은 위 관리처분계획의 의결에는 조합원 전체의 4/5 이상의 결의가 있어야 함에도 불구하고, 이를 위반하여 위법한 것임을 이유로 ㉣ 관리처분계획의 무효를 주장하며 소송으로 다투려고 한다.

① ㉠과 ㉢의 인가의 강학상 법적 성격은 동일하다.
② 甲이 ㉡에 대해 소송으로 다투려면 A주택재건축정비사업조합을 상대로 민사소송을 제기하여야 한다.
③ 甲이 ㉣에 대해 소송으로 다투려면 항고소송을 제기하여야 한다.
④ 甲이 ㉣에 대해 소송으로 다투려면 B구청장을 피고로 하여야 한다.

20

행정쟁송에 대한 설명으로 옳은 것은?

① 행정심판의 재결에도 판결에서와 같은 기판력이 인정되는 것이어서 재결이 확정되면 처분의 기초가 된 사실관계나 법률적 판단이 확정되는 것이므로 당사자는 이와 모순되는 주장을 할 수 없게 된다.
② 무효인 처분에 대해 무효선언을 구하는 취소소송을 제기하는 경우에는 제소기간의 제한이 없다.
③ 거부행위가 항고소송의 대상인 처분이 되기 위해서는 그 거부행위가 신청인의 실체상의 권리관계에 직접적인 변동을 일으키는 것이어야 하며, 신청인이 실체상의 권리자로서 권리를 행사함에 중대한 지장을 초래하는 것만으로는 부족하다.
④ 처분시에 행정청으로부터 행정심판 제기기간에 관하여 법정 심판청구기간보다 긴 기간으로 잘못 통지받은 경우에 보호할 신뢰 이익은 그 통지받은 기간 내에 행정소송을 제기한 경우에까지 확대되지 않는다.

정답

01	②	02	④	03	③	04	③	05	②
06	④	07	②	08	①	09	④	10	②
11	①	12	③	13	①	14	①	15	④
16	①	17	②	18	④	19	③	20	④

PART 4

지방직 7급

해커스공무원
김대현 행정법총론
최신 4개년 기출문제집

13회 / 2024년 지방직 7급
14회 / 2023년 지방직 7급
15회 / 2022년 지방직 7급
16회 / 2021년 지방직 7급

13회 2024년 지방직 7급

지문의 내용에 대해 학설의 대립 등 다툼이 있는 경우 판례에 의함

01 □□□

「공공기관의 정보공개에 관한 법률」에 대한 설명으로 옳은 것은?

① 청구인이 정보공개와 관련한 공공기관의 비공개 결정 또는 부분 공개 결정에 대하여 불복이 있거나 정보공개 청구 후 20일이 경과하도록 정보공개 결정이 없는 때에는 공공기관으로부터 정보공개 여부의 결정 통지를 받은 날 또는 정보공개 청구 후 20일이 경과한 날부터 30일 이내에 해당 공공기관에 문서로 이의신청을 할 수 있다.
② 청구인이 정보공개거부처분의 취소를 구하는 소송에서 공공기관이 청구정보를 증거 등으로 법원에 제출하여 법원을 통하여 그 사본을 청구인에게 교부 또는 송달되게 하여 결과적으로 청구인에게 정보를 공개하는 셈이 되었다면, 당해 정보의 비공개결정의 취소를 구할 소의 이익은 소멸된다.
③ 법원이 행정기관의 정보공개거부처분의 위법 여부를 심리한 결과 공개를 거부한 정보에 비공개사유에 해당하는 부분과 그렇지 않은 부분이 혼합되어 있고, 공개청구의 취지에 어긋나지 않는 범위 안에서 두 부분을 분리할 수 있더라도 공개가 가능한 정보에 국한하여 일부취소를 명할 수 없다.
④ 공공기관이 공개청구의 대상이 된 정보를 공개는 하되, 청구인이 신청한 공개방법 이외의 방법으로 공개하기로 하는 결정을 하였다면, 이는 정보공개청구 중 정보공개방법에 관한 부분만을 달리한 것이므로 일부 거부처분이라 할 수 없다.

02 □□□

행정계획에 대한 설명으로 옳지 않은 것은?

① 행정청은 행정청이 수립하는 계획 중 국민의 권리·의무에 직접 영향을 미치는 계획을 수립하거나 변경·폐지할 때에는 관련된 여러 이익을 정당하게 형량하여야 한다.
② 도시계획구역 내 토지 등을 소유하고 있는 주민은 도시시설계획의 입안 내지 변경을 요구할 수 있는 법규상 또는 조리상의 신청권이 있다.
③ 구 「도시계획법」상 도시기본계획은 도시의 기본적인 공간구조와 장기발전방향을 제시하는 종합계획으로서 도시계획입안의 지침이 되지만 일반 국민에 대한 직접적인 구속력은 없다.
④ 구 「택지개발촉진법」상 관할행정청의 택지개발사업시행자에 대한 택지개발계획의 승인은 그 승인의 고시에 의하여 개발할 토지의 위치, 면적, 권리내용 등이 특정되어 그 후 사업시행자에게 택지개발사업을 실시할 수 있는 권한이 설정된다고 하더라도 행정처분의 성격을 갖는 것은 아니다.

03

행정처분의 부관에 대한 설명으로 옳지 않은 것은?

① 수익적 행정처분에 있어서는 법령에 특별한 근거규정이 없다고 하더라도 그 부관으로서 부담을 붙일 수 있고, 그와 같은 부담은 행정청이 행정처분을 하면서 일방적으로 부가할 수 있으나 부담을 부가하기 이전에 상대방과 협의하여 부담의 내용을 협약의 형식으로 미리 정한 다음 행정처분을 하면서 이를 부가할 수는 없다.
② 행정행위의 부관은 부담인 경우를 제외하고는 독립하여 행정소송의 대상이 될 수 없는바, 기부채납받은 행정재산에 대한 사용·수익허가에서 공유재산의 관리청이 정한 사용·수익허가의 기간은 그 허가의 효력을 제한하기 위한 행정행위의 부관으로서 이러한 사용·수익허가의 기간에 대해서는 독립하여 행정소송을 제기할 수 없다.
③ 부담부 행정처분에 있어서 처분의 상대방이 부담(의무)을 이행하지 아니한 경우에 처분 행정청으로서는 이를 들어 당해 처분을 취소(철회)할 수 있는 것이다.
④ 행정청이 수익적 행정처분을 하면서 부가한 부담의 위법 여부는 처분 당시 법령을 기준으로 판단하여야 하고, 부담이 처분 당시 법령을 기준으로 적법하다면 처분 후 부담의 전제가 된 주된 행정처분의 근거 법령이 개정됨으로써 행정청이 더 이상 부관을 붙일 수 없게 되었다 하더라도 곧바로 위법하게 되거나 그 효력이 소멸하게 되는 것은 아니다.

04

행정처분의 직권취소에 대한 설명으로 옳지 않은 것은?

① 과세처분에 관한 이의신청절차에서 과세관청이 납세자의 이의신청 사유가 옳다고 인정하여 과세처분을 직권으로 취소한 이상 그 후 특별한 사유 없이 이를 번복하고 종전 처분을 되풀이하는 것은 허용되지 않는다.
② 행정처분을 한 처분청은 그 행위에 하자가 있는 경우에는 원칙적으로 별도의 법적 근거가 없더라도 스스로 이를 직권으로 취소할 수 있다.
③ 승인처분의 근거 법률에서 행정청의 승인처분에 대한 취소신청과 관련하여 아무런 규정을 두고 있지 않더라도 직권취소를 할 수 있다는 사정만으로 이해관계인은 처분청에 대하여 승인처분의 하자를 이유로 그 승인처분의 취소를 요구할 신청권을 갖는다.
④ 도로관리청이 도로점용허가 중 특별사용의 필요가 없는 부분을 소급적으로 직권취소하였다면, 도로관리청은 이미 징수한 점용료 중 취소된 부분의 점용면적에 해당하는 점용료를 반환하여야 한다.

05

행정처분의 하자에 대한 설명으로 옳지 않은 것은?

① 「공익사업을 위한 토지 등의 취득 및 보상에 관한 법률」에 따른 사업인정처분이 당연무효이면 그것이 유효함을 전제로 이루어진 수용재결도 무효라고 보아야 한다.
② 수익적 행정처분의 하자가 당사자의 사실은폐나 기타 부정한 방법에 의한 신청행위 때문인 경우, 당사자는 처분에 관한 신뢰이익을 원용할 수 있고 행정청이 이를 고려하지 아니하였다면 재량권을 일탈·남용한 것이다.
③ 도시계획시설사업 시행자 지정 처분이 처분 요건을 충족하지 못하여 당연무효인 경우에는 사업시행자 지정 처분이 유효함을 전제로 이루어진 후행처분인 실시계획 인가처분도 무효이다.
④ 관할청이 시정을 요구하면서 부여한 기간이 너무 불합리하거나 부당하지 않는 한 단기간이라는 이유만으로 그 시정 요구가 위법하다고 볼 수는 없다.

06

행정절차에 대한 설명으로 옳은 것만을 모두 고르면?

> ㄱ. '공무원 인사관계 법령에 의한 처분에 관한 사항' 전부에 대하여 「행정절차법」의 적용이 배제된다.
> ㄴ. 당사자에게 의무를 부과하거나 당사자의 권익을 제한하는 처분을 함에 있어서, 행정청은 법령등에서 요구된 자격이 없어지게 되면 반드시 일정한 처분을 하여야 하는 경우에 그 자격이 없어지게 된 사실이 법원의 재판 등에 의하여 객관적으로 증명된 경우에도 「행정절차법」상의 사전통지를 하여야 한다.
> ㄷ. 행정청의 자의적 결정을 배제하고 당사자로 하여금 행정구제절차에서 적절히 대처할 수 있도록 하는 처분의 근거 및 이유제시 제도의 취지에 비추어, 처분을 하면서 당사자가 그 근거를 알 수 있을 정도로 이유를 제시한 경우에는 처분의 근거와 이유를 구체적으로 명시하지 않았더라도 그로 말미암아 그 처분이 위법하다고 볼 수는 없다.
> ㄹ. 행정처분의 상대방에 대한 청문통지서가 반송되었다거나, 행정처분의 상대방이 청문일시에 불출석하였다는 이유만으로 청문을 실시하지 아니하고 한 침해적 행정처분은 위법하다.

① ㄱ, ㄴ
② ㄱ, ㄹ
③ ㄴ, ㄷ
④ ㄷ, ㄹ

07

「행정기본법」에 대한 설명으로 옳은 것은?

① 법령등 시행일의 기간 계산에 있어서 법령등을 공포한 날부터 일정 기간이 경과한 날부터 시행하는 경우 법령등을 공포한 날을 첫날에 산입한다.
② 당사자의 신청에 따른 처분은 법령등에 특별한 규정이 있는 경우를 제외하고는 신청 당시의 법령등에 따른다.
③ 행정청은 재량이 있는 경우에도 완전히 자동화된 시스템으로 처분을 할 수 있다.
④ 행정청의 처분에 대해 이의신청을 한 경우에도 그 이의신청과 관계없이 「행정심판법」에 따른 행정심판 또는 「행정소송법」에 따른 행정소송을 제기할 수 있다.

08

과징금에 대한 설명으로 옳지 않은 것은?

① 「부동산 실권리자명의 등기에 관한 법률」 제5조에 의하여 부과된 과징금 채무는 대체적 급부가 가능한 의무이므로 그 과징금을 부과받은 자가 사망한 경우 그 상속인에게 포괄승계된다.
② 「부동산 실권리자명의 등기에 관한 법률」 제5조에 규정된 과징금은 행정청이 명의신탁행위로 인한 불법적인 이익을 박탈하거나 실명등기의무의 이행을 강제하기 위하여 의무자에게 부과·징수하는 것일 뿐 국가형벌권 행사로서의 처벌에 해당한다고 할 수 없다.
③ 법이 규정한 범위 내에서 부과처분 당시까지 부과관청이 확인한 사실을 기초로 과징금의 부과처분을 하나, 추후에 부과금 산정기준이 되는 새로운 자료가 나온 경우 부과관청은 새로운 부과처분을 하여야 한다.
④ 재량권이 부여된 과징금 부과처분이 법정 한도액을 초과하여 위법할 경우 법원은 그 초과부분만을 취소할 수 없고 부과된 과징금 전부를 취소하여야 한다.

09

행정상 강제집행에 대한 설명으로 옳은 것은?

① 「농지법」상 이행강제금 부과처분에 대하여 부과권자가 관할 법원에 행정소송을 할 수 있다고 잘못 안내하면서 이행강제금을 부과한 경우 상대방은 항고소송을 통해 다툴 수 있다.
② 관계 법령상 행정대집행의 절차가 인정되어 행정청이 행정대집행의 방법으로 건물의 철거 등 대체적 작위의무의 이행을 실현할 수 있는 경우, 건물의 점유자가 철거의무자일 때에는 별도로 퇴거를 명하는 집행권원이 필요하다.
③ 구 「지방세징수법」상 지방세의 결손처분은 국세의 결손처분과 마찬가지로 더 이상 납세의무가 소멸하는 사유가 아니라 체납처분을 종료하는 의미만을 가지고, 결손처분의 취소는 국민의 권리와 의무에 영향을 미치는 행정처분이 아니다.
④ 납세자가 아닌 제3자의 재산을 대상으로 한 압류처분은 당연무효가 아니라 취소사유에 해당한다.

10

판례의 입장으로 옳지 않은 것은?

① 입학전형이의신청을 거부하는 경우 국립대학교 총장은 공권력을 행사하는 주체이자 기본권 수범자로서의 지위를 갖는다.
② '환경오염 발생 우려'와 같이 장래에 발생할 불확실한 상황과 파급효과에 대한 예측이 필요한 요건에 관한 행정청의 재량적 판단은 그 내용이 현저히 합리성을 결여하였다거나 상반되는 이익이나 가치를 대비해 볼 때 형평이나 비례의 원칙에 뚜렷하게 배치되는 등의 사정이 없는 한 폭넓게 존중하여야 한다.
③ WTO 협정에 따른 회원국 정부의 반덤핑부과처분이 WTO 협정위반이라는 이유만으로 사인이 직접 국내 법원에 회원국 정부를 상대로 그 처분의 취소를 구하는 소를 제기할 수 있다.
④ 행정처분은 그 근거 법령이 개정된 경우에도 경과규정에서 달리 정함이 없는 한 처분 당시 시행되는 개정 법령과 거기에서 정한 기준에 의하는 것이 원칙이고, 그러한 개정 법령의 적용과 관련하여서는 개정 전 법령의 존속에 대한 국민의 신뢰가 개정 법령의 적용에 관한 공익상의 요구보다 더 보호가치가 있다고 인정되는 경우에 그러한 국민의 신뢰를 보호하기 위하여 그 적용이 제한될 수 있는 여지가 있다.

11

「공익사업을 위한 토지 등의 취득 및 보상에 관한 법률」에 대한 설명으로 옳지 않은 것은?

① 「공익사업을 위한 토지 등의 취득 및 보상에 관한 법률」의 규정에 의한 사업인정처분은 공익사업을 토지 등을 수용 또는 사용할 사업으로 결정하는 것으로서 단순한 확인행위가 아니라 형성행위이다.
② 보상금 증감에 관한 행정소송의 경우 그 소송을 제기하는 자가 토지소유자일 때에는 사업시행자와 관할 토지수용위원회를, 사업시행자일 때에는 토지소유자와 관할 토지수용위원회를 각각 피고로 한다.
③ 「공익사업을 위한 토지 등의 취득 및 보상에 관한 법률」에 의한 보상을 하면서 손실보상금에 관한 당사자 간의 합의가 성립한 경우, 그 보상합의는 공공기관이 사경제주체로서 행하는 사법상 계약의 실질을 가진다.
④ 사업시행자에게 해당 공익사업을 수행할 의사와 능력이 있어야 한다는 것은 사업인정의 한 요건이라고 보아야 한다.

12

취소판결의 기속력에 대한 설명으로 옳지 않은 것은?

① 취소판결에 의하여 취소되는 처분이 당사자의 신청을 거부하는 것을 내용으로 하는 경우에는 그 처분을 행한 행정청은 판결의 취지에 따라 다시 이전의 신청에 대한 처분을 하여야 한다.
② 취소 확정판결의 기속력은 판결의 주문 및 선제가 되는 처분 등의 구체적 위법사유에 관한 판단에 미친다.
③ 확정판결의 당사자인 처분 행정청은 그 행정소송의 사실심 변론종결 이후 발생한 새로운 사유를 내세워 다시 이전의 신청에 대하여 거부처분을 할 수 있다.
④ 임용기간이 만료된 교원의 재임용이 거부되었다가 그 재임용거부처분이 법원의 판결에 의하여 취소되었다면 이러한 취소판결로 인하여 당연히 그 교원은 재임용거부처분 당시로 소급하여 신분관계를 회복한다고 볼 수 있다.

13

행정심판에 대한 설명으로 옳지 않은 것은?

① 행정심판청구가 부적법하지 않음에도 각하한 재결은 심판청구인의 실체심리를 받을 권리를 박탈한 것으로서 원처분에 없는 고유한 하자가 있는 경우에 해당한다.
② 선정대표자가 선정되더라도 다른 청구인들은 그 선정대표자를 통해서만 그 사건에 관한 행위를 할 수 있는 것은 아니다.
③ 「행정심판법」상 임시처분은 집행정지로 목적을 달성할 수 있는 경우에는 허용되지 아니한다.
④ 처분의 상대방이 아닌 제3자가 심판청구를 한 경우 행정심판위원회는 재결서의 등본을 지체 없이 피청구인을 거쳐 처분의 상대방에게 송달하여야 한다.

14

「국가배상법」상 국가배상책임에 대한 설명으로 옳지 않은 것은?

① 통장이 전입신고서에 확인인을 찍는 행위는 공무를 위탁받아 실질적으로 공무를 수행하는 것이라고 보아야 하므로, 통장은 그 업무범위 내에서는 「국가배상법」 소정의 공무원에 해당한다.
② 인사업무담당 공무원이 다른 공무원의 공무원증 등을 위조한 행위에 대하여 실질적으로는 직무행위에 속하지 아니한다 할지라도 외관상으로는 「국가배상법」의 직무집행 관련성이 인정된다.
③ 「국가배상법」이 정한 손해배상청구의 요건인 '공무원의 직무'에는 국가나 지방자치단체의 권력적 작용뿐만 아니라 비권력적 작용도 포함되지만 단순한 사경제의 주체로서 하는 작용은 포함되지 않는다.
④ 지방자치단체장 간의 기관위임의 경우에는 사무귀속의 주체가 달라진다고 할 수 있으므로, 하위 지방자치단체장을 보조하는 하위 지방자치단체 소속 공무원이 위임사무 처리에 있어 고의 또는 과실로 타인에게 손해를 가하였다면 상위 지방자치단체는 그 사무귀속 주체로서 손해배상책임을 지지 않는다.

정답

01	①	02	④	03	①	04	③	05	②
06	④	07	④	08	③	09	③	10	③
11	②	12	④	13	②	14	④		

14회 2023년 지방직 7급

지문의 내용에 대해 학설의 대립 등
다툼이 있는 경우 판례에 의함

01 ☐☐☐

「행정기본법」상 법 원칙에 대한 설명으로 옳지 않은 것은?

① 「의료법」 등 관련 법령이 정신병원 등의 개설에 관하여는 허가제로, 정신과의원 개설에 관하여는 신고제로 각 규정하고 있는 것은 합리적 차별로서 평등의 원칙에 반하지 않는다.
② 재량준칙이 공표된 것만으로는 행정의 자기구속의 원칙이 적용될 수 없고, 재량준칙이 되풀이 시행되어 행정관행이 성립한 경우에 행정의 자기구속의 원칙이 적용될 수 있다.
③ 상대방에게 귀책사유가 있어 그 신뢰의 보호가치가 인정되지 않는다면 신뢰보호의 원칙이 적용되지 않는데, 이때 귀책사유의 유무는 상대방을 기준으로 판단하여야 하고, 상대방으로부터 신청행위를 위임받은 수임인 등의 귀책사유 유무는 고려하지 않는다.
④ 음주운전으로 인한 운전면허취소처분의 재량권 일탈·남용 여부를 판단할 때, 운전면허의 취소로 입게 될 당사자의 불이익보다 음주운전으로 인한 교통사고를 방지하여야 하는 일반예방적 측면이 더 강조되어야 한다.

02 ☐☐☐

행정규칙에 대한 설명으로 옳지 않은 것은?

① 「여객자동차 운수사업법」의 위임에 따른 시외버스운송사업의 사업계획변경 기준 등에 관한 「여객자동차 운수사업법 시행규칙」의 관련 규정은 대외적인 구속력이 있는 법규명령이라고 할 것이다.
② 법령에 반하는 위법한 행정규칙은 무효이므로 위법한 행정규칙을 위반한 것은 징계사유가 되지 않는다.
③ 법률이 일정한 사항을 고시와 같은 행정규칙에 위임하는 것은 전문적·기술적 사항이나 경미한 사항으로서 업무의 성질상 위임이 불가피한 사항에 한정된다.
④ 행정 각부의 장이 정하는 고시가 법령에 근거를 둔 것이라면, 그 규정 내용이 법령의 위임 범위를 벗어난 것이라도 법규명령으로서의 대외적 구속력이 인정된다.

03 ☐☐☐

행정행위의 취소와 철회에 대한 설명으로 옳지 않은 것은?

① 행정청이 의료법인의 이사에 대한 이사취임승인취소처분(제1처분)을 직권으로 취소(제2처분)한 경우, 제1처분과 제2처분 사이에 법원에 의하여 선임결정된 임시이사들의 지위는 법원의 해임결정이 있어야 소멸된다.
② 행정행위를 한 처분청은 비록 그 처분 당시에 별다른 하자가 없었고, 또 그 처분 후에 이를 철회할 별도의 법적 근거가 없다 하더라도 원래의 처분을 존속시킬 필요가 없게 된 사정변경이 생겼거나 또는 중대한 공익상의 필요가 발생한 경우에는 그 효력을 상실케 하는 별개의 행정행위로 이를 철회할 수 있다.
③ 조세부과처분이 취소되면 그 조세부과처분은 확정적으로 효력이 상실되므로 나중에 취소처분이 취소되어도 원 조세부과처분의 효력이 회복되지 않는다.
④ 행정청은 당사자의 신뢰를 보호할 가치가 있는 등 정당한 사유가 있는 경우에는 위법 또는 부당한 처분의 전부나 일부를 장래를 향하여 취소할 수 있다.

04 □□□

행정계약에 대한 설명으로 옳은 것만을 모두 고르면?

> ㄱ. 행정청은 법령등을 위반하지 아니하는 범위에서 행정목적을 달성하기 위하여 필요한 경우에는 공법상 법률관계에 관한 계약을 체결할 수 있다.
> ㄴ. 「행정기본법」에 따르면 신속히 처리할 필요가 있거나 사안이 경미한 경우에는 말 또는 서면으로 공법상 계약을 체결할 수 있다.
> ㄷ. 중소기업기술정보진흥원장이 甲 주식회사와 체결한 중소기업 정보화지원사업 지원대상인 사업의 지원에 관한 협약의 해지는 상대방의 권리·의무를 변경시키는 처분에 해당하므로 항고소송의 대상이 된다.
> ㄹ. 「국가를 당사자로 하는 계약에 관한 법률」에 따라 국가가 당사자가 되는 이른바 공공계약은 그에 관한 법령에 특별한 정함이 없는 한 사법상 계약에 해당한다.

① ㄱ, ㄴ　　② ㄱ, ㄹ
③ ㄴ, ㄷ　　④ ㄷ, ㄹ

05 □□□

행정행위에 대한 설명으로 옳지 않은 것은?

① 개인택시운송사업의 양도·양수가 있고 그에 대한 인가가 있은 후 그 양도·양수 이전에 있었던 양도인에 대한 운송사업면허 취소사유(음주운전 등으로 인한 자동차운전면허의 취소)를 들어 양수인의 운송사업면허를 취소한 것은 위법하다.
② 공무원 임용을 위한 면접전형에서 임용신청자의 능력이나 적격성 등에 관한 판단은 면접위원의 고도의 교양과 학식, 경험에 기초한 자율적 판단에 의존하는 것으로서 면접위원의 자유재량에 속하고, 그와 같은 판단이 현저하게 재량권을 일탈·남용하지 않은 한 이를 위법하다고 할 수 있다.
③ 「가축분뇨의 관리 및 이용에 관한 법률」에 따른 가축분뇨 처리방법 변경허가는 허가권자의 재량행위에 해당한다.
④ 처분의 근거 법령이 행정청에 처분의 요건과 효과 판단에 관하여 일정한 재량을 부여하였는데도, 행정청이 자신에게 재량권이 없다고 오인하여 전혀 비교형량하지 않은 채 처분을 하였다면, 이는 재량권 불행사로서 그 자체로 재량권 일탈·남용에 해당한다.

06 □□□

「행정절차법」상 행정절차에 대한 설명으로 옳지 않은 것은?

① 「공무원연금법」상 퇴직연금의 환수결정은 당사자에게 의무를 과하는 처분이기는 하지만 퇴직연금의 환수결정에 앞서 당사자에게 의견진술의 기회를 주지 아니하여도 「행정절차법」에 어긋나지 아니한다.
② 행정청이 처분을 하면서 당사자에게 그 처분에 관하여 행정심판 및 행정소송을 제기할 수 있는지 여부, 그 밖에 불복을 할 수 있는지 여부, 청구절차 및 청구기간 그 밖에 필요한 사항을 고지하지 않았다면 그 처분은 위법하다.
③ 행정청이 미리 공표한 처분의 처리기간을 지나 처분을 하였더라도 이를 처분을 취소할 절차상 하자로 볼 수 없다.
④ 행정청이 당사자와 협약을 체결하면서 관계 법령 및 「행정절차법」에 규정된 청문 등 의견청취절차를 배제하는 조항을 둔 경우, 이를 청문 실시의 배제사유로 인정하는 법령상의 규정이 없다면 청문을 실시하지 않은 것은 절차적 하자를 구성한다.

07

「공공기관의 정보공개에 관한 법률」(이하 '정보공개법'이라 한다)에 대한 설명으로 옳지 않은 것은?

① 도시공원위원회의 회의관련자료 및 회의록은 시장 등의 결정의 대외적 공표행위가 있은 후에는 이를 의사결정과정이나 내부검토과정에 있는 사항이라고 할 수 없고 위 위원회의 회의 관련 자료 및 회의록을 공개하더라도 업무의 공정한 수행에 지장을 초래할 염려가 없으므로 공개대상이 된다.

② 전자적 형태로 보유·관리되는 정보의 경우에 그 정보가 청구인이 구하는 대로 되어 있지 않더라도 공개청구를 받은 공공기관이 공개청구대상정보의 기초자료를 검색하여 청구인이 구하는 대로 편집할 수 있으며, 그 작업이 당해 기관의 업무수행에 별다른 지장을 초래하지 않는다면 그 공공기관이 공개청구대상정보를 보유·관리하고 있는 것으로 볼 수 있다.

③ 정보공개법에서 공개대상의 예외로 규정하고 있는 '다른 법률 또는 법률에서 위임한 명령(국회규칙·대법원규칙·헌법재판소규칙·중앙선거관리위원회규칙·대통령령 및 조례로 한정함)에 따라 비밀이나 비공개 사항으로 규정된 정보'의 해석에 있어서 '법률에서 위임한 명령'은 정보의 공개에 관하여 법률의 구체적인 위임 아래 제정된 법규명령(위임명령)을 의미한다.

④ 정보공개청구인이 정보공개와 관련한 공공기관의 비공개 결정 또는 부분공개 결정에 대하여 불복하는 경우에는 정보공개법상 이의신청절차를 거친 후에야 비로소 행정심판을 청구할 수 있다.

08

「질서위반행위규제법」에 대한 설명으로 옳지 않은 것은?

① 행정청의 과태료 처분이 확정된 후 법률이 변경되어 그 행위가 질서위반행위에 해당하지 아니하게 된 때에는 변경된 법률에 특별한 규정이 없는 한 과태료의 징수를 면제한다.

② 심신(心神)장애로 인하여 행위의 옳고 그름을 판단할 능력이 없거나 그 판단에 따른 행위를 할 능력이 없는 자의 질서위반행위는 과태료를 부과하지 아니한다.

③ 행정청은 질서위반행위가 종료된 날(다수인이 질서위반행위에 가담한 경우에는 최종행위가 종료된 날을 말함)부터 5년이 경과한 경우에는 해당 질서위반행위에 대하여 과태료를 부과할 수 없다.

④ 행정청의 과태료 부과에 불복하는 당사자는 과태료 부과 통지를 받은 날부터 90일 이내에 관할 법원에 취소소송을 제기할 수 있다.

09

행정상 강제집행에 대한 설명으로 옳은 것만을 모두 고르면?

> ㄱ. 이행강제금은 행정상 간접적인 강제집행 수단이다.
> ㄴ. 행정청은 의무자가 행정상 의무를 이행할 때까지 이행강제금을 반복하여 부과할 수 없다.
> ㄷ. 토지·건물의 명도의무는 대체적 작위의무가 아니므로 대집행의 대상이 아니다.
> ㄹ. 부작위의무도 대체적 작위의무로 전환하는 규정을 두고 있는 경우에는 대체적 작위의무로 전환한 후에 대집행의 대상이 될 수 있다.

① ㄱ, ㄷ
② ㄱ, ㄴ, ㄹ
③ ㄱ, ㄷ, ㄹ
④ ㄴ, ㄷ, ㄹ

10

선결문제에 대한 설명으로 옳지 않은 것은?

① 계고처분이 위법한 경우 행정대집행이 완료되면 그 처분의 취소를 구할 소의 이익은 없다 하더라도, 미리 그 행정처분의 취소판결이 있어야만 그 행정처분의 위법임을 이유로 한 손해배상 청구를 할 수 있는 것은 아니다.
② 민사소송에서 어느 행정처분의 당연무효 여부가 선결문제로 되는 경우 행정소송 등의 절차에 의하여 그 취소나 무효확인을 받아야 한다.
③ 과세처분의 하자가 단지 취소할 수 있는 정도에 불과할 때에는 과세관청이 이를 스스로 취소하거나 항고쟁송절차에 의하여 취소되지 않는 한, 그로 인한 조세의 납부가 부당이득이 된다고 할 수 없다.
④ 소방시설 등의 설치 또는 유지·관리에 대한 명령이 행정처분으로서 하자가 있어 무효인 경우, 위 명령 위반을 이유로 행정형벌을 부과할 수 없다.

11

「공익사업을 위한 토지 등의 취득 및 보상에 관한 법률」(이하 '토지보상법'이라 한다)상 행정상 손실보상에 대한 설명으로 옳지 않은 것은?

① 사업시행자, 토지소유자 또는 관계인은 토지수용위원회의 재결에 불복할 때에는 재결서를 받은 날부터 90일 이내에, 이의신청을 거쳤을 때에는 이의신청에 대한 재결서를 받은 날부터 60일 이내에 각각 행정소송을 제기할 수 있으며, 이 경우 행정소송의 제기는 사업의 진행 및 토지의 수용 또는 사용을 정지시키지 아니한다.
② 동일한 소유자에게 속하는 일단의 토지의 일부가 협의에 의하여 매수되거나 수용됨으로 인하여 잔여지를 종래의 목적에 사용하는 것이 현저히 곤란할 때에는 해당 토지소유자는 사업시행자에게 잔여지를 매수하여 줄 것을 청구할 수 있으며, 사업인정 이후에는 관할 토지수용위원회에 수용을 청구할 수 있고, 이 경우 수용의 청구는 매수에 관한 협의가 성립되지 아니한 경우에만 할 수 있으며 사업 완료일까지 하여야 한다.
③ 토지보상법에 의한 보상금증감청구소송은 보상금의 증액 또는 감액 청구에 관한 소송이므로 잔여지 수용청구를 거절한 재결에 불복하는 소송은 '보상금의 증감에 관한 소송'에 해당되지 아니한다.
④ 하나의 재결에서 피보상자별로 여러 가지의 토지, 물건, 권리 또는 영업의 손실에 관하여 심리·판단이 이루어졌을 때, 피보상자 또는 사업시행자가 여러 보상항목들 중 일부에 관해서만 불복하는 경우 반드시 재결 전부에 관하여 불복하여야 하는 것은 아니다.

12

행정청의 권한의 위임에 대한 설명으로 옳지 않은 것은?

① 내부위임의 경우 수임행정청이 그의 명의로 처분을 한 경우 항고소송의 피고는 실제로 처분을 한 수임행정청이다.
② 권한의 내부위임은 법률의 근거가 없어도 가능하다.
③ 교육감의 학교법인 임원취임의 승인취소권을 조례가 아닌 규칙에 의하여 교육장에게 위임한 경우 해당 규칙은 무효이다.
④ 수임사무의 처리에 관하여 위임기관은 수임기관에 대하여 사전승인을 받거나 협의를 할 것을 요구할 수 있다.

13

「행정심판법」상 행정심판에 대한 설명으로 옳은 것만을 모두 고르면?

ㄱ. 심판청구에 대한 재결이 있으면 그 재결 및 같은 처분 또는 부작위에 대하여 다시 행정심판을 청구할 수 없다.

ㄴ. 행정심판위원회는 처분 또는 부작위가 위법·부당하다고 상당히 의심되는 경우로서 처분 또는 부작위 때문에 당사자가 받을 우려가 있는 중대한 불이익이나 당사자에게 생길 급박한 위험을 막기 위하여 임시지위를 정하여야 할 필요가 있는 경우에는 집행정지로 목적을 달성할 수 있더라도 직권으로 또는 당사자의 신청에 의하여 임시처분을 결정할 수 있다.

ㄷ. 행정심판위원회는 피청구인이 의무이행재결 중 처분명령재결의 취지에 따른 처분을 하지 아니하는 경우에, 청구인의 신청에 의하여 결정으로 상당한 기간을 정하고 피청구인이 그 기간 내에 이행하지 아니하는 경우에는 그 지연기간에 따라 일정한 배상을 하도록 명하거나 즉시 배상을 할 것을 명할 수 있다.

ㄹ. 피청구인 또는 행정심판위원회는 전자정보처리조직을 통하여 행정심판을 청구하거나 심판참가를 한 자가 동의한 경우에 전자정보처리조직과 그와 연계된 정보통신망을 이용하여 재결서나 「행정심판법」에 따른 각종 서류를 청구인 또는 참가인에게 송달할 수 있다.

① ㄱ, ㄷ
② ㄱ, ㄴ, ㄹ
③ ㄱ, ㄷ, ㄹ
④ ㄴ, ㄷ, ㄹ

14

다음 사례에 대한 설명으로 옳지 않은 것은?

甲은 폐기물처리업을 경영하기 위하여 폐기물처리업 사업계획서를 제출하여 관할 도지사 乙로부터 사업계획 적합통보를 받았다. 그 후 甲은 폐기물처리시설의 설치가 허용되지 않는 용도지역을 허용되는 용도지역으로 변경하기 위하여 「국토의 계획 및 이용에 관한 법률」에 따라 乙에게 국토이용계획변경신청을 하였으나, 乙은 위 신청을 거부하였다.

① 만약 乙이 甲에게 사업계획 부적합통보를 하였다면 이는 항고소송의 대상이 되는 행정처분에 해당한다.
② 폐기물처리업 사업계획에 대한 적합통보와 국토이용계획변경은 각기 그 제도적 취지와 결정단계에서 고려해야 할 사항들이 다르다.
③ 乙이 폐기물처리업 사업계획에 대하여 적합통보를 한 것은 그 사업부지 토지에 대한 국토이용계획변경신청을 승인하여 주겠다는 취지의 공적인 견해표명을 한 것으로 볼 수 있다.
④ 甲이 국토이용계획변경신청의 승인을 받을 것으로 신뢰하였더라도 乙의 거부처분이 신뢰보호의 원칙에 위배된다고 할 수 없다.

15 ☐☐☐

판례의 입장으로 옳지 않은 것은?

① 「도로교통법」상의 통고처분은 처분을 받은 당사자의 임의의 승복을 발효요건으로 하고 있으며, 행정공무원에 의하여 발하여지는 것이지만, 통고처분에 따르지 않고자 하는 당사자에게는 정식재판의 절차가 보장되어 있다.
② 행정처분의 집행정지를 구하는 신청사건에서는 행정처분 자체의 적법 여부는 원칙적으로 판단의 대상이 아니나, 집행정지사건 자체에 의하여도 신청인의 본안청구가 이유 없음이 명백할 때에는 행정처분의 집행정지를 명할 수 없다.
③ 「국가배상법」상의 '공공의 영조물'은 일반공중의 자유로운 사용에 직접적으로 제공되는 공공용물에 한하고, 행정주체 자신의 사용에 제공되는 공용물은 포함하지 않는다.
④ 행정처분에 그 효력기간이 정하여져 있는 경우, 그 처분의 효력 또는 집행이 정지된 바 없다면 위 기간의 경과로 그 행정처분의 효력은 상실되므로 그 기간 경과 후에는 그 처분이 외형상 잔존함으로 인하여 어떠한 법률상 이익이 침해되고 있다고 볼 만한 별다른 사정이 없는 한 그 처분의 취소를 구할 법률상 이익이 없다.

정답

01	③	02	④	03	①	04	②	05	①
06	②	07	④	08	④	09	③	10	②
11	③	12	④	13	③	14	③	15	③

15회 2022년 지방직 7급

지문의 내용에 대해 학설의 대립 등
다툼이 있는 경우 판례에 의함

01 □□□
행정행위의 하자에 대한 판례의 입장으로 옳지 않은 것은?

① 과세처분 이후 과세의 근거가 되었던 법률규정에 대하여 위헌결정이 내려진 경우, 그 조세채권의 집행을 위해 새로운 체납처분에 착수하거나 이를 속행하는 것은 당연무효로 볼 수 없다.
② 행정청이 어느 법률관계나 사실관계에 대하여 어느 법률의 규정을 적용하여 행정처분을 한 경우에, 그 법률관계나 사실관계에 대하여는 그 법률의 규정을 적용할 수 없다는 법리가 명백히 밝혀져 해석에 다툼의 여지가 없음에도 행정청이 그 규정을 적용하여 처분을 한 때에는 하자가 중대하고 명백하다.
③ 행정청이 청문서 도달기간을 다소 어겼다 하더라도 당사자가 이에 대하여 이의하지 아니한 채 스스로 청문일에 출석하여 그 의견을 진술하고 변명하는 등 방어의 기회를 충분히 가졌다면 청문서 도달기간을 준수하지 아니한 하자는 치유되었다고 볼 수 있다.
④ 선행처분인 소득금액변동통지에 하자가 존재하더라도 당연무효 사유에 해당하지 않는 한 그 하자는 후행처분인 소득세 납세고지처분에 그대로 승계되지 아니한다.

02 □□□
인허가의제에 대한 설명으로 옳지 않은 것은?

① 도시계획시설인 주차장에 대한 건축허가신청을 받은 행정청으로서는 「건축법」상 허가 요건뿐 아니라 그에 의해 의제되는 국토의 계획 및 이용에 관한 법령이 정한 도시계획시설사업에 관한 실시계획인가 요건도 충족하는 경우에 한하여 이를 허가해야 한다.
② 주된 인허가에 의해 의제된 인허가는 통상적인 인허가와 동일한 효력을 가지나, '부분 인허가의제'가 허용되는 경우 의제된 인허가의 취소나 철회는 허용되지 않으므로 이해관계인이 의제된 인허가의 위법함을 다투고자 하는 경우에는 주된 인허가처분을 항고소송의 대상으로 삼아야 한다.
③ 행정청이 「주택법」상 주택건설사업계획을 승인하면 「국토의 계획 및 이용에 관한 법률」상의 도시·군관리계획결정이 이루어진 것으로 의제되는데, 이 경우 도시·군관리계획 결정권자와의 협의절차와 별도로 「국토의 계획 및 이용에 관한 법률」에서 정한 도시·군관리계획 입안을 위한 주민 의견청취 절차를 거칠 필요는 없다.
④ 행정청이 건축불허가처분을 하면서 그 처분사유로 건축불허가 사유뿐만 아니라 그 의제의 대상이 되는 형질변경불허가 사유나 농지전용불허가 사유를 들고 있다고 하여 그 건축불허가처분 외에 별개로 형질변경불허가처분이나 농지전용불허가처분이 존재하는 것은 아니다.

03 ☐☐☐
행정입법에 대한 설명으로 옳지 않은 것은?

① 행정기관 내부의 사무처리준칙에 불과한 행정규칙은 공포되어야 하는 것은 아니므로 특별한 규정이 없는 한, 수명기관에 도달된 때부터 효력이 발생한다.
② 부작위위법확인소송의 대상이 될 수 있는 것은 구체적 권리·의무에 관한 분쟁이어야 하고 추상적인 법령에 관하여 제정의 여부 등은 그 자체로서 국민의 구체적인 권리·의무에 직접적 변동을 초래하는 것이 아니어서 그 소송의 대상이 될 수 없다.
③ 부령에서 제재적 행정처분의 기준을 정하였다고 하더라도 이에 관한 처분의 적법 여부는 부령에 적합한 것인가의 여부에 따라 판단할 것이 아니라 처분의 근거 법률의 규정 및 그 취지에 적합한 것인가의 여부에 따라 판단하여야 한다.
④ 법률이 공법적 단체 등의 정관에 자치법적 사항을 위임한 경우에도 원칙적으로 헌법 제75조가 정하는 포괄적인 위임입법 금지 원칙이 적용되므로 이와 별도로 법률유보 내지 의회유보의 원칙을 적용할 필요는 없다.

04 ☐☐☐
과징금에 대한 설명으로 옳지 않은 것은?

① 과징금의 근거가 되는 법률에는 과징금의 상한액을 명확하게 규정하여야 한다.
② 「행정기본법」 제28조 제1항에 과징금 부과의 법적 근거를 마련하였으므로 행정청은 직접 이 규정에 근거하여 과징금을 부과할 수 있다.
③ 영업정지처분에 갈음하는 과징금이 규정되어 있는 경우 과징금을 부과할 것인지 영업정지처분을 내릴 것인지는 통상 행정청의 재량에 속한다.
④ 과징금부과처분은 원칙적으로 위반자의 고의·과실을 요하지 아니하나, 위반자의 의무 해태를 탓할 수 없는 정당한 사유가 있는 등의 특별한 사정이 있는 경우에는 이를 부과할 수 없다.

05 ☐☐☐
행정절차에 대한 설명으로 옳지 않은 것은?

① 「행정절차법」상 문서주의 원칙에도 불구하고, 행정청의 처분서의 문언만으로는 행정청이 어떤 처분을 하였는지 불분명하다는 등 특별한 사정이 있는 때에는 처분 경위나 처분 이후의 상대방의 태도 등 다른 사정을 고려하여 처분서의 문언과 달리 그 처분의 내용을 해석할 수도 있다.
② '고시'의 방법으로 불특정 다수인을 상대로 의무를 부과하거나 권익을 제한하는 처분은 성질상 의견제출의 기회를 주어야 하는 상대방을 특정할 수 없으므로, 이와 같은 처분에 있어서까지 그 상대방에게 의견제출의 기회를 주어야 하는 것은 아니다.
③ 행정청이 당사자와 도시계획사업의 시행과 관련한 협약을 체결하면서 관계법령 및 「행정절차법」에 규정된 청문의 실시 등 의견청취절차를 배제하는 조항을 두었다면, 이는 청문을 실시하지 않아도 되는 예외적인 경우에 해당한다.
④ 공무원에 대한 징계절차에서 징계심의대상자가 대리인으로 선임한 변호사가 징계위원회 심의에 출석하여 진술하려고 하였음에도 불구하고 징계권자나 그 소속직원이 변호사가 심의에 출석하는 것을 막았다면 징계위원회의 심의·의결의 절차적 정당성이 상실되어 그 징계의결에 따른 징계처분은 위법하며 원칙적으로 취소되어야 한다.

06

정보공개제도에 대한 설명으로 옳은 것은?

① 공개를 구하는 정보를 공공기관이 한때 보유·관리하였으나 후에 그 정보가 담긴 문서등이 폐기되어 존재하지 않게 된 것이라면 그 정보를 더 이상 보유·관리하고 있지 아니하다는 점에 대한 증명책임은 공공기관에 있다.
② 의사결정과정에 제공된 회의 관련 자료나 의사결정과정이 기록된 회의록은 의사가 결정되거나 의사가 집행된 경우에는 더 이상 의사결정과정에 있는 사항 그 자체라고는 할 수 없으므로 비공개대상정보에 포함될 수 없다.
③ 정보공개거부처분의 취소를 구하는 소송에서 공공기관이 청구정보를 증거 등으로 법원에 제출하여 법원을 통하여 그 사본을 청구인에게 교부 또는 송달되게 하여 결과적으로 청구인에게 정보를 공개하는 셈이 되었다면, 당해 정보의 비공개결정의 취소를 구할 소의 이익은 소멸된다.
④ 공공기관이 공개청구의 대상이 된 정보를 공개는 하되, 청구인이 신청한 공개방법 이외의 방법으로 공개하기로 하는 결정을 하였다면, 이는 정보공개청구 중 정보공개방법에 관한 부분만을 달리한 것이므로 일부 거부처분이라 할 수 없다.

07

행정행위의 부관에 대한 설명으로 옳은 것은?

① 일반적으로 보조금 교부결정은 법령과 예산에서 정하는 바에 엄격히 기속되므로, 행정청은 보조금 교부결정을 할 때 조건을 붙일 수 없다.
② 수익적 행정처분에 있어서는 행정청이 행정처분을 하면서 부담을 일방적으로 부가할 수 있을 뿐, 부담을 부가하기 이전에 상대방과 협의하여 부담의 내용을 협약의 형식으로 미리 정한 다음 부가할 수는 없다.
③ 토지소유자가 토지형질변경행위허가에 붙인 기부채납의 부관에 따라 토지를 국가나 지방자치단체에 기부채납한 경우, 기부채납의 부관이 당연무효이거나 취소되지 아니한 이상 토지소유자는 위 부관으로 인하여 증여계약의 중요 부분에 착오가 있음을 이유로 증여계약을 취소할 수 없다.
④ 부담이 처분 당시 법령을 기준으로 적법하더라도, 처분 후 부담의 전제가 된 주된 행정처분의 근거 법령이 개정됨으로써 행정청이 더 이상 부관을 붙일 수 없게 되었다면 그 부담은 곧바로 위법하게 되거나 그 효력이 소멸한 것으로 보아야 한다.

08 □□□

「행정대집행법」상 행정대집행에 대한 설명으로 옳지 않은 것은?

① 관계법령상 행정대집행의 절차가 인정되어 행정청이 행정대집행의 방법으로 건물의 철거 등 대체적 작위의무의 이행을 실현할 수 있는 경우에는 따로 민사소송의 방법으로 그 의무의 이행을 구할 수 없다.
② 행정청이 행정대집행을 한 경우 그에 따른 비용의 징수는 「행정대집행법」의 절차에 따라 「국세징수법」의 예에 의하여 징수하여야 하며, 손해배상을 구하는 민사소송으로 징수할 수는 없다.
③ 행정대집행에 있어 대집행 대상인 건물의 점유자가 철거의무자일 때에는 건물철거의무에 퇴거의무도 포함되어 있는 것이어서 별도로 퇴거를 명하는 집행권원이 필요하지 않다.
④ 법령이 일정한 행위를 금지하고 있는 경우, 그 금지규정으로부터 위반결과의 시정을 명하는 행정청의 처분권한은 당연히 도출되므로 행정청은 그 금지규정에 근거하여 시정을 명하고 행정대집행에 나아갈 수 있다.

09 □□□

사인의 공법행위에 대한 설명으로 옳지 않은 것은?

① 「수산업법」상 신고어업을 하려면 법령이 정한 바에 따라 관할 행정청에 신고하여야 하고, 행정청의 수리가 있을 때에 비로소 법적 효과가 발생하게 된다.
② 「민법」상 비진의 의사표시의 무효에 관한 규정은 그 성질상 공무원이 한 사직(일괄사직)의 의사표시와 같은 사인의 공법행위에 적용되지 않는다.
③ 행정청은 사인의 신청에 구비서류의 미비와 같은 흠이 있는 경우 신청인에게 보완을 요구하여야 하는바, 이때 보완의 대상이 되는 흠은 원칙상 형식적·절차적 요건뿐만 아니라 실체적 발급요건상의 흠을 포함한다.
④ 인허가의제 효과를 수반하는 건축신고는 일반적인 건축신고와는 달리, 특별한 사정이 없는 한 행정청이 그 실체적 요건에 관한 심사를 한 후 수리를 하여야 한다.

10 □□□

「국가배상법」 제2조의 국가배상책임이 인정되기 위한 요건에 대한 설명으로 옳지 않은 것은?

① 공무원의 부작위가 공무원으로서 마땅히 지켜야 할 준칙이나 규범을 위반한 경우를 포함하여 널리 객관적인 정당성이 없는 경우, 그 부작위는 '법령을 위반'하는 경우에 해당한다.
② 상급행정기관이 소속 공무원이나 하급행정기관에 대하여 업무처리지침이나 법령의 해석·적용 기준을 정해 주는 행정규칙을 위반한 공무원의 조치가 있다고 해서 그러한 사정만으로 곧바로 그 조치의 위법성이 인정되는 것은 아니다.
③ '공무원'에는 공무를 위탁받아 실질적으로 공무에 종사하고 있는 자가 포함되나, 공무의 위탁이 일시적이고 한정적인 사항에 관한 활동을 위한 것인 경우 그러한 활동을 하는 자는 포함되지 않는다.
④ 공무원에게 부과된 직무상 의무의 내용이 전적으로 또는 부수적으로라도 사회구성원 개인의 안전과 이익을 보호하기 위하여 설정된 것이어야 직무상 의무위반과 피해자가 입은 손해 사이에 상당인과관계가 인정될 수 있다.

11 □□□

「행정소송법」상 취소소송에 대한 설명으로 옳지 않은 것은?

① 상대방의 권리를 제한하는 행위라 하더라도 행정청 또는 그 소속기관이나 권한을 위임받은 공공단체 등의 행위가 아닌 한 이를 행정처분이라고 할 수 없다.
② 국가가 국토이용계획과 관련한 지방자치단체의 장의 기관위임사무의 처리에 관하여 지방자치단체의 장을 상대로 취소소송을 제기하는 것은 허용되지 않는다.
③ 「건축법」상 지방자치단체를 상대방으로 하는 건축협의의 취소는 행정처분에 해당한다고 볼 수 없으므로 지방자치단체가 건축물 소재지 관할 건축허가권자를 상대로 항고소송을 통해 건축협의 취소의 취소를 구할 수 없다.
④ 어떠한 처분의 근거가 행정규칙에 규정되어 있는 경우에도, 그 처분이 상대방의 권리·의무에 직접 영향을 미치는 행위라면 취소소송의 대상이 되는 행정처분에 해당한다.

12

행정청의 권한에 대한 설명으로 옳은 것만을 모두 고르면?

ㄱ. 행정관청 내부의 사무처리규정에 불과한 전결규정에 위반하여 원래의 전결권자 아닌 보조기관 등이 처분권자인 행정관청의 이름으로 행정처분을 하였다고 하더라도 그 처분이 권한 없는 자에 의하여 행하여진 무효의 처분이라고는 할 수 없다.

ㄴ. 내부위임을 받은 데 불과하여 자신의 명의로 처분을 할 권한이 없는 행정청이 권한 없이 자신의 명의로 한 처분은 무효이다.

ㄷ. 시·도지사는 국가사무로서 그에게 위임된 기관위임사무를 위임기관의 장의 승인을 얻은 후 당해 시·도의 규칙에 의하여 시장·군수 및 자치구의 구청장에게 재위임할 수 있다.

ㄹ. 대리권을 수여받은 행정기관이 대리관계를 명시적으로 밝히지 않고 자신의 명의로 처분을 하였다면, 비록 처분명의자가 피대리 행정청 산하의 행정기관으로서 실제로 피대리 행정청으로부터 대리권한을 수여받아 피대리 행정청을 대리한다는 의사로 행정처분을 하였고 처분명의자는 물론 그 상대방도 그 행정처분이 피대리 행정청을 대리하여 한 것임을 알고서 이를 받아들였다 하더라도 그 처분의 취소소송에서의 피고는 처분명의자인 대리 행정기관이 되어야 한다.

① ㄱ, ㄴ
② ㄱ, ㄴ, ㄷ
③ ㄱ, ㄷ, ㄹ
④ ㄴ, ㄷ, ㄹ

13

공익사업을 위한 토지 등의 취득 및 보상에 관한 법령상 재결에 대한 설명으로 옳은 것은?

① 관할 토지수용위원회가 사실을 오인하여 어떤 보상항목이 손실보상대상에 해당하지 않는다고 잘못된 내용의 재결을 한 경우, 피보상자가 이를 다투려면 그 재결에 대한 항고소송을 제기하여야 한다.

② 사업시행자가 토지소유자 등의 재결신청의 청구를 거부하는 경우, 토지소유자 등은 민사소송의 방법으로 그 절차 이행을 구할 수 있다.

③ 토지수용위원회의 수용재결이 있은 후에는 토지소유자 등과 사업시행자가 다시 협의하여 토지 등의 취득이나 사용 및 그에 대한 보상에 관하여 임의로 계약을 체결할 수 없다.

④ 토지소유자 등이 손실보상대상에 해당한다고 주장하며 보상을 요구하는데도 사업시행자가 손실보상대상에 해당하지 아니한다며 보상대상에서 이를 제외한 채 협의를 하지 않아 결국 협의가 성립하지 않은 경우, 토지소유자 등에게는 재결신청청구권이 인정된다.

14

「행정소송법」상 행정소송에 대한 설명으로 옳은 것은?

① 「도시 및 주거환경정비법」상 주택재건축정비사업조합을 상대로 관리처분계획안에 대한 조합 총회결의의 효력을 다투는 소송은 당사자소송에 해당하므로 당해 소송에서 「민사집행법」상 가처분에 관한 규정이 준용되지 않는다.
② 원고가 고의 또는 중대한 과실 없이 행정소송으로 제기하여야 할 사건을 민사소송으로 잘못 제기한 경우, 행정소송에 대한 관할을 가지고 있지 아니한 수소법원은 당해 소송이 행정소송으로서의 제소기간을 도과한 것이 명백하더라도 관할법원에 이송하여야 한다.
③ 「도시 및 주거환경정비법」상 주택재건축사업조합이 새로이 조합설립인가처분을 받은 것과 동일한 요건과 절차를 거쳐 조합설립변경인가처분을 받은 경우, 당초의 조합설립인가처분이 유효한 것을 전제로 당해 주택재건축사업조합이 시공사 선정 등의 후속행위를 하였다 하더라도 특별한 사정이 없는 한 당초의 조합설립인가처분의 무효확인을 구할 소의 이익은 없다.
④ 처분에 대한 취소소송에 당해 처분의 취소를 선결문제로 하는 부당이득반환청구가 병합된 경우, 부당이득반환청구가 인용되기 위해서는 당해 처분이 그 소송절차에서 판결에 의해 취소되면 충분하고 당해 처분의 취소가 확정되어야 하는 것은 아니다.

15

「도시 및 주거환경정비법」상 행정처분에 대한 판례의 입장으로 옳지 않은 것은?

① 주택재개발조합설립추진위원회 구성승인처분은 조합의 설립을 위한 주체인 주택재개발조합설립추진위원회의 구성행위를 보충하여 그 효력을 부여하는 처분이다.
② 주택재건축조합설립인가처분은 법령상 요건을 갖출 경우 주택재건축사업을 시행할 수 있는 권한을 갖는 행정주체로서의 지위를 부여하는 일종의 설권적 처분의 성격을 갖는다.
③ 주택재건축조합의 정관변경에 대한 시장·군수등의 인가는 그 대상이 되는 기본행위를 보충하여 법률상 효력을 완성시키는 행위로서 시장·군수등이 변경된 정관을 인가하면 정관변경의 효력이 총회의 의결이 있었던 때로 소급하여 발생한다.
④ 토지 등 소유자들이 도시환경정비사업을 위한 조합을 따로 설립하지 아니하고 직접 그 사업을 시행하고자 하는 경우, 사업시행계획인가처분은 일종의 설권적 처분의 성격을 가지므로 토지 등 소유자들이 작성한 사업시행계획은 독립된 행정처분이 아니다.

16

「대기환경보전법」상 개선명령에 관한 다음 조문에 대한 설명으로 옳지 않은 것은?

> 제1조【목적】이 법은 대기오염으로 인한 국민건강이나 환경에 관한 위해를 예방하고 대기환경을 적정하고 지속가능하게 관리·보전하여 모든 국민이 건강하고 쾌적한 환경에서 생활할 수 있게 하는 것을 목적으로 한다.
> 제33조【개선명령】환경부장관은 제30조에 따른 신고를 한 후 조업 중인 배출시설에서 나오는 오염물질의 정도가 제16조나 제29조 제3항에 따른 배출허용기준을 초과한다고 인정하면 대통령령으로 정하는 바에 따라 기간을 정하여 사업자(제29조 제2항에 따른 공동 방지시설의 대표자를 포함한다)에게 그 오염물질의 정도가 배출허용기준 이하로 내려가도록 필요한 조치를 취할 것(이하 "개선명령"이라 한다)을 명할 수 있다.

① 환경부장관은 위 법률 제33조에서 위임한 사항을 규정한 대통령령을 입법예고를 할 때와 개정하였을 때에는 10일 이내에 이를 국회 소관 상임위원회에 제출하여야 한다.
② 환경부장관이 인근 주민의 개선명령 신청에 대해 거부한 행위가 항고소송의 대상이 되는 처분이 되기 위해서는 인근 주민에게 개선명령을 발할 것을 요구할 수 있는 신청권이 있어야 한다.
③ 인근 주민이 배출시설에서 나오는 대기오염물질로 인하여 생명과 건강에 심각한 위협을 받고 있다면, 환경부장관의 개선명령에 대한 재량권은 축소될 수 있다.
④ 환경부장관에게는 하자 없는 재량행사를 할 의무가 인정되므로, 위 개선명령의 근거 및 관련 조항의 사익보호성 여부를 따질 필요 없이 인근 주민에게는 소위 무하자재량행사청구권이 인정된다.

17

「행정소송법」상 행정소송에 대한 설명으로 옳지 않은 것은?

① 교도소장이 수형자를 '접견내용 녹음·녹화 및 접견 시 교도관 참여대상자'로 지정한 행위는 수형자의 구체적 권리·의무에 직접적 변동을 가져오는 행정청의 공법상 행위로서 항고소송의 대상이 되는 처분에 해당한다.
② 어느 하나의 처분의 취소를 구하는 소에 당해 처분과 관련되는 처분의 취소를 구하는 청구를 추가적으로 병합한 경우, 추가적으로 병합된 소의 소제기 기간의 준수 여부는 그 청구취지의 추가신청이 있은 때를 기준으로 한다.
③ 일정한 납부기한을 정한 과징금부과처분에 대하여 집행정지결정이 내려졌다면 과징금부과처분에서 정한 과징금의 납부기간은 더 이상 진행되지 아니하고 집행정지결정의 주문에 표시된 종기의 도래로 인하여 집행정지가 실효된 때부터 다시 진행된다.
④ 법원이 어느 하나의 사유에 의한 과징금부과처분에 대하여 그 사유와 기본적 사실관계의 동일성이 인정되지 아니하는 다른 처분사유가 존재한다는 이유로 적법하다고 판단하는 것은 특별한 사정이 없는 한 직권심사주의의 한계를 넘는 것이 아니다.

정답

01	①	02	②	03	④	04	②	05	③
06	①	07	③	08	④	09	③	10	③
11	③	12	②	13	④	14	④	15	③
16	④	17	④						

16회 2021년 지방직 7급

지문의 내용에 대해 학설의 대립 등
다툼이 있는 경우 판례에 의함

01 □□□
사인의 공법행위에 대한 설명으로 옳지 않은 것은?

① 사인의 공법상 행위는 명문으로 금지되거나 성질상 불가능한 경우가 아닌 한 그에 따른 행정행위가 행하여질 때까지 자유로이 철회할 수 있다.
② 수리를 요하는 신고에서 행정청의 수리행위에 신고필증 교부의 행위가 반드시 필요한 것은 아니다.
③ 「식품위생법」에 의하여 허가영업의 양도에 따른 지위승계신고를 수리하는 허가관청의 행위는 사업허가자의 변경이라는 법률효과를 발생시키는 행위이다.
④ 사인의 공법행위에 적용되는 일반규정은 없으며, 특별한 규정이 없는 한 「민법」상 비진의 의사표시의 무효에 관한 규정은 사인의 공법행위에 적용된다.

02 □□□
행정입법에 대한 설명으로 옳지 않은 것은?

① 어느 시행령의 규정이 모법에 저촉되는지가 명백하지 않은 경우에는 모법과 시행령의 다른 규정들과 그 입법 취지, 연혁 등을 종합적으로 살펴 모법에 합치된다는 해석도 가능한 경우라면 그 규정을 모법위반으로 무효라고 선언해서는 안 된다.
② 법령의 위임이 없음에도 법령에 규정된 처분 요건에 해당하는 사항을 부령에서 변경하여 규정한 경우에 처분의 적법 여부는 그러한 부령에서 정한 요건을 기준으로 판단하여야 한다.
③ 제재적 행정처분의 기준이 부령의 형식으로 규정되어 있는 경우 그러한 처분기준에 적합하다 하여 곧바로 당해 처분이 적법한 것이라고 할 수는 없다.
④ 행정규칙이 이를 정한 행정기관의 재량에 속하는 사항에 관한 것인 때에는 그 규정 내용이 객관적 합리성을 결여하였다는 등의 특별한 사정이 없는 한 법원은 이를 존중하는 것이 바람직하다.

03 □□□
판례상 취소소송의 대상이 되는 행정작용에 해당하는 경우만을 모두 고르면?

> ㄱ. 한국마사회의 조교사·기수 면허취소처분
> ㄴ. 임용기간이 만료된 국립대학 조교수에 대하여 재임용을 거부하는 취지로 한 임용기간만료의 통지
> ㄷ. 「국가공무원법」상 당연퇴직의 인사발령
> ㄹ. 어업권면허에 선행하는 확약인 우선순위결정
> ㅁ. 과세관청의 소득처분에 따른 소득금액변동통지

① ㄱ, ㄷ
② ㄴ, ㅁ
③ ㄱ, ㄴ, ㄹ
④ ㄷ, ㄹ, ㅁ

04 ☐☐☐

「공공기관의 정보공개에 관한 법률」상 정보공개에 대한 설명으로 옳지 않은 것은?

① 청구인이 공공기관에 대하여 정보공개를 청구하였다가 거부처분을 받은 것 자체가 법률상 이익의 침해에 해당한다고 할 것이고, 거부처분을 받은 것 이외에 추가로 어떤 법률상의 이익을 가질 것을 요구하는 것은 아니다.
② 비공개대상정보로 '진행 중인 재판에 관련된 정보'는 재판에 관련된 일체의 정보가 그에 해당하는 것은 아니고, 진행 중인 재판의 심리 또는 재판결과에 구체적으로 영향을 미칠 위험이 있는 정보에 한정된다.
③ 법원이 행정기관의 정보공개거부처분의 위법 여부를 심리한 결과 공개를 거부한 정보에 비공개사유에 해당하는 부분과 그렇지 않은 부분이 혼합되어 있고, 공개청구의 취지에 어긋나지 않는 범위 안에서 두 부분을 분리할 수 있음을 인정할 수 있을 때에도 공개가 가능한 정보에 국한하여 정보공개거부 처분의 일부취소를 명할 수는 없다.
④ 정보공개를 요구받은 공공기관이 법률에서 정한 비공개사유에 해당하는지를 주장·증명하지 아니한 채 개괄적인 사유만을 들어 공개를 거부하는 것은 허용되지 아니한다.

05 ☐☐☐

「행정기본법」상 처분에 대한 설명으로 옳은 것은?

① 행정청은 적법한 처분의 경우 당사자의 신청이 있는 경우에만 철회가 가능하다.
② 행정청은 처분에 재량이 있는 경우 법령이나 행정규칙이 정하는 바에 따라 완전히 자동화된 시스템으로 처분할 수 있다.
③ 당사자의 신청에 따른 처분은 다른 법령에 특별한 규정이 있는 경우를 제외하고는 신청 당시의 법령 등에 따른다.
④ 새로운 법령등은 법령등에 특별한 규정이 있는 경우를 제외하고는 그 법령등의 효력 발생 전에 완성되거나 종결된 사실관계 또는 법률관계에 대해서는 적용되지 아니한다.

06 ☐☐☐

행정계획에 대한 설명으로 옳지 않은 것은?

① 도시관리계획결정·고시와 그 도면에 특정 토지가 도시관리계획에 포함되지 않았음이 명백한데도 도시관리계획을 집행하기 위한 후속 계획이나 처분에서 그 토지가 도시관리계획에 포함된 것처럼 표시되어 있는 경우, 이는 원칙적으로 취소사유에 해당한다.
② 구 「도시계획법」상 행정청이 정당하게 도시계획결정의 처분을 하였다고 하더라도 이를 관보에 게재하여 고시하지 아니한 이상 대외적으로는 아무런 효력이 발생하지 않는다.
③ 행정주체가 행정계획을 입안·결정함에 있어서 이익형량을 하였으나 정당성과 객관성이 결여된 경우 그 행정계획결정은 위법하다.
④ 산업단지개발계획상 산업단지 안의 토지 소유자로서 산업단지개발계획에 적합한 시설을 설치하여 입주하려는 자는 산업단지지정권자 또는 그로부터 권한을 위임받은 기관에 대하여 산업단지개발 계획의 변경을 요청할 수 있는 법규상 또는 조리상 신청권이 있다.

07

「행정절차법」상 행정절차에 대한 설명으로 옳지 않은 것은?

① 「국가공무원법」상 직위해제처분은 처분의 사전통지 및 의견청취 등에 관한 「행정절차법」의 규정이 적용되지 않는다.
② 행정예고기간은 예고 내용의 성격 등을 고려하여 정하되, 특별한 사정이 없으면 40일 이상으로 한다.
③ 신청인이 신청에 앞서 행정청의 허가업무 담당자에게 신청서의 내용에 대한 검토를 요청한 것만으로는 다른 특별한 사정이 없는 한 명시적이고 확정적인 신청의 의사표시가 있었다고 하기 어렵다.
④ 신청에 따른 처분이 이루어지지 아니한 경우에는 아직 당사자에게 권익이 부과되지 아니하였으므로 특별한 사정이 없는 한 신청에 대한 거부처분은 직접 당사자의 권익을 제한하는 것은 아니어서 처분의 사전통지대상이 된다고 할 수 없다.

08

공법상 계약에 대한 설명으로 옳지 않은 것은?

① 구 「정부투자기관 관리기본법」의 적용 대상인 정부투자기관이 일방 당사자가 되는 계약은 사법상의 계약으로서 그에 관한 법령에 특별한 정함이 있는 경우를 제외하고는 사적 자치의 원칙이 그대로 적용된다.
② 구 「중소기업 기술혁신촉진법」상 중소기업 정보화지원사업에 따른 지원금 출연을 위하여 중소기업청장이 체결하는 협약은 공법상 대등한 당사자 사이의 의사표시의 합치로 성립하는 공법상 계약에 해당한다.
③ 행정청이 자신과 상대방 사이의 법률관계를 일방적인 의사표시로 종료시켰다면 그 의사표시는 공법상 계약관계의 일방 당사자로서 대등한 지위에서 행하는 의사표시가 아니라 공권력행사로서 행정처분에 해당한다.
④ 공법상 계약의 한쪽 당사자가 다른 당사자를 상대로 효력을 다투거나 이행을 청구하는 소송은 분쟁의 실질이 공법상 권리·의무의 존부·범위에 관한 다툼이 아니라 손해배상액의 구체적인 산정방법·금액에 국한되는 등의 특별한 사정이 없는 한 공법상 당사자소송으로 제기하여야 한다.

09

국가배상에 대한 설명으로 옳지 않은 것은?

① 공무원이 고의 또는 과실로 그에게 부과된 직무상 의무를 위반하였을 경우라고 하더라도 국가는 그러한 직무상의 의무 위반과 피해자가 입은 손해 사이에 상당인과관계가 인정되는 범위 내에서만 배상책임을 진다.
② 공무원의 부작위로 인한 국가배상책임을 인정할 것인지 여부가 문제되는 경우에 관련 공무원에 대하여 작위의무를 명하는 형식적 법률의 규정이 없는 경우에는 국가배상책임이 인정되지 않는다.
③ 「국가배상법」 제5조 소정의 공공의 영조물이란 공유나 사유임을 불문하고 행정주체에 의하여 특정 공공의 목적에 공여된 유체물 또는 물적 설비를 의미한다.
④ 설치 공사 중인 옹벽은 아직 완성되지 아니하여 일반 공중의 이용에 제공되지 않고 있었던 이상 공공의 영조물에 해당한다고 할 수 없다.

10

다음 설명 중 옳지 않은 것은?

① 조세심판청구에 대한 결정기관은 국무총리 소속의 조세심판원이며, 조세심판원의 결정은 관계 행정청을 기속한다.
② 공무원연금공단의 인정에 의해 퇴직연금을 지급받아 오던 중 공무원연금법령 개정 등으로 퇴직연금 중 일부 금액에 대해 지급이 정지된 경우, 미지급퇴직연금에 대한 지급청구권은 공법상 권리로서 그의 지급을 구하는 소송은 항고소송이다.
③ 과세처분 이후 조세 부과의 근거가 되었던 법률규정에 대하여 위헌결정이 내려진 경우, 위헌결정이후 그 조세채권의 집행을 위한 체납처분은 당연무효이다.
④ 위법한 세무조사에 의하여 수집된 과세자료를 기초로 한 과세처분은 위법하다.

11

이행강제금에 대한 설명으로 옳지 않은 것은?

① 「건축법」상 이행강제금은 시정명령의 불이행이라는 과거의 위반행위에 대한 제재가 아니라 시정명령을 이행하지 않고 있는 건축주 등에 대하여 다시 상당한 이행기한을 부여하고 기한 안에 시정명령을 이행하지 않으면 이행강제금이 부과된다는 사실을 고지함으로써 의무자에게 심리적 압박을 주어 시정명령에 따른 의무의 이행을 간접적으로 강제하는 수단의 성질을 가진다.

② 「건축법」상 행정청은 의무자가 행정상 의무를 이행할 때까지 이행강제금을 반복하여 부과할 수 있으나, 의무자가 의무를 이행하면 새로운 이행강제금의 부과를 즉시 중지하여야 하고 이미 부과한 이행강제금은 징수하지 아니한다.

③ 「농지법」에 따른 이행강제금을 부과할 때에는 그때마다 이행강제금을 부과·징수한다는 뜻을 미리 문서로 알려야 하고, 이와 같은 절차를 거치지 아니한 채 이행강제금을 부과하는 것은 이행강제금 제도의 취지에 반하는 것으로써 위법하다.

④ 「건축법」상 이행강제금은 위반행위에 대하여 시정명령을 받은 후 시정기간 내에 당해 시정명령을 이행하지 아니한 건축주 등에 대하여 부과하는 것으로서 그 이행강제금 납부의무는 상속인 기타의 사람에게 승계될 수 없는 일신전속적인 성질의 것이므로 이미 사망한 사람에게 이행강제금을 부과하는 내용의 처분이나 결정은 당연무효이다.

12

행정상 제재에 대한 설명으로 옳지 않은 것은?

① 「도로교통법」에 따른 경찰서장의 통고처분은 행정소송의 대상이 되는 행정처분이다.

② 지방자치단체 소속 공무원이 지방자치단체 고유의 자치사무를 수행하던 중 「도로법」 규정에 의한 위반행위를 한 경우에는 지방자치단체는 「도로법」의 양벌규정에 따라 처벌대상이 되는 법인에 해당한다.

③ 「독점규제 및 공정거래에 관한 법률」상 부당내부거래에 대한 과징금에는 행정상의 제재금으로서의 기본적 성격에 부당이득환수적 요소도 부가되어 있다.

④ 「법인세법」상 가산세는 형벌이 아니므로 행위자의 고의 또는 과실·책임능력·책임조건 등을 고려하지 아니하며, 조세의 부과절차에 따라 과징할 수 있다.

정답

01	④	02	②	03	②	04	③	05	④
06	①	07	②	08	③	09	②	10	②
11	②	12	①						

PART 5

군무원 9급

17회 / 2025년 군무원 9급
18회 / 2024년 군무원 9급
19회 / 2023년 군무원 9급
20회 / 2022년 군무원 9급

17회 2025년 군무원 9급

지문의 내용에 대해 학설의 대립 등
다툼이 있는 경우 판례에 의함

01 ☐☐☐

당사자소송에 대한 설명으로 가장 옳지 않은 것은?

① 납세의무자에 대한 국가의 부가가치세 환급세액 지급의무에 대응하는 국가에 대한 납세의무자의 부가가치세 환급세액 지급청구는 민사소송이 아니라 「행정소송법」 제3조 제2호에 규정된 당사자소송의 절차에 따라야 한다.
② 「행정소송법」 제8조 제2항에 의하면 행정소송에도 「민사소송법」의 규정이 일반적으로 준용되지만 법원이 공법상 당사자소송에서 재산권의 청구를 인용하는 판결을 하는 경우 가집행선고를 할 수는 없다.
③ 원고가 고의 또는 중대한 과실 없이 당사자소송으로 제기하여야 할 것을 항고소송으로 잘못 제기한 경우에, 당사자소송으로서의 소송요건을 결하고 있음이 명백하여 당사자소송으로 제기되었더라도 어차피 부적법하게되는 경우가 아닌 이상, 법원으로서는 원고로 하여금 당사자소송으로 소 변경을 하도록 하여 심리·판단하여야 한다.
④ 명예퇴직한 법관이 미지급 명예퇴직수당액에 대하여 가지는 권리는 명예퇴직수당 지급 대상자 결정 절차를 거쳐 명예퇴직수당규칙에 의하여 확정된 공법상 법률관계에 관한 권리로서, 그 지급을 구하는 소송은 「행정소송법」의 당사자소송에 해당하며, 그 법률관계의 당사자인 국가를 상대로 제기하여야 한다.

02 ☐☐☐

이행강제금에 대한 설명으로 가장 옳지 않은 것은?

① 현행 「건축법」상 위법건축물에 대한 이행강제수단으로 대집행과 이행강제금이 인정되고 있는데, 행정청은 개별 사건에 있어서 위반내용, 위반자의 시정의지 등을 감안하여 대집행과 이행강제금을 선택적으로 활용할 수 있다.
② 이행강제금 부과처분에 대해 「비송사건절차법」에 의한 특별한 불복절차가 마련되어 있는 경우에도 이행강제금 부과처분에 대한 취소소송 등 항고소송을 제기할 수 있다.
③ 이행강제금 납부의무는 상속인 기타의 사람에게 승계될 수 없는 일신전속적인 성질의 것이므로 이미 사망한 사람에게 이행강제금을 부과하는 내용의 처분이나 결정은 당연무효이고, 이행강제금을 부과 받은 사람의 이의에 의하여 「비송사건절차법」에 의한 재판절차가 개시된 후에 그 이의한 사람이 사망한 때에는 사건 자체가 목적을 잃고 절차가 종료된다.
④ 이행강제금의 본질상 시정명령을 받은 의무자가 이행강제금이 부과되기 전에 그 의무를 이행한 경우에는 비록 시정명령에서 정한 기간을 지나서 이행한 경우라도 이행강제금을 부과할 수 없다.

03

항고소송의 대상에 대한 설명으로 가장 옳지 않은 것은?

① 선행처분의 내용 중 일부만을 소폭 변경하는 후행처분이 있는 경우 선행처분도 후행처분에 의하여 변경되지 아니한 범위 내에서 존속하고, 후행처분은 선행처분의 내용 중 일부를 변경하는 범위 내에서 효력을 가지지만, 선행처분의 주요 부분을 실질적으로 변경하는 내용으로 후행처분을 한 경우에는 선행처분은 특별한 사정이 없는 한 그 효력을 상실한다.
② 위헌결정의 소급효가 인정된다고 해서 위헌인 법률에 근거한 행정처분이 당연무효가 된다고는 할 수 없고, 이미 취소소송의 제기기간을 경과하여 불가쟁력이 발생한 행정처분에도 위헌결정의 소급효가 미친다.
③ 수익적 행정처분을 구하는 신청에 대한 거부처분이 있은 후 당사자가 다시 신청을 한 경우에는 신청의 제목 여하에 불구하고 그 내용이 새로운 신청을 하는 취지라면 관할 행정청이 이를 다시 거절하는 것은 새로운 거부처분이라고 보아야 한다.
④ 공법인인 총포·화약안전기술협회가 자신의 공행정활동에 필요한 재원을 마련하기 위하여 회비납부의무자에 대하여 한 회비납부통지는 납부의무자의 구체적인 부담금액을 산정·고지하는 부담금 부과처분으로서 항고소송의 대상이 된다고 보아야 한다.

04

「행정기본법」상 기간의 계산에 대한 설명으로 가장 옳은 것은?

① 「행정기본법」에 특별한 규정이 없는 경우 「민원 처리에 관한 법률」에 따른다.
② 甲에게 의무를 부과하는 처분이 3개월로 정해진 경우에는 첫날을 산입하지 않는다.
③ 법령에서 乙의 권익을 제한하는 처분의 기간 말일이 토요일인 경우에는 그날로 만료한다.
④ 법령등을 공포한 날부터 일정 기간이 경과한 날부터 시행하는 경우 법령등을 공포한 날을 첫날에 산입한다.

05

행정입법에 대한 설명으로 가장 옳지 않은 것은?

① 「헌법」이 인정하고 있는 위임입법의 형식은 예시적인 것으로 보아야 할 것이고, 그것은 법률이 행정규칙에 위임하더라도 그 행정규칙은 위임된 사항만을 규율할 수 있으므로, 국회입법의 원칙과 상치되지 않는다.
② 법원이 구체적 규범통제를 통해 위헌·위법으로 선언할 심판대상은, 해당 규정의 전부가 불가분적으로 결합되어 있어 일부를 무효로 하는 경우 나머지 부분이 유지될 수 없는 결과를 가져오는 특별한 사정이 없는 한, 원칙적으로 해당 규정 중 재판의 전제성이 인정되는 조항에 한정된다.
③ 입법자에게 상세한 규율이 불가능한 것으로 보이는 영역이라면 행정부에게 필요한 보충을 할 책임이 인정되고 극히 전문적인 식견에 좌우되는 영역에서는 행정기관에 의한 구체화의 우위가 불가피하게 있을 수 있다고 할 수 있지만, 그러한 영역이라도 행정규칙에 대한 위임입법은 제한적으로도 인정될 수 없다.
④ 행정규칙은 법규명령과 같은 엄격한 제정 및 개정절차를 요하지 아니하므로, 재산권 등과 같은 기본권을 제한하는 작용을 하는 법률이 입법위임을 할 때에는 대통령령 등 법규명령에 위임함이 바람직하다.

06

신뢰보호의 원칙에 대한 설명으로 가장 옳은 것은?

① 서면질의가 아닌 경우 지방병무청 총무과 민원팀장의 민원봉사차원의 상담은 공적견해표명이 아니다.
② 신뢰보호의 원칙은 불문법상의 원칙으로 「행정기본법」에 명문의 근거규정은 존재하지 않는다.
③ 신뢰보호의 원칙은 행정청의 적극적 언동을 전제하므로 행정청의 소극적 부작위에 대해서는 적용되지 않는다.
④ 신뢰보호의 대상은 특정 개인에 대한 공적견해표명이어야 하며 법률에 대한 신뢰는 대상이 되지 않는다.

07

「개인정보 보호법」에 대한 설명으로 가장 옳은 것은?

① 사망한 사람의 민감한 개인정보는 「개인정보 보호법」의 보호대상에 해당한다.
② 개인정보처리자는 재화 또는 서비스를 제공하는 과정에서 공개되는 정보에 정보주체의 민감정보가 포함됨으로써 사생활 침해의 위험성이 있다고 판단하는 때에는 재화 또는 서비스의 제공을 즉시 중단하여야 한다.
③ 개인정보처리자는 정보주체의 재산의 이익을 위하여 명백히 필요하다고 인정되는 경우에도 다른 법률에서 구체적으로 주민등록번호의 처리를 요구하거나 허용한 경우가 아니라면 주민등록번호를 처리할 수 없다.
④ 「개인정보 보호법」에서는 고정형 영상정보처리기기와 이동형 영상정보처리기기를 분리하여 규정하고 있다.

08

행정행위의 효력에 대한 설명으로 가장 옳은 것은?

① 일반적으로 행정처분이나 행정심판 재결이 불복기간의 경과로 확정될 경우 그 확정력은 처분으로 법률상 이익을 침해받은 자가 당해 처분이나 재결의 효력을 더 이상 다툴 수 없다는 의미일 뿐 판결과 같은 기판력이 인정되는 것은 아니다.
② 민사소송에 있어서 어느 행정처분의 당연무효 여부가 선결문제로 되는 때에는 이를 반드시 행정소송 등의 절차에 의하여 그 취소나 무효확인을 받아야 한다.
③ 위법한 행정대집행이 완료되면 그 처분의 무효확인 또는 취소를 구할 소의 이익이 없기 때문에, 미리 그 행정처분의 취소판결이 있어야만 그 행정처분의 위법을 이유로 한 손해배상 청구를 할 수 있다.
④ 처분의 효력 유무가 민사소송의 선결문제로 되어 당해 소의 수소법원이 이를 심리, 판단하는 경우, 수소법원은 직권으로 증거조사는 할 수 있으나 당사자가 주장하지 아니한 사실에 대하여는 판단할 수 없다.

09

A라는 행정처분에 불복하는 甲이 이의신청 또는 행정심판등을 제기하여 B라는 결과를 받은 경우 이에 대한 설명으로 가장 옳지 않은 것은?

① A처분이 「도로교통법」상 3개월의 운전면허정지처분이라면 甲은 반드시 행정심판을 거쳐 A처분에 대해서 항고소송을 제기하여야 한다.
② B의 결과가 甲의 신청을 전부 인용한 재결이라면, 당해 재결이 부당한 재결이라고 하더라도 처분청은 행정소송을 제기할 수 없다.
③ 甲이 「행정기본법」상 이의신청을 하여 B라는 결과를 통지받은 경우, 그 통지를 받은 날부터 60일 이내에 행정심판 또는 행정소송을 제기하여야 한다.
④ A라는 처분의 처분청이 대법원장이라고 하더라도 법원공무원인 甲은 법원행정처장을 피고로 행정소송을 제기하여야 한다.

10

「공익사업을 위한 토지 등의 취득 및 보상에 관한 법률」과 토지보상에 대한 설명으로 가장 옳지 않은 것은?

① 사업시행자는 천재지변 등 특별한 사정이 없는 한 해당 공익사업을 위한 공사에 착수하기 이전에 토지소유자와 관계인에게 보상액 전액을 지급하여야 한다.
② 토지수용위원회의 수용재결이 있었던 후라면, 토지소유자와 사업시행자는 다시 협의하여 임의로 계약을 체결할 수 없다.
③ 보상액의 산정은 협의에 의한 경우에는 협의성립 당시의 가격을, 재결에 의한 경우에는 수용 또는 사용의 재결 당시의 가격을 기준으로 하며 보상액을 산정할 경우에 해당 공익사업으로 인하여 토지 등의 가격이 변동되었을 때에는 이를 고려하지 아니한다.
④ 사업시행자가 동일한 토지소유자에 속하는 일단의 토지 일부를 취득함으로 인하여 잔여지의 가격이 감소하거나 그 밖의 손실이 있을 때에는 잔여지를 종래의 목적으로 사용하는 것이 가능한 경우라도 잔여지 손실보상의 대상이 된다.

11

행정처분의 하자에 대한 설명으로 가장 옳지 않은 것은?

① 과세처분 이후 조세 부과의 근거가 되었던 법률규정에 대하여 위헌결정이 내려진 경우, 그 조세채권의 집행을 위한 체납처분은 당연무효가 된다.
② 「환경영향평가법」상 환경영향평가를 실시하여야 할 사업에 대하여 환경영향평가를 거치지 아니하였음에도 승인 등 처분을 한 경우, 그 처분의 하자가 행정처분의 당연무효사유에 해당한다.
③ 과세관청이 과세예고 통지 후 과세전적부심사청구나 그에 대한 결정이 있기 전에 과세처분을 한 경우, 절차상 하자가 중대·명백하여 원칙적으로 당해 처분은 무효이다.
④ 구 「도시계획법」에 의한 사업시행자 지정처분을 취소함에 있어서 청문을 실시하지 아니한 경우, 그 절차를 결여한 취소처분은 당연무효의 처분이다.

12

행정처분의 소멸에 대한 설명으로 가장 옳은 것은?

① 과세처분의 취소처분에 대한 취소는 가능하다.
② 지방병무청장이 재신체검사 등을 거쳐 현역병입영대상편입처분을 보충역편입처분으로 변경하였지만, 그 후 새로운 병역처분의 성립에 하자가 있었음을 이유로 하여 보충역편입처분을 취소하였다면 종전의 현역병입영대상편입처분은 유효하다.
③ 지방병무청장은 군의관의 신체등위판정이 금품수수에 따라 위법하게 이루어졌다고 인정하더라도, 그 신체등위판정을 기초로 자신이 한 병역처분을 직권으로 취소할 수는 없다.
④ 행정행위의 철회는 적법요건을 구비하여 완전히 효력을 발하고 있는 행정행위를 사후적으로 효력의 전부 또는 일부를 장래에 향해 소멸시키는 별개의 행정처분이다.

13

대법원 판례의 내용으로 가장 옳지 않은 것은?

① 「도시 및 주거환경정비법」상 재건축사업이나 재개발사업의 사업시행자가 조합인 경우 조합과 토지 등 소유자 사이에 조합원 지위에 관하여 분쟁이 발생하면 토지 등 소유자는 조합을 상대로 공법상의 당사자소송에 의하여 조합원 자격의 확인을 구할 수 있다.
② 지방의회 의결을 받아야 하는 중요 재산의 취득·처분에 해당함에도 지방의회의 의결을 받지 아니한 채 중요 재산에 관한 매매계약을 체결하였다면 이는 강행규정인 지방자치 법령에 위반된 계약으로서 무효가 된다.
③ 원고가 고의 또는 중대한 과실 없이 행정소송으로 제기하여야 할 사건을 민사소송으로 잘못 제기한 경우, 수소법원으로서는 만약 그 행정소송에 대한 관할도 동시에 가지고 있다면 이를 행정소송으로 심리·판단하여야 하고, 그 행정소송에 대한 관할을 가지고 있지 아니하다면 관할법원에 이송하여야 한다.
④ 국가 등 과세주체가 당해 확정된 조세채권의 소멸시효 중단을 위하여 납세의무자를 상대로 제기한 조세채권존재확인의 소는 민사소송에 해당한다.

14

행정계획에 대한 설명으로 가장 옳지 않은 것은?

① 「행정절차법」은 행정청에게 행정계획을 수립할 때 관련된 이익을 정당하게 형량하도록 하고 있다.
② 개발제한구역지정처분은 일종의 행정계획으로서 광범위한 형성의 자유를 가지는 계획재량처분이다.
③ 구 「토지구획정리사업법」상 환지계획은 행정쟁송의 대상이 되는 행정처분에 해당한다.
④ 비구속적 행정계획안이라도 국민의 기본권에 직접적으로 영향을 끼치고, 앞으로 법령의 뒷받침에 의하여 그대로 실시될 것이 틀림없을 것으로 예상될 수 있을 때에는 헌법소원의 대상이 된다.

15

행정대집행에 대한 설명으로 가장 옳지 않은 것은?

① 법률에 의하여 직접명령되었거나 또는 법률에 의거한 행정청의 명령에 의한 행위로서 타인이 대신하여 행할 수 있는 행위를 의무자가 이행하지 아니하는 경우 다른 수단으로써 그 이행을 확보하기 곤란하고 또한 그 불이행을 방치함이 심히 공익을 해할 것으로 인정될 때에는 당해 행정청은 스스로 의무자가 하여야 할 행위를 하거나 또는 제삼자로 하여금 이를 하게 하여 그 비용을 의무자로부터 징수할 수 있다.
② 행정대집행은 행정기관에 의해서 실시되어야 하며, 행정기관이 아닌 자에게 위탁할 수 없다.
③ 「행정대집행법」상 대집행의 대상이 되는 대체적 작위의무는 공법상 의무이어야 한다.
④ 도시공원시설 점유자의 퇴거 및 명도의무는 「행정대집행법」에 의한 대집행의 대상이 되지 못한다.

16

행정청이 A처분을 하였고 甲은 이에 대하여 취소소송을 제기하였으며 취소소송에서 본안심리결과 A처분이 부당하거나 일부 위법한 것으로 판단될 경우에 대한 설명으로 가장 옳지 않은 것은?

① A처분이 부당한 처분에 불과한 경우라면 甲은 승소할 수 없다.
② A처분이 기속적 조세부과처분에 해당하고 당사자가 제출한 자료에 의해 정당한 부과금액을 산정할 수 있다면, 법원은 정당한 부과금액을 초과한 부분만을 취소해야 한다.
③ A처분과 관련된 원상회복청구소송이 다른 법원에 계속되고 있는 경우, 甲은 당해 취소소송을 원상회복청구소송이 계속되는 법원으로 이송해 줄 것을 사실심의 변론종결전까지 신청할 수 있다.
④ 甲이 자동차운수사업면허 조건을 위반하여 과징금부과처분인 A처분을 받았지만 그 과징금부과처분이 법이 정한 한도액을 초과하여 위법하다면 법원은 초과한 한도액만을 취소할 수는 없고 그 전부를 취소할 수 밖에 없다.

17

행정상 손해배상제도에 대한 설명으로 가장 옳지 않은 것은?

① 영업허가취소처분이 나중에 행정심판에 의하여 재량권을 일탈한 위법한 처분임이 판명되어 취소된 경우 그 처분이 당시 시행되던 「공중위생법 시행규칙」에 정하여진 행정처분의 기준에 따른 것이더라도 그 영업허가취소처분을 한 행정청 공무원에게 그와 같은 위법한 처분을 한 데 있어 어떤 직무집행상의 과실이 있다고 할 수 있다.
② 보통 일반의 공무원을 표준으로 하여 볼 때 위법한 행정처분의 담당 공무원이 객관적 주의의무를 소홀히 하고 그로 인해 행정처분이 객관적 정당성을 잃었다고 볼 수 있는 경우에 「국가배상법」 제2조가 정한 국가배상책임이 성립할 수 있다.
③ 자동차운전면허시험 관리업무는 국가행정사무이고 지방자치단체의 장인 서울특별시장은 국가로부터 그 관리업무를 기관위임받아 국가행정기관의 지위에서 그 업무를 집행하므로, 국가는 면허시험장의 설치 및 보존의 하자로 인한 손해배상책임을 부담한다.
④ 영조물인 도로의 경우 그 설치 및 관리에 있어 완전무결한 상태를 유지할 정도의 고도의 안전성을 갖추지 아니하였다고 하여 하자가 있다고 단정할 수는 없고, 그것을 이용하는 자의 상식적이고 질서 있는 이용 방법을 기대한 상대적인 안전성을 갖추는 것으로 족하다.

18

「공공기관의 정보공개에 관한 법률」에 대한 설명으로 가장 옳지 않은 것은?

① 공공기관 중 중앙행정기관은 전자적 형태로 보유·관리하는 정보 중 공개대상으로 분류된 정보를 국민의 정보공개 청구가 없더라도 정보 통신망을 활용한 정보공개시스템 등을 통하여 공개하여야 한다.
② 정보공개를 청구하여 정보공개 여부에 대한 결정의 통지를 받은 자가 정당한 사유 없이 해당 정보의 공개를 다시 청구하는 경우, 공공기관은 정보공개 청구 대상 정보의 성격, 종전 청구와의 내용적 유사성·관련성, 종전 청구와 동일한 답변을 할 수밖에 없는 사정 등을 종합적으로 고려하여 해당 청구를 종결 처리할 수 있다.
③ 청구인이 정보공개와 관련한 공공기관의 결정에 대하여 불복이 있거나 정보공개 청구 후 20일이 경과하도록 정보공개 결정이 없는 때에는 「행정심판법」에서 정하는 바에 따라 행정심판을 청구할 수 있다.
④ 문제은행 출제방식을 채택하고 있어도 치과 의사 국가시험의 문제지와 정답지는 「공공 기관의 정보공개에 관한 법률」상 비공개대상 정보에 해당하지 않는다.

19

행정처분에 대한 설명으로 가장 옳지 않은 것은?

① 처분은 권한이 있는 기관이 취소 또는 철회하거나 기간의 경과 등으로 소멸되기 전까지는 유효한 것으로 통용된다.
② 행정청은 처분에 재량이 있는 경우에도 법률로 정하는 바에 따라 완전히 자동화된 시스템으로 처분을 할 수 있다.
③ 당사자의 신청에 따른 처분은 법령등에 특별한 규정이 있거나 처분 당시의 법령등을 적용하기 곤란한 특별한 사정이 있는 경우를 제외하고는 처분 당시의 법령등에 따른다.
④ 과징금과 형사처벌을 병과하더라도 이중처벌 금지원칙에 위반 된다고 볼 수 없다.

20

대법원 판례의 내용으로 가장 옳지 않은 것은?

① 도시계획결정의 효력은 도시계획결정고시로 인하여 생기고 지적고시도면의 승인고시로 인하여 생기는 것은 아니라고 할 것이며, 일반적으로 도시계획결정고시의 도면만으로도 구체적인 범위나 개별토지의 도시계획선을 특정할 수 있으므로 결국 도시계획결정 효력의 구체적, 개별적인 범위는 지적고시도면에 의하여 확정된다고 볼 수 없다.
② 과세대상이 되지 아니하는 어떤 법률관계나 사실관계에 대하여 이를 과세대상이 되는 것으로 오인할 만한 객관적인 사정이 있는 경우에 그것이 과세대상이 되는지의 여부가 사실관계를 정확히 조사하여야 비로소 밝혀질 수 있는 경우라면 하자가 중대한 경우라도 외관상 명백하다고 할 수 없어 그와 같이 과세요건 사실을 오인한 위법의 과세처분을 당연무효라고 볼 수 없다.
③ 어떠한 처분에 법령상 근거가 있는지, 「행정 절차법」에서 정한 처분절차를 준수하였는지는 본안에서 해당 처분이 적법한가를 판단하는 단계에서 고려할 요소이지, 소송요건 심사 단계에서 고려할 요소가 아니다.
④ 청구취지를 변경하여 종전의 소가 취하되고 새로운 소가 제기된 것으로 변경되었을 때에 새로운 소에 대한 제소기간을 준수하였는지는 원칙적으로 소의 변경이 있을 때를 기준으로 판단해야 한다.

21

공법상 계약에 대한 설명으로 가장 옳지 않은 것은?

① 공법상 계약의 한쪽 당사자가 다른 당사자를 상대로 효력을 다투거나 이행을 청구하는 소송은 공법상의 법률관계에 관한 분쟁이므로 분쟁의 실질이 공법상 권리·의무의 존부·범위에 관한 다툼이 아니라 손해배상액의 구체적인 산정방법·금액에 국한되는 등의 특별한 사정이 없는 한 공법상 당사자소송으로 제기하여야 한다.
② 행정청은 법령 등을 위반하지 아니하는 범위에서 행정목적을 달성하기 위하여 필요한 경우에는 공법상 법률관계에 관한 계약을 체결할 수 있다.
③ 구 「종합유선방송법」(2000.1.12. 법률 제6139호로 전문 개정된 「방송법」 부칙 제2조 제2호에 따라 폐지)상의 종합유선방송위원회는 그 설치의 법적 근거, 법에 의하여 부여된 직무, 위원의 임명절차 등을 종합하여 볼 때 국가기관이고, 그 사무국 직원들의 근로관계는 공법상의 계약관계이므로, 사무국 직원들은 국가를 상대로 당사자소송으로 그 계약에 따른 임금과 퇴직금의 지급을 청구할 수 있다.
④ 현행 실정법이 지방전문직공무원 채용계약 해지의 의사표시를 일반공무원에 대한 징계 처분과는 달리 항고소송의 대상이 되는 처분 등의 성격을 가진 것으로 인정하지 아니하고, 지방자치단체가 채용계약관계의 한쪽 당사자로서 대등한 지위에서 행하는 의사표시로 취급하고 있는 것으로 이해되므로, 지방전문직 공무원채용계약 해지의 의사표시에 대하여는 대등한 당사자간의 소송형식인 공법상 당사자 소송으로 그 의사표시의 무효확인을 청구할 수 있다.

22

인가에 대한 설명으로 가장 옳은 것은?

① 「도시 및 주거환경정비법」에 기초하여 주택 재개발정비사업조합이 수립한 관리처분 계획을 인가하는 행정청의 행위는 조합의 관리처분계획에 권리를 부여하는 설권적 처분의 성격을 가진다.
② 토지 등 소유자들이 직접 시행하는 도시환경 정비사업에서 토지 등 소유자에 대한 사업 시행인가처분은 구 「도시 및 주거환경정비법」상 정비사업을 시행할 수 있는 권한을 가지는 행정주체로서의 지위를 부여하는 일종의 설권적 처분의 성격을 가진다.
③ 주택재건축정비사업조합이 수립한 관리처분 계획에 대하여 관할 행정청의 인가·고시까지 있게 되면, 조합총회결의의 하자를 이유로 조합 설립의 효력을 다투는 것은 조합설립결의만을 대상으로 그 효력 유무를 다투는 확인의 소를 제기해야 한다.
④ 인가의 대상이 되는 기본행위는 인가가 있기 전에는 효력이 발생하지 않은 상태에 있다가 인가가 있으면, 인가가 행해진 시점부터 효력을 발생하게 된다.

23

「행정절차법」에 대한 설명으로 가장 옳지 않은 것은?

① 법인이 아닌 사단 또는 재단도 행정절차에서 당사자등이 될 수 있다.
② 정보통신망을 이용한 송달은 송달받을 자가 동의하는 경우에만 하며, 이 경우 송달받을 자는 송달받을 전자우편주소 등을 지정하여야 한다.
③ 행정청은 신청인의 편의를 위하여 다른 행정청에 신청을 접수하게 할 수 있다.
④ 법령등에서 요구된 자격이 없거나 없어지게 되면 반드시 일정한 처분을 하여야 하는 경우에 그 자격이 없거나 없어지게 된 사실이 법원의 재판 등에 의하여 객관적으로 증명된 경우 행정청은 당사자에게 처분의 근거와 이유를 제시하지 않을 수 있다.

24

대법원 판례의 내용으로 가장 옳지 않은 것은?

① 교원소청심사제도에 관한 「교원의 지위 향상 및 교육활동 보호를 위한 특별법」의 규정 내용과 목적 및 취지 등을 종합적으로 고려하면, 사립학교 교원이 소청심사청구를 하여 해임처분의 효력을 다투던 중 형사판결 확정 등 당연퇴직사유가 발생하여 교원의 지위를 회복할 수 없는 경우, 해임처분이 취소되거나 변경되면 해임처분일부터 당연퇴직사유 발생일까지의 기간에 대한 보수 지급을 구할 수 있는 경우라도 소청심사청구를 기각한 교원 소청심사위원회 결정의 취소를 구할 법률상 이익이 없다.
② 국민의 정보공개청구권은 법률상 보호되는 구체적인 권리이므로, 공공기관에 대하여 정보공개를 청구하였다가 공개거부처분을 받은 청구인은 행정소송을 통해 공개거부 처분의 취소를 구할 법률상 이익이 인정되고, 그 밖에 추가로 어떤 이익이 있어야 하는 것은 아니다.
③ 집합건물 공용부분의 대수선과 관련한 행정청의 허가, 사용승인 등 일련의 처분에 관하여는 처분의 직접 상대방 외에 해당 집합건물의 구분소유자에게도 취소를 구할 원고적격이 인정된다고 보는 것이 타당하다.
④ 행정처분이 취소되면 그 처분은 효력을 상실하여 더 이상 존재하지 않으며, 존재하지 않는 행정처분을 대상으로 한 취소소송은 소의 이익이 없어 부적법하다.

25

행정소송의 당사자에 대한 설명으로 가장 옳지 않은 것은?

① 견책의 징계처분을 받은 甲이 사단장에게 징계위원회에 참여한 징계위원의 성명과 직위에 대한 정보공개청구를 하였으나 위 정보가 「공공기관의 정보공개에 관한 법률」 제9조 제1항 제1호, 제2호, 제5호, 제6호에 해당한다는 이유로 공개를 거부한 사안에서, 징계처분 취소사건에서 甲의 청구를 기각하는 판결이 확정되었다면, 甲으로서는 정보공개 거부처분의 취소를 구할 법률상 이익이 존재하지 않는다.
② 지방법무사회의 사무원 채용승인 거부처분 또는 채용승인 취소처분에 대해서는 처분 상대방인 법무사뿐만 아니라 그 때문에 사무원이 될 수 없게 된 사람도 이를 다툴 원고적격이 인정되어야 한다.
③ 처분성이 인정되는 국민권익위원회의 조치 요구에 불복하고자 하는 소방청장으로서는 조치요구의 취소를 구하는 항고소송을 제기하는 것이 유효·적절한 수단으로 볼 수 있으므로 소방청장은 예외적으로 당사자능력과 원고적격을 가진다고 보아야 한다.
④ 항고소송은 다른 법률에 특별한 규정이 없는 한 원칙적으로 소송의 대상인 행정처분을 외부적으로 행한 행정청을 피고로 하여야 하고, 다만 대리기관이 대리관계를 표시하고 피대리 행정청을 대리하여 행정처분을 한 때에는 피대리 행정청이 피고로 되어야 한다.

정답

01	②	02	②	03	②	04	③	05	③
06	①	07	④	08	①	09	③	10	②
11	④	12	④	13	④	14	③	15	②
16	③	17	①	18	④	19	③	20	①
21	③	22	②	23	④	24	①	25	①

18회 2024년 군무원 9급

지문의 내용에 대해 학설의 대립 등
다툼이 있는 경우 판례에 의함

01 ☐☐☐

「질서위반행위규제법」에 대한 설명으로 가장 옳지 않은 것은?

① 고의 또는 과실이 없는 질서위반행위는 과태료를 부과하지 아니한다.
② 하나의 행위가 2 이상의 질서위반행위에 해당하는 경우에는 각 질서위반행위에 대하여 정한 과태료를 각각 부과한다.
③ 과태료는 행정청의 과태료 부과처분이나 법원의 과태료 재판이 확정된 후 5년간 징수하지 아니하거나 집행하지 아니하면 시효로 인하여 소멸한다.
④ 과태료 부과에 불복하는 당사자는 과태료 부과 통지를 받은 날부터 60일 이내에 해당 행정청에 서면으로 이의제기를 할 수 있고, 이의제기가 있는 경우에는 행정청의 과태료 부과처분은 그 효력을 상실한다.

02 ☐☐☐

법치행정의 원칙에 대한 설명으로 가장 옳지 않은 것은?

① 법률유보원칙에서 법률이란 형식적 의미의 법률뿐만 아니라 법률상 위임에 따른 법규명령이나 조례의 경우도 포함한다.
② 법률유보원칙은 단순히 행정작용이 법률에 근거를 두기만 하면 충분한 것이 아니라, 국민의 기본권 실현과 관련된 영역에 있어서는 국민의 대표자인 입법자가 그 본질적 사항에 대해서 스스로 결정하여야 한다는 요구까지 내포하고 있다.
③ 법률우위의 원칙은 공법적 행위에만 적용되고 사법적(私法的) 행위에는 적용되지 않는다.
④ 법률우위의 원칙은 행정행위와 같은 구체적인 규율은 물론 법규명령이나 조례와 같은 행정 입법에도 적용된다.

03 ☐☐☐

행정행위에 대한 설명으로 가장 옳지 않은 것은?

① 행정청이 구 「도시 및 주거환경정비법」 등 관련 법령에 근거하여 행하는 조합설립인가처분은 법령상 요건을 갖출 경우 「도시 및 주거환경정비법」상 주택재건축사업을 시행할 수 있는 권한을 갖는 행정주체(공법인)로서의 지위를 부여하는 일종의 설권적 처분의 성격을 갖는다.
② 구 「친일반민족행위자 재산의 국가귀속에 관한 특별법」에 정한 친일재산은 친일 반민족행위자 재산조사위원회가 국가귀속결정을 하여야 비로소 국가의 소유로 되는 것이 아니다.
③ 국민건강보험공단이 甲 등에게 한 '직장가입자 자격상실 및 자격변동 안내' 통보 및 '사업장 직권탈퇴에 따른 가입자 자격상실 안내' 통보는 항고소송의 대상이 되는 처분이 아니다.
④ 교통안전공단이 그 사업목적에 필요한 재원으로 사용할 기금 조성을 위하여 구 「교통안전공단법」에 정한 분담금 납부의무자에 대하여 한 분담금 납부통지는 그 납부의무자의 구체적인 분담금 납부의무를 확정시키는 효력을 갖는 행정처분이 아니다.

04 □□□

행정소송 판결의 형성력과 기속력에 대한 설명으로 가장 옳은 것은?

① 구 「도시 및 주거환경정비법」상 주택재개발사업조합의 조합설립인가처분이 법원의 재판에 의하여 취소된 경우 그 조합설립인가처분은 소급하여 효력을 상실하지 않는다.
② 취소소송에서 처분 등을 취소하는 확정판결의 기속력은 주로 판결의 실효성 확보를 위하여 인정되는 효력으로서 판결의 주문 외에 그 전제가 되는 처분 등의 구체적 위법사유에 관한 이유 중의 판단에 대하여는 인정되지 않는다.
③ 징계처분의 취소를 구하는 소에서 징계사유가 될 수 없다고 판결한 사유와 동일한 사유를 내세워 행정청이 다시 징계처분을 한 것은 확정판결에 저촉되지 않는 행정처분을 한 것으로서 허용될 수 있다.
④ 행정처분을 취소한다는 확정판결이 있으면 그 취소판결의 형성력에 의하여 당해 행정처분의 취소나 취소통지 등의 별도의 절차를 요하지 아니하고 당연히 취소의 효과가 발생한다.

05 □□□

「개인정보 보호법」에 대한 설명으로 가장 옳지 않은 것은?

① 공중위생 등 공공의 안전과 안녕을 위하여 긴급히 필요한 경우는 개인정보처리자는 정보주체의 동의가 없더라도 개인정보를 수집 또는 이용할 수 있다.
② 공공기관은 등록대상이 되는 개인정보파일에 대하여는 개인정보 처리방침을 정하여야 한다.
③ 공공기관의 장은 일정한 기준에 해당하는 개인 정보파일의 운용으로 인하여 정보주체의 개인 정보 침해가 우려되는 경우에는 그 위험요인의 분석과 개선 사항 도출을 위한 평가를 하고 그 결과를 정보주체에게 알려야 한다.
④ 정보주체가 자신의 개인정보에 대한 열람을 공공기관에 요구하고자 할 때에는 공공기관에 직접 열람을 요구할 수도 있고, 아니면 개인정보보호위원회를 통하여 열람을 요구할 수도 있다.

06 □□□

항고소송의 소의 이익에 대한 판례의 설명으로 가장 옳지 않은 것은?

① 부령인 시행규칙 형식으로 정한 처분기준에서 제재적 행정처분을 받은 것을 가중사유나 전제 요건으로 삼아 장래의 제재적 행정처분을 하도록 정하고 있는 경우, 선행처분인 제재적 행정처분을 받은 상대방이 그 처분에서 정한 제재기간이 경과하였다 하더라도 그 처분의 취소를 구할 법률상 이익이 있다.
② 권리보호의 필요성 유무를 판단할 때에는 국민의 재판청구권을 보장한 헌법 제27조 제1항의 취지와 행정처분으로 인한 권익침해를 효과적으로 구제하려는 「행정소송법」의 목적 등에 비추어 행정처분의 존재로 인하여 국민의 권익이 실제로 침해되고 있는 경우는 물론이고 권익침해의 구체적·현실적 위험이 있는 경우에도 이를 구제하는 소송이 허용되어야 한다는 요청을 고려하여야 한다.
③ 행정처분과 동일한 사유로 위법한 처분이 반복될 위험성이 있어 행정처분의 위법성 확인 내지 불분명한 법률문제에 대한 해명이 필요한 경우에는 취소를 구할 소의 이익을 인정할 수 있는데, 그 행정처분과 동일한 사유로 위법한 처분이 반복될 위험성이 있는 경우란 해당 사건의 동일한 소송당사자 사이에서 반복될 위험이 있는 경우만을 의미한다.
④ 행정처분의 무효확인 또는 취소를 구하는 소가 제소 당시에는 소의 이익이 있어 적법하였더라도, 소송 계속 중 처분청이 다툼의 대상이 되는 행정처분을 직권으로 취소하면 그 처분은 효력을 상실하여 더 이상 존재하지 않는 것이므로, 존재하지 않는 그 처분을 대상으로 한 항고소송은 원칙적으로 소의 이익이 소멸하여 부적법하다.

07

위임명령에 대한 설명으로 가장 옳지 않은 것은?

① 위임입법의 구체성, 명확성의 요구 정도는 규율대상이 지극히 다양하거나 수시로 변화하는 성질의 것일 때에는 위임의 구체성, 명확성의 요건이 완화되어야 할 것이다.
② 국회입법의 전속사항이나 국회의 심의를 거쳐야 하는 사항으로 정해진 것은 오로지 법률로만 규율되어야 하고 법규명령으로서 정할 수 없다.
③ 벌칙규정을 법규명령에 위임하는 것도 가능하지만 법률에서 범죄 구성요건은 처벌대상인 행위가 어떠한 것인지 예측할 수 있을 정도로 구체적으로 정하고 형벌의 종류 및 그 상한과 폭을 명백히 규정하여야 한다.
④ 법률에서 위임받은 사항을 전혀 규정하지 아니하고 그대로 재위임하는 것은 허용되지 않으며 위임받은 사항에 관하여 대강을 정하고 그 중의 특정사항을 범위를 정하여 하위법령에 다시 위임하는 경우에만 재위임이 허용된다.

08

법규명령에 대한 설명으로 가장 옳지 않은 것은?

① 일반적·추상적 규범으로서의 법규명령은 원칙적으로 항고소송의 대상이 될 수 없다.
② 법률이 대통령령으로 규정하도록 되어 있는 사항을 부령으로 정한다면 그 부령은 무효임을 면치 못한다.
③ 법령의 위임관계는 반드시 하위법령의 개별조항에서 위임의 근거가 되는 상위법령의 해당 조항을 구체적으로 명시하고 있어야만 하는 것은 아니다.
④ 위임의 근거가 없어 무효였던 법규명령은 사후적인 법률에 의해 유효가 될 수 없다.

09

행정조사에 대한 설명으로 가장 옳지 않은 것은?

① 행정기관은 조사대상자의 자발적인 협조를 얻어 행정조사를 실시할 수 있는데, 이 경우에도 조사 개시 7일 전까지 조사대상자에게 서면으로 통지하여야 한다.
② 「국세기본법」이 정한 세무조사대상 선정사유가 없음에도 세무조사대상으로 선정하여 과세자료를 수집하고 그에 기하여 과세처분을 하는 것은 위법하다.
③ 부과처분을 위한 과세관청의 질문조사권이 행해지는 세무조사결정이 있는 경우 납세의무자는 세무공무원의 과세자료 수집을 위한 질문에 대답하고 검사를 수인하여야 할 법적 의무를 부담하게 된다는 점에서 세무조사결정은 항고소송의 대상이 된다.
④ 세무조사가 과세자료의 수집 또는 신고내용의 정확성 검증이라는 본연의 목적이 아니라 부정한 목적을 위하여 행하여진 것이라면 이는 세무조사에 중대한 위법사유가 있는 경우에 해당하고 이러한 세무조사에 의하여 수집된 과세자료를 기초로 한 과세처분 역시 위법하다.

10

「행정기본법」상 처분에 대한 이의신청에 대한 설명으로 가장 옳지 않은 것은?

① 행정청의 처분에 이의가 있는 당사자는 처분을 받은 날부터 30일 이내에 해당 행정청에 이의신청을 할 수 있다.
② 이의신청을 한 경우에도 그 이의신청과 관계없이 「행정심판법」에 따른 행정심판 또는 「행정소송법」에 따른 행정소송을 제기할 수 있다.
③ 과태료·과징금의 부과 및 징수에 관한 사항에 대하여는 「행정기본법」을 적용하지 않는다.
④ 다른 법률에서 이의신청과 이에 준하는 절차에 대하여 정하고 있는 경우에도 그 법률에서 규정하지 아니한 사항에 관하여는 「행정기본법」이 정하는 바에 따른다.

11

행정상 손해배상에 대한 설명으로 가장 옳지 않은 것은?

① 이미 존재하는 하천의 제방이 계획홍수위를 넘고 있다면 그 하천은 용도에 따라 통상 갖추어야 할 안전성을 갖추고 있다고 보아야 하고, 그와 같은 하천이 그 후 새로운 하천시설을 설치할 때 기준으로 삼기 위하여 제정한 '하천 시설기준'이 정한 여유고를 확보하지 못하고 있다는 사정만으로 바로 안전성이 결여된 하자가 있다고 볼 수는 없다.
② 국토해양부장관이 하천공사를 대행하던 중 지방 하천의 관리상 하자로 인하여 손해가 발생하였다면 하천관리청이 속한 지방자치단체는 국가와 함께 「국가배상법」 제5조 제1항에 따라 지방 하천의 관리자로서 손해배상책임을 부담한다.
③ 동일한 손해가 공무원의 직무상 불법행위와 영조물 설치·관리상 하자로 인하여 발생된 경우 결국 영조물 설치·관리상 하자는 공무원의 직무와 관련된 것이므로 전자만을 근거로 국가배상을 청구하여야 한다.
④ 「국가배상법」상 배상결정을 받은 신청인은 지체 없이 그 결정에 대한 동의서를 첨부하여 국가나 지방자치단체에 배상금 지급을 청구하여야 하고 청구하지 아니한 경우에는 그 결정에 동의하지 아니한 것으로 본다.

12

「행정심판법」상 간접강제와 직접처분에 대한 설명으로 가장 옳지 않은 것은?

① 간접강제는 행정심판위원회가 청구인의 신청이 있는 때에만 명할 수 있고 직권으로는 할 수 없다.
② 간접강제결정에 불복할 경우에는 청구인은 그 결정에 대하여 행정심판위원회를 상대로 행정소송을 제기할 수 있다.
③ 직접처분은 당사자의 신청을 거부하거나 부작위로 방치한 처분의 이행을 명하는 재결에 적용된다.
④ 행정심판위원회가 직접처분을 하였을 때에는 그 사실을 해당 행정청에 통보하여야 하며, 그 통보를 받은 행정청은 행정심판위원회의 직접처분 취지에 따라 처분을 하고 관계 법령에 따라 관리·감독 등 필요한 조치를 하여야 한다.

13

행정상 대집행에 대한 판례의 설명으로 가장 옳지 않은 것은?

① 하천유수인용허가신청이 불허되었음을 이유로 하천유수인용행위를 중단할 것과 이를 불이행할 경우 「행정대집행법」에 의하여 대집행을 하겠다는 내용의 계고처분은 대집행의 대상이 될 수 없는 부작위의무에 대한 것으로 그 자체로 위법하다.
② 피수용자 등이 사업시행자에 대하여 부담하는 수용대상 토지의 인도의무는 「행정대집행법」에 의한 대집행의 대상이 될 수 있다.
③ 대집행의 실행이 완료된 경우에는 행위가 위법한 것이라는 이유로 손해배상이나 원상회복 등을 청구하는 것은 별론으로 하고 처분의 취소를 구할 법률상 이익은 없다.
④ 계고서라는 명칭의 1장의 문서로서 일정기간 내에 위법건축물의 자진철거를 명함과 동시에 그 소정기한 내에 자진철거를 하지 아니할 때에는 대집행할 뜻을 미리 계고한 경우라도 「건축법」에 의한 철거명령과 「행정대집행법」에 의한 계고처분은 독립하여 있는 것으로서 각 그 요건이 충족되었다고 볼 것이다.

14

공법상 계약에 대한 설명으로 가장 옳지 않은 것은?

① 시·군조합의 설립은 당사자의 의사합치로 성립한다는 점에서 공법상 계약에 해당된다.
② 공법상 계약의 이행지체, 불완전이행 등 급부 장애가 발생될 경우 민법상의 규정을 유추 적용한다.
③ 공중보건의사 채용계약 해지의 의사표시에 대하여는 대등한 당사자 간의 소송형식인 공법상의 당사자소송으로 그 의사표시의 무효확인을 청구할 수 있는 것이지, 이를 항고소송의 대상이 되는 행정처분이라는 전제하에서 그 취소를 구하는 항고소송을 제기할 수는 없다.
④ 공법상 계약의 해지 및 그에 따른 환수통보에 있어서 행정청이 일방적인 의사표시로 자신과 상대방 사이의 법률관계를 종료시킨 경우, 이를 행정청이 우월한 지위에서 행하는 공권력의 행사로서 행정처분에 해당한다고 단정할 수 없다.

15

행정상 신뢰보호원칙에 관한 설명으로 가장 옳지 않은 것은?

① 도시관리계획결정만으로는 기존의 계획을 앞으로도 계속하겠다는 공적인 견해표명을 한 것으로 볼 수 없다.
② 대법원과 헌법재판소는 신뢰보호원칙이 헌법상 법치주의 원리에서 도출된다고 한다.
③ 신뢰보호원칙은 법률적·사실적 사정이 변경된 경우 그 적용이 제한될 수 있다고 보는 것이 판례의 태도이다.
④ 행정기관의 선행행위를 명시적 또는 묵시적 공적 견해의 표명에 국한시키지 않고, 추상적 질의에 대한 일반적 견해표명도 이러한 공적 견해의 표명으로 볼 수 있다.

16

항고소송과 당사자소송에 대한 설명으로 가장 옳은 것은?

① 국가 등 과세주체가 당해 확정된 조세채권의 소멸시효 중단을 위하여 납세의무자를 상대로 제기한 조세채권존재확인의 소는 공법상 당사자소송에 해당한다.
② 광주광역시립합창단원으로서 위촉기간이 만료되는 자들의 재위촉 신청에 대하여 광주광역시 문화예술회관장이 실기와 근무성적에 대한 평정을 실시하여 재위촉을 하지 아니한 것을 항고소송의 대상이 되는 불합격처분이라고 할 수는 있다.
③ 「민주화운동관련자 명예회복 및 보상 등에 관한 법률」에 따른 보상금 등의 지급을 구하는 소송은 공법상 당사자소송이다.
④ 공무원연금관리공단이 「공무원연금법령」의 개정사실과 퇴직연금 수급자가 퇴직연금 중 일부 금액의 지급정지대상자가 되었다는 사실을 통보한 경우, 위 통보는 항고소송의 대상이 되는 행정처분이다.

17

공무원의 직무상 위법행위로 인한 손해배상에 대한 설명으로 가장 옳은 것은?

① 국가의 철도운행사업은 국가가 공권력의 행사로서 하는 것이 아니고 사경제적 작용이라 할 것이므로, 이로 인한 사고에 공무원이 간여하였다고 하더라도 「국가배상법」을 적용할 것이 아니고 일반 민법의 규정에 따라야 한다.
② 행정지도와 같은 비권력적 사실행위는 공무원의 직무행위의 범위에 속하지 아니한다.
③ 항고소송에서 처분이 위법하다고 확인되었다면, 국가배상청구소송에서 바로 처분을 한 공무원의 과실이 인정된다.
④ 공무원에게 경과실이 있는 경우 피해자에게 민사책임을 지지 않지만 만일 공무원이 피해자에게 배상했다면 국가에 대해 구상할 수는 없다.

18

「공공기관의 정보공개에 관한 법률」에 대한 설명으로 가장 옳지 않은 것은?

① 공공기관은 정보공개의 청구가 있는 때에는 원칙적으로 10일 이내에 공개 여부를 결정하여야 한다.
② 청구인이 공공기관에 대하여 정보공개를 청구하였다가 거부처분을 받은 것 자체는 법률상 이익의 침해에 해당하지는 않는다.
③ 공개거부결정에 대하여 「공공기관의 정보공개에 관한 법률」상의 이의신청절차를 거치지 아니하고서도 행정심판을 청구할 수 있다.
④ 공개대상정보는 공공기관이 직무상 작성 또는 취득하여 현재 보유·관리하고 있는 문서에 한정되며, 그 문서가 반드시 원본일 필요는 없다.

19

「행정소송법」에 대한 내용으로 가장 옳지 않은 것은?

① 당사자소송은 원칙적으로 당해 처분을 행한 행정청을 피고로 한다.
② 민중소송은 법률이 정한 경우에 법률에 정한 자에 한하여 제기할 수 있다.
③ 기관소송은 법률이 정한 경우에 법률에 정한 자에 한하여 제기할 수 있다.
④ 국가의 사무를 위임 또는 위탁받은 공공단체 또는 그 장에 해당하는 피고에 대하여 취소소송을 제기하는 경우에는 대법원소재지를 관할하는 행정법원에 제기할 수 있다.

20

행정행위의 부관에 대한 설명으로 가장 옳지 않은 것은?

① 부담은 행정청이 행정처분을 하면서 일방적으로 부가할 수도 있지만 부담을 부가하기 이전에 상대방과 협의하여 부담의 내용을 협약의 형식으로 미리 정한 다음 행정처분을 하면서 이를 부가할 수도 있다.
② 행정청은 처분의 재량이 없는 경우에는 법률에 근거가 있는 경우에 부관을 붙일 수 있다.
③ 기한은 연월일로 표기하지 않고 '근속기간중' 또는 '종신'과 같은 도래시기가 확정되지 않은 방식으로 표기하는 것도 가능하다.
④ 기부채납받은 행정재산에 대한 사용·수익 허가에서 공유재산의 관리청이 정한 사용·수익허가의 기간은 그 허가의 효력을 제한하기 위한 행정행위의 부관으로서 이러한 사용·수익허가의 기간에 대해서는 독립하여 행정소송을 제기할 수 있다.

21

행정벌에 대한 설명으로 가장 옳지 않은 것은?

① 양벌규정에 의한 영업주의 처벌은 독립하여 그 자신의 종업원에 대한 선임감독상의 과실로 인하여 처벌되는 것이므로 종업원의 범죄성립이나 처벌이 영업주 처벌의 전제조건이 될 필요는 없다.
② 구 「도로교통법」에서 규정하는 경찰서장의 통고처분은 행정소송의 대상이 되는 행정처분이다.
③ 구 「관세법」상 통고처분을 할 것인지의 여부는 관세청장 또는 세관장의 재량에 맡겨져 있다.
④ 지방자치단체가 그 고유의 자치사무를 처리하는 경우 지방자치단체는 국가기관과는 별도의 독립한 공법인으로서 양벌규정에 의한 처벌대상이 되는 법인에 해당한다.

22

행정행위의 하자에 대한 설명으로 가장 옳지 않은 것은?

① 사법심사에 있어서 행정행위의 하자유무에 대한 판단자료는 원칙적으로 행정행위의 발급시에 제출된 것에 한정된다.
② 행정행위의 부존재와 무효는 「행정쟁송법」상 구별된다.
③ 법률에 근거하여 행정처분이 발하여진 후에 헌법재판소가 그 행정처분의 근거가 된 법률을 위헌으로 결정하였다면 결과적으로 행정처분은 법률의 근거가 없이 행하여진 것과 마찬가지가 되어 당연무효라고 할 것이다.
④ 사업시행자가 토지소유자와 협의를 거치지 아니한 채 토지의 수용을 위한 재결을 신청하였다는 하자는 절차상 위법으로서 이의재결의 취소를 구할 수 있는 사유가 될지언정 당연무효의 사유라고 할 수는 없다.

23

행정상 법률관계에 대한 설명으로 가장 옳지 않은 것은?

① 국·공유재산의 매각 또는 대부행위는 사법상 계약이지만, 미납된 대부료의 징수행위는 행정처분에 해당한다.
② 시립합창단원의 위촉계약은 공법상 계약이지만, 재위촉 신청을 거부하는 것은 항고소송의 대상이 되는 행정처분이다.
③ 한국산업단지공단의 산업단지 입주자에 대한 입주계약 해지는 항고소송의 대상인 행정처분이다.
④ 행정주체와 사인 간의 입찰계약은 사법상 계약이지만, 행정기관의 입찰참가자격제한은 항고소송의 대상이 되는 행정처분이다.

24

행정의 실효성 확보수단에 대한 설명으로 가장 옳은 것은?

① 구 「공유재산 및 물품 관리법」에 따라 지방자치단체장은 행정대집행의 방법으로 공유재산에 설치한 시설물을 철거할 수 있고, 이러한 행정대집행의 절차가 인정되는 경우에는 민사소송의 방법으로 시설물의 철거를 구하는 것은 허용되지 아니한다.
② 법령에 의해 대집행권한을 위탁받은 한국토지공사(현 한국토지주택공사)가 「국가배상법」 제2조에서 말하는 공무원에 해당한다.
③ 이행강제금은 대체적 작위의무의 위반에 대하여 부과될 수 없다.
④ 「국세징수법」상 공매통지 자체는 원칙적으로 그 공매통지 자체를 항고소송의 대상으로 삼아 그 취소 등을 구할 수 있다.

25

「행정절차법」상 청문에 대한 설명으로 가장 옳지 않은 것은?

① 행정청은 당사자가 요청한 경우에는 청문을 실시하여야 한다.
② 행정청이 당사자와 사이에 도시계획사업의 시행과 관련한 협약을 체결하면서 청문의 실시를 배제하는 조항을 둔 경우, 청문의 실시에 관한 규정의 적용이 배제되거나 청문을 실시하지 않아도 되는 예외적인 경우에 해당하지 않는다.
③ 청문 주재자는 당사자등의 전부 또는 일부가 정당한 사유 없이 청문기일에 출석하지 아니하거나 의견서를 제출하지 아니한 경우에는 이들에게 다시 의견진술 및 증거제출의 기회를 주지 아니하고 청문을 마칠 수 있다.
④ 행정청은 처분시 상당한 이유가 있다고 인정하면 청문결과를 반영하여야 한다.

정답

01	②	02	③	03	④	04	④	05	③
06	③	07	②	08	④	09	①	10	③
11	③	12	④	13	②	14	①	15	④
16	①	17	①	18	②	19	①	20	④
21	②	22	③	23	②	24	①	25	①

19회 2023년 군무원 9급

지문의 내용에 대해 학설의 대립 등
다툼이 있는 경우 판례에 의함

01 □□□
「행정기본법」상 행정의 법 원칙에 대한 설명으로 옳지 않은 것은?

① 행정청은 행정작용을 할 때 상대방에게 해당 행정작용과 실질적인 관련이 없는 의무를 부과해서는 아니 된다.
② 행정청은 합리적 이유 없이 국민을 차별하여서는 아니 된다.
③ 행정청은 공익을 현저히 해칠 우려가 있는 경우라도 행정에 대한 국민의 정당하고 합리적인 신뢰를 보호하여야 한다.
④ 행정청은 법령 등에 따른 의무를 성실히 수행하여야 한다.

02 □□□
행정행위의 성립과 효력발생에 대한 설명으로 옳지 않은 것은?

① 상대방 있는 행정처분이 상대방에게 고지되지 아니한 경우에도 상대방이 다른 경로를 통해 행정처분의 내용을 알게 되었다면 행정처분의 효력이 발생한다고 볼 수 있다.
② 일반적으로 행정처분이 주체·내용·절차와 형식이라는 내부적 성립요건과 외부에 대한 표시라는 외부적 성립요건을 모두 갖춘 경우에는 행정처분이 존재한다.
③ 법무부장관이 입국금지에 관한 정보를 내부 전산망인 출입국관리정보시스템에 입력한 것만으로는 법무부장관의 의사가 공식적인 방법으로 외부에 표시된 것이 아니어서 위 입국 금지결정은 항고소송의 대상인 처분에 해당 되지 않는다.
④ 행정처분의 외부적 성립은 행정의사가 외부에 표시되어 행정청이 자유롭게 취소·철회할 수 없는 구속을 받게 되는 시점을 확정하는 의미를 가진다.

03 □□□
부관에 대한 설명으로 옳은 것은?

① 행정청은 부관을 붙일 수 있는 처분의 경우 일단 그 처분을 한 후에는 당사자의 동의가 있더라도 부관을 새로 붙일 수 없다.
② 행정청은 처분에 재량이 있는 경우에도 법률에 근거가 있어야만 부관을 붙일 수 있다.
③ 철회권의 유보는 해당 처분의 목적을 달성하기 위하여 필요한 최소한의 범위여야 한다.
④ 부담은 행정행위의 불가분적인 요소로서 부담 그 자체를 행정쟁송의 대상으로 할 수 없다.

04 □□□
기속행위와 재량행위에 대한 설명으로 옳지 않은 것은?

① 기속행위와 재량행위의 구분은 당해 행위의 근거가 된 법규의 체재·형식과 그 문언, 당해 행위가 속하는 행정 분야의 주된 목적과 특성, 당해 행위 자체의 개별적 성질과 유형 등을 모두 고려하여 판단하여야 한다.
② 처분의 근거 법령이 행정청에 재량을 부여하였으나 행정청이 처분으로 달성하려는 공익과 처분상대방이 입게 되는 불이익을 전혀 비교·형량하지 않은 채 처분을 하였더라도 재량권 일탈·남용으로 해당 처분을 취소해야 할 위법사유가 되지는 않는다.
③ 행정청은 처분에 재량이 없는 경우에는 법률에 근거가 있는 경우에 부관을 붙일 수 있다.
④ 재량행위의 경우 법원은 독자의 결론을 도출함이 없이 당해 행위에 재량권의 일탈·남용이 있는지 여부만을 심사한다.

05
행정상 손해배상에 대한 설명으로 옳지 않은 것은?

① 「국가배상법」이 정한 손해배상청구의 요건인 '공무원의 직무'에는 국가나 지방자치단체의 권력적 작용뿐만 아니라 비권력적 작용으로서 단순한 사경제의 주체로서 하는 작용도 포함된다.
② 「국가배상법」 제5조 제1항에 정하여진 '영조물의 설치 또는 관리의 하자' 요건에서 안전성을 갖추지 못한 상태의 의미에는 그 영조물이 공공의 목적에 이용됨에 있어 그 이용상태 및 정도가 일정한 한도를 초과하여 제3자에게 사회통념상 수인할 것이 기대되는 한도를 넘는 피해를 입히는 경우까지 포함된다.
③ 외국인이 피해자인 경우에는 해당 국가와 상호 보증이 있을 때에만 「국가배상법」이 적용되는데, 이때 상호보증의 요건 구비를 위해 반드시 당사국과의 조약이 체결되어 있을 필요는 없다.
④ 「국가배상법」에 따른 손해배상의 소송은 배상심의회에 배상신청을 하지 아니하고도 제기할 수 있다.

06
「공공기관의 정보공개에 관한 법률」상 정보공개제도에 대한 설명으로 옳은 것은?

① 정보의 공개 및 우송에 드는 비용은 모두 정보공개 의무가 있는 공공기관이 부담한다.
② 사립대학교는 정보공개를 할 의무가 있는 공공기관에 해당하지 않는다.
③ 정보공개청구의 대상이 되는 정보를 공공기관이 보유·관리하고 있다는 점에 관하여는 정보공개를 구하는 사람에게 증명책임이 있다.
④ 국내에 사무소를 두고 있는 외국법인 또는 외국단체는 학술·연구를 위한 목적으로만 정보공개를 청구할 수 있다.

07
행정상 손실보상에 대한 설명으로 옳지 않은 것은?

① 잔여지 수용청구를 받아들이지 않은 토지 수용위원회의 재결에 대하여 토지소유자가 불복하여 제기하는 소송은 보상금의 증액에 관한 소송에 해당하여 사업시행자를 피고로 하여야 한다.
② 수용재결에 불복하여 취소소송을 제기하는 때에는 이의신청을 거친 경우에도 수용재결을 한 중앙토지수용위원회 또는 지방토지수용위원회를 피고로 하여 수용재결의 취소를 구하여야 한다.
③ 「공익사업을 위한 토지 등의 취득 및 보상에 관한 법률」에 의한 보상금 증감에 관한 소송은 수용재결서를 받은 날부터 90일 이내에, 이의신청을 거쳤을 때에는 이의신청에 대한 재결서를 받은 날부터 60일 이내에 각각 행정소송을 제기할 수 있다.
④ 「공익사업을 위한 토지 등의 취득 및 보상에 관한 법률」에 의한 사업인정의 고시 절차를 누락한 것을 이유로 수용재결처분의 취소를 구할 수 있다.

08
공법관계와 사법관계에 관한 판례의 내용으로 옳지 않은 것은?

① 서울특별시 지하철공사의 사장이 소속 직원에게 한 징계처분에 대한 불복절차는 민사소송에 의하여야 한다.
② 공기업·준정부기관이 계약에 근거한 권리 행사로서 입찰참가자격 제한 조치를 하였더라도 입찰참가자격 제한 조치는 행정처분이다.
③ 국유재산 등의 관리청이 하는 행정재산의 사용·수익에 대한 허가는 관리청이 특정인에게 행정재산을 사용할 수 있는 권리를 설정하여 주는 강학상 특허로서 공법관계이다.
④ 기부자가 기부채납한 부동산을 일정기간 무상 사용한 후에 한 사용허가기간 연장신청을 거부한 지방자치단체의 장의 행위는 사법상의 행위이다.

09

대법원 판례의 내용으로 옳지 않은 것은?

① 기업의 비업무용 부동산 보유실태에 관한 감사원의 감사보고서의 내용은 직무상 비밀에 해당하지 않는다.
② 같은 정도의 비위를 저지른 자들 사이에 있어서 그 직무의 특성 등에 비추어, 개전의 정이 있는지 여부에 따라 징계의 종류의 선택과 양정에 있어서 차별적으로 취급하는 것은, 자의적 취급이라고 할 수 있어서 평등원칙 내지 형평에 반한다.
③ 「국가공무원법」상 직무상 비밀이라 함은 국가 공무의 민주적, 능률적 운영을 확보하여야 한다는 이념에 비추어 볼 때 당해 사실이 일반에 알려질 경우 그러한 행정의 목적을 해할 우려가 있는지 여부를 기준으로 판단하여야 한다.
④ 수 개의 징계사유 중 일부가 인정되지 않더라도 인정되는 다른 징계사유만으로도 당해 징계처분의 타당성을 인정하기에 충분한 경우에는 그 징계처분을 유지하여도 위법하지 아니하다.

10

재건축·재개발사업에 대한 내용으로 옳지 않은 것은?

① 이전고시의 효력이 발생한 이후에는 조합원 등이 해당 정비사업을 위하여 이루어진 수용재결이나 이의재결의 취소 또는 무효확인을 구할 법률상 이익이 없다.
② 「도시 및 주거환경정비법」등 관련 법령에 의한 조합설립인가처분이 있은 후에 조합설립결의의 하자를 이유로 그 결의 부분만을 따로 떼어내어 무효 등 확인의 소를 제기하는 것이 허용되지 않는다.
③ 「도시 및 주거환경정비법」에 따른 이전고시는 공법상 처분이다.
④ 「도시 및 주거환경정비법」상 조합설립추진위원회 구성승인처분을 다투는 소송 계속 중 조합설립 인가처분이 이루어진 경우에도 조합설립추진 위원회 구성승인처분에 대하여 취소 또는 무효 확인을 구할 법률상 이익이 있다.

11

행정계획에 관한 설명으로 옳지 않은 것은?

① 국립대학인 서울대학교의 '94학년도 대학입학 고사 주요요강'은 행정계획이므로 헌법소원의 대상이 되는 공권력 행사에 해당되지 않는다.
② 행정주체가 행정계획을 입안·결정하면서 이익형량을 전혀 행하지 않거나 이익형량의 고려 대상에 마땅히 포함시켜야 할 사항을 빠뜨린 경우 또는 이익형량을 하였으나 정당성과 객관성이 결여된 경우에는 행정계획결정은 형량에 하자가 있어 위법하게 된다.
③ 개발제한구역지정처분은 그 입안·결정에 관하여 광범위한 형성의 자유를 가지는 계획재량처분이다.
④ 「도시 및 주거환경정비법」에 따른 주택 재건축정비사업조합이 행정주체의 지위에서 수립하는 관리처분계획은 구속적 행정계획으로서 주택재건축정비사업조합이 행하는 독립된 행정처분에 해당한다.

12

행정행위의 취소와 철회에 대한 설명으로 옳지 않은 것은?

① 한 사람이 여러 종류의 자동차운전면허를 취득하는 경우뿐 아니라 이를 취소함에 있어서도 서로 별개의 것으로 취급하는 것이 원칙이나.
② 당사자가 처분의 위법성을 중대한 과실로 알지 못한 경우에는 행정청은 당사자에게 이익을 부여하는 처분의 취소로 인하여 당사자가 입게 될 불이익을 취소로 달성되는 공익과 비교·형량하지 않아도 된다.
③ 행정청은 정당한 사유가 있는 경우에는 처분을 장래를 향하여 취소할 수 있다.
④ 처분청은 행정처분에 하자가 있는 경우에는 별도의 법적 근거가 있어야만 스스로 이를 취소할 수 있다.

13 □□□

행정지도에 대한 설명으로 옳지 않은 것은?

① 행정지도를 하는 자는 그 상대방에게 그 행정지도의 취지 및 내용과 신분을 밝혀야 한다.
② 행정지도는 말로 이루어질 수 있다.
③ 행정기관은 행정지도의 상대방이 행정지도에 따르지 아니할 경우 그에 상응하는 불이익 조치를 할 수 있다.
④ 행정지도의 상대방은 해당 행정지도의 방식에 관하여 행정기관에 의견제출을 할 수 있다.

14 □□□

행정상 강제에 관한 설명으로 옳지 않은 것은?

① 관계법령상 행정대집행의 절차가 인정되어 행정청이 행정대집행의 방법으로 건물의 철거 등 대체적 작위의무의 이행을 실현할 수 있는 경우에는 따로 민사소송의 방법으로 그 의무의 이행을 구할 수 없다.
② 「행정대집행법」에 따른 행정대집행에서 건물의 점유자가 철거의무자일 때에는 별도로 퇴거를 명하는 집행권원이 필요하다.
③ 「건축법」에 위반하여 건축한 것이어서 철거의무가 있는 건물이라 하더라도 그 철거의무를 대집행하기 위한 계고처분을 하려면 다른 방법으로는 이행의 확보가 어렵고 불이행을 방치함이 심히 공익을 해하는 것으로 인정될 때에 한하여 허용되고 이러한 요건의 주장·입증책임은 처분 행정청에 있다.
④ 과세관청이 체납처분으로서 행하는 공매는 우월한 공권력의 행사로서 행정소송의 대상이 되는 공법상의 행정처분이며 공매에 의하여 재산을 매수한 자는 그 공매처분이 취소된 경우에 그 취소처분의 위법을 주장하여 행정소송을 제기할 법률상 이익이 있다.

15 □□□

행정상 법률관계에 관한 설명으로 옳지 않은 것은?

① 국유재산의 관리청이 그 무단점유자에 대하여 하는 변상금부과처분은 순전히 사경제 주체로서 행하는 사법상의 법률행위라 할 수 없고, 이는 관리청이 공권력을 가진 우월적 지위에서 행한 것으로서 행정소송의 대상이 되는 행정처분이다.
② 국가나 지방자치단체에 근무하는 청원경찰은 「국가공무원법」이나 「지방공무원법」상의 공무원은 아니지만, 다른 청원경찰과는 달리 그 임용권자가 행정기관의 장이고, 국가나 지방자치단체로부터 보수를 받으므로, 그 근무 관계는 사법상의 고용계약관계로 보기는 어려우므로 그에 대한 징계처분의 시정을 구하는 소는 행정소송의 대상이지 민사소송의 대상이 아니다.
③ 조세채무는 법률의 규정에 의하여 정해지는 법정채무로서 당사자가 그 내용 등을 임의로 정할 수 없고, 조세채무관계는 공법상의 법률관계이고 그에 관한 쟁송은 원칙적으로 행정사건으로서 「행정소송법」의 적용을 받는다.
④ 개발부담금 부과처분이 취소된 이상 그 후의 부당이득으로서의 과오납금 반환에 관한 법률관계는 단순한 민사 관계라 볼 수 없고, 행정소송 절차에 따라야 하는 행정법 관계로 보아야 한다.

16

헌법재판소와 대법원 판례의 내용으로 옳지 않은 것은?

① 「감염병의 예방 및 관리에 관한 법률」 제71조에 의한 예방접종 피해에 대한 국가의 보상책임은 무과실책임이지만, 질병, 장애 또는 사망이 예방접종으로 발생하였다는 점이 인정되어야 한다.
② 당사자적격, 권리보호이익 등 소송요건은 직권조사사항으로서 당사자가 주장하지 아니하더라도 법원이 직권으로 조사하여 판단하여야 하고, 사실심 변론종결 이후에 소송요건이 흠결되거나 그 흠결이 치유된 경우 상고심에서도 이를 참작하여야 한다.
③ 법령이 특정한 행정기관 등으로 하여금 다른 행정기관을 상대로 제재적 조치를 취할 수 있도록 하면서, 그에 따르지 않으면 그 행정기관에 대하여 과태료를 부과하거나 형사처벌을 할 수 있도록 정하는 경우, 제재적 조치의 상대방인 행정기관 등에게 항고소송 원고로서의 당사자능력과 원고적격을 인정할 수 없다.
④ 원고가 「행정소송법」상 항고소송으로 제기해야 할 사건을 민사소송으로 잘못 제기한 경우에 수소법원이 그 항고소송에 대한 관할을 가지고 있지 아니하여 관할법원에 이송하는 결정을 하였고, 그 이송결정이 확정된 후 원고가 항고소송으로 소 변경을 하였다면, 그 항고소송에 대한 제소기간의 준수여부는 원칙적으로 처음에 소를 제기한 때를 기준으로 판단하여야 한다.

17

행정절차에 관한 설명으로 옳지 않은 것은?

① 「국가공무원법」상 직위해제처분은 당해 행정작용의 성질상 행정절차를 거치기 곤란하거나 불필요하다고 인정되는 사항 또는 행정절차에 준하는 절차를 거친 사항에 해당하지 않으므로, 처분의 사전통지 및 의견청취 등에 관한 「행정절차법」의 규정이 적용되어야 한다.
② 군인사법령에 의하여 진급예정자명단에 포함된 자에 대하여 의견제출의 기회를 부여하지 아니한 채 진급선발을 취소하는 처분을 한 것은 절차상 하자가 있어 위법하다고 할 것이다.
③ 행정청이 침해적 행정처분을 하면서 당사자에게 행정절차법상의 사전 통지를 하거나 의견제출의 기회를 주지 않았다면, 사전 통지를 하지 않거나 의견제출의 기회를 주지 않아도 되는 예외적인 경우에 해당하지 않는 한, 그 처분은 위법하여 취소를 면할 수 없다.
④ 행정기관이 소속 공무원이나 하급행정기관에 대하여 세부적인 업무처리절차나 법령의 해석 적용 기준을 정해 주는 '행정규칙'은 상위 법령의 구체적 위임이 있지 않는 한 조직 내부에서만 효력을 가질 뿐 대외적으로 국민이나 법원을 구속하는 효력이 없다.

18

제3자의 원고적격에 관한 설명으로 옳지 않은 것은?

① 행정처분의 직접 상대방이 아닌 제3자라도 당해 처분에 관하여 법률상 직접적이고 구체적인 이해관계를 가지는 경우에는 당해 처분 취소소송의 원고적격이 인정된다.
② 환경상 이익은 본질적으로 자연인에게 귀속되는 것으로서 단체는 환경상 이익의 침해를 이유로 행정소송을 제기할 수 없다.
③ 우리 「출입국관리법」의 해석상 외국인은 사증발급 거부처분의 취소를 구할 법률상 이익이 있다.
④ 처분 등에 의해 법률상 이익이 현저히 침해되는 경우뿐만 아니라 침해가 우려되는 경우에도 원고적격이 인정된다.

19
공공의 영조물에 관한 설명으로 옳지 않은 것은?

① 「도로교통법」 제3조 제1항에 의하여 특별시장·광역시장·제주특별자치도지사 또는 시장·군수의 권한으로 규정되어 있는 도로에서 경찰서장 등이 설치·관리하는 신호기의 하자로 인한 「국가배상법」 제5조 소정의 배상책임은 그 사무의 귀속 주체인 국가가 부담한다.
② 사실상 군민의 통행에 제공되고 있던 도로 옆의 암벽으로부터 떨어진 낙석에 맞아 사망하는 사고가 발생하였다고 하여도 동 사고지점 도로가 군에 의하여 노선인정 기타 공용개시가 없었으면 이를 영조물이라 할 수 없다.
③ 국가나 지방자치단체가 영조물의 설치·관리의 하자를 이유로 손해배상책임을 부담하는 경우 영조물의 설치·관리를 맡은 자와 그 비용부담자가 동일하지 아니하면 비용부담자도 손해배상책임이 있다.
④ 경찰서지서의 숙직실에서 순직한 경찰공무원의 유족들은 「국가배상법」 및 「민법」의 규정에 의한 손해배상을 청구할 권리가 있다.

20
행정심판의 재결의 효력에 관한 설명으로 옳지 않은 것은?

① 재결의 기속력은 인용재결의 효력이며 기각재결에는 인정되지 않는다.
② 재결이 확정된 경우에는 처분의 기초가 된 사실관계나 법률적 판단이 확정되고 당사자들이나 법원이 이에 기속되어 모순되는 주장이나 판단을 할 수 없게 된다.
③ 당해 처분에 관하여 위법한 것으로 재결에서 판단된 사유와 기본적 사실관계에 있어 동일성이 인정되는 사유를 내세워 다시 동일한 내용의 처분을 하는 것은 허용되지 않는다.
④ 형성력이 인정되는 재결로는 취소재결, 변경재결, 처분재결이 있다.

21
「개인정보 보호법」에 관한 내용으로 옳지 않은 것은?

① 개인정보처리자는 개인정보를 익명 또는 가명으로 처리하여도 개인정보 수집목적을 달성할 수 있는 경우 익명처리가 가능한 경우에는 익명에 의하여, 익명처리로 목적을 달성할 수 없는 경우에는 가명에 의하여 처리될 수 있도록 하여야 한다.
② 개인정보처리자는 정보주체가 필요한 최소한의 정보 외의 개인정보 수집에 동의하지 아니한다는 이유로 정보주체에게 재화 또는 서비스의 제공을 거부할 수 있다.
③ 개인정보처리자는 공공기관이 법령 등에서 정하는 소관 업무의 수행을 위하여 불가피한 경우에는 개인정보를 수집할 수 있으며 그 수집 목적의 범위에서 이용할 수 있다.
④ 개인정보처리자는 보유기간의 경과, 개인정보의 처리 목적 달성, 가명정보의 처리 기간 경과 등 그 개인정보가 불필요하게 되었을 때에는 지체 없이 그 개인정보를 파기하여야 한다. 다만, 다른 법령에 따라 보존하여야 하는 경우에는 그러하지 아니하다.

22
헌법재판소와 대법원 판례의 내용으로 옳지 않은 것은?

① 도축장 사용정지·제한명령은 공익목적을 위하여 이미 형성된 구체적 재산권을 박탈하거나 제한하는 헌법 제23조 제3항의 수용·사용 또는 제한에 해당하는 것이 아니라, 도축장 소유자들이 수인하여야 할 사회적 제약으로서 헌법 제23조 제1항의 재산권의 내용과 한계에 해당한다.
② 토지수용위원회의 수용재결에 대한 이의절차는 실질적으로 행정심판의 성질을 갖는 것이므로 「토지수용법」에 특별한 규정이 있는 것을 제외하고는 「행정심판법」의 규정이 적용된다고 할 것이다.
③ 「공무원연금법」상 공무원연금급여 재심위원회에 대한 심사청구 제도는 사안의 전문성과 특수성을 살리기 위하여 특히 필요하여 행정심판법에 따른 일반행정심판을 갈음하는 특별한 행정 불복절차, 즉 특별행정심판에 해당한다.
④ 당사자의 신청을 받아들이지 않은 거부처분이 재결에서 취소된 경우에 행정청은 종전 거부처분 또는 재결 후에 발생한 새로운 사유를 내세워 다시 거부처분을 할 수 없다.

23

개인적 공권에 관한 설명으로 옳지 않은 것은?

① 재량권이 영으로 수축하는 경우에는 무하자 재량행사청구권은 행정개입청구권으로 전환되는 특성이 존재한다.
② 사회적 기본권의 성격을 가지는 연금수급권은 국가에 대하여 적극적으로 급부를 요하는 것이므로 헌법규정만으로는 이를 실현할 수 없고, 법률에 의한 형성을 필요로 한다.
③ 행정청에게 부여된 공권력 발동권한이 재량행위인 경우, 행정청의 권한행사에 이해관계가 있는 개인은 행정청에 대하여 무하자재량행사청구권을 가진다.
④ 환경부장관의 생태·자연도 등급결정으로 1등급 권역의 인근 주민들이 가지는 환경상 이익은 법률상 이익이다.

24

항고소송의 대상인 '처분'에 대한 설명으로 옳지 않은 것은?

① 교육부장관이 대학에서 추천한 복수의 총장 후보자들 전부 또는 일부를 임용제청에서 제외하는 행위는 제외된 후보자들에 대한 불이익처분으로서 항고소송의 대상이 되는 처분에 해당한다고 보아야 한다.
② 법령상 토사채취가 제한되지 않는 산림 내에서의 토사채취에 대하여 국토와 자연의 유지, 환경보전 등 중대한 공익상 필요를 이유로 그 허가를 거부하는 것은 재량권을 일탈·남용하여 위법한 처분이라 할 수 있다.
③ 대학이 복수의 후보자에 대하여 순위를 정하여 추천한 경우 교육부장관이 후순위 후보자를 임용제청했더라도 이로 인하여 헌법과 법률이 보장하는 대학의 자율성이 제한된다고는 볼 수 없다.
④ 절차상 또는 형식상 하자로 무효인 행정처분에 대하여 행정청이 적법한 절차 또는 형식을 갖추어 다시 동일한 행정처분을 하였다면, 종전의 무효인 행정처분에 대한 무효확인청구는 과거의 법률관계의 효력을 다투는 것에 불과하므로 무효확인을 구할 법률상 이익이 없다.

25

행정소송에 관한 설명으로 옳지 않은 것은?

① 「공기업·준정부기관 계약사무규칙」에 따른 낙찰적격 세부기준은 국민의 권리·의무에 영향을 미치므로 대외적 구속력이 인정된다.
② 지적공부 소관청의 지목변경신청 반려행위는 국민의 권리관계에 영향을 미치는 것으로서 항고소송의 대상이 되는 행정처분에 해당한다.
③ 건축물대장 소관청의 용도변경신청 거부행위는 국민의 권리관계에 영향을 미치는 것으로서 항고소송의 대상이 되는 행정처분에 해당한다.
④ 「국가를 당사자로 하는 계약에 관한 법률」상 감점조치는 계약 사무를 처리함에 있어 내부규정인 세부기준에 의하여 종합 취득점수의 일부를 감점하게 된다는 뜻의 사법상의 효력을 가지는 통지행위에 불과하므로 항고소송의 대상이 되지 않는다.

정답

01	③	02	①	03	③	04	②	05	①
06	③	07	④	08	②	09	②	10	④
11	①	12	④	13	③	14	②	15	④
16	③	17	①	18	②	19	③	20	②
21	②	22	④	23	④	24	②	25	①

20회 2022년 군무원 9급

지문의 내용에 대해 학설의 대립 등
다툼이 있는 경우 판례에 의함

01 ☐☐☐

행정법의 효력에 대한 설명으로 가장 옳지 않은 것은?

① 행정법령의 시행일을 정하지 않은 경우에는 공포한 날부터 20일이 경과함으로써 효력을 발생하는데, 이 경우 공포한 날을 첫날에 산입 하지 아니하고 기간의 말일이 토요일 또는 공휴일인 때에는 그 말일의 다음날로 기간이 만료한다.
② 법령을 소급적용하더라도 일반 국민의 이해에 직접 관계가 없는 경우, 오히려 그 이익을 증진하는 경우, 불이익이나 고통을 제거하는 경우 등의 특별한 사정이 있는 경우에 한하여 예외적으로 법령의 소급적용이 허용된다.
③ 신청에 따른 처분은 신청 후 법령이 개정된 경우라도 법령 등에 특별한 규정이 있거나 처분 당시의 법령을 적용하기 곤란한 특별한 사정이 있는 경우를 제외하고는 개정된 법령을 적용한다.
④ 법령상 허가를 받아야만 가능한 행위가 법령 개정으로 허가 없이 할 수 있게 되었다 하더라도 개정의 이유가 사정의 변천에 따른 규제 범위의 합리적 조정의 필요에 따른 것이라면 개정 전 허가를 받지 않고 한 행위에 대해 개정 전 법령에 따라 처벌할 수 있다.

02 ☐☐☐

행정법의 법원에 대한 설명으로 가장 옳은 것은?

① 행정청 내부의 사무처리준칙이 제정·공표 되었다면 이 자체만으로도 행정청은 자기 구속을 받게 되므로 이 준칙에 위배되는 처분은 위법하게 된다.
② 헌법재판소의 위헌결정이 있다면 행정청이 개인에 대하여 공적인 견해를 표명한 것으로 볼 수 있으므로 위헌 결정과 다른 행정청의 결정은 신뢰보호 원칙에 반한다.
③ 부당결부금지의 원칙은 판례에 의해 확립된 행정의 법원칙으로 실정법상 명문의 규정은 없다.
④ 법령의 규정만으로 처분 요건의 의미가 분명 하지 아니한 경우에 법원이나 헌법재판소의 분명한 판단이 있음에도 합리적 근거가 없이 사법적 판단과 어긋나게 행정처분을 한 경우에 명백한 하자가 있다고 봄이 타당하다.

03 ☐☐☐

허가에 대한 설명으로 가장 옳지 않은 것은?

① 한의사 면허는 허가에 해당하고, 한약조제시험을 통해 약사에게 한약조제권을 인정함으로써 한의사들의 영업이익이 감소되었다고 하더라도 이는 법률상 이익 침해라고 할 수 없다.
② 건축허가는 기속행위이므로 건축법상 허가 요건이 충족된 경우에는 항상 허가하여야 한다.
③ 허가신청 후 허가기준이 변경되었다 하더라도 그 허가관청이 허가신청을 수리하고도 정당한 이유 없이 그 처리를 늦추어 그 사이에 허가 기준이 변경된 것이 아닌 이상 변경된 허가 기준에 따라서 처분을 하여야 한다.
④ 석유판매업 등록은 대물적 허가의 성질을 가지고 있으므로, 종전 석유판매업자가 유사 석유제품을 판매한 행위에 대해 승계인에게 사업정지 등 제재처분을 할 수 있다.

04

처분의 사전통지에 대한 설명으로 가장 옳지 않은 것은?

① 고시 등에 의한 불특정 다수를 상대로 한 권익제한이나 의무부과의 경우 사전통지 대상이 아니다.
② 수익적 처분의 신청에 대한 거부처분은 실질적으로 침익적 처분에 해당하므로 사전 통지대상이 된다.
③ 「행정절차법」은 처분의 직접 상대방 외에 신청에 따라 행정절차에 참여한 이해관계인도 사전 통지의 대상인 당사자에 포함시키고 있다.
④ 공무원의 정규임용처분을 취소하는 처분은 사전통지를 하지 않아도 되는 예외적인 경우에 해당하지 않는다.

05

취소소송과 무효확인소송의 관계에 대한 설명으로 가장 옳지 않은 것은?

① 행정처분에 대한 취소소송과 무효확인소송은 단순 병합이나 선택적 병합의 방식으로 제기할 수 있다.
② 무효선언을 구하는 취소소송이라도 형식이 취소소송이므로 제소요건을 갖추어야 한다.
③ 무효확인을 구하는 소에는 당사자가 명시적으로 취소를 구하지 않는다고 밝히지 않는 한 취소를 구하는 취지가 포함되었다고 보아서 취소소송의 요건을 갖추었다면 취소판결을 할 수 있다.
④ 취소소송의 기각판결의 기판력은 무효확인소송에 미친다.

06

판결의 효력에 대한 설명으로 가장 옳지 않은 것은?

① 취소판결 자체의 효력으로써 그 행정처분을 기초로 하여 새로 형성된 제3자의 권리까지 당연히 그 행정처분 전의 상태로 환원되는 것이라고는 할 수 없다.
② 처분의 취소를 구하는 청구에 대한 기각판결은 기판력이 발생하지 않는다.
③ 취소판결이 확정된 경우 행정청은 종전 처분과 다른 사유로 다시 처분할 수 있고, 이 경우 그 다른 사유가 종전 처분 당시 이미 존재하고 있었고 당사자가 이를 알고 있었다 하더라도 확정판결의 기속력에 저촉되지 않는다.
④ 거부처분에 대한 취소판결이 확정된 후 법령이 개정된 경우 개정된 법령에 따라 다시 거부처분을 하여도 기속력에 반하지 아니하다.

07

행정심판에 대한 설명으로 가장 옳지 않은 것은?

① 처분청이 처분을 통지할 때 행정심판을 제기할 수 있다는 사실과 기타 청구절차 및 청구 기간 등에 대한 고지를 하지 않았다고 하여 처분에 하자가 있다고 할 수 없다.
② 행정심판청구서가 피청구인에게 접수된 경우, 피청구인은 심판청구가 이유 있다고 인정하면 직권으로 처분을 취소할 수 있다.
③ 수익적 처분의 거부처분이나 부작위에 대해 임시적 지위를 인정할 필요가 있어서 인정한 제도는 임시처분이다.
④ 의무이행심판에서 이행을 명하는 재결이 있음에도 불구하고 처분청이 이를 이행하지 아니할 때 위원회가 직접 처분을 할 수 있는데, 행정심판의 재결은 처분청을 기속하므로 지방자치단체는 직접 처분에 대해 행정심판위원회가 속한 국가기관을 상대로 권한쟁의심판을 청구할 수 없다.

08

영조물의 설치·관리상 하자로 인한 손해 배상에 대한 설명으로 가장 옳지 않은 것은?

① 공공의 영조물은 사물(私物)이 아닌 공물(公物)이어야 하지만, 공유나 사유임을 불문하고 행정주체에 의하여 특정 공공의 목적에 공여된 유체물이면 족하다.
② 도로의 설치 및 관리에 있어 완전무결한 상태를 유지할 정도의 고도의 안전성을 갖추지 아니 하였다고 하여 하자가 있다고 단정할 수는 없고, 그것을 이용하는 자의 상식적이고 질서 있는 이용 방법을 기대한 상대적인 안전성을 갖추는 것으로 족하다.
③ 하천의 홍수위가 「하천법」상 관련규정이나 하천정비계획 등에서 정한 홍수위를 충족하고 있다고 해도 하천이 범람하거나 유량을 지탱하지 못해 제방이 무너지는 경우는 안전성을 결여한 것으로 하자가 있다고 본다.
④ 공군에 속한 군인이나 군무원의 경우 일반인에 비하여 공군비행장 주변의 항공기 소음 피해에 관하여 잘 인식하거나 인식할 수 있는 지위에 있다는 이유만으로 가해자가 면책되거나 손해 배상액이 감액되지는 않는다.

09

통치행위에 관한 판례의 내용으로 가장 옳지 않은 것은?

① 외국에의 국군의 파견결정과 같이 성격상 외교 및 국방에 관련된 고도의 정치적 결단이 요구되는 사안에 대한 국민의 대의기관의 결정이 사법심사의 대상이 되지 아니한다.
② 선고된 형의 전부를 사면할 것인지 또는 일부만을 사면할 것인지를 결정하는 것은 사면권자의 전권사항에 속하는 것이고, 징역형의 집행유예에 대한 사면이 병과된 벌금형에도 미치는 것으로 볼 것인지 여부는 사면의 내용에 대한 해석문제에 불과하다.
③ 남북정상회담의 개최과정에서 재정경제부장관에게 신고하지 아니하거나 통일부장관의 협력사업 승인을 얻지 아니한 채 북한 측에 사업권의 대가 명목으로 송금한 행위는 사법심사의 대상이 되지 아니한다.
④ 비록 서훈취소가 대통령이 국가원수로서 행하는 행위라고 하더라도 법원이 사법심사를 자제하여야 할 고도의 정치성을 띤 행위라고 볼 수는 없다.

10

행정행위의 효력에 대한 설명으로 가장 옳지 않은 것은?

① 일반적으로 행정처분이나 행정심판 재결이 불복 기간의 경과로 확정될 경우에는 그 처분의 기초가 된 사실관계나 법률적 판단이 확정되고 당사자들이나 법원이 이에 기속되어 모순되는 주장이나 판단을 할 수 없게 된다.
② 제소기간이 이미 도과하여 불가쟁력이 생긴 행정처분에 대하여는 개별 법규에서 그 변경을 요구할 신청권을 규정하고 있거나 관계법령의 해석상 그러한 신청권이 인정될 수 있는 등 특별한 사정이 없는 한 국민에게 그 행정처분의 변경을 구할 신청권이 있다 할 수 없다.
③ 불가쟁력이 발생한 행정행위로 손해를 입은 국민은 그 위법성을 들어 국가배상청구를 할 수 있다.
④ 불가변력이라 함은 행정행위를 한 행정청이 당해 행정행위를 직권으로 취소 또는 변경할 수 없게 하는 힘으로 실질적 확정력 또는 실체적 존속력이라고도 한다.

11

부관에 대한 판례의 내용으로 가장 옳지 않은 것은?

① 재량행위에 있어서는 관계법령에 명시적인 금지규정이 없는 한 행정목적을 달성하기 위하여 조건이나 기한, 부담 등의 부관을 붙일 수 있다.
② 토지소유자가 토지형질변경행위허가에 붙은 기부채납의 부관에 따라 토지를 국가나 지방자치단체에 기부채납(증여)한 경우, 토지 소유자는 원칙적으로 기부채납(증여)의 중요 부분에 착오가 있음을 이유로 증여계약을 취소할 수 있다.
③ 당초에 붙은 기한을 허가 자체의 존속기간이 아니라 허가 조건의 존속기간으로 보더라도 그 후 당초의 기한이 상당 기간 연장되어 연장된 기간을 포함한 존속기간 전체를 기준으로 볼 경우 더 이상 허가된 사업의 성질상 부당하게 짧은 경우에 해당하지 않게 된 때에는 재량권의 행사로서 더 이상의 기간연장을 불허가할 수도 있다.
④ 일반적으로 행정처분에 효력기간이 정하여져 있는 경우에는 그 기간의 경과로 그 행정처분의 효력은 상실되며, 다만 허가에 붙은 기한이 그 허가된 사업의 성질상 부당하게 짧은 경우에는 이를 그 허가 자체의 존속기간이 아니라 그 허가조건의 존속기간으로 볼 수 있다.

12

행정계획에 관한 판례의 내용으로 가장 옳지 않은 것은?

① 관계법령에는 추상적인 행정목표와 절차만이 규정되어 있을 뿐 행정계획의 내용에 관하여는 별다른 규정을 두고 있지 아니하므로 행정 주체는 구체적인 행정계획을 입안·결정함에 있어서 비교적 광범위한 형성의 자유를 가진다.
② 행정주체가 가지는 이와 같은 형성의 자유는 무제한적인 것이 아니라 그 행정계획에 관련되는 자들의 이익을 공익과 사익 사이에서는 물론이고 공익 상호간과 사익 상호간에도 정당하게 비교·교량하여야 한다는 제한이 있다.
③ 판례에 따르면, 행정계획에 있어서 형량의 부존재, 형량의 누락, 평가의 과오 및 형량의 불비례 등 형량의 하자별로 위법의 판단기준을 달리하여 개별화하여 판단하고 있다.
④ 이미 고시된 실시계획에 포함된 상세계획으로 관리되는 토지 위의 건물의 용도를 상세계획 승인권자의 변경승인 없이 임의로 판매시설에서 상세계획에 반하는 일반목욕장으로 변경한 사안에서, 그 영업신고를 수리하지 않고 영업소를 폐쇄한 처분은 적법하다고 한 판례가 있다.

13

다음 중 취소소송의 대상이 되는 처분에 해당하는 것으로 옳은 것은 모두 몇 개인가?

ㄱ. 한국마사회의 조교사나 기수에 대한 면허 취소·정지
ㄴ. 법규성 있는 고시가 집행행위 매개 없이 그 자체로서 이해당사자의 법률관계를 직접 규율하는 경우
ㄷ. 행정계획 변경신청의 거부가 장차 일정한 처분에 대한 신청을 구할 법률상 이익이 있는 자의 처분 자체를 실질적으로 거부하는 경우
ㄹ. 「국가공무원법」상 당연퇴직의 인사발령

① 0개
② 1개
③ 2개
④ 3개

14

행정입법부작위에 대한 설명으로 가장 옳지 않은 것은?

① 현행법상 행정권의 시행명령제정의무를 규정하는 명시적인 법률규정은 없다.
② 삼권분립의 원칙, 법치행정의 원칙을 당연한 전제로 하고 있는 우리 헌법하에서 행정권의 행정입법 등 법집행의무는 헌법적 의무라고 보아야 한다.
③ 행정입법의 부작위가 위헌·위법이라고 하기 위하여는 행정청에게 행정입법을 하여야 할 작위의무를 전제로 하는 것이나, 그 작위의무가 인정되기 위하여는 행정입법의 제정이 법률의 집행에 필수불가결한 것일 필요는 없다.
④ 부작위위법확인소송의 대상이 될 수 있는 것은 구체적 권리·의무에 관한 분쟁이어야 하고, 추상적인 법령에 관하여 제정의 여부 등은 그 자체로서 국민의 구체적인 권리·의무에 직접적 변동을 초래하는 것이 아니어서 행정 소송의 대상이 될 수 없다.

15

판례에 따르면 공법상 당사자소송과 가장 옳지 않은 것은?

① 조세부과처분의 당연무효를 전제로 하여 이미 납부한 세금의 반환청구
② 재개발조합을 상대로 조합원자격 유무에 관한 확인을 구하는 소송
③ 사업주가 당연가입자가 되는 고용보험 및 산재보험에서 보험료 납부의무 부존재확인소송
④ 한국전력공사가 한국방송공사로부터 수신료의 징수업무를 위탁받아 자신의 고유업무와 관련된 고지행위와 결합하여 수신료를 징수할 권한이 있는지 여부를 다투는 쟁송

16

「행정소송법」의 규정 내용으로 가장 옳지 않은 것은?

① 법원은 소송의 결과에 따라 권리 또는 이익의 침해를 받을 제3자가 있는 경우에는 당사자 또는 제3자의 신청 또는 직권에 의하여 결정으로써 그 제3자를 소송에 참가시킬 수 있다.
② 법원은 다른 행정청을 소송에 참가시킬 필요가 있다고 인정할 때에는 당사자 또는 당해 행정청의 신청 또는 직권에 의하여 결정으로써 그 행정청을 소송에 참가시킬 수 있다.
③ 법원이 제3자의 소송참가와 행정청의 소송 참가에 관한 결정을 하는 경우에는 각각 당사자 및 제3자의 의견, 당사자와 및 당해 행정청의 의견을 들어야 한다.
④ 법원은 취소소송을 당해 처분 등에 관계되는 사무가 귀속하는 국가 또는 공공단체에 대한 당사자소송 또는 취소소송 외의 항고소송으로 변경하는 것이 상당하다고 인정할 때에는 청구의 기초에 변경이 없는 한 사실심의 변론종결시까지 원고의 신청 또는 직권에 의하여 결정으로써 소의 변경을 허가할 수 있다.

17

판례에 따르면, 처분사유의 추가·변경 시 기본적 사실관계 동일성을 긍정한 사례로 가장 옳은 것은?

① 석유판매업허가신청에 대하여, 주유소 건축 예정 토지에 관하여 도시계획법령에 의거하여 행위제한을 추진하고 있다는 당초의 불허가 처분 사유와, 항고소송에서 주장한 위 신청이 토지형질변경허가의 요건 불비 및 도심의 환경보전의 공익상 필요라는 사유
② 석유판매업허가신청에 대하여, 관할 군부대장의 동의를 얻지 못하였다는 당초의 불허가 사유와, 토지가 탄약창에 근접한 지점에 있어 공익적인 측면에서 보아 허가신청을 불허한 것은 적법하다는 사유
③ 온천으로서의 이용가치, 기존의 도시계획 및 공공사업에의 지장 여부 등을 고려하여 온천발견신고수리를 거부한 것은 적법하다는 사유와, 규정온도가 미달되어 온천에 해당하지 않는다는 사유
④ 이주대책신청기간이나 소정의 이주대책실시(시행)기간을 모두 도과하여 이주대책을 신청할 권리가 없고, 사업시행자가 이를 받아들여 택지나 아파트공급을 해 줄 법률상 의무를 부담한다고 볼 수 없다는 사유와, 사업지구 내 가옥 소유자가 아니라는 사유

18

허가에 대한 설명으로 가장 옳지 않은 것은?

① 개정 전 허가기준의 존속에 관한 국민의 신뢰가 개정된 허가기준의 적용에 관한 공익상의 요구보다 더 보호가치가 있다고 인정되는 경우에는 그러한 국민의 신뢰를 보호하기 위하여 개정된 허가 기준의 적용을 제한할 여지가 있다.
② 법령상의 산림훼손 금지 또는 제한 지역에 해당하지 아니하더라도 중대한 공익상의 필요가 있다고 인정되는 경우, 산림훼손허가신청을 거부할 수 있다.
③ 어업에 관한 허가의 경우 그 유효기간이 경과하면 그 허가의 효력이 당연히 소멸하지만, 유효기간의 만료 후라도 재차 허가를 받게 되면 그 허가기간이 갱신되어 종전의 어업허가의 효력 또는 성질이 계속된다.
④ 요허가행위를 허가를 받지 않고 행한 경우에는 행정법상 처벌의 대상이 되지만 당해 무허가 행위의 법률상 효력이 당연히 부정되는 것은 아니다.

19

행정행위의 철회에 대한 설명으로 가장 옳지 않은 것은?

① 부담부 행정처분에 있어서 처분의 상대방이 부담을 이행하지 아니한 경우에 처분행정청으로서는 이를 들어 당해 처분을 철회할 수 있다.
② 외형상 하나의 행정처분이라 하더라도 가분성이 있거나 그 처분대상의 일부가 특정될 수 있다면 그 일부만의 취소도 가능하고 그 일부의 취소는 당해 취소부분에 관하여 효력이 생긴다.
③ 행정행위의 철회는 적법요건을 구비하여 완전히 효력을 발하고 있는 행정행위를 사후적으로 효력을 장래에 향해 소멸시키는 별개의 행정처분이다.
④ 처분 후에 원래의 처분을 그대로 존속시킬 수 없게 된 사정변경이 생긴 경우 처분청은 처분을 철회할 수 있다고 할 것이므로, 이 경우 처분의 상대방에게 그 철회·변경을 요구할 권리는 당연히 인정된다고 할 것이다.

20

이행강제금에 대한 설명으로 가장 옳지 않은 것은?

① 구 「건축법」상 이행강제금은 위반행위에 대하여 시정명령을 받은 후 시정기간 내에 당해 시정명령을 이행하지 아니한 건축주 등에 대하여 부과되는 간접강제의 일종으로서 금전제재의 성격을 가지므로 그 이행강제금 납부의무는 상속인 기타의 사람에게 승계될 수 있다.
② 행정청은 의무자가 행정상 의무를 이행할 때까지 이행강제금을 반복하여 부과할 수 있고, 의무자가 의무를 이행하면 새로운 이행강제금의 부과를 즉시 중지하되, 이미 부과한 이행강제금은 징수해야 한다.
③ 장기 의무위반자가 이행강제금 부과 전에 그 의무를 이행하였다면 이행강제금의 부과로써 이행을 확보하고자 하는 목적은 이미 실현된 것이므로 이행강제금을 부과할 수 없다.
④ 이행강제금은 의무위반에 대하여 장래의 의무 이행을 확보하는 수단이라는 점에서 과거의 의무위반에 대한 제재인 행정벌과 구별된다.

21

행정상 손실보상에 대한 설명으로 가장 옳지 않은 것은?

① 「공익사업을 위한 토지 등의 취득 및 보상에 관한 법률 시행령」에서 이주대책의 대상자에서 세입자를 제외하고 있는 것이 세입자의 재산권을 침해하는 것이라 볼 수 없다.
② 공익사업으로 인하여 영업을 폐지하거나 휴업하는 자가 구 「공익사업을 위한 토지 등의 취득 및 보상에 관한 법률」에 규정된 재결 절차를 거치지 않은 채 곧바로 사업시행자를 상대로 영업손실보상을 청구할 수 없다.
③ 사업시행자 스스로 공익사업의 원활한 시행을 위해 생활대책을 수립·실시할 수 있도록 하는 내부규정을 두고 이에 따라 생활대책 대상자 선정기준을 마련하여 생활대책을 수립·실시하는 경우, 생활대책대상자 선정기준에 해당하는 자신을 생활대책대상자에서 제외하거나 선정을 거부한 사업시행자를 상대로 항고소송을 제기할 수 있다.
④ 보상청구권이 성립하기 위해서는 재산권에 대한 법적인 행위로서 공행정작용에 의한 침해를 말하고 사실행위는 포함되지 않는다.

22

행정심판의 재결에 대한 설명으로 가장 옳지 않은 것은?

① 조세부과처분이 국세청장에 대한 불복심사 청구에 의하여 그 불복사유가 이유 있다고 인정되어 취소되었음에도 처분청이 동일한 사실에 관하여 부과처분을 되풀이한 것이라면 설령 그 부과처분이 감사원의 시정요구에 의한 것이라 하더라도 위법하다.
② 행정심판위원회는 의무이행재결이 있는 경우에 피청구인이 처분을 하지 아니한 경우에는 당사자의 신청 또는 직권으로 기간을 정하여 시정을 명하고 그 기간에 이행하지 아니하면 직접 처분을 할 수 있다.
③ 행정심판의 재결이 확정된 경우에도 처분의 기초가 된 사실관계나 법률적 판단이 확정되고 당사자들이나 법원이 이에 기속되어 모순되는 주장이나 판단을 할 수 없게 되는 것은 아니다.
④ 처분 취소재결이 있는 경우 당해 처분청은 재결의 취지에 반하지 아니하는 한 그 재결에 적시된 위법사유를 시정·보완하여 새로운 처분을 할 수 있는 것이고, 이러한 새로운 부과처분은 재결의 기속력에 저촉되지 아니한다.

23

×시의 공무원 甲은 乙이 건축한 건물이 건축 허가에 위반하였다는 이유로 철거명령과 「행정대집행법」상의 절차를 거쳐 대집행을 완료하였다. 乙은 행정대집행의 처분들이 하자가 있다는 이유로 행정소송 및 손해배상소송을 제기하려고 한다. 이에 대한 설명으로 가장 옳지 않은 것은?

① 乙이 취소소송을 제기하는 경우, 행정대집행이 이미 완료된 것이므로 소의 이익이 없어 각하 판결을 받을 것이다.
② 乙이 손해배상소송을 제기하는 경우, 민사법원은 그 행정처분이 위법인지 여부는 심사할 수 없다.
③ 「행정소송법」은 처분 등의 효력 유무 또는 존재 여부가 민사소송의 선결문제로 되는 경우 당해 민사소송의 수소법원이 이를 심리·판단할 수 있는 것으로 규정하고 있다.
④ ×시의 손해배상책임이 인정된다면 ×시는 고의 또는 중대한 과실이 있는 甲에게 구상할 수 있다.

24

취소소송에 대한 설명으로 가장 옳지 않은 것은?

① 제재적 행정처분의 효력이 제재기간 경과로 소멸하였더라도 관련 법규에서 제재적 행정처분을 받은 사실을 가중사유나 전제요건으로 삼아 장래의 제재적 행정처분을 하도록 정하고 있다면, 선행처분의 취소를 구할 법률상 이익이 있다.
② 행정처분의 취소소송 계속 중 처분청이 다툼의 대상이 되는 행정처분을 직권으로 취소하면 그 처분은 효력을 상실하여 더 이상 존재하지 않는 것이므로 존재하지 않는 처분을 대상으로 한 항고소송은 원칙적으로 소의 이익이 소멸하여 부적법하다.
③ 고등학교 졸업이 대학 입학 자격이나 학력 인정으로서의 의미밖에 없다고 할 수 없으므로 고등학교졸업학력검정고시에 합격하였다 하여 고등학교 학생으로서의 신분과 명예가 회복될 수 없는 것이니 퇴학처분을 받은 자로서는 퇴학처분의 위법을 주장하여 그 취소를 구할 소송상의 이익이 있다.
④ 소송계속 중 해당 처분이 기간의 경과로 그 효과가 소멸하더라도 예외적으로 그 처분의 취소를 구할 소의 이익을 인정할 수 있는 '행정처분과 동일한 사유로 위법한 처분이 반복될 위험성이 있는 경우'란 해당 사건의 동일한 소송 당사자 사이에서 반복될 위험이 있는 경우만을 의미한다.

25

「행정소송법」상 집행정지결정에 대한 설명으로 가장 옳지 않은 것은?

① 법원은 당사자의 신청 또는 직권에 의하여 처분 등의 효력이나 그 집행 또는 절차의 속행의 전부 또는 일부의 정지를 결정하거나, 또는 집행정지의 취소를 결정할 수 있다.
② 집행정지결정은 속행정지, 집행정지, 효력정지로 구분되고 이 중 속행정지는 처분의 집행이나 효력을 정지함으로써 목적을 달성할 수 있는 경우에는 허용되지 아니한다.
③ 과징금납부명령의 처분이 사업자의 자금 사정이나 경영 전반에 미치는 파급효과가 매우 중대하다는 이유로 인한 손해는 효력정지 내지 집행정지의 적극적 요건인 '회복하기 어려운 손해'에 해당한다.
④ 효력기간이 정해져 있는 제재적 행정처분에 대한 취소소송에서 법원이 본안소송의 판결 선고시까지 집행정지결정을 하면, 처분에서 정해 둔 효력기간은 판결 선고시까지 진행하지 않다가 판결이 선고되면 그때 집행정지 결정의 효력이 소멸함과 동시에 처분의 효력이 당연히 부활하여 처분에서 정한 효력기간이 다시 진행한다.

정답

01	①	02	④	03	②	04	②	05	①
06	②	07	④	08	③	09	③	10	①
11	②	12	③	13	③	14	③	15	①
16	④	17	①	18	③	19	④	20	①
21	④	22	②	23	②	24	④	25	②

gosi.Hackers.com

PART 6

군무원 7급

해커스공무원
김대현 행정법총론
최신 4개년 기출문제집

21회 / 2025년 군무원 7급
22회 / 2024년 군무원 7급
23회 / 2023년 군무원 7급
24회 / 2022년 군무원 7급

21회 2025년 군무원 7급

지문의 내용에 대해 학설의 대립 등
다툼이 있는 경우 판례에 의함

01 □□□

권한의 위임과 위탁에 대한 설명으로 가장 옳지 않은 것은?

① 수임관청이 내부위임에 따라 위임관청의 이름으로 권한을 행사하였다면 그 처분청은 위임관청이므로 처분의 취소를 구하는 소송의 피고는 위임관청으로 삼아야 한다.
② 행정권한의 위임과 내부위임은 법률의 위임을 허용하고 있는 경우에 한하여 인정된다고 할 것이다.
③ 교육감의 학교법인 임원취임의 승인취소권을 조례가 아닌 규칙에 의하여 교육장에게 위임하였다면 무효이다.
④ 수임사무의 처리에 관하여 위임기관은 수임기관에 대하여 사전승인을 받거나 협의를 할 것을 요구할 수 없다.

02 □□□

간접강제에 대한 설명으로 옳은 것을 모두 고른 것은?

ㄱ. 거부처분에 대한 취소의 확정판결이 있음에도 행정청이 아무런 재처분을 하지 아니하고 있다면 「행정소송법」에 의한 간접강제 신청에 필요한 요건을 갖춘 것으로 보아야 한다.
ㄴ. 간접강제규정은 부작위위법확인소송에는 준용되지 아니한다.
ㄷ. 거부처분에 대한 무효확인판결이 내려진 경우에는 그 행정처분이 거부처분인 경우에도 행정청에게 판결의 취지에 따른 재처분 의무가 인정될 뿐 그에 대한 간접강제까지 허용되는 것은 아니다.
ㄹ. 간접강제결정에서 결정한 의무이행기한이 경과한 후에 확정판결의 취지에 따른 재처분의 이행이 이루어진 경우, 간접강제결정에 기한 배상금의 추심은 허용된다.
ㅁ. 「행정심판법」에 의한 간접강제는 사정의 변경이 있는 경우에 당사자의 신청에 의하여 간접강제 결정의 내용을 변경할 수 있다.

① ㄱ, ㄴ, ㄷ
② ㄱ, ㄷ, ㅁ
③ ㄴ, ㄷ, ㄹ
④ ㄷ, ㄹ, ㅁ

03

「국가배상법」상 배상책임에 대한 설명으로 가장 옳지 않은 것은?

① 「국가배상법」은 국가나 지방자치단체의 손해배상의 책임과 배상절차를 규정함을 목적으로 하는 법으로서, 외국인이 피해자인 경우에는 해당 국가와 상호보증이 있을 때에만 적용한다.
② 공법인이 국가로부터 위탁받은 공행정사무를 집행하는 과정에서 공법인의 임직원이나 피용인이 고의 또는 과실로 법령을 위반하여 타인에게 손해를 입힌 경우에는, 공법인은 위탁받은 공행정사무에 관한 행정주체의 지위에서 배상책임을 부담하여야 한다.
③ 국가배상청구의 요건인 '공무원의 직무'에는 권력적 작용만이 아니라 비권력적 작용, 행정주체가 사경제주체로서 하는 활동도 포함된다.
④ 국민의 생명·신체·재산 등에 대하여 절박하고 중대한 위험상태가 발생하였거나 발생할 상당한 우려가 있어서 국민의 생명 등을 보호하는 것을 본래적 사명으로 하는 국가가 초법규적·일차적으로 그 위험의 배제에 나서지 아니하면 국민의 생명 등을 보호할 수 없는 경우에는 형식적 의미의 법령에 근거가 없더라도 국가나 관련 공무원에 대하여 그러한 위험을 배제할 작위의무를 인정할 수 있다.

04

행정지도에 대한 설명으로 가장 옳지 않은 것은?

① 행정지도가 강제성을 띠지 않은 비권력적 작용으로서 행정지도의 한계를 일탈하지 아니하였더라도, 그로 인하여 상대방에게 어떤 손해가 발생하였다면 행정기관은 그에 대한 손해배상책임이 있다.
② 행정지도는 그 목적 달성에 필요한 최소한도에 그쳐야 하며, 행정지도의 상대방의 의사에 반하여 부당하게 강요하여서는 아니 된다.
③ 행정기관은 행정지도의 상대방이 행정지도에 따르지 아니하였다는 것을 이유로 불이익한 조치를 하여서는 아니 된다.
④ 행정지도라 함은 행정주체가 일정한 행정목적을 실현하기 위하여 권고 등과 같은 비강제적인 수단을 사용하여 상대방의 자발적 협력 내지 동의를 얻어내어 행정상 바람직한 결과를 이끌어내는 행정활동으로 이해되고, 따라서 적법한 행정지도로 인정되기 위하여는 우선 그 목적이 적법한 것으로 인정될 수 있어야 할 것이다.

05

행정작용에 대한 설명으로 가장 옳지 않은 것은?

① 대학총장들에 대한 교육부장관의 학칙시정 요구는 규제적 성격의 행정지도에 해당하며, 이는 헌법소원의 대상이 된다.
② 구 「도시 및 주거환경정비법」 등 관계 법령에 따라 발급된 주택재건축사업 조합설립인가 처분은 그 설립행위를 보충하는 강학상 인가에 해당한다.
③ 요청조달계약에 적용되는 구 「국가를 당사자로 하는 계약에 관한 법률」의 조항은 국가가 사경제 주체로서 국민과 대등한 관계에 있음을 전제로 한 사법(私法)관계에 관한 규정에 한정된다.
④ 재외동포 甲에 대한 입국금지결정이 있는 경우 행정청이 이에 구속되어 아무런 재량을 행사하지 않고 甲에 대한 사증발급을 거부한 것은 위법하다.

06 □□□

재결의 효력에 대한 설명으로 가장 옳지 않은 것은?

① 심판청구를 인용하는 재결은 기속력이 발생하지만 재결의 취지에 따른 취소처분이 위법한 경우 그 취소처분의 상대방은 이를 항고소송으로 다툴 수 없는 것은 아니다.
② 재결의 사실인정 및 판단과 기본적인 사실관계가 동일하지 아니한 사유를 바탕으로 처분을 하였다면 재결의 기속력에 저촉되지 않는다.
③ 재결이 확정된 경우에는 처분의 기초가 된 사실관계나 법률적 판단이 확정되고 당사자들이나 법원이 이에 기속되어 모순되는 주장이나 판단을 할 수 없게 된다.
④ 재결의 효력은 청구인에게 재결서의 정본이 송달되었을 때에 그 효력이 생긴다.

07 □□□

「행정절차법」상 의견제출 및 청문에 대한 설명으로 가장 옳지 않은 것은?

① 청문 주재자는 직권으로 또는 당사자의 신청에 따라 필요한 조사를 할 수 있으며, 당사자 등이 주장하지 아니한 사실에 대하여는 조사할 수 없다.
② 청문은 당사자가 공개를 신청하거나 청문 주재자가 필요하다고 인정하는 경우 공개할 수 있다. 다만, 공익 또는 제3자의 정당한 이익을 현저히 해칠 우려가 있는 경우에는 공개하여서는 아니 된다.
③ 당사자등은 처분 전에 그 처분의 관할 행정청에 서면이나 말로 또는 정보통신망을 이용하여 의견제출을 할 수 있다. 만약 당사자등이 정당한 이유 없이 의견제출기한까지 의견 제출을 하지 아니한 경우에는 의견이 없는 것으로 본다.
④ 청문 주재자에게 공정한 청문 진행을 할 수 없는 사정이 있는 경우 당사자등은 행정청에 기피신청을 할 수 있다. 이 경우 행정청은 청문을 정지하고 그 신청이 이유가 있다고 인정할 때에는 해당 청문 주재자를 지체 없이 교체하여야 한다.

08 □□□

행정행위에 대한 설명으로 가장 옳지 않은 것은?

① '침익적 행정처분 근거 규정 엄격해석의 원칙'이란 단순히 행정실무상의 필요나 입법정책적 필요만을 이유로 문언의 가능한 범위를 벗어나 처분상대방에게 불리한 방향으로 확장해석하거나 유추해석해서는 안 된다는 것이지, 처분상대방에게 불리한 내용의 법령해석은 일체 허용되지 않는다는 취지가 아니다.
② 행정청이 행정처분을 하면서 논리적으로 당연히 수반되어야 하는 의사표시를 명시적으로 하지 않았으나 그것이 행정청의 추단적 의사에도 부합하고 상대방도 이를 알 수 있는 경우, 행정처분에 위와 같은 의사표시가 묵시적으로 포함되어 있다고 볼 수 있다.
③ 후임 정식이사가 선임되었다는 사유만으로도 임시이사의 임기가 자동적으로 만료되어 임시이사의 지위가 상실되는 효과가 발생하므로, 관할 행정청이 후임 정식이사가 선임되었음을 이유로 임시이사를 해임하는 행정처분을 해야만 비로소 임시이사의 지위가 상실되는 효과가 발생한다고 할 수는 없다.
④ 인가처분에는 고유한 하자가 없는데 사업시행계획에 하자가 있다면 사업시행계획의 무효확인이나 취소를 구하여야 할 것이지 사업시행계획의 무효를 주장하면서 곧바로 그에 대한 인가처분의 무효확인이나 취소를 구하여서는 아니 된다.

09

통치행위에 대한 설명으로 가장 옳지 않은 것은?

① 대법원은 남북정상회담의 개최는 고도의 정치적 성격을 지니고 있는 행위라 할 것이므로 특별한 사정이 없는 한 그 당부를 심판하는 것은 사법권의 내재적·본질적 한계를 넘어서는 것이 되어 적절하지 못하다고 보았다.
② 헌법재판소는 대통령 등에 의한 일련의 행위로 이루어진 개성공단 전면중단조치는 북한의 핵 실험과 장거리 미사일 발사로 초래된 동북아시아 안보지형의 변화, 개성공단 내 우리국민의 신변 안전 등을 복합적으로 고려하여 내린 고도의 정치적 결단에 기한 조치라 할 것이므로 사법 심사의 대상이 될 수 없다고 보았다.
③ 헌법재판소는 신행정수도건설이나 수도이전의 문제가 정치적 성격을 가지고 있는 것은 인정할 수 있지만, 그 자체로 고도의 정치적 결단을 요하여 사법심사의 대상으로 하기에는 부적절한 문제라고까지는 할 수 없다고 보았다.
④ 대법원은 통치행위의 개념을 인정한다고 하더라도 과도한 사법심사의 자제가 기본권을 보장하고 법치주의 이념을 구현하여야 할 법원의 책무를 태만히 하거나 포기하는 것이 되지 않도록 그 인정을 지극히 신중하게 하여야 하며, 그 판단은 오로지 사법부만에 의하여 이루어져야 한다고 보았다.

10

행정법의 일반원칙에 대한 설명으로 가장 옳지 않은 것은?

① 행정작용은 법률에 위반되어서는 아니 되며, 국민의 권리를 제한하거나 의무를 부과하는 경우와 그 밖에 국민생활에 중요한 영향을 미치는 경우에는 법률에 근거하여야 한다.
② 행정청이 내부준칙을 제정하여 그에 따라 장기간 일정한 방향으로 행정행위를 함으로써 행정관행이 확립된 경우, 그러한 내부준칙이나 확립된 행정관행을 통한 행정행위에 대해서도 「헌법」상 평등원칙이 적용된다.
③ 신뢰보호의 원칙은 행정청이 공적인 견해를 표명할 당시의 사정이 그대로 유지됨을 전제로 적용되는 것이 원칙이므로, 사후에 그와 같은 사정이 변경된 경우에는 그 공적 견해가 더 이상 개인에게 신뢰의 대상이 된다고 보기 어려운 만큼, 특별한 사정이 없는 한 행정청이 그 견해표명에 반하는 처분을 하더라도 신뢰보호의 원칙에 위반된다고 할 수 없다.
④ 행정청은 권한 행사의 기회가 있음에도 불구하고 장기간 권한을 행사하지 아니하여 국민이 그 권한이 행사되지 아니할 것으로 믿을 만한 정당한 사유가 있는 경우에는 어떠한 경우라도 그 권한을 행사해서는 아니 된다.

11

행정행위의 무효와 취소에 대한 설명으로 가장 옳지 않은 것은?

① 어느 법률조항의 개정이 자구만 형식적으로 변경된 데 불과하여 개정 전후 법률조항들의 동일성이 그대로 유지되고 있다면 개정 전 법률조항에 대한 위헌결정의 효력은 개정 법률조항에 대하여도 미친다고 볼 수 있다.
② 시행령의 무효를 선언한 대법원 판결이 없는 상태에서 그에 근거하여 이루어진 처분의 하자는 무효사유에 해당한다.
③ 선행처분인 도시계획시설사업 시행자 지정 처분이 처분요건을 충족하지 못하여 당연 무효라면, 후행처분인 도시계획시설사업의 시행자가 작성한 실시계획의 인가처분도 무효로 보아야 한다.
④ 무효확인을 구하는 의미에서 취소를 구하는 행정소송을 제기하는 경우에도 취소소송의 제소요건을 갖추어야 한다.

12

경업자·경원자소송에 대한 설명으로 가장 옳지 않은 것은?

① 한정면허를 받은 시외버스운송사업자가 일반 면허를 받은 시외버스운송사업자에 대한 사업 계획변경 인가처분으로 수익감소가 예상되는 경우, 일반면허 시외버스운송사업자에 대한 사업계획변경인가처분의 취소를 구할 법률상의 이익이 있다.
② 법학전문대학원 설치인가 신청을 하였으나 인가처분을 받지 못한 대학들은 2,000명이라는 총 입학정원을 두고 그 설치인가 여부 및 개별 입학정원의 배정에 관하여 서로 경쟁관계에 있으므로, 인가처분의 상대방이 아니라도 그 처분의 취소 등을 구할 당사자 적격이 있다.
③ 당초에 상품매도점포로서의 근린생활시설로 되어 있던 용도를 치과의원을 개설할 수 있도록 의원으로서의 근린생활시설로 변경한 서울특별시장의 용도변경처분에 대하여 인근 치과의원 경영자에게는 취소소송의 원고적격이 인정된다.
④ 면허받은 장의자동차운송사업구역에 위반하였음을 이유로 한 행정청의 과징금부과 처분에 의하여 동종업자의 영업이 보호되는 결과는 사업구역제도의 반사적 이익에 불과하기 때문에 그 과징금부과처분을 취소한 재결에 대하여 처분의 상대방 아닌 제3자는 그 취소를 구할 법률상 이익이 없다.

13

행정행위에 대한 설명으로 가장 옳지 않은 것은?

① 상대방 있는 행정처분은 특별한 규정이 없는 한 의사표시에 관한 일반법리에 따라 그 행정처분이 상대방에게 고지되지 아니한 경우라도 상대방이 다른 경로를 통해 행정처분의 내용을 알게 되었다면 행정처분의 효력이 발생한다.
② 체류자격 변경허가는 신청인에게 당초의 체류자격과 다른 체류자격에 해당하는 활동을 할 수 있는 권한을 부여하는 일종의 설권적 처분의 성격을 가지므로, 허가권자는 신청인이 관계 법령에서 정한 요건을 충족하였다고 하더라도, 신청인의 적격성, 체류 목적, 공익상의 영향 등을 참작하여 허가 여부를 결정할 수 있는 재량을 가진다.
③ 「국토의 계획 및 이용에 관한 법률」상 개발행위허가는 허가기준 및 금지요건이 불확정 개념으로 규정된 부분이 많아 그 요건에 해당하는지 여부는 행정청의 재량판단의 영역에 속한다.
④ 처분의 근거 법령이 행정청에 처분의 요건과 효과 판단에 일정한 재량을 부여하였는데도, 행정청이 자신에게 재량권이 없다고 오인한 나머지 처분으로 달성하려는 공익과 그로써 처분상대방이 입게 되는 불이익의 내용과 정도를 전혀 비교형량 하지 않은 채 처분을 하였다면, 이는 재량권 불행사로서 그 자체로 재량권 일탈·남용으로 해당 처분을 취소하여야 할 위법사유가 된다.

14

「행정기본법」상 행정의 실효성 확보수단에 대한 설명으로 가장 옳지 않은 것은?

① 즉시강제는 다른 수단으로 행정목적을 달성할 수 있는 경우에도 허용되나, 최소한으로만 실시하여야 한다.
② 행정청은 이행강제금을 부과하기 전에 미리 의무자에게 적절한 이행기간을 정하여 그 기한까지 행정상 의무를 이행하지 아니하면 이행강제금을 부과한다는 뜻을 문서로 계고(戒告)하여야 한다.
③ 의무자가 행정상 의무로서 타인이 대신하여 행할 수 있는 의무를 이행하지 아니하는 경우 법률로 정하는 다른 수단으로는 그 이행을 확보하기 곤란하고 그 불이행을 방치하면 공익을 크게 해칠 것으로 인정될 때에 행정청이 의무자가 하여야 할 행위를 스스로 하거나 제3자에게 하게 하고 그 비용을 의무자로부터 징수하는 것을 행정대집행이라 한다.
④ 직접강제는 행정대집행이나 이행강제금 부과의 방법으로는 행정상 의무 이행을 확보할 수 없거나 그 실현이 불가능한 경우에 실시하여야 한다.

15

「행정기본법」상 인허가의제에 대한 설명으로 가장 옳지 않은 것은?

① '인허가의제'란 하나의 인허가(이하 '주된 인허가'라 한다.)를 받으면 법률로 정하는 바에 따라 그와 관련된 여러 인허가(이하 '관련 인허가'라 한다.)를 받은 것으로 보는 것을 말한다.
② 인허가의제의 효과는 주된 인허가의 해당 법률에 규정된 관련 인허가에 한정된다.
③ 인허가의제를 받으려면 주된 인허가를 신청할 때 관련 인허가에 필요한 서류를 함께 제출하여야 한다. 다만, 불가피한 사유로 함께 제출할 수 없는 경우에는 주된 인허가 행정청이 별도로 정하는 기한까지 제출할 수 있다.
④ 인허가의제의 경우 주된 인허가 행정청은 관련 인허가를 직접 한 것으로 보아 관계 법령에 따른 관리·감독 등 필요한 조치를 하여야 한다.

16

당사자소송에 대한 설명으로 옳은 것을 모두 고른 것은?

> ㄱ. 「도시 및 주거환경정비법」상 행정주체인 주택 재건축정비사업조합을 상대로 관리처분계획안에 대한 조합 총회결의의 효력 등을 다투는 소송은 「행정소송법」상 당사자소송에 해당한다.
> ㄴ. 「도시정비법」상 시장·군수가 아닌 사업시행자가 분양받는 자를 상대로 공법상 당사자소송의 방법으로 청산금을 청구하는 것은 특별한 사정이 없는 한 허용할 수 없다.
> ㄷ. 명예퇴직수당지급거부의 의사표시는 명예퇴직수당액을 형성하는 행정처분으로 이를 다투기 위해서는 취소소송을 제기하여야 한다.
> ㄹ. 공중보건의사 채용계약 해지의 의사표시에 대해서는 항고소송의 대상이 되는 행정처분이라는 전제 하에서 그 취소를 구하는 항고소송을 제기할 수 없다.
> ㅁ. 납세의무자에 대한 국가의 부가가치세 환급세액 지급의무는 부당이득 반환의무이므로 민사소송의 절차에 따라야 한다.

① ㄱ, ㄴ, ㄹ
② ㄱ, ㄷ, ㄹ
③ ㄴ, ㄷ, ㅁ
④ ㄷ, ㄹ, ㅁ

17

공법상의 시효와 제척기간에 대한 설명으로 가장 옳지 않은 것은?

① 변상금 부과처분에 대한 취소소송이 진행중이라도 그 부과권자로서는 위법한 처분을 스스로 취소하고 그 하자를 보완하여 다시 적법한 부과처분을 할 수도 있는 것이어서 그 권리행사에 법률상의 장애사유가 있는 경우에 해당한다고 할 수 없으므로, 그 처분에 대한 취소소송이 진행되는 동안에도 그 부과권의 소멸시효가 진행된다.
② 변상금부과처분이 당연무효인 경우에 이 변상금 부과처분에 의하여 납부자가 납부하거나 징수당한 오납금은 지방자치단체가 법률상 원인 없이 취득한 부당이득에 해당하고, 이러한 오납금에 대한 납부자의 부당이득반환청구권의 소멸시효는 변상금부과처분의 부과 시부터 진행한다.
③ 당연무효인 1차 변상금부과처분을 비롯하여 여러 차례에 걸친 변상금부과처분과 이에 의한 각 납부 또는 징수가 있은 후에 이와 같이 여러 차례에 걸쳐 부과되었던 변상금의 부과대상, 점유기간, 적용요율 등에 오류 또는 누락이 있다는 이유로 변상금 총액을 새로이 산정하여 그동안 납부 또는 징수된 금원과의 차액에 관하여 추가로 변상금 부과 처분이 이루어졌다고 하더라도, 당연무효인 1차 변상금부과처분에 의하여 납부 또는 징수당한 오납금에 대한 부당이득반환청구권의 소멸시효의 기산일이 달라진다고 할 수 없다.
④ 추상적 권리 행사에 관한 제척기간은 권리자의 권리행사 태만 여부를 고려하지 않으며, 또 당사자의 신청만으로 추상적 권리가 실현되므로 기간 진행의 중단·정지를 상정하기 어렵다.

18

포괄위임금지원칙에 대한 설명으로 가장 옳지 않은 것은?

① 조례가 규정하고 있는 사항이 그 근거 법령 등에 비추어 볼 때 자치사무나 단체위임사무에 관한 것이라면 이는 자치조례로서 위임조례와 같이 국가법에 적용되는 일반적인 위임입법의 한계가 적용될 여지는 없다.
② 「헌법」 제95조는 부령에의 위임근거를 마련하면서 '구체적으로 범위를 정하여'라는 문구를 사용하고 있지는 않지만, 법률의 위임에 의한 대통령령에 가해지는 「헌법」상의 제한은 당연히 법률의 위임에 의한 부령의 경우에도 적용된다.
③ 법률에서 위임받은 사항을 전혀 규정하지 않고 재위임하는 것은 복위임금지 원칙에 반할 뿐 아니라 위임명령의 제정 형식에 관한 수권법의 내용을 변경하는 것이 되므로 허용되지 않으나 위임받은 사항에 관하여 대강을 정하고 그 중의 특정사항을 범위를 정하여 하위법령에 다시 위임하는 경우에는 재위임이 허용된다.
④ 구 「도시정비법」에서 사업시행인가 신청시의 동의요건을 조합의 정관에 포괄적으로 위임하고 있는 것은 「헌법」 제75조가 정하는 포괄위임입법금지의 원칙에 위배된다.

19

「공공기관의 정보공개에 관한 법률」에 대한 설명으로 가장 옳지 않은 것은?

① 「공공기관의 정보공개에 관한 법률」의 목적, 규정 내용 및 취지에 비추어 보면, 정보공개 청구의 목적에 특별한 제한이 없으므로, 오로지 상대방을 괴롭힐 목적으로 정보공개를 구하고 있다는 등의 특별한 사정이 없는 한 정보공개의 청구가 신의칙에 반하거나 권리남용에 해당한다고 볼 수 없다.
② 「공공기관의 정보공개에 관한 법률」의 입법취지 및 위와 같은 규정 형식에 비추어 보면, 여기에서 말하는 공공기관이 보유·관리하는 정보라 함은 당해 공공기관이 작성하여 보유·관리하고 있는 정보뿐만 아니라 경위를 불문하고 당해 공공기관이 보유·관리하고 있는 모든 정보를 의미한다.
③ 공공기관이 보유·관리하고 있는 정보가 제3자와 관련이 있는 경우, 제3자가 비공개를 요청하였다고 하여 「공공기관의 정보공개에 관한 법률」상 정보의 비공개사유에 해당한다고 볼 수 없다.
④ 대통령이 행하는 사면권의 행사는 고도의 정치적 행위라 할 수 있으며, 해당 정보의 공개로 당사자들의 사생활의 비밀을 침해할 우려가 있다는 점 등을 감안하면, 사면 실시건의서와 그와 관련된 국무회의 안건 자료는 「공공기관의 정보공개에 관한 법률」상의 비공개사유에 해당된다.

20

행정행위의 부관에 대한 설명으로 가장 옳지 않은 것은?

① 행정청이 종교단체에 대하여 기본재산전환 인가를 함에 있어 인가조건을 부가하고 그 불이행시 인가를 취소할 수 있도록 한 경우, 인가조건의 의미는 철회권을 유보한 것이다.
② 허가에 붙은 기한이 그 허가된 사업의 성질상 부당하게 짧아서 이 기한을 허가의 존속기간으로 해석할 수 있더라도, 그 후 당초의 기한이 상당 기간 연장되어 연장된 기간을 포함한 존속기간 전체를 기준으로 볼 경우 더 이상 허가된 사업의 성질상 부당하게 짧은 경우에 해당하지 않게 된 때에는, 관계 법령상 허가여부의 재량권을 가진 행정청은 허가조건의 개정만을 고려하여야 하는 것은 아니고, 재량권의 행사로서 더 이상의 기간 연장을 불허가하여 허가의 효력을 상실시킬 수 있다.
③ 지방자치단체장이 사업자에게 주택사업계획 승인을 하면서 그 주택사업과는 아무런 관련이 없는 토지를 기부채납하도록 하는 부관을 주택사업계획승인에 붙인 경우, 그 부관은 부당결부 금지의 원칙에 위반되어 위법하다.
④ 행정처분에 부담인 부관을 붙인 경우 부관의 무효화에 의하여 본체인 행정처분 자체의 효력에도 영향이 미치는바, 그 처분을 받은 사람이 부담의 이행으로 사법상 매매 등의 법률행위를 한 경우에는 그 부관은 특별한 사정이 없더라도 그 법률행위 자체를 당연히 무효화한다.

21

행정계획에 대한 설명으로 가장 옳지 않은 것은?

① 이미 고시된 실시계획에 포함된 상세계획으로 관리되는 토지 위의 건물의 용도를 상세계획 승인권자의 변경승인 없이 임의로 판매시설에서 상세계획에 반하는 일반목욕장으로 변경한 사안에서, 그 영업신고를 수리하지 않고 영업소를 폐쇄한 처분은 위법하다.
② 자연환경 보호 등을 목적으로 하는 도시관리계획결정은 식생이 양호한 수림의 훼손 등과 같이 장래 발생할 불확실한 상황과 파급효과에 대한 예측 등을 반영한 행정청의 재량적 판단으로서, 그 내용이 현저히 합리성을 결여하거나 형평이나 비례의 원칙에 뚜렷하게 반하는 등의 사정이 없는 한 폭넓게 존중해야 한다.
③ 환지계획은 환지예정지 지정이나 환지처분의 근거가 될 뿐 그 자체가 직접 토지소유자 등의 법률상의 지위를 변동시키거나 또는 환지예정지 지정이나 환지처분과는 다른 고유한 법률효과를 수반하는 것이 아니어서 이를 항고소송의 대상이 되는 처분에 해당한다고 할 수가 없다.
④ 행정주체가 구체적인 행정계획을 입안·결정할 때 가지는 형성의 자유의 한계에 관한 법리는 도시계획시설의 결정권자가 장기간 집행되지 아니한 도시계획시설을 변경할 것인지를 결정하고 도시계획시설사업의 시행자 지정 및 실시계획인가·고시를 함에 있어서도 마찬가지로 적용된다.

22

항고소송의 대상적격에 대한 설명으로 가장 옳은 것은?

①「교육공무원법」상 승진후보자 명부에 의한 승진심사 방식으로 행해지는 승진임용에서 승진후보자 명부에 포함되어 있던 후보자를 승진임용인사발령에서 제외하는 행위는 항고소송의 대상인 처분에 해당하지 아니한다.
② 운전면허 행정처분처리대장상 벌점의 배점은 그 무효확인 또는 취소를 구하는 소송의 대상이 되는 행정처분이라고 할 수 있다.
③ 감사원의 징계 요구와 재심의결정은 항고소송의 대상이 되는 행정처분이라고 할 수 없다.
④ 친일반민족행위자재산조사위원회의 재산조사 개시결정은 조사대상자의 권리·의무에 직접 영향을 미치는 독립한 행정처분으로 볼 수 없다.

23 ☐☐☐

행정소송에서 처분사유의 추가·변경에 대한 설명으로 가장 옳지 않은 것은?

① 추가 또는 변경된 사유가 처분 당시에 이미 존재하고 있었다거나 당사자가 그 사실을 알고 있었다고 하여 당초의 처분사유와 동일성이 있다고 할 수 없다.

② 토지형질변경 불허가처분의 당초의 처분사유인 국립공원에 인접한 미개발지의 합리적인 이용 대책 수립시까지 그 허가를 유보한다는 사유와 그 처분의 취소소송에서 추가하여 주장한 처분 사유인 국립공원 주변의 환경·풍치·미관 등을 크게 손상시킬 우려가 있으므로 공공목적상 원형유지의 필요가 있는 곳으로서 형질변경 허가 금지 대상이라는 사유는 기본적 사실 관계에 있어서 동일성이 인정된다.

③ 처분청이 처분 당시에 적시한 구체적 사실을 변경하지 아니하는 범위 내에서 당초의 처분 사유인 「국가를 당사자로 하는 계약에 관한 법률 시행령」 제76조 제1항 제12호 소정의 '담합을 주도하거나 담합하여 입찰을 방해하였다'는 것으로부터 같은 항 제7호 소정의 '특정인의 낙찰을 위하여 담합한 자'로 처분의 사유를 변경하는 것은 허용된다.

④ 외국인 甲이 법무부장관에게 귀화신청을 하였으나 법무부장관이 '품행 미단정'을 불허 사유로 「국적법」상의 요건을 갖추지 못하였다며 신청을 받아들이지 않는 처분을 한 경우, 법무부장관이 甲을 '품행 미단정'이라고 판단한 이유에 대하여 제1심 변론절차에서 「자동차 관리법」 위반죄로 기소유예를 받은 전력 등을 고려하였다고 주장하고, 제2심 변론절차에서 불법 체류한 전력이 있다는 추가적인 사정까지 고려하였다고 주장하는 것은 허용되지 아니한다.

정답

01	②	02	②	03	③	04	①	05	②
06	③	07	①	08	③	09	②	10	④
11	②	12	③	13	①	14	①	15	④
16	①	17	②	18	④	19	④	20	④
21	①	22	③	23	④				

2024년 군무원 7급

지문의 내용에 대해 학설의 대립 등
다툼이 있는 경우 판례에 의함

01 □□□

「행정기본법」상 부관 중 조건에 대한 설명으로 가장 옳은 것은?

① 행정청은 처분에 재량이 있는 경우에는 조건을 붙일 수 있는데, 그러한 조건은 해당 처분과 실질적인 관련성이 있어야 하는 것은 아니다.
② 행정청은 처분에 재량이 없는 경우에는 법률에 근거가 있더라도 조건을 붙일 수 없다.
③ 행정청은 조건을 붙일 수 있는 처분이 당사자의 동의가 있는 경우에는 그 처분을 한 후에도 종전의 조건을 변경할 수 있다.
④ 행정청은 조건을 붙일 수 있는 처분이 사정이 변경되어 조건을 새로 붙이지 아니하면 해당 처분의 목적을 달성할 수 없다고 인정되는 경우에라도 그 처분을 한 후에는 조건을 새로 붙일 수는 없다.

02 □□□

「행정조사기본법」상 행정조사에 대한 설명으로 가장 옳지 않은 것은?

① 행정조사는 법령 등을 준수하도록 유도하기 보다는 법령 등의 위반에 대한 처벌에 중점을 두어야 한다.
② 조사대상자의 자발적인 협조를 얻어 실시하는 행정조사 외에는, 행정기관은 법령 등에서 행정조사를 규정하고 있는 경우에 한하여 행정조사를 실시할 수 있다.
③ 행정기관의 장은 행정조사의 목적, 법령준수의 실적, 자율적인 준수를 위한 노력, 규모와 업종 등을 고려하여 명백하고 객관적인 기준에 따라 행정조사의 대상을 선정하여야 한다.
④ 조사대상자는 조사대상 선정기준에 대한 열람을 행정기관의 장에게 신청할 수 있다.

03 □□□

「행정심판법」에 대한 설명으로 옳은 것을 모두 고른 것은?

ㄱ. 대통령의 처분 또는 부작위에 대하여는 다른 법률에서 행정심판을 청구할 수 있도록 정한 경우 외에는 행정심판을 청구할 수 없다.
ㄴ. 관계 행정기관의 장이 특별행정심판 또는 이 법에 따른 행정심판 절차에 대한 특례를 신설하거나 변경하는 법령을 제정·개정할 때에는 미리 중앙행정심판위원회와 협의하여야 한다.
ㄷ. 법인이 아닌 사단 또는 재단으로서 대표자나 관리인이 정하여져 있는 경우에는 그 사단이나 재단의 이름으로 심판청구를 할 수 있다.
ㄹ. 여러 명의 청구인이 공동으로 심판청구를 할 때에는 청구인들 중에서 7명 이하의 선정대표자를 선정할 수 있다.
ㅁ. 선정대표자로 선정된 후에는 다른 청구인들의 동의를 받지 아니하고도 다른 청구인들을 위하여 심판청구의 취하를 포함해서 그 사건에 관한 모든 행위를 할 수 있다.

① ㄱ, ㄴ, ㄷ
② ㄱ, ㄴ, ㅁ
③ ㄴ, ㄷ, ㄹ
④ ㄷ, ㄹ, ㅁ

04

「공공기관의 정보공개에 관한 법률」에 대한 설명으로 가장 옳지 않은 것은?

① 공공기관은 정보의 공개를 청구하는 국민의 권리가 존중될 수 있도록 이 법을 운영하고 소관 관계 법령을 정비하며, 정보를 투명하고 적극적으로 공개하는 조직문화 형성에 노력하여야 한다.
② 외국인을 포함하여 모든 사람은 정보의 청구할 권리를 가진다.
③ 행정안전부장관은 공공기관의 업무를 종합적·체계적·효율적으로 공개를 정보공개에 관한 지원하기 위하여 통합정보공개시스템을 구축·운영하여야 한다.
④ 공공기관은 정보의 공개에 관한 사무를 신속하고 원활하게 수행하기 위하여 정보공개 장소를 확보하고 공개에 필요한 시설을 갖추어야 한다.

05

다음 중 과태료 제도에 대한 설명으로 옳은 모두 고른 것은?

> ㄱ. 과거에는 민사법 또는 소송법상의 질서위반을 대상으로 법원에 의해 부과되는 민사벌적 제재수단으로 사용되었다.
> ㄴ. 오늘날에는 경찰법에 대한 비범죄화조치로서 행정법상의 질서위반행위를 대상으로 부과되고 있다.
> ㄷ. 권한청에 의해 부과된 과태료에 대해 이의를 제기하면, 해당 사건은 비송사건 관할법원에 원시적으로 귀속된다.
> ㄹ. 과태료는 관련 법률이 정의하고 있는 '처분'의 개념에 속하기는 하지만, 우리 판례는 행정쟁송의 대상이 되는 처분으로 보지는 아니한다.

① ㄱ
② ㄱ, ㄴ
③ ㄴ, ㄷ
④ ㄱ, ㄴ, ㄷ, ㄹ

06

「행정심판법」과 「행정소송법」에 대한 내용으로 가장 옳은 것은?

① 그 실질이 사법권의 행사가 아니라 행정권의 행사에 속하는 '법원행정처장에 의한 처분이나 부작위 등'에 대한 행정심판의 청구가 있게 되면, 국가권익위원회에 두는 '중앙행정심판위원회'가 해당 심판청구를 심리·재결하게 된다.
② 당사자의 신청을 거부하거나 부작위로 방치한 처분에 대한 다툼과 관련하여 「행정심판법」은 행정심판위원회에 의한 직접처분을 허용하면서도, 「행정소송법」과 마찬가지로 간접강제 제도를 도입하여 재결의 실효성을 담보하고 있다.
③ 당사자의 주소 등을 통상적인 방법으로 알 수 없어 「행정절차법」이 정한 바에 따라 관보와 인터넷으로 공고하여 소정의 기간이 경과하면, 그때부터 당사자는 '처분이 있음을 안' 것으로 의제되어 「행정심판법」 또는 「행정소송법」 상의 불변기간이 개시된다.
④ 회사의 내부규정으로 운수회사에 부과된 과징금은 그 원인행위를 제공한 운전자가 납부하도록 되어 있다면, 해당 운전자는 부과된 과징금의 취소심판 또는 취소소송을 제기할 수 있는 법적 지위를 갖게 된다.

07

행정권한의 행사를 정하고 있는 「도로교통법」이나 「병역법」 등 행정에 관한 개별법률도 자체의 총칙 규정(입법목적, 용어 정의 및 다른 법률과의 관계 등)을 두고 있으나, 행정권한 행사의 전반에 걸쳐 일반적으로 통용될 수 있는 것은 아니다. 이러한 문제에 대응하여 민법 또는 형법의 총칙과 같은 기능을 수행하게 되는 가장 대표적인 법률은?

① 「행정대집행법」
② 「민원 처리에 관한 법률」
③ 「행정규제기본법」
④ 「행정기본법」

08

양도양수가 가능한 허가업을 영위하고 있는 갑(甲)은 관련 법령에 반하는 영업을 하였다는 이유로 소정의 절차를 거쳐 6월 간 영업정지의 처분을 받게 되었다. 이 건 영업정지처분이 불가쟁력을 갖게 된 후에 갑(甲)은 "이 건 처분은 담당 공무원의 중대한 과실로 법령요건 사실의 일부를 오인하여 행하여진 위법한 것(취소의 흠)이 있었다."라는 사실을 우연히 알게 되었다. 이와 관련하여 현행 법제상 또는 판례상으로 가장 옳지 않은 것은?

① 양도·양수가 가능한 허가업에는 대물허가와 혼합허가가 있고, 이러한 허가업에 대한 행정제재처분은 특별한 사유가 없는 한 양수인에게 포괄승계되기도 한다.
② 위와 같은 허가업의 양도·양수와 관련하여 선의의 양수인을 보호하기 위한 법제도로는 '행정제재처분' 내지 '행정처분' 확인제도가 있다.
③ 위 처분이 불가쟁력을 갖게 되었다는 것은 「행정심판법」이나 「행정소송법」상 '처분 있음을 안 날' 또는 '처분이 있은 날'로부터 소정의 기간이 경과하여, 심판청구권이나 소송제기권이 절대적으로 소멸된 상태를 의미한다.
④ 해당 처분이 불가쟁력을 갖게 되었다는 점에서 갑(甲)은 해당 공무원의 고의·과실에 의한 위법을 이유로 하는 「국가배상법」상의 손해배상청구소송도 제기할 수 없게 된다.

09

「행정절차법」이 적용되는 사항은?

① 각급 선거관리위원회의 의결을 거쳐 행하는 사항
② 행정기관이 그 소관 사무의 범위에서 일정한 행정목적을 실현하기 위하여 특정인에게 일정한 행위를 하도록 조언 등을 하는 사항
③ 감사원이 감사위원회의 결정을 거쳐 행하는 사항
④ 심사청구, 해양안전심판, 조세심판, 특허심판, 행정심판, 그 밖의 불복절차에 따른 사항

10

「행정기본법」상 법 적용의 기준에 대한 설명으로 가장 옳지 않은 것은?

① 새로운 법령 등은 법령 등에 특별한 규정이 있는 경우를 제외하고는 그 법령 등의 효력발생 전에 완성되거나 종결된 사실관계 또는 법률관계에 대해서는 적용되지 아니한다.
② 당사자의 신청에 따른 처분은 법령 등에 특별한 규정이 있거나 신청 당시의 법령 등을 적용하기 곤란한 특별한 사정이 있는 경우를 제외하고는 신청 당시의 법령 등에 따른다.
③ 법령 등을 위반한 행위의 성립과 이에 대한 제재처분은 법령 등에 특별한 규정이 있는 경우를 제외하고는 법령 등을 위반한 행위 당시의 법령 등에 따른다.
④ 법령 등을 위반한 행위 후 법령 등의 변경에 의하여 그 행위가 법령 등을 위반한 행위에 해당하지 아니하거나 제재처분 기준이 가벼워진 경우로서 해당 법령 등에 특별한 규정이 없는 경우에는 변경된 법령 등을 적용한다.

11

'흠이 있는 행정처분'에 대한 설명으로 가장 옳지 않은 것은?

① 공무원에 대해 변명할 기회를 부여하지 아니하고 징계처분을 행하게 되면 「행정절차법」상 청문 절차에 반하는 것으로 '취소의 흠'이 있는 징계처분으로 된다.
② 위헌인 법률에 근거한 처분에 대해 우리 판례는 특별한 사유가 없는 한 '무효의 흠이 있는 처분'이라기 보다는 취소의 흠이 있는 처분'으로 보고 있다.
③ 위법하나 공정력이 있는 처분의 수범사가 그 처분에 따른 의무에 반하는 행위를 하더라도 '처분위반죄'로 처벌받지 아니한다는 것이 판례의 입장이다.
④ 과세처분으로 인한 조세채권을 강제징수하기 위한 체납처분에 이르러 해당 과세처분의 근거가 된 법률규정이 헌법재판소에 의해 위헌으로 선언되었다면, 해당 체납처분은 당연무효로 된다는 것이 판례의 입장이다.

12

행정계획에 관한 판례의 내용으로 가장 옳지 않은 것은?

① 어떠한 경우라도 토지의 사적 이용권이 배제된 상태에서 토지소유자로 하여금 10년 이상을 아무런 보상없이 수인하도록 하는 것은 공익 실현의 관점에서도 정당화될 수 없는 과도한 제한으로서 헌법상의 재산권보장에 위배된다고 보아야 한다.
② 비구속적 행정계획안이나 행정지침이라도 국민의 기본권에 직접적으로 영향을 끼치고, 앞으로 법령의 뒷받침에 의하여 그대로 실시될 것이 틀림없을 것으로 예상될 수 있을 때에는 공권력 행위로서 예외적으로 헌법소원의 대상이 될 수 있다.
③ 장기미집행 도시계획시설결정의 실효제도는 도시계획시설부지로 하여금 도시계획시설결정으로 인한 사회적 제약으로부터 벗어나게 하는 것으로서 이와 같은 보호 제도는 헌법상 재산권으로부터 당연히 도출되는 권리이다.
④ 도시계획시설의 지정으로 말미암아 당해 토지의 이용가능성이 배제되거나 또는 토지소유자가 토지를 종래 허용된 용도대로도 사용할 수 없기 때문에 이로 말미암아 현저한 재산적 손실이 발생하는 경우에는, 원칙적으로 사회적 제약의 범위를 넘는 수용적 효과를 인정하여 국가나 지방자치단체는 이에 대한 보상을 해야 한다.

13

영업양도와 제재사유의 승계에 관한 판례의 내용으로 가장 옳지 않은 것은?

① 불법증차를 실행한 운송사업의 양수인에 대하여는 양수인의 지위승계 전에 불법증차에 관하여 발생한 유가보조금 부정수급액에 대해서까지 양수인을 상대로 반환명령을 할 수 있다.
② 「건축법」상의 위반행위에 대하여 건축주 등에 대하여 부과되는 이행강제금 납부의무는 상속인 기타의 사람에게 승계될 수 없는 일신전속적인 성질의 것이므로 이미 사망한 사람에게 이행강제금을 부과하는 내용의 처분이나 결정은 당연무효이다.
③ 사업정지 등의 제재처분이 사업의 전부나 일부에 대한 것으로서 대물적 처분의 성격을 갖고 있는 경우, 종전 석유판매업자가 유사석유제품을 판매함으로써 받게 되는 사업정지 등 제재처분의 승계가 포함되어 그 지위를 승계한 자에 대하여 사업정지 등의 제재처분을 취할 수 있다.
④ 양도인의 운전면허 취소가 운송사업면허의 취소사유에 해당한다는 이유로 양수인의 운송 사업면허를 취소하는 처분을 한 사안에서, 그 처분으로 인하여 공익상의 필요보다 상대방이 받게 되는 불이익 등이 막대한 경우에는 재량권의 한계를 일탈한 것으로서 그 자체가 위법하게 된다.

14

공법상의 당사자소송에 대한 설명으로 가장 옳지 않은 것은?

① 공법상 당사자소송에 대하여 청구의 기초가 바뀌지 아니하는 한도 안에서 민사소송으로 소 변경은 금지된다.
② 대법원은 여러 차례에 걸쳐 「행정소송법」상 항고소송으로 제기해야 할 사건을 민사소송으로 잘못 제기한 경우 수소법원으로서는 원고로 하여금 항고소송으로 소 변경을 하도록 석명권을 행사하여 「행정소송법」이 정하는 절차에 따라 심리·판단해야 한다고 판시해 왔다.
③ 당사자소송에 대하여는 「행정소송법」에 따라 「민사집행법」상 가처분에 관한 규정이 준용된다.
④ 「도시 및 주거환경정비법」상의 주택재건축정비사업조합을 상대로 관리처분계획안 또는 사업시행계획안에 대한 조합 총회결의의 효력 등을 다투는 소송은 「행정소송법」상 당사자소송이다.

15

행정권한의 위임 및 내부위임에 대한 설명으로 가장 옳지 않은 것은?

① 행정권한의 위임은 행정관청이 법률에 따라 특정한 권한을 다른 행정관청에 이전하여 수임 관청의 권한으로 행사하도록 하는 것이어서 권한의 법적인 귀속을 변경하는 것이므로 법률의 위임을 허용하고 있는 경우에 한하여 인정된다.
② 권한위임의 경우에는 수임관청이 자기의 이름으로 그 권한행사를 할 수 있다.
③ 내부위임의 경우에는 법률이 위임을 허용하고 있지 아니한 경우에도 허용되므로 수임관청은 자기의 이름으로 또는 위임관청의 이름으로 그 권한을 행사할 수 있다.
④ 행정권한의 내부위임은 법률이 위임을 허용하고 있지 아니한 경우에도 행정관청의 내부적인 사무처리의 편의를 도모하기 위하여 그의 보조기관 또는 하급행정관청으로 하여금 그의 권한을 사실상 행사하게 하는 것이다.

16

자가용으로 출퇴근하던 갑(甲)은 「도로교통법」을 위반하였다는 이유로 20일의 면허정지처분과 아울러 10만원의 과태료 처분을 받았으나, 별도의 이의제기 없이 각각의 처분에 따르고자 한다. 위 처분에 의한 면허정지 기간의 만료일과 과태료 납부의 만료일은 모두 해당연도의 △△월 15일(토요일)로 되어 있다. 참고로, 16일(일요일)이 법정 공휴일에 속하는 관계로 그 다음 날인 17일(월요일)은 대체공휴일로 되었다. 사정이 이와 같은 「행정기본법」과의 관계에서 가장 옳은 것은?

① 갑(甲)의 운전정지 기간의 만료일과 과태료 납부의 만료일은 모두 해당연도의 △△월 15일(토요일)로 된다.
② 갑(甲)의 운전정지 기간의 만료일과 과태료 납부의 만료일은 모두 해당연도의 △△월 18일(화요일)로 된다.
③ 갑(甲)의 운전정지 기간의 만료일은 해당 연도의 △△월 15일(토요일)로 되고, 과태료 납부의 만료일은 해당연도의 △△월 18일(화요일)로 된다.
④ 갑(甲)의 운전정지 기간의 만료일은 해당 연도의 △△월 18일(화요일)로 되고, 과태료 납부의 만료일은 해당연도의 △△월 15일(토요일)로 된다.

17

「행정기본법」상 처분의 재심사가 적용되지 않는 경우로서 가장 옳지 않은 것은?

① 공무원 인사 관계 법령에 따른 징계 등 처분에 관한 사항
② 형사, 행형 및 보안처분 관계 법령에 따라 행하는 사항
③ 외국인의 출입국·난민인정·귀화·국적회복에 관한 사항
④ 부담금 부과 및 징수에 관한 사항

18

행정기본법상 제재처분에 대한 설명으로 가장 옳지 않은 것은?

① 제재처분의 근거가 되는 법률에는 제재처분의 주체, 사유, 유형 및 상한을 명확하게 규정하여야 한다.
② 행정청은 법령 등의 위반행위가 종료된 날부터 5년이 지나면 해당 위반행위에 대하여 인허가의 정지·취소·철회, 등록 말소, 영업소 폐쇄와 정지를 갈음하는 과징금 부과의 제재처분을 할 수 없다.
③ 선지 ②에 있어서 다른 법률에서 5년 기간보다 짧은 기간을 규정하고 있으면 그 법률에서 정하는 바에 따르고, 다른 법률에서 긴 기간을 규정하고 있으면 5년으로 한다.
④ 정당한 사유 없이 행정청의 조사·출입·검사를 기피·방해·거부하여 제척기간이 지난 경우에는 행정청은 법령 등의 위반행위가 종료된 날부터 5년이 지난 후에도 해당 위반행위에 대하여 인허가의 정지·취소·철회, 등록 말소, 영업소 폐쇄와 정지를 갈음하는 과징금 부과의 제재처분을 할 수 있다.

19

「행정기본법」상 이행강제금에 대한 설명으로 가장 옳지 않은 것은?

① 행정청은 이행강제금을 부과하기 전에 미리 의무자에게 적절한 이행기간을 정하여 그 기한까지 행정상 의무를 이행하지 아니하면 이행강제금을 부과한다는 뜻을 문서로 계고(戒告)하여야 한다.
② 행정청은 의무자가 계고에서 정한 기한까지 행정상 의무를 이행하지 아니한 경우 이행강제금의 부과 금액·사유·시기를 문서로 명확하게 적어 의무자에게 통지하여야 한다.
③ 행정청은 의무자가 행정상 의무를 이행할 때까지 이행강제금을 반복하여 부과할 수 있다.
④ 의무자가 의무를 이행하면 새로운 이행강제금의 부과를 즉시 중지하고, 이미 부과한 이행강제금은 징수하지 아니한다.

20

행정입법부작위에 관한 판례의 내용으로 가장 옳지 않은 것은?

① 하위 행정입법의 제정 없이 상위 법령의 규정만으로도 집행이 이루어질 수 있는 경우라면 하위 행정입법을 하여야 할 헌법적 작위의무는 인정되지 아니한다.
② 입법부가 법률로써 행정부에게 특정한 사항을 위임했음에도 불구하고 행정부가 정당한 이유 없이 이를 이행하지 않는다면 권력분립의 원칙과 법치국가 내지 법치행정의 원칙에 위배되는 것으로서 위법함과 동시에 위헌적인 것이 된다.
③ 법률이 군법무관의 보수를 판사, 검사의 예에 의하도록 규정하면서 그 구체적 내용을 시행령에 위임하고 있으나 해당 시행령이 제정되지 아니하였다면, 군법무관의 상당한 수준의 보수청구권은 인정되지 아니한다.
④ 치과전문의제도에 관한 규정이 제정된 후 20년 이상이 경과되었음에도 치과전문의제도의 실시를 위한 구체적 조치를 취하고 있지 아니한 경우, 법률의 시행에 반대하는 여론의 압력이나 이익 단체의 반대와 같은 사유는 지체를 정당화하는 사유가 될 수 없다.

21

군인과 관련한 판례로 가장 옳지 않은 것은?

① 「국가배상법」 제2조 단서의 군인과 관련하여, 예비군이 소집명령서를 받고 실역에 복무하기 위하여 지정된 시간과 장소에 맞추어 경로이탈 없이 곧 바로 출발하였다는 것이 합리적으로 인정된다면, 해당 예비군은 출발한 시점부터 「국가배상법」상 군인의 신분을 취득하게 된다.
② 직무집행과 관련하여 공상을 입은 군인이 먼저 「국가배상법」에 따라 손해배상금을 지급받은 다음 「보훈보상대상자 지원에 관한 법률」이 정한 보상금 등 보훈급여금의 지급을 청구할 경우, 국가보훈처장은 「국가배상법」에 따라 손해배상을 받았다는 사정을 들어 보상금 등 보훈급여금의 지급을 거부할 수 없다.
③ 공상 군인이 「국가배상법」에 의한 손해배상청구소송 중 「국가유공자 등 예우 및 지원에 관한 법률」에 의한 국가유공자 등록신청을 하였으나 거부되고 이에 불복하지 아니한 상태로 앞의 법률상의 보상금청구권과 「군인연금법」상의 재해보상금청구권이 모두 시효완성된 경우라면, 「국가배상법」 제2조 제1항 단서 소정의 '다른 법령에 의하여 보상을 받을 수 있는 경우'에 해당되어 국가배상청구는 할 수 없다.
④ 영외에 거주하는 군인이 정기휴가 마지막날에 다음날의 근무를 위하여 휴가 목적지에서 소속 부대 및 자택이 위치한 지역으로 운전하여 귀가 하던 중 교통사고를 당한 경우, 사고장소가 휴가 목적지와 소속 부대 및 자택 사이의 순리적인 경로에 있었다면 이는 '귀대중 사고'에 해당한다.

22

다음의 사안과 관련한 설명 중 가장 옳지 않은 것은?

> 「의료법」에서는 "각종 병원에는 응급환자와 입원환자의 진료 등에 필요한 당직의료인을 두어야 한다."라고만 규정하고 있다. 「의료법 시행령」에서는 당직의료인 수로 입원환자 숫자에 따라서 의사와 치과의사 그리고 간호사 등을 차등적으로 두도록 규정하였고, 또한 이를 위반하면 제재처분을 부과할 수 있도록 규정을 두었다. 갑(甲)은 당직의료인을 두었으나 「의료법 시행령」의 기준에는 미치지 못하여 「의료법 시행령」을 준수하지 아니한 것을 이유로 영업정지 3개월의 처분을 부과받았다.
> ※ 이상의 사실관계만을 가지고 사안을 답할 것

① 갑(甲)은 영업정지 3개월 처분에 대해서 제소기간 내에 취소소송을 제기하면서 집행정지를 동시에 신청할 수 있다.
② 「의료법 시행령」은 「의료법」의 위임 없이 의료법이 규정한 개인의 권리·의무에 관한 내용을 변경·보충하거나 「의료법」에서 규정하지 아니한 새로운 내용을 규정할 수는 없다.
③ 「의료법」에서는 당직의료인을 두도록 규정하고 있으나, 「의료법 시행령」에서는 입원환자 숫자에 따라서 의료인의 종류와 수를 차등적으로 두도록 규정하는 경우에 이러한 「의료법 시행령」은 무효이다.
④ 「의료법 시행령」에 대해서는 추상적 규범통제를 통해서도 다툴 수 있다.

23

재량과 판단여지에 관한 판례의 내용으로 가장 옳지 않은 것은?

① 환경오염 발생 우려와 같이 장래에 발생할 불확실한 상황과 파급효과에 대한 예측이 필요한 요건에 관한 허가권자의 재량적 판단은 형평이나 비례의 원칙에 뚜렷하게 배치되는 등의 사정이 없는 한 폭넓게 존중하여야 한다.
② 특정인에게 공유수면 이용권이라는 독점적 권리를 설정하여 주는 것과 같은 재량처분에 있어서는 재량권 행사의 기초가 되는 사실인정에 오류가 있거나 그에 대한 법령적용에 잘못이 없는 한 처분이 위법하다고 할 수 없다.
③ 공무원 임용을 위한 면접전형에서 임용신청자의 능력이나 적격성 등에 관한 판단은 면접위원의 고도의 교양과 학식, 경험에 기초한 자율적 판단에 의존하는 것으로서 오로지 면접위원의 자유재량에 속한다.
④ 「국토의 계획 및 이용에 관한 법률」상 개발행위허가는 허가기준 및 금지요건이 불확정개념으로 규정된 부분이 많다고 하더라도 가능한 한 이를 엄격히 해석하여야 하므로, 그 요건에 해당하는지 여부는 행정청의 재량판단의 영역에 속한다고 할 수 없다.

정답

01	③	02	①	03	①	04	②	05	④
06	②	07	④	08	④	09	②	10	②
11	①	12	③	13	①	14	①	15	③
16	③	17	④	18	③	19	④	20	③
21	①	22	④	23	④				

23회 2023년 군무원 7급

지문의 내용에 대해 학설의 대립 등
다툼이 있는 경우 판례에 의함

01 ☐☐☐

행정법상 신고와 수리에 관한 설명으로 옳은 것은?

① 법률에 행정기관의 내부업무처리 절차로서 수리를 규정한 경우에도 수리를 요하는 신고로 보아야 한다.
② 주민등록의 신고는 행정청에 도달하기만 하면 신고로서의 효력이 발생하는 것이 아니라 행정청이 수리한 경우에 비로소 신고의 효력이 발생한다.
③ 대규모점포의 개설등록은 자기완결적 신고이다.
④ 시·도지사 등에 대한 체육시설인 골프장회원 모집계획서 제출은 자기완결적 신고이다.

02 ☐☐☐

행정행위 부관과 확약에 관한 설명으로 옳은 것은?

① 지방국토관리청장이 공유수면매립준공인가처분 중에서 일부 공유수면매립지에 대하여 한 국가 귀속처분은 법률상 효과의 일부를 배제하는 부관으로 독립하여 행정소송의 대상이 된다.
② 확약의 취소행위로서 내인가취소는 본인가 신청에 대한 거부처분으로 항고소송의 대상이 되는 처분이다.
③ 법정부관에 대하여는 행정행위에 부관을 붙일 수 있는 한계에 관한 일반적인 원칙이 적용된다.
④ 행정청의 확약 또는 공적인 의사표명 그 자체에서 처분의 발령을 신청하도록 유효기간을 두었을 경우 그 후에 사실적·법률적 상태가 변경되었더라도 직권취소나 철회로 효력이 소멸되고 당연히 실효되는 것은 아니다.

03 ☐☐☐

「행정절차법」상 청문과 사전통지에 관한 설명으로 옳은 것은?

① 행정청은 거부처분을 할 경우에는 상대방에게 원칙적으로 사전통지를 하여야 한다.
② 행정청은 영업자 지위승계의 신고의 수리를 하기 전에 양수인에게 사전통지를 해야 한다.
③ 행정청이 침익적 처분을 하면서 청문을 하지 않았다면 「행정절차법」상 예외적인 경우에 해당 하지 않는 한 그 처분은 원칙적으로 무효에 해당한다.
④ 행정청은 다수 국민의 이해가 상충되는 처분이나 다수 국민에게 불편이나 부담을 주는 처분을 하려는 경우에는 청문주재자를 2명 이상으로 선정할 수 있다.

04 ☐☐☐

「행정기본법」상 이의신청과 재심사에 관한 설명으로 옳지 않은 것은?

① 이의신청에 대한 결과를 통지받은 후 행정심판 또는 행정소송을 제기하려는 자는 그 결과를 통지받은 날부터 90일 이내에 행정심판 또는 행정소송을 제기할 수 있다.
② 공무원 인사관계법령에 의한 징계 등 처분에 관한 사항에 대하여도 「행정기본법」상의 이의신청 규정이 적용된다.
③ 당사자는 처분에 대하여 법원의 확정판결이 있는 경우에는 처분의 근거가 된 사실관계 또는 법률관계가 추후에 당사자에게 유리하게 바뀐 경우에도 해당 처분을 한 행정청이 처분을 취소·철회하거나 변경하여 줄 것을 신청할 수는 없다.
④ 처분을 유지하는 재심사 결과에 대하여는 행정심판, 행정소송 및 그밖의 쟁송수단을 통하여 불복할 수 없다.

05 ☐☐☐

「국가공무원법」상 직위해제처분과 징계처분에 관한 설명으로 옳은 것은?

① 직위해제처분을 한 후에 동일한 사유로 다시 해임 등 징계처분을 한다면 일사부재리의 원칙에 반한다.
② 선행 직위해제처분의 하자는 후행 직권면직 처분에 승계된다.
③ 형사사건으로 기소되었다는 이유만으로 직위해제 처분을 하는 것은 재량권의 범위를 일탈·남용한 것으로 볼 수 없다.
④ 직위해제 처분은 공무원의 신분을 보유하게 하면서 잠정적 조치로서의 보직을 박탈하는 처분으로 징벌적 제재로서의 징계처분과는 그 성질을 달리한다.

06 ☐☐☐

행정의 실효성 확보수단에 관한 설명으로 옳지 않은 것은?

① 공매처분을 하면서 체납자 등에게 공매통지를 하지 않았거나 공매통지를 하였더라도 그것이 적법하지 아니한 경우에는 절차상의 흠이 있어 그 공매처분은 위법하다.
② 행정기관의 장이 조사대상자의 자발적인 협조를 얻어 행정조사를 실시하고자 하는 경우 조사대상자는 문서·전화·구두 등의 방법으로 당해 행정조사를 거부할 수 있다.
③ 회사 분할 시 특별한 규정이 없는 한 신설 회사에 대하여 분할하는 회사의 분할 전 법 위반행위를 이유로 과징금을 부과하는 것은 허용되지 않는다.
④ 체납자 등은 다른 권리자에 대한 공매통지의 하자를 들어 공매처분의 위법사유로 주장할 수 있다.

07 ☐☐☐

「행정대집행법」상 대집행에 관한 설명으로 옳지 않은 것은?

① 대집행 계고처분의 취소소송의 사실심 변론종결 전에 대집행영장에 의한 통지절차를 거쳐 대집행 실행이 완료된 경우 계고처분에 대한 취소소송의 법률상 이익이 인정된다.
② 대집행 권한을 한국토지공사에 위탁한 경우 한국토지공사는 행정주체의 지위에 있고, 「국가배상법」 제2조에서 정한 공무원에 해당 한다고 볼 수 없다.
③ 대집행은 대체적 작위의무의 불이행을 요건으로 하므로, 도시공원시설 점유자의 퇴거의무는 대집행의 대상이 되는 대체적 작위의무에 해당하지 않는다.
④ 행정청이 건물철거 대집행과정에서 부수적으로 건물의 점유자에 대한 퇴거조치를 할 수 있다.

08 ☐☐☐

「공익사업을 위한 토지 등의 취득 및 보상에 관한 법률」에 관한 설명으로 옳은 것은?

① 수용재결에 대하여 불복하는 경우 이의재결을 거치지 아니하면 취소소송을 제기할 수 없다.
② 이의신청을 거쳐 중앙토지수용위원회에서 이의재결이 내려진 경우 취소소송의 대상은 이의재결이고, 수용재결을 취소소송의 대상으로 할 수 없다.
③ 이의신청을 받은 중앙토지수용위원회는 수용재결이 위법 또는 부당한 때에는 그 재결의 전부 또는 일부를 취소하거나 보상액을 변경 할 수 있다.
④ 이의재결에서 보상금이 늘어난 경우 사업시행자는 재결의 취소 또는 변경의 재결서 정본을 받은 날부터 60일 이내에 보상금을 받을 자에게 그 늘어난 보상금을 지급해야 한다.

09

행정행위에 대한 설명으로 옳지 않은 것은?

① 행정청이 「자동차운수사업법」에 의한 개인택시 운송사업 면허신청에 대하여 이미 설정된 면허기준을 구체적으로 적용함에 있어서 그 해석상 당해 신청이 면허발급의 우선순위에 해당함이 명백함에도 불구하고 이를 제외시켜 면허거부처분을 하였다면 특별한 사정이 없는 한 그 거부처분은 재량권을 남용한 위법한 처분이다.
② 공무원 임용을 위한 면접전형에 있어서 임용신청자의 능력이나 적격성 등에 관한 판단은 현저하게 재량권을 일탈 내지 남용한 것이 아니라면 이를 위법하다고 할 수 없다.
③ 도로점용허가는 일반사용과 별도로 도로의 특정 부분에 대하여 특별사용권을 설정하는 설권행위이다. 도로관리청은 신청인의 적격성, 점용목적, 특별사용의 필요성 및 공익상의 영향 등을 참작하여 점용허가 여부 및 점용허가의 내용인 점용장소, 점용면적, 점용기간을 정할 수 있는 재량권을 갖는다.
④ 도로점용허가의 일부분에 위법이 있는 경우, 도로점용허가 전부를 취소하여야 하며 도로점용허가 중 특별사용의 필요가 없는 부분에 대해서만 직권취소할 수 없다.

10

판례상 취소소송에서 원고적격이 인정되는 자로 옳은 것은?

① 국민권익위원회의 조치요구의 취소를 구하는 소송을 제기한 소방청장
② 외국에서 사증발급거부의 취소를 구하는 외국인
③ 담배소매인 중에서 구내소매인 지정 처분의 취소를 구하는 일반소매인
④ 공유수면 매립목적 변경승인처분의 취소를 구하는 재단법인 수녀원

11

甲은 乙 군수에게 「식품위생법」에 의한 일반음식점 영업신고를 하고 영업을 하던 중 청소년에게 주류를 판매하였다는 이유로 적발되었다. 관할 행정청인 乙 군수는 「식품위생법 시행규칙」 [별표23] 행정처분기준에 따라 사전통지 등 적법절차를 거쳐 1회 위반으로 영업정지 2월의 제재처분을 하였다. 이에 대한 설명으로 옳지 않은 것은?

① 영업정지 2월의 처분에 대하여 甲이 행정 심판을 제기한 경우 행정심판위원회는 심리한 결과 처분청이 경미하게 처분하였다고 판단되면 영업정지 3월의 처분으로 처분을 변경하는 재결을 내릴 수 있다.
② 甲이 취소소송을 제기하기 전 영업정지 2월의 처분이 종료한 경우로서 처분이 발해진 후 1년이 경과하여 후행 처분의 가중사유가 되지 않는 경우라면 甲은 취소소송을 제기할 협의의 소의 이익이 인정되지 않는다.
③ 甲이 제기한 행정심판에서 심리한 결과 처분이 부당하다고 인정되면 행정심판위원회는 재량행위임에도 처분의 일부를 감경하는 재결을 할 수 있다.
④ 행정심판의 경우에도 행정소송과 마찬가지로 처분사유의 추가·변경은 기본적 사실관계의 동일성이 있는 범위 내에서만 허용된다.

12

「국가배상법」상의 배상책임에 관한 설명으로 옳은 것은?

① 「국가배상법」상 손해배상의 소송은 배상 심의회의 배상심의를 거치지 아니하면 이를 제기할 수 없다.
② 공익근무요원도 「국가배상법」 제2조 제1항 단서의 이중배상이 금지되는 자에 해당한다.
③ 피해자에게 직접 손해를 배상한 경과실이 있는 공무원은 국가에 대해 구상권을 행사할 수 없다.
④ 국가배상청구권은 피해자나 법정대리인이 손해 및 가해자를 안 날로부터 3년간, 불법행위가 있는 날로부터 5년간 이를 행사하지 않으면 시효로 인하여 소멸된다.

13 □□□

행정행위의 하자에 대한 설명으로 옳지 않은 것은?

① 과세관청이 과세처분에 앞서 납세의무자에게 보낸 과세예고통지서 등에 납세고지서의 필요적 기재사항이 제대로 기재되어 있어 납세의무자가 그 처분에 대한 불복 여부의 결정 및 불복신청에 전혀 지장을 받지 않았음이 명백하다면, 이로써 납세고지서의 하자가 보완되거나 치유될 수 있다.
② 체납취득세에 대한 압류처분권한은 도지사로부터 시장에게 권한위임된 것이고 시장으로부터 압류처분권한을 내부위임 받은 데 불과한 구청장이 자신의 명의로 한 압류처분은 권한 없는 자에 의하여 행하여진 위법무효의 처분이다.
③ 서훈취소 처분의 통지가 처분권한자인 대통령이 아니라 그 보좌기관에 의하여 이루어진 경우, 통지의 주체나 형식에 어떤 하자가 있다.
④ 환경영향평가를 거쳐야 할 대상사업에 대하여 환경영향평가를 거치지 아니하였음에도 불구하고 승인 등 처분이 이루어진다면, 이러한 행정처분의 하자는 법규의 중요한 부분을 위반한 중대한 것이고 객관적으로도 명백한 것이라고 하지 않을 수 없다.

14 □□□

「행정소송법」상 행정소송에 대한 설명으로 옳지 않은 것은?

① 토지의 수용에 대한 취소소송은 그 부동산 소재지를 관할하는 행정법원에 이를 제기할 수 있다.
② 「행정소송법」을 적용함에 있어서 행정청에는 행정권한의 위임 또는 위탁을 받은 사인이 포함된다.
③ 행정소송에 대한 대법원판결에 의하여 명령·규칙이 헌법 또는 법률에 위반된다는 것이 확정된 경우에는 대법원은 지체 없이 그 사유를 국무총리에게 통보하여야 한다.
④ 원고의 고의 또는 중대한 과실 없이 행정소송이 심급을 달리하는 법원에 잘못 제기된 경우에는 관할위반을 이유로 관할법원에 이송한다.

15 □□□

사인의 공법행위에 대한 설명으로 옳지 않은 것은?

① 국민의 적극적 행위신청에 대한 행정청의 거부행위가 항고소송의 대상이 되는 행정처분에 해당하기 위하여는 국민이 행정청에 대하여 그 행위발동을 요구할 법규상 또는 조리상의 신청권이 있어야 한다.
② 「건축법」상의 건축신고가 다른 법률에서 정한 인가·허가 등의 의제효과를 수반하는 경우, 행정행위의 효율적 측면을 고려하여 수리를 요하지 않는 신고로 볼 수 있다.
③ 건축주 등은 건축신고가 반려될 경우 건축물의 건축을 개시하면 시정명령, 이행강제금, 벌금의 대상이 되거나 당해 건축물을 사용하여 행할 행위의 허가가 거부될 우려가 있어 불안정한 지위에 놓이게 되므로, 건축신고에 대한 반려 처분은 항고소송의 대상이 된다.
④ 건축주명의변경신고는 형식적 요건을 갖추어 시장, 군수에게 적법하게 건축주의 명의변경을 신고한 때에는 시장, 군수는 그 신고를 수리하여야지 실체적인 이유를 내세워 그 신고의 수리를 거부할 수는 없다.

16 □□□

행정행위의 무효와 취소에 관한 설명으로 옳지 않은 것은?

① 과세처분 이후 조세 부과의 근거가 되었던 법률규정에 대하여 헌법재판소에서 위헌결정이 내려진 후 그 조세채권의 집행을 위한 체납 처분은 당연무효이다.
② 지방자치단체의 규칙으로 정하여야 할 기관위임사무에 대하여 당해 지방자치단체의 조례로 정한 경우 이에 근거한 처분은 당연무효이다.
③ 「행정기본법」은 직권취소에 관한 일반적 근거 규정을 두고 있어, 개별 법률의 근거가 없더라도 직권취소가 가능하다.
④ 무효인 행정처분에 기한 후속 행정처분도 당연무효이다.

17

「공공기관의 정보공개에 관한 법률」에 대한 설명으로 옳지 않은 것은?

① 자연인은 물론 법인도 정보공개청구를 할 수 있으나 지방자치단체는 정보공개청구를 할 수 없다.
② 사법시험 답안지는 비공개대상 정보가 아니다.
③ 「공공기관의 정보공개에 관한 법률」은 공공기관이 보유·관리하는 정보공개에 관한 일반법이지만, 국가안보에 관련되는 정보는 이 법의 적용대상이 아니다.
④ 통상적으로 정보에 포함되어 있는 개인식별정보는 비공개 대상이나, 독립유공자 서훈 공적 심사위원회 회의록이나 형사재판확정기록은 공개청구 대상이다.

18

「행정심판법」상 의무이행심판에 관한 설명으로 옳지 않은 것은?

① 의무이행심판은 거부처분이나 부작위에 대하여 일정한 처분을 구할 법률상 이익이 있는 자가 청구인 적격을 갖는다.
② 당사자의 신청을 거부하거나 부작위로 방치한 처분의 이행을 명하는 재결이 있는 경우에는 처분청은 지체 없이 그 재결의 취지에 따라 다시 이전의 신청에 대한 처분을 하여야 한다.
③ 의무이행재결은 행정심판위원회가 의무이행심판의 청구가 이유 있다고 인정할 때에 지체 없이 신청에 따른 처분을 하거나 처분청에게 그 신청에 따른 처분을 할 것을 명하는 재결을 말한다.
④ 거부처분이나 부작위에 대한 의무이행심판청구는 청구기간의 제한이 있다.

19

행정소송에 관한 설명으로 옳지 않은 것은?

① 행정심판청구가 부적법하지 않음에도 각하한 재결은 심판청구인의 실체심리를 받을 권리를 박탈한 것으로서 재결에 고유한 하자가 있는 경우에 해당하여 재결 자체가 취소소송의 대상이 된다.
② 항고소송은 원칙적으로 당해 처분을 대상으로 하나, 당해 처분에 대한 재결 자체에 고유한 주체, 절차, 형식 또는 내용상의 위법이 있는 경우에 한하여 그 재결을 대상으로 할 수 있다.
③ 한국자산공사가 당해 부동산을 인터넷을 통해 재공매하기로 한 결정도 항고소송의 대상이 되는 행정처분이라고 볼 수 있다.
④ 「병역법」상 신체등위판정은 항고소송의 대상이 되는 행정처분이라 보기 어렵다.

20

훈령에 대한 설명으로 옳지 않은 것은?

① 훈령은 하급행정기관의 권한에 속하는 사항에 대하여 발하여야 하고 적법·타당·가능해야 한다.
② 훈령을 근거로 행정관행이 형성된 경우에는 그 관행에 위반하여 처분을 하게 되면 행정의 자기구속의 법리나 평등의 원칙의 위배로 위법한 처분이 될 수 있다.
③ 양도소득세 부과 근거인 재산제세조사사무처리규정은 국세청 훈령이므로 그에 위반한 행정처분은 위법하지 않다.
④ 하급행정기관이 훈령에 위반하는 행정행위를 한 경우 직무상 위반행위로 징계책임을 질 수 있다.

21 □□□

취소소송에 관한 설명으로 옳지 않은 것은?

① 어떠한 처분에 법령상 근거가 있는지, 「행정절차법」에서 정한 처분 절차를 준수하였는지는 본안에서 당해 처분이 적법한가를 판단하는 단계에서 고려할 요소가 아니라, 소송요건 심사단계에서 고려할 요소이다.

② 행정처분의 위법 여부는 행정처분이 있을 때의 법령과 사실 상태를 기준으로 판단하여야 하며, 법원은 행정처분 당시 행정청이 알고 있었던 자료뿐만 아니라 사실심 변론 종결 당시까지 제출된 모든 자료를 종합하여 처분 당시 존재하였던 객관적 사실을 확정하고 그 사실에 기초하여 처분의 위법 여부를 판단할 수 있다.

③ 개발부담금부과처분 취소소송에 있어 당사자가 제출한 자료에 의하여 적법하게 부과될 정당한 부과금액을 산출할 수 없을 경우에는 부과처분 전부를 취소할 수밖에 없으나, 그렇지 않은 경우에는 그 정당한 금액을 초과하는 부분만 취소하여야 한다.

④ 사정판결은 당사자의 명백한 주장이 없는 경우에도 기록에 나타난 여러 사정을 기초로 직권으로 할 수 있는 것이나, 그 요건인 현저히 공공복리에 적합하지 아니한지 여부는 위법한 행정처분을 취소·변경하여야 할 필요와 그 취소·변경으로 인하여 발생할 수 있는 공공복리에 반하는 사태 등을 비교·교량하여 판단하여야 한다.

정답

01	②	02	②	03	④	04	②	05	④
06	④	07	①	08	③	09	④	10	①
11	①	12	④	13	③	14	③	15	②
16	②	17	④	18	④	19	③	20	③
21	①								

24회 2022년 군무원 7급

지문의 내용에 대해 학설의 대립 등
다툼이 있는 경우 판례에 의함

01
「행정기본법」에 제시된 행정의 법원칙에 대한 설명으로 가장 옳지 않은 것은?

① 행정작용은 법률에 위반되어서는 아니 되며, 국민의 권리를 제한하거나 의무를 부과하는 경우와 그 밖에 국민생활에 중요한 영향을 미치는 경우에는 법률에 근거하여야 한다.
② 행정청은 어떠한 경우에도 국민을 차별하여서는 아니 된다.
③ 행정청은 행정권한을 남용하거나 그 권한의 범위를 넘어서는 아니 된다.
④ 행정청은 공익 또는 제3자의 이익을 현저히 해칠 우려가 있는 경우를 제외하고는 행정에 대한 국민의 정당하고 합리적인 신뢰를 보호 하여야 한다.

02
「질서위반행위규제법」에 대한 설명으로 가장 옳지 않은 것은?

① 행정청의 과태료 처분이나 법원의 과태료 재판이 확정된 후 법률이 변경되어 그 행위가 질서위반행위에 해당하지 아니하게 된 때에는 변경된 법률에 특별한 규정이 없는 한 과태료의 징수 또는 집행을 면제한다.
② 법률에 따르지 아니하고는 어떤 행위도 질서위반행위로 과태료를 부과하지 아니한다.
③ 신분에 의하여 성립하는 질서위반행위에 신분이 없는 자가 가담한 때에 신분이 없는 자에 대하여는 질서위반행위가 성립하지 아니한다.
④ 신분에 의하여 과태료를 감경 또는 가중하거나 과태료를 부과하지 아니하는 때에는 그 신분의 효과는 신분이 없는 자에게는 미치지 아니한다.

03
행정행위에 대한 설명으로 가장 옳지 않은 것은?

① 개별공시지가 결정과 이를 기초로 한 과세 처분인 양도소득세 부과처분에서는 흠의 승계는 긍정된다.
② 하자 있는 행정처분이 당연무효가 되기 위해서는 그 하자가 법규의 중요한 부분을 위반한 중대한 것으로서 객관적으로 명백한 것이어야 하며, 하자가 중대하고 명백한지 여부를 판별할 때에는 그 법규의 목적, 의미, 기능 등을 목적론적으로 고찰함과 동시에 구체적 사안 자체의 특수성에 관하여도 합리적으로 고찰함을 요한다.
③ 무효인 행정행위에 대하여 무효의 주장을 취소소송의 형식(무효선언적 취소)으로 제기하는 경우에 있어서, 취소소송의 형식에 의하여 제기되었더라도 이러한 소송에 있어서는 취소소송의 제소요건의 제한을 받지 아니 한다.
④ 위법한 행정대집행이 완료되면 그 처분의 무효확인 또는 취소를 구할 소의 이익은 없다 하더라도, 미리 그 행정처분의 취소판결이 있어야만, 그 행정처분의 위법임을 이유로 한 손해배상청구를 할 수 있는 것은 아니다.

04

행정행위에 대한 설명으로 가장 옳지 않은 것은?

① 행정행위를 한 처분청은 그 처분 당시에 그 행정처분에 별다른 하자가 없었고 또 그 처분 후에 이를 취소할 별도의 법적 근거가 없다 하더라도 원래의 처분을 그대로 존속시킬 필요가 없게 된 사정변경이 생겼거나 또는 중대한 공익상의 필요가 발생한 경우에는 별개의 행정행위로 이를 철회하거나 변경할 수 있다.

② 일반적으로 조례가 법률 등 상위법령에 위배된다는 사정은 그 조례의 규정을 위법하여 무효라고 선언한 대법원의 판결이 선고되지 아니한 상태에서는 그 조례 규정의 위법 여부가 해석상 다툼의 여지가 없을 정도로 명백하였다고 인정되지 아니하는 이상 객관적으로 명백한 것이라 할 수 없으므로, 이러한 조례에 근거한 행정처분의 하자는 취소사유에 해당할 뿐 무효사유가 된다고 볼 수는 없다.

③ 일반적으로 행정처분이나 행정심판 재결이 불복기간의 경과로 확정될 경우 그 확정력은, 처분으로 법률상 이익을 침해받은 자가 당해 처분이나 재결의 효력을 더 이상 다툴 수 없다는 의미이므로 확정판결에서와 같은 기판력이 인정된다.

④ 도로점용허가의 점용기간은 행정행위의 본질적인 요소에 해당한다고 볼 것이어서 부관인 점용기간을 정함에 있어서 위법사유가 있다면 이로써 도로점용허가 처분 전부가 위법하게 된다.

05

「행정조사기본법」상 행정조사에 대하여 괄호 안에 들어갈 단어로 가장 옳지 않은 것은?

> • 행정조사는 조사목적을 달성하는데 필요한 (ㄱ) 범위 안에서 실시하여야 하며, (ㄴ) 등을 위하여 조사권을 남용하여서는 아니 된다. 행정기관은 (ㄷ)에 적합하도록 조사대상자를 선정하여 행정조사를 실시하여야 한다. 행정기관은 유사하거나 동일한 사안에 대하여는 공동조사 등을 실시함으로써 행정조사가 (ㄹ) 아니하도록 하여야 한다.
>
> • 행정조사는 법령 등의 위반에 대한 (ㅁ)보다는 법령 등을 준수하도록 (ㅂ)하는 데 중점을 두어야 한다. 다른 (ㅅ)에 따르지 아니하고는 행정조사의 대상자 또는 행정조사의 내용을 공표하거나 직무상 알게 된 비밀을 누설하여서는 아니 된다. 행정기관은 행정조사를 통하여 알게 된 정보를 다른 법률에 따라 내부에서 이용하거나 다른 기관에 제공하는 경우를 제외하고는 원래의 (ㅇ) 이외의 용도로 이용하거나 타인에게 제공하여서는 아니 된다.

① ㄱ: 적절한   ㄴ: 다른 목적
② ㄷ: 조사목적   ㄹ: 중복되지
③ ㅁ: 처벌   ㅂ: 유도
④ ㅅ: 법률   ㅇ: 조사목적

06

다음 중 원고에게 법률상 이익이 인정되는 사안으로만 묶은 것은?

ㄱ. 주거지역 내에 법령상 제한면적을 초과한 연탄공장 건축허가처분에 대한 주거지역 외에 거주하는 거주자의 취소소송
ㄴ. 지방자치단체장이 공장시설을 신축하는 회사에 대하여 사업승인 당시 부가하였던 조건을 이행할 때까지 신축공사를 중지하라는 명령을 발하였고, 회사는 중지명령의 원인사유가 해소되지 않았음에도 공사중지명령의 해제를 요구하였고, 이에 대한 지방자치단체장의 해제요구의 거부에 대한 회사의 취소소송
ㄷ. 관련법령상 인가·허가 등 수익적 행정처분을 신청한 여러 사람이 서로 경원관계에 있어서 한 사람에 대한 허가 등 처분이 다른 사람에 대한 불허가 등으로 귀결될 수밖에 없는 경우에, 허가 등 처분을 받지 못한 자가 자신에 대한 거부에 대하여 제기하는 취소소송
ㄹ. 이른바 예탁금회원제 골프장에 있어서, 체육시설업자가 회원모집계획서를 제출하면서 사업계획의 승인을 받을 때 정한 예정인원을 초과하여 회원을 모집하는 내용의 회원모집계획서를 제출하여 그에 대한 시·도지사 등의 결과 통보를 받은 경우, 기존 모집계획서에 대한 시·도지사의 검토결과 통보에 대한 취소소송

① ㄱ, ㄷ
② ㄷ, ㄹ
③ ㄴ, ㄹ
④ ㄱ, ㄴ

07

행정행위의 구성요건적 효력(공정력)과 선결문제에 대한 설명으로 가장 옳지 않은 것은?

① 甲이 영업정지처분이 위법하다고 주장하면서 국가를 상대로 손해배상청구소송을 제기한 경우, 법원은 취소사유에 해당하는 것을 인정하더라도 그 처분의 취소판결이 없는 한 손해 배상청구를 인용할 수 없다.
② 선결문제가 행정행위의 당연무효이면 민사법원이 직접 그 무효를 판단할 수 있다.
③ 과세대상과 납세의무자 확정이 잘못되어 당연무효인 과세에 대해서는 체납이 문제될 여지가 없으므로 조세체납범이 문제되지 않는다.
④ 행정행위의 위법여부가 범죄구성요건의 문제로 된 경우에는 형사법원이 행정행위의 위법성을 인정할 수 있다.

08

다음 중 하자의 승계가 인정되는 경우는?

① 국제항공노선 운수권배분 실효처분 및 노선면허 거부처분과 노선면허처분
② 보충역편입처분과 공익근무요원소집처분
③ 토지구획정리사업시행인가처분과 환지청산금 부과처분
④ 대집행계고처분과 비용납부명령

09

공무원관계에 대한 설명으로 가장 옳지 않은 것은?

① 임용결격자가 공무원으로 임용되어 사실상 근무하여 온 경우 임용결격의 하자가 치유되어 「공무원연금법」이나 「근로자퇴직급여 보장법」에서 정한 퇴직급여를 청구할 수 있다.
② 「국가공무원법」상 직위해제에 관한 규정은 징계 절차 및 그 진행과는 관계가 없는 규정이므로 직위해제 중에 있는 자에 대하여도 징계처분을 할 수 있다.
③ 「국가공무원법」상 직위해제처분은 처분의 사전 통지 및 의견청취 등에 관한 「행정절차법」 규정이 별도로 적용되지 아니한다.
④ 공무원은 자신에 대한 징계처분에 대해 항고소송을 제기하려면 반드시 소청심사위원회의 결정을 거쳐야 한다.

10

「공익사업을 위한 토지 등의 취득 및 보상에 관한 법률」에 대한 설명으로 가장 옳지 않은 것은?

① 사업시행자가 수용 또는 사용의 개시일까지 관할 토지수용위원회가 재결한 보상금을 지급하거나 공탁하지 아니하였을 때에는 해당 토지수용위원회의 재결은 효력을 상실하고, 이 경우 사업시행자는 재결의 효력이 상실됨으로 인하여 토지소유자 또는 관계인이 입은 손실을 보상하여야 한다.
② 사업시행자는 보상금을 받을 자가 그 수령을 거부하거나 보상금을 수령할 수 없을 때에는 수용 또는 사용의 개시일까지 수용하거나 사용하려는 토지 등의 소재지의 공탁소에 보상금을 공탁(供託)할 수 있다.
③ 공익사업에 필요한 토지 등의 취득 또는 사용으로 인하여 토지소유자나 관계인이 입은 손실은 국가 또는 지방자치단체가 보상하여야 한다.
④ 토지수용위원회의 재결이 있은 후 수용하거나 사용할 토지나 물건이 토지소유자 또는 관계인의 고의나 과실 없이 멸실되거나 훼손된 경우 그로 인한 손실은 사업시행자가 부담한다.

11

행정법상 의무의 강제방법에 관한 설명으로 가장 옳지 않은 것은?

① 법인은 기관을 통하여 행위하므로 법인이 대표자를 선임한 이상 그의 행위로 인한 법률효과는 법인에게 귀속되어야 하고, 법인 대표자의 범죄행위에 대하여는 법인이 자신의 행위에 대한 책임을 부담하는 것이다.
② 행정청이 여러 개의 위반행위에 대하여 하나의 제재처분을 하였으나, 위반행위별로 제재처분의 내용을 구분하는 것이 가능하고 여러 개의 위반행위 중 일부의 위반행위에 대한 제재처분 부분만이 위법하다면, 법원은 제재처분 중 위법성이 인정되는 부분만 취소하여야 하고 제재처분 전부를 취소하여서는 아니 된다.
③ 관계법령상 행정대집행의 절차가 인정되어 행정청이 행정대집행의 방법으로 건물의 철거 등 대체적 작위의무의 이행을 실현할 수 있는 경우에는 따로 민사소송의 방법으로 그 의무의 이행을 구할 수 없다.
④ 행정대집행은 대체적 작위의무에 대한 강제집행수단이고, 이행강제금은 부작위의무나 비대체적 작위의무에 대한 강제집행수단이므로 이행강제금은 대체적 작위의무의 위반에 대하여는 부과될 수 없다.

12

다음 중 「행정기본법」에 규정된 행정법상 원칙으로 가장 옳지 않은 것은?

① 성실의무 및 권한남용금지의 원칙
② 신뢰보호의 원칙
③ 부당결부금지의 원칙
④ 행정의 자기구속의 원칙

13

행정처분의 효력에 관한 설명으로 가장 옳지 않은 것은?

① 행정행위의 공정력이란 행정행위가 위법하더라도 취소되지 않는 한 유효한 것으로 통용되는 효력을 의미하는 것이다.
② 행정행위의 공정력은 판결의 기판력과 같은 효력은 아니지만 그 공정력의 객관적 범위에 속하는 행정행위의 하자가 취소사유에 불과한 때에는 그 처분이 취소되지 않는 한 처분의 효력을 부정하여 그로 인한 이득을 법률상 원인 없는 이득이라고 말할 수 없는 것이다.
③ 영업의 금지를 명한 영업허가취소처분 자체가 나중에 행정쟁송절차에 의하여 취소되었다면 그 영업허가취소처분 이후의 영업행위를 무허가영업이라고 볼 수는 없다.
④ 과세관청이 법령 규정의 문언상 과세처분 요건의 의미가 분명함에도 합리적인 근거 없이 그 의미를 잘못 해석한 결과, 과세처분 요건이 충족되지 아니한 상태에서 해당 처분을 한 경우에는 과세요건사실을 오인한 것에 불과하여 그 하자가 명백하다고 할 수 없다.

14

행정처분의 소멸에 관한 설명으로 가장 옳지 않은 것은?

① 취소심판을 제기한 경우 관할 행정심판위원회에서 취소재결하는 것은 직권취소에 해당한다.
② 도시계획시설사업의 사업자 지정을 한 관할청은 도시계획시설사업의 시행자 지정에 하자가 있는 경우, 별도의 법적 근거가 없더라도 스스로 이를 취소할 수 있다.
③ 종전 행정처분에 하자가 있음을 전제로 직권으로 이를 취소하는 행정처분의 경우 하자나 취소해야 할 필요성에 관한 증명책임은 기존 이익과 권리를 침해하는 처분을 한 행정청에 있다.
④ 지방병무청장은 군의관의 신체등위판정이 금품수수에 따라 위법 또는 부당하게 이루어졌다고 인정하는 경우, 그 신체등위판정을 기초로 자신이 한 병역처분을 직권으로 취소할 수 있다.

15

「공익사업을 위한 토지 등의 취득 및 보상에 관한 법률」상 손실보상제도에 관한 설명으로 가장 옳은 것은?

① 사업시행자가 광업권·어업권·양식업권 또는 물의 사용에 관한 권리를 취득하거나 사용하는 경우에는 동법이 적용되지 않는다.
② 토지수용위원회의 수용재결이 있은 후라고 하더라도 토지소유자 등과 사업시행자가 다시 협의하여 토지 등의 취득이나 사용 및 그에 대한 보상에 관하여 임의로 계약을 체결할 수 있다.
③ 사업시행자가 수용 또는 사용의 개시일까지 관할 토지수용위원회가 재결한 보상금을 지급하거나 공탁하지 아니하였을 때에는 해당 토지수용위원회의 재결의 효력은 확정되어 더 이상 다툴 수 없다.
④ 사업시행자가 동일한 토지소유자에 속하는 일단의 토지 일부를 취득함으로 잔여지를 종래의 목적에 사용하는 것이 불가능하거나 현저히 곤란한 경우이어야만 잔여지 손실 보상청구를 할 수 있다.

16

정보공개에 대한 설명으로 가장 옳지 않은 것은?

① 자연인은 물론 법인과 법인격 없는 사단·재단도 공공기관이 보유·관리하는 정보의 공개를 청구할 수 있다.
② 국내에 일정한 주소를 두고 거주하는 외국인은 정보공개청구권을 가진다.
③ 이미 다른 사람에게 공개되어 널리 알려져 있거나 인터넷을 통해 공개되어 인터넷 검색 등을 통하여 쉽게 검색할 수 있는 경우에는 공개청구의 대상이 될 수 없다.
④ 정보란 공공기관이 직무상 작성 또는 취득하여 관리하고 있는 문서(전자문서를 포함한다) 및 전자매체를 비롯한 모든 매체 등에 기록된 사항을 말한다.

17

다음 중 「행정소송법」상 사정판결에 대한 내용으로 가장 옳지 않은 것은?

> 제28조【사정판결】① 원고의 청구가 (ㄱ)고 인정하는 경우에도 처분등을 취소하는 것이 현저히 (ㄴ)에 적합하지 아니하다고 인정하는 때에는 법원은 원고의 청구를 (ㄷ)할 수 있다. 이 경우 법원은 그 판결의 (ㄹ)에서 그 처분 등이 (ㅁ)을 명시하여야 한다.
> ② 법원이 제1항의 규정에 의한 판결을 함에 있어서는 미리 원고가 그로 인하여 입게 될 (ㅂ)의 정도와 배상방법 그 밖의 사정을 조사하여야 한다.
> ③ 원고는 피고인 행정청이 속하는 국가 또는 공공단체를 상대로 (ㅅ), (ㅇ) 그 밖에 적당한 구제방법의 청구를 당해 취소소송등이 계속된 법원에 병합 하여 제기할 수 있다.

① ㄱ: 이유있다   ㅇ: 제해시설의 설치
② ㄴ: 공공복리   ㅅ: 손해배상
③ ㄷ: 기각   ㅂ: 손해
④ ㄹ: 이유   ㅁ: 위법함

18

「행정절차법」상 처분의 사전통지에 대한 설명으로 가장 옳은 것은?

① 행정청은 당사자에게 사전통지를 하면서 의견제출에 필요한 기간을 10일 이상으로 고려하여 정하여 통지하여야 한다.
② 신청에 대한 거부처분은 당사자의 권익을 제한하는 처분에 해당하므로 처분의 사전통지의 대상이 된다.
③ 현장조사에서 처분상대방이 위반사실을 시인하였다면 행정청은 처분의 사전통지절차를 하지 않아도 된다.
④ 행정청은 해당 처분의 성질상 의견청취가 현저히 곤란하더라도 사전통지를 해야 한다.

19

통치행위에 대한 설명으로 가장 옳지 않은 것은?

① 국군을 외국에 파견하는 결정은 통치행위로서 고도의 정치적 결단이 요구되는 사안에 대한 대통령과 국회의 판단은 존중되어야 하고 헌법재판소가 사법적 기준만으로 이를 심판하는 것은 자제되어야 한다.
② 남북정상회담의 개최과정에서 재정경제부장관에게 신고하지 아니하고 북한 측에 사업권의 대가명목으로 송금한 행위는 남북정상회담에 도움을 주기 위한 통치행위로서 사법심사의 대상이 되지 아니한다.
③ 대통령의 사면권행사는 형의 선고의 효력 또는 공소권을 상실시키거나 형의 집행을 면제시키는 국가원수의 고유한 권한을 의미하며, 사법부의 판단을 변경하는 제도로서 권력분립의 원리에 대한 예외이다.
④ 대통령의 긴급재정경제명령은 국가긴급권의 일종으로서 고도의 정치적 결단이나, 그것이 국민의 기본권 침해와 직접 관련되는 경우에는 당연히 헌법재판소의 심판대상이 된다.

정답

01	②	02	③	03	③	04	③	05	①
06	②	07	①	08	④	09	①	10	③
11	④	12	④	13	④	14	①	15	②
16	③	17	④	18	①	19	②		

MEMO

MEMO

2026 대비 최신개정판

해커스공무원
김대현
행정법총론

최신 4개년 기출문제집

개정 2판 1쇄 발행 2025년 10월 27일

지은이	김대현 편저
펴낸곳	해커스패스
펴낸이	해커스공무원 출판팀
주소	서울특별시 강남구 강남대로 428 해커스공무원
고객센터	1588-4055
교재 관련 문의	gosi@hackerspass.com
	해커스공무원 사이트(gosi.Hackers.com) 교재 Q&A 게시판
	카카오톡 채널 [해커스공무원 노량진캠퍼스]
학원 강의 및 동영상강의	gosi.Hackers.com
ISBN	979-11-7404-576-8 (13360)
Serial Number	02-01-01

저작권자 ⓒ 2025, 김대현

이 책의 모든 내용, 이미지, 디자인, 편집 형태는 저작권법에 의해 보호받고 있습니다.
서면에 의한 저자와 출판사의 허락 없이 내용의 일부 혹은 전부를 인용, 발췌하거나 복제, 배포할 수 없습니다.

공무원 교육 1위,
해커스공무원 gosi.Hackers.com

해커스공무원

· **해커스공무원 학원 및 인강**(교재 내 인강 할인쿠폰 수록)
· 해커스 스타강사의 **공무원 행정법 무료 특강**
· 다회독에 최적화된 **회독용 답안지**
· 정확한 성적 분석으로 약점 극복이 가능한 **합격예측 온라인 모의고사**(교재 내 응시권 및 해설강의 수강권 수록)

한경비즈니스 2024 한국품질만족도 교육(온·오프라인 공무원학원) 1위

2026 대비 최신개정판

해커스공무원
김대현
행정법총론

최신 4개년 기출문제집

약점 보완 해설집

해커스공무원

해커스공무원

김대현
행정법총론
최신 4개년 기출문제집

약점 보완 해설집

해커스

PART 1 국가직 9급

01회 | 2025년 국가직 9급

정답
p.10

01	③	02	④	03	①	04	②	05	④
06	①	07	④	08	②	09	③	10	①
11	③	12	④	13	②	14	①	15	④
16	④	17	④	18	②	19	③	20	③

01 답 ③

① 폐기물처리업 적정통보가 있었음에도 폐기물처리업 허가를 거부하면 이는 신뢰보호원칙 위반이 된다(2004두8828, ▷기본서 24쪽).
② 주된 처분과 무관한 부관을 붙이게 되면 부당결부금지 원칙에 걸리게 된다. 가령 주택사업계획승인을 내어주면서, 위 계획과 무관한 알짜배기 땅을 지자체에 증여하도록 하는 부담을 부가한다면 이는 부당결부금지 원칙으로서 재량권을 일탈남용한 처분이 된다(96다49650, ▷기본서 31쪽, 65쪽).
이를 회피하기 위하여 일단 주택사업계획승인은 부관 없이 발령한 후, 알짜배기 땅을 지자체에 증여하는 사법상 계약을 별도로 체결하는 것은 명백한 탈법행위이며, 그 실질은 부담을 부가하는 것과 다를 것이 없다. 따라서, 이 역시 위법한 것으로 본다(2007다63966, ▷기본서 66쪽).
③ 조례안이 지방의회의 감사 또는 조사를 위하여 출석요구를 받은 증인이 5급 이상 공무원인지 여부, 기관(법인)의 대표나 임원인지 여부 등 증인의 사회적 신분에 따라 미리부터 과태료의 액수에 차등을 두고 있는 경우, 그와 같은 차별은 증인의 불출석이나 증언거부에 대하여 과태료를 부과하는 목적에 비추어 볼 때 그 합리성을 인정할 수 없고 지위의 높고 낮음만을 기준으로 한 부당한 차별대우라고 할 것이어서 헌법에 규정된 평등의 원칙에 위배되어 무효이다(96추213, ▷기본서 30쪽).
④ 과세관청이 납세의무자에게 면세사업자등록증을 교부하고 수년간 면세사업자로서 한 부가가치세 예정신고 및 확정신고를 받은 행위만으로는 과세관청이 납세의무자에게 그가 영위하는 사업에 관하여 부가가치세를 과세하지 아니함을 시사하는 언동이나 공적인 견해를 표명한 것이라 할 수 없다(2001두9370).

02 답 ④

① 체육시설의 설치·이용에 관한 법률의 각 규정에 의하면, 체육시설업은 등록체육시설업과 신고체육시설업으로 나누어지고, 당구장업과 같은 신고체육시설업을 하고자 하는 자는 적법한 요건을 갖춘 신고의 경우에는 행정청의 수리처분 등 별단의 조처를 기다릴 필요 없이 그 접수시에 신고로서의 효력이 발생하는 것이므로 그 수리가 거부되었다고 하여 무신고 영업이 되는 것은 아니다(97도3121, ▷기본서 42쪽).
② 건축주명의변경신고는 수리를 요하는 신고와 수리를 요하지 않는 신고로서의 성격이 혼재되어 있다. 실체적 심사는 요하지 않으면서도(≒ 수리를 요하지 않는 신고), 수리거부의 처분성이 인정된다(≒ 수리를 요하는 신고)(91누4911, ▷기본서 41쪽).
③ 일반적인 건축신고는 수리를 요하지 않는 신고이나, 건축신고로써 의제되는 인허가가 있다면 이로 인해 그 성격이 수리를 요하는 신고로 전환된다(2010두14954, ▷기본서 41쪽).
④ 납골당설치 신고는 이른바 '수리를 요하는 신고'라 할 것이므로, 납골당설치 신고가 구 장사법 관련 규정의 모든 요건에 맞는 신고라 하더라도 신고인은 곧바로 납골당을 설치할 수는 없고, 이에 대한 행정청의 수리처분이 있어야만 신고한 대로 납골당을 설치할 수 있다(2009두6766, ▷기본서 42쪽).

03 답 ①

① 도로점용허가는 도로의 일부에 대한 특정사용을 허가하는 것으로서 도로의 일반사용을 저해할 가능성이 있으므로 그 범위는 점용목적 달성에 필요한 한도로 제한되어야 한다. 도로관리청이 도로점용허가를 하면서 특별사용의 필요가 없는 부분을 점용장소 및 점용면적에 포함하는 것은 그 재량권 행사의 기초가 되는 사실인정에 잘못이 있는 경우에 해당하므로 그 도로점용허가 중 특별사용의 필요가 없는 부분은 위법하다.
이러한 경우 도로점용허가를 한 도로관리청은 위와 같은 흠이 있다는 이유로 유효하게 성립한 도로점용허가 중 특별사용의 필요가 없는 부분을 직권취소할 수 있음이 원칙이다. 직권취소이므로, 재량행위임에도 일부취소가 가능하다.
다만 이 경우 행정청이 소급적 직권취소를 하려면 이를 취소하여야 할 공익상 필요와 그 취소로 당사자가 입을 기득권 및 신뢰보호와 법률생활 안정의 침해 등 불이익을 비교·교량한 후 공익상 필요가 당사자의 기득권 침해 등 불이익을 정당화할 수 있을 만큼 강한 경우여야 한다. 이에 따라 도로관리청이 노로점용허가 중 특별사용의 필요가 없는 부분을 소급적으로 직권취소하였다면, 도로관리청은 이미 징수한 점용료 중 취소된 부분의 점용면적에 해당하는 점용료를 반환하여야 한다(2016두56721, ▷기본서 98쪽).
② ㉠ A처분 → ㉡ A처분(㉠) 취소 → ㉢ A처분 취소(㉡)의 취소 순으로 처분이 이어질 경우, ㉢ 단계에서는 ㉡이 사라지는 결과 ㉠만 남게 된다. 즉, A처분이 ㉡으로 인해 취소되었다가, 다시 부활하게 되는 것이다.

이러한 "부활"이 가능한지에 대해 판례는, 부활하게 되는 A처분이 국민의 입장에서 수익적이라면 이를 원칙적으로 긍정하나, 침익적이라면 이를 부정한다. 즉, 국민에게 득이 되는 처분만 부활시킬 수 있다는 것이다. 조세부과처분은 침익적 처분이기 때문에 부활이 허용되지 않는다(94누7027, ▷기본서 98쪽).

③ 쟁송취소라 함은 재결 또는 판결에 의한 취소를 의미한다. 직권취소와는 달리, 하자가 있으면 취소하는 것이지, 공익과 사익의 비교형량(신뢰보호원칙의 한계 참조)을 거치지 않는다.
즉, 수익적 행정처분에 대한 취소권 등의 행사는 기득권의 침해를 정당화할 만한 중대한 공익상의 필요 또는 제3자의 이익보호의 필요가 있는 때에 한하여 허용될 수 있다는 법리는, 처분청이 수익적 행정처분을 직권으로 취소·철회하는 경우에 적용되는 법리일 뿐 쟁송취소의 경우에는 적용되지 않는다(2018두104, ▷기본서 26쪽).

④ 직권취소(제2처분)의 소급효에 의하여 정식이사취임승인이 취소되지 않고 원래부터 존재하였던 것으로 취급된다. 따라서, 이 경우에는 아래 2017다269152 사안과 달리 별도의 해임결정이 없더라도 정식이사의 지위와 양립 불가능한 임시이사의 지위는 당연히 소멸한다.
행정처분이 취소되면 그 소급효에 의하여 처음부터 그 처분이 없었던 것과 같은 효과를 발생하게 되는바, 행정청이 의료법인의 이사에 대한 이사취임승인취소처분(제1처분)을 직권으로 취소(제2처분)한 경우에는 그로 인하여 이사가 소급하여 이사로서의 지위를 회복하게 되고, 그 결과 위 제1처분과 제2처분 사이에 법원에 의하여 선임결정된 임시이사들의 지위는 법원의 해임결정이 없더라도 당연히 소멸된다(96누3401).

[비교]
[1] 임시이사를 선임하면서 임기를 '후임 정식이사가 선임될 때까지'로 기재한 것은 근거 법률의 해석상 당연히 도출되는 사항을 주의적·확인적으로 기재한 이른바 '법정부관'일 뿐, 행정청의 의사에 따 붙이는 본래 의미의 행정처분 부관이라고 볼 수 없다.
[2] 후임 정식이사가 선임되었다는 사유만으로 임시이사의 임기가 자동적으로 만료되어 임시이사의 지위가 상실되는 효과가 발생하지 않고, 관할 행정청이 후임 정식이사가 선임되었음을 이유로 임시이사를 해임하는 행정처분을 해야만 비로소 임시이사의 지위가 상실되는 효과가 발생한다(2017다269152).

04 답 ②

⇨ ㄱ, ㄷ

ㄱ. 재건축정비사업조합이 이러한 행정주체의 지위에서 위 법에 기초하여 수립한 사업시행계획은 인가·고시를 통해 확정되면 이해관계인에 대한 구속적 행정계획으로서 독립된 행정처분에 해당한다(2009마596, ▷기본서 88쪽, 102쪽).

ㄴ. 행정계획은 처분성 인정 여부가 사안별로 다르다(▷기본서 102-3쪽).

도시"기본"계획, 환지계획, 4대강 살리기 마스터플랜은 그 자체로 국민의 권리, 의무에 직접적 영향이 있다고 볼 수 없어 처분성이 부정된다. 그에 반해 도시"관리"계획, "사업시행"계획, "관리처분"계획은 반대의 이유로 처분성이 인정되었다.

ㄷ. [1] 비구속적 행정계획안이나 행정지침이라도 국민의 기본권에 직접적으로 영향을 끼치고, 앞으로 법령의 뒷받침에 의하여 그대로 실시될 것이 틀림없을 것으로 예상될 수 있을 때에는, 공권력행위로서 예외적으로 헌법소원의 대상이 될 수 있다(99헌마538, ▷기본서 102쪽).
[2] 이 사건 개선방안은 7개 중소도시권과 7개 대도시권에서 개발제한구역을 해제하거나 조정하기 위한 추상적이고 일반적인 기준들만을 담고 있을 뿐, 개발제한구역의 해제지역이 구체적으로 확정되어 있지 않아서, 해당지역 주민들은 개발제한구역을 해제하는 구체적인 도시계획결정이 내려진 이후에야 비로소 법적인 영향을 받게 되므로, 이 사건 개선방안이 청구인들의 기본권에 직접적으로 영향을 끼칠 가능성이 없다. 그리고 이 사건 개선방안의 내용들은 건설교통부장관이 마련한 후속지침들에 반영되었고, 해당 지방자치단체들이 이 지침들에 따라서 관련 절차들을 거친 후 내려지는 도시계획결정을 통하여 실시될 예정이지만, 예고된 내용이 그대로 틀림없이 실시될 것으로 예상할 수는 없다. 따라서 이 사건 개선방안의 발표는 예외적으로 헌법소원의 대상이 되는 공권력의 행사에 해당되지 아니한다(99헌마538).

05 답 ④

① 부담이 아닌 나머지 부관은 독립하여 취소소송의 대상이 되지 않는다(91누1264, ▷기본서 68쪽).

② 도로점용허가가 내려질 경우, 주된 행정행위인 허가보다 중요한 것은 이에 부가된 부관의 일종인 기한이다. 얼마나 오래 도로를 독점적으로 사용할 수 있는지가 허가의 실효성을 결정짓기 때문이다. 즉, 도로점용허가의 점용기간은 위 허가의 본질적인 요소에 해당한다.
따라서, 점용기간에 하자가 있다면 허가 전체에 하자가 발생하게 된다(84누604, ▷기본서 68쪽).

③ 주된 처분과 무관한 부관을 붙이게 되면 부당결부금지 원칙에 걸리게 된다. 가령 주택사업계획승인을 내어주면서, 위 계획과 무관한 알짜배기 땅을 지자체에 증여하도록 하는 부담을 부가한다면 이는 부당결부금지 원칙으로서 재량권을 일탈남용한 처분이 된다(96다49650, ▷기본서 31쪽, 65쪽).
이를 회피하기 위하여 일단 주택사업계획승인은 부관 없이 발령한 후, 알짜배기 땅을 지자체에 증여하는 사법상 계약을 별도로 체결하는 것은 명백한 탈법행위이며, 그 실질은 부담을 부가하는 것과 다를 것이 없다. 따라서, 이 역시 위법한 것으로 본다(2007다63966, ▷기본서 66쪽).

06 답 ①

① 신고 수리가 되기 전이라면 아직 영업자 지위는 양도인에게 남아있는 상태이다. 따라서, 실제로는 양수인의 영업 행위 중 위법행위가 발생하였다 하더라도, 법적 제재는 영업자 지위를 보유 중인 양도인에게 가해진다(94누9146, ▷기본서 35–6쪽).
② 같은 국(공)유재산이라 하더라도, 행정재산을 빌려주는 것은 사용수익권의 부여(특허)로서 공법관계에 해당하고, 일반재산을 빌려주는 것은 사법상 행위(대부계약)에 해당한다(99다61675, ▷기본서 14쪽).
대부계약에 근거하여 대부료를 부과하거나 고지한 것은 사법상 행위에 해당한다(91누11612, 99다61675, ▷기본서 15쪽).
③ 인가는 (i) 순수한 성격의 인가 및 (ii) 인가+특허(설권적 처분) 유형으로 분류된다.
(i) 전자의 경우, 기본행위에 하자가 있다면 기본행위만을 다투어야 하고, 인가에 하자가 있다면 인가만을 다투어야 한다(2001두7541, ▷기본서 60쪽).
(ii) 후자의 경우, 기본행위와 인가 중 어느 것에 하자가 있건 간에 인가에 대하여 항고소송을 제기하여야 한다는 차이가 있다(2008다60568, 2009두4845, ▷기본서 60쪽).
해당 지문은 전자에 속한다.
④ [1] 행정청이 문서에 의하여 처분을 하였으나 그 처분서의 문언만으로는 행정처분의 내용이 불분명한 경우, 처분 경위나 처분 이후의 상대방의 태도 등을 고려하여 처분서의 문언과 달리 그 처분의 내용을 해석할 수 있다(2009두18035, ▷기본서 122쪽).
[2] 행정청이 행정처분을 하면서 논리적으로 당연히 수반되어야 하는 의사표시를 명시적으로 하지 않았다고 하더라도, 그것이 행정청의 추단적 의사에도 부합하고 상대방도 이를 알 수 있는 경우에는 행정처분에 위와 같은 의사표시가 묵시적으로 포함되어 있다고 볼 수 있다(2017다269152, ▷기본서 122쪽).

07 답 ①

① 국책사업인 '한국형 헬기 개발사업'에 개발주관사업자 중 하나로 참여하여 국가 산하 중앙행정기관인 방위사업청과 '한국형헬기 민군겸용 핵심구성품 개발협약'을 체결한 甲 주식회사가 협약을 이행하는 과정에서 환율변동 및 물가상승 등 외부적 요인 때문에 협약금액을 초과하는 비용이 발생하였다고 주장하면서 국가를 상대로 초과비용의 지급을 구하는 민사소송을 제기한 사안에서, 위 협약의 법률관계는 공법관계에 해당하므로 이에 관한 분쟁은 행정소송으로 제기하여야 한다고 한 사례(2015다215526, ▷기본서 15쪽)
② 입찰보증금의 국고귀속조치는 국가가 사법상의 재산권의 주체로서 행위하는 것이지 공권력을 행사하는 것이거나 공권력작용과 일체성을 가진 것이 아니라 할 것이므로 이에 관한 분쟁은 행정소송이 아닌 민사소송의 대상이 될 수밖에 없다고 할 것이다(81누366, ▷기본서 14쪽).
③ 과학기술기본법령상 사업 협약의 해지 통보는 단순히 대등 당사자의 지위에서 형성된 공법상계약을 계약당사자의 지위에서 종료시키는 의사표시에 불과한 것이 아니라 행정청이 우월적 지위에서 연구개발비의 회수 및 관련자에 대한 국가연구개발사업 참여제한 등의 법률상 효과를 발생시키는 행정처분에 해당한다(2012두28704, ▷기본서 14쪽).
[비교] 재단법인 한국연구재단이 甲 대학교 총장에게 연구개발비의 부당집행을 이유로 '해양생물유래 고부가식품·향장·한약 기초소재 개발 인력양성사업에 대한 2단계 두뇌한국(BK)21 사업' 협약을 해지하고 연구팀장 乙에 대한 대학자체 징계 요구 등을 통보한 사안에서, 乙에 대한 대학자체 징계 요구는 항고소송의 대상이 되는 행정처분에 해당하지 않는다(같은 판례).
④ 국립의료원 부설 주차장에 관한 위탁관리용역운영계약은 그 형식에도 불구하고, 국유재산 등의 관리청이 하는 행정재산의 사용·수익에 대한 허가로서 특정인에게 행정재산을 사용할 수 있는 권리를 설정하여 주는 강학상 특허에 해당한다(2004다31074, ▷기본서 14쪽 및 61쪽).

08 답 ②

① 버스면허, 개인택시운송사업면허는 허가의 성격을 갖는 운전면허와 달리(2017도9230), 특허에 해당한다(2006두13886, 99두3812, ▷기본서 57쪽).
② 구 수도권대기환경특별법 제14조 제1항에서 정한 대기오염물질 총량관리사업장 설치의 허가 또는 변경허가는 특정인에게 인구가 밀집되고 대기오염이 심각하다고 인정되는 수도권 대기관리권역에서 총량관리대상 오염물질을 일정량을 초과하여 배출할 수 있는 특정한 권리를 설정하여 주는 행위로서 그 처분의 여부 및 내용의 결정은 행정청의 재량에 속한다(2012두22799, ▷기본서 55쪽).
③ 변상금 부과처분은 항고소송의 대상이 되는 처분이자, 기속행위에 해당한다(99두9735, ▷기본서 14쪽).
④ 국토의 계획 및 이용에 관한 법률상 개발행위허가는 허가기준 및 금지요건이 불확정개념으로 규정된 부분이 많아 그 요건에 해당하는지 여부는 행정청의 재량판단의 영역에 속한다. 그러므로 그에 대한 사법심사는 행정청의 공익판단에 관한 재량의 여지를 감안하여 원칙적으로 재량권의 일탈·남용이 있는지 여부만을 대상으로 하고, 사실오인과 비례·평등원칙 위반 여부 등이 판단 기준이 된다(2020두51280, ▷기본서 58쪽).

09 답 ③

① 아래 규정을 기준으로 보았을 때 옳지 않은 선지에 해당한다. 다만, (처분을 위한 공청회가 아닌) 입법안의 공청회에도 적용될 수 있는 규정인지 다소 의문이 있다.

> **행정절차법 제39조의3【공청회의 재개최】** 행정청은 공청회를 마친 후 처분을 할 때까지 새로운 사정이 발견되어 공청회를 다시 개최할 필요가 있다고 인정할 때에는 공청회를 다시 개최할 수 있다.
> **제45조【공청회】** ① 행정청은 입법안에 관하여 공청회를 개최할 수 있다.
> ② 공청회에 관하여는 제38조, 제38조의2, 제38조의3, 제39조 및 제39조의2를 준용한다.

② 수익적 처분이므로 사전통지 및 의견청취는 애초에 적용되지 않고, 이유제시 및 문서주의는 개별법에 요건이 워낙 구체적으로 규정되어 있어 성질상 불필요하다는 취지이다.
구 국적법 제5조 각 호와 같이 귀화는 요건이 항목별로 구분되어 구체적으로 규정되어 있다. 그리고 성질상 행정절차를 거치기 곤란하거나 거칠 필요가 없다고 인정되어 처분의 이유제시 등을 규정한 행정절차법이 적용되지 않는다(제3조 제2항 제9호).
귀화의 이러한 특수성을 고려하면, 귀화의 요건인 구 국적법 제5조 각 호 사유 중 일부를 갖추지 못하였다는 이유로 행정청이 귀화 신청을 받아들이지 않는 처분을 한 경우에 '그 각 호 사유 중 일부를 갖추지 못하였다는 판단' 자체가 처분의 사유가 된다 (2016두31616, ▷기본서 114쪽).

③ [1] 국가에 대해 행정처분을 할 때에도 사전 통지, 의견청취, 이유 제시와 관련한 행정절차법이 그대로 적용된다고 보아야 한다.
[2] '군 영내'에 있는 수상기는 사용 목적과는 관계없이 등록의무가 면제되는 수상기로서 이에 대하여는 수신료를 부과할 수 없다(2023두39724, ▷기본서 115쪽).

④
> **행정절차법 제11조【대표자】** ① 다수의 당사자등이 공동으로 행정절차에 관한 행위를 할 때에는 대표자를 선정할 수 있다.
> ② 행정청은 제1항에 따라 당사자등이 대표자를 선정하지 아니하거나 대표자가 지나치게 많아 행정절차가 지연될 우려가 있는 경우에는 그 이유를 들어 상당한 기간 내에 3인 이내의 대표자를 선정할 것을 요청할 수 있다. 이 경우 당사자등이 그 요청에 따르지 아니하였을 때에는 행정청이 직접 대표자를 선정할 수 있다.
> ③ 당사자등은 대표자를 변경하거나 해임할 수 있다.
> ④ 대표자는 각자 그를 대표자로 선정한 당사자등을 위하여 행정절차에 관한 모든 행위를 할 수 있다. 다만, 행정절차를 끝맺는 행위에 대하여는 당사자등의 동의를 받아야 한다.
> ⑤ 대표자가 있는 경우에는 당사자등은 그 대표자를 통하여서만 행정절차에 관한 행위를 할 수 있다.
> ⑥ 다수의 대표자가 있는 경우 그중 1인에 대한 행정청의 행위는 모든 당사자등에게 효력이 있다. 다만, 행정청의 통지는 대표자 모두에게 하여야 그 효력이 있다.

10 답 ①

⇨ ㄱ

ㄱ.
> **공공기관의 정보공개에 관한 법률 제18조【이의신청】** ① 청구인이 정보공개와 관련한 공공기관의 비공개 결정 또는 부분 공개 결정에 대하여 불복이 있거나 정보공개 청구 후 20일이 경과하도록 정보공개 결정이 없는 때에는 공공기관으로부터 정보공개 여부의 결정 통지를 받은 날 또는 정보공개 청구 후 20일이 경과한 날부터 30일 이내에 해당 공공기관에 문서로 이의신청을 할 수 있다.
> ② 국가기관등은 제1항에 따른 이의신청이 있는 경우에는 심의회를 개최하여야 한다. 다만, 다음 각 호의 어느 하나에 해당하는 경우에는 심의회를 개최하지 아니할 수 있으며 개최하지 아니하는 사유를 청구인에게 문서로 통지하여야 한다.
> 1. 심의회의 심의를 이미 거친 사항
> 2. 단순·반복적인 청구
> 3. 법령에 따라 비밀로 규정된 정보에 대한 청구

ㄴ. 정보공개법 제11조 제3항이 "공공기관은 공개청구 된 공개대상정보의 전부 또는 일부가 제3자와 관련이 있다고 인정되는 때에는 그 사실을 제3자에게 지체 없이 통지하여야 하며, 필요한 경우에는 그의 의견을 청취할 수 있다.", 제21조 제1항이 "제11조 제3항의 규정에 의하여 공개청구된 사실을 통지받은 제3자는 통지받은 날부터 3일 이내에 당해 공공기관에 대하여 자신과 관련된 정보를 공개하지 아니할 것을 요청할 수 있다."고 규정하고 있다 하더라도, 이는 공공기관이 보유·관리하고 있는 정보가 제3자와 관련이 있는 경우 그 정보공개여부를 결정함에 있어 공공기관이 제3자와의 관계에서 거쳐야 할 절차를 규정한 것에 불과할 뿐, 제3자의 비공개요청이 있다는 사유만으로 정보공개법상 정보의 비공개사유에 해당한다고 볼 수 없다(2008두8680, ▷기본서 142쪽).

ㄷ. 재소자가 교도관의 가혹행위를 이유로 형사고소 및 민사소송을 제기하면서 그 증명자료 확보를 위해 '근무보고서'와 '징벌위원회 회의록' 등의 정보공개를 요청하였으나 교도소장이 이를 거부한 사안에서, 근무보고서는 비공개대상정보에 해당한다고 볼 수 없고, 징벌위원회 회의록 중 비공개 심사·의결 부분은 비공개사유에 해당하지만 징벌절차 진행 부분은 비공개사유에 해당하지 않는다고 보아 분리 공개가 허용된다고 한 사례(2009두12785, ▷기본서 138쪽)

11   답 ③

① 과징금은 원칙적으로 재량행위이므로 일부취소판결이 불가하다 (98두2270, ▷기본서 165쪽).

②
> 행정기본법 제23조【제재처분의 제척기간】 ① 행정청은 법령 등의 위반행위가 종료된 날부터 5년이 지나면 해당 위반행위에 대하여 제재처분(인허가의 정지·취소·철회, 등록 말소, 영업소 폐쇄와 정지를 갈음하는 과징금 부과를 말한다. 이하 이 조에서 같다)을 할 수 없다.
> ② 다음 각 호의 어느 하나에 해당하는 경우에는 제1항을 적용하지 아니한다.
>   1. 거짓이나 그 밖의 부정한 방법으로 인허가를 받거나 신고를 한 경우
>   2. 당사자가 인허가나 신고의 위법성을 알고 있었거나 중대한 과실로 알지 못한 경우
>   3. 정당한 사유 없이 행정청의 조사·출입·검사를 기피·방해·거부하여 제척기간이 지난 경우
>   4. 제재처분을 하지 아니하면 국민의 안전·생명 또는 환경을 심각하게 해치거나 해칠 우려가 있는 경우
> ③ 행정청은 제1항에도 불구하고 행정심판의 재결이나 법원의 판결에 따라 제재처분이 취소·철회된 경우에는 재결이나 판결이 확정된 날부터 1년(합의제행정기관은 2년)이 지나기 전까지는 그 취지에 따른 새로운 제재처분을 할 수 있다.
> ④ 다른 법률에서 제1항 및 제3항의 기간보다 짧거나 긴 기간을 규정하고 있으면 그 법률에서 정하는 바에 따른다.

③ 수 개의 처분사유 중 일부가 적법하지 않다고 하더라도 다른 처분사유로써 그 처분의 정당성이 인정되는 경우 그 처분을 위법하다고 할 수 없다(2003두1264, ▷기본서 306쪽).

④ [1] 효력기간이 정해져 있는 제재적 행정처분의 효력이 발생한 이후에도 행정청은 특별한 사정이 없는 한 상대방에 대한 별도의 처분으로써 효력기간의 시기와 종기를 다시 정할 수 있다. 이는 당초의 제재적 행정처분이 유효함을 전제로 그 구체적인 집행시기만을 변경하는 후속 변경처분이다. 이러한 후속 변경처분 권한은 특별한 사정이 없는 한 당초의 제재적 행정처분의 효력이 유지되는 동안에만 인정된다.
[2] 당초의 제재적 행정처분에서 정한 효력기간이 경과하면 그로써 처분의 집행은 종료되어 처분의 효력이 소멸하는 것이므로, 그 후 동일한 사유로 다시 제재적 행정처분을 하는 것은 위법한 이중처분에 해당한다(2021두40720, ▷기본서 300쪽).

12   답 ④

① 세금 등을 다시 돌려달라는 소송은 크게 (i) 너무 많이 냈거나, 잘못 납부한 세금을 돌려달라는 소송(과오납금반환청구소송) 및 (ii) 부가가치세 환급세액을 돌려달라는 소송으로 구분된다. 전자는 민사상 부당이득반환청구소송으로, 후자는 당사자소송으로 취급된다(▷기본서 14쪽, 332쪽).

② 조세환급금은 조세채무가 처음부터 존재하지 않거나 그 후 소멸하였음에도 불구하고 국가가 법률상 원인 없이 수령하거나 보유하고 있는 부당이득에 해당하고, 환급가산금은 그 부당이득에 대한 법정이자로서의 성질을 가진다(2009다11808).

③ 소멸시효는 권리를 행사할 수 있는 때부터 진행한다(민법 제166조 제1항). 금전의 납부 또는 징수가 이루어져야 환환청구권을 행사할 수 있으므로, 소멸시효도 그 때부터 진행된다. 지방재정법 제87조 제1항에 의한 변상금부과처분이 당연무효인 경우에 이 변상금부과처분에 의하여 납부자가 납부하거나 징수당한 오납금은 지방자치단체가 법률상 원인 없이 취득한 부당이득에 해당하고, 이러한 오납금에 대한 납부자의 부당이득반환청구권은 처음부터 법률상 원인이 없이 납부 또는 징수된 것이므로 납부 또는 징수시에 발생하여 확정되며, 그 때부터 소멸시효가 진행한다(2004다50143).

④ 국유재산의 무단점유자에 대한 변상금 부과는 공권력을 가진 우월적 지위에서 행하는 행정처분이고, 그 부과처분에 의한 변상금 징수권은 공법상의 권리에 해당한다(2011다76402, ▷기본서 14쪽).
국가 또는 지방자치단체는 국유재산의 무단점유자에 대하여 변상금 부과·징수권을 행사하는 것과는 별도로, 민사상 부당이득반환청구의 소를 제기할 수 있다(2011다76402).

13   답 ②

① ▷기본서 155쪽

> 행정대집행법 제6조【비용징수】 ① 대집행에 요한 비용은 국세징수법의 예에 의하여 징수할 수 있다.
> ② 대집행에 요한 비용에 대하여서는 행정청은 사무비의 소속에 따라 국세에 다음가는 순위의 선취득권을 가진다.
> ③ 대집행에 요한 비용을 징수하였을 때에는 그 징수금은 사무비의 소속에 따라 국고 또는 지방자치단체의 수입으로 한다.

②
> 행정기본법 제30조【행정상 강제】 ③ 형사(刑事), 행형(行刑) 및 보안처분 관계 법령에 따라 행하는 사항이나 외국인의 출입국·난민인정·귀화·국적회복에 관한 사항에 관하여는 이 절을 적용하지 아니한다.

③ 의무불이행 상태에서는 반복 부과가 가능하지만, 의무가 이행되고 나면 더 이상 부과할 수가 없다. 어느 시점에서 의무가 이행되었다면, 그 전까지 부과된 것은 적법하므로 징수가 가능하다(행정기본법 제31조 제5항, ▷기본서 156쪽).
의무이행기한이 정해졌음에도 이를 지키지 않고 장기간 의무불이행 상태를 야기한 자라 하더라도, 의무를 이행한 시점 이후로는 이행강제금을 부과할 수가 없다. 이행강제금은 어디까지나 의무불이행 상태를 시정하기 위한 조치이기 때문이다(2015두35116, ▷기본서 157쪽).

④ 공무원과 지방자치단체의 관계도 종업원과 영업주의 관계와 다를 바가 없어 양벌규정의 법리가 적용되지 않을 이유가 없다는 취지이다(2004도2657, ▷기본서 163쪽).

14 답 ①

① 원칙적으로 제소기간이 적용되지 않는 것은 맞지만, 행정심판을 거친 경우에는 제소기간의 특례가 적용된다(2008두10560, ▷기본서 330쪽). 반면, 무효등확인청구는 행정심판을 거친 경우에도 특례가 적용되지 않는다.
② 다만, 개별법에 정함이 없으면 제소기간의 적용이 없다(▷기본서 338쪽).

> 행정소송법 제41조【제소기간】 당사자소송에 관하여 법령에 제소기간이 정하여져 있는 때에는 그 기간은 불변기간으로 한다.

③ 이는 어디까지나 행정심판 청구기간의 특례에 불과하다. "행정심판" 청구기간의 오고지로 인해 "행정소송"의 제소기간까지 덩달아 늘어난다고 볼 수 없다(2004두9302, ▷기본서 351쪽).
④ 행정심판을 거친 경우 특례는 원칙적으로 적법한 심판청구를 거쳤을 때에 적용된다. 따라서, 청구기간 요건을 흠결하여 부적법한 청구가 이루어진 결과 각하재결이 나왔다면, 원칙으로 돌아가 안 날 90일, 있은 날 1년 중 이른 날 제소기간이 도래한다(2011두18786, ▷기본서 284쪽).

15 답 ④

① 지방자치단체 차원의 처분은 원칙적으로 지방자치단체의 장(단, 교육과 관련된 사항의 경우 교육감)이 결정 및 표시한다. 이때 지방의회의 의결은 단순히 내부적 행위에 불과하므로, 독립하여 처분성을 갖지 않는다. 따라서, 피고는 지방자치단체의 장(또는 교육감)이 된다. 예컨대, 두밀분교 폐지에 관한 처분적 조례의 경우, 이와 관련한 소송은 경기도 교육감이 피고가 된다(95누8003, ▷기본서 240쪽).
② 위원회와 같은 합의제 행정기관은 위원장과 같은 기관의 장이 아니라, 기관 그 자체가 피고적격을 갖는다. 그러나, 노동사건의 경우 예외적으로 중앙노동위원회의 "위원장"이 피고가 된다(노동위원회법 제27조 제1항, ▷기본서 279쪽).
③ ▷기본서 279쪽

> 국가공무원법 제16조【행정소송과의 관계】 ① 제75조에 따른 처분, 그 밖에 본인의 의사에 반한 불리한 처분이나 부작위에 관한 행정소송은 소청심사위원회의 심사·결정을 거치지 아니하면 제기할 수 없다.
> ② 제1항에 따른 행정소송을 제기할 때에는 대통령의 처분 또는 부작위의 경우에는 소속 장관(대통령령으로 정하는 기관의 장을 포함한다. 이하 같다)을, 중앙선거관리위원회위원장의 처분 또는 부작위의 경우에는 중앙선거관리위원회사무총장을 각각 피고로 한다.

④ 대리를 하면서 현명까지 하였다면, 원칙에 따라 그 명의자인 피대리행정청이 피고가 된다(▷기본서 277쪽, 2018두43095). 구체적으로, A 행정청(=피대리 행정청)이 직접 모든 일을 하기 어렵다면, B 행정청(=대리 행정기관)으로 하여금 A의 대리인이 되어 대신 업무를 처리하도록 할 수 있을 것이다. 이 경우 대리인 B는 자신이 발령하는 처분이 A를 위하여 하는 것임을 밝힘으로써(이른바 "현명"), 대리인으로서 하는 행위의 효과가 직접 A에게 귀속되도록 하여야 한다. 그 결과, B는 A의 명의를 표시하여 처분등을 발령하게 되므로, 이때 피고적격은 A에게 부여된다.

16 답 ④

① ▷기본서 219쪽

> 공익사업을 위한 토지 등의 취득 및 보상에 관한 법률 제23조【사업인정의 실효】 ① 사업시행자가 제22조 제1항에 따른 사업인정의 고시가 된 날부터 1년 이내에 제28조 제1항에 따른 재결신청을 하지 아니한 경우에는 사업인정고시가 된 날부터 1년이 되는 날의 다음 날에 사업인정은 그 효력을 상실한다.

②
> 공익사업을 위한 토지 등의 취득 및 보상에 관한 법률 제36조【재결의 경정】 ① 재결에 계산상 또는 기재상의 잘못이나 그 밖에 이와 비슷한 잘못이 있는 것이 명백할 때에는 토지수용위원회는 직권으로 또는 당사자의 신청에 의하여 경정재결을 할 수 있다.

③ 당해 공익사업으로 인한 개발이익은 보상 범위에서 배제된다(공익사업을 위한 토지 등의 취득 및 보상에 관한 법률 제67조 제2항, ▷기본서 214쪽). 다만, 다른 공익사업으로 인한 개발이익은 보상 범위에 포함된다.

> 공익사업을 위한 토지 등의 취득 및 보상에 관한 법률 제67조【보상액의 가격시점 등】 ① 보상액의 산정은 협의에 의한 경우에는 협의 성립 당시의 가격을, 재결에 의한 경우에는 수용 또는 사용의 재결 당시의 가격을 기준으로 한다.

④ ▷기본서 220쪽

> 공익사업을 위한 토지 등의 취득 및 보상에 관한 법률 제84조【이의신청에 대한 재결】 ① 중앙토지수용위원회는 제83조에 따른 이의신청을 받은 경우 제34조에 따른 재결이 위법하거나 부당하다고 인정할 때에는 그 재결의 전부 또는 일부를 취소하거나 보상액을 변경할 수 있다.

17   답 ④

① 국가배상법 제5조 소정의 영조물의 설치·관리상의 하자로 인한 책임은 무과실책임이고 나아가 민법 제758조 소정의 공작물의 점유자의 책임과는 달리 면책사유도 규정되어 있지 않으므로, 국가 또는 지방자치단체는 영조물의 설치·관리상의 하자로 인하여 타인에게 손해를 가한 경우에 그 손해의 방지에 필요한 주의를 해태하지 아니하였다 하여 면책을 주장할 수 없다(94다32924, ▷기본서 196쪽).

② 국가배상법 제5조 제1항 소정의 '공공의 영조물'은 국가 또는 지방자치단체가 소유권, 임차권 그 밖의 권한에 기하여 법적으로 관리하고 있는 경우뿐만 아니라, 사실상의 관리를 하고 있는 경우도 포함된다(98다17381, ▷기본서 195쪽).
주의할 점은, 옹벽이 아직 설치가 완료되지 아니한 상태라면 이는 사실상의 관리조차 하고 있지 않은 것이어서 국가배상책임의 대상이 되는 '공공의 영조물'로 보기 어렵다는 것이다.

③ "영조물의 설치 또는 관리의 하자"라 함은 기본적으로 통상의 안정성을 갖추지 못한 상태를 말하는 것이다(96다54102 등, ▷기본서 196쪽).
판례는 이에 더해 영조물의 이용 상태 및 정도가 일정한 한도를 초과하여 제3자에게 사회통념상 참을 수 없는 피해를 입히는지(수인한도 초과 여부)를 고려하기도 한다. 이에, 사격장에 방음시설을 제대로 설치하지 않아 인근 마을에 참을 수 없는 소음공해를 일으키는 경우에도 영조물의 설치, 관리상 하자로 인정될 수 있다(2002다14242 등, ▷기본서 197쪽).

④ 국가배상법 제5조 소정의 공공의 영조물이란 공유나 사유임을 불문하고 행정주체에 의하여 특정공공의 목적에 공여된 유체물 또는 물적 설비를 의미하므로 사실상 군민의 통행에 제공되고 있던 도로옆의 암벽으로부터 떨어진 낙석에 맞아 소외인이 사망하는 사고가 발생하였다고 하여도 동 사고지점 도로가 피고 군에 의하여 노선인정 기타 공용개시가 없었으면 이를 영조물이라 할 수 없다(80다2478).

18   답 ②

① 대상적격은 증액경정처분(변경처분)에 부여된다. 다만, 종전 과세처분이 증액경정처분에 흡수되었으므로, 종전 과세처분에 존재하던 위법사유는 증액경정처분에 대한 행정소송에서 다툴 수 있다(2006두17390, ▷기본서 247쪽).
다만, 소멸한 당초처분의 절차적 하자는 존속하는 증액경정처분에 승계되지 아니한다(2007두16493).

② 해당 처분의 성질상 의견청취가 현저히 곤란하거나 명백히 불필요하다고 인정될 만한 상당한 이유가 있는 경우에는 사전통지를 생략할 수 있다(행정절차법 제21조 제4항 제3호, ▷기본서 119쪽).
퇴직연금의 환수결정은 당사자에게 의무를 과하는 처분이기는 하나, 관련 법령에 따라 당연히 환수금액이 정하여지는 것이므로, 성질상 사전통지가 요구되지 않는다(99두5443, ▷기본서 117쪽).

③ 수익적 행정행위 신청에 대한 거부처분은 당사자의 신청에 대하여 관할 행정청이 거절하는 의사를 대외적으로 명백히 표시함으로써 성립되고, 거부처분이 있은 후 당사자가 다시 신청을 한 경우에는 신청의 제목 여하에 불구하고 그 내용이 새로운 신청을 하는 취지라면 관할 행정청이 이를 다시 거절하는 것은 새로운 거부처분으로 봄이 원칙이다(2017두52764, ▷기본서 244쪽).
[비교] 신청에 의한 처분의 경우에는 신청에 대하여 일단 거부처분이 행해지면 그 거부처분이 적법한 절차에 의하여 취소되지 않는 한, 사유를 추가하여 거부처분을 반복하는 것은 존재하지도 않는 신청에 대한 거부처분으로서 당연무효이다(98두1895, ▷기본서 245쪽).

④ 처분청이 행정심판법에 따른 고지의무를 이행하지 않았다면 행정심판의 청구기간이 연장되는 특혜가 인정되므로, 그 밖에 이로 인하여 처분의 절차상 하자가 발생된다고는 볼 수 없다(87누529, ▷기본서 349쪽).

19   답 ③

①, ② 행정규칙은 대외적 구속력이 아닌, 내부적 구속력만이 인정된다. 따라서, 이는 처분의 위법성 판단기준은 되지 않으나, 징계 여부의 판단기준은 될 수 있다(▷기본서 52쪽).
다만, 이러한 행정규칙이 상위법령에 반한다면 이는 무효이므로 내부적 구속력조차 인정될 수 없다(2020두42262).

③ 주체의 하자가 있어 무효인 처분이라고 하려면, 법에 정해진 처분권자가 아닌 엉뚱한 행정청의 명의로 처분이 이루어졌어야 한다. 그런데, 본 지문에서는 (과정이야 어떻게 되었건 결국) "처분권자인 행정관청의 이름으로 행정처분"이 이루어졌다고 하였으므로, 주체의 하자는 인정되지 않는다.
실질적으로 위 명의를 사용하여 처분을 발령한 자가 전결규정에 정해진 전결권자가 아닌 보조기관에 불과하다는 점은 처분의 위법성에 아무런 영향을 미치지 않는다. 행정규칙은 대외적 구속력이 없어 행정법의 법원으로 인정되지 않기 때문이다(97누1105, ▷기본서 52쪽).

④ 법규명령이 무효라고 판단되었어도 별도의 폐지행위가 있어야 한다(▷기본서 51쪽).

> 행정소송법 제6조 【명령·규칙의 위헌판결등 공고】 ① 행정소송에 대한 대법원판결에 의하여 명령·규칙이 헌법 또는 법률에 위반된다는 것이 확정된 경우에는 대법원은 지체 없이 그 사유를 행정안전부장관에게 통보하여야 한다.
> ②제1항의 규정에 의한 통보를 받은 행정안전부장관은 지체 없이 이를 관보에 게재하여야 한다.
> [유사] 행정심판법 제59조 【불합리한 법령 등의 개선】 ① 중앙행정심판위원회는 심판청구를 심리·재결할 때에 처분 또는 부작위의 근거가 되는 명령 등(대통령령·총리령·부령·훈령·예규·고시·조례·규칙 등을 말한다. 이하 같다)이 법령에 근거가 없거나 상위 법령에 위배되거나 국민에게 과도한 부담을 주는 등 크게 불합리하면 관계 행정기관에 그 명령 등의 개정·폐지 등 적절한 시정조치를 요청할 수 있다. 이 경우 중앙행정심판위원회는 시정조치를 요청한 사실을 법제처장에게 통보하여야 한다.
> ② 제1항에 따른 요청을 받은 관계 행정기관은 정당한 사유가 없으면 이에 따라야 한다.

제39조【행정법제의 개선】① 정부는 권한 있는 기관에 의하여 위헌으로 결정되어 법령이 헌법에 위반되거나 법률에 위반되는 것이 명백한 경우 등 대통령령으로 정하는 경우에는 해당 법령을 개선하여야 한다.

20 답 ③

① ▷기본서 127쪽

> 행정기본법 제25조【인허가의제의 효과】① 제24조 제3항·제4항에 따라 협의가 된 사항에 대해서는 주된 인허가를 받았을 때 관련 인허가를 받은 것으로 본다.
> ② 인허가의제의 효과는 주된 인허가의 해당 법률에 규정된 관련 인허가에 한정된다.

② 인허가가 의제된다 하더라도, 이는 절차적 집중을 의미할 뿐 실체적 집중을 의미하지는 않는다. 다만 A법상의 허가를 받는 절차를 밟는 것만으로도 B법상의 인허가 절차까지 같이 처리되는 절차상의 편의가 제공될 뿐이다(92누1162, ▷기본서 128쪽).

③ '부분 인허가 의제'가 허용되는 경우, 부분적으로나마 의제된 인허가를 대상으로 소송을 제기하여야 한다. 주된 인허가에 대해서 소송을 제기하는 것이 아님을 유의하여야 한다(2016두38792, ▷기본서 130쪽).

④ 관련 인허가 의제 제도는 사업시행자의 이익을 위하여 만들어진 것이므로, 사업시행자가 반드시 관련 인허가 의제 처리를 신청할 의무가 있는 것은 아니다(2019두31839, ▷기본서 127쪽).

02회 | 2024년 국가직 9급

정답 p.16

01	③	02	③	03	②	04	③	05	①
06	②	07	③	08	①	09	①	10	④
11	③	12	③	13	①	14	②	15	②
16	④	17	④	18	④	19	③	20	④

01 답 ③

▷기본서 36-7쪽

> 행정기본법 제6조【행정에 관한 기간의 계산】① 행정에 관한 기간의 계산에 관하여는 이 법 또는 다른 법령등에 특별한 규정이 있는 경우를 제외하고는 민법을 준용한다(①).
> ② 법령등 또는 처분에서 국민의 권익을 제한하거나 의무를 부과하는 경우 권익이 제한되거나 의무가 지속되는 기간의 계산은 다음 각 호의 기준에 따른다. 다만, 다음 각 호의 기준에 따르는 것이 국민에게 불리한 경우에는 그러하지 아니하다.
> 1. 기간을 일, 주, 월 또는 연으로 정한 경우에는 기간의 첫날을 산입한다(④).
> 2. 기간의 말일이 토요일 또는 공휴일인 경우에도 기간은 그 날로 만료한다.
> 제7조【법령등 시행일의 기간 계산】법령등(훈령·예규·고시·지침 등을 포함한다. 이하 이 조에서 같다)의 시행일을 정하거나 계산할 때에는 다음 각 호의 기준에 따른다.
> 1. 법령등을 공포한 날(훈령·예규·고시·지침 등은 고시·공고 등의 방법으로 발령한 날을 말한다. 이하 이 조에서 같다)부터 시행하는 경우에는 공포한 날을 시행일로 한다.
> 2. 법령등을 공포한 날(훈령·예규·고시·지침 등은 고시·공고 등의 방법으로 발령한 날을 말한다. 이하 이 조에서 같다)부터 일정 기간이 경과한 날부터 시행하는 경우 법령등을 공포한 날을 첫날에 산입하지 아니한다(③).
> 3. 법령등을 공포한 날부터 일정 기간이 경과한 날부터 시행하는 경우 그 기간의 말일이 토요일 또는 공휴일인 때에는 그 말일로 기간이 만료한다(②).

02 답 ③

① > 행정절차법 제30조【청문의 공개】청문은 당사자가 공개를 신청하거나 청문 주재자가 필요하다고 인정하는 경우 공개할 수 있다. 다만, 공익 또는 제3자의 정당한 이익을 현저히 해칠 우려가 있는 경우에는 공개하여서는 아니 된다.

② 이유제시 절차는 거부처분에 다소 완화된 형태로 적용된다는 취지이다(2000두8912, ▷기본서 121쪽). 신청 단계에서 근거 법령의 조항 및 내용을 검토하기 마련이므로, 이에 대한 거부처분을 함에 있어 위와 같은 내용을 반드시 명시할 필요는 없다.

③ (i) 외국인의 출입국·난민인정·귀화, (ii) 공무원 인사 관계법령에 따른 징계와 그 밖의 처분의 경우, 위 사항에 해당하는지 여부뿐 아니라 "해당 행정작용의 성질상 행정절차를 거치기 곤란하거나 거칠 필요가 없다고 인정되는지" 또는 "행정절차에 준하는 절차를 이미 거쳤는지" 여부도 추가로 따져보아야 한다(행정절차법 제3조 제2항 제9호, ▷기본서 113쪽). 대법원은 가급적 행정절차법을 적용하려는 입장에서, 위 배제사유를 좁게 해석하고자 한다.

④ 2015년도 이전의 판례는 기판력을 기속력의 의미로 사용한 경우가 종종 발견된다. 본 지문의 모티브가 된 대판 1987.2.10. 86누91 판결 역시 마찬가지다.
절차상 하자를 이유로 처분을 취소한 판결이 확정된 경우, 그 절차를 보완하여 다시 동일한 내용의 처분을 발령하는 것은 위 판결의 취지를 거스르는 것이라 볼 수 없다. 따라서, 기속력에 반하지 않는다(2003두13045, ▷기본서 321쪽).

03 답 ②

① 국가배상청구의 요건인 "직무행위"에는 권력적 작용뿐 아니라, 비권력적 작용도 포함된다. 단, 사경제적 작용은 포함되지 않는다(▷기본서 177쪽).
② 일반 법원의 재판 결과가 잘못되었음을 이유로 국가배상청구를 할 수는 없다. 재판에 대하여 따로 불복절차 내지 시정절차가 마련되어 있으므로, 상소를 통해 잘못된 재판 결과를 바로잡을 수 있기 때문이다.
다만, 헌재의 결정은 단심제이므로 잘못 각하되면 본안판단을 받지 못하고 다시 헌법재판을 청구하여야 하는 번거로움이 발생한다. 대법원은 이 점을 들어 헌재의 잘못을 지적하는 판례를 내어놓은 것이다.
설령 본안에서 기각되었으리라는 사정이 있었더라도, 국가배상책임이 성립됨은 마찬가지이다. 본안심리로 넘어가서 기각결정을 받는 것과, 넘어가지도 못하고 바로 각하 당하는 것은 재판받을 권리의 보장면에서 분명한 차이가 있다(99다24218, ▷기본서 180쪽).
③ [1] 군인연금법에 의한 보상을 받을 수 있는 상태에서는 국가배상금을 지급받을 수 없다. 통상적인 이중배상금지 논리와 다르지 않다.
[2] 반면, 위 [1]에도 불구하고 국가배상금을 이미 지급된 상태라면, 군인연금법은 추가로 지급될 수 없다는 것이 판례의 입장이다. 군인연금법이라는 특별법에서 아래 [A]와 같이 규정하고 있는 점을 감안한 판례이므로, 해당 법리를 일반화하긴 어렵다.
다른 법령에 따라 지급받은 급여와의 조정에 관한 조항을 두고 있지 아니한 보훈보상대상자 지원에 관한 법률과 달리, [A] 군인연금법 제41조 제1항은 "다른 법령에 따라 국가나 지방자치단체의 부담으로 이 법에 따른 급여와 같은 종류의 급여를 받은 사람에게는 그 급여금에 상당하는 금액에 대하여는 이 법에 따른 급여를 지급하지 아니한다."라고 명시적으로 규정하고 있다. 나아가 군인연금법이 정하고 있는 급여 중 사망보상금(군인연금법 제31조)은 일실손해의 보전을 위한 것으로 불법행위로 인한 소극적 손해배상과 같은 종류의 급여라고 봄이 타당하다(97다36873).
따라서 피고에게 군인연금법 제41조 제1항에 따라 원고가 받은 손해배상금 상당 금액에 대하여는 사망보상금을 지급할 의무가 존재하지 아니한다(2018두36691, ▷기본서 205쪽).
[3] 다만, 위 [2]와 같은 법리는 어디까지나 군인연금법에 의한 보상과 이미 지급된 국가배상금의 법적 성질이 중복되는 범위에 한하여 적용된다.
구 군인연금법이 정하고 있는 급여 중 사망보상금은 일실손해의 보전을 위한 것으로 불법행위로 인한 소극적 손해배상과 같은 종류의 급여이므로, 군 복무 중 사망한 망인의 유족이 국가배상을 받은 경우 피고는 사망보상금에서 소극적 손해배상금 상당액을 공제할 수 있을 뿐, 이를 넘어 정신적 손해배상금 상당액까지 공제할 수는 없다(2019두36711, ▷기본서 205쪽).

④ 국가배상법 제7조 【외국인에 대한 책임】 이 법은 외국인이 피해자인 경우에는 해당 국가와 상호 보증이 있을 때에만 적용한다.

나아가, 상호보증은 외국의 법령, 판례 및 관례 등에 의하여 발생요건을 비교하여 인정되면 충분하고 반드시 당사국과의 조약이 체결되어 있을 필요는 없으며, 당해 외국에서 구체적으로 우리나라 국민에게 국가배상청구를 인정한 사례가 없더라도 실제로 인정될 것이라고 기대할 수 있는 상태이면 충분하다(2013다208388, ▷기본서 208쪽).

04 답 ③

① 사안의 민감성을 고려하여 비공개 대상으로 보았다(2010두2913).
② 공공기관에게는 정보공개방법을 선택할 재량이 없다. 그럼에도 불구하고 이를 변경하여 정보를 공개한 경우, 일부거부처분에 대한 취소소송이 가능하다(2016두44674, ▷기본서 142쪽).
③ '2002년도 및 2003년도 국가 수준 학업성취도평가 자료'는 공공기관의 정보공개에 관한 법률 제9조 제1항 제5호에서 정한 비공개대상정보에 해당하는 부분이 있으나, '2002학년도부터 2005학년도까지의 대학수학능력시험 원데이터'는 연구목적으로 그 정보의 공개를 청구하는 경우 위 조항의 비공개대상정보에 해당하지 않는다(2007두9877, ▷기본서 139쪽).
④ 정보공개결정 처분도 재량행위이므로, 이를 함에 있어 사익과 공익의 비교형량을 거쳐야 한다는 취지이다(2001두6425).

05 답 ①

① 하자 치유와는 달리, 직권취소는 행정소송(심판) 제기 이후에도 가능하다(2016두56721, ▷기본서 96쪽).
② 철회는 처분의 성립 당시에는 아무런 하자가 없었음에도 후발적인 사정이 발생함에 따라 처분의 효력을 소멸시키는 것을 말한다(행정기본법 제19조 제1항, ▷기본서 96쪽). 이는 처분 성립 당시의 하자를 전제로 하는 취소와는 구별된다(행정기본법 제18조 제1항).
"사정변경으로 적법한 처분을 더 이상 존속시킬 필요가 없게 된 경우"는 행정행위를 철회할 수 있는 후발적 사유의 대표적 사례이다(행정기본법 제19조 제1항 제1호).

③ 불가쟁력은 원고로 하여금 취소소송을 제기하지 못하도록 만드는 효력에 불과할 뿐, 피고에게는 그 효력이 미치지 않는다(▷기본서 80쪽). 따라서, 불가쟁력이 발생한 처분이라 하더라도 피고는 해당 처분을 직권으로 취소할 수 있다. 다만, 수익적 처분을 취소하는 상황이라면 실권의 법리 등 신뢰보호원칙을 준수하여야 한다.

④ 행정행위의 직권취소는 소급효를 갖는 것이 원칙이나, 예외적으로 취소처분의 상대방이 침해받는 사익이 상당하다는 등의 정당한 사유가 있다면 장래효를 갖게 할 수도 있다(행정기본법 제18조 제1항, ▷기본서 95쪽).

06 답 ②

① 전통적인 의미의 과징금은 불법 이득 환수의 목적을 갖는 행정상 제재에 해당한다(▷기본서 165쪽).

② **행정기본법 시행령 제7조【과징금의 납부기한 연기 및 분할 납부】** ① 과징금 납부 의무자는 법 제29조 각 호 외의 부분 단서에 따라 과징금 납부기한을 연기하거나 과징금을 분할 납부하려는 경우에는 납부기한 **10일 전까지** 과징금 납부기한의 연기나 과징금의 분할 납부를 신청하는 문서에 같은 조 각 호의 사유를 증명하는 서류를 첨부하여 행정청에 신청해야 한다.

③ 관할 행정청이 여객자동차운송사업자가 범한 여러 가지 위반행위 중 일부만 인지하여 과징금 부과처분을 하였는데 그 후 과징금 부과처분 시점 이전에 이루어진 다른 위반행위를 인지하여 이에 대하여 별도의 과징금 부과처분을 하게 되는 경우에도 종전 과징금 부과처분의 대상이 된 위반행위와 추가 과징금 부과처분의 대상이 된 위반행위에 대하여 일괄하여 하나의 과징금 부과처분을 하는 경우와의 형평을 고려하여 추가 과징금 부과처분의 처분양정이 이루어져야 한다.
다시 말해, 행정청이 전체 위반행위에 대하여 하나의 과징금 부과처분을 할 경우에 산정되었을 정당한 과징금액에서 이미 부과된 과징금액을 뺀 나머지 금액을 한도로 하여서만 추가 과징금 부과처분을 할 수 있다. 행정청이 여러 가지 위반행위를 언제 인지하였느냐는 우연한 사정에 따라 처분상대방에게 부과되는 과징금의 총액이 달라지는 것은 그 자체로 불합리하기 때문이다(2020두48390, ▷기본서 167쪽).

④ 행정기본법 제28조 제1항의 "법률로 정하는 바에 따라"는 개별 법상의 근거가 별도로 필요하다는 뜻이다(▷기본서 165쪽).

행정기본법 제28조【과징금의 기준】 ① 행정청은 법령등에 따른 의무를 위반한 자에 대하여 <u>법률로 정하는 바에 따라</u> 그 위반행위에 대한 제재로서 과징금을 부과할 수 있다.
② 과징금의 근거가 되는 법률에는 과징금에 관한 다음 각 호의 사항을 명확하게 규정하여야 한다.
1. 부과·징수 주체
2. 부과 사유
3. <u>상한액</u>

07 답 ③

⇨ ㄱ, ㄴ, ㄹ

ㄱ. 대집행의 적용 범위는 대체성이 있는 의무에 한한다. 즉, 대체적 작위의무에 국한되고, 그 밖에 비대체적 작위의무 및 부작위 의무에는 적용이 없다.
대체적 작위의무의 대표적인 사례가 철거의무이고(99다18909, ▷기본서 150쪽), 비대체적 작위의무의 대표적인 사례는 인도 의무이다(97누157, ▷기본서 151쪽). 특정 공간을 인도하여 줄 수 있는 자는 그 공간을 현재 점유하고 있는 자 뿐이다.

ㄴ. 행정대집행의 절차가 인정되는 경우에는 따로 민사소송의 방법으로 공작물의 철거, 수거 등을 구할 수는 없다(99다18909, ▷기본서 150쪽).

ㄷ. 공법상 인도의무 불이행의 경우 민사상 조치가 가능하다(2004다2809, ▷기본서 151쪽).

ㄹ. 철거의 목적이 된 건물 내에 점유자가 있는 경우에 해당한다. 철거를 하기 위해서는 먼저 점유자로부터 인도를 받아야 한다. 원칙적으로 대집행은 대체적 작위의무인 철거의무에 대해서는 적용될 수 있으나, 비대체적 작위의무인 인도의무에 대해서는 적용될 수 없다. 다만, 이 경우에는 인도의무가 철거의무를 이행하기 위한 부수적 의무에 해당하므로, 예외적으로 대집행 절차에 의해 퇴거 조치까지 이행하게끔 할 수 있다.
구체적으로, 점유자들이 퇴거 조치에 불응하는 것은 공무집행방해죄에 해당하므로, 경찰로부터 행정응원을 받아 이들을 현행범 체포하는 방식으로 점유를 이전 받도록 하고 있다(2016다213916, ▷기본서 151쪽).

08 답 ①

① "예비"심사에 불과하므로, 이는 신뢰를 부여할 만한 공적 견해표명은 아니라는 취지이다(2004두46, ▷기본서 26쪽).

② 신뢰보호원칙 위반으로 보았다.
시의 도시계획과장과 도시계획국장이 도시계획사업의 준공과 동시에 사업부지에 편입한 토지에 대한 완충녹지 지정을 해제함과 아울러 당초의 토지소유자들에게 환매하겠다는 약속을 했음에도, 이를 믿고 토지를 협의매매한 토지소유자의 완충녹지지정 해제신청을 거부한 것은, 행정상 신뢰보호의 원칙을 위반하거나 재량권을 일탈·남용한 위법한 처분이다(2008두6127).

③ 입법예고 단계에서는 공적 견해표명이 있다고 볼 수 없다(2017다249769, ▷기본서 26쪽).

④ 신뢰보호원칙은 기본적으로 행정청의 행정행위에 대해 적용되는 것이다. 헌법재판소의 위헌결정이 행정청의 행정행위라고 보기는 어렵다(2002두6965, ▷기본서 25쪽).

09   답 ①

① 과징금은 원칙적으로 재량행위이므로 일부취소판결이 불가하다 (98두2270, ▷기본서 165쪽).
② 소유권 귀속 등의 법률관계는 "등기부"에 누가 소유자로 기재되었는지 등이 중요하다.
　반면, 건축물대장이나 지적공부(토지대장)에 소유자가 누가 기재되어 있는지는 소유권 관련 법률관계에 특별한 영향이 없다. 따라서 행정청이 토지대장상의 소유자명의변경신청을 거부한 행위에는 처분성이 부여되지 않는다(2010두12354, ▷기본서 237-8쪽).
　반면, "공법상 규제, 세금 부과, 보상금 산정" 등의 법률관계는 건축물대장 및 지적공부(토지대장)의 기재내용에 따라 좌우되므로, 위 사항과 관련하여 건축물대장 및 지적공부(토지대장)의 내용(용도, 지목 등)을 변경하여 달라고 하는 것은 법적으로 큰 의미가 있어 처분성이 인정된다(2003두9015, 2007두17359, ▷기본서 237-8쪽).
③ 공사낙찰적격심사세부기준은 행정규칙, 이에 근거한 감점조치는 처분성이 없다고 보았다.
　[1] 피고가 2008.12.31. 원고에 대하여 한 공사낙찰적격심사 감점처분(이하 '이 사건 감점조치'라 한다)의 근거로 내세운 규정은 피고의 공사낙찰적격심사세부기준(이하 '이 사건 세부기준'이라 한다) 제4조 제2항인 사실, 이 사건 세부기준은 공공기관의 운영에 관한 법률 제39조 제1항, 제3항, 구 공기업·준정부기관 계약사무규칙 제12조에 근거하고 있으나, 이러한 규정은 공공기관이 사인과 사이의 계약관계를 공정하고 합리적·효율적으로 처리할 수 있도록 관계 공무원이 지켜야 할 계약사무처리에 관한 필요한 사항을 규정한 것으로서 공공기관의 내부규정에 불과하여 대외적 구속력이 없는 것임을 알 수 있다.
　[2] 이러한 사실을 위 법리에 비추어 보면, 피고가 원고에 대하여 한 이 사건 감점조치는 행정청이나 그 소속 기관 또는 그 위임을 받은 공공단체의 공법상의 행위가 아니라 장차 그 대상자인 원고가 피고가 시행하는 입찰에 참가하는 경우에 그 낙찰적격자 심사 등 계약 사무를 처리함에 있어 피고 내부규정인 이 사건 세부기준에 의하여 종합취득점수의 10/100을 감점하게 된다는 뜻의 사법상의 효력을 가지는 통지행위에 불과하다 할 것이고, 또한 피고의 이와 같은 통지행위가 있다고 하여 원고에게 공공기관의 운영에 관한 법률 제39조 제2항, 제3항, 구 공기업·준정부기관 계약사무규칙 제15조에 의한 국가, 지방자치단체 또는 다른 공공기관에서 시행하는 모든 입찰에의 참가자격을 제한하는 효력이 발생한다고 볼 수도 없으므로, 피고의 이 사건 감점조치는 행정소송의 대상이 되는 행정처분이라고 할 수 없다(2010두6700).
④ 아무리 수리를 요하지 않는 신고라 하더라도, 형식적 요건(행정절차법 제40조 제2항 제1호 내지 제3호)은 기본적으로 갖추고 있어야만 신고로써 법적 효력이 발생한다. 무허가건물이라면 형식적 요건조차 갖추지 못한 것이라고 보아야 한다(2008도6829, ▷기본서 39쪽).

10   답 ④

① '영업상의 손실'이란 수용의 대상이 된 토지·건물 등을 이용하여 영업을 하다가 그 토지·건물 등이 수용됨으로 인하여 영업을 할 수 없거나 제한을 받게 됨으로 인하여 생기는 직접적인 손실을 말하는 것이므로, 기대이익 등은 보상대상이 될 수 없다(2003두13106, ▷기본서 213쪽).
② 수용 그 자체(수용여부, 시기, 범위 등)를 다툰다면 원처분인 수용재결에 대하여 항고소송을 제기해야 할 것이나(토지보상법 제85조 제1항, ▷기본서 221쪽), 보상금의 액수를 다툰다면 사업시행자 및 토지소유자 간에 당사자소송이 제기되어야 할 것이다(토지보상법 제85조 제2항).
③ 취소소송의 제기는 처분등의 효력이나 그 집행 또는 절차의 속행에 영향을 주지 아니한다(이른바 '집행부정지 원칙'; 행정소송법 제23조 제1항, ▷기본서 295쪽). 이 때문에 별도의 집행정지 신청이 필요한 것이다. 집행부정지 원칙은 비단 토지보상법뿐 아니라, 행정법 전반에 걸쳐 적용되는 원칙이다.

> 공익사업을 위한 토지 등의 취득 및 보상에 관한 법률 제88조 【처분효력의 부정지】 제83조에 따른 이의의 신청이나 제85조에 따른 행정소송의 제기는 사업의 진행 및 토지의 수용 또는 사용을 정지시키지 아니한다.

④ 보상항목이 일부라도 누락되었다면, 보상금이 과소평가될 수밖에 없다. 이를 다투는 소송은 보상금증액청구이므로, 토지소유자가 사업시행자에 대하여 당사자소송을 제기하여야 한다(2015두4044, ▷기본서 221쪽).

11   답 ③

① 취소소송에서 인용판결이 확정되면 형성력에 의해 피고가 별도의 조치를 하지 않아도 처분이 당연히 소멸한다(90누5443, ▷기본서 315쪽).
② 불복 기간의 경과로 확정된다는 것은 불가쟁력이 발생했다는 점을 시사한다. 그런데, 만약 처분 등에 기판력이 인정된다면 이를 대상으로 취소소송을 제기하여도 법원이 기존의 처분 등과 모순되는 판단을 하지 못하게 되는 결과, 원고가 아무런 구제도 받지 못하는 상황이 초래되어 부당하다(2018두104, ▷기본서 319쪽).
③ 거부처분이 취소된 경우, 행정청은 재결의 취지에 따라 다시 이전의 신청에 대한 처분을 하여야 한다. 거부처분이 위법하다는 이유로 취소되었으므로, 원칙적으로는 재결의 취지를 존중하여 신청에 따른 처분(즉, 인용처분)을 하여야 할 것이나, 기속력에 위반되지 않는 예외적인 경우에는 다시 거부처분을 하는 것도 가능할 것이다.
　다시 거부처분을 되풀이함에도 기속력에 위반되지 않는다고 보는 예외적인 사례로는 (i) 기본적 사실관계의 동일성이 없는 다른 처분사유를 내세운 처분, (ii) 개정된 법령에 따른 처분, (iii) 처분의 절차 및 형식 흠결로 인해 인용판결이 내려진 후, 위 절차 및 형식을 보완한 처분의 경우를 들 수 있다(2003두13045 등, ▷기본서 320쪽).

④ 행정소송과 내용이 같다. 기속력은 재결(판결)의 주문 및 이유에도 발생한다. 주문 및 이유를 통칭하여 "취지"라고 표현한다. 본 지문에서는 이유를 "처분 등의 구체적 위법사유에 관한 판단"이라고 표현하였다(주문에만 효력이 발생하는 판결의 기판력과 비교할 필요가 있다. ▷기본서 318쪽).

12   답 ③

⇨ ㄴ, ㄷ

ㄱ. ▷기본서 143쪽

> 공공기관의 정보공개에 관한 법률 제14조【부분 공개】공개 청구한 정보가 제9조 제1항 각 호(⇨ 비공개사유)의 어느 하나에 해당하는 부분과 공개 가능한 부분이 혼합되어 있는 경우로서 공개 청구의 취지에 어긋나지 아니하는 범위에서 두 부분을 분리할 수 있는 경우에는 제9조 제1항 각 호(⇨ 비공개사유)의 어느 하나에 해당하는 부분을 제외하고 공개하여야 한다.

ㄴ. 음주운전으로 적발된 주취운전자가 도로 밖으로 차량을 이동하겠다며 단속경찰관으로부터 보관 중이던 차량열쇠를 반환 받아 몰래 차량을 운전하여 가던 중 사고를 일으킨 경우, 국가배상책임을 인정한 사례이다(97다54482, ▷기본서 182쪽).

ㄷ. 개별적, 직접적, 구체적 법률상 이익만을 의미한다(▷기본서 256쪽).

ㄹ. 제3자의 원고적격은 원칙적으로 부정되나, 법률상 이익을 갖는 경우에는 예외적으로 인정될 수 있다.
행정처분의 상대방이 아닌 제3자라 하더라도 그 처분 등으로 인하여 법률상 보호되는 이익을 침해당한 경우에는 취소소송을 제기하여 그 당부의 판단을 받을 자격이 있는 것이나, 자신의 이익과 전혀 관계가 없는 처분 등에 관하여는 취소를 구할 수 없다(91누6634, ▷기본서 259쪽).

13   답 ①

① 공무원과 지방자치단체의 관계도 종업원과 영업주의 관계와 다를 바가 없어 양벌규정의 법리가 적용되지 않을 이유가 없다는 취지이다(2004도2657, ▷기본서 163쪽).
② [1] 구 개인정보 보호법은 제2조 제5호, 제6호에서 공공기관 중 법인격이 없는 '중앙행정기관 및 그 소속 기관' 등을 개인정보처리자 중 하나로 규정하고 있으면서도, 양벌규정에 의하여 처벌되는 개인정보처리자로는 같은 법 제74조 제2항에서 '법인 또는 개인'만을 규정하고 있을 뿐이고, 법인격 없는 공공기관에 대하여도 위 양벌규정을 적용할 것인지 여부에 대하여는 명문의 규정을 두고 있지 아니하므로, 죄형법정주의의 원칙상 '법인격 없는 공공기관'을 위 양벌규정에 의하여 처벌할 수 없고, 그 경우 행위자 역시 위 양벌규정으로 처벌할 수 없다고 봄이 타당하다.

[2] 경찰공무원인 피고인이 사무실에서 형사사법정보시스템(KICS)에 접속하여 자신의 채무자 지명수배 여부 등을 조회하는 등 이용 범위를 초과하여 개인정보를 이용하였다는 공소사실로 기소된 사안에서, 피고인이 이용한 개인정보의 개인정보처리자는 경찰청으로서 법인격 없는 '중앙행정기관 또는 그 소속기관'에 해당한다고 할 것이므로, 피고인이 소속된 위 공공기관은 양벌규정에 의하여 처벌되는 개인정보처리자에 포함된다고 볼 수 없고, 따라서 피고인 역시 위 양벌규정에 의하여 처벌할 수 있는 행위자에 해당하지 않는다고 판단한 사례(2020도1942)

③ 질서위반행위규제법은 개별법에 난립하는 과태료 규정을 통일적으로 규율하기 위해 제정된 것이기 때문에 이와 같은 규정을 둔 것이다.

> 질서위반행위규제법 제5조【다른 법률과의 관계】과태료의 부과·징수, 재판 및 집행 등의 절차에 관한 다른 법률의 규정 중 이 법의 규정에 저촉되는 것은 이 법으로 정하는 바에 따른다.

④

> 질서위반행위규제법 제38조【항고】① 당사자와 검사는 과태료 재판에 대하여 즉시항고를 할 수 있다. 이 경우 항고는 집행정지의 효력이 있다.

14   답 ②

⇨ ㄱ, ㄴ

ㄱ, ㄷ. 조세나 부담금 부과처분이 있은 뒤, 체납처분 절차가 진행 중이었는데, 다만 위헌결정이 내려질 때까지 절차가 전부 완료되지는 못한 경우를 의미한다. 예컨대, 부과처분 이후 납부의무를 이행하지 않아 이를 집행하기 위하여 체납처분 절차를 진행하였으나 시간이 촉박하여 위헌결정 이전까지 독촉, 압류까지만 진행된 경우를 생각하면 된다.
이때 제소기간을 넘겨 불가쟁력이 발생한 부과처분에 대해서는 위헌결정의 소급효가 미치지 않아 취소소송을 제기하여도 승소할 수 없으나, 남은 체납처분 절차(위 사례에서는 매각, 청산)만큼은 진행되지 않도록 하는 것이 대법원의 입장이다. 그럼에도 불구하고 체납처분이 이루어졌다면 이는 중대·명백한 하자가 있는 경우로서 무효이다(2010두10907, ▷기본서 86쪽). 무효이므로 다툴 수 있다.
참고로, 해당 선지는 대법원 판례의 반대의견(소수의견)에 해당한다(2010두10907).
과세처분과 압류처분은 별개의 행정처분이므로 선행처분인 과세처분이 당연무효인 경우를 제외하고는 과세처분의 하자를 이유로 후속 체납처분인 압류처분의 효력을 다툴 수 없다고 봄이 타당하다.

ㄴ. 마찬가지로, 해당 선지는 대법원 판례의 반대의견(소수의견)에 해당한다(2010두10907).
   압류처분 등 체납처분은 과세처분과는 별개의 행정처분으로서 과세처분 근거규정이 직접 적용되지 않고 체납처분 관련 규정이 적용될 뿐이므로, 과세처분 근거규정에 대한 위헌결정의 기속력은 체납처분과는 무관하고 이에 미치지 않는다고 보아야 한다.

15 답 ②

⇨ ㄱ, ㄹ

ㄱ. 확약, 공법상 계약은 문서주의가 적용되고, 이에 대한 예외규정은 존재하지 않는다(행정절차법 제40조의2 제2항, ▷기본서 101쪽; 행정기본법 제27조 제1항 2문, ▷기본서 105쪽). 반면, 행정지도는 문서뿐 아니라 말로도 가능하다(행정절차법 제49조 제2항, ▷기본서 108쪽).

> 행정기본법 제27조 【공법상 계약의 체결】① 행정청은 법령등을 위반하지 아니하는 범위에서 행정목적을 달성하기 위하여 필요한 경우에는 공법상 법률관계에 관한 계약(이하 "공법상 계약"이라 한다)을 체결할 수 있다. 이 경우 계약의 목적 및 내용을 명확하게 적은 계약서를 작성하여야 한다.

ㄴ. 공법상 계약의 체결 및 해지는 처분성이 인정되지 않아 당사자소송으로 다투고, 처분이 아니므로 행정절차법이 적용되지도 않는다(2002두5948, 95누4636 등, ▷기본서 106쪽).
   다만, 계약 존속 중 보수삭감 등의 인사상 불이익 조치는 처분성이 있어 행정절차법이 적용된다(2006두16328).
ㄷ. 협의취득과 보상합의는 동일한 의미이다. 강제로 수용하기 전에 당사자 간에 자율적인 협의를 하도록 하고, 만약 협의가 성립할 경우 이를 사법상 매매계약으로 본다. 사법상 계약으로부터 발생한 철거의무이므로, 이를 불이행하였더라도 대집행이 불가하다(2006두7096, ▷기본서 218쪽).
ㄹ. 공공계약은 국가계약의 일종으로서 사법상 계약에 해당한다. 따라서, 사적자치와 계약 자유의 원칙 등이 그대로 적용된다(▷기본서 14쪽).

16 답 ④

① 부담이 아닌 나머지 부관은 독립하여 취소소송의 대상이 되지 않는다(91누1264, ▷기본서 68쪽).
②, ④ 주택사업계획승인을 해주면서 이에 알짜배기 땅을 증여하라는 부담을 부가한 경우를 상정하여 보자. 판례는 부담(증여의무 부과)의 효력과 그 부관을 이행하기 위한 사법상 법률행위(증여의무를 이행함으로써 땅의 소유권을 이전하는 것)의 효력을 별개로 본다.
   따라서, 부담이 무효이거나 이에 불가쟁력이 발생하였다 하더라도, 사법상 법률행위의 효력은 영향을 받지 않는다. 중요부분에 착오가 있음을 이유로 사법상 법률행위를 취소할 수도 없다(다만, 부담이 무효인 경우 위 부관이 사법상 법률행위를 하게 된 동기 내지 연유로 작용하였음을 들어 사법상 법률행위를 취소할 여지가 남게 될 뿐이다)(2006다18174, ▷기본서 69쪽).

③ 주된 행정행위에 부담을 부가한 A행정청은 가만히 있는데, B행정청이 위 부담을 이행하라고 요구한 사안이다. B행정청의 위와 같은 요구가 행정행위의 상대방에게 권리의무의 직접적 변동을 발생시키지 아니하므로, 처분성이 부정되었다(91누1264). 해운항만청장이 공유수면매립면허를 받은 자에게 위 수토대금을 납부하지 않을 경우에는 국세체납의 예에 의하여 징수하겠다는 의사표시를 한 바 있었다고 하여도 이는 법령상의 근거 없이 한 것으로서 이 때문에 위 수토대금의 납부고지행위가 공권력을 가진 우월한 지위에서 행하는 행정처분이나 행정작용이 된다고 할 수 없고 세입금납고지서에 의하여 납부할 것을 고지하였다 하여도 마찬가지이다.

17 답 ④

①, ② 행정계획의 수립, 변경에 관해서는 행정청에게 광범위한 재량이 주어지지만, 행정주체가 가지는 이와 같은 형성의 자유는 무제한적인 것이 아니라 그 행정계획에 관련되는 자들의 이익을 공익과 사익 사이에서는 물론이고 공익 상호간과 사익 상호간에도 정당하게 비교·교량하여야 한다는 제한이 있다. 만약 이익형량의 고려 대상에 마땅히 포함시켜야 할 사항을 누락하는 등 비교·형량을 제대로 하지 않았다면 행정계획결정은 위법하게 된다(96누8567, ▷기본서 104쪽).
③ 행정청이 도시계획에 관한 권한을 가진 경우에는 후행 계획이 수립됨으로써 기존의 선행계획은 이와 양립 불가능한 범위 내에서 변경된다.
   반면, 행정청이 도시계획에 관한 권한을 갖지 않는 경우에는 위와 같은 효력이 발생하지 않는다(99두11257, ▷기본서 102쪽).
④ 애초부터 구속력도 없는 계획이므로, 예상치 못한 변동을 위법하다고 평가하지 않는다는 취지이다(96누13927).
   도시계획법 제11조 제1항에는, 시장 또는 군수는 그 관할 도시계획구역 안에서 시행할 도시계획을 도시기본계획의 내용에 적합하도록 입안하여야 한다고 규정하고 있으나, 도시기본계획이라는 것은 도시의 장기적 개발방향과 미래상을 제시하는 도시계획 입안의 지침이 되는 장기적·종합적인 개발계획으로서 직접적인 구속력은 없는 것이므로, 도시계획시설결정 대상면적이 도시기본계획에서 예정했던 것보다 증가하였다 하여 그것이 도시기본계획의 범위를 벗어나 위법한 것은 아니다.

18 답 ④

① 버스운송사업면허는 허가의 성격을 갖는 운전면허와 달리(2017도9230), 특허에 해당한다(99두3812, ▷기본서 57쪽).
② 귀화허가, 체류자격변경 허가 등과 달리, 강학상 허가로서 기속행위로 평가된다. 난민에 대한 보호 필요성을 감안한 해석으로 이해된다.
   구 출입국관리법 제2조 제3호, 제76조의2 제1항, 제3항, 제4항, 구 출입국관리법 시행령 제88조의2, 난민의 지위에 관한 협약 제1조, 난민의 지위에 관한 의정서 제1조의 문언, 체계와 입법 취지를 종합하면, 난민 인정에 관한 신청을 받은 행정청은

원칙적으로 법령이 정한 난민 요건에 해당하는지를 심사하여 난민 인정 여부를 결정할 수 있을 뿐이고, 이와 무관한 다른 사유만을 들어 난민 인정을 거부할 수는 없다(2016두42913, ▷기본서 61쪽).
③ 강학상 인가에 해당하고, 특별한 사정이 없는 한 재량행위에 속한다(2013두635, ▷기본서 61쪽).
④ 강학상 인가에 해당한다(2004다50044, ▷기본서 61쪽). 재개발조합에 대한 설립인가처분(설권적 처분)과 비교하여 숙지해 두어야 한다. 특별한 사정이 없는 한 인가는 재량행위이므로, 부관을 부가할 수 있다.

19   답 ③

① ▷기본서 51쪽

> 행정기본법 제39조【행정법제의 개선】① 정부는 권한 있는 기관에 의하여 위헌으로 결정되어 법령이 헌법에 위반되거나 법률에 위반되는 것이 명백한 경우 등 대통령령으로 정하는 경우에는 해당 법령을 개선하여야 한다.

② 구체적 규범통제에 관한 설명이다. 법원은 명령·규칙(=법규명령)이 헌법이나 법률에 위반되는 여부가 재판의 전제가 된 경우에 한하여, 즉 처분등에 대하여 행정소송이 제기된 경우에 한하여 법규명령의 하자를 심사할 수 있고, 최종적인 심사권은 대법원이 갖는다(헌법 제107조 제2항, ▷기본서 51쪽).
반면, 추상적 규범통제란 처분등에 대하여 소송이 제기되지 않았음에도 불구하고 법규명령의 하자를 심사하는 제도를 말하고, 이는 현행법상 허용되지 아니한다.
③ 하자 있는 법규명령의 효력을 묻고 있다. 원칙적으로는 무효이지만, 예외적으로 무효가 아닌 경우가 2가지 있다. 본 지문은 이 중 상위법령의 위임이 없었다가, 위임규정이 사후적으로 생겨난 경우를 묻고 있다. 판례는 위임규정이 생겨난 때부터, 즉 "그때부터(Cf. 소급하여)" 유효로 전환된다고 본다(93추83, ▷기본서 50쪽).
④ 모법인 법률에 의하여 위임받은 사항을 규정하면 위임명령이 되고, 법률이 규정한 범위 내에서 법률을 현실적으로 집행하는 데 필요한 세부적인 사항만을 규정하면 집행명령이 된다.
위임명령 및 집행명령 모두 법규명령이기는 하지만, 전자는 위임이 있기에 모법(상위법령)에 규정되지 않은 새로운 내용을 규정할 수 있는 반면, 후자는 위임이 없기에 새로운 내용을 규정할 수는 없고, 다만 모법을 구체화하는 내용만을 규정할 수 있을 뿐이다(▷기본서 49쪽). 그런데, 전자의 경우라 하더라도 위임이 없다면 새로운 내용을 규정할 수 없음은 물론이다.

20   답 ④

① 기속행위에 해당한다는 취지이다(▷기본서 54쪽).
구 여객자동차 운수사업법 제51조 제3항은 "국토해양부장관 또는 시·도지사는 여객자동차 운수사업자가 거짓이나 부정한 방법으로 제50조에 따른 보조금 또는 융자금을 받은 경우 여객자동차 운수사업자에게 보조금 또는 융자금을 반환할 것을 명하여야 하며, 그 여객자동차 운수사업자가 이에 따르지 아니하면 국세 또는 지방세 체납처분의 예에 따라 보조금 또는 융자금을 회수할 수 있다."고 규정하고 있다.
원심판결 이유에 의하면, 원심은 위 규정에 따라 국토해양부장관 또는 시·도지사는 여객자동차 운수사업자가 "거짓이나 부정한 방법으로 지급받은 보조금"에 대하여 이를 반환할 것을 명하여야 하고 위 규정을 "정상적으로 지급받은 보조금"까지 반환할 것을 명할 수 있는 것으로 해석하는 것은 그 문언의 범위를 넘어서는 것이며, 위 규정의 형식이나 체재 등에 비추어 보면, 이 사건 환수처분은 국토해양부장관 또는 시·도지사가 그 지급받은 보조금을 반환할 것을 명하여야 하는 기속행위라고 판단하였다.
위 법리 및 기록에 비추어 보면, 원심의 이러한 판단은 정당하고, 거기에 상고이유의 주장과 같은 유가보조금 환수처분의 법적 성질이나 환수처분의 대상 범위에 관한 법리오해 등의 위법이 없다(2011두3388).
② 특별한 언급이 없으면 취소소송의 본안심리에 관한 증명책임의 문제로 전제한다. 처분의 적법성은 피고가, 재량권 일탈남용은 원고가 입증책임을 부담한다(▷기본서 303쪽).
③ 형식으로 보나 실질로 보나 당사자소송에 해당한다(2016다221658, ▷기본서 337쪽).
④ 선정 및 배제행위 모두 처분성을 갖는다.
일정한 심사를 거쳐 우선협상대상자를 선정하는 행위와 이미 선정된 우선협상대상자를 그 지위에서 배제하는 행위는 민간투자사업의 세부내용에 관한 협상을 거쳐 공유재산법에 따른 공유재산의 사용·수익허가를 우선적으로 부여받을 수 있는 지위를 설정하거나 또는 이미 설정한 지위를 박탈하는 조치이므로 모두 항고소송의 대상이 되는 행정처분으로 보아야 한다(2017두31064, ▷기본서 253쪽).

03회 | 2023년 국가직 9급

정답
p.23

01	②	02	②	03	①	04	④	05	④
06	③	07	①	08	①	09	②	10	③
11	④	12	③	13	②	14	③	15	④
16	①	17	①	18	②	19	①	20	④

01
답 ②

①, ④ ▷기본서 123쪽

> 행정절차법 제17조【처분의 신청】⑦ 행정청은 신청인의 편의를 위하여 다른 행정청에 신청을 접수하게 할 수 있다. 이 경우 행정청은 다른 행정청에 접수할 수 있는 신청의 종류를 미리 정하여 공시하여야 한다.
> 제18조【다수의 행정청이 관여하는 처분】행정청은 다수의 행정청이 관여하는 처분을 구하는 신청을 접수한 경우에는 관계 행정청과의 신속한 협조를 통하여 그 처분이 지연되지 아니하도록 하여야 한다.

② 행정청은 신청에 구비서류의 미비 등 흠이 있는 경우에는 보완에 필요한 상당한 기간을 정하여 지체 없이 신청인에게 보완을 요구하여야 하고(행정절차법 제17조 제5항, ▷기본서 123쪽), 신청인이 그 기간 내에 보완을 하지 않았을 때에는 그 이유를 구체적으로 밝혀 접수된 신청을 되돌려 보낼 수 있으며(동조 제6항), 신청인은 처분이 있기 전에는 그 신청의 내용을 보완·변경하거나 취하할 수 있다(동조 제8항 본문).
판례는 행정절차법의 위와 같은 조문이 행정청으로 하여금 신청에 대하여 거부처분을 하기 전에 반드시 신청인에게 신청의 내용이나 처분의 "실체적 발급요건"에 관한 사항까지 보완할 기회를 부여하여야 할 의무를 정한 것은 아니라고 본다(2020두36007, ▷기본서 123쪽).

③
> 민원 처리에 관한 법률 제9조【민원의 접수】① 행정기관의 장은 민원의 신청을 받았을 때에는 다른 법령에 특별한 규정이 있는 경우를 제외하고는 그 접수를 보류하거나 거부할 수 없으며, 접수된 민원문서를 부당하게 되돌려 보내서는 아니 된다.
> ② 행정기관의 장은 민원을 접수하였을 때에는 해당 민원인에게 접수증을 내주어야 한다. <u>다만, 기타민원과 민원인이 직접 방문하지 아니하고 신청한 민원 및 처리기간이 '즉시'인 민원 등 대통령령으로 정하는 경우에는 접수증 교부를 생략할 수 있다.</u>
> 시행령 제6조【민원의 접수】③ 법 제9조 제2항 단서에서 "기타민원과 민원인이 직접 방문하지 아니하고 신청한 민원 및 처리기간이 '즉시'인 민원 등 대통령령으로 정하는 경우"란 다음 각 호의 어느 하나에 해당하는 민원인 경우를 말한다.
> 1. 기타민원
> 2. 제5조에 따라 민원인이 직접 방문하지 아니하고 신청한 민원
> 3. 처리기간이 '즉시'인 민원
> 4. 접수증을 갈음하는 문서를 주는 민원

02
답 ②

① 종전에는 법적 근거 없이도 취소 또는 철회를 할 수 있는지가 논란이 되었으나, 최근 행정기본법에 명시적인 법적 근거가 마련됨으로써 그와 같은 논란이 종식되었다. 행정기본법 제정 전에는 판례를 근거로(2019두31839), 행정기본법 제정 후에는 위 법률을 근거로 하여(행정기본법 제18조 및 제19조) 개별법상 별도의 근거 규정 없이도 직권 취소 및 철회가 가능하다고 보면 된다(▷기본서 95쪽).

② 철회는 처분의 성립 당시에는 아무런 하자가 없었음에도 후발적인 사정이 발생함에 따라 처분의 효력을 소멸시키는 것을 말한다(행정기본법 제19조 제1항, ▷기본서 95-6쪽). 이는 처분 성립 당시의 하자를 전제로 하는 취소와는 구별된다(행정기본법 제18조 제1항).

③ 신뢰보호 원칙의 요건인 "상대방의 귀책사유 없는 신뢰"에 관한 설명이다. (i) 허위 기타 부정한 방법으로 수익적 처분을 받은 경우 외에도, (ii) 상대방이 이를 알았거나(악의), 중과실로 몰랐던 경우 역시 마찬가지이다(2019두31839, ▷기본서 26쪽).

④ 신뢰보호원칙의 요건이 모두 충족되었어도, (i) 사정변경이 있는 경우 또는 (ii) 상대방의 신뢰보호로 인한 사익보다 공익이 더 큰 경우와 같은 신뢰보호의 한계가 존재한다면 위 원칙은 적용될 수 없다. 본 지문은 후자를 출제하였다(2019두31839).
구체적으로, 신뢰보호원칙은 상대방의 신뢰를 보호함으로써 달성되는 사익과 이로 인해 희생되는 공익을 비교·교량하는 과정을 반드시 거쳐야 한다. 만약 공적 견해표명의 상대방에게 형성된 신뢰를 보호하는 과정에서 공익 또는 제3자의 이익이 현저히 훼손된다면, 이는 신뢰보호원칙이 적용될 수 없는 한계적인 상황이라고 보아야 한다(▷기본서 27쪽, 신뢰보호원칙의 한계).

03
답 ①

① 원칙적으로, 재량행위에는 부관을 붙일 수 있고, 기속행위에는 부관을 붙일 수 없다. 그렇다면, 부관을 붙일 수 있는지 여부를 판단하기 위해서는 우선 재량행위와 기속행위를 구분하는 작업부터 해야 한다.
구분기준은 원칙적으로 법문언의 표현을 보는 것이다(98두17593). 그런데, 예외적으로 판례가 수익적 행정행위(처분)를 곧바로 재량행위로 보는 경우가 있다(2007두6663, ▷기본서 55쪽). 본 지문은 위 예외적인 상황을 전제로 하고 있다.
수익적 행정처분=재량행위이므로, 이에 부관을 붙일지 말지(결정재량), 붙인다면 어떤 방식으로 붙일지(선택재량) 자유롭게 결정할 수 있다(96다49650, ▷기본서 65쪽).

② 어업을 영위하도록 하면서도, 어선을 사용할 수 없게 하는 부관을 부가하였다. 이는 부관의 내용적 한계 중 일부인 "주된 행정행위의 목적에 위배되지 아니할 것"에 위배된다(행정기본법 제17조 제4항, 89누6808, ▷기본서 65쪽).

③ 부관의 사후변경은 4가지 사유가 발생하는 때에 한하여 허용된다. 판례는 (i) 법률에 명문의 규정이 있거나 (ii) 그 변경이 미리 유보되어 있는 경우, (iii) 상대방의 동의가 있는 경우를 원칙적 사유로 보고, (iv) 사정변경이 있는 경우를 예외적 사유로 본다(97누2627, ▷기본서 66쪽).

④ 주택사업계획승인을 해주면서 이에 알짜배기 땅을 증여하라는 부담을 부가한 경우를 상정하여 보자. 판례는 부담(증여의무 부과)의 효력과 그 부관을 이행하기 위한 사법상 법률행위(증여의무를 이행함으로써 땅의 소유권을 이전하는 것)의 효력을 별개로 본다.

따라서, 부담이 무효이거나 이에 불가쟁력이 발생하였다 하더라도, 사법상 법률행위의 효력은 영향을 받지 않는다(다만, 부담이 무효인 경우 위 부관이 사법상 법률행위를 하게 된 동기 내지 연유로 작용하였음을 들어 사법상 법률행위를 취소할 여지가 남게 될 뿐이다)(2006다18174, ▷기본서 69쪽).

04 답 ④

구분		공물	사물
국공유	정의	행정재산	일반재산(잡종재산)
	사용 허가	공법관계 (특허) ①	사법관계 ② (but 민사소송 ×)
	변상금 부과	처분 (항고소송) ③	
사유		사유공물	사유재산

① 사용수익 허가를 받은 행정재산을 다시 제3자에게 전대한 사안에서, 전대행위의 법적 성질이 문제되었다. 사용수익 허가는 여전히 특허에 해당함을 유의하여야 한다.

한국공항공단이 그 행정재산의 관리청으로부터 국유재산관리사무의 위임을 받거나 국유재산관리의 위탁을 받지 않은 이상, 한국공항공단이 무상사용허가를 받은 행정재산에 대하여 하는 전대행위는 통상의 사인간의 임대차와 다를 바가 없고, 그 임대차계약이 임차인의 사용승인신청과 임대인의 사용승인의 형식으로 이루어졌다고 하여 달리 볼 것은 아니다(2001다12638, ▷기본서 15쪽).

② 입찰보증금의 국고귀속조치는 국가가 사법상의 재산권의 주체로서 행위하는 것이지 공권력을 행사하는 것이거나 공권력작용과 일체성을 가진 것이 아니라 할 것이므로 이에 관한 분쟁은 행정소송이 아닌 민사소송의 대상이 될 수밖에 없다고 할 것이다(81누366, ▷기본서 14쪽).

③ 변상금 부과처분은 항고소송의 대상이 되는 처분이자, 기속행위에 해당한다(99두9735, ▷기본서 14, 54쪽).

④ 법령에 근거한 입찰참가자격제한조치는 처분성이 인정되었으나, 사법상 계약에 근거한 입찰참가자격제한조치는 처분성이 부정된다(▷기본서 14쪽, 245쪽; 2016두33223).

05 답 ④

행정기본법 제23조 【제재처분의 제척기간】 ① 행정청은 법령등의 위반행위가 종료된 날부터 5년이 지나면 해당 위반행위에 대하여 제재처분(인허가의 정지·취소·철회, 등록 말소, 영업소 폐쇄와 정지를 갈음하는 과징금 부과를 말한다. 이하 이 조에서 같다)을 할 수 없다.
② 다음 각 호의 어느 하나에 해당하는 경우에는 제1항을 적용하지 아니한다.

1. 거짓이나 그 밖의 부정한 방법으로 인허가를 받거나 신고를 한 경우 (②)
2. 당사자가 인허가나 신고의 위법성을 알고 있었거나 중대한 과실로 알지 못한 경우 (④)
3. 정당한 사유 없이 행정청의 조사·출입·검사를 기피·방해·거부하여 제척기간이 지난 경우 (③)
4. 제재처분을 하지 아니하면 국민의 안전·생명 또는 환경을 심각하게 해치거나 해칠 우려가 있는 경우 (①)

06 답 ③

① 법률안, 대통령령안에 한하여 국무회의의 심의를 거치면 족하고, 총리령 및 부령은 위 심의를 거치지 않아도 된다(헌법 제89조 제3호, ▷기본서 52쪽). 참고로, 법제처의 심의는 대통령령, 총리령, 부령 모두 거쳐야 한다.

② 행정규칙은 원칙적으로 헌법소원의 대상이 될 수 없으나, 예외적으로 법령의 규정에 의하여 행정관청에 법령의 구체적 내용을 보충할 권한을 부여한 경우나, 재량권행사의 준칙으로서 그 정한 바에 따라 되풀이 시행되어 행정관행이 형성됨으로써 평등의 원칙이나 신뢰보호의 원칙에 따라 행정기관이 그 상대방에 대한 관계에서 그 규칙에 따라야 할 자기구속을 당하게 되는 경우에는 헌법소원의 대상이 될 수 있다(2019헌마534, ▷기본서 32쪽).

③ 하자 있는 법규명령의 효력을 묻고 있다. 원칙적으로는 무효이지만, 예외적으로 무효가 아닌 경우가 2가지 있다. 본 지문은 이 중 법률에서 정한 처분요건을 하위 법령에 불과한 부령이 임의로 변경한 경우를 묻고 있다. 판례는 (무효까지는 아니고) 행정규칙으로서의 효력 정도는 인정하였다(2011두10584, ▷기본서 50쪽).

④ 부작위위법확인소송의 부작위는 "처분"의 부작위를 의미하는 것이므로, 행정입법 부작위는 해당 소송의 대상이 되지 않는다는 취지이다(91누11261, ▷기본서 179쪽). 군법무관 보수사건과 논리가 같다.

07 답 ①

① 개별공시지가결정과 이를 기초로 한 과세처분은 별개의 법률효과 발생을 목적으로 한다. 다만, 개별공시지가가 결정되었을 때 이를 토지소유자에게 직접 고지하지 않기 때문에, 토지소유자는 이를 다툴 시기를 놓치는 경우가 많다. 그럼에도 하자의 승계를 인정하지 않는다면, 토지소유자의 입장에서는 다툴 수도 없었던 개별공시지가로 인해 과세를 당하게 된다.

이는 토지소유자가 예측할 수 없었던 상황이므로(예측가능성 ×), 참을 수 있는 한계(수인한도 초과)를 넘는 조치라고 볼 수 있다. 따라서 예외적으로 하자의 승계가 인정된다. 보통 기출문제에는 고지 여부에 대한 언급이 없다. 이 경우 고지되지 않았다고 전제하고 문제를 풀면 된다(93누8542, ▷기본서 89쪽).

(참고로, 개별공시지가결정이 있은 뒤 이를 토지소유자에게 직접 고지한 사안에 대한 판례도 존재한다. 이 경우에는 예측가능성이 있고, 수인한도를 초과하는 불이익이 없으므로 하자의 승계가 부정된다. 혹시라도 고지가 이루어졌다는 언급이 있다면 결론이 반대가 됨을 유의해야 한다(예 원고가 개별공시지가결정에 대한 재조사 청구에 따른 감액조정을 통지받고 더 이상 다투지 않은 경우; 96누6059, ▷기본서 90쪽))

② 하자의 치유는 원칙적으로 허용되지 않는다. 그 대표적인 사례 중 하나에 해당한다.
이 사건 변경인가처분은 이 사건 설립인가처분 후 추가동의서가 제출되어 동의자 수가 변경되었음을 이유로 하는 것으로서 조합원의 신규가입을 이유로 한 경미한 사항의 변경에 대한 신고를 수리하는 의미에 불과하므로 이 사건 설립인가처분이 이 사건 변경인가처분에 흡수된다고 볼 수 없고, 또한 이 사건 설립인가처분 당시 동의율을 충족하지 못한 하자는 후에 추가동의서가 제출되었다는 사정만으로 치유될 수 없다(2010두2579, ▷기본서 93쪽).

③ 적법한 건축물에 대한 철거명령은 그 하자가 중대하고 명백하여 당연무효라고 할 것이고, 그 후행행위인 건축물철거 대집행계고처분 역시 당연무효라고 할 것이다(97누6780, ▷기본서 87쪽). 본래 철거명령과 대집행 세부절차는 서로 독립하여 별개의 법률효과를 발생시키는 것을 목적으로 하므로, 하자의 승계가 부정되어야 한다(93누14271, ▷기본서 87쪽). 다만, 선행행위인 철거명령이 무효인 경우에 해당하여 예외적으로 후행행위인 대집행 계고처분에 하자가 승계된 것이다.

④ 하자의 치유는 원칙적으로 허용되지 않는다(84누431, ▷기본서 93쪽).
따라서, 세액산출근거가 기재되지 아니한 납세고지서에 의한 부과처분은 강행법규에 위반하여 취소대상이 된다 할 것이므로, 같은 취지의 원심판결은 정당하다. 그 결과 이와 같은 납세고지의 하자는 원고가 전심절차에서 이를 주장하지 아니하였다거나, 그 후 부과된 세금을 자진납부 하였다거나, 조세채권의 소멸시효기간이 만료되었다 하여, 그 하자가 치유되는 것이라고는 할 수 없다.
다만, 과세관청이 과세처분에 앞서 납세의무자에게 보낸 과세(예고)통지서 등에 납세고지서의 필요적 기재사항이 제대로 기재되어 있어 납세의무자가 그 처분에 대한 불복 여부의 결정 및 불복신청에 전혀 지장을 받지 않았음이 명백하다면, 이로써 납세고지서의 하자가 보완되거나 치유될 수 있다는 점을 비교해 둘 필요가 있다(99두8039, ▷기본서 93쪽).

08 답 ①

① 법률유보원칙 준수 여부, 절차상의 하자가 있는지 여부 등은 모두 처분의 위법성(하자) 여부에 대한 내용으로서 본안심사 단계에서 판단되어야 한다(2015다34444).

② 위반사실 등의 공표의 처분성에 대한 일률적인 판단은 어려우나, 판례가 최근 병역의무 기피자 명단공개결정의 처분성을 인정한 사례가 있다(2018두49130, ▷기본서 168쪽). 다만, 지방병무청장의 1차 결정 및 병무청장의 최종 결정 중 후자만이 대상적격 등을 인정받았다는 점을 유의해야 한다.

③ 통지는 원칙적으로 처분성이 부정된다.
국민건강보험공단이 甲 등에게 한 '직장가입자 자격상실 및 자격변동 안내' 통보 및 '사업장 직권탈퇴에 따른 가입자 자격상실 안내' 통보 모두 처분성이 부정되었다(2016두41729, ▷기본서 244쪽).

④ 객관적인 기준을 적용하여도 처분성 여부가 불분명하면, 원고(상대방)의 입장에서 주관적인 사정까지 고려하여 처분성 여부를 판단하겠다는 취지이다(2020두50324, ▷기본서 237쪽).

09 답 ②

⇨ ㄱ, ㄹ

ㄱ. 본 지문을 뒷받침하는 직접적인 판례는 발견되지 않는다. 아래 조문 정도가 근거가 될 수 있을 것이다.
추측컨대, 공익 목적으로 신고를 이행한 자의 신원을 함부로 공개할 수는 없다는 상식적인 판단에 기초해 문제를 풀어내리라는 기대하에 출제한 것으로 보인다(더구나 개인의 정보를 보호하고자 하는 개인정보 보호법에 근거해서는 더더욱 허용되지 아니할 것이다).

> 개인정보 보호법 제4조【정보주체의 권리】정보주체는 자신의 개인정보 처리와 관련하여 다음 각 호의 권리를 가진다.
> 1. 개인정보의 처리에 관한 정보를 제공받을 권리
> 2. 개인정보의 처리에 관한 동의 여부, 동의 범위 등을 선택하고 결정할 권리
> 3. 개인정보의 처리 여부를 확인하고 개인정보에 대하여 열람(사본의 발급을 포함한다. 이하 같다)을 요구할 권리
> 4. 개인정보의 처리 정지, 정정·삭제 및 파기를 요구할 권리
> 5. 개인정보의 처리로 인하여 발생한 피해를 신속하고 공정한 절차에 따라 구제받을 권리

ㄴ, ㄷ. 행정기본법이 2023.3.24.부터 시행됨에 따라, 2023년도에 진행된 시험에서는 행정기본법에 도입된 중요 조문들이 대거 출제될 것으로 예상되었다. 그런데, 본 문제는 그 전제가 되는 시점이 2022년도이므로, 행정기본법의 내용이 적용되지 않는다. 행정기본법의 적용이 없다는 전제하에, 비공개결정을 통지 받은 날로부터 90일 내에 행정심판을 청구하지 않았으므로 해당 청구는 청구기간을 도과하여 부적법하다고 보아야 한다.

2022.8.26.	2022.9.16.	2022.10.16.	2022.12.27.
비공개결정	고충민원	결과 (문제 없음)	행정심판
기산점	이의신청 × (기산점 영향 ×)		청구기간 90일 도과

만약 본 문제에서 전제하는 시점이 2023년도였다면, 이의신청에 대한 결과가 통지된 날로부터 90일 이내에 행정심판 또는 행정소송을 제기할 수 있다는 특례가 있다는 점에 착안하여 문제의 결론을 달리 볼 여지도 있기는 하다.

그런데, 판례에 따르면 국민고충처리제도는 국무총리 소속하에 설치된 국민고충처리위원회로 하여금 행정과 관련된 국민의 고충민원을 상담·조사하여 행정기관의 처분 등이 위법·부당하다고 인정할 만한 상당한 이유가 있는 경우에 관계 행정기관의 장에게 적절한 시정조치를 권고하도록 함으로써 국민의 불편과 부담을 시정하기 위한 제도로서 행정심판법에 의한 행정심판 내지 다른 특별법에 따른 이의신청, 심사청구, 재결의 신청 등의 불복구제절차 그 어느 것에도 해당하지 아니한다(95누5332, ▷기본서 344쪽).

그렇다면, 고충민원처리절차를 거쳤다 하여 행정기본법상의 청구기간 특례가 적용될 수 없으므로, 여전히 결론은 행정기본법의 적용이 없다고 전제할 때와 같다. 여러모로 출제의도가 불분명하다고 볼 수 있다.

ㄹ. 내국인은 사실상 무제한적으로 청구권이 인정되나, 외국인은 아래와 같은 경우로 제한된다(▷기본서 135쪽).

> **공공기관의 정보공개에 관한 법률 제5조【정보공개 청구권자】**
> ① 모든 국민은 정보의 공개를 청구할 권리를 가진다.
> ② 외국인의 정보공개 청구에 관하여는 대통령령으로 정한다.
> **시행령 제3조【외국인의 정보공개 청구】** 법 제5조 제2항에 따라 정보공개를 청구할 수 있는 외국인은 다음 각 호의 어느 하나에 해당하는 자로 한다.
> 1. 국내에 일정한 주소를 두고 거주하거나 학술·연구를 위하여 일시적으로 체류하는 사람
> 2. 국내에 사무소를 두고 있는 법인 또는 단체

10 답 ③

① 사전통지 및 의견청취와는 달리, 적용 대상이 침익적 처분에 국한된다는 제한이 존재하지 않는다.

> **행정절차법 제20조【처분기준의 설정·공표】** ① 행정청은 필요한 처분기준을 해당 처분의 성질에 비추어 되도록 구체적으로 정하여 공표하여야 한다. 처분기준을 변경하는 경우에도 또한 같다.

②, ④ ▷기본서 73쪽

> **행정절차법 제14조【송달】** ① 송달은 우편, 교부 또는 정보통신망 이용 등의 방법으로 하되, 송달받을 자(대표자 또는 대리인을 포함한다. 이하 같다)의 주소·거소(居所)·영업소·사무소 또는 전자우편주소(이하 "주소등"이라 한다)로 한다. 다만, 송달받을 자가 동의하는 경우에는 그를 만나는 장소에서 송달할 수 있다.
> ② 교부에 의한 송달은 수령확인서를 받고 문서를 교부함으로써 하며, 송달하는 장소에서 송달받을 자를 만나지 못한 경우에는 그 사무원·피용자(被傭者) 또는 동거인으로서 사리를 분별할 지능이 있는 사람(이하 이 조에서 "사무원등"이라 한다)에게 문서를 교부할 수 있다. 다만, 문서를 송달받을 자 또는 그 사무원등이 정당한 사유 없이 송달받기를 거부하는 때에는 그 사실을 수령확인서에 적고, 문서를 송달할 장소에 놓아둘 수 있다.
> ③ 정보통신망을 이용한 송달은 송달받을 자가 동의하는 경우에만 한다. 이 경우 송달받을 자는 송달받을 전자우편주소 등을 지정하여야 한다.
> ④ 다음 각 호의 어느 하나에 해당하는 경우에는 송달받을 자가 알기 쉽도록 관보, 공보, 게시판, 일간신문 중 하나 이상에 공고하고 인터넷에도 공고하여야 한다.
> 1. 송달받을 자의 주소등을 통상적인 방법으로 확인할 수 없는 경우
> 2. 송달이 불가능한 경우
> **제15조【송달의 효력 발생】** ① 송달은 다른 법령등에 특별한 규정이 있는 경우를 제외하고는 해당 문서가 송달받을 자에게 도달됨으로써 그 효력이 발생한다.
> ② 제14조 제3항에 따라 정보통신망을 이용하여 전자문서로 송달하는 경우에는 송달받을 자가 지정한 컴퓨터 등에 입력된 때에 도달된 것으로 본다.
> ③ 제14조 제4항의 경우에는 다른 법령등에 특별한 규정이 있는 경우를 제외하고는 공고일부터 14일이 지난 때에 그 효력이 발생한다. 다만, 긴급히 시행하여야 할 특별한 사유가 있어 효력 발생 시기를 달리 정하여 공고한 경우에는 그에 따른다.

③ 3회 이상이어야 하므로, 2회에 불과하다면 단독 개최가 불가하다.

> **행정절차법 제38조의2【온라인공청회】** ② 제1항에도 불구하고 다음 각 호의 어느 하나에 해당하는 경우에는 온라인공청회를 단독으로 개최할 수 있다.
> 1. 국민의 생명·신체·재산의 보호 등 국민의 안전 또는 권익보호 등의 이유로 제38조에 따른 공청회를 개최하기 어려운 경우
> 2. 제38조에 따른 공청회가 행정청이 책임질 수 없는 사유로 개최되지 못하거나 개최는 되었으나 정상적으로 진행되지 못하고 무산된 횟수가 3회 이상인 경우
> 3. 행정청이 널리 의견을 수렴하기 위하여 온라인공청회를 단독으로 개최할 필요가 있다고 인정하는 경우. 다만, 제22조 제2항 제1호 또는 제3호에 따라 공청회를 실시하는 경우는 제외한다.

11 답 ④

①
> **질서위반행위규제법 제12조【다수인의 질서위반행위 가담】**
> ① 2인 이상이 질서위반행위에 가담한 때에는 각자가 질서위반행위를 한 것으로 본다.
> ② 신분에 의하여 성립하는 질서위반행위에 신분이 없는 자가 가담한 때에는 신분이 없는 자에 대하여도 질서위반행위가 성립한다.
> ③ 신분에 의하여 과태료를 감경 또는 가중하거나 과태료를 부과하지 아니하는 때에는 그 신분의 효과는 신분이 없는 자에게는 미치지 아니한다.

② 2 이상의 질서위반행위가 경합하는 경우(아래 제2항)와 비교하여 숙지해 두어야 한다.

> **질서위반행위규제법 제13조【수개의 질서위반행위의 처리】**
> ① 하나의 행위가 2 이상의 질서위반행위에 해당하는 경우에는 각 질서위반행위에 대하여 정한 과태료 중 가장 중한 과태료를 부과한다.
> ② 제1항의 경우를 제외하고 2 이상의 질서위반행위가 경합하는 경우에는 각 질서위반행위에 대하여 정한 과태료를 각각 부과한다. 다만, 다른 법령(지방자치단체의 조례를 포함한다. 이하 같다)에 특별한 규정이 있는 경우에는 그 법령으로 정하는 바에 따른다.

③ **질서위반행위규제법 제8조 【위법성의 착오】** 자신의 행위가 위법하지 아니한 것으로 오인하고 행한 질서위반행위는 그 오인에 정당한 이유가 있는 때에 한하여 과태료를 부과하지 아니한다.

④ 행정청이 최초 부과하고(질서위반행위규제법 제17조 제1항), 상대방이 이의제기를 하면 부과처분의 효력이 상실된다(동법 제20조 제1항, 제2항). 이의제기를 받은 행정청은 그 사실을 당사자의 주소지를 관할하는 법원에 통보하고(동법 제21조 제1항, 제25조, ▷기본서 164쪽), 법원이 새롭게 과태료를 산정하여 부과결정을 한다(동법 제36조 제1항).
행정청이 최초 부과하는 절차를 건너뛰고 법원에 곧바로 통보한다고 하였기 때문에 옳지 않다.

12 답 ③

① **행정조사기본법 제12조 【시료채취】** ① 조사원이 조사목적의 달성을 위하여 시료채취를 하는 경우에는 그 시료의 소유자 및 관리자의 정상적인 경제활동을 방해하지 아니하는 범위 안에서 최소한도로 하여야 한다.
② 행정기관의 장은 제1항에 따른 시료채취로 조사대상자에게 손실을 입힌 때에는 대통령령으로 정하는 절차와 방법에 따라 그 손실을 보상하여야 한다.

② **행정조사기본법 제5조 【행정조사의 근거】** 행정기관은 법령등에서 행정조사를 규정하고 있는 경우에 한하여 행정조사를 실시할 수 있다. 다만, 조사대상자의 자발적인 협조를 얻어 실시하는 행정조사의 경우에는 그러하지 아니하다.

③ 조사대상자의 신상이나 사업비밀 등이 유출되지 아니하도록 제도적·기술적 보안조치를 강구하여야 할 뿐, 자료의 제출을 요구할 수 없게 되는 것은 아니다(행정조사기본법 제28조 제2항).

④ **행정조사기본법 제14조 【공동조사】** ① 행정기관의 장은 다음 각 호의 어느 하나에 해당하는 행정조사를 하는 경우에는 공동조사를 하여야 한다.
1. 당해 행정기관 내의 2 이상의 부서가 동일하거나 유사한 업무분야에 대하여 동일한 조사대상자에게 행정조사를 실시하는 경우
2. 서로 다른 행정기관이 대통령령으로 정하는 분야에 대하여 동일한 조사대상자에게 행정조사를 실시하는 경우

13 답 ②

① 거부처분은 집행정지의 대상이 되지 않는다. 거부처분(소극적 처분)이 집행정지되면 신청이 거부되지 않는 소극적 상태로 환원하는데 그칠 뿐, 신청에 따른 처분이 내려지는 적극적 상태가 생겨나는 것은 아니기 때문이다. 따라서, 적극적 처분이 아닌 이상 집행정지를 받아줄 실익이 없다(91두15, ▷기본서 296쪽).

② 처분의 위법성 판단 시점은 원칙에 따라 처분시를 기준으로, 다만 공공복리를 위한 사정판결의 필요성은 변론종결시(판결시)를 기준으로 판단한다(69누29, ▷기본서 312쪽).

③ 소극적 요건에 해당하므로 행정청이 입증(소명)책임을 부담한다(행정소송법 제23조 제3항, ▷기본서 297쪽).

④ 인가는 (i) 순수한 성격의 인가 및 (ii) 인가+특허(설권적 처분) 유형으로 분류된다.
  (i) 전자의 경우, 기본행위에 하자가 있다면 기본행위만을 다투어야 하고, 인가에 하자가 있다면 인가만을 다투어야 한다(2001두7541, ▷기본서 61쪽).
  (ii) 후자의 경우, 기본행위와 인가 중 어느 것에 하자가 있건 간에 인가에 대하여 항고소송을 제기하여야 한다는 차이가 있다(2008다60568, 2009두4845, ▷기본서 61쪽).

14 답 ③

① 보상금청구권이 발생하여 이를 행사할 수 있었으므로, 이중배상금지 원칙에 따라 국가배상청구는 불가하다. 이후 위 보상금청구권의 시효가 완성되어 청구권이 소멸하여도 마찬가지이다. 소멸시효가 완성되기 전에 적극적으로 행사하지 않은 원고의 잘못이라는 취지로 이해된다(2000다39735, ▷기본서 206쪽).

② 구 공무원연금법에 따라 각종 급여를 지급하는 제도는 공무원의 생활안정과 복리향상에 이바지하기 위한 것이라는 점에서 국가배상법 제2조 제1항 단서에 따라 손해배상금을 지급하는 제도와 그 취지 및 목적을 달리하므로, 경찰공무원인 피해자가 구 공무원연금법의 규정에 따라 공무상 요양비를 지급받는 것은 국가배상법 제2조 제1항 단서에서 정한 '다른 법령의 규정'에 따라 보상을 지급받는 것에 해당하지 않는다(2017다16174, ▷기본서 206쪽).
이중배상금지 원칙은 손해배상을 중복으로 받는 것을 방지하는 취지인데, 구 공무원연금법에 따라 지급된 공무상 요양비는 손해배상의 성질을 갖지 않으므로, 공무상 요양비와 더불어 국가배상을 지급받는 것이 이중배상금지 원칙 위반이 아니라는 취지이다.

③ 원고가 앞서 국가배상법에 따라 손해배상을 받았다는 사정을 들어 국가보훈처장이 보상금 등 보훈급여금의 지급을 거부할 수 없다고 본 사안이다(2015두60075, ▷기본서 205쪽).
보상금 등 보훈급여금을 지급하고, 이미 지급된 국가배상법에 따른 손해배상금을 반환 받으라는 취지이다.

④ 군인 또는 경찰공무원으로서 교육훈련 또는 직무 수행 중 상이(공무상의 질병 포함)를 입고 전역 또는 퇴직한 자라고 하더라도 국가유공자 예우 등에 관한 법률에 의하여 국가보훈처장이 실시하는 신체검사에서 대통령령이 정하는 상이등급에 해당하는 신체의 장애를 입지 않은 것으로 판명되고 또한 군인연금법상의 재해보상 등을 받을 수 있는 장애등급에도 해당하지 않는 것으로 판명된 자는 위 각 법에 의한 적용 대상에서 제외되고, 따라서 그러한 자는 국가배상법 제2조 제1항 단서의 적용을 받지 않아 국가배상을 청구할 수 있다(96다28066, ▷기본서 204쪽).
위 판례에서 보듯이, 국가배상법 제2조 제1항 단서의 "전투·훈련 등 직무 집행"을 넓게 해석하는 것이 판례의 대체적인 경향이다. 다만, 결론이 상반되는 듯한 70년대 판례도 간혹 출제되고 있음을 유의해야 한다(숙직실에서 당직을 서는 행위는 위 직무집행에 속하지 않는다고 본 사안; 77다2389, ▷기본서 205쪽).

15 답 ④

① 지방자치법 제78조 내지 제81조의 규정에 의거한 지방의회의 의원징계의결은 그로 인해 의원의 권리에 직접 법률효과를 미치는 행정처분의 일종으로서 행정소송의 대상이 된다(93누7341, ▷기본서 279쪽).
항고소송이 허용되므로, 일반적인 경우와 동일하게 취소소송 및 무효등확인소송 모두 제기 가능하다.

②, ③ 지방자치단체 차원의 처분은 원칙적으로 지방자치단체의 장(단, 교육과 관련된 사항의 경우 교육감)이 결정 및 표시한다. 이때 지방의회의 의결은 단순히 내부적 행위에 불과하므로, 독립하여 처분성을 갖지 않는다. 따라서, 피고는 지방자치단체의 장(또는 교육감)이 된다. 예컨대, 두밀분교 폐지에 관한 처분적 조례의 경우, 이와 관련한 소송은 경기도 교육감이 피고가 된다(95누8003, ▷기본서 240쪽).
그런데, 지방의회의 지방의원에 대한 징계의결, 의장에 대한 불신임의결, 의장선거에 한해서는 (지방자치단체의 장, 교육감을 거치지 않고) 지방의회 자체적으로 위 처분을 결정 및 표시하므로, 이때 피고는 지방의회가 된다(▷기본서 279쪽).
나아가, 지방의원에 대한 제명의결 처분을 다투는 소송이므로, 당연히 해당 지방의원이 원고적격을 갖는다(같은 판례).

④ 제명의결의 법적 효과는 (i) 의원 신분의 박탈, (ii) 보수지급의 중단 두 가지이다. 따라서, 제명의결에 대한 소송의 승소로 인해 누릴 수 있는 이익은 의원 신분의 회복, 보수의 수령 두 가지이다. 소송 계속 중 임기가 만료되었다면 (i)과 관련한 이익은 충족될 수 없게 된 것이지만, 추후 승소한 후 미지급 보수를 한꺼번에 청구할 수 있다는 점에서 여전히 (ii)와 관련된 소의 이익이 인정된다(2007두13487, ▷기본서 271쪽).
참고로, 과거에는 지방의회 의원이 무급 명예직이었기 때문에 소의 이익이 인정되지 않았는데, 법이 개정되면서 판례도 함께 변경된 바 있다.

16 답 ①

① 아파트에 하자가 있음에도 행정청이 사용검사처분을 해준 것이 위법하다는 것이 원고인 아파트입주자(예정자)의 주장이나, 다음과 같은 이유에서 이를 다툴 원고적격이 부정되었다(2013두24976, ▷기본서 264쪽).
(i) 사용검사처분을 해주었다고 해서 아파트의 하자를 정당화해준 것으로까지 볼 수 없으므로 여전히 민사소송을 통해 하자에 대한 책임을 물을 수 있다.
(ii) 나아기, 하자에 별 불만이 없는 다른 입수예정자들의 입장에서는 해당 아파트에 대한 사용검사처분이 취소되는 것이 오히려 불이익일 수가 있다.

②, ③
[1] 민사소송은 행정법원에서 재판 가능하지만(임의관할), 행정소송은 민사법원에서 재판할 수는 없다(전속관할; 행정소송법 제9조 제1항, 제38조 제1항 및 제2항, 제40조).
[2] 당사자소송인데 민사소송으로 제기되었다면, 원래는 각하판결이 내려지거나 이송(이부)가 되어야 한다. 만약 이를 간과한 채 판결이 선고되어 버렸다면, 이는 전속관할을 위반한 위법한 판결로서 상소시 상급법원에서 번복될 운명에 처한다(②).
[3] 민사소송인데 행정소송으로 제기되었다면, 이 역시 원칙적으로는 각하판결이 내려지거나 이송(이부)가 되어야 한다. 다만, 이러한 소제기는 임의관할을 위반한 데 불과하므로, 상대방인 피고가 관할위반이라고 항변하지 아니하고 변론을 해버리면 행정법원에 민사소송의 관할을 인정한다(변론관할; 행정소송법 제8조 제2항, 민사소송법 제30조)(③).

④ 생태·자연도 1등급으로 지정되었던 지역을 (지극히 형식적으로) 2등급 또는 3등급으로 변경하였을 뿐이다. 위 변경으로 인해 비로소 인근 주민들에게 개별적·구체적 이익 침해가 발생하였다고 보기는 어렵다(2011두29052, ▷기본서 264쪽).

17 답 ①

① 강제로 수용하기 전에 당사자 간에 자율적인 협의를 하도록 하고, 만약 협의가 성립할 경우 이를 사법상 매매계약으로 본다(2006두7096, ▷기본서 218쪽). 사법상 계약으로부터 발생한 철거의무이므로, 이를 불이행하였더라도 대집행이 불가하다(2006두7096, ▷기본서 218쪽, 151쪽).

② 중앙 토지수용위원회가 아니라, 관할 토지수용위원회이다.

> 공익사업을 위한 토지 등의 취득 및 보상에 관한 법률 제72조 【사용하는 토지의 매수청구 등】 사업인정고시가 된 후 다음 각 호의 어느 하나에 해당할 때에는 해당 토지소유자는 사업시행자에게 해당 토지의 매수를 청구하거나 관할 토지수용위원회에 그 토지의 수용을 청구할 수 있다. 이 경우 관계인은 사업시행자나 관할 토지수용위원회에 그 권리의 존속(存續)을 청구할 수 있다.
> 1. 토지를 사용하는 기간이 3년 이상인 경우
> 2. 토지의 사용으로 인하여 토지의 형질이 변경되는 경우
> 3. 사용하려는 토지에 그 토지소유자의 건축물이 있는 경우

③ 결과적으로 합헌 결정이 나왔다(2003헌바29).

④ 물건별 보상이 아닌, 개인별 보상이기 때문이다(▷기본서 214쪽).

> 공익사업을 위한 토지 등의 취득 및 보상에 관한 법률 제65조 【일괄보상】 사업시행자는 동일한 사업지역에 보상시기를 달리하는 동일인 소유의 토지등이 여러 개 있는 경우 토지소유자나 관계인이 요구할 때에는 한꺼번에 보상금을 지급하도록 하여야 한다.

18 답 ②

① 이행강제금, 과태료, 벌금, 과징금의 병과는 원칙적으로 이중처벌금지, 일사부재리 원칙에 위반되지 않는다(2001두7220, ▷기본서 167쪽). 금전부과적 성격은 동일하지만, 각각의 목적과 효과가 다르다. 벌금 외 나머지는 형사처벌에 해당하지 않으므로 이중처벌의 문제가 발생하지 않는다.

② 시정명령을 받은 의무자가 그 시정명령의 취지에 부합하는 의무를 이행하기 위한 정당한 방법으로 행정청에 신청 또는 신고를 하였으나 행정청이 위법하게 이를 거부 또는 반려함으로써 결국 그 처분이 취소되기에 이르렀다면, 특별한 사정이 없는 한 그 시정명령의 불이행을 이유로 이행강제금을 부과할 수는 없다(2015두35116, ▷기본서 157쪽).
사실상 이행한 것이나 마찬가지이므로, 의무불이행 상태가 해소된 것으로 보아 이행강제금의 부과를 허용하지 않는 것이다.

③ 수차례 반복된 통지(계고 또는 독촉 동일) 처분은 제1회 처분에 한하여 대상적격이 있다. 2차 및 3차 통지는 제1회 처분의 연기 통지에 불과하다(94누5144 등, ▷기본서 244쪽).

④ 관할 행정청이 여객자동차운송사업자가 범한 여러 가지 위반행위 중 일부만 인지하여 과징금 부과처분을 하였는데 그 후 과징금 부과처분 시점 이전에 이루어진 다른 위반행위를 인지하여 이에 대하여 별도의 과징금 부과처분을 하게 되는 경우에도 종전 과징금 부과처분의 대상이 된 위반행위와 추가 과징금 부과처분의 대상이 된 위반행위에 대하여 일괄하여 하나의 과징금 부과처분을 하는 경우와의 형평을 고려하여 추가 과징금 부과처분의 처분양정이 이루어져야 한다.
다시 말해, 행정청이 전체 위반행위에 대하여 하나의 과징금 부과처분을 할 경우에 산정되었을 정당한 과징금액에서 이미 부과된 과징금액을 뺀 나머지 금액을 한도로 하여서만 추가 과징금 부과처분을 할 수 있다. 행정청이 여러 가지 위반행위를 언제 인지하였느냐는 우연한 사정에 따라 처분상대방에게 부과되는 과징금의 총액이 달라지는 것은 그 자체로 불합리하기 때문이다(2020두48390, ▷기본서 167쪽).

19 답 ①

⇨ ㄱ, ㄴ

ㄱ. 줬다 빼앗는 상황이므로, 권익 구제의 필요성이 크다고 볼 수 있다.
서훈취소는 서훈수여의 경우와는 달리 이미 발생된 서훈대상자 등의 권리 등에 영향을 미치는 행위로서 관련 당사자에게 미치는 불이익의 내용과 정도 등을 고려하면 사법심사의 필요성이 크다. 따라서 기본권의 보장 및 법치주의의 이념에 비추어 보면, 비록 서훈취소가 대통령이 국가원수로서 행하는 행위라고 하더라도 법원이 사법심사를 자제하여야 할 고도의 정치성을 띤 행위라고 볼 수는 없다(2012두26920, ▷기본서 11쪽).

ㄴ. 받은 자가 반납한다고 보면 된다. 서훈 수여처분의 상대방이 망인이었다면, 취소처분의 상대방도 망인이다(2013두2518, ▷기본서 280쪽).
문제는 이미 사망한 자에 대하여 효력발생요건을 어떻게 충족시키느냐 하는 것인데, 개별적인 송달이 불가능하므로, 상당한 방법으로 대외적으로 표시(=공고)하여야 한다.

ㄷ. 국무회의에서 건국훈장 독립장이 수여된 망인에 대한 서훈취소를 의결하고 대통령이 결재함으로써 서훈취소가 결정된 후 국가보훈처장이 망인의 유족 甲에게 '독립유공자 서훈취소결정 통보'를 하자 甲이 국가보훈처장을 상대로 서훈취소결정의 무효 확인 등의 소를 제기한 사안에서, 甲이 서훈취소 처분을 행한 행정청(대통령)이 아니라 국가보훈처장을 상대로 제기한 위 소는 피고를 잘못 지정한 경우에 해당하므로, 법원으로서는 석명권을 행사하여 정당한 피고로 경정하게 하여 소송을 진행해야 한다(2013두2518, ▷기본서 281쪽).
유의할 점은, (i) 대통령이 "소속 공무원"에게 처분을 한 경우가 아니므로, 각 부 장관에게 피고적격이 부여되는 특례의 적용이 없다는 점, (ii) 처분의 결정 및 명의 표시는 대통령이 하였고, 다만 국가보훈처장은 통지만을 이행한 것이므로, 피고적격은 여전히 대통령에게 부여된다는 점이다.

ㄹ. 서훈추천권의 행사, 불행사가 당연무효임의 확인, 또는 그 부작위가 위법함의 확인을 구하는 청구는 과거의 역사적 사실관계의 존부나 공법상의 구체적인 법률관계가 아닌 사실관계에 관한 것들을 확인의 대상으로 하는 것이거나 행정청의 단순한 부작위를 대상으로 하는 것으로서 항고소송의 대상이 되지 아니하는 것이다(90누3553).
독립유공자의 구체적 인정절차는 입법자가 헌법의 취지에 반하지 않는 한 입법재량으로 정할 수 있다. 독립유공자 인정의 전 단계로서 상훈법에 따른 서훈추천은 해당 후보자에 대한 공적심사를 거쳐서 이루어지며, 그러한 공적심사의 통과 여부는 해당 후보자가 독립유공자로서 인정될만한 사정이 있는지에 달려 있다. 이에 관한 판단에 있어서 국가는 나름대로의 재량을 지닌다. 따라서 국가보훈처장이 서훈추천 신청자에 대한 서훈추천을 하여 주어야 할 헌법적 작위의무가 있다고 할 수는 없으므로, 서훈추천을 거부한 것에 대하여 행정권력의 부작위에 대한 헌법소원으로서 다툴 수 없다(2004헌마859).

20 답 ④

① 행정기본법이 규정하는 행정상 강제에는 행정대집행, 이행강제금, 직접강제, 강제징수, 즉시강제가 있다(행정기본법 제30조 제1항 각 호, ▷기본서 148쪽).
②, ④ 대집행 비용징수는 국세징수법에 따라 징수할 수 있으므로, 민사소송으로 이를 청구하는 것은 허용되지 않는다(▷기본서 155쪽, 2010다48240).

> 행정대집행법 제6조【비용징수】① 대집행에 요한 비용은 국세징수법의 예에 의하여 징수할 수 있다.
> ② 대집행에 요한 비용에 대하여서는 행정청은 사무비의 소속에 따라 국세에 다음가는 순위의 선취득권을 가진다.
> ③ 대집행에 요한 비용을 징수하였을 때에는 그 징수금은 사무비의 소속에 따라 국고 또는 지방자치단체의 수입으로 한다.

③ 행정대집행법상 대집행의 대상이 되는 대체적 작위의무는 공법상 의무이어야 할 것인데, 구 공공용지의 취득 및 손실보상에 관한 특례법에 따른 토지 등의 협의취득은 공공사업에 필요한 토지 등을 그 소유자와의 협의에 의하여 취득하는 것으로서 공공기관이 사경제주체로서 행하는 사법상 매매 내지 사법상 계약의 실질을 가지는 것이므로, 그 협의취득시 건물소유자가 매매대상 건물에 대한 철거의무를 부담하겠다는 취지의 약정을 하였다고 하더라도 이러한 철거의무는 공법상의 의무가 될 수 없고, 이 경우에도 행정대집행법을 준용하여 대집행을 허용하는 별도의 규정이 없는 한 위와 같은 철거의무는 행정대집행법에 의한 대집행의 대상이 되지 않는다(2006두7096, ▷기본서 151쪽).

04회 | 2022년 국가직 9급

정답 p.29

01	④	02	①	03	①	04	④	05	①
06	③	07	①	08	④	09	④	10	①
11	③	12	②	13	③	14	①	15	③
16	②	17	③	18	③	19	②	20	③

01 답 ④

① 건축주(허가처분의 상대방)의 대리인인 건축사에게 귀책사유가 있는 경우이다. 이때 건축주에게는 실제로 귀책사유가 없다 하더라도, 대리인에게 귀책사유가 있으므로 결국 위 허가처분에 대한 신뢰는 귀책사유가 있는 것이 된다. 즉, 상대방과 그로부터 신청행위를 위임받은 수임인 등 관계자 "모두"를 기준으로 판단하여야 한다(2001두1512, ▷기본서 27쪽).
② 확약의 기속력이 상실되는 두 가지 사유 중 하나이다. 나머지 하나는 확약이 처음부터 위법했던 경우이다(행정절차법 제40조의2 제4항 각 호, ▷기본서 101쪽).
③ 일단 표현에 주의하여야 한다. 징계가 완화된 것이 아니라, 징계 "요건"이 완화된 것이다. 따라서 징계가 강화된 것이나 마찬가지다. 학기가 진행되던 도중 위와 같은 개정이 있었으므로, 아직 완성되지 않은 사실관계 또는 법률관계에 대한 소급적용으로 보아야 한다. 따라서, 이는 부진정소급으로서 원칙적으로 허용된다(87누1123, ▷기본서 28쪽).
④ 진정한 담당자가 아닌, 민원실 차원의 가벼운 회신에 근거한 신뢰이므로, 보호가치가 없다고 본 사안이다(2003두1875, ▷기본서 25쪽).

02 답 ①

① 취소처분이 취소되었으므로, 영업허가가 소급적으로 부활한다. 따라서, 유허가영업이 된다(93도277, ▷기본서 79쪽).
② 미성년자가 성인인 형의 이름으로 운전면허를 발급 받았으므로 하자는 있겠으나, 운전면허증만 봐서는 외관상 그 하자가 명백하다고 보기 어렵다. 따라서, 취소사유에 해당한다. 이에, 공정력에 의해 취소되기 전까지 유면허로 취급된다(80도2646, ▷기본서 79쪽).
③ 적법한 명령을 위반한 것만이 행정명령위반죄라는 범죄를 구성한다. 형사법원은 선결문제로서 행정명령의 위법성을 심사할 수 있고, 만약 위 명령이 위법하다면 무죄판결을 선고해야 한다(2001도2841, ▷기본서 80쪽).
④ 조세를 납부할 의무가 있어야 조세포탈죄가 성립할 수 있다. 따라서, 조세부과처분이 무효라면 조세포탈죄는 성립하지 않는다(83도2933, ▷기본서 77쪽).

03 답 ①

① 선정 및 배제행위 모두 처분성을 갖는다.
일정한 심사를 거쳐 우선협상대상자를 선정하는 행위와 이미 선정된 우선협상대상자를 그 지위에서 배제하는 행위는 민간투자사업의 세부내용에 관한 협상을 거쳐 공유재산법에 따른 공유재산의 사용·수익허가를 우선적으로 부여받을 수 있는 지위를 설정하거나 또는 이미 설정한 지위를 박탈하는 조치이므로 모두 항고소송의 대상이 되는 행정처분으로 보아야 한다(2017두31064, ▷기본서 253쪽).

② 중간단계의 처분이기 때문에, 최종 처분이 나온 이후에는 이를 구태여 다툴 실익이 없다는 취지이다.
원자로 및 관계 시설의 부지사전승인처분은 그 자체로서 건설부지를 확정하고 사전공사를 허용하는 법률효과를 지닌 독립한 행정처분이기는 하지만, 건설허가 전에 신청자의 편의를 위하여 미리 그 건설허가의 일부 요건을 심사하여 행하는 사전적 부분 건설허가처분의 성격을 갖고 있는 것이어서 나중에 건설허가처분이 있게 되면 그 건설허가처분에 흡수되어 독립된 존재가치를 상실함으로써 그 건설허가처분만이 쟁송의 대상이 되는 것이므로, 부지사전승인처분의 취소를 구하는 소는 소의 이익을 잃게 되고, 따라서 부지사전승인처분의 위법성은 나중에 내려진 건설허가의 취소를 구하는 소송에서 이를 다투면 된다(97누19588, ▷기본서 251쪽).

③ 감액경정 사안이지만 증액경정의 논리를 따른다. 후행처분은 자진신고 감면까지 포함하여 처분 상대방이 실제로 납부하여야 할 최종적인 과징금액을 결정하는 종국적 처분이고, 선행처분은 이러한 종국적 처분을 예정하고 있는 일종의 잠정적 처분으로서 후행처분이 있을 경우 선행처분은 후행처분에 흡수되어 소멸한다. 따라서 위와 같은 경우에 선행처분의 취소를 구하는 소는 이미 효력을 잃은 처분의 취소를 구하는 것으로 부적법하다(2013두987, ▷기본서 248쪽).

④ 내인가 → 본인가 신청 → 내인가 취소 순으로 처분이 이루어진 것이다. 내인가 취소는 본인가 신청에 대한 거부행위이다. 내인가가 확약이고, 이로 인해 신청권이 인정되었다고 볼 수 있다. 따라서, 내인가 취소처분의 대상적격이 인정된다(90누4402, ▷기본서 101쪽).

04 답 ④

① 보충역에는 공익근무요원 외에도 다양한 종류가 있다(사회복무요원, 예술·체육요원, 공중보건의사 등). 따라서, 보충역편입 단계에서는 아직 구체적인 병역의 종류가 특정되지 않은 관계로, 추후 공익근무요원으로 복무하게 될지 아직 예상하기 어렵다. 이러한 점 때문에 두 처분의 목적이 서로 다르다고 본 것이다(2001두5422, ▷기본서 88쪽).

② 철거명령은 철거의무를 부과하는 처분이므로, 이 단계에서는 아직 철거의무자가 그 의무를 이행할지 여부가 확정되지 않은 상태이다. 반면, 대집행 세부절차는 철거의무가 이미 불이행되었음을 전제로 그 이행을 강제하는 처분이므로 두 처분이 전제하는 상황이 전혀 다르다. 따라서, 목적이 다르다고 보았다(93누14271, ▷기본서 87쪽).

③ 두 처분의 목적이 다름에도, 선행처분이 무효라면 후행처분도 당연히 무효가 된다(2016두35144 등, ▷기본서 91쪽).

④ 직위해제는 비위 혐의자를 잠정적으로 직무에서 배제하는 처분이고, 면직처분은 확정적으로 공무원 신분을 박탈하는 처분이므로, 두 처분이 의도하는 법률효과가 다르다(84누191, ▷기본서 88쪽).

05 답 ①

① 정보공개법에서 청구권자를 "모든 국민"으로 광범위하게 규정해놓은 결과, 원고적격의 인정범위가 상당히 넓은 편이기는 하다(2003두8395 등, ▷기본서 143쪽). 그런 의미에서 옳은 선지라고 볼 여지는 많겠으나, 판례에서 "개별·구체적 이익이 없는 경우에도" 법률상 이익이 인정된다고까지 명시한 사례는 찾아보기 어렵다.

② 정보공개청구권이 신청권으로 기능하여 거부행위(비공개결정)에 처분성이 인정되므로, 거부처분에 대한 항고소송(취소/무효)으로 다투어야 한다(▷기본서 143쪽).

③ 가분성이 있다는 전제하에 공공기관의 일부공개가 가능하고, 그럼에도 전부비공개결정을 내렸다면 법원의 일부취소판결이 가능하다(▷기본서 145쪽).

④ 판례 원문과 같이 "반드시"라는 표현이 들어갔다면 좀 더 뉘앙스가 완벽하였을 듯하다. (i) 재판의 소송기록 자체에 포함된 기록뿐만 아니라, (ii) 진행 중인 재판의 결과에 구체적으로 영향을 미칠 위험이 있는 정보까지 비공개대상에 포함된다.
포인트는 비공개대상이 (i)에 국한되는 것이 아니라는 점, (i) 및 (ii)로 제한되므로 여기에서 더 나아가 재판에 관련된 일체의 정보까지를 비공개대상으로 보지는 않는 점 2가지이다(2009두19021, ▷기본서 138쪽).

06 답 ③

① 행정처분의 무효확인 또는 취소를 구하는 소에서, 비록 행정처분의 위법을 이유로 무효확인 또는 취소 판결을 받더라도 처분에 의하여 발생한 위법상태를 원상으로 회복시키는 것이 불가능한 경우에는 원칙적으로 무효확인 또는 취소를 구할 법률상 이익이 없다.
다만 원상회복이 불가능하더라도 무효확인 또는 취소로써 회복할 수 있는 다른 권리나 이익이 남아 있는 경우 예외적으로 법률상 이익이 인정될 수 있다(2013두1638, ▷기본서 267쪽).

② 해임처분의 법적 효과는 (i) 공무원 신분의 박탈, (ii) 보수지급의 중단 두 가지이다. 따라서, 해임처분에 대한 소송의 승소로 인해 누릴 수 있는 이익은 공무원 신분의 회복, 보수의 수령 두 가지이다. 소송 계속 중 임기가 만료되었다면 (i)과 관련한 이익은 충족될 수 없게 된 것이지만, 추후 승소한 후 미지급 보수를 한꺼번에 청구할 수 있다는 점에서 여전히 (ii)와 관련된 소의 이익이 인정된다(2012두26180, ▷기본서 271쪽).

③ 개념적으로는 처분성이 있다 하더라도, 개별법에서 항고소송 외 다른 불복절차(과태료재판 등)를 거치도록 한다면 항고소송의 대상인 처분이 될 수 없다(예 농지법상 이행강제금; 2018두42955, ▷기본서 158쪽).

나아가, 설령 관할청이 이행강제금 부과처분을 하면서 재결청에 행정심판을 청구하거나 관할 행정법원에 행정소송을 할 수 있다고 잘못 안내하거나 관할 행정심판위원회가 각하재결이 아닌 기각재결을 하면서 관할 법원에 행정소송을 할 수 있다고 잘못 안내하였다고 하더라도, 그러한 잘못된 안내로 행정법원의 항고소송 재판관할이 생긴다고 볼 수도 없다(2018두42955).

④ 원칙적으로 원처분주의에 따라 원처분의 하자는 원처분을 대상으로, 재결 고유의 하자는 재결을 대상으로 하여 다툰다. 그런데, 재결에 고유의 하자가 있는지 여부는 소송요건 심리 단계를 넘어 본안심리 단계까지 마쳐야 알 수 있는 것이다. 따라서, 원고가 재결에 고유한 하자가 있다고 주장하며 재결을 대상으로 제기한 소송에서 만약 본안심리까지 거친 결과 재결에 고유한 하자가 없다고 판단될 경우, 이는 본안심리의 결과로써 "기각" 판결을 면치 못한다(93누16901, ▷기본서 255쪽). 대상적격 흠결로써 "각하" 판결이 내려지는 것이 아님을 유의하여야 한다.

07 답 ①

① 공무원(군인)연금의 지급을 구하는 소송의 순서는 (i) 일단 공무원연금공단에 급여지급을 신청(대상자 선정 및 금액 결정을 신청)하여 거부처분을 받아 이를 항고소송으로 다툰 뒤, (ii) 위 소송에서 인용판결이 있었음에도 이후 법령 개정으로 인해 금액이 기대에 미치지 못하는 등의 사정이 있으면 당사자소송을 제기하여야 한다(2008두5636, ▷기본서 334-5쪽).

② 법무사 사무원 채용승인은 본래 법무사에 대한 감독권한을 가지는 소관 지방법원장에 의한 국가사무였다가 지방법무사회로 이관되었다. 따라서, 위 사무를 위탁받은 범위 내에서 공법인인 지방법무사회는 행정청이자 행정주체의 지위를 갖는다.
이러한 관점의 연장선상에서, 법무사에 대하여 지방법무사회로부터 채용승인을 얻어 사무원을 채용할 의무는 법무사법에 의하여 강제되는 공법적 의무이다(2015다34444, ▷기본서 236쪽).

③ 민사소송으로 청구해야 한다.
甲 주식회사 소유의 유조선에서 원유가 유출되는 사고가 발생하자 해상 방제업 등을 영위하는 乙 주식회사가 피해 방지를 위해 해양경찰의 직접적인 지휘를 받아 방제작업을 보조한 사안에서, 甲 회사의 조치만으로는 원유 유출사고에 따른 해양오염을 방지하기 곤란할 정도로 긴급방제조치가 필요한 상황이었고, 위 방제작업은 乙 회사가 국가를 위해 처리할 수 있는 국가의 의무 영역과 이익 영역에 속하는 사무이며, 乙 회사가 방제작업을 하면서 해양경찰의 지시·통제를 받았던 점 등에 비추어 乙 회사는 국가의 사무를 처리한다는 의사로 방제작업을 한 것으로 볼 수 있으므로, 乙 회사는 사무관리에 근거하여 국가에 방제비용을 청구할 수 있다(2012다15602).

④ 환매권은 사권이므로, 이에 관한 분쟁은 민사소송으로 취급된다(92다4673, ▷기본서 229쪽).

08 답 ④

① 양벌규정이란, 영업주가 행위자를 고용하여 이익을 누린다는 점에 착안하여, 행위자를 선임·감독하는 과정에서 귀책사유가 있다면, 불법행위를 저지른 행위자뿐 아니라 영업주도 처벌한다는 것이다(95도2870, ▷기본서 163쪽).

② 종업원의 행위로 인해 영업주의 처벌 여부가 문제되는 것은 맞지만, 반드시 종업원이 처벌 받아야만 영업주가 처벌되는 것은 아니고, 종업원이 처벌받지 않았다고 하여 반드시 영업주가 처벌되지 않는 것도 아니다(2005도7673, ▷기본서 163쪽). 각자의 귀책사유를 독립적으로 따져보아야 한다. 이 경우 영업주의 귀책사유는 종업원에 대한 선임·감독에 관한 것이다.

③ 법인 대표자와 법인의 관계는 영업주와 종업원의 관계와는 다르다. 대표자의 행위가 곧 법인의 행위이므로, 대표자가 법인 대표자에게 일정한 범죄행위가 있으면 법인이 그와 같은 대표자의 범죄에 대해 선임감독상의 과실이 있는지를 묻지 않고 곧바로 법인에게 대표자와 같은 처벌을 가할 수 있다(2010헌가61, ▷기본서 163쪽).

④ 행정법규 위반으로 인하여 제재가 가해지는 것이긴 하지만, 이는 행정형벌의 일종으로서 형벌에 해당한다(▷기본서 163쪽).

09 답 ④

① 부과받는 상대방의 입장에서 생각해보면, 추후에 새로운 자료가 나왔다는 이유로 계속하여 새로운 과징금을 부과하거나, 기존 처분을 변경할 경우 방어권 침해의 소지가 클 수밖에 없다. 나아가, 행정청의 입장에서도 한 번에 제대로 부과하지 않을 유인이 커지게 된다. 따라서 허용되지 않는다(99두1571, ▷기본서 166쪽).

②, ④ 과징금은 원칙적으로 재량행위이다. 전통적 의미의 과징금 및 변형된 의미의 과징금 모두 그러하다(2017두56957, ▷기본서 165쪽). 예외적으로 「부동산 실권리자명의 등기에 관한 법률」상 명의신탁자에 대한 과징금만큼은 기속행위에 해당한다(2005두17287).

③ 이행강제금, 과태료, 벌금, 과징금의 병과는 원칙적으로 이중처벌금지, 일사부재리 원칙에 위반되지 않는다(2001두7220, ▷기본서 164, 167쪽). 금전부과적 성격은 동일하지만, 각각의 목적과 효과가 다르기 때문이다. 벌금 외 나머지는 형벌이 아니기 때문에 이중처벌이 문제되지 않는다.

10 답 ①

① 공무원에게 고의 또는 중과실이 있다면 국가가 먼저 배상한 뒤 공무원에게 구상이 가능하지만, 이 경우만큼은 예외적으로 신의칙에 의해 구상이 불가하다(2015다200258, ▷기본서 175쪽). 즉, 국가가 궁극적인 책임을 진다.

② 해당 공무원이 비록 법률전문가까지는 아니더라도, 최소한 관계 법규는 숙지하고 있어야 하고, 그 해석에 필요한 지식은 갖출 필요가 있다. 만약 그렇지 못한 결과 법규 해석을 그르쳤다면 해당 공무원은 과실이 인정될 수밖에 없다.

단, 법령에 대한 해석이 복잡, 미묘하여 워낙 어렵고, 이에 대한 학설, 판례조차 귀일되어 있지 않는 등의 특별한 사정이 있다면 달리 판단될 여지는 있다(98다52988, ▷기본서 183쪽).
③ 공무원의 위법행위와 국민의 손해 간에 상당인과관계가 인정되려면, 법령이 공무원에게 부과한 직무상 의무의 내용을 따져보아야 한다.
구체적으로, 위와 같은 의무가 단순히 공공 일반의 이익을 위한 것이거나 행정기관 내부의 질서를 규율하기 위한 것이 아니고, 부수적으로라도 사회구성원 개인의 안전과 이익을 보호하기 위하여 설정된 것이어야 한다(91다43466 등, ▷기본서 189쪽).
④ 만약 처분 시점 당시 특정한 법조항의 해석에 대하여 명시적인 판례가 존재하지 않고, 학설도 극명하게 갈렸다면, 어느 정도 불확실성을 감수한 채로 한 견해를 취하여 법을 집행하는 것이 불가피하다.
따라서, 추후 결과적으로 처분이 위법하다고 판단되었고, 이로 인해 국민에게 손해가 발생했다 하여도 그것만으로 곧바로 공무원의 주의의무 위반(= 귀책사유 = 고의 또는 과실)을 인정할 수 없다(97다7608, ▷기본서 183쪽).

11   답 ③

① 예외적으로 신청권이 인정된 사례에 해당한다.
甲의 귀책사유로 인해 甲과 乙 간의 토지사용계약이 해제된 경우, 乙의 입장에서는 더 이상 甲이 자신의 토지를 사용할 권리가 없음에도, 자신의 토지 위에 건축허가가 남아 있어 토지의 사용이 제한되는 상태이다. 따라서, 乙로서는 행정청에게 甲의 건축허가를 철회하여 달라고 신청할 수 있는 권리가 있다. 만약 이를 거부시 거부처분 취소소송을 제기하면 대상적격이 인정된다(2014두41190, ▷기본서 96쪽).
② 건축허가는 건물이라는 "물건"에 대한 대물적 허가이다. 따라서, 토지의 소유자나 건축주 등 어떤 "사람"이 건물을 지으려고 하는지에 대해서는 형식적으로만 심사를 한다(2014두41190, ▷기본서 57쪽).
③ 철회는 처분의 성립 당시에는 아무런 하자가 없었음에도 후발적인 사정이 발생함에 따라 처분의 효력을 소멸시키는 것을 말한다(행정기본법 제19조 제1항, ▷기본서 95쪽). 이는 처분 성립 당시의 하자를 전제로 하는 취소와는 구별된다(행정기본법 제18조 제1항).
건축허가를 내어줄 당시에는 아무런 하자가 없었어도 이후 건축허가의 전제가 된 토지 사용수익권이 소멸한 사정변경이 발생하였으므로, 건축허가를 철회시킬 수 있다.
④ 수익적 행정행위를 주었다가 다시 취소하거나 철회할 경우 신뢰보호의 문제가 발생한다. 따라서, 원칙적으로 사익과 공익을 비교·형량하여야 한다(행정기본법 제18조 제2항 본문 및 제19조 제2항, ▷기본서 97쪽).

12   답 ②

① 위헌결정의 소급효를 무제한적으로 인정하면 불가쟁력이 발생한 처분도 다툴 수 있다는 결론이 되어 제소기간 및 불가쟁력 제도가 형해화된다. 따라서, 불가쟁력이 발생한 때(즉, 제소기간을 도과한 때)에는 소급효를 인정하지 않는다(2010헌마535, ▷기본서 85쪽).
② 병행사건 또는 일반사건이라 하더라도 제소기간이 지나기 전에 취소소송을 제기하였다면 위헌법률심판제청신청을 하지 않아도 소급효가 인정될 수 있다(2010헌마535, ▷기본서 85쪽).
③ 행정심판을 거쳐 항고소송을 제기하는 경우라면 제소기간은 (i) 재결서 정본을 송달받은 날로부터 90일, (ii) 재결이 있은 날(= 재결의 효력이 발생한 날)로부터 1년 중 이른 날에 완성된다. 그런데, 행정심판의 재결은 당사자가 재결서 정본을 송달받은 날에 그 효력이 발생되므로, 재결서 정본 송달받은 날 = 재결이 있은 날이 된다. 따라서, 제소기간은 재결서 정본을 송달받은 날로부터 90일이 된다(행정소송법 제20조 제1항 및 제2항, ▷기본서 282쪽).
본 지문은 위 제소기간 내에 취소소송을 제기하였다고 하였으므로, 위헌결정의 소급효가 미치는 결과 승소할 수 있다.
④ 조세나 부담금 부과처분이 있은 뒤, 체납처분 절차가 진행 중이었는데, 다만 위헌결정이 내려질 때까지 절차가 전부 완료되지는 못한 경우를 의미한다. 예컨대, 부과처분 이후 납부의무를 이행하지 않아 이를 집행하기 위하여 체납처분 절차를 진행하였으나 시간이 촉박하여 위헌결정 이전까지 독촉, 압류만 진행된 경우를 생각하면 된다.
이때 제소기간을 넘겨 불가쟁력이 발생한 부과처분에 대해서는 위헌결정의 소급효가 미치지 않아 취소소송을 제기하여도 승소할 수 없으나, 남은 체납처분 절차(위 사례에서는 매각, 청산)만큼은 진행되지 않도록 하는 것이 대법원의 입장이다. 그럼에도 불구하고 체납처분이 이루어졌다면 이는 중대·명백한 하자가 있는 경우로서 무효이다(2010두10907, ▷기본서 86쪽).

13   답 ③

① 상위법령의 위임이 있다 하더라도, 예외적으로 제재 처분의 기준이 시행규칙(총리령 또는 부령) 형식으로 정해진 경우에는 행정규칙이 된다.
반면, 시행령(대통령령)의 형식으로 정해진 경우에는 다시 원칙으로 돌아가 법규명령이 된다(2018두49444, ▷기본서 53쪽).
② 해당 고시는 법조문의 형식을 가지긴 하나, 그 내용을 들여다보면 특정 제약회사의 특정 의약품을 보험처리하지 않도록 하는 규정을 두고 있다. 이에, 예외적으로 처분성이 인정되었다(이른바 '처분적 고시', 2003무23; 유사 2005두2506, ▷기본서 240쪽).

③ 일반적으로 법률의 위임에 의하여 효력을 갖는 법규명령의 경우, 구법에 위임의 근거가 없어 무효였더라도 사후에 법개정으로 위임의 근거가 부여되면 그 때부터는 유효한 법규명령이 되나, 반대로 구법의 위임에 의한 유효한 법규명령이 법개정으로 위임의 근거가 없어지게 되면 그 때부터 무효인 법규명령이 되므로, 어떤 법령의 위임 근거 유무에 따른 유효 여부를 심사하려면 법개정의 전·후에 걸쳐 모두 심사하여야만 그 법규명령의 시기에 따른 유효·무효를 판단할 수 있다(93추83, ▷기본서 50쪽).

④ 공급자관리지침은 행정규칙이지만, 이와는 무관하게 국민의 권리·의무에 영향을 미친다는 점에서 처분성이 인정되었다.
  [1] 한국수력원자력 주식회사가 조달하는 기자재, 용역 및 정비공사, 기기수리의 공급자에 대한 관리업무 절차를 규정함을 목적으로 제정·운용하고 있는 '공급자관리지침' 중 등록취소 및 그에 따른 일정 기간의 거래제한조치에 관한 규정들은 공공기관으로서 행정청에 해당하는 한국수력원자력 주식회사가 상위법령의 구체적 위임 없이 정한 것이어서 대외적 구속력이 없는 행정규칙이다.
  [2] 한국수력원자력 주식회사가 자신의 '공급자관리지침'에 근거하여 등록된 공급업체에 대하여 하는 '등록취소 및 그에 따른 일정 기간의 거래제한조치'는 행정청이 행하는 구체적 사실에 관한 법집행으로서의 공권력의 행사인 '처분'에 해당한다(2017두66541, ▷기본서 250쪽).

14   답 ①

① 행정계획은 처분성 인정 여부가 사안별로 다르다(▷기본서 102-3쪽).
  도시"기본"계획, 환지계획, 4대강 살리기 마스터플랜은 그 자체로 국민의 권리, 의무에 직접 영향이 있다고 볼 수 없어 처분성이 부정된다.
  그에 반해 도시"관리"계획, "사업시행"계획, "관리처분"계획은 반대의 이유로 처분성이 인정되었다.
  국토해양부, 환경부, 문화체육관광부, 농림수산부, 식품부가 합동으로 2009.6.8. 발표한 '4대강 살리기 마스터플랜' 등은 4대강 정비사업과 주변 지역의 관련 사업을 체계적으로 추진하기 위하여 수립한 종합계획이자 '4대강 살리기 사업'의 기본방향을 제시하는 계획으로서, 행정기관 내부에서 사업의 기본방향을 제시하는 것일 뿐, 국민의 권리·의무에 직접 영향을 미치는 것이 아니어서 행정처분에 해당하지 않는다(2010무111, ▷기본서 297쪽).

② 공법상 계약은 행정행위의 효력인 공정력이 인정되지 않으므로, 하자 있는 공법상 계약은 원칙적으로 무효로 보아야 한다(▷기본서 75쪽).

③ 행정지도는 개별법상 근거를 요하지 않는다. 한편, 행정지도는 그 권고적 성격으로 인해 원칙적으로 처분성을 갖지 않는다(▷기본서 109쪽).

④ '공공계약'은 그 명칭에도 불구하고 사법상 계약에 해당한다(2014두11328, ▷기본서 14쪽).

15   답 ③

① 사전통지와 의견청취에 공통된 예외사유이다.
  이미 재판을 거쳐 오는 과정에서 충분히 의견 수렴이 되었을 것이기 때문에, 사전통지 및 의견청취를 구태여 다시 거칠 필요가 없다고 보는 것이다(행정절차법 제21조 제4항 제2호).
  다만, 재판에 의해 밝혀진 사실이 일부에 불과하다는 등의 이유로 후속 의견청취 결과에 따라 처분 여부나 그 수위에 변동이 생길 여지가 있다면, 이때에는 다시 원칙으로 돌아가 사전통지 및 의견청취를 할 필요가 있다(2019두45944, ▷기본서 117쪽).

② 의견청취의 경우, 당사자가 의견을 진술하지 않겠다고 명백히 의사를 표시하였다면 이를 강제할 이유가 없다. 따라서, 예외사유가 된다(행정절차법 제22조 제4항, ▷기본서 119쪽).

③, ④ (i) 외국인의 출입국·난민인정·귀화, (ii) 공무원 인사 관계 법령에 따른 징계와 그 밖의 처분의 경우, 위 사항에 해당하는지 여부뿐 아니라 "해당 행정작용의 성질상 행정절차를 거치기 곤란하거나 거칠 필요가 없다고 인정되는지" 또는 "행정절차에 준하는 절차를 이미 거쳤는지" 여부도 추가로 따져보아야 한다(행정절차법 제3조 제2항 제9호, ▷기본서 113쪽).
  대법원은 가급적 행정절차법을 적용하려는 입장에서, 위 배제사유를 좁게 해석하고자 한다. 따라서, 직권면직(2011두30687) 및 해임처분(2011두5001) 모두 공무원에 대한 것임에도 불구하고 행정절차법이 적용된다(▷기본서 113쪽).
  반면, 직위해제 처분의 경우 직권면직과는 달리 행정절차법의 적용이 배제된다. 국가공무원법에 더 엄격한 절차가 규정되어 있기 때문이다(2012두26180, ▷기본서 113쪽).

16   답 ②

① 외국인에게 원고적격이 있는지를 판단하는 기준은 해당 외국인이 "대한민국과 실질적 관련성이 있거나, 대한민국에서 법적으로 보호가치 있는 이해관계를 형성한 경우"인지 여부이다(2014두42506, ▷기본서 258쪽).
  대한민국에 입국을 원하는 외국인은 과거에 대한민국에서 출생하여 오랜 기간 대한민국 국적을 보유하면서 거주한 이력이 있는 경우에 한하여 법률상 이익이 인정된다. 인정된 사례로는 미국 국적의 스티브 유(2017두38874), 부정된 사례로는 중국 국적의 조선족 동포 사안을 들 수 있다(2014두42506).
  반면, 외국인이 체류지격변경 불허가처분, 강제퇴거명령 등을 받아 강제추방을 앞두고 있는 경우라면, 그 전에 이미 대한민국에 적법하게 입국하여 상당한 기간을 체류하였을 것이 전제되므로 법률상 이익이 인정된다(2014두42506).

② (i) 조치요구를 받은 자의 입장에서는 이에 불응할 경우 과태료 등 법적 불이익이 예정되어 있어 다툼이 불가피한데, (ii) 기관소송이 허용되지 않고, (iii) 동시에 헌법상 권한쟁의심판까지 허용되지 않는 상황이므로 예외적으로 항고소송을 통해 조치요구를 다툴 수 있도록 허용하였다(2011두1214, 2014두35379, ▷기본서 257쪽).

③ 교사에 대한 임용권자가 교육공무원법 제12조에 따라 임용지원자를 특별채용하는 경우, 임용지원자가 임용권자에게 자신의 임용을 요구할 법규상 또는 조리상 권리가 없다(2004두11626, ▷기본서 239쪽).
말 그대로 특별채용이므로, 이를 요구할 권리까지는 인정할 수 없다는 취지이다.
④ 당시에는 법령의 미비로 인해 법령상 신청권은 인정되지 않았으나, 지극히 상식적인 판단하에 조리상의 신청권이 인정되었다. 甲 등이 인터넷 포털사이트 등의 개인정보 유출사고로 자신들의 주민등록번호 등 개인정보가 불법 유출되자 이를 이유로 관할 구청장에게 주민등록번호를 변경해 줄 것을 신청하였으나 구청장이 '주민등록번호가 불법 유출된 경우 주민등록법상 변경이 허용되지 않는다'는 이유로 주민등록번호 변경을 거부하는 취지의 통지를 한 사안에서, 피해자의 의사와 무관하게 주민등록번호가 유출된 경우에는 조리상 주민등록번호의 변경을 요구할 신청권을 인정함이 타당하고, 구청장의 주민등록번호 변경신청 거부행위는 항고소송의 대상이 되는 행정처분에 해당한다(2013두2945).

17   답 ③

⇨ ㄱ, ㄹ, ㅁ

ㄱ, ㅁ. 처분성은 있으나, 소송을 제기할 때 즈음이면 행위가 종료되는 경우가 많다. 따라서, 대상적격은 충족될 수 있어도 소의 이익이 부정되는 경우가 대부분이다. 이러한 점 때문에 사후적으로 국가배상청구를 통해 손해를 보전 받는 쪽을 택하곤 한다(▷기본서 161쪽).
ㄴ, ㄷ. (과거가 아닌) 현재의 의무불이행상태를 전제로 하는 경우가 있으나, 반드시 의무 위반을 전제로 하는 것은 아니다. 의무를 부과할 여유가 없을 정도로 "즉시", 신속하게 행해져야 하는 사안이 많기 때문이다. 다만, 침익적 성격이 강한 조치이기 때문에 법률유보원칙에 따라 법률상 근거를 요한다(▷기본서 160쪽).
ㄹ. 진단 및 접종은 사람에 대해 행해지기 때문에 대인적 강제수단에 해당한다(▷기본서 161쪽).

18   답 ③

⇨ ㄴ, ㄷ

ㄱ, ㄹ. 통상적인 이의신청이므로, 이를 선택적으로 거친 뒤에 행정심판으로 나아갈 수 있다(행정기본법 제36조 제3항, ▷기본서 343쪽).
ㄴ. 중앙토지수용위원회의 (수용)재결에 이의가 있는 자는 중앙토지수용위원회에 이의를 신청할 수 있다(제83조 제1항).
토지수용위원회의 수용재결에 대한 이의절차는 실질적으로 행정심판의 성질을 갖는 것이므로 이의재결이 내려진 뒤라면 행정심판 재청구 금지 원칙에 의해 행정심판을 제기할 수 없다(행정심판법 제51조, ▷기본서 344쪽).
ㄷ. 난민법에 따른 이의신청을 한 경우에는「행정심판법」에 따른 행정심판을 청구할 수 없다(난민법 제21조 제2항, ▷기본서 344쪽).

19   답 ②

① 취소소송의 제기는 처분등의 효력이나 그 집행 또는 절차의 속행에 영향을 주지 아니한다(이른바 '집행부정지 원칙'; 행정심판법 제30조 제1항, ▷기본서 295쪽). 이 때문에 별도의 집행정지 신청이 필요한 것이다.
②, ③ 수용 그 자체(수용여부, 시기, 범위 등)를 다툰다면 원처분인 수용재결에 대하여 항고소송을 제기해야 할 것이나(토지보상법 제85조 제1항, ▷기본서 221쪽), 보상금의 액수를 다툰다면 사업시행자 및 토지소유자 간에 당사자소송이 제기되어야 할 것이다(토지보상법 제85조 제1항, 제2항).
④ 대집행의 적용 범위는 대체성이 있는 의무에 한한다. 즉, 대체적 작위의무에 국한되고, 그 밖에 비대체적 작위의무 및 부작위의무에는 적용이 없다.
대체적 작위의무의 대표적인 사례가 철거의무이고(99다18909, ▷기본서 150쪽), 비대체적 작위의무의 대표적인 사례는 인도의무이다(97누157). 특정 공간을 인도하여 줄 수 있는 자는 그 공간을 현재 점유하고 있는 자 뿐이다.

20   답 ③

① 명시적인 대법원 판례는 없으나, 통상적으로 이를 민사소송의 일종인 부당이득반환소송으로 본다(▷기본서 332쪽).
② 하자의 치유를 허용하려면 늦어도 과세처분에 대한 불복여부의 결정 및 불복신청에 편의를 줄 수 있는 상당한 기간 내에 하여야 한다. 즉, 행정심판 또는 행정소송 제기 전까지 치유되어야 한다(82누420, ▷기본서 94쪽).
③ 상위법령의 위임이 있다 하더라도, 예외적으로 제재적 처분의 기준이 시행규칙(총리령 또는 부령) 형식으로 정해진 경우에는 행정규칙이 된다. 반면, 시행령(대통령령)의 형식으로 정해진 경우에는 다시 원칙으로 돌아가 법규명령이 된다(2018두49444, ▷기본서 53쪽).
영업정지라는 제재적 처분의 세부기준을 총리령이 정하고 있으므로, 이는 행정규칙으로 보아야 한다. 따라서, 대외적 구속력이 없어 재판규범이 되지 않는다.
④ 명시적인 판례는 발견되지 않는다. 기본적 사실관계의 동일성이 없으므로 처분사유의 추가변경이 허용되지 않는다는 취지로 보인다.

PART 2 국가직 7급

05회 | 2025년 국가직 7급

정답

01	③	02	②	03	④	04	③	05	①
06	③	07	②	08	③	09	④	10	④
11	①	12	②	13	①	14	①	15	①
16	④	17	②	18	②	19	③	20	③
21	②	22	②								

01 답 ③

① 실권의 법리가 적용되기 위한 묵시적 의사표시를 인정하려면 행정청이 알면서도 장기간 행정관행을 방치하였어야 한다(80누6, ▷기본서 24쪽). 착오에 의해 행정관행이 지속되었다는 이유만으로 묵시적 의사표시가 인정될 수는 없다.

행정상 법률관계에 있어서 특정의 사항에 대해 신뢰보호의 원칙상 처분청이 그와 배치되는 조치를 할 수 없다고 할 수 있을 정도의 행정관행이 성립되었다고 하려면 상당한 기간에 걸쳐 그 사항에 대해 동일한 처분을 하였다는 객관적 사실이 존재할 뿐만 아니라, 처분청이 그 사항에 관해 다른 내용의 처분을 할 수 있음을 알면서도 어떤 특별한 사정 때문에 그러한 처분을 하지 않는다는 의사가 있고 이와 같은 의사가 명시적 또는 묵시적으로 표시되어야 한다 할 것이므로, 단순히 착오로 어떠한 처분을 계속한 경우는 이에 해당되지 않는다 할 것이고, 따라서 처분청이 추후 오류를 발견하여 합리적인 방법으로 변경하는 것은 위 원칙에 위배되지 않는다(92누14021).

② 사정변경 그 자체로 공적 견해표명은 자동으로 실효된다(▷기본서 27쪽, 신뢰보호원칙의 한계). 따라서, 기존 공적 견해표명에 반하는 처분을 하더라도 이는 신뢰보호원칙을 위반한 것이라고 볼 수 없다.

③ 입법예고 단계에서는 공적 견해표명이 있다고 볼 수 없다(2017다249769, ▷기본서 26쪽).

④ 행정조직상의 형식적인 권한분장은 조직 바깥에 있는 국민의 입장에서 쉽게 알 수 있는 내용이 아니다. 실질적으로 신뢰를 부여할 만한 행동을 하였음에도, 내부적으로 타 행정청의 소관임을 들어 신뢰를 보호하지 않는다면 이는 불합리하다고 볼 여지가 많다(96누18380, ▷기본서 24쪽).

02 답 ②

①, ③ 음주측정을 거부하면 면허를 취소"하여야 한다". 즉, 음주측정 거부로 인한 면허취소처분은 기속행위이다. 따라서, 위 처분의 사법심사에 있어 재량권 일탈남용 여부를 따지지 않고, 법규의 해석·적용을 통하여 일정한 결론을 도출한 후 그 결론에 비추어 행정청이 한 판단의 적법 여부를 독자의 입장에서 판정하여야 한다(98두17593, ▷기본서 55쪽).

도로교통법 제78조 제1항 단서 제8호의 규정에 의하면, 술에 취한 상태에 있다고 인정할 만한 상당한 이유가 있음에도 불구하고 경찰공무원의 측정에 응하지 아니한 때에는 필요적으로 운전면허를 취소하도록 되어 있어 처분청이 그 취소 여부를 선택할 수 있는 재량의 여지가 없음이 그 법문상 명백하므로, 위 법조의 요건에 해당하였음을 이유로 한 운전면허취소처분에 있어서 재량권의 일탈 또는 남용의 문제는 생길 수 없다(2003두1204).

② 청소년유해매체물 결정 및 고시 등은 별도의 집행행위 없이도 "엑스존닷컴" 관리자 및 이에 접속하려는 네티즌 등에게 각종 의무를 부과하는 법적 효과를 발생시키는 점에서 처분성을 갖는다(이른바 처분적 고시). 참고로, 위 고시는 불특정 다수를 대상으로 하므로, 이는 처분 중에서도 일반적 처분이라고 보아야 한다(2004두619, ▷기본서 241쪽).

그 대상이 불특정 다수인 점을 고려할 때, 처분의 효력발생요건으로서 원칙적인 모습의 송달(통지)은 불가하고, 대신 공고(고시)를 이행하여야 한다. 이 경우 효력발생시점은 근거법규에 특별한 정함이 있다면 그때, 없다면 공고일로부터 5일이 된다. 나아가, 이때가 효력발생일(처분이 있은 날)이 되고, 또한 처분이 있음을 안 날로 간주된다(▷기본서 74쪽).

④ 따라서, 아래와 같은 인허가가 의제되는 건축허가는 재량행위가 된다(▷기본서 59쪽, 2016두55490).

국토의 계획 및 이용에 관한 법률(이하 '국토계획법'이라고 한다) 제56조에 따른 개발행위허가와 농지법 제34조에 따른 농지전용허가·협의는 금지요건·허가기준 등이 불확정개념으로 규정된 부분이 많아 그 요건·기준에 부합하는지의 판단에 관하여 행정청에 재량권이 부여되어 있으므로, 그 요건에 해당하는지 여부는 행정청의 재량판단의 영역에 속한다(2017두48956).

03 답 ④

①, ② 내용만 적법하다면 부관을 어떠한 형식으로도 부가할 수 있다(2005다65500, ▷기본서 65쪽). 반면, 내용이 위법하다면 계약 등 어떠한 형식으로 부가하였는지와 무관하게 위법할 수밖에 없다(2007다63966, ▷기본서 66쪽).

③ 부관에 하자가 있음에도 이를 이행함으로써 이미 소유권이전이 이루어졌다면, 그 이후로는 부관의 하자를 이유로 소유권이전계약(증여)의 효력을 더 이상 문제 삼을 수 없음이 원칙이다(98다53134, ▷기본서 69쪽).

④ 처분의 위법성 판단시점은 원칙적으로 그 처분 발령시점이다. 그 이후로 적용 법령이 달라진다 하여도, 어디까지나 처분 발령시점의 법령을 기준으로 판단하여야 한다. 부담도 마찬가지이다(2005다65500, ▷기본서 68쪽).

04   답 ③

① 공정력의 의의에 해당한다(▷기본서 75쪽).
② 취소사유가 있는 행정행위는 공정력이 인정되므로, 취소되기 전까지는 위법하지만 유효한 상태가 지속된다(▷기본서 77쪽). 즉, 처분의 적법성이 아니라, '유효성'이 추정된다.
한편, 특별한 언급이 없으면 취소소송의 본안심리에 관한 증명책임의 문제로 전제한다. 처분의 적법성은 피고가, 재량권 일탈·남용은 원고가 입증책임을 부담한다(▷기본서 306쪽).
적법성은 추정된다면 피고는 증명책임을 부담하지 않을 것이나, 공정력은 적법성의 추정과 무관하므로 피고는 공정력에도 불구하고 그에 대한 증명책임을 부담한다.
③ 운전면허 취소처분의 공정력이 유지되고 있음에도 무면허운전죄의 성립을 부정한 예외적인 판례에 해당한다.
[사안] 甲은 2017년 10월 24일 음주운전하였다는 이유로 단속되어 2018년 6월 4일 지방경찰청장으로부터 운전면허 취소처분을 받았다. 검사는 2018년 9월 18일 甲을 도로교통법위반(음주운전)죄로 기소하였다. 그럼에도 甲은 2018년 11월 1일 무면허운전을 하다가 적발되었다.
[판례] 운전면허 취소처분을 받은 사람이 자동차를 운전하였으나 운전면허 취소처분의 원인이 된 교통사고 또는 법규 위반에 대하여 범죄사실의 증명이 없는 때에 해당한다는 이유로 무죄판결이 확정된 경우에는, 그 취소처분이 취소되지 않았더라도, 무면허운전의 죄로 처벌할 수는 없다(2019도11826).
④ 적법한 명령을 위반한 것만이 ××명령위반죄라는 범죄를 구성한다. 형사법원은 선결문제로서 ××명령의 위법성을 심사할 수 있고, 만약 위 명령이 위법하다면 무죄판결을 선고해야 한다(2001도2841, ▷기본서 83쪽).

05   답 ①

① [1] 교도소장이 아닌 일반교도관 또는 중간관리자에 의하여 징벌내용이 고지되었다는 사유에 의하여 당해 징벌처분이 위법하다는 이유로 공무원의 고의·과실로 인한 국가배상책임을 인정하기 위하여는 징벌처분이 있게 된 규율위반행위의 내용, 징벌혐의내용의 조사·징벌혐의자의 의견 진술 및 징벌위원회의 의결 등 징벌절차의 진행경과, 징벌의 내용 및 그 집행경과 등 제반 사정을 종합적으로 고려하여 징벌처분이 객관적 정당성을 상실하고 이로 인하여 손해의 전보책임을 국가에게 부담시켜야 할 실질적인 이유가 있다고 인정되어야 한다.
[2] 행형법 시행령 제144조의 규정에 반하여 교도소장이 아닌 관구교감에 의해 징벌처분이 고지되었다는 사유만으로는 위 징벌처분이 손해의 전보책임을 국가에게 부담시켜야 할 만큼 객관적 정당성을 상실한 정도라고 볼 수 없다고 한 사례(2003다50184)
② 법령상 근거가 있는지 여부는 법률유보원칙과 관련되어 있고, 행정절차법 위반 여부는 절차상 하자 유무와 관련이 있다. 모두 본안심리의 대상이 된다(2015다34444).
③ 군인에 대한 보직해임 처분은 일반 공무원에 대한 직위해제 처분과 그 성격이 유사하다(2012두26180, ▷기본서 114쪽). 즉, 잠정적인 처분이고, 개별법에서 이를 위한 행정절차를 별도로 규정하고 있다. 이에, 행정절차법은 적용되지 않는다. 구체적인 내용은 아래와 같다.
구 군인사법 제17조에 규정한 보직해임은 일반적으로 장교가 심신장애로 인하여 직무를 수행하지 못하게 되었을 경우, 당해 직무를 수행할 능력이 없다고 인정되었을 경우 등에 있어서 당해 장교가 장래에 있어서 계속 직무를 담당하게 될 경우 예상되는 업무상의 장애, 군 공무집행 및 행정의 공정성과 그에 대한 국민의 신뢰저해 등을 예방하기 위하여 인사권자에게 적시적인 인사 조치를 보장하는 수단으로서 당해 장교에게 직위를 부여하지 아니함으로써 직무에 종사하지 못하도록 하는 잠정적이고 가처분적인 성격을 가진 조치이다.
보직해임에 관한 구 군인사법 제17조 제3항에서 장교를 보직해임할 때에는 보직해임심의위원회의 의결을 거치도록 하며, 구 군인사법 시행령 제17조의5 제1항, 제3항에서 보직해임심의위원회는 회의개최 전에 회의일시, 장소 및 심의사유 등을 심의대상자에게 통보하여야 하고, 심의대상자는 보직해임심의위원회에 출석하여 소명하거나 소명에 관한 의견서를 제출할 수 있으며, 보직해임심의위원회가 의결을 한 경우에는 그 내용을 심의대상자에게 서면으로 통보하도록 함으로써 심의대상자에게 방어의 준비 및 불복의 기회를 보장하고 인사권자의 판단에 신중함과 합리성을 담보하게 하고 있다.
그렇다면 구 군인사법상 보직해임처분은 구 행정절차법 제3조 제2항 제9호, 같은 법 시행령 제2조 제3호에 의하여 당해 행정작용의 성질상 행정절차를 거치기 곤란하거나 불필요하다고 인정되는 사항 또는 행정절차에 준하는 절차를 거친 사항에 해당하므로, 처분의 근거와 이유 제시 등에 관한 구 행정절차법의 규정이 별도로 적용되지 아니한다고 봄이 상당하다(2012두5756).
④ 사전통지와 의견청취 절차는 권"익"을 "침"해하는 "침익"적 처분에 대해서만 적용이 있다. 권익을 침해하려면 일단 권익이 있어야 한다. 그런데, 거부처분은 권익의 발생을 신청했다가 이를 거부당한 것이므로, 애초에 권익이 발생하지 않은 것이나 마찬가지이다. 따라서, 거부처분은 침익적 처분이 아니라서 사전통지와 의견청취의 대상이 되지 않는다(2003두674, ▷기본서 116쪽).

06   답 ③

① 제3자의 비공개요청에도 불구하고 공개결정을 할 수 있다.

> **공공기관의 정보공개에 관한 법률 제21조【제3자의 비공개 요청 등】** ① 제11조 제3항에 따라 공개 청구된 사실을 통지받은 제3자는 그 통지를 받은 날부터 3일 이내에 해당 공공기관에 대하여 자신과 관련된 정보를 공개하지 아니할 것을 요청할 수 있다.
> ② 제1항에 따른 <u>비공개 요청에도 불구하고 공공기관이 공개 결정을 할 때에는</u> 공개 결정 이유와 공개 실시일을 분명히 밝혀 지체 없이 문서로 통지하여야 하며, 제3자는 해당 공공기관에 문서로 이의신청을 하거나 행정심판 또는 행정소송을 제기할 수 있다. 이 경우 이의신청은 통지를 받은 날부터 7일 이내에 하여야 한다.

② 북한의 대남공작활동에 제공되어 악용될 소지가 있어 비공개대상으로 보았다(2001두8254, ▷기본서 137쪽).
③ 조합원들의 알 권리를 충족시키고 이 사건 재건축사업의 투명성을 확보할 수 있게 되는 점 등을 감안하여 비공개대상이 아니라고 보았다(2003두9459).
④ 청구인이 원하는 방식으로 공개되지 않은 이상, 적법한 공개로 보지 않는다는 취지이다(2012두11409·11416, ▷기본서 144쪽). 전자소송 시스템 도입 전 사례로서, 정보통신망의 방식으로 공개를 신청하였으나, 사본 제공의 방식으로 증거가 제출된 것으로 짐작된다.

07 답 ②

① 타법상의 인허가가 의제되는 건축허가 또는 건축신고는 본래의 법적 성격이 180도 전환된다고 보면 된다. 건축허가는 본래 기속행위이지만 재량행위로 전환되고(▷기본서 59쪽, 2016두55490), 건축신고는 본래 수리를 요하지 않는 신고이지만 수리를 요하는 신고로 전환된다(2010두14954, ▷기본서 42쪽).
② [1] 장기요양기관의 폐업신고와 노인의료복지시설의 폐지신고가 이른바 '수리를 필요로 하는 신고'에 해당한다.
　[2] 행정청이 신고를 수리하였으나 신고서 위조 등의 사유가 있어 신고행위 자체가 효력이 없는 경우, 수리행위 자체에 중대·명백한 하자가 있는지 따질 필요 없이 당연무효로 본다(2018두3359, ▷기본서 42-3쪽).
③ 영업양수도에 따른 지위승계신고 수리는 설권적 처분의 성격을 갖는 인가와 같다고 보아도 무방하다. 그렇다면 기본행위인 영업양수도에 하자가 있을 때 수리(인가)를 다투는 것이 가능하다(2005두3554, ▷기본서 273쪽).
④ 신고가 무효이므로 이에 대한 수리처분도 무효라는 취지이다. 노동조합의 조직이나 운영을 지배하거나 개입하려는 사용자의 부당노동행위에 의해 노동조합이 설립된 것에 불과하거나, 노동조합이 설립될 당시부터 사용자가 위와 같은 부당노동행위를 저지르려는 것에 관하여 노동조합 측과 적극적인 통모·합의가 이루어진 경우 등과 같이 해당 노동조합이 헌법 제33조 제1항 및 그 헌법적 요청에 바탕을 둔 노동조합 및 노동관계조정법(이하 '노동조합법'이라고 한다) 제2조 제4호가 규정한 실질적 요건을 갖추지 못하였다면, 설령 설립신고가 행정관청에 의하여 형식상 수리되었더라도 실질적 요건이 흠결된 하자가 해소되거나 치유되는 등의 특별한 사정이 없는 한 이러한 노동조합은 노동조합법상 설립이 무효로서 노동3권을 향유할 수 있는 주체인 노동조합으로서의 지위를 가지지 않는다고 보아야 한다(2017다51610).

08 답 ③

① 행정기본법 제28조 제1항의 "법률로 정하는 바에 따라"는 개별법상의 근거가 별도로 필요하다는 뜻이다(▷기본서 165쪽).

> 행정기본법 제28조【과징금의 기준】① 행정청은 법령등에 따른 의무를 위반한 자에 대하여 법률로 정하는 바에 따라 그 위반행위에 대한 제재로서 과징금을 부과할 수 있다.
> ② 과징금의 근거가 되는 법률에는 과징금에 관한 다음 각 호의 사항을 명확하게 규정하여야 한다.
> 　1. 부과·징수 주체
> 　2. 부과 사유
> 　3. 상한액
> 　4. 가산금을 징수하려는 경우 그 사항
> 　5. 과징금 또는 가산금 체납 시 강제징수를 하려는 경우 그 사항

② 이행강제금, 과태료, 벌금, 과징금의 병과는 원칙적으로 이중처벌금지, 일사부재리 원칙에 위반되지 않는다(2001두7220, ▷기본서 167쪽). 금전부과적 성격은 동일하지만, 각각의 목적과 효과가 다르다. 벌금 외 나머지는 형사처벌에 해당하지 않으므로 이중처벌의 문제가 발생하지 않는다.
③ 구 표시·광고의 공정화에 관한 법률 위반을 이유로 한 공정거래위원회의 경고의결은 당해 표시·광고의 위법을 확인하되 구체적인 조치까지는 명하지 않는 것으로 사업자가 장래 다시 표시·광고의 공정화에 관한 법률 위반행위를 할 경우 과징금 부과 여부나 그 정도에 영향을 주는 고려사항이 되어 사업자의 자유와 권리를 제한하는 행정처분에 해당한다(2011두4930).
④ 처분의 위법성 판단시점은 원칙적으로 그 처분 발령시점이다. 그 이후로 적용 법령이 달라진다 하여도, 어디까지나 처분 발령시점의 법령을 기준으로 판단하여야 한다(2005다65500, ▷기본서 66쪽).
행정소송에서 행정처분의 위법 여부는 행정처분이 행하여졌을 때의 법령과 사실상태를 기준으로 하여 판단해야 하고, 이는 독점규제 및 공정거래에 관한 법률에 기한 공정거래위원회의 시정명령 및 과징금 납부명령(이하 '과징금 납부명령 등'이라 한다)에서도 마찬가지이다. 따라서 공정거래위원회의 과징금 납부명령 등이 재량권 일탈·남용으로 위법한지는 다른 특별한 사정이 없는 한 과징금 납부명령 등이 행하여진 '의결일' 당시의 사실상태를 기준으로 판단하여야 한다(2015두36256).

09 답 ④

① 행정청은 의무자가 행정상 의무를 이행할 때까지 이행강제금을 반복하여 부과할 수 있다. 다만, 의무자가 의무를 이행하면 새로운 이행강제금의 부과를 즉시 중지하되, 이미 부과한 이행강제금은 징수하여야 한다(행정기본법 제31조 제5항, ▷기본서 156쪽).
② ▷기본서 149쪽

> 행정기본법 제30조【행정상 강제】① 행정청은 행정목적을 달성하기 위하여 필요한 경우에는 법률로 정하는 바에 따라 필요한 최소한의 범위에서 다음 각 호의 어느 하나에 해당하는 조치를 할 수 있다.
> 　1. 행정대집행: 의무자가 행정상 의무(법령등에서 직접 부과하거나 행정청이 법령등에 따라 부과한 의무를 말한다. 이하 이 절에서 같다)로서 타인이 대신하여 행할 수 있는 의무를 이행하지 아니하는 경우 법률로 정하는 다른 수단으로는 그 이행을 확보하기 곤란하고 그 불이행을 방치하면 공익을 크게 해칠 것으로 인정될 때에 행정청이 의무자가 하여야 할 행위를 스스로 하거나 제3자에게 하게 하고 그 비용을 의무자로부터 징수하는 것

③ 즉시강제란, 현재의 급박한 행정상의 장해를 제거하기 위한 경우로서, (i) 행정청이 미리 행정상 의무 이행을 명할 시간적 여유가 없는 경우 또는 (ii) 그 성질상 행정상 의무의 이행을 명하는 것만으로는 행정목적 달성이 곤란한 경우, 행정청이 곧바로 국민의 신체 또는 재산에 실력을 행사하여 행정목적을 달성하는 것을 의미한다(▷기본서 160쪽, 행정기본법 제30조 제5호 각 목).

④
> 행정기본법 제30조【행정상 강제】③ 형사(刑事), 행형(行刑) 및 보안처분 관계 법령에 따라 행하는 사항이나 외국인의 출입국·난민인정·귀화·국적회복에 관한 사항에 관하여는 이 절을 적용하지 아니한다.

10 답 ④

⇨ ㄱ, ㄴ, ㄷ

ㄱ. 집행명령에 관한 설명이다. 모법에 이에 관하여 직접 위임하는 규정을 두지 않았다고 하더라도 이를 무효라고 볼 수 없다는 점에서 위임명령과 차이가 있다(2014두8650, ▷기본서 50쪽).

ㄴ. 하자 있는 법규명령의 효력을 묻고 있다. 원칙적으로는 무효이지만, 예외적으로 무효가 아닌 경우가 2가지 있다. 본 지문은 이 중 법률에서 정한 처분요건을 하위 법령에 불과한 부령이 임의로 변경한 경우를 묻고 있다. 판례는 (무효까지는 아니고) 행정규칙(행정명령)으로서의 효력 정도는 인정하였다(2011두10584, ▷기본서 50쪽).

ㄷ. 고시 등 법령은 국민의 권리·의무에 직접적인 영향을 주지 않으므로 처분성이 없는 것이 원칙이나(2005두15168, ▷기본서 240쪽), 집행행위의 매개 없이도 그 자체로 직접 국민의 권리 또는 의무에 구체적 영향을 미친다면 처분성을 갖는다(이른바 처분적 고시, ▷기본서 240쪽).

11 답 ①

① 항고소송의 직권심리 및 처분사유 추가변경 법리와 사실상 같다. 과태료재판의 경우, 법원으로서는 기록상 현출되어 있는 사항에 관하여 직권으로 증거조사를 하고 이를 기초로 하여 판단할 수 있는 것이나, 그 경우 행정청의 과태료부과처분사유와 기본적 사실관계에서 동일성이 인정되는 한도 내에서만 과태료를 부과할 수 있다(2012마1163).

② 종업원의 행위로 인해 영업주의 처벌 여부가 문제되는 것은 맞지만, 반드시 종업원이 처벌 받아야만 영업주가 처벌되는 것은 아니고, 종업원이 처벌받지 않았다고 하여 반드시 영업주가 처벌되지 않는 것도 아니다(2005도7673, ▷기본서 163쪽). 각자의 귀책사유(과실)를 독립적으로 따져보아야 한다. 이 경우 영업주의 귀책사유는 종업원에 대한 선임·감독에 관한 것이다.

③ 행정질서벌(과태료)은 고의·과실을 요하는 반면(질서위반행위규제법 제7조, ▷기본서 164쪽), 과징금은 이를 요하지 않는다(2013두5005, ▷기본서 165쪽).

④ 각론 문제에 해당한다.
공무원과 지방자치단체의 관계도 종업원과 영업주의 관계와 다를 바가 없어 양벌규정의 법리가 적용되지 않을 이유가 없으나, 이는 어디까지나 자치사무를 수행하는 범위 내로 국한되는 것이고, 기관위임사무에는 해당사항이 없다(2004도2657, ▷기본서 163쪽).

12 답 ②

① 감액경정 사안이지만 증액경정의 논리를 따른다. 후행처분은 자진신고 감면까지 포함하여 처분 상대방이 실제로 납부하여야 할 최종적인 과징금액을 결정하는 종국적 처분이고, 선행처분은 이러한 종국적 처분을 예정하고 있는 일종의 잠정적 처분으로서 후행처분이 있을 경우 선행처분은 후행처분에 흡수되어 소멸한다. 따라서 위와 같은 경우에 선행처분의 취소를 구하는 소는 이미 효력을 잃은 처분의 취소를 구하는 것으로 부적법하다(2013두987, ▷기본서 248쪽).

② 예외적 행정지도로서 처분성이 인정된다(2005두487, ▷기본서 109쪽).

③ [1] 이미 종료된 권력적 사실행위의 위헌확인을 구하는 헌법소원심판청구에 대하여, 주관적 권리보호이익이 소멸하였음에도 예외적으로 심판의 이익이 있음을 인정한 사례
[2] 청구인은 형기만료로 이미 석방되었으므로, 이 사건 심판청구가 인용되더라도 청구인의 권리구제는 불가능한 상태이다. 그러나 이 사건에서 문제되는 교정시설 내 과밀수용행위는 계속 반복될 우려가 있고, 수형자들에 대한 기본적 처우에 관한 중요한 문제로서 그에 대한 헌법적 해명의 필요성이 있으므로 예외적으로 심판의 이익을 인정할 수 있다(2013헌마142).

④ 다른 법률에 특별한 규정이 있는 경우이거나 또는 지방계약법의 개별 규정의 규율내용이 매매, 도급 등과 같은 특정한 유형·내용의 계약을 규율대상으로 하고 있는 경우가 아닌 한, 지방자치단체를 당사자로 하는 계약에 관하여는 그 계약의 성질이 공법상 계약인지 사법상 계약인지와 상관없이 원칙적으로 지방계약법의 규율이 적용된다고 보아야 한다(2019다234617).

13 답 ①

①, ④
[1] 장애인의 접근권이 침해된 경우에도 그로 인하여 장애인이 입게 되는 정신적 손해에 대한 국가의 위자료 지급의무가 배제되지 않는다.
[2] 국회가 법률로 행정청에 특정한 사항을 위임했음에도 불구하고 행정청이 정당한 이유 없이 이를 이행하지 않는다면 권력분립의 원칙과 법치국가 또는 법치행정의 원칙에 위배되는 것으로서 위법함과 동시에 위헌적인 것이 되고, 이는 행정청이 법률에서 대통령령으로 정하도록 위임받은 사항을 전혀 입법하지 않은 경우는 물론 그 법률이 위임한 사항을 불충분하게 규정함으로써 법률이 위임한 행정입법의무를 제대로 이행하지 않은 경우도 마찬가지이다(2022다289051, ▷기본서 179쪽).

② [1] 국가배상책임은 공무원의 직무집행이 법령에 위반한 것임을 요건으로 하는 것으로서, 공무원의 직무집행이 법령이 정한 요건과 절차에 따라 이루어진 것이라면 특별한 사정이 없는 한 이는 법령에 적합한 것이고 그 과정에서 개인의 권리가 침해되는 일이 생긴다고 하여 그 법령적합성이 곧바로 부정되는 것은 아니다.

[2] 경찰관이 교통법규 등을 위반하고 도주하는 차량을 순찰차로 추적하는 직무를 집행하는 중에 그 도주차량의 주행에 의하여 제3자가 손해를 입었다고 하더라도 그 추적이 당해 직무 목적을 수행하는 데에 불필요하다거나 또는 도주차량의 도주의 태양 및 도로교통상황 등으로부터 예측되는 피해발생의 구체적 위험성의 유무 및 내용에 비추어 추적의 개시·계속 혹은 추적의 방법이 상당하지 않다는 등의 특별한 사정이 없는 한 그 추적행위를 위법하다고 할 수는 없다(2000다2680, ▷기본서 185쪽).

[유사] 경찰관들의 시위진압에 대항하여 시위자들이 던진 화염병에 의하여 발생한 화재로 인하여 손해를 입은 주민의 국가배상청구를 인정한 원심판결을 법리오해를 이유로 파기한 사례(94다2480, ▷기본서 186쪽).

③ 원칙적으로 일반 법원의 재판 결과가 잘못되었음을 이유로 국가배상청구를 할 수는 없다. 재판에 대하여 따로 불복절차 내지 시정절차가 마련되어 있으므로, 상소를 통해 잘못된 재판 결과를 바로잡을 수 있기 때문이다(99다24218, ▷기본서 180쪽).

14 답 ①

⇨ ㄱ, ㄴ

ㄱ. 법률에 의하여 이미 권리의무가 확정된다. 따라서, 원칙적인 통지로서 처분성이 부정된다.
국민건강보험 직장가입자 또는 지역가입자 자격 변동은 법령이 정하는 사유가 생기면 별도 처분 등의 개입 없이 사유가 발생한 날부터 변동의 효력이 당연히 발생하므로, 이는 甲 등의 가입자 자격의 변동 여부 및 시기를 확인하는 의미에서 한 사실상 통지행위에 불과할 뿐, 위 각 통보에 의하여 가입자 자격이 변동되는 효력이 발생한다고 볼 수 없고, 또한 위 각 통보로 甲 등에게 지역가입자로서의 건강보험료를 납부하여야 하는 의무가 발생함으로써 甲 등의 권리의무에 직접적 변동을 초래하는 것도 아니므로, 위 각 통보의 처분성이 인정되지 않는다(2016두41729, ▷기본서 244쪽).

ㄴ. 제3자의 원고적격은 원칙적으로 부정된다. 대한의사협회는 불이익처분의 제3자에 해당한다.
사단법인 대한의사협회는 의료법에 의하여 의사들을 회원으로 하여 설립된 사단법인으로서, 국민건강보험법상 요양급여행위, 요양급여비용의 청구 및 지급과 관련하여 직접적인 법률관계를 갖지 않고 있으므로, 보건복지부 고시인 '건강보험요양급여행위 및 그 상대가치점수 개정'으로 인하여 자신의 법률상 이익을 침해당하였다고 할 수 없다는 이유로 위 고시의 취소를 구할 원고적격이 없다(2003두11988).

ㄷ. 대싱직격은 감액된 원처분(=아직 취소되지 않고 남은 부분)에 부여되고, 나머지 소송요건 또한 감액경정처분이 아닌 감액된 원처분을 기준으로 판단된다(2006두3957, ▷기본서 247쪽).

15 답 ①

① 각론 문제에 해당한다.

> 경찰관 직무집행법 제11조의2【손실보상】① 국가는 경찰관의 적법한 직무집행으로 인하여 다음 각 호의 어느 하나에 해당하는 손실을 입은 자에 대하여 정당한 보상을 하여야 한다.
> 1. 손실발생의 원인에 대하여 책임이 없는 자가 생명·신체 또는 재산상의 손실을 입은 경우(손실발생의 원인에 대하여 책임이 없는 자가 경찰관의 직무집행에 자발적으로 협조하거나 물건을 제공하여 생명·신체 또는 재산상의 손실을 입은 경우를 포함한다)
> 2. 손실발생의 원인에 대하여 책임이 있는 자가 자신의 책임에 상응하는 정도를 초과하는 생명·신체 또는 재산상의 손실을 입은 경우

② 감염병의 예방 및 관리에 관한 법률(이하 '감염병예방법'이라 한다) 제71조에 의한 예방접종 피해에 대한 국가의 보상책임은 무과실책임이지만, 질병, 장애 또는 사망(이하 '장애 등'이라 한다)이 예방접종으로 발생하였다는 점이 인정되어야 한다(2017두52764).

> 감염병의 예방 및 관리에 관한 법률 제71조【예방접종 등에 따른 피해의 국가보상】② 제1항에 따라 보상받을 수 있는 질병, 장애 또는 사망은 예방접종약품의 이상이나 예방접종 행위자 및 예방·치료 의약품 투여자 등의 과실 유무에 관계없이 해당 예방접종 또는 예방·치료 의약품을 투여받은 것으로 인하여 발생한 피해로서 질병관리청장이 인정하는 경우로 한다.

③ 개발이익을 손실보상 범위에서 배제하려는 취지이다(2006헌바79, 토지보상법 제67조, ▷기본서 214쪽).

> 공익사업을 위한 토지 등의 취득 및 보상에 관한 법률 제67조【보상액의 가격시점 등】① 보상액의 산정은 협의에 의한 경우에는 협의 성립 당시의 가격을, 재결에 의한 경우에는 수용 또는 사용의 재결 당시의 가격을 기준으로 한다.
> ② 보상액을 산정할 경우에 해당 공익사업으로 인하여 토지 등의 가격이 변동되었을 때에는 이를 고려하지 아니한다.

④ [1] 입법자는 생활보상의 일환으로 이주대책을 실시할지 말지를 재량에 따라 결정하여 입법행위를 할 수 있다. 즉, 토지보상법에 이주대책의 수립 및 실시를 의무로 규정한다고 하여도, 그 적용 범위에서 세입자 등을 배제하는 것이 가능하다(입법재량의 부여)(2004헌마19, ▷기본서 227쪽). 이는 세입자의 재산권을 침해하는 것이 아니다.

[2] 입법자가 입법재량에 따라 이주대책을 실시하여야 한다는 내용의 법을 마련하였다면, 사업시행자는 위 법에 따라 반드시 이주대책을 실시하여야 한다(2011나40465, ▷기본서 226쪽). 다만, 이주대책의 구체적인 내용을 결정하는데 있어서는 사업시행자의 재량이 인정된다(2004두7481, ▷기본서 228쪽).

16   답 ④

① 국가배상법 제5조 제1항 소정의 '공공의 영조물'은 국가 또는 지방자치단체가 소유권, 임차권 그 밖의 권한에 기하여 법적으로 관리하고 있는 경우뿐만 아니라, 사실상의 관리를 하고 있는 경우도 포함된다(98다17381, ▷기본서 195쪽).
주의할 점은, 옹벽이 아직 설치가 완료되지 아니한 상태라면 이는 사실상의 관리조차 하고 있지 않은 것이어서 국가배상책임의 대상이 되는 '공공의 영조물'로 보기 어렵다는 것이다.

②, ③
[1] 영조물의 설치·보존의 하자라 함은 영조물이 그 용도에 따라 통상 갖추어야 할 안전성을 갖추지 못한 상태에 있음을 말하는 것이고, 영조물의 설치 및 보존에 있어서 항상 완전무결한 상태를 유지할 정도의 고도의 안전성을 갖추지 아니하였다고 하여 영조물의 설치 또는 관리에 하자가 있는 것으로는 할 수 없는 것이므로, 따라서 영조물의 설치자 또는 관리자에게 부과되는 방호조치의무의 정도는 영조물의 위험성에 비례하여 사회통념상 일반적으로 요구되는 정도의 것을 말한다.
[2] 고등학교 3학년 학생이 교사의 단속을 피해 담배를 피우기 위하여 3층 건물 화장실 밖의 난간을 지나다가 실족하여 사망한 사안에서 학교 관리자에게 그와 같은 이례적인 사고가 있을 것을 예상하여 복도나 화장실 창문에 난간으로의 출입을 막기 위하여 출입금지장치나 추락위험을 알리는 경고표지판을 설치할 의무가 있다고 볼 수는 없다는 이유로 학교시설의 설치·관리상의 하자가 없다고 본 사례(96다54102, ▷기본서 196쪽)

④ 설치관리상 하자가 공동원인의 하나가 되는 이상 일단 책임은 성립하고, 추후 금액 산정 단계에서 배상액이 감경될 여지가 있을 뿐이다.
영조물의 설치 또는 관리상의 하자로 인한 사고라 함은 영조물의 설치 또는 관리상의 하자만이 손해발생의 원인이 되는 경우만을 말하는 것이 아니고, 다른 자연적 사실이나 제3자의 행위 또는 피해자의 행위와 경합하여 손해가 발생하더라도 영조물의 설치 또는 관리상의 하자가 공동원인의 하나가 되는 이상 그 손해는 영조물의 설치 또는 관리상의 하자에 의하여 발생한 것이라고 해석함이 상당하다(94다32924, ▷기본서 196쪽).

17   답 ②

①, ④ 환경영향평가를 누락한 처분은 이례적으로 무효에 해당한다(2006두330). 다만, 환경영향평가를 부실하게나마 거친 처분은 곧바로 하자가 있는 것은 아니고, 내용상의 하자가 있는지를 판단하는 요소 중 하나로 취급된다는 점에 유의하여야 한다(2006두330, ▷기본서 126쪽).

② 환경영향평가 대상지역 내의 주민은 원고적격이 추정되어 이를 스스로 입증할 필요가 없다.
반면, 환경영향평가 대상지역 밖의 주민은 원고적격이 추정되지 않아 스스로 입증해야 한다. 즉, 환경영향평가 대상지역 밖의 주민이라 할지라도 공유수면매립면허처분 등으로 인하여 그 처분 전과 비교하여 수인한도를 넘는 환경피해를 받거나 받을 우려가 있는 경우에는, 공유수면매립면허처분 등으로 인하여 환경상 이익에 대한 침해 또는 침해우려가 있다는 것을 입증함으로써 그 처분 등의 무효확인을 구할 원고적격을 인정받을 수 있다(2006두330, ▷기본서 262쪽).

③ 관계 행정청과 협의하여 의견을 들으면 될 뿐, 이를 반드시 따라야 할 필요까진 없다는 취지이다.
국립공원 관리청이 국립공원 집단시설지구개발사업과 관련하여 그 시설물기본설계 변경승인처분을 함에 있어서 환경부장관과의 협의를 거친 이상 환경부장관의 환경영향평가에 대한 의견에 반하는 처분을 하였다고 하여 그 처분이 위법하다고 할 수 없다고 한 사례(99두2970)

18   답 ②

①, ③ 청소년유해매체물 결정 및 고시 등은 별도의 집행행위 없이도 "엑스존닷컴" 관리자 및 이에 접속하려는 네티즌 등에게 각종 의무를 부과하는 법적 효과를 발생시키는 점에서 처분성을 갖는다(이른바 처분적 고시). 참고로, 위 고시는 불특정 다수를 대상으로 하므로, 이는 처분 중에서도 일반적 처분이라고 보아야 한다(2004두619, ▷기본서 241쪽).
그 대상이 불특정 다수인 점을 고려할 때, 처분의 효력발생요건으로서 원칙적인 모습의 송달(통지)은 불가하고, 대신 공고(고시)를 이행하여야 한다. 나아가, 이때가 효력발생일(처분이 있은 날)이 되고, 또한 처분이 있음을 안 날로 간주된다(▷기본서 74쪽).
이와 달리, 주소불명 등의 사유로 공고(고시)를 하는 경우에는 효력발생일(처분이 있은 날)이 처분이 있음을 안 날로 간주되지 않는다. 따라서, 현실적으로 안 날을 별도로 특정하여 제소기간을 따져야 한다(▷기본서 74쪽).

② 이는 어디까지나 행정심판 청구기간의 특례에 불과하다. "행정심판" 청구기간의 오고지로 인해 "행정소송"의 제소기간까지 덩달아 늘어난다고 볼 수 없다(2004두9302, ▷기본서 351쪽).

④ 소의 교환적 병합은 소의 종류의 변경을 의미한다(▷기본서 324쪽). 소의 종류의 변경이 이루어진 경우 제소기간은 구소가 처음 제기된 때를 기준으로 따진다(▷기본서 294쪽). 부작위법확인소송을 취소소송으로 변경하였다면, 부작위법확인소송이 처음 제기된 때를 기준으로 취소소송의 제소기간 준수 여부를 따진다.
당사자가 동일한 신청에 대하여 부작위위법확인의 소를 제기하였으나 그 후 소극적 처분이 있다고 보아 처분취소소송으로 소를 교환적으로 변경한 후 여기에 부작위위법확인의 소를 추가적으로 병합한 경우, 최초의 부작위위법확인의 소가 적법한 제소기간 내에 제기된 이상 그 후 처분취소소송으로의 교환적 변경과 처분취소소송에의 추가적 변경 등의 과정을 거쳤다고 하더라도 여전히 제소기간을 준수한 것으로 봄이 상당하다(2008두10560).

19　답 ③

⇨ ㄴ, ㄷ

ㄱ. 조합이 설립되지 않은 경우이므로, 사업시행계획에 대한 인가는 특허로서의 성격을 겸비한 인가에 해당한다(2011두19994, ▷기본서 62쪽). 따라서, 기본행위와 인가 중 어느 것에 하자가 있건 간에 인가에 대하여 항고소송을 제기하여야 한다.
토지 등 소유자들이 직접 시행하는 도시환경정비사업에서 토지 등 소유자에 대한 사업시행인가처분은 단순히 사업시행계획에 대한 보충행위로서의 성질을 가지는 것이 아니라 구 도시정비법상 정비사업을 시행할 수 있는 권한을 가지는 행정주체로서의 지위를 부여하는 일종의 설권적 처분의 성격을 가진다.

ㄴ. 조합장/임원의 지위확인청구는 민사소송인데 반해(2009마168, ▷기본서 337쪽), 조합원의 지위확인은 당사자소송으로 취급한다(94다31235)는 점을 유의할 필요가 있다.

ㄷ. 인가로 인하여 관리처분계획의 처분으로서의 효력이 발생한다. 기본행위인 관리처분계획에 하자가 있다면 이를 다투고, 인가에 하자가 있다면 인가를 다투면 된다(2007다2428, ▷기본서 336쪽).

20　답 ③

① (i) 외국인의 출입국·난민인정·귀화, (ii) 공무원 인사 관계법령에 따른 징계와 그 밖의 처분의 경우, 위 사항에 해당하는지 여부뿐 아니라 "해당 행정작용의 성질상 행정절차를 거치기 곤란하거나 거칠 필요가 없다고 인정되는지" 또는 "행정절차에 준하는 절차를 이미 거쳤는지" 여부도 추가로 따져보아야 한다(행정절차법 제3조 제2항 제9호, ▷기본서 113쪽).
대법원은 가급적 행정절차법을 적용하려는 입장에서, 위 배제사유를 좁게 해석하고자 한다. 따라서, 직권면직(2011두30687) 및 해임처분(2011두5001) 모두 공무원에 대한 것임에도 불구하고 행정절차법이 적용된다(▷기본서 114쪽).
반면, 직위해제 처분의 경우 직권면직과는 달리 행정절차법의 적용이 배제된다. 국가공무원법에 더 엄격한 절차가 규정되어 있기 때문이다(2012두26180, ▷기본서 114쪽).

② 이미 징계까지 이루어졌으므로 잠정적 처분인 직위해제가 효력을 상실한다는 뜻이다.
직위해제 처분은 공무원에게 국가공무원법 제73조의2 제1항 각 소정의 사유가 있을 경우 그 공무원에 대하여 공무원이 신분관계는 이를 그대로 존속시키면서 다만 그 직위만을 부여하지 아니하는 처분이므로 만일 어떤 사유에 기하여 공무원을 직위해제한 후, 그 직위해제 사유와 동일한 사유를 이유로 공무원의 신분관계를 박탈하는 파면처분을 하였을 경우에는 그로써 먼저 있었던 직위해제 처분은 그 효력을 상실하게 된다(79누279).

③ 징계처분·강임·휴직·직위해제·면직처분 그밖에 그 의사에 반하는 불리한 처분 또는 부작위 모두 소청심사의 대상이 된다(소청절차규정 제2조 등).

> **국가공무원법 제16조【행정소송과의 관계】**① 제75조에 따른 처분, 그 밖에 본인의 의사에 반한 불리한 처분이나 부작위(不作爲)에 관한 행정소송은 소청심사위원회의 심사·결정을 거치지 아니하면 제기할 수 없다.
> ② 제1항에 따른 행정소송을 제기할 때에는 대통령의 처분 또는 부작위의 경우에는 소속 장관(대통령령으로 정하는 기관의 장을 포함한다. 이하 같다)을, 중앙선거관리위원회위원장의 처분 또는 부작위의 경우에는 중앙선거관리위원회사무총장을 각각 피고로 한다.

④ 행정적 차원에서 추가 조사가 이루어진 결과 혐의가 어느 정도 입증되었다는 사정이 없는 이상 기소되었다는 사정만으로 직위해제를 할 수는 없다(2016두38273, ▷기본서 126쪽).

21　답 ②

① [1] 사용허가나 대부계약 없이 국유재산을 사용·수익하거나 점유한 자(사용허가나 대부계약 기간이 끝난 후 다시 사용허가나 대부계약 없이 국유재산을 계속 사용·수익하거나 점유한 자를 포함한다)에 대하여 그 재산에 대한 대부료 또는 사용료의 100분의 120에 상당하는 변상금을 규정하고 있는 것은, 국유재산에 대한 점유나 사용·수익 자체가 법률상 아무런 권원 없이 이루어진 경우에는 정상적인 대부료나 사용료를 징수할 수 없기 때문에 그 대부료나 사용료 대신에 변상금을 징수한다는 취지라고 풀이되므로 점유나 사용·수익을 정당화할 법적 지위에 있는 자에 대하여는 그 규정이 적용되지 아니한다.
[2] 그럼에도 위와 같은 법적 지위에 있는 자에 대하여 이루어진 변상금 부과처분은 당연무효에 해당한다(2015두677).

② [1] 전소로 조세부과처분에 대한 취소소송을 제기하여 취소판결이 선고되고, 이어 위 판결이 확정까지 된다면 후소로서 부당이득반환청구소송을 제기할 경우 인용판결이 내려질 것이다.
[2] 반면, 전소가 위와 같이 제기되었는데 취소판결이 선고되었을 뿐 아직 위 판결이 확정되지는 않았다면, 이 상태에서 부당이득반환청구를 제기하여도 곧바로 인용판결이 내려질 수는 없다. 취소판결이 확정되지 않아 아직 조세부과처분이 취소된 상태가 아니기 때문이다.
[3] 한편, 전소로 조세부과처분 취소소송을, 후소로 부당이득반환청구 소송을 제기하지 않고, 전소의 청구(제1청구)와 후소의 청구(제2청구)를 병합하여 하나의 소송으로 제기하는 것도 가능하다. 이때, 1심에서 제1청구에 대한 인용판결을 선고하면서 제2청구도 동시에 인용판결을 선고하는 것이 가능한지가 문제된다. 앞서 살핀 2번의 논리에 따르면 아직 조세부과처분에 대한 취소판결이 확정되지는 않았으므로, 원칙적으로는 제2청구를 기각하여야 한다.
그러나, 대법원은 예외적으로 제1청구와 제2청구에 대해 한꺼번에 인용판결을 내릴 수 있다는 입장을 취하고 있다. 즉, 판례는 주된 청구인 금전납부의무 부과처분 취소소송에 병합된 부당이득반환청구가 인용되기 위해서는 금전납부의무 부과처분이 취소되면(즉, 취소판결이 선고되면) 충분하고, 그 처분의 취소가 확정되어야 하는 것은 아니라고 보고 있다(2008두23153, ▷기본서 290쪽).

③ 조세부과처분이 변상금부과처분으로 출제되었을 뿐, 적용되는 논리는 동일하다.
  이미 납부한 세금을 돌려달라는 취지의 부당이득반환청구가 인용되려면, 국가가 법률상 원인도 없이 세금을 징수하였어야 한다. 여기에서 법률상 원인은 유효한 조세부과처분을 의미하므로, 위 처분의 효력 유무에 따라 부당이득의 성립이 결정된다. 만약 부과처분에 취소사유가 있는데 불과하다면, 행정법원의 취소판결이 확정됨으로써 비로소 처분이 무효로 된다. 민사법원이 행정소송의 취소판결을 내릴 권한은 없는 것이므로, 민사법원은 처분을 취소시켜줄 수 없다.
  즉, 민사법원은 위 처분에 취소사유가 있다고 판단하는 것까지는 가능하지만(위법성 심사), 여기에서 더 나아가 그 효력까지 소멸시킬 수는 없다. 따라서, 공정력으로 인해 처분은 유효한 것으로 통용되므로, 국가가 세금을 징수한 것에는 유효한 부과처분이라는 법률상 원인이 있다. 결국, 부당이득반환청구는 인용될 수 없다(70다1439, ▷기본서 77쪽).
④ 국유재산법 제72조 제1항, 제73조 제2항에 의한 변상금 부과·징수권은 민사상 부당이득반환청구권과 법적 성질을 달리하는 별개의 권리이므로, 변상금 부과·징수권을 행사하였다 하더라도 이로써 민사상 부당이득반환청구권의 소멸시효가 중단된다고 할 수 없다(2013다3576).

22 답 ②

⇨ ㄱ, ㄷ

ㄱ. 거부처분의 대상적격이 인정되기 위한 요건으로서 신청권이 필요하다(▷기본서 238쪽, 2007두20638 등).
ㄴ. 처분변경으로 인한 소변경과 구분하여야 한다.
  피고의 처분변경으로 인해 소의 대상을 변경하는 경우, 변경 전 처분에 대하여 제소기간 요건을 충족시켰다면 변경 후 처분을 기준으로 위 요건을 또 다시 충족시켜야 할 필요가 없다(2018두58431; ▷기본서 295쪽). 즉, (소변경 시점이 아니라) 처음 소가 제기된 때에 변경 후 처분을 대상으로 소를 제기한 것으로 취급한다.
  반면, 소변경이 피고의 처분변경으로 인한 것이 아닌 경우, 소변경이 이루어진 시점에 변경 후 처분을 대상으로 소를 제기한 것으로 취급한다(행정소송법 제8조 제2항, 민사소송법 제265조, ▷기본서 294쪽). 본 지문은 후자에 해당한다.
ㄷ. [1] 기한이 부관으로 부가되어 있는데, 기한이 만료되었다면 이는 "허가 자체의 존속기간"이 만료한 것이므로, 허가의 효력은 소멸한다. 다만, 허가된 사업의 성질에 비추어 기한이 부당하게 짧다면, 허가는 곧바로 실효되지 않고, 이를 "허가조건의 존속기간"으로 보아 그 기한이 도래하면 기한의 연장 여부를 심사한다(2003두12837, ▷기본서 63쪽).
[2] 사도개설허가에서 정해진 공사기간 내에 사도로 준공검사를 받지 못한 경우, 이 공사기간을 사도개설허가 자체의 존속기간(유효기간)으로 볼 수 없다는 이유로 사도개설허가가 당연히 실효되는 것은 아니라고 한 사례(2004두7023, ▷기본서 63쪽).

06회 | 2024년 국가직 7급

정답 p.47

01	②	02	②	03	②	04	②	05	④
06	③	07	④	08	③	09	③	10	④
11	④	12	①	13	②	14	①	15	④
16	③	17	③	18	①				

01 답 ②

① 공무원과 지방자치단체의 관계도 종업원과 영업주의 관계와 다를 바가 없어 양벌규정의 법리가 적용되지 않을 이유가 없다는 취지이다(2004도2657, ▷기본서 163쪽).
② [1] 개인정보 보호법상의 양벌규정은 벌칙규정의 적용대상인 개인정보처리자가 아니면서 그러한 업무를 실제로 처리하는 자가 있을 때 벌칙규정의 실효성을 확보하기 위하여 적용대상자를 해당 업무를 실제로 처리하는 행위자까지 확장하여 그 행위자나 개인정보처리자인 법인 또는 개인을 모두 처벌하려는 데 그 취지가 있으므로, 위 양벌규정에 의하여 개인정보처리자 아닌 행위자도 위 벌칙규정의 적용대상이 된다.
  [2] 그러나 구 개인정보 보호법은 제2조 제5호, 제6호에서 공공기관 중 법인격이 없는 '중앙행정기관 및 그 소속 기관' 등을 개인정보처리자 중 하나로 규정하고 있으면서도, 양벌규정에 의하여 처벌되는 개인정보처리자로는 같은 법 제74조 제2항에서 '법인 또는 개인'만을 규정하고 있을 뿐이고, 법인격 없는 공공기관에 대하여도 위 양벌규정을 적용할 것인지 여부에 대하여는 명문의 규정을 두고 있지 않으므로, 죄형법정주의의 원칙상 '법인격 없는 공공기관'을 위 양벌규정에 의하여 처벌할 수 없고, 그 경우 행위자 역시 위 양벌규정으로 처벌할 수 없다고 봄이 타당하다(2020도1942).
③ 행정질서벌(과태료)은 고의·과실을 요하는 반면(질서위반행위규제법 제7조, ▷기본서 164쪽), 과징금은 이를 요하지 않는다(2013두5005, ▷기본서 165쪽).
④
> 질서위반행위규제법 제3조【법 적용의 시간적 범위】① 질서위반행위의 성립과 과태료 처분은 행위 시의 법률에 따른다.
> ② 질서위반행위 후 법률이 변경되어 그 행위가 질서위반행위에 해당하지 아니하게 되거나 과태료가 변경되기 전의 법률보다 가볍게 된 때에는 법률에 특별한 규정이 없는 한 변경된 법률을 적용한다.
> ③ 행정청의 과태료 처분이나 법원의 과태료 재판이 확정된 후 법률이 변경되어 그 행위가 질서위반행위에 해당하지 아니하게 된 때에는 변경된 법률에 특별한 규정이 없는 한 과태료의 징수 또는 집행을 면제한다.

02 답 ②

① 행정대집행의 절차가 인정되는 경우에는 따로 민사소송의 방법으로 공작물의 철거, 수거 등을 구할 수는 없다(99다18909, ▷기본서 150쪽).

② 철거의 목적이 된 건물 내에 점유자가 있는 경우에 해당한다. 철거를 하기 위해서는 먼저 점유자로부터 인도를 받아야 한다. 원칙적으로 대집행은 대체적 작위의무인 철거의무에 대해서는 적용될 수 있으나, 비대체적 작위의무인 인도의무에 대해서는 적용될 수 없다. 다만, 이 경우에는 인도의무가 철거의무를 이행하기 위한 부수적 의무에 해당하므로, 예외적으로 대집행 절차에 의해 퇴거 조치까지 이행하게끔 할 수 있다.
구체적으로, 점유자들이 퇴거 조치에 불응하는 것은 공무집행방해죄에 해당하므로, 경찰로부터 행정응원을 받아 이들을 현행범 체포하는 방식으로 점유를 이전 받도록 하고 있다(2016다213916, ▷기본서 151쪽).

③ 누군가가 국유재산 위에 불법 건축물을 지어놓았다면, 행정청은 대집행을 통해 위 건축물을 철거할 필요가 있다.
본 지문은 국가가 국유재산을 제3자로 하여금 사용할 권한을 부여하였는데, 누군가가 국유재산 위에 불법건축물을 지어놓아 제3자가 그 사용권한을 침해받고 있는 사안을 전제로 한다. 이때 행정청은 제3자를 위하여 대집행을 개시하여야 하지만, 만약 이를 개시하지 않는다면 제3자로서는 관리청을 대위하여 민사소송을 제기할 수 있다(2009다1122, ▷기본서 152쪽).

④ 협의취득은 보상합의와 동일한 의미이다. 강제로 수용하기 전에 당사자 간에 자율적인 협의를 하도록 하고, 만약 협의가 성립할 경우 이를 사법상 매매계약으로 본다. 사법상 계약으로부터 발생한 철거의무이므로, 이를 불이행하였더라도 대집행이 불가하다(2006두7096, ▷기본서 151쪽).

03 답 ②

① ▷기본서 156쪽

> 행정기본법 제31조【이행강제금의 부과】⑥ 행정청은 이행강제금을 부과받은 자가 납부기한까지 이행강제금을 내지 아니하면 국세강제징수의 예 또는 「지방행정제재·부과금의 징수 등에 관한 법률」에 따라 징수한다.

② 개념적으로는 처분성이 있다 하더라도, 개별법에서 항고소송 외 다른 불복절차(괘대료재판 등)를 거치도록 안내한 항고소송의 대상인 처분이 될 수 없다(예 농지법상 이행강제금; 2018두42955, ▷기본서 158쪽).
나아가, 설령 관할청이 이행강제금 부과처분을 하면서 재결청에 행정심판을 청구하거나 관할 행정법원에 행정소송을 할 수 있다고 잘못 안내하거나 관할 행정심판위원회가 각하재결이 아닌 기각재결을 하면서 관할 법원에 행정소송을 할 수 있다고 잘못 안내하였다고 하더라도, 그러한 잘못된 안내로 행정법원의 항고소송 재판관할이 생긴다고 볼 수도 없다(2018두42955).

③ 주택건설촉진법상 국민주택에 관하여는 분양한 때로부터 일정한 기간동안 전매행위가 금지되어 있기는 하나 이는 매수인이 국민주택사업주체인분양자에게 그 전매사실로서 대항할 수 없다는 것이지 전매당사자 사이의 전매계약의 사법상 효력까지 무효로 한다는 취지는 아니라고 할 것이다(92다39112).

④ 「서울특별시 수도조례」(이하 '수도조례'라 한다) 제44조 제4항, 「서울특별시 하수도사용조례」(이하 '하수도사용조례'라 한다) 제42조는 위 각 조례에 기한 과태료에 관하여 그 부과·징수 및 이의신청 등에 관한 사항은 질서위반행위규제법을 따른다고 규정하고 있다. … 위와 같은 규정을 종합하여 보면, 수도조례 및 하수도사용조례에 기한 과태료의 부과 여부 및 그 당부는 최종적으로 질서위반행위규제법에 의한 절차에 의하여 판단되어야 한다고 할 것이므로, 그 과태료 부과처분은 행정청을 피고로 하는 행정소송의 대상이 되는 행정처분이라고 볼 수 없다(2011두19369).

04 답 ②

① 평등의 원칙 및 신뢰보호원칙에서 자기구속의 법리가 파생되기 때문에 평등의 원칙과 자기구속의 법리에 대한 내용이 함께 다루어지고 있는 것이다. 자기구속의 법리는 "적법한" 행정관행을 그 전제로 한다(▷기본서 30쪽).

② 진정소급입법은 원칙적으로 허용되지 아니하나, 예외적으로 소급입법을 통해 달성되는 공익이 이로 인해 침해되는 사익보다 크다면 허용될 여지가 있다는 취지이다(97헌바76, ▷기본서 28쪽).

③ 중대성 및 명백성을 따져 사안마다 개별적으로 판단하여야 한다(94누4615, ▷기본서 83쪽).

④ [1] 한 사람이 여러 종류의 자동차 운전면허를 취득하는 경우뿐 아니라 이를 취소 또는 정지함에 있어서도 서로 별개의 것으로 취급하는 것이 원칙이다.
다만, 음주운전한 차량에 대응되는 특정 면허만을 취소할 경우 남겨진 상위 면허로 음주운전한 차량을 다시 음주운전하는 것이 가능하다면, 여러 종류의 자동차 운전면허를 전부 취소할 수 있다(95누8850, ▷기본서 313쪽).
[2] 자동차운전면허는 그 성질이 대인적 면허일뿐만 아니라 도로교통법 시행규칙 제26조 별표 14에 의하면, 제1종 대형면허 소지자는 제1종 보통면허로 운전할 수 있는 자동차와 원동기장치자전거를, 제1종 보통면허 소지자는 인동기장치자전거까지 운전할 수 있도록 규정하고 있어서, 제1종 보통면허로 운전할 수 있는 차량의 음주운전은 당해 운전면허뿐만 아니라 제1종 대형면허로도 가능하고, 또한 제1종 대형면허나 제1종 보통면허의 취소에는 당연히 원동기장치자전거의 운전까지 금지하는 취지가 포함된 것이어서 이들 세 종류의 운전면허는 서로 관련된 것이라고 할 것이므로 제1종 보통면허로 운전할 수 있는 차량을 음주운전한 경우에 이와 관련된 면허인 제1종 대형면허와 원동기장치자전거면허까지 취소할 수 있는 것으로 보아야 한다(94누9672).

05 답 ④

① , ③ 건축신고는 자기완결적 신고로서 수리를 요하지 아니한다. 본래 자기완결적 신고는 수리거부의 처분성이 인정되지 않지만, 건축신고(착공신고)의 경우 수리거부에도 불구하고 건축을 강행할 경우 추후 건축법에 따라 시정조치, 이행강제금, 벌금 등의 불이익이 내려질 것이 예상되므로, 수리거부 단계에서부터 처분성을 인정하여 위와 같은 불이익을 사전에 방지할 수 있도록 하고 있다(2008두167, ▷기본서 41쪽).

② 일반적인 건축신고는 수리를 요하지 않는 신고이나, 건축신고로써 의제되는 인허가가 있다면 이로 인해 그 성격이 수리를 요하는 신고로 전환된다(2010두14954, ▷기본서 41쪽).

④ 인허가의제제도는 신청인의 편의를 위하여 마련된 제도이므로, 의제를 신청할지 여부는 신청인의 선택에 달려있다(2019두31839, ▷기본서 127쪽).

06 답 ③

① 확약, 공법상 계약은 문서주의가 적용되고, 이에 대한 예외규정은 존재하지 않는다(행정절차법 제40조의2 제2항, ▷기본서 100쪽; 행정기본법 제27조 제1항 2문, 105쪽). 반면, 행정지도는 문서뿐 아니라 말로도 가능하다(행정절차법 제49조 제2항, ▷기본서 108쪽).

> 행정기본법 제27조 【공법상 계약의 체결】 ① 행정청은 법령등을 위반하지 아니하는 범위에서 행정목적을 달성하기 위하여 필요한 경우에는 공법상 법률관계에 관한 계약(이하 "공법상 계약"이라 한다)을 체결할 수 있다. 이 경우 계약의 목적 및 내용을 명확하게 적은 계약서를 작성하여야 한다.

② , ③ 계약의 해지가 처분성을 갖는지 여부에 대해 사안마다 개별적으로 판단한다는 취지이다(2013두6244, ▷기본서 106쪽). 수험적으로는 전문직/계약직 공무원 채용계약 및 중소기업 정보화지원사업 협약의 해지는 공법상 계약의 해지로서 처분이 아니므로 당사자소송으로 다툰다고 숙지하면 족하다.
즉, 공법상 계약의 체결(이행의 청구) 및 해지는 처분성이 인정되지 않아 당사자소송으로 다투고, 처분이 아니므로 행정절차법이 적용되지도 않는다(2002두5948, 95누4636 등, ▷기본서 106쪽).
다만, 계약 존속 중 보수삭감 등의 인사상 불이익 조치는 처분성이 있으므로 행정절차법이 적용된다(2006두16328, ▷기본서 106쪽).

④ 공공계약은 국가계약의 일종으로서 사법상 계약에 해당한다. 따라서, 사적자치와 계약 자유의 원칙 등이 그대로 적용된다(2018다298409, ▷기본서 14쪽).

07 답 ④

① 일반적으로 법률의 위임에 의하여 효력을 갖는 법규명령의 경우, 구법에 위임의 근거가 없어 무효였더라도 사후에 법개정으로 위임의 근거가 부여되면 그 때부터는 유효한 법규명령이 되나, 반대로 구법의 위임에 의한 유효한 법규명령이 법개정으로 위임의 근거가 없어지게 되면 그 때부터 무효인 법규명령이 되므로, 어떤 법령의 위임 근거 유무에 따른 유효 여부를 심사하려면 법개정의 전·후에 걸쳐 모두 심사하여야만 그 법규명령의 시기에 따른 유효·무효를 판단할 수 있다(93추83, ▷기본서 50쪽).

② 대통령령이 법률의 위임에도 불구하고 이에 반하여 아무런 내용을 규정하지 않았으므로 위법하고, 이는 이러한 위임을 허용한 헌법의 취지에도 반하므로 위헌이기도 하다(2006다3561, ▷기본서 179쪽). 즉, 헌법적 의무를 위반한 것이다.
행정입법의 부작위가 위헌·위법이라고 하기 위하여는 행정청에게 행정입법을 하여야 할 작위의무를 전제로 하는 것이다. 그 작위의무가 인정되기 위하여는 행정입법의 제정이 법률의 집행에 필수불가결한 것이어야 한다.
만일 하위 행정입법의 제정 없이 상위 법령의 규정만으로도 집행이 이루어질 수 있는 경우라면 하위 행정입법을 제정하여야 할 작위의무는 인정되지 아니한다(2004두10432, ▷기본서 179쪽).

③ 상위법령에서 위임은 제대로 했는데, 하위법령에서 위헌적인 내용을 규정했을 경우, 하위법령만 무효가 된다는 취지이다.
위임입법의 법리는 헌법의 근본원리인 권력분립주의와 의회주의 내지 법치주의에 바탕을 두는 것이기 때문에 행정부에서 제정된 대통령령에서 규정한 내용이 정당한 것인지 여부와 위임의 적법성은 직접적인 관계가 없다.
따라서 대통령령으로 규정한 내용이 헌법에 위반될 경우라도 그 대통령령의 규정이 위헌으로 되는 것은 별론으로 하고 그로 인하여 정당하고 적법하게 입법권을 위임한 수권법률조항까지 위헌으로 되는 것은 아니다(96헌바18).

④ 중요사항이라면 애초부터 위임이 불가하므로, 포괄위임금지 원칙의 적용 여부를 논할 이유가 없다. 중요사항이 아니면서, 법률이 공법적 단체 등의 정관에 자치법적 사항을 위임한 경우라면 예외적으로 포괄위임금지 원칙이 적용되지 않는다(2005헌바31, ▷기본서 19쪽).
자치법적 사항을 규율하는 경우, 특별한 언급이 없다면 중요사항이 아니라고 전제한다.

08 답 ③

① 선행처분인 도시·군계획시설결정 단계에서는 다소 추상적인 내용만이 결정되지만, 후행처분인 실시계획인가는 구체적인 내용이 결정되는 단계이기 때문에 위 두 처분이 서로 다른 법률효과의 발생을 목적으로 한다고 본 것이다(2016두49938, ▷기본서 89쪽).

② 업무정지처분을 받았다면 당연히 정지기간 중 임의로 업무를 재개했을 때 등록취소처분이 내려지리라고 예상 가능하였고 수인한도를 초과하지 않을 것이므로 하자의 승계를 부정하였다.

[1] 이 사건 선행처분인 업무정지처분은 일정 기간 중개업무를 하지 못하도록 하는 처분인 반면, 후행처분인 이 사건 처분은 위와 같은 업무정지처분에 따른 업무정지기간 중에 중개업무를 하였다는 별개의 처분사유를 근거로 중개사무소의 개설등록을 취소하는 처분이다. 비록 이 사건 처분이 업무정지처분을 전제로 하지만, 양 처분은 그 내용과 효과를 달리하는 독립된 행정처분으로서, 서로 결합하여 1개의 법률효과를 완성하는 때에 해당한다고 볼 수 없다. 따라서 원고는 선행처분이 당연무효가 아닌 이상 그 하자를 이유로 후행처분인 이 사건 처분의 효력을 다툴 수 없다.

[2] 또한 원고는 업무정지기간 중에 중개업무를 하여서는 안 된다는 것을 인식하고 있었던 점, 원고가 불복기간 내에 업무정지처분의 취소를 구하는 행정심판이나 행정소송을 제기하는 데에 특별히 어려움이 있었다고 인정할 만한 사정 또한 엿보이지 않는 점 등의 사정에 비추어 보면, 업무정지처분의 불가쟁력이나 구속력이 원고에게 수인한도를 넘는 가혹함을 가져오고 그 결과가 예측가능하지 않았던 경우에 해당한다고 볼 수도 없다(2017두40372).

③ 표준지공시지가결정은 표준지의 소유자에게만 고지되고, 인근 토지소유자에게는 고지되지 않는다. 따라서, 표준지 소유자는 하자의 승계를 주장할 수 없고(2018두50147), 표준지의 인근 토지 소유자는 하자의 승계를 주장할 수 있다(2007두13845, ▷기본서 90쪽).

공교롭게도, 전자의 사안에서 후행처분은 과세처분이었고, 후자의 사안에서 후행처분은 수용재결이었다(과세처분이라서 하자승계가 부정되고, 수용재결이라서 하자승계가 인정된 것이 아님).

④ 보충역에는 공익근무요원 외에도 다양한 종류가 있다(사회복무요원, 예술·체육요원, 공중보건의사 등). 따라서, 보충역편입 단계에서는 아직 구체적인 병역의 종류가 특정되지 않은 관계로, 추후 공익근무요원으로 복무하게 될지 아직 예상하기 어렵다. 이러한 점 때문에 두 처분의 목적이 서로 다르다고 본 것이다(2001두5422, ▷기본서 88쪽).

09   답 ③

① ㉠ A처분 → ㉡ A처분(㉠) 취소 → ㉢ A처분 취소(㉡)의 취소 순으로 서분이 이어질 경우, ㉢ 단계에서는 ㉡이 사라지는 결과 ㉠만 남게 된다. 즉, A처분이 ㉡으로 인해 취소되었다가, 다시 부활하게 되는 것이다.

이러한 "부활"이 가능한지에 대해 판례는, 부활하게 되는 A처분이 국민의 입장에서 수익적이라면 이를 원칙적으로 긍정하나, 침익적이라면 이를 부정한다. 즉, 국민에게 득이 되는 처분만 부활시킬 수 있다는 것이다. 조세부과처분은 침익적 처분이기 때문에 부활이 허용되지 않는다(94누7027, ▷기본서 98쪽).

② 처분 성립 당시의 하자를 전제로 처분의 전부 또는 일부를 직권취소할 수 있다는 뜻이다(▷기본서 98쪽).

③ 불복기간이 경과하여도 불가쟁력이 발생할 뿐, 기판력이 발생하는 것은 아니다. 위 두 효력은 논리필연적인 관계가 없다.

나아가, 기판력은 확정판결에만 인정되는 효력이다. 재결에 기판력이 인정된다면 이를 대상으로 취소소송을 제기하여도 법원이 재결과 모순되는 판단을 하지 못하게 되는 결과, 원고가 아무런 구제도 받지 못하는 상황이 초래되어 부당하다(2013다6759, ▷기본서 356쪽).

④ 이미 납부한 세금을 돌려달라는 취지의 부당이득반환청구가 인용되려면, 국가가 법률상 원인도 없이 세금을 징수하였어야 한다. 여기에서 법률상 원인은 유효한 조세부과처분을 의미하므로, 위 처분의 효력 유무에 따라 부당이득의 성립이 결정된다. 만약 부과처분이 무효라면, 누구든지 언제나(처음부터) 무효임을 확인시켜 줄 수 있다. 즉, 취소판결 또는 무효확인판결이 있어야만 비로소 처분이 무효로 되는 것이 아니다.

따라서, 민사법원이라 하더라도 처분의 무효 여부 정도는 확인시켜 줄 수 있다. 민사법원은 부과처분이 무효인 점을 확인한 뒤, 국가가 세금을 징수한 것에는 유효한 부과처분이라는 법률상 원인이 없다는 점을 이유로 부당이득반환청구를 인용할 수 있다(70다1439, ▷기본서 77쪽).

반면 부과처분에 취소사유가 있는데 불과하다면, 행정법원의 취소판결이 확정됨으로써 비로소 처분이 무효로 된다. 민사법원이 행정소송의 취소판결을 내릴 권한은 없는 것이므로, 민사법원은 처분을 취소시켜줄 수 없다. 즉, 민사법원은 위 처분에 취소사유가 있다고 판단하는 것까지는 가능하지만(위법성 심사), 여기에서 더 나아가 그 효력까지 소멸시킬 수는 없다. 따라서, 공정력으로 인해 처분은 유효한 것으로 통용되므로, 국가가 세금을 징수한 것에는 유효한 부과처분이라는 법률상 원인이 있다. 결국, 부당이득반환청구는 인용될 수 없다.

10   답 ④

① [1] 정보공개법이 정보공개청구권이라는 권리를 국민 개개인에게 구체적으로 보장하고 있으므로, 이는 (i) 강행법규성, (ii) 사익보호성을 모두 충족한 결과 개인적 공권으로 평가될 수 있다(▷기본서 34쪽).

정보공개를 거부당한 사람은 그 자체만으로도 개인적 공권 즉, 법률상 이익의 침해를 이유로 원고적격을 인정받아 항고소송을 제기할 수 있다(2003두8395 등, ▷기본서 143쪽).

[2] 정보가 이미 공개되어 있다 하더라도, 반대로 생각해보면, 같은 이유에서 비공개 결정을 할 이유도 없는 것이다(2008두13101, ▷기본서 144쪽). 도서관 열람 등을 통해 쉽게 알 수 있다고 하여도 마찬가지이다. 소송요건과 관련지어 생각해본다면, 소의 이익을 부정할만한 사유가 되지 않는다.

② 공공기관의 정보공개에 관한 법률 제7조【정보의 사전적 공개 등】① 공공기관은 다음 각 호의 어느 하나에 해당하는 정보에 대해서는 공개의 구체적 범위, 주기, 시기 및 방법 등을 미리 정하여 정보통신망 등을 통하여 알리고, 이에 따라 정기적으로 공개하여야 한다. 다만, 제9조 제1항 각 호의 어느 하나에 해당하는 정보에 대해서는 그러하지 아니하다.
  1. 국민생활에 매우 큰 영향을 미치는 정책에 관한 정보
  2. 국가의 시책으로 시행하는 공사(工事) 등 대규모 예산이 투입되는 사업에 관한 정보
  3. 예산집행의 내용과 사업평가 결과 등 행정감시를 위하여 필요한 정보
  4. 그 밖에 공공기관의 장이 정하는 정보
  ② 공공기관은 제1항에 규정된 사항 외에도 국민이 알아야 할 필요가 있는 정보를 국민에게 공개하도록 적극적으로 노력하여야 한다.
  제8조의2【공개대상 정보의 원문공개】 공공기관 중 중앙행정기관 및 대통령령으로 정하는 기관은 전자적 형태로 보유·관리하는 정보 중 공개대상으로 분류된 정보를 국민의 정보공개 청구가 없더라도 정보통신망을 활용한 정보공개시스템 등을 통하여 공개하여야 한다.

③ ▷기본서 143쪽

공공기관의 정보공개에 관한 법률 제18조【이의신청】① <u>청구인이 정보공개와 관련한 공공기관의 비공개 결정 또는 부분 공개 결정에 대하여 불복이 있거나 정보공개 청구 후 20일이 경과하도록 정보공개 결정이 없는 때에는 공공기관으로부터 정보공개 여부의 결정 통지를 받은 날 또는 정보공개 청구 후 20일이 경과한 날부터 30일 이내에 해당 공공기관에 문서로 이의신청을 할 수 있다.</u>

④ 정보공개의 목적을 묻지 않음으로써, 정보공개청구권을 최대한 보장하려는 취지이다(2017두44558, ▷기본서 144쪽).
정보공개청구의 목적이었던 징계처분 취소소송의 승소가 물 건너갔어도, 여전히 정보공개거부처분 취소소송의 소의 이익은 인정된다(2022두33439, ▷기본서 144쪽).

11   답 ④

① 개인정보 보호법 제25조【고정형 영상정보처리기기의 설치·운영 제한】⑤ 고정형 영상정보처리기기운영자는 고정형 영상정보처리기기의 설치 목적과 다른 목적으로 고정형 영상정보처리기기를 임의로 조작하거나 다른 곳을 비춰서는 아니 되며, 녹음기능은 사용할 수 없다.

② 개인정보 보호법 제15조【개인정보의 수집·이용】① 개인정보처리자는 다음 각 호의 어느 하나에 해당하는 경우에는 개인정보를 수집할 수 있으며 그 수집 목적의 범위에서 이용할 수 있다.
  7. 공중위생 등 공공의 안전과 안녕을 위하여 긴급히 필요한 경우

③ 개인정보 보호법 제16조【개인정보의 수집 제한】③ 개인정보처리자는 정보주체가 필요한 최소한의 정보 외의 개인정보 수집에 동의하지 아니한다는 이유로 정보주체에게 재화 또는 서비스의 제공을 거부하여서는 아니 된다.

④ 개인정보 보호법 제37조의2【자동화된 결정에 대한 정보주체의 권리 등】① 정보주체는 완전히 자동화된 시스템(인공지능 기술을 적용한 시스템을 포함한다)으로 개인정보를 처리하여 이루어지는 결정(「행정기본법」 제20조에 따른 행정청의 자동적 처분은 제외하며, 이하 이 조에서 "자동화된 결정"이라 한다)이 자신의 권리 또는 의무에 중대한 영향을 미치는 경우에는 해당 개인정보처리자에 대하여 해당 결정을 거부할 수 있는 권리를 가진다. 다만, 자동화된 결정이 제15조 제1항 제1호·제2호 및 제4호에 따라 이루어지는 경우에는 그러하지 아니하다.

12   답 ①

① 토지수용으로 인한 보상금의 액수를 다툰다면 사업시행자 및 토지소유자 간에 당사자소송이 제기되어야 할 것이다(공익사업을 위한 토지 등의 취득 및 보상에 관한 법률 제85조 제2항, ▷기본서 221쪽).
사업시행자가 토지소유자를 상대로 보상금감액청구소송을 하는 경우, 이는 당사자소송임에도 사인을 피고로 하게 된다.

② 공무원(군인)연금의 지급을 구하는 소송의 순서는 (i) 일단 공무원연금공단에 급여지급을 신청(대상자 선정 및 금액 결정을 신청)하여 거부처분을 받아 이를 항고소송으로 다툰 뒤, (ii) 위 소송에서 인용판결이 있었음에도 이후 법령 개정으로 인해 금액이 기대에 미치지 못하는 등의 사정이 있으면 당사자소송을 제기하여야 한다(2008두5636, ▷기본서 335쪽).
"미지급", "차액", "감액", "법령 개정"이라는 키워드가 등장하면 (ii)단계로 분류한다. 이러한 키워드가 없으므로 본 지문은 (i)단계에 해당한다.

③ 관리처분계획이 기본행위이고, 이에 대한 인가는 강학상 인가에 해당한다. 총회결의는 관리처분계획의 절차에 해당한다. 본 지문은 아래 1.에 해당한다.
  1. 관리처분계획안에 대한 인가가 아직 나오지 않은 경우
    기본행위에 대한 인가가 없으므로, 관리처분계획안은 처분으로서의 효력이 발생하지 않았다. 따라서, 관리처분계획은 아직 처분이 아니다. 그렇다면, 총회결의를 대상으로 삼아 소송을 제기할 수밖에 없다. 총회결의는 재개발조합이라는 행정청/행정주체가 한 행위이므로 공법상의 행위이다. 이에 대한 소송은 민사소송이 아닌 당사자소송일 수밖에 없다(2007다2428, ▷기본서 336쪽).
  2. 관리처분계획안에 대한 인가가 나온 경우
    인가로 인하여 관리처분계획의 처분으로서의 효력이 발생하였다. 기본행위인 관리처분계획에 하자가 있다면 이를 다투고, 인가에 하자가 있다면 인가를 다투면 된다. 총회결의라는 관리처분계획의 절차에 하자가 있음을 다투는 소송이므로, 관리처분계획에 대한 항고소송을 제기하여 그 소송에서 총회결의의 하자를 주장하면 된다(2007다2428, ▷기본서 336쪽).

④ 공법상 계약의 한쪽 당사자가 다른 당사자를 상대로 효력을 다투거나(해촉) 이행을 청구(채용)하는 소송은 공법상 당사자소송으로 제기하여야 한다(2019다277133, ▷기본서 106쪽).

13 답 ②

① 재결 고유의 하자가 있다면 재결취소소송을 제기하여야 하고, 원처분취소소송에서 재결 고유의 하자를 주장할 수는 없다(▷기본서 254쪽).
행정처분에 대한 행정심판의 재결에 이유모순의 위법이 있다는 사유는 재결처분 자체에 고유한 하자가 있는 경우에 해당한다(95누8027).
② 두 가지 방식으로 풀이가 가능하다.
(i) 원처분주의에 따라 재결에 고유한 하자가 있다고 볼 수 없으므로, 재결이 아닌 원처분을 대상으로 소송을 제기하여야 한다고 보아도 되고, (ii) 감액경정의 사안이므로, 감액경정 처분이 아닌 변경된 원처분의 취소를 구해야 한다고 보아도 된다(93누5673, ▷기본서 249쪽).
③ '재결 자체에 고유한 위법'이란 그 재결자체에 주체, 절차, 형식 또는 내용상의 위법이 있는 경우를 의미하는데, 행정심판청구가 부적법하지 않음에도 각하한 재결은 심판청구인의 실체심리를 받을 권리를 박탈한 것으로서 원처분에 없는 고유한 하자가 있는 경우에 해당하고, 따라서 위 재결은 취소소송의 대상이 된다(99두2970, ▷기본서 254쪽).
④ 처분의 상대방이 제3자효 행정행위인 수익적 처분을 받았는데, 경업자 등의 관계에 있는 제3자가 이에 대해 행정심판을 청구하여 취소시킨 사안이다. 처분의 상대방이 원처분을 다툴 소의 이익은 없는 반면, 재결로 인해 비로소 자신의 원처분이 취소되었다는 점에서 재결의 고유한 하자를 주장하며 이를 대상으로 소송을 제기하여야 한다(96누10911, ▷기본서 254쪽).

14 답 ①

① 지방병무청장의 제1차 결정과 달리, 병무청장의 최종 공개결정은 처분성을 갖는다(2018두49130, ▷기본서 168쪽).
② 본 문제가 대상적격 인정 여부를 묻고 있다는 점에 주의해야 한다. 무엇에 근거를 두었건 간에, 행정청의 행위가 국민의 권리·의무에 직접 영향을 미치는지를 기준으로 대상적격이 인정된다(2001두3532 등, ▷기본서 250쪽).
반면, 위법한 행정행위가 발령되었을 때, 위 행위의 근거가 무엇인지 등에 대한 내용은 본안심리 단계에서 다루어질 내용이다. 행정규칙에 근거한 행정행위라면 법률유보원칙 위반으로 위법하다고 결론날 가능성이 높을 것이다.
③ [1] 입찰참가자격제한 등 요청 결정을 하게 되며, 이를 요청받은 관계 행정기관의 장은 특별한 사정이 없는 한 그 사업자에 대하여 입찰참가자격제한 등의 처분을 해야 하므로, 사업자로서는 입찰참가자격제한 등 요청 결정이 있으면 장차 후속 처분으로 입찰참가자격이 제한되고 영업이 정지될 수 있는 등의 법률상 불이익이 존재한다.
[2] 이때 입찰참가자격제한 등 요청 결정이 있음을 알고 있는 사업자로 하여금 입찰참가자격제한처분 등에 대하여만 다툴 수 있도록 하는 것보다는 그에 앞서 직접 입찰참가자격제한 등 요청 결정의 적법성을 다툴 수 있도록 함으로써 분쟁을 조기에 근본적으로 해결하도록 하는 것이 법치행정의 원리에도 부합하므로, 공정거래위원회의 입찰참가자격제한 등 요청 결정은 항고소송의 대상이 되는 처분에 해당한다(2020두47892).
④ 행정계획의 수립, 변경에 관해서는 행정청에게 광범위한 재량이 주어지고, 원칙적으로 국민은 이를 입안, 취소, 변경하여 달라고 신청할 권리가 없다(84누227, ▷기본서 104쪽).
다만 예외적으로, (i) 도시계획구역 내의 토지소유자는 도시계획에 대한 변경신청권이 있고(2003두1806), (ii) 문화재보호구역 내 토지소유자는 보호구역의 지정해제를 요구할 신청권이 있으며(2003두8821), (iii) 폐기물처리사업 적정통보를 받은 자는 국토이용계획변경을 신청할 권리가 있다(2001두10936, ▷기본서 104쪽).
본 지문의 "산업단지 안의 토지소유자"는 위 (i) 및 (ii)와 유사한 논리로 산업단지개발계획에 대한 변경신청권이 인정되었다(2016두44186).

15 답 ④

①, ② 피고적격은 원칙적으로 명의자에게 부여된다. 처분에 대해 실질적으로 결정했거나, 처분을 할 권한이 있었는지를 불문한다(2014두274, ▷기본서 275쪽; 2005두3776, 277쪽).
③ 위원회와 같은 합의제 행정기관은 위원장과 같은 기관의 장이 아니라, 기관 그 자체가 피고적격을 갖는다. 그러나, 노동사건의 경우 예외적으로 중앙노동위원회의 "위원장"이 피고가 된다(노동위원회법 제27조 제1항, ▷기본서 279쪽).
④ 대리를 하면서 현명까지 하였다면, 원칙에 따라 그 명의자인 피대리행정청이 피고가 된다(▷기본서 277쪽).
구체적으로, A 행정청(=피대리 행정청)이 직접 모든 일을 하기 어렵다면, B 행정청(=대리 행정기관)으로 하여금 A의 대리인이 되어 대신 업무를 처리하도록 할 수 있을 것이다. 이 경우 대리인 B는 자신이 발령하는 처분이 A를 위하여 하는 것임을 밝힘으로써(이른바 "현명"), 대리인으로서 하는 행위의 효과가 직접 A에게 귀속되도록 하여야 한다. 그 결과, B는 A의 명의를 표시하여 처분등을 발령하게 되므로, 이때 피고적격은 A에게 부여된다.

16 답 ③

① 공익사업을 위한 토지 등의 취득 및 보상에 관한 법률 제9조【사업 준비를 위한 출입의 허가 등】① 사업시행자는 공익사업을 준비하기 위하여 타인이 점유하는 토지에 출입하여 측량하거나 조사할 수 있다.

② 공익사업을 위한 토지 등의 취득 및 보상에 관한 법률 제61조 【사업시행자 보상】 공익사업에 필요한 토지등의 취득 또는 사용으로 인하여 토지소유자나 관계인이 입은 손실은 사업시행자가 보상하여야 한다.

③ 당해 공익사업으로 인한 개발이익은 보상 범위에서 배제된다(공익사업을 위한 토지 등의 취득 및 보상에 관한 법률 제67조 제2항, ▷기본서 214쪽). 다만, 다른 공익사업으로 인한 개발이익은 보상 범위에 포함된다.

④ ▷기본서 227쪽

공익사업을 위한 토지 등의 취득 및 보상에 관한 법률 제85조 【행정소송의 제기】 ② 제1항에 따라 제기하려는 행정소송이 보상금의 증감(增減)에 관한 소송인 경우 그 소송을 제기하는 자가 토지소유자 또는 관계인일 때에는 사업시행자를, 사업시행자일 때에는 토지소유자 또는 관계인을 각각 피고로 한다.

17 답 ③

① 행정조사기본법 제11조 【현장조사】 ③ 제1항 및 제2항에 따라 현장조사를 하는 조사원이 그 권한을 나타내는 증표를 지니고 이를 조사대상자에게 내보여야 한다.

② 자발적인 협조에 의해 이루어지는 조사는 개별 법령에 근거가 없어도 가능하므로, 개별 법령에 근거가 있는 경우에는 더더욱 할 수 있다.
행정조사기본법 제5조에 의하면 행정기관은 법령 등에서 행정조사를 규정하고 있는 경우에 한하여 행정조사를 실시할 수 있으나(본문), 한편 '조사대상자의 자발적인 협조를 얻어 실시하는 행정조사'의 경우에는 그러한 제한이 없이 실시가 허용된다(단서). 행정조사기본법 제5조는 행정기관이 정책을 결정하거나 직무를 수행하는 데에 필요한 정보나 자료를 수집하기 위하여 행정조사를 실시할 수 있는 근거에 관하여 정한 것으로서, 이러한 규정의 취지와 아울러 문언에 비추어 보면, 단서에서 정한 '조사대상자의 자발적인 협조를 얻어 실시하는 행정조사'는 개별 법령 등에서 행정조사를 규정하고 있는 경우에도 실시할 수 있다(2016두41811).

행정조사기본법 제5조 【행정조사의 근거】 행정기관은 법령등에서 행정조사를 규정하고 있는 경우에 한하여 행정조사를 실시할 수 있다. 다만, 조사대상자의 자발적인 협조를 얻어 실시하는 행정조사의 경우에는 그러하지 아니하다.

③ [1] 세무공무원의 조사행위가 실질적으로 납세자 등으로 하여금 질문에 대답하고 검사를 수인하도록 함으로써 납세자의 영업의 자유 등에 영향을 미치는 경우에는 국세청 훈령인 구 조사사무처리규정에서 정한 '현지확인'의 절차에 따른 것이라고 하더라도 그것은 재조사가 금지되는 '세무조사'에 해당한다고 보아야 한다.

[2] 그러나 과세자료의 수집 또는 신고내용의 정확성 검증 등을 위한 과세관청의 모든 조사행위가 재조사가 금지되는 세무조사에 해당한다고 볼 경우에는 과세관청으로서는 단순한 사실관계의 확인만으로 충분한 사안에서 언제나 정식의 세무조사에 착수할 수밖에 없고 납세자 등으로서도 불필요하게 정식의 세무조사에 응하여야 하므로, 납세자 등이 대답하거나 수인할 의무가 없고 납세자의 영업의 자유 등을 침해하거나 세무조사권이 남용될 염려가 없는 조사행위까지 재조사가 금지되는 '세무조사'에 해당한다고 볼 것은 아니다(2014두8360).

④ 행정조사는 강제수사가 아닌, 행정절차에 불과하므로 영장주의는 적용되지 않는다(2013도7718).

18 답 ①

① 무효인 하자에 대해 취소소송을 제기하는 것이 "무효선언을 구하는 취소소송"인데, 어디까지나 취소소송이므로 제소기간 및 전치주의 요건이 그대로 요구된다(84누175, ▷기본서 324쪽).

② 부당이득반환청구(이행청구) 및 무효확인청구(확인청구) 중 보다 직접적인 권리구제수단은 전자이다. 종전 판례는 전자가 가능한 상황에서 굳이 후자를 제기하는 것은 소의 이익이 없다고 보았으나(이른바 무효확인청구의 보충성), 현행 판례는 그 입장을 바꾸어 전자가 가능한 상황에서도 곧바로 후자를 제기할 수 있다고 보고 있다(보충성 폐지; 2007두6342, ▷기본서 326쪽).

③ 무효확인을 구하는 소에는 특별한 사정이 없는 한 애초부터 취소청구도 포함되어 있다고 본다(2015두38856, ▷기본서 325쪽). 따라서, 뒤늦게 취소소송을 추가로 병합했다 하더라도, 앞서 취소소송의 제소기간 내에 무효등확인소송을 제기하였다면, 뒤늦게 병합한 취소소송의 제소기간도 이미 준수된 것으로 본다.

④ 무효확인소송의 경우, 하자의 중대명백성에 대한 입증책임이 모두 원고에게 있다(2009두3460, ▷기본서 326쪽).

07회 | 2023년 국가직 7급

정답
p.53

01	①	02	③	03	④	04	④	05	①
06	③	07	②	08	②	09	②	10	②
11	③	12	④	13	③	14	①	15	④
16	②	17	①	18	①	19	④	20	④

01
답 ①

① 공무원이 한 사직 의사표시는 사인의 공법행위에 해당한다. 이에 대한 의 철회나 취소는 의원면직처분이 있을 때까지 할 수 있는 것이고, 일단 면직처분이 있고 난 이후에는 철회나 취소할 여지가 없다. 민법상 비진의 의사표시의 무효에 관한 규정 또한 적용되지 않는다(99두9971, ▷기본서 38쪽).

② 자기완결적 신고는 수리를 요하지 않는 신고라고도 불린다. 수리를 요하지 않는 신고는 수리 여부와는 무관하게 그 효력이 발생하나, 최소한의 적법성(형식적 요건)은 갖추어야 한다(행정절차법 제40조 제2항, ▷기본서 39쪽).

③ 본래 수리를 요하는 신고는 수리/수리거부 모두 처분성이 인정되고, 수리를 요하지 않는 신고는 수리/수리거부 모두 처분성이 부정되는 차이가 있다.
인허가 의제효과를 수반하는 건축신고는 전자(2010두14954, ▷기본서 41쪽), 일반적인 건축신고는 후자에 해당한다(97누6780). 다만, 일반적인 건축신고(착공신고)만큼은 예외적으로 수리거부행위에 처분성이 부여된다는 특징이 있다(2008두167, 2010두7321, ▷기본서 41쪽).

④ 골목상권 보호를 위하여 실체적 심사를 요하는 "수리를 요하는 신고"로 해석한다고 이해하면 족하다(2015두295, ▷기본서 43쪽).

02
답 ③

① 신뢰보호원칙에 대한 일반론에 해당한다(행정기본법 제12조 제1항, ▷기본서 21쪽).

② 신뢰보호원칙의 일종인 실권의 법리에 관한 설명이다(행정기본법 제12조 제2항, ▷기본서 21쪽).

③ 개정 법령이 기존의 사실 또는 법률관계를 적용대상으로 하면서 국민의 재산권과 관련하여 종전보다 불리한 법률효과를 규정하고 있는 경우, 그러한 사실 또는 법률관계가 개정 법률이 시행되기 이전에 "이미 완성 또는 종결된 것이 아니라면" 이는 부진정소급입법으로서, 원칙적으로 허용된다(▷기본서 28쪽).

④ 신뢰보호원칙은 기본적으로 행정청의 행정행위에 대해 적용되는 것이다. 헌법재판소의 위헌결정이 행정청의 행정행위라고 보기는 어렵다(2002두6965, ▷기본서 25쪽).

03
답 ④

①, ② 재량행위는 원칙적으로 부관을 부가할 수 있고, 기속행위는 법률에 별도의 근거가 없는 한 부가할 수 없다(행정기본법 제17조 제1항 및 제2항, ▷기본서 56쪽, 64쪽).

③ 부관의 내용적 한계에 대한 설명이다. 비례의 원칙 및 부당결부금지 원칙의 주된 내용이 그대로 명문화되었다(행정기본법 제17조 제4항 각 호, ▷기본서 65쪽).

④ 부관의 사후변경은 4가지 사유 중 하나가 발생하는 때에 한하여 허용된다. 판례는 (i) 법률에 명문의 규정이 있거나 (ii) 그 변경이 미리 유보되어 있는 경우, (iii) 상대방의 동의가 있는 경우를 원칙적 사유로 보고, (iv) 사정변경이 있는 경우를 예외적 사유로 본다(97누2627, ▷기본서 66쪽).

04
답 ④

① 하자 있는 법규명령의 효력을 묻고 있다. 원칙적으로는 무효이지만, 예외적으로 무효가 아닌 경우가 2가지 있다. 본 지문은 이 중 법률에서 정한 처분요건을 하위 법령에 불과한 부령이 임의로 변경한 경우를 묻고 있다. 판례는 (무효까지는 아니고) 행정규칙으로서의 효력 정도는 인정하였다(2011두10584, ▷기본서 51쪽).

② 구체적 규범통제에 관한 설명이다. 법원은 명령·규칙(=법규명령)이 헌법이나 법률에 위반되는 여부가 재판의 전제가 된 경우에 한하여, 즉 처분등에 대하여 행정소송이 제기된 경우에 한하여 법규명령의 하자를 심사할 수 있고, 최종적인 심사권은 대법원이 갖는다(헌법 제107조 제2항, ▷기본서 51쪽).
반면, 추상적 규범통제란 처분등에 대하여 소송이 제기되지 않았음에도 불구하고 법규명령의 하자를 심사하는 제도를 말하고, 이는 현행법상 허용되지 아니한다.

③ (i) 재량준칙은 일반적으로 행정조직 내부에서만 효력을 가질 뿐 대외적인 구속력을 갖는 것은 아니므로 행정처분이 이를 위반하였다고 하여 그러한 사정만으로 곧바로 위법하게 되는 것은 아니고, (ii) 다만 그 재량준칙이 정한 바에 따라 되풀이 시행되어 행정관행이 이루어지게 되면 평등의 원칙이나 신뢰보호의 원칙에 따라 행정기관은 상대방에 대한 관계에서 그 규칙에 따라야 할 자기구속을 받게 된다(2011두28783, ▷기본서 31쪽).

④ 고시, 훈령, 예규, 지침 등은 통상적으로 상위법령의 위임이 없어 행정규칙으로 분류되는 경우가 많다. 그러니, 이들 또한 상위법령의 위임이 있다면 법규명령의 지위를 부여받게 된다. 이를 법령보충적 행정규칙 또는 행정규칙 형식의 법규명령이라고 한다. 다만, 형식적으로나 내용적으로나 위임의 범위를 철저히 준수해야 한다는 한계는 존재한다(2010다72076, 2014헌바382, ▷기본서 48쪽).
상위법령이 "시행규칙"에 A라는 내용을 위임하였다면, A라는 내용은 시행규칙에만 규정될 수 있다. 그럼에도 고시가 A를 규정하였다면, 이는 형식적 한계를 일탈한 것으로서 법규명령으로서의 효력이 인정될 수 없다.

05 답 ①

① 확약은 문서로 하여야 한다(행정절차법 제40조의2 제2항, ▷기본서 101쪽).
② 사정변경이 있는 경우 확약은 행정청의 별다른 의사표시를 기다리지 않고 실효된다(95누10877, ▷기본서 101쪽). 다만, 행정청은 지체 없이 상대방에게 확약을 이행할 수 없음을 통지할 의무를 부담한다(행정절차법 제40조의2 제5항).
③ 사정변경의 일종이다.
　행정청이 상대방에게 장차 어떤 처분을 하겠다고 확약 또는 공적인 의사표명을 하였다고 하더라도, 그 자체에서 상대방으로 하여금 언제까지 처분의 발령을 신청을 하도록 유효기간을 두었는데도 그 기간 내에 상대방의 신청이 없었다거나 확약 또는 공적인 의사표명이 있은 후에 사실적·법률적 상태가 변경되었다면, 그와 같은 확약 또는 공적인 의사표명은 행정청의 별다른 의사표시를 기다리지 않고 실효된다(95누10877, ▷기본서 101쪽).
④ 경쟁자들 사이에서 상대적으로 선순위/후순위였다고 하여, 그 자체로 추후 면허가 발급된다/발급되지 않는다고 단정할 수 없다. 즉, 우선순위결정 그 자체로 면허 발급/미발급이라는 권리·의무에 직접적으로 영향을 준다고 보기 어려워 처분이라고 보지 않는다(94누6529, ▷기본서 100쪽).

06 답 ③

① 명령적 행위에는 하명, 허가, 면제가 포함된다(▷기본서 56쪽).

법률행위적 행정행위	명령적 행위	하명	허가	면제
	형성적 행위	특허	인가	대리
준법률행위적 행정행위	확인적 행위	확인		
		공증		
		수리		
		통지		

② 형성적 행위의 일종인 특허는 원칙적으로 재량행위이다(2012두22799 등, ▷기본서 58쪽).
③ 인가는 기본행위의 효력을 보충시켜 주는데 그치므로, 기본행위가 애초부터 무효라면 이를 유효로 전환시켜 주는 효력은 인정되지 않는다(95누4810, ▷기본서 60쪽). 따라서, 기본행위가 무효라면 인가가 있다 하더라도 이는 치유되지 않으며, 인가 역시 무효로 된다(86누152).
④ 특정의 사실 또는 법률관계의 존재를 공적으로 증명하여 공적 증거력을 부여하는 행정행위는 확인적 행위의 일종인 "공증"을 의미한다. 당선인결정, 장애등급결정, 행정심판의 재결은 "확인"에 해당한다.

07 답 ②

① 행정소송에서 법원의 심사는 행정청이 법에서 주어진 재량권의 한계를 벗어났는지, 즉 재량권을 일탈남용하였는지에만 초점을 둔다. 재량권 안에서 행정청의 판단이 정당했는지, 부당했는지 판단하는 것은 행정청에게 주어진 재량권을 침해하는 행위이다(행정소송법 제4조 제1호 등, ▷기본서 314쪽). 이는 행정심판에서만 가능하다(행정심판법 제1조, ▷기본서 345쪽).
② 하명이자 기속행위이다(2012두4852, ▷기본서 54쪽).
③ 스티브 유 사안에서, LA재외공관장이 사증발급 거부처분을 하는 과정에서 재량권을 불행사한 점이 위법하다고 판단되었으므로, 이로부터 사증발급행위가 재량행위라는 점을 추론해 볼 수 있다(2017두38874, ▷기본서 71쪽).
④ 민영주택건설사업계획의 승인을 위하여 주택건설사업계획이 갖추어야 할 기준이나 이를 심사·확인하는 방법을 정하는 것 역시 법령에 특별히 규정된 바가 없으면 행정청의 재량에 속한다(96누12917).

08 답 ②

① 행정청이 행정절차법 제20조 제1항의 처분기준 사전공표 의무를 위반하여 미리 공표하지 아니한 기준을 적용하여 처분을 하였다고 하더라도, 그러한 사정만으로 곧바로 해당 처분에 취소사유에 이를 정도의 흠이 존재한다고 볼 수는 없다.
　다만 해당 처분에 적용한 기준이 상위법령의 규정이나 신뢰보호의 원칙 등과 같은 법의 일반원칙을 위반하였거나 객관적으로 합리성이 없다고 볼 수 있는 구체적인 사정이 있다면 해당 처분은 위법하다고 평가할 수 있다(2018두45633).
② 행정절차법 제19조 제1항은 "행정청은 신청인의 편의를 위하여 처분의 처리기간을 종류별로 미리 정하여 공표하여야 한다."라고 정하고 있다.
　이처럼 처분이나 민원의 처리기간을 정하는 것은 신청에 따른 사무를 가능한 한 조속히 처리하도록 하기 위한 것이다. 처리기간에 관한 규정은 훈시규정에 불과할 뿐 강행규정이라고 볼 수 없다. 행정청이 처리기간이 지나 처분을 하였더라도 이를 처분을 취소할 절차상 하자로 볼 수 없다(2018두41907).
③ ▷기본서 168쪽

> 행정절차법 제40조의3【위반사실 등의 공표】③ 행정청은 위반사실등의 공표를 할 때에는 미리 당사자에게 그 사실을 통지하고 의견제출의 기회를 주어야 한다. 다만, 다음 각 호의 어느 하나에 해당하는 경우에는 그러하지 아니하다.
> 1. 공공의 안전 또는 복리를 위하여 긴급히 공표를 할 필요가 있는 경우
> 2. 해당 공표의 성질상 의견청취가 현저히 곤란하거나 명백히 불필요하다고 인정될 만한 타당한 이유가 있는 경우
> 3. 당사자가 의견진술의 기회를 포기한다는 뜻을 명백히 밝힌 경우
> ④ 제3항에 따라 의견제출의 기회를 받은 당사자는 공표 전에 관할 행정청에 서면이나 말 또는 정보통신망을 이용하여 의견을 제출할 수 있다.

④ 행정절차법 제11조 【대표자】 ① 다수의 당사자등이 공동으로 행정절차에 관한 행위를 할 때에는 대표자를 선정할 수 있다.
⑥ 다수의 대표자가 있는 경우 그 중 1인에 대한 행정청의 행위는 모든 당사자등에게 효력이 있다. 다만, 행정청의 통지는 대표자 모두에게 하여야 그 효력이 있다.

09   답 ②

① ▷기본서 135쪽

공공기관의 정보공개에 관한 법률 제4조 【적용 범위】 ① 정보의 공개에 관하여는 다른 법률에 특별한 규정이 있는 경우를 제외하고는 이 법에서 정하는 바에 따른다.
② 지방자치단체는 그 소관 사무에 관하여 법령의 범위에서 정보공개에 관한 조례를 정할 수 있다.
③ 국가안전보장에 관련되는 정보 및 보안 업무를 관장하는 기관에서 국가안전보장과 관련된 정보의 분석을 목적으로 수집하거나 작성한 정보에 대해서는 이 법을 적용하지 아니한다. 다만, 제8조 제1항에 따른 정보목록의 작성·비치 및 공개에 대해서는 그러하지 아니한다.

② 공공기관의 정보공개에 관한 법률 제19조 【행정심판】 ② 청구인은 제18조에 따른 이의신청 절차를 거치지 아니하고 행정심판을 청구할 수 있다.

③ 가분성이 있다는 전제하에 공공기관의 일부공개가 가능하고, 만약 전부비공개결정을 내렸다면 법원의 일부취소판결이 가능하다(▷기본서 145쪽).
④ 공공기관에게는 정보공개방법을 선택할 재량이 없다. 그럼에도 불구하고 이를 변경하여 정보를 공개한 경우, 일부거부처분에 대한 취소소송이 가능하다(2016두44674, ▷기본서 142쪽).

10   답 ②

① 위반사실 등의 공표의 처분성에 대한 일률적인 판단은 어려우나, 판례가 최근 병역의무 기피자 명단공개결정의 처분성을 인정한 사례가 있다(2018두49130, ▷기본서 168쪽). 다만, 지방병무청장의 1차 결정 및 병무청장의 최종 결정 중 후자만이 대상적격 등을 인정받았다는 점을 유의해야 한다.
② 즉, 과징금 납부의무는 일신전속성이 없다(99두35). 이와 달리, 이행강제금 납부의무는 일신전속성 때문에 승계가 불가하다(2006마470, ▷기본서 35쪽, 156쪽).
③ 각론 문제에 해당한다.
가산세는 세법에서 규정하는 의무의 성실한 이행을 확보하기 위하여 세법에 따라 산출한 본세의 세액에 기산하여 징수하는 독립된 조세로서, 본세에 감면사유가 인정된다고 해서 가산세도 당연히 감면대상에 포함되는 것은 아니다. 그리고 가산세 납부의무를 이행하지 않은 데 정당한 사유가 있는 경우에는 본세 납부의무가 있더라도 가산세는 부과하지 않는다(2016두53180).
④ 과징금과 유사하게, 납세자의 고의·과실을 요하지 않고, 다만 의무해태를 탓할 수 없는 정당한 사유가 있는 경우에는 이를 부과할 수 없다(93누15939, ▷기본서 166쪽).

11   답 ③

① 이행강제금 납부의무는 일신전속적인 성질로 인해 타인에게 승계될 수가 없다. 따라서, 이행강제금을 부과 받은 사람이 사망하였다면, 이는 자녀 등에게 상속될 여지조차 없어 그 누구도 납부할 수 없게 된 것이므로, 무효가 된다(2006마470, ▷기본서 35쪽, 156쪽).
② 대집행은 대체적 작위의무의 불이행에 대하여 인정되고, 이행강제금은 전통적으로 비대체적 작위의무 및 부작위의무의 불이행에 대하여 인정되어 왔다. 그러나, 이행강제금의 적용 범위가 대체적 작위의무까지 확대된 결과, 대체적 작위의무 불이행에 대해서는 대집행과 이행강제금 모두 적용이 가능하게 되었다. 이 중 어떤 수단을 동원하여 이행을 강제할 것인지는 행정청의 재량에 달린 문제이다(2006마470, ▷기본서 156쪽).
③ 애초에 이행강제금이 왜 부과되는지를 생각해보면, 의무의 불이행이 있었기 때문이다. 따라서, 의무가 이행된 상태에서는 이행강제금이 부과될 수가 없다. 시정명령에 따른 기한을 도과하여 의무가 이행되었더라도 마찬가지이다(2015두35116, ▷기본서 157쪽).
④ 이행 기회 제공이라 함은 계고를 뜻한다. 이는 이행강제금을 부과하기 위한 요건이므로, 계고가 없는 기간에 대해서는 이행강제금 부과가 불가하다. 따라서, 시정명령의 이행 기회가 제공되지 아니한 과거의 기간에 대한 이행강제금까지 한꺼번에 부과할 수는 없다(2015두46598, ▷기본서 157쪽).

12   답 ④

① 종업원의 행위로 인해 영업주의 처벌 여부가 문제되는 것은 맞지만, 반드시 종업원이 처벌 받아야만 영업주가 처벌되는 것은 아니고, 종업원이 처벌받지 않았다고 하여 반드시 영업주가 처벌되지 않는 것도 아니다(2005도7673, ▷기본서 163쪽). 각자의 귀책사유를 독립적으로 따져보아야 한다. 이 경우 영업주의 귀책사유는 종업원에 대한 선임·감독에 관한 것이다.
② 행정질서벌(과태료)은 고의·과실을 요하는 반면(질서위반행위규제법 제7조, ▷기본서 164쪽), 과징금은 이를 요하지 않는다(2013두5005, ▷기본서 165쪽). 따라서, 과태료재판에서 법원은 그 내용을 살펴 행위자에게 고의나 과실이 있는지를 따져보아야 한다(2011마364).
③ 통고처분은 정식 형사절차에 갈음하는 간이한 조치에 해당한다. 이미 정식으로 검찰에 고발을 하였다면 통고처분으로 나아갈 수가 없다. 그럼에도 통고처분에 따른 절차가 이행되었다면 이는 무효이다(2014도10748, ▷기본서 162쪽).
④ 과태료를 부과 받는 "당사자"의 주소지의 지방법원 또는 그 지원의 관할로 한다(질서위반행위규제법 제25조, ▷기본서 164쪽).

13 답 ③

① 국가배상법 제5조 제1항 소정의 '공공의 영조물'은 국가 또는 지방자치단체가 소유권, 임차권 그 밖의 권한에 기하여 법적으로 관리하고 있는 경우뿐만 아니라, 사실상의 관리를 하고 있는 경우도 포함된다(98다17381, ▷기본서 195쪽).
주의할 점은, 옹벽이 아직 설치가 완료되지 아니한 상태라면 이는 사실상의 관리조차 하고 있지 않은 것이어서 국가배상책임의 대상이 되는 '공공의 영조물'로 보기 어렵다는 것이다.
② "영조물의 설치 또는 관리의 하자"라 함은 기본적으로 통상의 안정성을 갖추지 못한 상태를 말하는 것이다(96다54102 등, ▷기본서 196쪽).
판례는 이에 더해 영조물의 이용 상태 및 정도가 일정한 한도를 초과하여 제3자에게 사회통념상 참을 수 없는 피해를 입히는지(수인한도 초과 여부)를 고려하기도 한다. 이에, 사격장에 방음시설을 제대로 설치하지 않아 인근 마을에 참을 수 없는 소음공해를 일으키는 경우에도 영조물의 설치, 관리상 하자로 인정될 수 있다(2002다14242 등, ▷기본서 196쪽).
③ 예산이 부족하다는 이유만으로 영조물을 하자가 있는 상태로 방치하는 것은 정당화되지 않는다. 즉, 책임의 성립 여부 자체에 영향을 줄 요소는 아닌 것이다(절대적 면책사유 ×; 66다1723, ▷기본서 197쪽). 다만, 재정적 사정은 손해배상액을 결정함에 있어 참작할 사유로 기능한다(2013다208074, ▷기본서 197쪽).
④ 가능한 모든 경우를 예상하거나 완벽하게 대비하는 것은 불가능하므로, 영조물의 위험성에 비례하여 사회통념상 일반적으로 요구되는 정도의 방호조치의무를 기울이는 것으로 충분하다는 뜻이다(2013다208074, 99다54998, ▷기본서 196쪽).

14 답 ①

① 사안이 조금 특수하기는 하지만, 일반적인 처분의 위법성 판단 기준시점(=처분시)과 그 논리가 다르지 않다(▷기본서 305쪽). 즉, 재결취소소송에서 재결의 위법성 판단 기준시점은 재결시에 해당한다.
부당해고 구제신청에 관한 중앙노동위원회의 명령 또는 결정의 취소를 구하는 소송에서 그 명령 또는 결정이 적법한지는 그 명령 또는 결정이 이루어진 시점을 기준으로 판단하여야 하고, 그 명령 또는 결정 후에 생긴 사유를 들어 적법 여부를 판단할 수는 없으나, 그 명령 또는 결정의 기초가 된 사실이 동일하다면 노동위원회에서 주장하지 아니한 사유도 행정소송에서 주장할 수 있다(2016두64876).
② 법원의 직권조사사항이 된다는 것은 소송요건은 법원이 직접 조사해서 그 충족 여부를 판단하여야 한다는 뜻이다. 다만, 소송요건이 충족되지 않을 경우에 따른 불이익은 원고가 부담하므로, 결과적으로는 원고가 소송요건에 대한 입증책임을 부담한다(▷기본서 303쪽).
설령 피고가 소송요건이 충족된다는 취지의 자백을 한다 하더라도, 원고는 여전히 자신이 소송요건을 모두 충족하여 소를 제기하였음을 입증하여야 한다. 즉, 소송요건은 자백의 대상이 되지 않는다.

③ 소의 이익에 관한 원칙적인 설명에 해당한다. 이미 소멸한 처분에 대한 소의 이익은 인정되지 않는다(▷기본서 267쪽).
구체적으로, 행정청이 공무원에 대하여 새로운 직위해제사유에 기한 직위해제처분을 한 경우 그 이전에 한 직위해제처분은 이를 묵시적으로 철회하였다고 봄이 상당하므로, 그 이전 처분의 취소를 구하는 부분은 존재하지 않는 행정처분을 대상으로 한 것으로서 그 소의 이익이 없어 부적법하다(2003두5945).
④ 직권으로 당초의 처분을 취소하고 새로운 처분을 하였다면 당초의 처분은 존재하지 않게 되므로, 이미 사라진 처분의 취소를 구하는 소는 원칙적으로 소의 이익이 없다(2001두5200, 96누1931).
다만, 그 행정처분과 동일한 사유로 위법한 처분이 반복될 위험성이 있어 행정처분의 위법성 확인 내지 불분명한 법률문제에 대한 해명이 필요한 경우에는 예외적으로 소의 이익이 인정된다(2013두20899, ▷기본서 268쪽).

15 답 ④

① 원칙적으로 제소기간이 적용되지 않는 것은 맞지만, 행정심판을 거친 경우에는 제소기간의 특례가 적용된다(2008두10560, ▷기본서 330쪽). 반면, 무효등확인청구는 행정심판을 거친 경우에도 특례가 적용되지 않는다(▷기본서 326쪽).
② 불이익처분의 상대방 또는 거부처분의 상대방은 원고적격이 거의 예외 없이 인정된다고 보아도 무방하다(▷기본서 256쪽).
乙은 실제로 존재하지 않는 "허무인"이므로, 난민불인정처분의 상대방은 甲이다. 乙이 아닌, 甲이 위 처분을 다툴 원고적격을 갖는다(2013두16852).
③ 사안이 조금 특수하기는 하지만, 재처분의무와 관한 일반론과 그 논리가 다르지 않다.
거부처분이 취소된 경우, 행정청은 판결의 취지에 따라 다시 이전의 신청에 대한 처분을 하여야 한다. 거부처분이 위법하다는 이유로 취소되었으므로, 원칙적으로는 판결의 취지를 존중하여 신청에 따른 처분(즉, 인용처분)을 하여야 할 것이나, 기속력에 위반되지 않는 예외적인 경우에는 다시 거부처분을 하는 것도 가능할 것이다.
다시 거부처분을 되풀이함에도 기속력에 위반되지 않는다고 보는 예외적인 사례로는 (i) 기본적 사실관계의 동일성이 없는 다른 처분사유를 내세운 처분, (ii) 개정된 법령에 따른 처분, (iii) 처분의 절차 및 형식 흠결로 인해 인용판결이 내려진 후, 위 절차 및 형식을 보완한 처분의 경우를 들 수 있다(2003두13045 등, ▷기본서 320쪽).
본 지문으로 돌아와서, 선행 거부처분이 이익형량의 하자를 이유로 위법하다고 판단된 경우, 이후 제대로 된 이익형량을 하여 주민 등이 제안한 것과는 다른 내용의 계획을 수립하였다면, 이는 절차적 하자를 보완하여 다시 한 거부처분에 해당한다. 따라서, 위 (iii)유형에 해당하므로, 이는 선행 거부처분에 대한 취소판결의 기속력에 반하지 않는 재처분의무 이행으로 보아야 한다(2019두56135).

④ 부당이득반환청구(이행청구) 및 무효확인청구(확인청구) 중 보다 직접적인 권리구제수단은 전자이다. 종전 판례는 전자가 가능한 상황에서 굳이 후자를 제기하는 것은 소의 이익이 없다고 보았으나(이른바 무효확인청구의 보충성), 현행 판례는 그 입장을 바꾸어 전자가 가능한 상황에서도 곧바로 후자를 제기할 수 있다고 보고 있다(2007두6342, ▷기본서 326쪽).

16 답 ②

① [1] 취소 확정판결의 기판력은 그 판결의 주문에만 미치고, 또한 소송물인 행정처분의 위법성 존부에 관한 판단 그 자체에만 미치는 것이므로 전소와 후소가 그 소송물을 달리하는 경우에는 전소 확정판결의 기판력이 후소에 미치지 아니한다(2015두48235, ▷기본서 317쪽).
 [2] 다만, 후소의 소송물이 전소의 소송물과 동일하지 않더라도 전소의 소송물에 관한 판단이 후소의 선결문제가 되거나 모순관계에 있을 때에는 후소에서 전소 확정판결의 판단과 다른 주장을 하는 것은 허용되지 않는다(94다46114, ▷기본서 317쪽).
② 행정처분 A가 있은 후 이를 기초로 제3자가 권리 B를 취득한 경우를 상정하여 보면, A 취소소송에서 인용판결이 확정되어도 취소되는 것은 A뿐인 것이지, 그 외에 제3자의 권리 B가 함께 취소되는 것은 아니다(83다카2022, ▷기본서 316쪽).
③ 거부처분이 취소된 경우, 행정청은 판결의 취지에 따라 다시 이전의 신청에 대한 처분을 하여야 한다. 거부처분이 위법하다는 이유로 취소되었으므로, 원칙적으로는 판결의 취지를 존중하여 신청에 따른 처분(즉, 인용처분)을 하여야 할 것이나, 기속력에 위반되지 않는 예외적인 경우에는 다시 거부처분을 하는 것도 가능할 것이다.
다시 거부처분을 되풀이함에도 기속력에 위반되지 않는다고 보는 예외적인 사례로는 (i) 기본적 사실관계의 동일성이 없는 다른 처분사유를 내세운 처분, (ii) 개정된 법령에 따른 처분, (iii) 처분의 절차 및 형식 흠결로 인해 인용판결이 내려진 후, 위 절차 및 형식을 보완한 처분의 경우를 들 수 있다(2003두13045 등, ▷기본서 320쪽).
본 지문은 (i) 유형에 관한 설명이다.
④ 재처분의무의 불이행을 전제로 간접강제를 실시하는 것이다. 불이행 상태가 해소되었다면 간접강제를 더 이상 실시할 이유가 없다(이행강제금의 법리와 같다)(2002두2444, ▷기본서 321쪽).

17 답 ①

① 각론 문제에 해당한다.
건설부장관의 권한에 속하는 같은 법 제50조 제2항 제3호 소정의 영업정지 등 처분권한은 서울특별시장·직할시장 또는 도지사에게 위임되었을 뿐, 시·도지사가 이를 구청장·시장·군수에게 재위임할 수 있는 (개별적) 근거규정은 없으나, 정부조직법 제5조(현 제6조) 제1항과 이에 기한 행정권한의 위임 및 위탁에 관한 규정 제4조에 재위임에 관한 일반적인 근거규정이 있으므로 시·도지사는 그 재위임에 관한 일반적인 규정에 따라 위임받은 위 처분권한을 구청장 등에게 재위임할 수 있다(94누4615).

② 상급행정기관의 지시는 행정법의 법원에 해당하지 않는다(▷기본서 16쪽). 따라서, 이를 위반하였다는 사정만으로는 처분이 위법하다고 단정 지을 수 없다(2017두38874).
③ 대리를 하면서 현명까지 하였다면, 원칙에 따라 그 명의자인 피대리행정청이 피고가 된다(▷기본서 277쪽).
④ 피고적격은 원칙적으로 명의자에게 부여된다. 명의자에 대한 특별한 언급이 없다면, 권한이 있는 자가 그 명의를 표시하여 처분을 한 것으로 본다(▷기본서 276쪽). 권한의 위임에 의해 세무서장으로부터 한국자산관리공사에게 권한이 이전되었으므로, 한국자산관리공사가 권한이 있는 자임과 동시에 명의자가 된다.

18 답 ①

① 각론 문제에 해당한다.

> 국가공무원법 제2조【공무원의 구분】① 국가공무원(이하 "공무원"이라 한다)은 경력직공무원과 특수경력직공무원으로 구분한다.
> ② "경력직공무원"이란 실적과 자격에 따라 임용되고 그 신분이 보장되며 평생 동안(근무기간을 정하여 임용하는 공무원의 경우에는 그 기간 동안을 말한다) 공무원으로 근무할 것이 예정되는 공무원을 말하며, 그 종류는 다음 각 호와 같다.
> 1. 일반직공무원: 기술·연구 또는 행정 일반에 대한 업무를 담당하는 공무원
> 2. 특정직공무원: 법관, 검사, 외무공무원, 경찰공무원, 소방공무원, 교육공무원, 군인, 군무원, 헌법재판소 헌법연구관, 국가정보원의 직원, 경호공무원과 특수 분야의 업무를 담당하는 공무원으로서 다른 법률에서 특정직공무원으로 지정하는 공무원

② 공무원(군인)연금의 지급을 구하는 소송의 순서는 (i) 일단 공무원연금공단에 급여지급을 신청(대상자 선정 및 금액 결정을 신청)하여 거부처분을 받아 이를 항고소송으로 다툰 뒤, (ii) 위 소송에서 인용판결이 있었음에도 이후 법령 개정으로 인해 금액이 기대에 미치지 못하는 등의 사정이 있으면 당사자소송을 제기하여야 한다(2008두5636, ▷기본서 335쪽).
"미지급", "차액", "감액", "법령 개정"이라는 키워드가 등장하면 (ii)단계로 분류한다. 이러한 키워드가 없으므로 본 지문은 (i)단계에 해당한다.
③, ④ 임용결격사유가 있는 자를 공무원에 임용하는 행위는 "절대적"으로 무효이다(86누459, ▷기본서 33쪽; ▷기본서 243쪽). 임용결격자가 공무원으로 임용되어 사실상 근무하여 왔다고 하더라도 적법한 공무원으로서의 신분을 취득하지 못한 자로서는 공무원연금법 소정의 퇴직급여를 청구할 수 없다(2001다61012, ▷기본서 243쪽).
나아가, 임용결격사유가 소멸된 후에 계속 근무하여 왔다고 하더라도 그때부터 무효인 임용행위가 유효로 되어 적법한 공무원의 신분을 회복하고 퇴직급여 등을 청구할 수 있다고 볼 수는 없다(95누9617; 경찰공무원으로 임용된 후 70일 만에 선고받은 형이 사면 등으로 실효되어 결격사유가 소멸된 후 30년 3개월 동안 사실상 공무원으로 계속 근무를 하였다고 하더라도 그것만으로는 임용권자가 묵시적으로 새로운 임용처분을 한 것으로 볼 수 없음).

19 답 ④

⇨ ㄱ, ㄴ, ㄷ, ㄹ

ㄱ. 공익사업을 수행하여 공익을 실현할 의사나 능력이 없는 자에게 타인의 재산권을 공권력적·강제적으로 박탈할 수 있는 수용권을 설정하여 줄 수는 없으므로, 사업시행자에게 해당 공익사업을 수행할 의사와 능력이 있어야 한다는 것도 사업인정의 한 요건이라고 보아야 한다(2017두71031, ▷기본서 217쪽).

ㄴ. 자발적 협의의 성립 이후에 발생할지 모르는 다툼의 소지를 제거하고 싶다면, 행정청으로부터 협의 성립 사실을 확인받는 방법을 생각해 볼 수 있다(토지보상법 제29조). 이 경우 협의의 확인은 "수용재결"로 간주되고, 토지 위에 존재하던 제한부담이 전부 소멸된 상태로 이를 원시취득하게 된다(2016두51719, ▷기본서 216쪽).

ㄷ. 토지보상법은 사업시행자로 하여금 우선 협의취득 절차를 거치도록 하고, 협의가 성립되지 않거나 협의를 할 수 없을 때에 수용재결취득 절차를 밟도록 예정하고 있기는 하다. 이렇게 규정하는 이유는, 수용재결을 통해 토지를 강제적으로 수용하기보다는 당사자 간의 자율적인 협의를 유도하여 분쟁 가능성을 최소화하기 위함이다.

따라서, 설령 토지수용위원회의 수용재결이 있은 후라고 하더라도 그 결론에 대하여 상호 불만이 있다면 토지소유자 등과 사업시행자가 다시 협의하여 토지 등의 취득이나 사용 및 그에 대한 보상에 관하여 임의로 계약을 체결할 수 있다(2016두64241, ▷기본서 218쪽).

ㄹ. 사업인정고시는 수용재결절차로 나아가 강제적인 방식으로 토지소유자나 관계인의 권리를 취득·보상하기 위한 절차적 요건에 지나지 않고 영업손실보상의 요건이 아니며, 토지보상법령도 반드시 사업인정이나 수용이 전제되어야 영업손실 보상의무가 발생한다고 규정하고 있지 않다.

따라서 A지자체가 시행하는 사업이 토지보상법상 공익사업에 해당하고 임차인 B씨 등의 영업이 해당 공익사업으로 폐업하거나 휴업하게 된 것이어서 토지보상법령에서 정한 영업손실 보상대상에 해당하면, 사업인정고시가 없더라도 A지자체에 영업손실을 보상할 의무가 있다(2018다204022, ▷기본서 224쪽).

20 답 ④

① 사전통지와 의견청취 절차는 권익을 침해하는 침익적 처분에 대해서만 적용이 있다(▷기본서 116쪽). 원상복구명령은 침익적 처분이므로, 원칙적으로 위 절차의 대상이 된다.

② 철거명령과 계고처분을 1장의 문서로 한꺼번에 할 수 있고, 철거명령에서 주어진 일정기간이 자진철거에 필요한 상당한 기간이라면 그 기간 속에는 계고시에 필요한 '상당한 이행기간'도 포함되어 있다고 본다(91누13564, ▷기본서 154-5쪽).

③ 대집행의 세부절차 간에는 하자승계가 인정된다. 동일한 법률효과의 발생을 목적으로 하기 때문이다(93누14271, ▷기본서 87쪽).

반면, 의무를 부과한 이행명령과 대집행 세부절차 간에는 (이행명령이 무효가 아닌 이상) 하자승계가 인정되지 않는다(97누6780, ▷기본서 87쪽). 동일한 법률효과의 발생을 목적으로 하지 않기 때문이다.

그런데, 본 지문에서는 이행명령에 해당하는 원상복구명령이 무효라고 전제하였으므로, 후행처분 또한 무효가 된다.

④ 기본적 사실관계의 동일성이 인정되지 않으면 처분사유의 추가변경이 허용되지 않는다(▷기본서 310쪽).

이 사건 처분의 당초 처분사유는 "이 사건 컨테이너가 건축법 제2조 제1항 제2호의 건축물에 해당함에도 건축법 제11조를 위반하여 건축하였다."라는 것이고, 추가된 처분사유는 "이 사건 컨테이너가 가설건축물에 해당함에도 건축법 제20조 제3항을 위반하여 축조신고를 하지 아니하고 축조하였다."라는 것이다. 건축물·가설건축물의 구별, 건축허가와 축조신고의 절차·요건 등에서의 차이를 고려하여 보면, 이 사건 처분에 관한 당초의 처분사유와 원심에서 피고가 추가한 처분사유는 그 위반행위의 내용이 다르고, 그에 따라 위법 상태를 해소하기 위하여 거쳐야 하는 절차, 건축기준 및 허용가능성이 달라지므로 결국 그 기초인 사회적 사실관계가 동일하다고 볼 수 없다(2021두34756).

08회 | 2022년 국가직 7급

정답
p.60

01	②	02	③	03	①	04	①	05	②
06	①	07	④	08	③	09	①	10	②
11	②	12	④	13	②	14	④	15	③
16	③	17	②	18	③	19	④		

01
답 ②

① 종전까지 불문법으로서 통용되어 왔던 행정법의 일반원칙이 행정기본법상에 명문화되었다(▷기본서 16쪽, 행정기본법 제8조 내지 제13조). 단, 자기구속의 법리는 별도의 법조문이 없다.
② 자기구속의 법리가 작용하면 기존의 행정관행대로 행위할 수밖에 없는 제약이 생긴다. 그러나, 기존의 행정관행이 위법하다면 언제든지 적법한 방향으로 행위하도록 하는 것이 바람직할 것이다. 따라서, 이 경우에는 자기구속의 법리가 작용하지 않는다(▷기본서 31쪽).
③ 사정변경 그 자체로 공적 견해표명은 자동으로 실효된다(▷기본서 27쪽, 신뢰보호원칙의 한계). 따라서, 기존 공적 견해표명에 반하는 처분을 하더라도 이는 신뢰보호원칙을 위반한 것이라고 볼 수 없다.
④ 지문 안에 답이 있다. "아무런 관련이 없는" 토지이므로, "부당" 하게 "결부"된 것이다(96다49650, ▷기본서 31쪽).

02
답 ③

① 인가는 (i) 순수한 성격의 인가 및 (ii) 인가＋특허(설권적 처분) 유형으로 분류된다. 전자의 경우, 기본행위에 하자가 있다면 기본행위만을 다투어야 하고, 인가에 하자가 있다면 인가만을 다투어야 한다(2001두7541, ▷기본서 60쪽).
반면 후자의 경우, 기본행위와 인가 중 어느 것에 하자가 있건 간에 인가에 대하여 항고소송을 제기하여야 한다는 차이가 있다(2008다60568, 2009두4845, ▷기본서 60쪽).
② 무효사유가 취소사유보다 더 큰 하자이다. 그러므로, 취소소송을 제기하면서 해당 처분에 무효사유가 있음을 주장 및 입증히는데 성공한다면 인용판결이 내려질 것이다. 이러한 취지로 제기하는 소송이 "무효선언을 구하는 의미의 취소소송"이다. 다만, 이는 어디까지나 취소소송이므로 그 소송요건인 제소기간 및 전치주의가 준수되어야 한다(84누175, ▷기본서 233쪽, 324쪽).
③ 위헌결정에는 소급효가 폭넓게 인정되므로, 위헌결정 전에 내려진 행정처분이라 하더라도 그 영향이 미치는 탓에 하자가 발생한다. 이로써 위 처분은 효력이 없는 법률에 근거하여 발령된 것이 되어 중대한 하자를 내포한다.
다만, 처분 발령시점을 기준으로는 위헌결정이 아직 없었기 때문에 그 당시 하자가 명백하였다고 볼 수는 없다. 따라서, 하자가 중대하지만 명백하지는 않기 때문에 취소사유가 있는 것에 불과하다(96누1689, ▷기본서 84쪽).

④ 체납한 사실이 전혀 없음에도 압류를 당한 제3자의 입장에서 이는 중대명백한 하자임에 틀림이 없다(2005두15151, ▷기본서 83쪽).

03
답 ①

① 행정기본법의 법령이란 위임명령을 말한다(▷기본서 47쪽).

> **행정기본법 제2조【정의】** 이 법에서 사용하는 용어의 뜻은 다음과 같다.
> 1. "법령등"이란 다음 각 목의 것을 말한다.
>   가. 법령: 다음의 어느 하나에 해당하는 것
>   1) 법률 및 대통령령·총리령·부령
>   2) 국회규칙·대법원규칙·헌법재판소규칙·중앙선거관리위원회규칙 및 감사원규칙
>   3) 1) 또는 2)의 위임을 받아 중앙행정기관(「정부조직법」 및 그 밖의 법률에 따라 설치된 중앙행정기관을 말한다. 이하 같다)의 장이 정한 훈령·예규 및 고시 등 행정규칙
>   나. 자치법규: 지방자치단체의 조례 및 규칙

고시, 훈령, 예규, 지침 등은 통상적으로 상위법령의 위임이 없어 행정규칙으로 분류되는 경우가 많다. 그러나, 이들 또한 상위법령의 위임이 있다면 법규명령의 지위를 부여받게 된다. 이를 법령보충적 행정규칙 또는 행정규칙 형식의 법규명령이라고 한다. 다만, 형식적으로나 내용적으로나 위임의 범위를 철저히 준수해야 한다는 한계는 존재한다(2010다72076, 2014헌바382, ▷기본서 48쪽).
② 행정규칙은 대외적 구속력이 없으므로, 이는 처분의 위법성 판단 기준(행정법의 법원)이 되지 못한다.
따라서, 처분이 행정규칙을 위반하였다고 해서 그러한 사정만으로 곧바로 위법하게 되는 것은 아니고, 처분이 행정규칙을 따른 것이라고 해서 적법성이 보장되는 것도 아니다. 처분이 적법한지는 행정규칙에 적합한지 여부가 아니라 상위법령의 규정과 입법 목적 등에 적합한지 여부에 따라 판단해야 한다(2021두39362, ▷기본서 52쪽).
③ 본 문제가 대상적격 인정 여부를 묻고 있다는 점에 주의해야 한다. 무엇에 근거를 두었건 간에, 행정청의 행위가 국민의 권리·의무에 직접 영향을 미치는지를 기준으로 대상적격이 인정된다(2001두3532 등, ▷기본서 250쪽).
반면, 위법한 행정행위가 발령되었을 때, 위 행위의 근거가 무엇인지 등에 대한 내용은 본안심리 단계에서 다루어질 내용이다. 행정규칙에 근거한 행정행위라면 법률유보원칙 위반으로 위법하다고 결론날 가능성이 높을 것이다.
④ 행정규칙은 대외적 구속력이 인정되지는 않지만, 행정조직 내부적으로는 일정한 효력을 갖는다. 예컨대, 행정청은 행정규칙을 위반한 소속 공무원에 대하여 내부적으로 징계처분을 할 수 있다. 그러나, 이는 어디까지나 행정규칙이 상위법령에 반하지 않는 범위 내에서 인정되는 효력일 뿐이다. 만약 상위법령 등에 반하는 등의 사정이 있을 경우에 그 행정규칙은 무효가 된다. 따라서, 내부적인 효력조차 인정될 수 없다(▷기본서 52쪽, 2013두20011).

04 답 ①

① 행정계획은 처분성 인정 여부가 사안별로 다르다(▷기본서 103 – 4쪽).
도시"기본"계획, 환지계획, 4대강 살리기 마스터플랜은 그 자체로 국민의 권리, 의무에 직접적 영향이 있다고 볼 수 없어 처분성이 부정된다.
그에 반해 도시"관리"계획, "사업시행"계획, "관리처분"계획은 반대의 이유로 처분성이 인정되었다.

②, ③, ④ 행정계획의 수립, 변경에 관해서는 행정청에게 광범위한 재량이 주어지지만, 행정주체가 가지는 이와 같은 형성의 자유는 무제한적인 것이 아니라 그 행정계획에 관련되는 자들의 이익을 공익과 사익 사이에서는 물론이고 공익 상호간과 사익 상호간에도 정당하게 비교·교량하여야 한다는 제한이 있다(96누8567, ▷기본서 103쪽). 만약 이익형량의 고려 대상에 마땅히 포함시켜야 할 사항을 누락하는 등 비교·형량을 제대로 하지 않았다면 행정계획결정은 위법하게 된다(96누8567, ▷기본서 104쪽).
이를 구현하기 위해서는 다수의 이해관계자의 의견을 수렴하기 위하여 도시계획안의 내용을 공고 및 공람하게 할 필요가 있다. 공고 및 공람 절차에 하자가 있다면 비교·형량을 제대로 하지 않은 것이므로 그와 같은 행정계획(도시계획결정)은 위법하다고 보아야 한다(98두2768, 87누388, ▷기본서 102쪽).

05 답 ②

① 행정행위의 직권취소는 소급효를 갖는 것이 원칙이나, 예외적으로 취소처분의 상대방이 침해받는 사익이 상당하다는 등의 정당한 사유가 있다면 장래효를 갖게 할 수도 있다(행정기본법 제18조 제1항, ▷기본서 95쪽).

② 신뢰보호원칙의 한계 측면에서, 취소와 철회 모두 공통적으로 수익적 행정행위를 대상으로 하는 경우라면 이를 박탈하기에 앞서 이로 인해 달성될 공익과 이로 인해 침해될 국민의 불이익 중 무엇이 더 큰지 따져보아야 한다(이른바 비교·형량; 행정기본법 제18조 제2항 본문 및 제19조 제2항, ▷기본서 95-6쪽). 하지만, 신뢰보호원칙의 요건이 애초부터 충족되지 않은 것이라면, 한계를 따질 필요도 없이 신뢰는 보호되지 않는다고 보아야 한다. 이러한 관점에서, 취소의 경우 (i) 애초에 수익적 행정행위가 국민의 거짓 또는 부정한 방법을 통해 얻어진 경우 또는 (ii) 국민이 처분의 위법성을 알고 있었거나, 중대한 과실로 몰랐던 경우에 해당한다면, 수익적 행정행위를 박탈함으로써 침해될 국민의 불이익이 매우 작다고 할 수 있으므로 비교·형량이 불필요하다. 이때는 수익적 행정행위라 하더라도 비교·형량 없이 곧바로 직권취소할 수 있다(행정기본법 제18조 제2항 단서 및 각 호).
주의할 것은 철회의 경우 위와 같은 규정을 두고 있지 않다는 것이다. 철회를 하기 위해서는 여전히 공익과 사익 간 비교·형량을 거쳐야 한다(행정기본법 제19조 제2항).

③ 철회는 처분의 성립 당시에는 아무런 하자가 없었음에도 후발적인 사정이 발생함에 따라 처분의 효력을 소멸시키는 것을 말한다(행정기본법 제19조 제1항, ▷기본서 96쪽). 이는 처분 성립 당시의 하자를 전제로 하는 취소와는 구별된다(행정기본법 제18조 제1항).
"중대한 공익을 위하여 필요한 경우"는 행정행위를 철회할 수 있는 후발적 사유의 대표적 사례이다(행정기본법 제19조 제1항 제3호, ▷기본서 96쪽).

④ 처분에 (무효사유에 이르지 않는) 취소사유가 있음에 불과하다면, 공정력으로 인해 위 처분은 취소되기 전까지 유효한 것으로 통용된다(▷기본서 75쪽).

06 답 ①

① 송달(고지)이 정식으로 이루어져야 행정행위의 효력이 발생한다. 판례는 정식으로 송달이 이루어지기 전에 정보공개청구를 통해 또는 우연히 홈페이지에 접속하여 처분의 내용을 안 것만으로는 효력이 발생되지 않는다는 입장이다(2014두8254, 2019두38656, ▷기본서 283쪽).

② 원칙은 기한이 종료할 때 허가의 효력은 별도의 행위를 기다릴 것도 없이 자동적으로 소멸하는 것이다. 이를 "허가의 존속기간을 정한 것"이라고 표현한다.
다만 예외적으로, 허가된 사업의 성질상 기한이 너무 짧다고 판단될 경우에 한하여, 그 기한이 도래할 때 곧바로 허가의 효력이 상실하는 것이 아니라, 그 기한의 연장을 심사한 뒤 연장함이 적절하다고 판단된다면 허가의 효력은 지속된다. 이를 "허가 조건의 존속기간을 정한 것"이라고 표현한다(2003두12837, ▷기본서 63쪽).
그런데, 위와 같이 "허가 조건의 존속기간을 정한 것"으로 보아 기한이 연장되기 위해서는 최초의 기한이 도래하기 전에 연장신청을 했어야 한다. 만약 연장 신청이 없이 기한이 도래해 버렸다면 다시 원칙으로 돌아가 허가의 효력은 별도의 행위를 기다릴 것도 없이 자동적으로 소멸한다(2005두12404, ▷기본서 64쪽).
연장 신청이 없이 기한이 도래해 버렸다면 허가의 효력은 이미 소멸한 뒤다. 그렇다면, 허가의 효력이 소멸한 뒤에 기간연장을 해봤자 이는 이미 소멸해버린 종전 허가의 연장을 신청하는 것으로 평가될 수는 없고, 대신 아예 새로운 허가를 신청한 것으로 해석된다(2018다284400, ▷기본서 64쪽).

③ 금고 이상의 형을 선고받는 등 당연퇴직사유가 발생한 자는 별도의 조치 없이도 퇴직한다(국가공무원법 제69조). 따라서, 당연퇴직사유 발생 이후 형식적으로 인사발령 조치를 통해 퇴직을 명했나 하더라도, 이는 별도의 법적 의미를 갖지 않는 행위이므로 처분성이 없다(84누374, ▷기본서 243쪽).

④ 소유권 귀속 등의 법률관계는 "등기부"에 누가 소유자로 기재되었는지 등이 중요하다.
반면, 건축물대장이나 지적공부(토지대장)에 소유자가 누가 기재되어 있는지는 소유권 관련 법률관계에 특별한 영향이 없다. 따라서 행정청이 토지대장상의 소유자명의변경신청을 거부한 행위에는 처분성이 부여되지 않는다(2010두12354, ▷기본서 237 – 8쪽).

반면, "공법상 규제, 세금 부과, 보상금 산정" 등의 법률관계는 건축물대장 및 지적공부(토지대장)의 기재내용에 따라 좌우되므로, 위 사항과 관련하여 건축물대장 및 지적공부(토지대장)의 내용(용도, 지목 등)을 변경하여 달라고 하는 것은 법적으로 큰 의미가 있어 처분성이 인정된다(2003두9015, 2007두17359, ▷기본서 237-8쪽).

07   답 ④

① 이유제시 절차는 거부처분에 다소 완화된 형태로 적용된다는 취지이다(2000두8912, ▷기본서 121쪽). 민원인이 신청 단계에서부터 나름의 검토를 거치기 때문이다.
② 환경영향평가를 누락한 처분은 이례적으로 무효에 해당한다(2005두14363, ▷기본서 124쪽, 126쪽). 다만, 환경영향평가를 부실하게나마 거친 처분은 곧바로 하자가 있는 것은 아니고, 내용상의 하자가 있는지를 판단하는 요소 중 하나로 취급된다는 점에 유의하여야 한다(절차상 하자로서 곧바로 위법사유를 구성하는 것이 아님; 2006두330).
③ 판례는 청문의 예외사유를 엄격히 해석하는 경향이 있다. 예컨대, (i) 청문통지서 2회 반송 및 청문회 불출석에도 불구하고 여전히 청문을 실시하여야 한다고 하였고(2000두3337), (ii) 별도 협약 체결을 통해 청문이 배제될 수 없다고 보았으며(2002두8350), (iii) 상대방이 이미 행정청에 위반사실을 시인하는 과정에서 의견진술할 기회가 있었다 하더라도 별도의 청문을 이행하여야 한다는 입장에 서있다(2016두63224, ▷기본서 119-120쪽).
④ (i) 외국인의 출입국·난민인정·귀화, (ii) 공무원 인사 관계법령에 따른 징계와 그 밖의 처분의 경우, 위 사항에 해당하는지 여부뿐 아니라 "해당 행정작용의 성질상 행정절차를 거치기 곤란하거나 거칠 필요가 없다고 인정되는지" 또는 "행정절차에 준하는 절차를 이미 거쳤는지" 여부도 추가로 따져보아야 한다(행정절차법 제3조 제2항 제9호, ▷기본서 113쪽).
대법원은 가급적 행정절차법을 적용하려는 입장에서, 위 배제사유를 좁게 해석하고자 한다. 따라서, 직권면직(2011두30687) 및 해임처분(2011두5001) 모두 공무원에 대한 것임에도 불구하고 행정절차법이 적용된다(▷기본서 114쪽).
반면, 직위해제 처분의 경우 직권면직과는 달리 행정절차법의 적용이 배제된다. 국가공무원법에 더 엄격한 절차가 규정되어 있기 때문이다(2012두26180, ▷기본서 114쪽).

08   답 ③

① 위법한 세무조사에 의해 위법하게 수집된 자료를 토대로 한 과세처분은 절차상 하자로 인해 위법하다(2016두47659, ▷기본서 125쪽).
② 원칙적으로 종국적인 처분이 아닌 중간단계의 행위는 처분성(또는 소의 이익)이 부정된다.
종국적인 단계에서 국민의 권리·의무에 영향을 미치는 것은 세무조사에 기초한 과세처분이지만, 중간단계 처분일지라도 세무조사결정에 대하여 다투도록 허용한다면 분쟁을 조기에 근본적으로 해결할 수 있는 이점이 있다. 따라서, 세무조사결정의 처분성을 인정한다(2009두23617, ▷기본서 252쪽).

③ 행정조사기본법 제3조【적용범위】② 다음 각 호의 어느 하나에 해당하는 사항에 대하여는 이 법을 적용하지 아니한다.
  1. 행정조사를 한다는 사실이나 조사내용이 공개될 경우 국가의 존립을 위태롭게 하거나 국가의 중대한 이익을 현저히 해칠 우려가 있는 국가안전보장·통일 및 외교에 관한 사항
  2. 국방 및 안전에 관한 사항 중 다음 각 목의 어느 하나에 해당하는 사항
    가. 군사시설·군사기밀보호 또는 방위사업에 관한 사항
    나. 「병역법」·「예비군법」·「민방위기본법」·「비상대비에 관한 법률」에 따른 징집·소집·동원 및 훈련에 관한 사항
  3. 「공공기관의 정보공개에 관한 법률」 제4조 제3항의 정보에 관한 사항
  4. 「근로기준법」 제101조에 따른 근로감독관의 직무에 관한 사항
  5. <u>조세·형사·행형 및 보안처분에 관한 사항</u>
  6. 금융감독기관의 감독·검사·조사 및 감리에 관한 사항
  7. 「독점규제 및 공정거래에 관한 법률」, 「표시·광고의 공정화에 관한 법률」, 「하도급거래 공정화에 관한 법률」, 「가맹사업거래의 공정화에 관한 법률」, 「방문판매 등에 관한 법률」, 「전자상거래 등에서의 소비자보호에 관한 법률」, 「약관의 규제에 관한 법률」 및 「할부거래에 관한 법률」에 따른 공정거래위원회의 법률위반행위 조사에 관한 사항
③ 제2항에도 불구하고 제4조(행정조사의 기본원칙), 제5조(행정조사의 근거) 및 제28조(정보통신수단을 통한 행정조사)는 <u>제2항 각 호의 사항에 대하여 적용한다.</u>

④ 행정조사기본법 제24조【조사결과의 통지】행정기관의 장은 법령등에 특별한 규정이 있는 경우를 제외하고는 행정조사의 결과를 확정한 날부터 7일 이내에 그 결과를 조사대상자에게 통지하여야 한다.

09   답 ①

① 예컨대 사상자가 다수 발생한 교통사고를 일으킨 경우라면, 법원이 이에 대하여 형사 유죄판결을 내리기 전이라 하더라도 행정청은 운전면허 취소처분을 내릴 수 있다(2015두59808, ▷기본서 126쪽). 이를 두고 절차상 하자가 있다고 볼 수는 없을 것이다.
② 예컨대 A/B/C 3개의 위법행위가 각 1개월의 영업정지 사유가 되어 총 3개월의 영업정지 처분이 내려졌는데, 이 중 A가 적법한 영업정지 사유로 인정되지 않는다면, 3개월 영업정지 처분 중 A에 상응하는 1개월 영업정지 처분만 일부 취소함이 타당하다(2019두63515, ▷기본서 314쪽).
③ 처분의 위법성 판단시점은 처분시이다. 다만, 처분이 내려지기 전 법령의 개정이 있었던 2가지 경우, 즉 (i) 신청에 따른 처분, (ii) 제재처분에 대하여는 행정기본법이 특별한 규정을 마련해놓고 있다.
이 중 (ii)의 경우, 원칙적으로는 위반행위시의 법률을 적용하되, 예외적으로 제재의 수위가 가벼워진 경우에는 제재처분시의 법률을 적용한다(행정기본법 제14조, ▷기본서 306쪽).
④ 과징금은 반드시 현실적인 행위자가 아니라도 법령상 책임자로 규정된 자에게 부과되고, 원칙적으로 위반자의 고의·과실을 요하지 않는다(2013두5005, ▷기본서 165쪽).

10 답 ②

⇨ ㄱ, ㄴ, ㄹ

ㄱ. 소유권 귀속 등의 법률관계는 "등기부"에 누가 소유자로 기재되었는지 등이 중요하다.
반면, 건축물대장이나 지적공부(토지대장)에 소유자가 누가 기재되어 있는지는 소유권 관련 법률관계에 특별한 영향이 없다. 따라서 행정청이 토지대장상의 소유자명의변경신청을 거부한 행위에는 처분성이 부여되지 않는다(2010두12354, ▷기본서 237-8쪽).
반면, "공법상 규제, 세금 부과, 보상금 산정" 등의 법률관계는 건축물대장 및 지적공부(토지대장)의 기재내용에 따라 좌우되므로, 위 사항과 관련하여 건축물대장 및 지적공부(토지대장)의 내용(용도, 지목 등)을 변경하여 달라고 하는 것은 법적으로 큰 의미가 있어 처분성이 인정된다(2003두9015, 2007두17359, ▷기본서 237-8쪽).

ㄴ. "원고의 과속으로 인해 범칙금납부의 통고처분을 받고, 운전경력증명서상의 교통사고란에 원고가 도로교통법 위반죄를 저질렀다고 기재됨에 따라, 원고가 위 교통사고는 트럭운전자의 과실로 인하여 발생한 것일 뿐 원고는 아무런 교통법규위반행위가 없으므로 기재행위가 위법하다고 주장"한 사안에 해당한다. 궁극적으로는 아무 잘못도 없는데 처벌받은 것이 불만인 셈이므로, 범칙금납부 통고처분을 형사소송으로 다투면 그만인 것이지, 구태여 자동차운전면허대장 또는 운전경력증명서에 기재된 내용을 변경해달라고 신청할 필요가 없다는 것이다(91누1400, ▷기본서 238쪽).

ㄷ. 지방병무청장의 1차 결정에 이어, 병무청장의 최종 결정까지 내려졌다면 구태여 지방병무청장의 1차 결정까지 다툴 필요가 없다. 최종적인 결정인 병무청장의 결정만 다투는 것으로 분쟁의 근본적 해결이 가능하기 때문이다(2018두49130, ▷기본서 168쪽).

ㄹ. 공법인은 공무를 위탁받은 범위 내에서만 행정청의 지위를 갖고, 행정청의 지위에서 행한 행위만이 처분이 될 여지가 있다. 공법인이 내부적으로 임직원을 징계하는 등 불이익한 조치를 취한 것은 공무를 위탁받은 범위 내에서 행해지는 행위가 아니므로 사법상 징계에 불과하다. 따라서, 처분이 되지 않는다(2005두8269, ▷기본서 236쪽).

11 답 ②

⇨ ㄱ, ㄷ, ㄹ
참고로, ㄱ, ㄴ, ㄷ은 필요적 전치주의를 채택하고 있다.

ㄱ. 조세심판원 등이 심판기관의 지위를 갖는다.
ㄴ. 행정심판법에 따라 행정심판을 제기해야 하므로, 동법에 따른 행정심판위원회가 심판기관의 지위를 갖는다.

> 도로교통법 제94조【운전면허 처분에 대한 이의신청】① 제93조 제1항 또는 제2항에 따른 운전면허의 취소처분 또는 정지처분이나 같은 조 제3항에 따른 연습운전면허 취소처분에 대하여 이의가 있는 사람은 그 처분을 받은 날부터 60일 이내에 행정안전부령으로 정하는 바에 따라 시·도경찰청장에게 이의를 신청할 수 있다.
> ③ 제1항에 따라 이의를 신청한 사람은 그 이의신청과 관계없이 「행정심판법」에 따른 행정심판을 청구할 수 있다. 이 경우 이의를 신청하여 그 결과를 통보받은 사람(결과를 통보받기 전에 「행정심판법」에 따른 행정심판을 청구한 사람은 제외한다)은 통보받은 날부터 90일 이내에 「행정심판법」에 따른 행정심판을 청구할 수 있다.

ㄷ. 소청심사위원회가 심판기관의 지위를 갖는다.
ㄹ. 토지수용위원회가 심판기관의 지위를 갖는다.

12 답 ④

① > 지방자치법 제156조【사용료의 징수조례 등】① 사용료·수수료 또는 분담금의 징수에 관한 사항은 조례로 정한다. 다만, 국가가 지방자치단체나 그 기관에 위임한 사무와 자치사무의 수수료 중 전국적으로 통일할 필요가 있는 수수료는 다른 법령의 규정에도 불구하고 대통령령으로 정하는 표준금액으로 징수하되, 지방자치단체가 다른 금액으로 징수하려는 경우에는 표준금액의 50퍼센트 범위에서 조례로 가감 조정하여 징수할 수 있다.
> ② 사기나 그 밖의 부정한 방법으로 사용료·수수료 또는 분담금의 징수를 면한 자에게는 그 징수를 면한 금액의 5배 이내의 과태료를, 공공시설을 부정사용한 자에게는 50만원 이하의 과태료를 부과하는 규정을 조례로 정할 수 있다.
> ③ 제2항에 따른 과태료의 부과·징수, 재판 및 집행 등의 절차에 관한 사항은 「질서위반행위규제법」에 따른다.

② 과태료와 같은 행정질서벌의 일종에 해당한다(▷기본서 148쪽). 구체적으로는, 교도소 내에서 신문 및 도서열람의 제한, 작업상 여금의 삭감 등의 징계를 가하는 것을 말한다.
피고인이 행형법에 의한 징벌을 받아 그 집행을 종료하였다고 하더라도 행형법상의 징벌은 수형자의 교도소 내의 준수사항위반에 대하여 과하는 행정상의 질서벌의 일종으로서 형법 법령에 위반한 행위에 대한 형사책임과는 그 목적, 성격을 달리하는 것이므로 징벌을 받은 뒤에 형사처벌을 한다고 하여 일사부재리의 원칙에 반하는 것은 아니다(2000도3874).

③ 통고처분에서 범칙금 납부기한을 정해주었다면 그 기한까지는 이를 납부하여 사안을 종결시킬지, 아니면 납부하지 않고 정식 형사절차로 나아갈지 선택할 수 있다. 즉, 통고처분은 항고소송의 대상이 되지 않고, 정식 형사절차를 통해 불복이 이루어진다(96헌바4, ▷기본서 162쪽).

④ 질서위반행위규제법 제3조【법 적용의 시간적 범위】① 질서위반행위의 성립과 과태료 처분은 행위 시의 법률에 따른다.
② 질서위반행위 후 법률이 변경되어 그 행위가 질서위반행위에 해당하지 아니하게 되거나 과태료가 변경되기 전의 법률보다 가볍게 된 때에는 법률에 특별한 규정이 없는 한 변경된 법률을 적용한다.
③ <u>행정청의 과태료 처분이나 법원의 과태료 재판이 확정된 후 법률이 변경되어 그 행위가 질서위반행위에 해당하지 아니하게 된 때에는 변경된 법률에 특별한 규정이 없는 한 과태료의 징수 또는 집행을 면제한다.</u>

13 답 ②

① 정보공개의 목적을 묻지 않음으로써, 정보공개청구권을 최대한 보장하려는 취지이다(2017두44558, ▷기본서 144쪽).
② 공공기관에게는 정보공개방법을 선택할 재량이 없다. 그럼에도 불구하고 이를 변경하여 정보를 공개한 경우, 일부거부처분에 대한 취소소송이 가능하다(2016두44674, ▷기본서 142쪽).
③ 청구인이 원하는 방식으로 공개되지 않은 이상, 적법한 공개로 보지 않는다는 취지이다(2012두11409·11416, ▷기본서 144쪽). 전자소송 시스템 도입 전 사례로서, 사본 제공의 방식으로 증거가 제출된 것으로 짐작된다.
④ 다른 법률에 특별한 규정이 있는 경우에는 정보공개법이 아닌, 다른 법률에 따라야 한다. 형사재판확정기록은 형사소송법에 따라 정보공개를 청구해야 한다(2013두20882, ▷기본서 135쪽).

14 답 ④

① 특별한 정함이 있지 않는 한 취소소송과 동일한 법리가 적용된다. 법률상 이익이 있는 자만이 원고적격을 인정받아 소송을 제기할 수 있다.
② 원고가 신청권을 토대로 인용 또는 거부처분이라는 응답을 신청하였음에도 행정청이 무응답으로 일관하고 있는 것이 부작위이다. 대상적격의 요건으로서 신청권을 요구하는 것이 거부처분과의 공통점이다. 다만, 부작위법확인소송에서는 신청권이 있으면 대상적격 및 원고적격이 동시에 충족된다는 점이 차이점이다(▷기본서 329쪽).
따라서, 신청권이 인정되지 않는다면 대상적격 및 원고적격이 충족되지 않아 소송이 부적법 각하된다.
③ 부작위가 위법한지 여부를 판단하는 시점은 처분시가 아닌, 판결시[사실심 (구두)변론종결시]를 기준으로 한다(▷기본서 330쪽).
④ 원칙적으로 제소기간이 적용되지 않는 것은 맞지만, 행정심판을 거친 경우에는 제소기간의 특례가 적용된다(2008두10560, ▷기본서 330쪽). 반면, 무효등확인청구는 행정심판을 거친 경우에도 특례가 적용되지 않는다.

15 답 ③

① 공무원의 위법한 직무집행으로 인해 손해를 입은 국민은 국가배상청구를 할 수 있지만, 피해자가 군인/경찰 등인 경우에는 이중배상금지 원칙에 의해 그 청구가 제한될 수 있다(국가배상법 제2조 제1항 단서).
공익근무요원 및 경비교도대원은 병역을 이행하는 형태 중 하나이지만, 공식적으로는 각각 행정안전부 및 법무부에 소속되어 있다. 이에 이중배상금지 원칙이 적용되는 군인/경찰 등으로 보지 않는다(97다4036, 97다45919, ▷기본서 204쪽).
이와 달리, 전투경찰순경은 군인/경찰 등에 포함된다(94헌마118, ▷기본서 204쪽).
② 상호보증은 외국의 법령, 판례 및 관례 등에 의하여 발생요건을 비교하여 인정되면 충분하고 반드시 당사국과의 조약이 체결되어 있을 필요는 없으며, 당해 외국에서 구체적으로 우리나라 국민에게 국가배상청구를 인정한 사례가 없더라도 실제로 인정될 것이라고 기대할 수 있는 상태이면 충분하다(2013다208388, ▷기본서 208쪽).
③ 공무원인 피징계자에게 징계사유가 있어서 징계처분을 하는 경우 어떠한 처분을 할 것인가는 징계권자의 재량에 맡겨진 것이다(2006두16274, ▷기본서 22쪽).
공무원에 대한 전보인사가 법령이 정한 기준과 원칙에 위배되거나 인사권을 다소 부적절하게 행사한 것으로 볼 여지가 있다 하더라도 그러한 사유만으로 그 전보인사가 당연히 불법행위를 구성한다고 볼 수는 없다(2006다16215).
다만, 인사권자가 당해 공무원에 대한 보복감정 등 다른 의도를 가지고 인사재량권을 일탈·남용하여 객관적 정당성을 상실하였음이 명백한 경우 등 전보인사가 우리의 건전한 사회통념이나 사회상규상 도저히 용인될 수 없음이 분명한 경우에, 그 전보인사는 위법하게 상대방에게 정신적 고통을 가하는 것이 되어 당해 공무원에 대한 관계에서 불법행위를 구성한다(2006다16215).
④ 원칙대로라면 국가배상금이 아닌 보훈급여금을 수령하였어야 하나, 국가배상금을 이미 수령해버린 사안에 해당한다. 이 상태에서 보훈급여금의 지급을 청구하였다면, 보훈급여금을 지급하여주고 이미 수령한 국가배상금을 반환 받으면 원칙적인 모습으로 회복될 수가 있다. 따라서, 국가보훈처장은 국가배상법에 따라 손해배상을 받았다는 사정을 들어 보상금 등 보훈급여금의 지급을 거부할 수 없다(2015두60075, ▷기본서 205쪽).

16 답 ③

① 각론 문제로 분류될 여지가 많아 보인다.
재조사결정을 통지받은 이의신청인 등은 그에 따른 후속 처분의 통지를 받은 후에야 비로소 다음 단계의 쟁송절차에서 불복할 대상과 범위를 구체적으로 특정할 수 있게 된다.
따라서, 재조사결정은 당해 결정에서 지적된 사항에 관해서는 처분청의 재조사결과를 기다려 그에 따른 후속 처분의 내용을 이의신청 등에 대한 결정의 일부분으로 삼겠다는 의사가 내포된 변형결정에 해당한다고 볼 수밖에 없다(2007두12514).

② 세금을 다시 돌려달라는 소송은 크게 (i) 너무 많이 냈거나, 잘못 납부한 세금을 돌려달라는 소송(과오납금반환청구소송) 및 (ii) 부가가치세 환급세액을 돌려달라는 소송으로 구분된다. 전자는 민사상 부당이득반환청구소송, 후자는 당사자소송으로 취급된다(▷기본서 14쪽, 332쪽).

③ 대상적격은 감액된 원처분(＝아직 취소되지 않고 남은 부분)에 부여되고, 나머지 소송요건 또한 감액경정처분이 아닌 감액된 원처분을 기준으로 판단된다(2006두3957, ▷기본서 247쪽). 당초 처분과 관련하여 전심(행정심판) 절차를 이미 거쳤다면, 감액경정처분이 있다 하여도 이를 다시 거칠 필요가 없다.

④ 대상적격은 증액경정처분(변경처분)에 부여된다. 다만, 종전 과세처분이 증액경정처분에 흡수되었으므로, 종전 과세처분에 존재하던 위법사유는 증액경정처분에 대한 행정소송에서 다툴 수 있다(2006두17390, ▷기본서 247쪽).

단, 여기에서 위법사유라 함은 내용적 하자만을 의미하고, 절차적 하자는 의미하지 않는다. 증액경정처분은 새로운 절차를 거쳐 발령되었기 때문에, 종전 과세처분의 절차적 하자는 별도로 다툴 실익이 없다(2007두16493, ▷기본서 247쪽).

17 답 ②

① 제소기간이 행정소송법과는 다르게 규정되어 있다. 이의신청(특별행정심판)을 거치지 않는 경우에는 수용재결서를 받은 날부터 90일 이내에, 거치는 경우에는 이의신청 재결서를 받은 날부터 60일 이내에 행정소송을 제기하여야 한다(토지보상법 제85조 제1항, ▷기본서 221쪽).

② 지방토지수용위원회를 거친다는 표현이 "지방토지수용위원회의 재결을 받은 후에 비로소 중앙토지수용위원회에 이의신청을 청구할 수 있다"는 뜻이 아님을 유의하여야 한다. 수용재결을 내린 지방토지수용위원회에게 이의신청서를 제출하면서 이를 중앙토지수용위원회에 전달하도록 한다는 뜻이다(토지보상법 제83조 제2항, ▷기본서 220쪽).

> 공익사업을 위한 토지 등의 취득 및 보상에 관한 법률 제83조 【이의의 신청】 ① 중앙토지수용위원회의 제34조에 따른 재결에 이의가 있는 자는 중앙토지수용위원회에 이의를 신청할 수 있다.
> ② 지방토지수용위원회의 제34조에 따른 재결에 이의가 있는 자는 해당 지방토지수용위원회를 거쳐 중앙토지수용위원회에 이의를 신청할 수 있다.
> ③ 제1항 및 제2항에 따른 이의의 신청은 재결서의 정본을 받은 날부터 30일 이내에 하여야 한다.

③ 일단, 수용재결은 재결이 아니라 원처분인 반면, 이의재결을 말 그대로 행정심판의 재결에 해당한다.

소송의 대상을 삼을 수 있는 선택지는 두 가지가 있다. 즉, (i) 경기도 지방토지수용위원회의 수용재결을 대상으로 하거나, (ii) 중앙토지수용위원회의 이의재결을 대상으로 할 수 있다. 원처분주의하에서는 재결의 고유한 하자가 없는 한, 원처분을 대상으로 소송을 제기하여야 한다. 따라서, (i)을 소송의 대상으로 특정하여야 한다(▷기본서 221쪽).

④ 수용재결에 관한 다툼은 크게 두 가지로 구분된다. 그 중 (i) 수용 그 자체(수용 여부, 범위, 시기)에 대한 다툼은 피고를 관할(중앙 또는 지방) 토지수용위원회, 대상을 수용재결로 하는 항고소송으로(토지보상법 제85조 제1항), (ii) 손실보상(보상금액의 증감)에 대한 다툼은 피고를 사업시행자 또는 토지소유자로 하는 당사자소송으로 제기하여야 한다(토지보상법 제85조 제2항, ▷기본서 221쪽).

18 답 ③

① 기존의 계획승인을 취소함으로써 상대방의 신뢰가 침해당할 여지가 있는 사안이므로, 신뢰보호원칙 위반 여부를 검토해 보아야 한다.

구체적으로, 상대방의 신뢰를 보호함으로써 달성되는 사익과 이로 인해 희생되는 공익을 비교·교량하는 과정을 반드시 거쳐야 한다. 만약 공적 견해표명의 상대방에게 형성된 신뢰를 보호하는 과정에서 공익 또는 제3자의 이익이 현저히 훼손된다면, 이는 신뢰보호원칙이 적용될 수 없는 한계적인 상황이라고 보아야 한다(▷기본서 27쪽 – 신뢰보호원칙의 한계).

② 사업계획변경승인의 신청은 신고, 이에 대한 변경승인은 수리처분이라고 보면 된다. 지위승계신고는 수리를 요하는 신고이므로, 아직 신고가 수리되지 않았다면 법적으로 사업주체 지위는 양수인 乙에게 넘어가지 않는다(2011두29144, ▷기본서 43쪽).

③ 甲에 대한 주택건설사업계획승인처분이 유효하게 존속하고 있어야 乙이 이를 승계 받을 수 있을 것인데, 乙이 지위승계신고를 하여 수리를 기다리던 도중 甲에 대한 주택건설사업계획승인처분이 취소되었다. 그렇다면, 乙은 비록 자신이 위 취소처분의 직접 상대방은 아닐지라도, 불이익 처분의 제3자로서 예외적으로 원고적격이 인정된다(2001두6289, ▷기본서 266쪽).

④ 통지는 원칙적으로 처분성을 갖지 않는다(▷기본서 242쪽).
[1] 주택건설촉진법 제33조 제1항, 구 같은 법 시행규칙 제20조의 각 규정에 의한 주택건설사업계획에 있어서 사업주체 변경의 승인은 그로 인하여 사업주체의 변경이라는 공법상의 효과가 발생하는 것이므로, 사실상 내지 사법상으로 주택건설사업 등이 양도·양수되었을지라도 아직 변경승인을 받기 이전에는 그 사업계획의 피승인자는 여전히 종전의 사업주체인 양도인이고 양수인이 아니라 할 것이어서, 사업계획승인취소처분 등의 사유가 있는지의 여부와 취소사유가 있다고 하여 행하는 취소처분은 피승인자인 양도인을 기준으로 판단하여 그 양도인에 대하여 행하여져야 할 것이므로 행정청이 주택건설사업의 양수인에 대하여 양도인에 대한 사업계획승인을 취소하였다는 사실을 통지한 것만으로는 양수인의 법률상 지위에 어떠한 변동을 일으키는 것은 아니므로 위 통지는 항고소송의 대상이 되는 행정처분이라고 할 수는 없다.

[2] 주택건설촉진법 제33조 제1항, 구 같은 법 시행규칙 제20조의 각 규정에 의하면 주택건설 사업주체의 변경승인신청은 양수인이 단독으로 할 수 있고 위 변경승인은 실질적으로 양수인에 대하여 종전에 승인된 사업계획과 동일한 사업계획을 새로이 승인해 주는 행위라 할 것이므로, 사업주체의 변경승인신청이 된 이후에 행정청이 양도인에 대하여 그 사업계획변경승인의 전제로 되는 사업계획승인을 취소하는 처분을 하였다면 양수인은 그 처분 이전에 양도인으로부터 토지와 사업승인권을 사실상 양수받아 사업주체의 변경승인신청을 한 자로서 그 취소를 구할 법률상의 이익을 가진다(99두646).

19 답 ④

① ▷기본서 105쪽

> 행정기본법 제27조【공법상 계약의 체결】① 행정청은 법령등을 위반하지 아니하는 범위에서 행정목적을 달성하기 위하여 필요한 경우에는 공법상 법률관계에 관한 계약(이하 "공법상 계약"이라 한다)을 체결할 수 있다. 이 경우 계약의 목적 및 내용을 명확하게 적은 계약서를 작성하여야 한다.
> ② 행정청은 공법상 계약의 상대방을 선정하고 계약 내용을 정할 때 공법상 계약의 공공성과 제3자의 이해관계를 고려하여야 한다.

②, ③ "중소기업 정보화지원사업에 따른 지원금 출연을 위하여 중소기업청장이 체결하는 협약"은 공법상 계약의 대표적인 사례이다(▷기본서 106쪽, 2015두41449).

공법상 계약의 체결 및 해지는 처분성이 인정되지 않아 당사자소송으로 다투고, 처분이 아니므로 행정절차법이 적용되지도 않는다(2002두5948, 95누4636 등, ▷기본서 106쪽).

다만, 계약 존속 중 보수삭감 등의 인사상 불이익 조치는 처분성이 있어 행정절차법이 적용된다(2006두16328).

④ 금전지급청구이므로 법원으로서는 당연히 적정 금액이 얼마인지까지 심리할 필요가 있다(2017두46455, ▷기본서 333쪽).

PART 3 지방직 9급

09회 | 2025년 지방직 9급

정답

01	④	02	①	03	④	04	②	05	②
06	③	07	④	08	①	09	③	10	④
11	③	12	②	13	④	14	①	15	①
16	③	17	④	18	②	19	③	20	④

01   답 ④

① ▷ 기본서 301쪽

> 행정소송법 제23조 【집행정지】② 취소소송이 제기된 경우에 처분등이나 그 집행 또는 절차의 속행으로 인하여 생길 회복하기 어려운 손해를 예방하기 위하여 긴급한 필요가 있다고 인정할 때에는 본안이 계속되고 있는 법원은 당사자의 신청 또는 직권에 의하여 처분등의 효력이나 그 집행 또는 절차의 속행의 전부 또는 일부의 정지(이하 "執行停止"라 한다)를 결정할 수 있다. 다만, 처분의 효력정지는 처분등의 집행 또는 절차의 속행을 정지함으로써 목적을 달성할 수 있는 경우에는 허용되지 아니한다.
> ⑤ 제2항의 규정에 의한 집행정지의 결정 또는 기각의 결정에 대하여는 즉시항고할 수 있다. 이 경우 집행정지의 결정에 대한 즉시항고에는 결정의 집행을 정지하는 효력이 없다.

② 처분을 대상으로 하는 가구제를 물었으므로, 당사자소송은 해당 사항이 없다.
  항고소송의 대상이 되는 행정처분의 효력이나 집행 혹은 절차속행 등의 정지를 구하는 신청은 행정소송법상 집행정지신청의 방법으로서만 가능할 뿐 민사소송법상 가처분의 방법으로는 허용될 수 없다(2009마596, ▷ 기본서 296쪽).

③ 행정심판의 가구제 수단은 행정소송에서 인정되는 집행정지 외에도 임시처분이 추가로 인정된다(행정심판법 제31조, ▷ 기본서 353쪽). 본 선지는 임시처분에 관한 설명이다. 집행정지와의 관계에서 보충적으로 인정되므로, 결과적으로 집행정지는 적극적 처분을 대상으로, 임시처분은 소극적 처분(거부처분) 및 부작위를 대상으로 한다.

> 행정심판법 제31조 【임시처분】① 위원회는 처분 또는 부작위가 위법·부당하다고 상당히 의심되는 경우로서 처분 또는 부작위 때문에 당사자가 받을 우려가 있는 중대한 불이익이나 당사자에게 생길 급박한 위험을 막기 위하여 임시지위를 정하여야 할 필요가 있는 경우에는 직권으로 또는 당사자의 신청에 의하여 임시처분을 결정할 수 있다.

> ② 제1항에 따른 임시처분에 관하여는 제30조 제3항부터 제7항까지를 준용한다. 이 경우 같은 조 제6항 전단 중 "중대한 손해가 생길 우려"는 "중대한 불이익이나 급박한 위험이 생길 우려"로 본다.
> ③ 제1항에 따른 임시처분은 제30조 제2항에 따른 집행정지로 목적을 달성할 수 있는 경우에는 허용되지 아니한다.

④ 집행정지의 적극적 요건은 (i) 적법한 본안소송의 계속, (ii) 처분 등의 존재, (iii) 회복하기 어려운 손해예방의 필요, (iv) 긴급한 필요의 존재 4가지가 있고, 신청인(원고)에게 입증(소명)책임이 있다.
  적극적 요건 중 (i)이 흠결된 경우를 말한다. 집행정지는 본안소송에 부수되는 조치이므로, 본안소송이 취하되면 자동으로 효력을 잃는다(▷ 기본서 297쪽).

02   답 ①

①, ②, ③ ▷ 기본서 122쪽

> 행정절차법 제23조 【처분의 이유 제시】① 행정청은 처분을 할 때에는 다음 각 호의 어느 하나에 해당하는 경우를 제외하고는 당사자에게 그 근거와 이유를 제시하여야 한다.
> 1. 신청 내용을 모두 그대로 인정하는 처분인 경우(①)
> 2. 단순·반복적인 처분 또는 경미한 처분으로서 당사자가 그 이유를 명백히 알 수 있는 경우(②)
> 3. 긴급히 처분을 할 필요가 있는 경우(③)
> ② 행정청은 제1항 제2호 및 제3호의 경우에 처분 후 당사자가 요청하는 경우에는 그 근거와 이유를 제시하여야 한다.

④ 적극적 처분의 경우, 원칙적으로는 구체적으로 이유를 제시해야 하나, 예외적으로 당사자가 행정구제절차로 나아가는 데 별다른 지장이 없을 것으로 인정된다면 이유제시를 반드시 구체적으로 할 필요는 없다. 본 지문은 예외적인 경우에 대한 설명이다(2011두18571, ▷ 기본서 121쪽).

03   답 ④

① 처분의 위법여부를 선결문제로 하는 국가배상청구 사안에 해당한다. 처분의 취소판결이 있어야만 그 행정처분의 위법임을 이유로 한 손해배상 청구를 할 수 있는 것은 아니다(79다262, 72다337, ▷ 기본서 78쪽).

② 이미 납부한 세금을 돌려달라는 취지의 부당이득반환청구가 인용되려면, 국가가 법률상 원인도 없이 세금을 징수하였어야 한다. 여기에서 법률상 원인은 유효한 조세부과처분을 의미하므로, 위 처분의 효력 유무에 따라 부당이득의 성립이 결정된다. 만약 부과처분에 취소사유가 있는데 불과하다면, 행정법원의 취소판결이 확정됨으로써 비로소 처분이 무효로 된다. 민사법원이 행정소송의 취소판결을 내릴 권한은 없는 것이므로, 민사법원은 처분을 취소시켜줄 수 없다.

즉, 민사법원은 위 처분에 취소사유가 있다고 판단하는 것까지는 가능하지만(위법성 심사), 여기에서 더 나아가 그 효력까지 소멸시킬 수는 없다. 따라서, 공정력으로 인해 처분은 유효한 것으로 통용되므로, 국가가 세금을 징수한 것에는 유효한 부과처분이라는 법률상 원인이 있다. 결국, 부당이득반환청구는 인용될 수 없다(70다1439, ▷기본서 76-7쪽).

③ 납세의무가 없으므로 체납의 여지도 없다.
과세대상과 납세의무자 확정이 잘못되어 당연무효한 과세에 대하여는 체납이 문제될 여지가 없으므로 체납범이 성립하지 않는다(71도742; 유사 판례 83도2933, ▷기본서 77쪽).

④ 미성년자가 성인인 형의 이름으로 운전면허를 발급 받았으므로 하자는 있겠으나, 운전면허증만 봐서는 외관상 그 하자가 명백하다고 보기 어렵다. 따라서, 취소사유에 해당한다. 이에, 공정력에 의해 취소되기 전까지 유면허로 취급된다(80도2646, ▷기본서 79쪽).

04 답 ②

① 조례는 주민의 대표기관인 지방의회의 의결로 제정되는 지방자치단체의 자주법이다. 따라서, 법률이 주민의 권리·의무에 관한 사항에 관하여 구체적으로 아무런 범위도 정하지 아니한 채 조례로 정하도록 위임하였다고 하더라도, 포괄위임금지 원칙은 적용되지 않는다(90누6613). 포괄위임 오히려 지방자치단체의 자율성을 도모하는 방안이 될 수 있기 때문이다(▷기본서 19쪽).
단, 자치조례가 아닌 위임조례는 여전히 포괄위임금지 원칙을 준수하여야 한다(각론).

② 음주운전 → 면허취소 → 택시면허취소 순으로 나아가야 한다. 반면, 음주운전 → 택시면허취소는 불가하다.
구 여객자동차운수사업법 제76조 제1항 제15호, 같은 법 시행령 제29조에는 관할관청은 개인택시운송사업자의 운전면허가 취소된 때에 그의 개인택시운송사업면허를 취소할 수 있도록 규정되어 있을 뿐 그에게 운전면허 취소사유가 있다는 사유만으로 개인택시운송사업면허를 취소할 수 있도록 하는 규정은 없으므로, 관할관청으로서는 비록 개인택시운송사업자에게 운전면허 취소사유가 있다 하더라도 그로 인하여 운전면허 취소처분이 이루어지지 않은 이상 개인택시운송사업면허를 취소할 수는 없다(2007두26001, ▷기본서 18쪽).

③ 국가행위 중에는 고도의 정치성을 띤 것이 있고, 그러한 고도의 정치행위에 대하여 정치적 책임을 지지 않는 법원이 정치의 합목적성이나 정당성을 도외시한 채 합법성의 심사를 감행함으로써 정책결정이 좌우되는 일은 결코 바람직한 일이 아니며, 법원이 정치문제에 개입되어 그 중립성과 독립성을 침해당할 위험성도 부인할 수 없으므로, 고도의 정치성을 띤 국가행위에 대하여는 이른바 통치행위라 하여 법원 스스로 사법심사권의 행사를 억제하여 그 심사대상에서 제외하는 영역이 있다.
그러나 이와 같이 통치행위의 개념을 인정한다고 하더라도 과도한 사법심사의 자제가 기본권을 보장하고 법치주의 이념을 구현하여야 할 법원의 책무를 태만히 하거나 포기하는 것이 되지 않도록 그 인정을 지극히 신중하게 하여야 하며, 그 판단은 오로지 사법부만에 의하여 이루어져야 하는 것이다(2003도7878, ▷기본서 12쪽).

④ 모법인 법률에 의하여 위임받은 사항을 규정하면 위임명령이 되고, 법률이 규정한 범위 내에서 법률을 현실적으로 집행하는 데 필요한 세부적인 사항만을 규정하면 집행명령이 된다.
위임명령 및 집행명령 모두 법규명령이기는 하지만, 전자는 위임이 있기에 모법(상위법령)에 규정되지 않은 새로운 내용을 규정할 수 있는 반면, 후자는 위임이 없기에 새로운 내용을 규정할 수는 없고, 다만 모법을 구체화하는 내용만을 규정할 수 있을 뿐이다(▷기본서 49쪽).
그런데, 전자의 경우라 하더라도 위임이 없다면 새로운 내용을 규정할 수 없음은 물론이다.

05 답 ②

① 토지관할 중 특별재판적으로서, 원고의 입장에서는 보통재판적 외에도 관할이 인정되어 선택권이 생기는 효과가 있다(▷기본서 287-8쪽).

> **행정소송법 제9조 【재판관할】** ① 취소소송의 제1심관할법원은 피고의 소재지를 관할하는 행정법원으로 한다.
> ② 제1항에도 불구하고 다음 각 호의 어느 하나에 해당하는 피고에 대하여 취소소송을 제기하는 경우에는 대법원소재지를 관할하는 행정법원에 제기할 수 있다.
> 1. 중앙행정기관, 중앙행정기관의 부속기관과 합의제행정기관 또는 그 장
> 2. 국가의 사무를 위임 또는 위탁받은 공공단체 또는 그 장
> ③ <u>토지의 수용 기타 부동산 또는 특정의 장소에 관계되는 처분등에 대한 취소소송은 그 부동산 또는 장소의 소재지를 관할하는 행정법원에 이를 제기할 수 있다.</u>

② 신청권이 없다는 것은, 현실적으로 신청을 할 수는 있겠으나 법원이 이송을 해주지 않아도 이에 대해 불복할 수 없다는 뜻이다. 수소법원의 재판관할권 유무는 법원의 직권조사사항으로서 법원이 그 관할에 속하지 아니함을 인정한 때에는 민사소송법 제34조 제1항에 의하여 직권으로 이송결정을 하는 것이고, 소송당사자에게 관할위반을 이유로 하는 이송신청권이 있는 것은 아니다. 따라서 당사자가 관할위반을 이유로 한 이송신청을 한 경우에도 이는 단지 법원의 직권발동을 촉구하는 의미밖에 없다. 한편 법원이 당사자의 신청에 따른 직권발동으로 이송결정을 한 경우에는 즉시항고가 허용되지만(민사소송법 제39조), 위와 같이 당사자에게 이송신청권이 인정되지 않는 이상 항고심에서 당초의 이송결정이 취소되었다 하더라도 이에 대한 신청인의 재항고는 허용되지 않는다(2017마1332).

③ 관할을 위반하여 제기된 소는 원칙적으로 각하되어야 한다. 다만 구소가 각하된 뒤 신소를 새롭게 제기하면 제소기간을 도과할 우려가 있다. 이에, 판례는 관할 위반의 사안을 너그럽게 바라보는 관점에서, 잘못 제기된 소를 곧바로 각하하지 않고 제대로 된 관할법원에 이송하도록 하고 있다(95다28960, ▷기본서 13쪽, 288쪽).
단, 수소법원이 행정소송에 대한 관할을 동시에 가지고 있는 경우(예) 지방법원 본원), 이송할 필요 없이 이부를 한 뒤 행정소송으로 심리하면 된다.

④ 관련 청구인 손해배상청구를 주된 청구인 취소소송에 병합한다(▷기본서 289쪽).

행정소송법 제10조 【관련청구소송의 이송 및 병합】 ① 취소소송과 다음 각 호의 1에 해당하는 소송(이하 "관련청구소송"이라 한다)이 각각 다른 법원에 계속되고 있는 경우에 관련청구소송이 계속된 법원이 상당하다고 인정하는 때에는 당사자의 신청 또는 직권에 의하여 이를 취소소송이 계속된 법원으로 이송할 수 있다.
1. 당해 처분등과 관련되는 손해배상·부당이득반환·원상회복등 청구소송
2. 당해 처분등과 관련되는 취소소송
② 취소소송에는 사실심의 변론종결시까지 관련청구소송을 병합하거나 피고외의 자를 상대로 한 관련청구소송을 취소소송이 계속된 법원에 병합하여 제기할 수 있다.

06 답 ③

① 행정계획의 수립, 변경에 관해서는 행정청에게 광범위한 재량이 주어지고, 원칙적으로 국민은 이를 입안, 취소, 변경하여 달라고 신청할 권리가 없다(84누227, ▷기본서 104쪽).
다만 예외적으로, (i) 도시계획구역 내의 토지소유자는 도시계획에 대한 변경신청권이 있고(2003두1806), (ii) 문화재보호구역 내 토지소유자는 보호구역의 지정해제를 요구할 신청권이 있으며(2003두8821), (iii) 폐기물처리사업 적정통보를 받은 자는 국토이용계획변경을 신청할 권리가 있다(2001두10936, ▷기본서 104쪽).

② 당시에는 법령의 미비로 인해 법령상 신청권은 인정되지 않았으나, 지극히 상식적인 판단하에 조리상의 신청권이 인정되었다. 甲 등이 인터넷 포털사이트 등의 개인정보 유출사고로 자신들의 주민등록번호 등 개인정보가 불법 유출되자 이를 이유로 관할 구청장에게 주민등록번호를 변경해 줄 것을 신청하였으나 구청장이 '주민등록번호가 불법 유출된 경우 주민등록법상 변경이 허용되지 않는다'는 이유로 주민등록번호 변경을 거부하는 취지의 통지를 한 사안에서, 피해자의 의사와 무관하게 주민등록번호가 유출된 경우에는 조리상 주민등록번호의 변경을 요구할 신청권을 인정함이 타당하고, 구청장의 주민등록번호 변경신청 거부행위는 항고소송의 대상이 되는 행정처분에 해당한다(2013두2945).

③ 거부처분의 대상적격이 인정되기 위한 가장 중요한 요건은 법규상 또는 조리상 신청권이다.
이는 신청인이 그 신청에 따른 단순한 응답을 받을 권리를 의미하는 것이지, 반드시 신청의 인용이라는 만족적 결과를 얻을 권리를 의미하는 것은 아니다(2007두20638 등, ▷기본서 239쪽). 원고가 신청에 대한 인용처분을 받을 권리가 있었는지는 본안심리에서 판단되어야 할 문제이기 때문에, 이를 구태여 소송요건 심리단계에서부터 따지지 않겠다는 취지이다.

④ 행정청에는 민원을 접수할 의무가 있을 뿐, 이로써 민원인에게 소송법상 신청권까지 인정되지는 않는다. 따라서, 민원인이 원하는 처분을 해주지 않더라도 거부처분의 대상적격이 없다.

[1] 구 행정규제및민원사무기본법 제2조 제3호와 제9조 제3항 및 같은 법 시행령 제2조 제3호 (바)목의 규정은, 행정기관에 대하여 특정한 행위를 요구하는 행위도 민원사항의 하나로 규정하면서 그에 관한 신청이 있을 경우 행정기관은 그 접수를 보류 또는 거부하거나 혹은 접수된 서류를 부당하게 되돌려 보낼 수 없도록 규정하고 있으나, 위 법이 민원사무의 처리에 관한 기본적인 사항을 정하는 것을 그 입법목적으로 하여 주로 절차적인 사항을 정하고 있는 점에 비추어 볼 때, 위 각 규정에서 위와 같이 민원사항의 신청에 대한 행정기관의 절차적인 접수의무를 규정하고 있다고 하더라도 그로써 바로 민원인에게 그 민원에서 요구하는 행정기관의 행위에 대한 실체적인 신청권까지 인정되는 것이라고 볼 수는 없다.

[2] 따라서 이 사건에서 원고들이 피고에게 '재개발구역 분할 및 사업계획 변경신청서'를 제출한 것이 행정기관에 대하여 특정한 행위를 요구하는 민원사항의 신청에 해당하여 민원사무법의 위 규정상 피고에게 그에 대한 접수의무가 있다고 하더라도 그로써 원고들에게 재개발사업계획의 변경에 관한 실체적인 신청권까지 인정되는 것은 아니므로, 피고가 그에 관하여 원고들이 신청한 재개발사업계획의 변경이 허용되지 않는다는 요지의 통지를 하였다고 하더라도 이는 여전히 항고소송의 대상이 되는 거부처분에 해당하지 아니한다(97누7004).

07 답 ④

①, ② 고시, 훈령, 예규, 지침 등은 통상적으로 상위법령의 위임이 없어 행정규칙으로 분류되는 경우가 많다. 그러나, 이들 또한 상위법령의 위임이 있다면 법규명령의 지위를 부여받게 된다. 이를 법령보충적 행정규칙 또는 행정규칙 형식의 법규명령이라고 한다. 다만, 형식적으로나 내용적으로나 위임의 범위를 철저히 준수해야 한다는 한계는 존재한다(2010다72076, 2014헌바382, ▷기본서 48쪽).

③ 위임의 범위 내에서 제정된 법령보충적 규칙이므로 대외적 구속력이 있다.
구 지방공무원보수업무 등 처리지침) [별표 1] '직종별 경력환산율표 해설'이 정한 민간근무경력의 호봉 산정에 관한 부분은 지방공무원법 제45조 제1항과 구 지방공무원 보수규정 제8조 제2항, 제9조의2 제2항, [별표 3]의 단계적 위임에 따라 행정자치부장관이 행정규칙의 형식으로 법령의 내용이 될 사항을 구체적으로 정한 것이고, 달리 지침이 위 법령의 내용 및 취지에 저촉된다거나 위임 한계를 벗어났다고 보기 어려우므로, 지침은 상위법령과 결합하여 대외적인 구속력이 있는 법규명령으로서의 효력을 갖게 된다(2015두53121).

④ 처분성을 갖는다는 것은 항고소송의 대상이 된다는 뜻이다. 참고로, 법령보충적 행정규칙은 위임의 범위를 벗어나지 않는 한 법규명령이 될 것이나, 이는 대외적 구속력이 부여된다는 의미일 뿐, 그 자체로 처분성이 있다는 의미는 아니다. 따라서, 법규명령/행정규칙 해당 여부(대외적 구속력 여부)와 처분성을 갖는지 여부는 직접적으로 관련이 없다.

08 답 ①

① ▷기본서 221쪽

> 공익사업을 위한 토지 등의 취득 및 보상에 관한 법률 제85조 【행정소송의 제기】 ① 사업시행자, 토지소유자 또는 관계인은 제34조에 따른 재결에 불복할 때에는 재결서를 받은 날부터 90일 이내에, 이의신청을 거쳤을 때에는 이의신청에 대한 재결서를 받은 날부터 60일 이내에 각각 행정소송을 제기할 수 있다. 이 경우 사업시행자는 행정소송을 제기하기 전에 제84조에 따라 늘어난 보상금을 공탁하여야 하며, 보상금을 받을 자는 공탁된 보상금을 소송이 종결될 때까지 수령할 수 없다.
> ② 제1항에 따라 제기하려는 행정소송이 보상금의 증감에 관한 소송인 경우 그 소송을 제기하는 자가 토지소유자 또는 관계인일 때에는 사업시행자를, 사업시행자일 때에는 토지소유자 또는 관계인을 각각 피고로 한다.

② 손실보상청구는 금전지급청구에 해당하므로, 청구금액이 명확히 특정될 필요가 있다.
공유수면 매립면허의 고시가 있는 상태 자체만으로는 아직 관행어업권의 상실이라는 손실이 현실화 되지 않은 것이므로, 이후 피해가 실질적·현실적으로 발생하였을 때 비로소 손실보상청구권이 발생한다는 취지이다(2007두6571, ▷기본서 224쪽).

③ 해당 법률 조항이 헌법에 위배되지 않는다는 헌재 결정에 해당한다.
이 사건 수용조항은 산업입지의 원활한 공급과 산업의 합리적 배치를 통하여 균형있는 국토개발과 지속적인 산업발전을 촉진함으로써 국민경제의 건전한 발전에 이바지하고자 하고, 나아가 산업의 적정한 지방 분산을 촉진하고 지역경제의 활성화를 목적으로 하는 것이다. 산업입지가 원활히 공급된다면 산업단지의 건설이 용이해 질 수 있고, 따라서 산업단지의 건설을 통하여 효과적인 경제적 발전 내지 성장을 기대할 수 있다. 나아가 산업단지의 개발로 인한 경제적 발전은, 그간 우리 사회의 사회문화적 발전에서도 큰 초석이 되어왔다. 그와 같은 경제의 발전이 해당 국가공동체에서 영위되는 삶의 문명사적 수준을 신장시킨 주요한 동력이 되어 왔다는 점에서, 산업단지 개발의 사회적 중요성을 확인할 수 있다.
또한, 산업입지법상 규정들은 산업단지개발사업의 시행자인 민간기업이 자신의 이윤추구에 치우친 나머지 애초 산업단지를 조성함으로써 달성, 견지하고자 한 공익목적을 해태하지 않도록 규율하고 있다는 점도 함께 고려한다면, 이 사건 수용조항은 헌법 제23조 제3항의 '공공필요성'을 갖추고 있다고 보인다(2007헌바114).

④ 손실보상청구권의 일종이므로 공권이고, 해당 권리의 행사는 당사자소송에 의하는 것이 원칙이다.
주거이전비는 당해 공익사업 시행지구 안에 거주하는 세입자들의 조기이주를 장려하여 사업추진을 원활하게 하려는 정책적 목적과 주거이전으로 인하여 특별한 어려움을 겪게 될 세입자들을 대상으로 하는 사회보장적인 차원에서 지급되는 금원의 성격을 가지므로, 적법하게 시행된 공익사업으로 인하여 이주하게 된 주거용 건축물 세입자의 주거이전비 보상청구권은 공법상의 권리이고, 따라서 그 보상을 둘러싼 쟁송은 민사소송이 아니라 공법상의 법률관계를 대상으로 하는 행정소송에 의하여야 한다(2007다8129).

09 답 ③

① ▷기본서 318쪽

> 행정소송법 제30조 【취소판결등의 기속력】 ① 처분등을 취소하는 확정판결은 그 사건에 관하여 당사자인 행정청과 그 밖의 관계행정청을 기속한다.
> ② 판결에 의하여 취소되는 처분이 당사자의 신청을 거부하는 것을 내용으로 하는 경우에는 그 처분을 행한 행정청은 판결의 취지에 따라 다시 이전의 신청에 대한 처분을 하여야 한다.
> ③ 제2항의 규정은 신청에 따른 처분이 절차의 위법을 이유로 취소되는 경우에 준용한다.

② 기판력은 판결의 주문에만 발생하고(▷기본서 315, 317쪽), 기속력은 판결주문뿐 아니라 판결이유에까지 발생한다. 즉, 기속력은 판결의 취지를 모두 고려한다.

③ 거부처분이 취소된 경우, 행정청은 재결의 취지에 따라 다시 이전의 신청에 대한 처분을 하여야 한다. 거부처분이 위법하다는 이유로 취소되었으므로, 원칙적으로는 재결의 취지를 존중하여 신청에 따른 처분(즉, 인용처분)을 하여야 할 것이나, 기속력에 위반되지 않는 예외적인 경우에는 다시 거부처분을 하는 것도 가능할 것이다.
다시 거부처분을 되풀이함에도 기속력에 위반되지 않는다고 보는 예외적인 사례로는 (i) 기본적 사실관계의 동일성이 없는 다른 처분사유를 내세운 처분, (ii) 개정된 법령에 따른 처분, (iii) 처분의 절차 및 형식 흠결로 인해 인용판결이 내려진 후, 위 절차 및 형식을 보완한 처분의 경우를 들 수 있다(2003두13045 등, ▷기본서 320쪽).

④ 인용판결의 취지에 반하는 행정청의 후속조치는 그 하자가 중대함과 동시에 명백하므로, 무효인 처분으로 보아야 한다(90누3560, ▷기본서 321쪽)

10 답 ④

① 제명의결의 법적 효과는 (i) 의원 신분의 박탈, (ii) 보수지급의 중단 두 가지이다. 따라서, 제명의결에 대한 소송의 승소로 인해 누릴 수 있는 이익은 의원 신분의 회복, 보수의 수령 두 가지이다. 소송 계속 중 임기가 만료되었다면 (i)과 관련한 이익은 충족될 수 없게 된 것이지만, 추후 승소한 후 미지급 보수를 한꺼번에 청구할 수 있다는 점에서 여전히 (ii)와 관련된 소의 이익이 인정된다(2007두13487, ▷기본서 271쪽).
참고로, 과거에는 지방의회 의원이 무급 명예직이었기 때문에 소의 이익이 인정되지 않았는데, 법이 개정되면서 판례도 함께 변경된 바 있다.

② 경원자 관계의 경우, 그 특성상 타인에 대한 처분이 내려지면 이는 곧 나에 대한 거부처분이나 다름없다. 거부처분을 받은 "나"는 (i) 처분의 직접 상대방으로서 거부처분에 대해 취소소송을 제기하거나, (ii) 경원자 지위에서 타인에게 내려진 처분에 대한 취소소송을 제기할 수 있다(2009두8359, ▷기본서 261쪽).

해당 지문은 (i)의 경우에 소의 이익이 인정되는지를 묻고 있다. 인가·허가 등 수익적 행정처분을 신청한 여러 사람이 서로 경원관계에 있어서 한 사람에 대한 허가 등 처분이 다른 사람에 대한 불허가 등으로 귀결될 수밖에 없을 때 허가 등 처분을 받지 못한 사람은 신청에 대한 거부처분의 직접 상대방으로서 원칙적으로 자신에 대한 거부처분의 취소를 구할 원고적격이 있고, 취소판결이 확정되는 경우 판결의 직접적인 효과로 경원자에 대한 허가 등 처분이 취소되거나 효력이 소멸되는 것은 아니더라도 행정청은 취소판결의 기속력에 따라 판결에서 확인된 위법사유를 배제한 상태에서 취소판결의 원고와 경원자의 각 신청에 관하여 처분요건의 구비 여부와 우열을 다시 심사하여야 할 의무가 있으며, 재심사 결과 경원자에 대한 수익적 처분이 직권취소되고 취소판결의 원고에게 수익적 처분이 이루어질 가능성을 완전히 배제할 수는 없으므로, 특별한 사정이 없는 한 경원관계에서 허가 등 처분을 받지 못한 사람은 자신에 대한 거부처분의 취소를 구할 소의 이익이 있다(2013두27517, ▷기본서 274쪽).

③ 부당이득반환청구(이행청구) 및 무효확인청구(확인청구) 중 보다 직접적인 권리구제수단은 전자이다. 종전 판례는 전자가 가능한 상황에서 굳이 후자를 제기하는 것은 소의 이익이 없다고 보았으나(이른바 무효확인청구의 보충성), 현행 판례는 그 입장을 바꾸어 전자가 가능한 상황에서도 곧바로 후자를 제기할 수 있다고 보고 있다(보충성 폐지; 2007두6342, ▷기본서 326쪽).

④ 이미 검정고시에 합격하여 복학의 여지가 없다 하더라도, 인격적 이익의 회복, 즉 명예회복을 위해 퇴학처분을 취소할 소의 이익이 있다고 본 사안이다(91누4737, ▷기본서 271쪽).

11 답 ③

① 민사소송법의 기판력에 관한 규정이 준용된다.

> 행정소송법 제8조 【법적용례】 ① 행정소송에 대하여는 다른 법률에 특별한 규정이 있는 경우를 제외하고는 이 법이 정하는 바에 의한다.
> ② 행정소송에 관하여 이 법에 특별한 규정이 없는 사항에 대하여는 법원조직법과 민사소송법 및 민사집행법의 규정을 준용한다.
> 민사소송법 제216조 【기판력의 객관적 범위】
> 제218조 【기판력의 주관적 범위】

② [1] 취소 확정판결의 기판력은 그 판결의 주문에만 미치고, 또한 소송물인 행정처분의 위법성 존부에 관한 판단 그 자체에만 미치는 것이므로 전소와 후소가 그 소송물을 달리하는 경우에는 전소 확정판결의 기판력이 후소에 미치지 아니한다(2015두48235, ▷기본서 317쪽).

[2] 다만, 후소의 소송물이 전소의 소송물과 동일하지 않더라도 전소의 소송물에 관한 판단이 후소의 선결문제가 되거나 모순관계에 있을 때에는 후소에서 전소 확정판결의 판단과 다른 주장을 하는 것은 허용되지 않는다(94다46114, ▷기본서 317쪽).

③ 전소에서 처분의 적법·유효가 확정되면 후소에서 처분의 무효를 주장할 수 없다.

과세처분의 취소소송은 과세처분의 실체적, 절차적 위법을 그 취소원인으로 하는 것으로서 그 심리의 대상은 과세관청의 과세처분에 의하여 인정된 조세채무인 과세표준 및 세액의 객관적 존부, 즉 당해 과세처분의 적부가 심리의 대상이 되는 것이며, 과세처분 취소청구를 기각하는 판결이 확정되면 그 처분이 적법하다는 점에 관하여 기판력이 생기고 그 후 원고가 이를 무효라 하여 무효확인을 소구할 수 없는 것이어서 과세처분의 취소소송에서 청구가 기각된 확정판결의 기판력은 그 과세처분의 무효확인을 구하는 소송에도 미친다(98다10854, ▷기본서 317쪽).

④ 과세처분 취소소송의 피고는 처분청이므로 행정청을 피고로 하는 취소소송에 있어서의 기판력은 당해 처분이 귀속하는 국가 또는 공공단체에 미친다(98다10854, ▷기본서 318쪽).

12 답 ②

①, ②, ③ 행정처분의 적법성과 효력을 다투는 항고소송에서는 처분청이 당초 처분의 근거로 삼은 사유와 기본적 사실관계의 동일성이 인정되지 않는 별개의 사유를 주장하는 것은 원칙적으로 허용되지 않는다(이를 '처분사유 추가·변경 제한 법리'라고 한다). 여기서 기본적 사실관계의 동일성 유무는 처분사유를 법률적으로 평가하기 이전의 구체적인 사실에 착안하여 그 기초가 되는 사회적 사실관계가 기본적인 점에서 동일한지에 따라 판단하는 것이 원칙이고(①, ▷기본서 307쪽), 행정청이 처분 당시에 제시한 구체적 사실을 변경하지 않는 범위 내에서 단지 처분의 근거 법령만을 추가·변경하거나 당초의 처분사유를 구체적으로 표시하는 것에 불과한 경우에는 새로운 처분사유를 추가하거나 변경하는 것이라고 볼 수 없다(③; 2010두28106, ▷기본서 308쪽).

그러나 사회적 사실관계의 기본적 동일성이 인정되는 경우라고 하더라도 그에 대한 규범적 평가와 처분의 근거 법령의 변경으로, 예를 들어 기속행위가 재량행위로 변경되는 경우와 같이, 당초 처분의 내용을 변경할 필요성이 제기되는 경우에는 해당 처분을 취소한 후 처분청으로 하여금 다시 처분절차를 거쳐 새로운 처분을 하도록 하여야 할 것이지 당초 처분의 내용을 그대로 유지한 채 근거 법령만 추가·변경하는 것은 허용될 수 없다(②)(2023두61349, ▷기본서 308쪽).

④ 처분(사유)의 적법성에 대한 증명책임이 피고에게 있기 때문이다(▷기본서 303쪽).

[1] 어떤 처분 내용의 적법성을 뒷받침하기 위하여 당초 처분사유와 기본적 사실관계의 동일성이 인정되는 다른 사유가 있다면 처분청은 그 처분에 대한 취소소송의 사실심 변론종결 시까지 그 사유를 적극적으로 주장·증명하여 법원으로부터 그 처분이 적법하다는 판단을 받아야 한다.

[2] 만약 소송에서 추가·변경할 수 있는 다른 사유가 있었음에도 처분청이 이를 적절하게 주장·증명하지 못하여 법원이 그 처분을 위법하다고 판단하여 취소하는 판결이 확정되면, 처분청이 그 다른 사유를 근거로 다시 종전과 같은 내용의 처분을 하는 것은 허용되지 않는다.

[3] 어떤 처분의 당초 처분사유와 기본적 사실관계의 동일성이 인정되지 않는 다른 사유가 있다면, 그 처분에 대한 취소소송에서 처분사유 추가·변경은 허용되지 않지만, 처분청이 그 처분에 대한 취소판결 확정 후 그 다른 사유를 근거로 별도의 처분을 하는 것은 허용된다(2019두55675, ▷기본서 319쪽).

13 답 ④

①, ② 자기구속의 법리가 작용하면 기존의 행정관행대로 행위할 수밖에 없는 제약이 생긴다. 그러나, 기존의 행정관행이 위법하다면 언제든지 적법한 방향으로 행위하도록 하는 것이 바람직할 것이다. 따라서, 이 경우에는 자기구속의 법리가 작용하지 않는다(▷기본서 31쪽, 2008두13132).
③ 시장이 농림수산식품부에 의하여 공표된 '2008년도 농림사업시행지침서'에 명시되지 않은 '시·군별 건조저장시설 개소당 논 면적' 기준을 충족하지 못하였다는 이유로 신규 건조저장시설 사업자 인정신청을 반려한 사안에서, 위 지침이 되풀이 시행되어 행정관행이 이루어졌다거나 그 공표만으로 신청인이 보호가치 있는 신뢰를 갖게 되었다고 볼 수 없고, 쌀 시장 개방화에 대비한 경쟁력 강화 등 우월한 공익상 요청에 따라 위 지침상의 요건 외에 '시·군별 건조저장시설 개소당 논 면적 1,000ha 이상' 요건을 추가할 만한 특별한 사정을 인정할 수 있어, 그 처분이 행정의 자기구속의 원칙 및 행정규칙에 관련된 신뢰보호의 원칙에 위배되거나 재량권을 일탈·남용한 위법이 없다고 한 사례(2009두7967)
④ 위법한 세무조사에 의해 위법하게 수집된 자료를 토대로 한 과세처분은 절차상 하자로 인해 위법하다(2016두47659, ▷기본서 125쪽).

14 답 ①

① 개별법에 따르면 행정청(사업시행자)이 "직접" 지장물을 이전 또는 제거할 수 있을 뿐, 행정청이 지장물의 "소유자 및 점유자에게" 이전 또는 제거를 명령할 수 있는 권한을 부여하고 있지는 않다. 그럼에도 불구하고 이전 또는 제거를 명령하였다면 이는 무효, 이에 뒤따른 대집행 절차도 무효라고 보아야 한다.
[1] 이 사건 조항은 사업시행자로 하여금 사업의 목적을 달성하기 위하여 필요한 경우 시행지구 안에 있는 건축물 등을 이전하거나 제거할 수 있도록 규정하고 있으나 사업시행자가 건축물 등의 소유자 또는 점유자에 대하여 그 이전 또는 제거를 명할 수 있는 것으로는 규정하고 있지 아니한 점, 한편 사업시행지구 안에 있는 건축물 등이 법 제39조의 규정에 위반하여 설치된 위법 건축물 등일 경우에는 법 제39조 제3항에서 그 소유자 또는 점유자에 이전 또는 원상회복이나 기타 필요한 조치를 명할 수 있도록 따로 규정하고 있는 점, 이 사건 조항의 취지는 사업의 시행에 장애가 되는 위법 상태를 시정하려는 것이 아니라 사업의 목적 달성에 필요한 상태를 적극적으로 실현하려는 데 있으므로 이 사건 조항에 의한 건축물 등의 이전 또는 제거에 소요되는 비용은 사업에 필요한 비용으로서 법 제72조에 따라 사업시행자가 부담한다고 해석되는 점, 따라서 사업시행자가 이 사건 조항에 근거하여 건축물 등의 소유자 또는 점유자에게 그 이전 또는 제거를 명함으로써 그러한 비용을 부담시킬 수 있다고 본다면 부당한 점 등을 종합해 보면, 이 사건 조항은 사업시행자에게 직접 건축물 등을 이전하거나 제거할 수 있는 권능을 부여하는 규정일 뿐, 사업시행자에게 건축물 등의 소유자 또는 점유자에 대하여 그 이전 또는 제거를 명할 수 있는 권능까지 부여하는 규정이라고 할 수 없다.
[2] 이와 같이 이 사건 조항은 원고들에게 직접 이 사건 지장물의 이전의무를 명하는 법령이 아닐 뿐 아니라, 피고가 원고들에게 그러한 의무를 명할 수 있는 근거 법령이 될 수도 없다. 한편 원심 판시와 같이 피고가 원고들에게 여러 차례 이 사건 지장물의 자진이전을 요구해 왔다 하더라도 이를 이 사건 지장물의 이전을 명한 피고의 행정처분이라고 볼 수 없으며, 달리 기록상 피고가 이 사건 조항이 아닌 다른 법령에 근거하여 적법하게 위와 같은 행정처분을 하였다고 볼 자료도 없다.
그렇다면, 이 사건 계고처분은 원고들에게 행정대집행법 제2조가 정한 바에 따라 명령된 이 사건 지장물 이전의무가 없음에도 그러한 의무의 불이행을 사유로 행하여진 것이어서 위법하고, 이 사건 통지처분 또한 위와 같이 위법한 이 사건 계고처분을 전제로 행하여진 것이므로 위법하다(2010두1231).
② 아래 판례의 표현에도 불구하고, 선행행위가 "적법"한 것으로 확정되었다고 보기는 어렵다. 단순히 하자승계를 부정하는 취지의 판례로 이해하면 족하다(▷기본서 87쪽).
건물철거명령이 당연무효가 아닌 이상 행정심판이나 소송을 제기하여 그 위법함을 소구하는 절차를 거치지 아니하였다면 위 선행행위인 건물철거명령은 적법한 것으로 확정되었다고 할 것이므로 후행행위인 대집행계고처분에서는 그 건물이 무허가건물이 아닌 적법한 건축물이라는 주장이나 그러한 사실인정을 하지 못한다(97누20502).
③ 철거의 목적이 된 건물 내에 점유자가 있는 경우에 해당한다. 철거를 하기 위해서는 먼저 점유자로부터 인도를 받아야 한다. 원칙적으로 대집행은 대체적 작위의무인 철거의무에 대해서는 적용될 수 있으나, 비대체적 작위의무인 인도의무에 대해서는 적용될 수 없다. 다만, 이 경우에는 인도의무가 철거의무를 이행하기 위한 부수적 의무에 해당하므로, 예외적으로 대집행 절차에 의해 퇴거 조치까지 이행하게끔 할 수 있다.
구체적으로, 점유자들이 퇴거 조치에 불응하는 것은 공무집행방해죄에 해당하므로, 경찰로부터 행정응원을 받아 이들을 현행범 체포하는 방식으로 점유를 이전 받도록 하고 있다(2016다213916, ▷기본서 151쪽).
④ 개별 사안마다 하자의 중대명백성을 판단해 보아야 한다. 다만, 절차 내지 형식상 하자는 원칙적으로는 취소사유에 해당한다(91누971, ▷기본서 125쪽).

15   답 ①

① 하자의 치유는 원칙적으로 허용되지 않는다. 그 대표적인 사례 중 하나에 해당한다.
  이 사건 변경인가처분은 이 사건 설립인가처분 후 추가동의서가 제출되어 동의자 수가 변경되었음을 이유로 하는 것으로서 조합원의 신규가입을 이유로 한 경미한 사항의 변경에 대한 신고를 수리하는 의미에 불과하므로 이 사건 설립인가처분이 이 사건 변경인가처분에 흡수된다고 볼 수 없고, 또한 이 사건 설립인가처분 당시 동의율을 충족하지 못한 하자는 후에 추가동의서가 제출되었다는 사정만으로 치유될 수 없다(2011두27544, ▷기본서 93쪽).
② 행정소송에서 행정처분의 위법 여부는 행정처분이 있을 때의 법령과 사실상태를 기준으로 하여 판단하여야 하고, 처분 후 법령의 개폐나 사실상태의 변동에 의하여 영향을 받지는 않는다고 할 것이고, 하자 있는 행정행위의 치유는 행정행위의 성질이나 법치주의의 관점에서 볼 때 원칙적으로 허용될 수 없는 것이고, 예외적으로 행정행위의 무용한 반복을 피하고 당사자의 법적 안정성을 위해 이를 허용하는 때에도 국민의 권리나 이익을 침해하지 않는 범위에서 구체적 사정에 따라 합목적적으로 인정하여야 한다(2001두10684, ▷기본서 93쪽).
③ 이례적으로 하자 치유를 인정한 사안에 해당한다. 청문절차를 인정하는 취지는 처분의 상대방으로 하여금 청문회에 출석하도록 하여 처분에 대한 의견을 직접 진술하게 하고자 함이다.
  따라서, 상대방이 청문절차의 하자를 문제 삼을 수 있음에도 이를 문제 삼지 않고 직접 출석하여 의견까지 모두 진술하였다면, 절차상의 하자가 치유되었다고 보지 않을 이유가 없다(92누2844, ▷기본서 93쪽, 120쪽).
④ 절차, 형식상 하자로 인해 취소사유가 있는 처분만이 하자 치유의 여지가 있다(▷기본서 94쪽).
  징계처분이 중대하고 명백한 흠 때문에 당연무효의 것이라면 징계처분을 받은 자가 이를 용인하였다 하여 그 흠이 치료되는 것은 아니다(88누8869).

16   답 ③

① 이미 고시된 실시계획에 포함된 상세계획으로 관리되는 토지 위의 건물의 용도를 상세계획 승인권자의 변경승인 없이 임의로 판매시설에서 상세계획에 반하는 일반목욕장으로 변경한 사안에서, 그 영업신고를 수리하지 않고 영업소를 폐쇄한 처분은 적법하다고 한 사례(2006두3742)
② 비구속적 행정계획안이나 행정지침은 원칙적으로 항고소송이나 헌법소원의 대상이 되지 않는다.
  [1] 비구속적 행정계획안이나 행정지침이라도 국민의 기본권에 직접적으로 영향을 끼치고, 앞으로 법령의 뒷받침에 의하여 그대로 실시될 것이 틀림없을 것으로 예상될 수 있을 때에는, 공권력행사로서 예외적으로 헌법소원의 대상이 될 수 있다(99헌마538, ▷기본서 102쪽).
  [2] 이 사건 개선방안은 7개 중소도시권과 7개 대도시권에서 개발제한구역을 해제하거나 조정하기 위한 추상적이고 일반적인 기준들만을 담고 있을 뿐, 개발제한구역의 해제지역이 구체적으로 확정되어 있지 않아서, 해당지역 주민들은 개발제한구역을 해제하는 구체적인 도시계획결정이 내려진 이후에야 비로소 법적인 영향을 받게 되므로, 이 사건 개선방안이 청구인들의 기본권에 직접적으로 영향을 끼칠 가능성이 없다. 그리고 이 사건 개선방안의 내용들은 건설교통부장관이 마련한 후속지침들에 반영되었고, 해당 지방자치단체들이 이 지침들에 따라서 관련 절차들을 거친 후 내려지는 도시계획결정을 통하여 실시될 예정이지만, 예고된 내용이 그대로 틀림없이 실시될 것으로 예상할 수는 없다. 따라서 이 사건 개선방안의 발표는 예외적으로 헌법소원의 대상이 되는 공권력의 행사에 해당되지 아니한다(99헌마538).
③ 도시기본계획은 구속력이 없어 처분성도 없다. 후속 계획이 도시기본계획과 상이하다 하더라도 그 자체로 하자가 발생하는 것은 아니다. 즉, 애초부터 구속력도 없는 계획이므로, 예상치 못한 변동을 위법하다고 평가하지 않는다는 취지이다(2000두8226, ▷기본서 103쪽). '도시계획법' 제19조 제1항 및 이 사건 도시계획시설결정 당시의 서울특별시 도시계획조례 제3조 제3항에서는, 도시계획은 도시기본계획에 부합되어야 한다고 규정되어 있으나, 도시기본계획이라는 것은 도시의 장기적 개발방향과 미래상을 제시하는 도시계획 입안의 지침이 되는 장기적·종합적인 개발계획으로서 직접적인 구속력은 없는 것이므로, 이 사건 추모공원의 조성계획이 서울특별시 도시기본계획에 포함되어 있지 아니하다는 이유만으로는 이 사건 도시계획시설결정이 위법하다 할 수는 없다(2005두1893).
④ 행정계획의 수립, 변경에 관해서는 행정청에게 광범위한 재량이 주어진다(84누227, ▷기본서 103쪽).
  공원녹지의 확충·관리·이용 등 쾌적한 도시환경의 조성 등을 목적으로 하는 도시관리계획결정과 관련하여 재량권의 일탈·남용 여부를 심사할 때에는 공원녹지법의 입법취지와 목적, 보존하고자 하는 녹지의 조성 상태 등 구체적 현황, 상반되는 이익을 가진 이해관계자들 사이의 권익 균형 등을 종합하여 신중하게 판단하여야 한다. 그리고 자연환경 보호 등을 목적으로 하는 도시관리계획결정은 식생이 양호한 수림의 훼손 등과 같이 장래 발생할 불확실한 상황과 파급효과에 대한 예측 등을 반영한 행정청의 재량적 판단으로, 그 내용이 현저히 합리성을 결여하였다거나 상반되는 이익이나 가치를 대비하여 형평이나 비례의 원칙에 뚜렷하게 배치되는 등의 사정이 없는 한 폭넓게 존중하여야 한다(2022두61816).

17 답 ④

⇒ ㄴ, ㄹ

ㄱ, ㄷ. 처분이 외부에 표시되어 상대방에게 송달까지 되어야 효력이 발생된다. 그런데, 본 사안에서는 입국금지결정을 내부전산망에 입력하였을 뿐, 외부에 표시하지 않았으므로, 위 결정은 처분으로서 효력이 발생되지 않았다고 보아야 한다(2017두38874, ▷기본서 252쪽).
처분이 아니므로 그 효력의 일종인 공정력과 불가쟁력도 발생하지 않는다.

ㄴ. 아버지에게 전화로 사증발급이 불허되었다고 통보한 점이 문서주의 위반으로 판단되었다. 따라서, 사증발급 거부처분이 무효다(2017두38874, ▷기본서 124쪽).

ㄹ. 대법원은 LA재외공관장이 자신에게 주어진 고유의 재량을 전혀 행사하지 않은 이른바 재량권 불행사가 재량권 일탈남용의 일종이라고 보았다(2017두38874, ▷기본서 71쪽).

18 답 ②

▷기본서 81 – 2쪽

행정기본법 제2조【정의】 이 법에서 사용하는 용어의 뜻은 다음과 같다.
3. "당사자"란 처분의 상대방을 말한다(②).

제37조【처분의 재심사】 ① 당사자는(②) 처분(제재처분 및 행정상 강제는 제외한다. 이하 이 조에서 같다)이 행정심판, 행정소송 및 그 밖의 쟁송을 통하여 다툴 수 없게 된 경우(법원의 확정판결이 있는 경우는 제외한다(①))도 다음 각 호의 어느 하나에 해당하는 경우에는 해당 처분을 한 행정청에 처분을 취소·철회하거나 변경하여 줄 것을 신청할 수 있다.
1. 처분의 근거가 된 사실관계 또는 법률관계가 추후에 당사자에게 유리하게 바뀐 경우
2. 당사자에게 유리한 결정을 가져다주었을 새로운 증거가 있는 경우
3. 「민사소송법」 제451조에 따른 재심사유에 준하는 사유가 발생한 경우 등 대통령령으로 정하는 경우
② 제1항에 따른 신청은 해당 처분의 절차, 행정심판, 행정소송 및 그 밖의 쟁송에서 당사자가 중대한 과실 없이 제1항 각 호의 사유를 주장하지 못한 경우에만 할 수 있다.
③ 제1항에 따른 신청은 당사자가 제1항 각 호의 사유를 안 날부터 60일 이내에 하여야 한다. 다만, 처분이 있은 날부터 5년이 지나면 신청할 수 없다.
④ 제1항에 따른 신청을 받은 행정청은 특별한 사정이 없으면 신청을 받은 날부터 90일(합의제행정기관은 180일) 이내에 처분의 재심사 결과(재심사 여부와 처분의 유지·취소·철회·변경 등에 대한 결정을 포함한다)를 신청인에게 통지하여야 한다. 다만, 부득이한 사유로 90일(합의제행정기관은 180일) 이내에 통지할 수 없는 경우에는 그 기간 만료일 다음 날부터 기산하여 90일(합의제행정기관은 180일)의 범위에서 한 차례 연장할 수 있으며, 연장 사유를 신청인에게 통지하여야 한다.
⑤ 제4항에 따른 처분의 재심사 결과 중 처분을 유지하는 결과에 대해서는 행정심판, 행정소송 및 그 밖의 쟁송수단을 통하여 불복할 수 없다(④).
⑥ 행정청의 제18조에 따른 취소와 제19조에 따른 철회는 처분의 재심사에 의하여 영향을 받지 아니한다.
⑦ 제1항부터 제6항까지에서 규정한 사항 외에 처분의 재심사의 방법 및 절차 등에 관한 사항은 대통령령으로 정한다.
⑧ 다음 각 호의 어느 하나에 해당하는 사항에 관하여는 이 조를 적용하지 아니한다.
1. 공무원 인사 관계 법령에 따른 징계 등 처분에 관한 사항(③)
2. 「노동위원회법」 제2조의2에 따라 노동위원회의 의결을 거쳐 행하는 사항
3. 형사, 행형 및 보안처분 관계 법령에 따라 행하는 사항
4. 외국인의 출입국·난민인정·귀화·국적회복에 관한 사항
5. 과태료 부과 및 징수에 관한 사항
6. 개별 법률에서 그 적용을 배제하고 있는 경우

19 답 ③

▷기본서 153, 160쪽

행정기본법 제30조【행정상 강제】 ① 행정청은 행정목적을 달성하기 위하여 필요한 경우에는 법률로 정하는 바에 따라(②) 필요한 최소한의 범위에서 다음 각 호의 어느 하나에 해당하는 조치를 할 수 있다.
1. 행정대집행: 의무자가 행정상 의무(법령등에서 직접 부과하거나 행정청이 법령등에 따라 부과한 의무를 말한다. 이하 이 절에서 같다)로서 타인이 대신하여 행할 수 있는 의무를 이행하지 아니하는 경우 법률로 정하는 다른 수단으로는 그 이행을 확보하기 곤란하고 그 불이행을 방치하면 공익을 크게 해칠 것으로 인정될 때에 행정청이 의무자가 하여야 할 행위를 스스로 하거나 제3자에게 하게 하고 그 비용을 의무자로부터 징수하는 것
2. 이행강제금의 부과: 의무자가 행정상 의무를 이행하지 아니하는 경우 행정청이 적절한 이행기간을 부여하고, 그 기한까지 행정상 의무를 이행하지 아니하면 금전급부의무를 부과하는 것
3. 직접강제: 의무자가 행정상 의무를 이행하지 아니하는 경우 행정청이 의무자의 신체나 재산에 실력을 행사하여 그 행정상 의무의 이행이 있었던 것과 같은 상태를 실현하는 것
4. 강제징수: 의무자가 행정상 의무 중 금전급부의무를 이행하지 아니하는 경우 행정청이 의무자의 재산에 실력을 행사하여 그 행정상 의무가 실현된 것과 같은 상태를 실현하는 것
5. 즉시강제: 현재의 급박한 행정상의 장해를 제거하기 위한 경우로서 다음 각 목의 어느 하나에 해당하는 경우에 행정청이 곧바로 국민의 신체 또는 재산에 실력을 행사하여 행정목적을 달성하는 것(③)
  가. 행정청이 미리 행정상 의무 이행을 명할 시간적 여유가 없는 경우
  나. 그 성질상 행정상 의무의 이행을 명하는 것만으로는 행정목적 달성이 곤란한 경우
② 행정상 강제 조치에 관하여 이 법에서 정한 사항 외에 필요한 사항은 따로 법률로 정한다.
③ 형사(刑事), 행형(行刑) 및 보안처분 관계 법령에 따라 행하는 사항(④)이나 외국인의 출입국·난민인정·귀화·국적회복에 관한 사항(①)에 관하여는 이 절을 적용하지 아니한다.

20 답 ④

①, ③ 판례는 양도인에게 제재사유가 발생하였으나 아직 제재처분은 이루어지지 않은 상태에서 그 지위가 승계된 경우, 위 제재사유가 양수인에게 승계되었음을 이유로 양수인에 대한 제재처분이 가능하다는 입장이다. 즉, 이미 성립한 공의무뿐 아니라 제재사유 또한 승계 대상이 되는 것이다(2001두1611, ▷기본서 35쪽).

② 영업양수도에 따른 제재사유 승계는 긍정하되, 유가보조금 반환명령이 대인적 처분인 점을 감안하여 반환액의 범위를 제한하였다.

  [1] 불법증차를 실행한 운송사업자로부터 운송사업 영업을 양수하고 화물자동차법 제16조 제1항에 따른 신고를 하여 화물자동차법 제16조 제4항에 따라 운송사업자의 지위를 승계한 경우에는 설령 양수인이 영업양도·양수 대상에 불법증차 차량이 포함되어 있는지를 구체적으로 알지 못하였다 할지라도, 양수인은 불법증차 차량이라는 물적 자산과 그에 대한 운송사업자로서의 책임까지 포괄적으로 승계하는 것이다. 따라서 관할 행정청은 양수인의 선의·악의를 불문하고 양수인에 대하여 불법증차 차량에 관하여 지급된 유가보조금의 반환을 명할 수 있다.

  [2] 다만 그에 따른 양수인의 책임범위는 지위 승계 "후" 발생한 유가보조금 부정수급액에 한정되고, 지위승계 "전"에 발생한 유가보조금 부정수급액에 대해서까지 양수인을 상대로 반환명령을 할 수는 없다. 유가보조금 반환명령은 '운송사업자등'이 유가보조금을 지급받을 요건을 충족하지 못함에도 유가보조금을 청구하여 부정수급하는 행위를 처분사유로 하는 '대인적 처분'으로서, '운송사업자'가 불법증차 차량이라는 물적 자산을 보유하고 있음을 이유로 한 운송사업 허가취소 등의 '대물적 제재처분'과는 구별되고, 양수인은 영업양도·양수 전에 벌어진 양도인의 불법증차 차량의 제공 및 유가보조금 부정수급이라는 결과 발생에 어떠한 책임이 있다고 볼 수 없기 때문이다(2018두49789).

④ 회사 분할의 경우 공정거래법상 과징금이 승계되지 않으므로, 이와 유사한 성격을 지닌 시정조치 명령도 승계되지 않는다는 취지이다.

  [1] 회사 분할 시 특별한 규정이 없는 한 신설회사에 대하여 분할하는 회사의 분할 전 하도급거래 공정화에 관한 법률(이하 '하도급법'이라 한다) 위반행위를 이유로 하도급법 제25조 제1항에 따른 시정조치를 명하는 것은 허용되지 않는다. 구체적인 이유는 아래와 같다.

  [2] 대법원은 2007.11.29. 선고 2006두18928 판결에서 법률규정이 없는 이상 분할하는 회사의 분할 전 독점규제 및 공정거래에 관한 법률(이하 '공정거래법'이라 한다) 위반행위를 이유로 신설회사에 대하여 과징금을 부과하는 것은 허용되지 않는다고 판시하였다(2023. 군무원 7급 기출). 공정거래법에 따른 과징금 부과처분과 하도급법 제25조 제1항에 따른 시정조치명령 모두 해당 법 규정을 위반한 사업자를 처분 상대방으로 하는 점, 회사분할 전에 공정거래법 위반이나 하도급법 위반이 있는 경우 시정조치의 제재사유는 이미 발생하였고 신설회사로서는 제재사유를 제거할 수 있는 지위에 있지 않는 점(예를 들어 분할하는 회사가 목적물 등의 수령일부터 60일 이내에 하도급대금을 지급하지 않았다면 그 사실만으로 하도급법상 시정조치의 제재사유가 발생하고, 이후 신설회사가 이를 지급하였다고 하여 위 제재사유가 소멸하지는 않는다. 신설회사가 하도급대금 지급채무를 승계하였음에도 그로부터 일정 기한 내에 이를 지급하지 아니하는 경우 이것이 별도의 위반사실이 될 여지가 있을 뿐이다), 공정거래위원회는 사업자에게 하도급법 위반 제재사유가 있는 경우 시정조치 또는 과징금을 선택적으로 부과할 수 있고, 과징금 부과처분의 성격이 공정거래법상의 그것과 다르지 않은바, 제재사유 승계에 관한 특별한 규정이 없음에도 법 위반사유에 대한 처분의 선택에 따라 제재사유의 승계 여부가 달라지는 결과를 초래하는 것은 형평에 맞지 않은 점 등에 비추어 볼 때, 공정거래법상 과징금 부과처분에 관한 위 법리는 아래에서 보는 바와 같이 제재사유의 승계에 관하여 법률 규정을 두고 있지 않은 하도급법상 시정조치명령의 경우에도 그대로 적용되어야 한다.

  [3] 현행 공정거래법은 분할하는 회사의 분할 전 공정거래법 위반행위를 이유로 신설회사에 과징금 부과 또는 시정조치를 할 수 있도록 규정을 신설하였다. 현행 하도급법은 과징금 부과처분에 관하여는 신설회사에 제재사유를 승계시키는 공정거래법 규정을 준용하고 있으나 시정조치에 관하여는 이러한 규정을 두고 있지 않다. 이와 같이 공정거래법과 하도급법이 회사분할 전 법 위반행위에 관하여 신설회사에 과징금 부과 또는 시정조치의 제재사유를 승계시킬 수 있는 경우를 따로 규정하고 있는 이상, 그와 같은 규정을 두고 있지 아니하는 사안, 즉 회사분할 전 법 위반행위에 관하여 신설회사에 시정조치의 제재사유가 승계되는지가 쟁점이 되는 사안에서는 이를 소극적으로 보는 것이 자연스럽다.

10회 | 2024년 지방직 9급

정답

01	①	02	④	03	④	04	②	05	④
06	①	07	③	08	③	09	①	10	③
11	②	12	④	13	②	14	②	15	②
16	③	17	④	18	①	19	②	20	①

01 답 ①

① 사정변경 그 자체로 공적 견해표명은 자동으로 실효된다(▷기본서 27쪽, 신뢰보호원칙의 한계).

신뢰보호의 원칙은 행정청이 공적인 견해를 표명할 당시의 사정이 그대로 유지됨을 전제로 적용되는 것이 원칙이므로, 사후에 그와 같은 사정이 변경된 경우에는 그 공적 견해가 더 이상 개인에게 신뢰의 대상이 된다고 보기 어려운 만큼, 특별한 사정이 없는 한 행정청이 그 견해표명에 반하는 처분을 하더라도 신뢰보호의 원칙에 위반된다고 할 수 없다(대판 2020.6.25. 2018두34732).

② 하자 있는 수익적 행정행위를 취소하고자 하는 상황에서 신뢰보호원칙 위반이 문제된다. 다만, (i) 수익적 행정행위의 하자가 상대방(국민)의 사기 등 부정행위로 인해 야기되었거나, (ii) 위와 같은 하자가 있음을 상대방이 처음부터 알았거나, 중과실로 몰랐을 때라면 "상대방의 귀책사유 없는 신뢰" 요건이 충족되지 않는 결과 상대방의 신뢰는 보호되지 않는다(▷기본서 26쪽).

③ 행정조직상의 형식적인 권한분장은 조직 바깥에 있는 국민의 입장에서 쉽게 알 수 있는 내용이 아니다. 실질적으로 신뢰를 부여할 만한 행동을 하였음에도, 내부적으로 타 행정청의 소관임을 들어 신뢰를 보호하지 않는다면 이는 불합리하다고 볼 여지가 많다(96누18380, ▷기본서 23쪽).

④ 신뢰보호원칙의 일종인 실권의 법리에 관한 설명이다(행정기본법 제12조 제2항, ▷기본서 21쪽).

02 답 ④

① 환경영향평가 대상지역 밖의 주민은 원고적격이 추정되지 않아 스스로 입증해야 한다.

환경영향평가 대상지역 밖의 주민이라 할지라도 공유수면매립면허처분 등으로 인하여 그 처분 전과 비교하여 수인한도를 넘는 환경피해를 받거나 받을 우려가 있는 경우에는, 공유수면매립면허처분 등으로 인하여 환경상 이익에 대한 침해 또는 침해 우려가 있다는 것을 입증함으로써 그 처분 등의 무효확인을 구할 원고적격을 인정받을 수 있다(2006두330, ▷기본서 262쪽).

② 금전지급청구권은 헌법만으로는 직접 도출되지 않는다.

헌법 제34조 제1항은 "모든 국민은 인간다운 생활을 할 권리를 가진다"고 하고, 제2항은 "국가는 사회보장·사회복지의 증진에 노력할 의무를 진다"고 규정하고 있는바, 이 법상의 연금수급권과 같은 사회보장수급권은 이 규정들로부터 도출되는 사회적 기본권의 하나이다. 이와 같이 사회적 기본권의 성격을 가지는 연금수급권은 국가에 대하여 적극적으로 급부를 요구하는 것이므로 헌법규정만으로는 이를 실현할 수 없고, 법률에 의한 형성을 필요로 한다. 연금수급권의 구체적 내용, 즉 수급요건, 수급권자의 범위, 급여금액 등은 법률에 의하여 비로소 확정된다. 그런데 연금수급권과 같은 사회적 기본권을 법률로 형성함에 있어 입법자는 광범위한 형성의 자유를 누린다(97헌마333).

③ 불이익 처분의 상대방은 법률상 이익을 침해당한 당사자이므로 특별한 사정이 없는 한 원고적격이 인정되는 것이 원칙이다(▷기본서 256쪽).

반면, 수익적 처분의 상대방은 본인이 이를 다툴 실익이 없으므로, 소의 이익이 흠결되었다고 판단될 가능성이 높다(▷기본서 275쪽).

④ 행정계획의 수립, 변경에 관해서는 행정청에게 광범위한 재량이 주어지고, 원칙적으로 국민은 이를 입안, 취소, 변경하여 달라고 신청할 권리가 없다(84누227, ▷기본서 104쪽).

다만 예외적으로, (i) 도시계획구역 내의 토지소유자는 도시계획에 대한 변경신청권이 있고(2003두1806), (ii) 문화재보호구역 내 토지소유자는 보호구역의 지정해제를 요구할 신청권이 있으며(2003두8821), (iii) 폐기물처리사업 적정통보를 받은 자는 국토이용계획변경을 신청할 권리가 있다(2001두10936, ▷기본서 104쪽).

03 답 ④

① 소송종류를 불문하고 인용판결이라면 기속력이 발생한다(▷기본서 315쪽).

② 상고심에 올라가면 원점에서부터 소송요건을 다시 직권으로 심사한다(2003두15195, ▷기본서 303쪽).

행정처분의 직접 상대방이 아닌 제3자라 하더라도 당해 행정처분으로 인하여 법률상 보호되는 이익을 침해당한 경우에는 그 처분의 취소나 무효확인을 구하는 행정소송을 제기하여 그 당부의 판단을 받을 자격 즉 원고적격이 있고, 여기에서 말하는 법률상 보호되는 이익은 당해 처분의 근거 법규 및 관련 법규에 의하여 보호되는 개별적·직접적·구체적 이익을 말하며, 원고적격은 소송요건의 하나이므로 사실심 변론종결시는 물론 상고심에서도 존속하여야 하고 이를 흠결하면 부적법한 소가 된다(2004두7924).

③ 집행정지의 적극적 요건 중 하나가 "처분등의 존재"이다. 그렇다면 과연 무효인 처분이 "존재"한다고 볼 수 있을지가 문제되는데, 행정청이 이를 유효한 것으로 취급하면 무효등확인판결이 있기 전까지는 유효한 것과 같은 외관이 유지된다.

따라서, 이러한 외관을 바탕으로 처분이 집행될 수 있으므로, 무효인 처분 또한 집행정지를 인용하여 줄 필요성이 있는 것이다. 이에, 무효인 처분을 대상으로 무효등확인소송을 제기하였을 때에도 집행정지가 적용된다(▷기본서 296쪽).

④ 무효확인소송의 경우, 하자의 중대명백성에 대한 입증책임이 모두 원고에게 있다(2009두3460, ▷기본서 326쪽).

04　답 ②

① 피고적격은 명의자에게 부여됨이 원칙이지만, 권한의 사후승계의 경우에는 승계한 행정청이 피고가 된다(▷기본서 275쪽).
② 지방자치단체 차원의 처분은 원칙적으로 지방자치단체의 장(단, 교육과 관련된 사항의 경우 교육감)이 결정 및 표시한다. 이때 지방의회의 의결은 단순히 내부적 행위에 불과하므로, 독립하여 처분성을 갖지 않는다. 따라서, 피고는 지방자치단체의 장(또는 교육감)이 된다. 예컨대, 두밀분교 폐지에 관한 처분적 조례의 경우, 이와 관련한 소송은 경기도 교육감이 피고가 된다(95누8003, ▷기본서 240쪽).
반면, 지방의회의 지방의원에 대한 징계의결, 의장에 대한 불신임의결, 의장선거에 한해서는 (지방자치단체의 장, 교육감을 거치지 않고) 지방의회 자체적으로 위 처분을 결정 및 표시하므로, 이때 피고는 지방의회가 된다(▷기본서 279쪽).
③ 피고가 잘못 지정되었다면 피고경정을 신청할 수 있는데, 이는 어디까지나 원고의 신청에 의해서만 결정될 수 있다. 법원은 이를 직권으로 할 수 없고, 다만 원고에게 석명권을 행사함으로써 원고의 신청을 유도할 의무가 있다(2002두7852, ▷기본서 282쪽).
④ 권한의 위임이나 대리가 이루어진 사안이라 하더라도 피고적격에 관한 원칙적인 법리가 달리 적용되지 않는다. 최종적으로 표시된 명의에 따라 피고적격을 부여하면 된다(94누2763, ▷기본서 277쪽).
참고로, 주체의 하자는 피고적격이 부여된 자와 법적인 권한이 있는 자가 다를 경우 발생한다. 내부위임은 (외부) 위임과는 달리 권한이 이전되지 않으므로, 해당 처분을 행할 법적 권한은 여전히 권한을 내부위임한 위임청에 남아 있다. 그럼에도 내부위임을 받은 자가 처분을 행하였다면, 이는 주체의 하자가 있는 경우로서 무효이다.

05　답 ④

① 수사절차가 아닌, 행정절차이므로 영장주의가 적용되지 않는다. 우편물 통관검사절차에서 이루어지는 우편물의 개봉, 시료채취, 성분분석 등의 검사는 수출입물품에 대한 적정한 통관 등을 목적으로 한 행정조사의 성격을 가지는 것으로서 수사기관의 강제처분이라고 할 수 없으므로, 압수·수색영장 없이 우편물의 개봉, 시료채취, 성분분석 등 검사가 진행되었다 하더라도 특별한 사정이 없는 한 위법하다고 볼 수 없다(2013도7718).
② 원칙적으로 종국적인 처분이 아닌 중간단계의 행위는 처분성(또는 소의 이익)이 부정된다.
종국적인 단계에서 국민의 권리·의무에 영향을 미치는 것은 세무조사에 기초한 과세처분이지만, 중간단계 처분일지라도 세무조사결정에 대하여 다투도록 허용한다면 분쟁을 조기에 근본적으로 해결할 수 있는 이점이 있다. 따라서, 세무조사결정의 처분성을 인정한다(2009두23617, ▷기본서 252쪽).
③ 무응답은 거부로 간주된다.

> **행정조사기본법 제5조【행정조사의 근거】** 행정기관은 법령등에서 행정조사를 규정하고 있는 경우에 한하여 행정조사를 실시할 수 있다. 다만, 조사대상자의 자발적인 협조를 얻어 실시하는 행정조사의 경우에는 그러하지 아니하다.
> **제20조【자발적인 협조에 따라 실시하는 행정조사】** ① 행정기관의 장이 제5조 단서에 따라 조사대상자의 자발적인 협조를 얻어 행정조사를 실시하고자 하는 경우 조사대상자는 문서·전화·구두 등의 방법으로 당해 행정조사를 거부할 수 있다.
> ② 제1항에 따른 행정조사에 대하여 조사대상자가 조사에 응할 것인지에 대한 응답을 하지 아니하는 경우에는 법령등에 특별한 규정이 없는 한 그 조사를 거부한 것으로 본다.
> ③ 행정기관의 장은 제1항 및 제2항에 따른 조사거부자의 인적 사항 등에 관한 기초자료는 특정 개인을 식별할 수 없는 형태로 통계를 작성하는 경우에 한하여 이를 이용할 수 있다.

④
> **행정조사기본법 제17조【조사의 사전통지】** ① 행정조사를 실시하고자 하는 행정기관의 장은 제9조에 따른 출석요구서, 제10조에 따른 보고요구서·자료제출요구서 및 제11조에 따른 현장출입조사서(이하 "출석요구서등"이라 한다)를 조사개시 7일 전까지 조사대상자에게 서면으로 통지하여야 한다. 다만, 다음 각 호의 어느 하나에 해당하는 경우에는 행정조사의 개시와 동시에 출석요구서등을 조사대상자에게 제시하거나 행정조사의 목적 등을 조사대상자에게 구두로 통지할 수 있다.
> 1. 행정조사를 실시하기 전에 관련 사항을 미리 통지하는 때에는 증거인멸 등으로 행정조사의 목적을 달성할 수 없다고 판단되는 경우
> 2. 「통계법」 제3조 제2호에 따른 지정통계의 작성을 위하여 조사하는 경우
> 3. 제5조 단서에 따라 조사대상자의 자발적인 협조를 얻어 실시하는 행정조사의 경우

06　답 ①

① 교통할아버지는 공무수탁사인의 대표적인 사례이다. 교통할아버지에 대한 공무의 위탁은 일시적이고 한정적이지만, 그렇다고 하여 국가배상법상 공무원이 아니라고 볼 것은 아니다(98다39060, ▷기본서 177쪽).
② 국가배상법상 공무원의 직무행위에는 권력적 작용뿐 아니라, 비권력적 작용도 포함된다. 단, 사경제적 작용은 포함되지 않는다(▷기본서 177쪽, 98다39060).
③ 만약 처분 시점 당시 특정한 법조항의 해석에 대하여 명시적인 판례가 존재하지 않고, 학설도 극명하게 갈렸다면, 어느 정도 불확실성을 감수한 채로 한 견해를 취하여 법을 집행하는 것이 불가피하다.
따라서, 추후 결과적으로 처분이 위법하다고 판단되었고, 이로 인해 국민에게 손해가 발생했다 하여도 그것만으로 곧바로 공무원의 주의의무 위반(= 귀책사유 = 고의 또는 과실)을 인정할 수 없다(97다7608, ▷기본서 183쪽).
④ "법령"에는 헌법 및 행정기본법상 비례의 원칙이 당연히 포함된다.

국가배상책임에 있어 공무원의 가해행위는 법령을 위반한 것이어야 하는데, 여기서 법령을 위반하였다 함은 엄격한 의미의 법령 위반뿐 아니라 인권존중, 권력남용금지, 신의성실과 같이 공무원으로서 마땅히 지켜야 할 준칙이나 규범을 지키지 아니하고 위반한 경우를 포함하여 널리 그 행위가 객관적인 정당성을 결여하고 있음을 뜻한다. 따라서 헌법상 과잉금지의 원칙 내지 비례의 원칙을 위반하여 국민의 기본권을 침해한 국가작용은 국가배상책임에 있어 법령을 위반한 가해행위가 될 수 있다(2013다44720, ▷기본서 184쪽).

07 답 ③

⇨ ㄷ, ㄹ

ㄱ. 하자 치유와는 달리, 직권취소는 행정소송(심판) 제기 이후에도 가능하다(2016두56721, ▷기본서 94쪽).
ㄴ. 조합설립인가처분은 설권적 처분의 성격을 갖는 인가에 해당한다(2011두8291, ▷기본서 62쪽).
ㄷ. 개인택시운송사업면허는 허가의 성격을 갖는 운전면허와 달리(2017두9230), 특허에 해당한다(2006두13886, ▷기본서 57쪽).
ㄹ. 귀화허가는 명칭과는 달리 특허에 해당하므로, 재량행위의 성격을 갖는다. 따라서, 요건을 모두 갖추었다 하더라도 귀화허가를 해줄 수도 있고, 거부할 수도 있다(2009두19069, ▷기본서 59쪽). 체류자격변경허가와 함께 특허의 대표적인 사례에 해당한다.

08 답 ③

① 국가배상청구소송은 배상심의회에 배상신청을 하지 아니하고도 제기할 수 있다(국가배상법 제9조, ▷기본서 208쪽). 만약 행정소송 제기 전에 배상심의회에 배상신청을 하여 배상결정이 내려져도, 배상결정을 받은 신청인이 배상금 지급을 청구하지 아니하면 그 결정에 동의하지 아니한 것으로 본다(국가배상법 제15조 제3항). 따라서, 구속되지 아니한다.
참고로, 과거에는 신청인이 동의한 배상결정에 재판상의 화해의 효력과 같은, 강력하고도 최종적인 효력을 부여하여 재심의 소에 의하여 취소 또는 변경되지 않는 한 그 효력을 다툴 수 없도록 하고 있었으나, 이러한 국가배상법 규정에 대한 위헌결정이 내려졌다. 이로 인해 신청인이 배상결정에 동의하여도 신청인은 해당 결정에 확정적으로 구속되지 않게 되었다(91헌가7).
② 민사소송으로 제기하여야 한다(▷기본서 172쪽).
공무원의 직무상 불법행위로 손해를 받은 국민이 국가 또는 공공단체에 배상을 청구하는 경우 국가 또는 공공단체에 대하여 그의 불법행위를 이유로 손해배상을 구함은 국가배상법이 정한 바에 따른다 하여도 이 역시 민사상의 손해배상 책임을 특별법인 국가배상법이 정한데 불과하다(69다701).
③ [1] 군인연금법에 의한 보상을 받을 수 있는 상태에서는 국가배상금을 지급받을 수 없다. 통상적인 이중배상금지 논리와 다르지 않다.

[2] 반면, 위 [1]에도 불구하고 국가배상금을 이미 지급된 상태라면, 군인연금법은 추가로 지급될 수 없다는 것이 판례의 입장이다. 군인연금법이라는 특별법에서 아래 [A]와 같이 규정하고 있는 점을 감안한 판례이므로, 해당 법리를 일반화하긴 어렵다. 다른 법령에 따라 지급받은 급여와의 조정에 관한 조항을 두고 있지 아니한 보훈보상대상자 지원에 관한 법률과 달리, [A] 군인연금법 제41조 제1항은 "다른 법령에 따라 국가나 지방자치단체의 부담으로 이 법에 따른 급여와 같은 종류의 급여를 받은 사람에게는 그 급여금에 상당하는 금액에 대하여는 이 법에 따른 급여를 지급하지 아니한다."라고 명시적으로 규정하고 있다. 나아가 군인연금법이 정하고 있는 급여 중 사망보상금(군인연금법 제31조)은 일실손해의 보전을 위한 것으로 불법행위로 인한 소극적 손해배상과 같은 종류의 급여라고 봄이 타당하다(97다36873). 따라서 피고에게 군인연금법 제41조 제1항에 따라 원고가 받은 손해배상금 상당 금액에 대하여는 사망보상금을 지급할 의무가 존재하지 아니한다(2018두36691, ▷기본서 205쪽).
[3] 다만, 위 [2]와 같은 법리는 어디까지나 군인연금법에 의한 보상과 이미 지급된 국가배상금의 법적 성질이 중복되는 범위에 한하여 적용된다. 구 군인연금법이 정하고 있는 급여 중 사망보상금은 일실손해의 보전을 위한 것으로 불법행위로 인한 소극적 손해배상과 같은 종류의 급여이므로, 군 복무 중 사망한 망인의 유족이 국가배상을 받은 경우 피고는 사망보상금에서 소극적 손해배상 상당액을 공제할 수 있을 뿐, 이를 넘어 정신적 손해배상 상당액까지 공제할 수는 없다(2019두36711, ▷기본서 205쪽).
④ 상호보증은 외국의 법령, 판례 및 관례 등에 의하여 발생요건을 비교하여 인정되면 충분하고 반드시 당사국과의 조약이 체결되어 있을 필요는 없으며, 당해 외국에서 구체적으로 우리나라 국민에게 국가배상청구를 인정한 사례가 없더라도 실제로 인정될 것이라고 기대할 수 있는 상태이면 충분하다(2013다208388, ▷기본서 208쪽).

09 답 ①

① ▷기본서 124쪽

> 행정절차법 제23조【처분의 이유 제시】① 행정청은 처분을 할 때에는 다음 각 호의 어느 하나에 해당하는 경우를 제외하고는 당사자에게 그 근거와 이유를 제시하여야 한다.
> 1. 신청 내용을 모두 그대로 인정하는 처분인 경우
> 2. 단순·반복적인 처분 또는 경미한 처분으로서 당사자가 그 이유를 명백히 알 수 있는 경우
> 3. 긴급히 처분을 할 필요가 있는 경우
> ② 행정청은 제1항 제2호 및 제3호의 경우에 처분 후 당사자가 요청하는 경우에는 그 근거와 이유를 제시하여야 한다.

②, ③ (i) 외국인의 출입국·난민인정·귀화, (ii) 공무원 인사 관계 법령에 따른 징계와 그 밖의 처분의 경우, 위 사항에 해당하는지 여부뿐 아니라 "해당 행정작용의 성질상 행정절차를 거치기 곤란하거나 거칠 필요가 없다고 인정되는지" 또는 "행정절차에 준하는 절차를 이미 거쳤는지" 여부도 추가로 따져보아야 한다(행정절차법 제3조 제2항 제9호, ▷기본서 117쪽).

대법원은 가급적 행정절차법을 적용하려는 입장에서, 위 배제사유를 좁게 해석하고자 한다. 따라서, 육군3사관학교의 사관생도에 대한 징계 역시 공무원에 대한 것임에도 불구하고 행정절차법이 적용된다. 징계권자나 그 소속 직원이 징계대상자의 변호사가 징계위원회의 심의에 출석하는 것을 막았다면, 이는 의견청취 절차가 제대로 이행되지 않은 것이므로 절차상 하자가 발생한다(2016두33339, ▷기본서 114쪽).

④ 위 ③과 같은 관점에서, 진급예정자명단에 포함된 장교 등에 대하여 의견제출의 기회를 부여하지 아니한 채 진급선발을 취소하는 처분을 한 것은 절차상 하자가 있어 위법하다고 판시하였다(2006두20631, ▷기본서 114쪽).

10 답 ③

① 청구 대상이 사회일반인의 관점에서 특정되어야 한다(▷기본서 141쪽).
공공기관의 정보공개에 관한 법률 제10조 제1항 제2호는 정보의 공개를 청구하는 자는 정보공개청구서에 '공개를 청구하는 정보의 내용' 등을 기재할 것을 규정하고 있는바, 청구대상정보를 기재함에 있어서는 사회일반인의 관점에서 청구대상정보의 내용과 범위를 확정할 수 있을 정도로 특정함을 요한다(2007두2555).

② 공공기관에게는 정보공개방법을 선택할 재량이 없다. 그럼에도 불구하고 이를 변경하여 정보를 공개한 경우, 일부거부처분에 대한 취소소송이 가능하다(2016두44674, ▷기본서 142쪽).

③ **공공기관의 정보공개에 관한 법률 제2조 【정의】** 이 법에서 사용하는 용어의 뜻은 다음과 같다.
3. "공공기관"이란 다음 각 목의 기관을 말한다.
가. 국가기관
1) 국회, 법원, 헌법재판소, 중앙선거관리위원회
2) 중앙행정기관(대통령 소속 기관과 국무총리 소속 기관을 포함한다) 및 그 소속 기관
3) 「행정기관 소속 위원회의 설치·운영에 관한 법률」에 따른 위원회
나. 지방자치단체
다. 「공공기관의 운영에 관한 법률」 제2조에 따른 공공기관
라. 「지방공기업법」에 따른 지방공사 및 지방공단
마. 그 밖에 대통령령으로 정하는 기관
시행령 제2조 【공공기관의 범위】 「공공기관의 정보공개에 관한 법률」(이하 "법"이라 한다) 제2조 제3호 마목에서 "대통령령으로 정하는 기관"이란 다음 각 호의 기관 또는 단체를 말한다.
1. 「유아교육법」, 「초·중등교육법」, 「고등교육법」에 따른 각급 학교 또는 그 밖의 다른 법률에 따라 설치된 학교

④ 원본이 아닌 사본도 공개 가능하다.
공공기관의 정보공개에 관한 법률 제13조 【정보공개 여부 결정의 통지】 ④ 공공기관은 제1항에 따라 정보를 공개하는 경우에 그 정보의 원본이 더럽혀지거나 파손될 우려가 있거나 그 밖에 상당한 이유가 있다고 인정할 때에는 그 정보의 사본·복제물을 공개할 수 있다.

11 답 ②

① 법원이 알아서 판단하는 것으로 족한 직권조사사항이므로(▷기본서 303쪽), 법원이 당사자가 소송요건에 관하여 주장한 내용에 대하여 명시적으로 가타부타 판단하지 않았다 하여도 그 자체로 판결의 위법사유를 구성하지 않는다는 취지이다.
해당 처분을 다툴 법률상 이익이 있는지 여부는 직권조사사항으로 이에 관한 당사자의 주장은 직권발동을 촉구하는 의미밖에 없으므로, 원심법원이 이에 관하여 판단하지 않았다고 하여 판단유탈의 상고이유로 삼을 수 없다(2013두16852).

② [1] 행정소송법에 행정청의 소송참가 제도가 마련되어 있으므로, 이를 활용하라는 취지이다.
타인 사이의 항고소송에서 소송의 결과에 관하여 이해관계가 있다고 주장하면서 민사소송법 제71조에 의한 보조참가를 할 수 있는 제3자는 민사소송법상의 당사자능력 및 소송능력을 갖춘 자이어야 하므로 그러한 당사자능력 및 소송능력이 없는 행정청으로서는 민사소송법상의 보조참가를 할 수는 없고 다만 행정소송법 제17조 제1항에 의한 소송참가를 할 수 있을 뿐이다(행정청에 불과한 서울특별시장의 보조참가신청을 부적법하다고 한 사례)(99두1519).
[2] 아울러, 행정청은 행정주체의 기관에 불과하고 권리능력을 가지지 않아 권리주체가 될 수 없으므로, 당사자소송의 원고 또는 피고가 될 수 없는 것이 원칙이다(▷기본서 338쪽).

③ 원고가 신청권을 토대로 인용 또는 거부처분이라는 응답을 신청하였음에도 행정청이 무응답으로 일관하고 있는 것이 부작위이다. 대상적격의 요건으로서 신청권을 요구하는 것이 거부처분과의 공통점이다. 다만, 부작위위법확인소송에서는 신청권이 있으면 대상적격 및 원고적격이 동시에 충족된다는 점이 차이점이다(▷기본서 329쪽).
따라서, 신청권이 인정되지 않는다면 대상적격 및 원고적격이 충족되지 않아 소송이 부적법 각하된다.

④ 엄밀히 말하면 각론 문제에 해당한다.
건설교통부장관은 지방자치단체의 장이 기관위임사무인 국토이용계획 사무를 처리함에 있어 자신과 의견이 다를 경우 행정협의조정위원회에 협의·조정 신청을 하여 그 협의·조정 결정에 따라 의견불일치를 해소할 수 있고, 법원에 의한 판결을 받지 않고서도 행정권한의 위임 및 위탁에 관한 규정이나 구 지방자치법에서 정하고 있는 지도·감독을 통하여 직접 지방자치단체의 장의 사무처리에 대하여 시정명령을 발하고 그 사무처리를 취소 또는 정지할 수 있으며, 지방자치단체의 장에게 기간을 정하여 직무이행명령을 하고 지방자치단체의 장이 이를 이행하지 아니할 때에는 직접 필요한 조치를 할 수도 있으므로, 국가가 국토이용계획과 관련한 지방자치단체의 장의 기관위임사무의 처리에 관하여 지방자치단체의 장을 상대로 취소소송을 제기하는 것은 허용되지 않는다(2005두6935).

12 답 ④

① 행정대집행의 절차가 인정되는 경우에는 따로 민사소송의 방법으로 공작물의 철거, 수거 등을 구할 수는 없다(99다18909, ▷기본서 150쪽).
② 토지를 강제로 수용하기 전에 당사자 간에 자율적인 협의를 하도록 하고, 만약 협의가 성립할 경우 이를 사법상 매매계약으로 본다(2006두7096, ▷기본서 218쪽). 사법상 계약으로부터 발생한 철거의무이므로, 이를 불이행하였더라도 대집행이 불가하다(2006두7096, ▷기본서 151쪽).
③ 국가의 사무라면 국고에, 지방자치단체의 사무라면 지자체의 수입으로 한다. 참고로, 대집행 비용징수는 국세징수법에 따라 징수할 수 있으므로, 민사소송으로 이를 청구하는 것은 허용되지 않는다(▷기본서 155쪽, 2010다48240).
④ [1] 적법한 건축물에 대한 철거명령은 그 하자가 중대하고 명백하여 당연무효라고 할 것이고, 그 후행행위인 건축물철거대집행계고처분 역시 당연무효라고 할 것이다(97누6780, ▷기본서 87쪽).
본래 철거명령과 대집행 세부절차는 서로 독립하여 별개의 법률효과를 발생시키는 것을 목적으로 하므로, 하자의 승계가 부정되어야 한다(93누14271, ▷기본서 87). 다만, 선행행위인 철거명령이 무효인 경우에 해당하여 예외적으로 후행행위인 대집행 계고처분에 하자가 승계된 것이다.
[2] 이 사건 대문은 적법한 것임에도 피고가 원고에 대하여 명한 이 사건 대문의 철거명령은 그 하자가 중대하고 명백하여 당연무효라고 할 것이고, 그 후행행위인 이 사건 계고처분 역시 당연무효라고 할 것인바, 이와 같은 취지의 원심 판단은 정당하고, 거기에 피고가 주장하는 바와 같은 주택건설촉진법에 관한 법리오해의 위법이 없다. 이 점에 대한 상고이유의 논지는 이유가 없다(97누6780, ▷기본서 92쪽).

13 답 ②

① 이행강제금, 과태료, 과징금을 각각 벌금과 병과하는 것은 원칙적으로 이중처벌금지, 일사부재리 원칙에 위반되지 않는다(2001두7220, ▷기본서 164, 167쪽). 금전부과적 성격은 동일하지만, 각각의 목적과 효과가 다르다. 벌금 외 나머지는 형사처벌에 해당하지 않으므로 이중처벌의 문제가 발생하지 않는다.
② 철거명령과 계고처분을 1장의 문서로 한꺼번에 할 수 있고, 철거명령에서 주어진 일정기간이 자진철거에 필요한 상당한 기간이라면 그 기간 속에는 계고시에 필요한 '상당한 이행기간'도 포함되어 있다고 본다(91누13564, ▷기본서 154-5쪽).
③ 직접강제는 행정대집행이나 이행강제금 부과의 방법으로는 행정상 의무 이행을 확보할 수 없거나 그 실현이 불가능한 경우 고려될 수 있는 수단이다(행정기본법 제32조, ▷기본서 158쪽). 따라서, 대체적 작위의무 및 비대체적 작위의무, 부작위의무의 불이행에 대해 모두 적용될 수 있다.
④ 공매가 처분이라면, 이를 직권으로 취소하는 공매취소처분도 처분성을 갖는다.

공매에 의하여 재산을 매수한 자는 그 공매처분이 취소된 경우에 그 취소처분의 위법을 주장하여 행정소송을 제기할 법률상 이익이 있다(84누201). 즉, 공매로 낙찰받은 소유권을 상실한 위기에 처한 자이기 때문에 원고적격이 인정된다.

14 답 ②

① 하위 법령이 상위 법령의 위임 범위를 벗어났다면, 이는 위임의 한계를 일탈한 것으로서 허용되지 않고, 원칙적으로 무효가 된다(2011두30878, ▷기본서 50쪽).
② 지침 등의 법령은 원칙적으로 처분성이 없다(▷기본서 240쪽). 교육부장관이 내신성적 산정기준의 통일을 기하기 위해 대학입시기본계획의 내용에서 내신성적 산정기준에 관한 시행지침을 마련하여 시·도 교육감에서 통보한 것은 행정조직 내부에서 내신성적 평가에 관한 내부적 심사기준을 시달한 것에 불과하며, 각 고등학교에서 위 지침에 일률적으로 기속되어 내신성적을 산정할 수밖에 없고 또 대학에서도 이를 그대로 내신성적으로 인정하여 입학생을 선발할 수밖에 없는 관계로 장차 일부 수험생들이 위 지침으로 인해 어떤 불이익을 입을 개연성이 없지는 아니하나, 그러한 사정만으로서 위 지침에 의하여 곧바로 개별적이고 구체적인 권리의 침해를 받은 것으로는 도저히 인정할 수 없으므로, 그것만으로는 현실적으로 특정인의 구체적인 권리의무에 직접적으로 변동을 초래케 하는 것은 아니라 할 것이어서 내신성적 산정지침을 항고소송의 대상이 되는 행정처분으로 볼 수 없다(94두33).
③ 하자 있는 법규명령의 효력을 묻고 있다. 원칙적으로는 무효이지만, 예외적으로 무효가 아닌 경우가 2가지 있다. 본 지문은 이 중 상위법령의 위임이 없었다가, 위임규정이 사후적으로 생겨난 경우를 묻고 있다. 판례는 위임규정이 생겨난 때부터, 즉 "그때부터(Cf. 소급하여)" 유효로 전환된다고 본다(93추83, ▷기본서 50쪽).
④ 행정청이 면허발급 여부를 심사함에 있어서 이미 설정된 면허기준의 해석상 당해 신청이 면허발급의 우선순위에 해당함이 명백함에도 이를 제외시켜 면허거부처분을 하였다면 특별한 사정이 없는 한 그 거부처분은 재량권을 남용한 위법한 처분이 된다(2009두19137).
명백성이 인정되므로, 무효사유로 판단될 가능성이 높을 것이다.

15 답 ②

① 주택사업계획승인을 해주면서 이에 알짜배기 땅을 증여하라는 부담을 부가한 경우를 상정해 보면, 판례는 부담(증여의무 부과)의 효력과 그 부관을 이행하기 위한 사법상 법률행위(증여의무를 이행함으로써 땅의 소유권을 이전하는 것)의 효력을 별개로 본다.
따라서, 부담이 무효이거나 이에 불가쟁력이 발생하였다 하더라도, 사법상 법률행위의 효력은 영향을 받지 않는다(다만, 부담이 무효인 경우 위 부관이 사법상 법률행위를 하게 된 동기 내지 연유로 작용하였음을 들어 사법상 법률행위를 취소할 여지가 남게 될 뿐이다)(2006다18174, ▷기본서 69쪽).

② 부담에는 철회권 유보의 성격이 내포되어 있다. 이에, 부담으로써 부과한 의무를 불이행할 시 주된 처분을 철회할지 말지는 행정청의 선택에 맡겨진다. 철회하지 않기로 결정한다면 주된 처분은 계속하여 유효한 상태로 남는다(89누2431, ▷기본서 63쪽).

③ 대상 지역 전체에 대해 매립면허를 주면서도, 일부 지역에 대해서는 국가에 귀속시킨다는 취지의 부관을 덧붙인 것이므로, 해당 부관은 법률효과의 일부배제라고 보아야 한다. 따라서, 독립적인 취소소송의 대상이 되지 않는다(90누8503, ▷기본서 68쪽).

④ 처분의 위법성 판단시점은 원칙적으로 그 처분 발령시점이다. 그 이후로 적용 법령이 달라진다 하여도, 어디까지나 처분 발령시점의 법령을 기준으로 판단하여야 한다(2005다65500, ▷기본서 66쪽).

다만, 이는 처분 당시 보유하였던 자료나 행정청에 제출된 자료만으로 위법여부를 판단한다는 의미가 아님을 유의하여야 한다. 처분 당시 "존재"하였던 사실관계에 해당하기만 하면, (비록 처분시에 행정청이 현실적으로 보유하던 자료가 아니라 하더라도) 법원은 사실심 변론종결시까지 제출된 자료를 종합적으로 고려하여 처분의 위법성을 판단할 수 있다(92누19033, ▷기본서 305쪽).

16　　　　　　　　　　　　　　　　　　　답 ③

① 쟁송취소라 함은 재결, 판결에 의한 취소를 의미한다. 직권취소와는 달리, 하자가 있으면 취소하는 것이지, 공익과 사익의 비교형량(신뢰보호원칙의 한계 참조)을 거치지 않는다.

수익적 행정처분에 대한 취소권 등의 행사는 기득권의 침해를 정당화할 만한 중대한 공익상의 필요 또는 제3자의 이익보호의 필요가 있는 때에 한하여 허용될 수 있다는 법리는, 처분청이 수익적 행정처분을 직권으로 취소·철회하는 경우에 적용되는 법리일 뿐 쟁송취소의 경우에는 적용되지 않는다(2018두104, ▷기본서 26쪽).

② 형식/절차상 하자의 전형적인 사례에 해당한다. 따라서, 처분의 취소사유를 구성한다(▷기본서 125쪽).

금지행위 및 시설의 해제 여부에 관한 행정처분을 하면서 절차상 위와 같은 심의를 누락한 흠이 있다면 그와 같은 흠을 가리켜 위 행정처분의 효력에 아무런 영향을 주지 않는다거나 경미한 정도에 불과하다고 볼 수는 없으므로, 특별한 사정이 없는 한 이는 행정처분을 위법하게 하는 취소사유가 된다(2006두15806).

③ 이례적으로 하자 치유를 인정한 사안에 해당한다.

청문절차를 인정하는 취지는 처분의 상대방으로 하여금 청문회에 출석하도록 하여 처분에 대한 의견을 직접 진술하게 하고자 함이다.

따라서, 상대방이 청문절차의 하자를 문제 삼을 수 있음에도 이를 문제 삼지 않고 직접 출석하여 의견까지 모두 진술하였다면, 절차상의 하자가 치유되었다고 보지 않을 이유가 없다(92누2844, ▷기본서 96, 120쪽).

④ 절차, 형식상 하자로 인해 취소사유가 있는 처분만이 하자 치유의 여지가 있다(▷기본서 94쪽).

토지등급결정내용의 개별통지가 있다고 볼 수 없어 토지등급결정이 무효인 이상, 토지소유자가 그 결정 이전이나 이후에 토지등급결정내용을 알았다거나 또는 그 결정 이후 매년 정기 등급수정의 결과가 토지소유자 등의 열람에 공하여졌다 하더라도 개별통지의 하자가 치유되는 것은 아니다(96누5308, ▷기본서 94쪽).

17　　　　　　　　　　　　　　　　　　　답 ④

① 행정청이 도시계획에 관한 권한을 가진 경우에는 후행 계획이 수립됨으로써 기존의 선행계획은 이와 양립 불가능한 범위 내에서 변경된다.

반면, 행정청이 도시계획에 관한 권한을 갖지 않는 경우에는 위와 같은 효력이 발생하지 않는다(99두11257, ▷기본서 102쪽).

② 총회결의에 하자가 있어 이를 다투고자 한다면, 관리처분계획인가가 있기 전후로 소제기 방식이 달라진다는 점에 유의하여야 한다. 인가가 있기 전이라면 총회결의를 대상으로 당사자소송을(민사소송 ×, 2007다2428), 인가가 있은 후라면 처분에 해당하는 관리처분계획을 대상으로 항고소송을 제기하여야 한다(2007다2428, ▷기본서 336쪽).

③ 특별한 희생의 경우 손실보상을 하여야 한다는 취지이다.

도시계획시설의 지정으로 말미암아 당해 토지의 이용가능성이 배제되거나 또는 토지소유자가 토지를 종래 허용된 용도대로도 사용할 수 없기 때문에 이로 말미암아 현저한 재산적 손실이 발생하는 경우에는, 원칙적으로 사회적 제약의 범위를 넘는 수용적 효과를 인정하여 국가나 지방자치단체는 이에 대한 보상을 해야 한다. 이 사건 법률조항이 일부 토지소유자에 대하여 재산권의 사회적 기속성으로도 정당화될 수 없는 가혹한 부담을 부과하면서 그 부담을 완화하는 아무런 보상규정을 두지 않는다면, 이 사건 법률조항은 이러한 경우에 한하여 재산권의 내용과 한계를 규정함에 있어서 비례의 원칙에 위반되어 당해 토지소유자의 재산권을 과도하게 침해하는 규정이 된다고 하겠다(97헌바26).

④ 20년의 장기간 동안 집행되지 아니한 도시계획시설결정은 실효된다는 내용의 법률을 믿고 청구인이 1985년부터 자신의 토지 위에 내려진 도시계획시설결정의 실효를 기다린 사안에 해당한다. 2000년도에 이르러 위 20년의 기산점이 2000.7.1.로 개정됨에 따라, 청구인이 위 개정 법률에 대한 헌법소원심판청구를 하였다.

도시계획시설결정의 실효제도는 도시계획시설부지로 하여금 위와 같은 사회적 제약으로부터 벗어나게 하는 것으로서, 종래 입법화되지 않았던 제도를 새로 도입함으로써 결과적으로 개인의 재산권이 보다 보호되는 측면이 있는 것은 사실이나, 이와 같은 보호는 입법자가 새로운 제도를 도입함에 따라 얻게 되는 법률에 기한 권리라 할 것이지, 헌법상 재산권으로부터 당연히 도출되는 권리로서 법률이 마련되기 이전의 시점부터 존재하는 권리라고 하기는 어렵다(2002헌바84).

18   답 ①

① 이행강제금은 현재의 의무불이행 상태에 대하여 가해지는 행정강제의 일종으로서, 장래에 의무를 이행하도록 하는 목적을 가진다. 행정벌은 과거의 의무불이행 사실에 대한 제재라는 점에서 행정강제와 구분된다(▷기본서 148쪽).

② ▷기본서 156쪽

> **행정기본법 제31조【이행강제금의 부과】** ⑥ 행정청은 이행강제금을 부과받은 자가 납부기한까지 이행강제금을 내지 아니하면 국세강제징수의 예 또는 「지방행정제재·부과금의 징수 등에 관한 법률」에 따라 징수한다.

③ 개념적으로는 처분성이 있다 하더라도, 개별법에서 항고소송 외 다른 불복절차(과태료재판 등)를 거치도록 한다면 항고소송의 대상인 처분이 될 수 없다(예 농지법상 이행강제금; 2018두42955, ▷기본서 158쪽).

나아가, 설령 관할청이 이행강제금 부과처분을 하면서 재결청에 행정심판을 청구하거나 관할 행정법원에 행정소송을 할 수 있다고 잘못 안내하거나 관할 행정심판위원회가 각하재결이 아닌 기각재결을 하면서 관할 법원에 행정소송을 할 수 있다고 잘못 안내하였다고 하더라도, 그러한 잘못된 안내로 행정법원의 항고소송 재판관할이 생긴다고 볼 수도 없다(2018두42955).

④ [1] 이행강제금 납부의무는 일신전속적인 성질로 인해 타인에게 승계될 수가 없다. 따라서, 이행강제금을 부과 받은 사람이 사망하였다면, 이는 자녀 등에게 상속될 여지조차 없어 그 누구도 납부할 수 없게 된 것이므로, 무효가 된다(2006마470, ▷기본서 156쪽).

[2] 이행강제금 납부의무는 상속인 기타의 사람에게 승계될 수 없는 일신전속적인 성질의 것이므로 이미 사망한 사람에게 이행강제금을 부과하는 내용의 처분이나 결정은 당연무효이고, 이행강제금을 부과받은 사람의 이의에 의하여 비송사건절차법에 의한 재판절차가 개시된 후에 그 이의한 사람이 사망한 때에는 사건 자체가 목적을 잃고 절차가 종료한다.

[3] 구 건축법상 이행강제금을 부과받은 사람이 이행강제금사건의 제1심결정 후 항고심결정이 있기 전에 사망한 경우, 항고심결정은 당연무효이고, 이미 사망한 사람의 이름으로 제기된 재항고는 보정할 수 없는 흠결이 있는 것으로서 부적법하다(2006마470).

19   답 ②

▷ ㄱ, ㄹ

ㄱ. 정당한 보상이란 완전보상을 뜻한다. 단, 개발이익은 보상 범위에서 배제된다(2006헌바79, ▷기본서 214쪽).

ㄴ. 법률에 의해 손실보상청구권이 곧바로 발생하므로, 항고소송이 아닌 당사자소송을 제기하여야 한다.

하천법 규정들에 의한 손실보상청구권은 1984.12.31. 전에 토지가 하천구역으로 된 경우에는 당연히 발생되는 것이지, 관리청의 보상금지급결정에 의하여 비로소 발생하는 것은 아니므로, 위 규정들에 의한 손실보상금의 지급을 구하거나 손실보상청구권의 확인을 구하는 소송은 행정소송법 제3조 제2호 소정의 당사자소송에 의하여야 한다(2004다6207, ▷기본서 212-3쪽).

ㄷ. 수용재결에 관한 다툼은 크게 두 가지로 구분된다. 그 중 (i) 수용 그 자체(수용 여부, 범위, 시기)에 대한 다툼은 피고를 관할(중앙 또는 지방) 토지수용위원회, 대상을 수용재결로 하는 항고소송으로(토지보상법 제85조 제1항), (ii) 손실보상(보상금액의 증감)에 대한 다툼은 피고를 사업시행자 또는 토지소유자로 하는 당사자소송으로 제기하여야 한다(토지보상법 제85조 제2항, ▷기본서 221쪽).

ㄹ. 수용재결이 원처분, 이의재결이 행정심판의 재결에 해당한다. 원처분주의하에서 원처분에 하자가 있으면 원처분을, 재결에 고유한 하자가 있으면 재결을 다투어야 한다(▷기본서 221쪽, 2008두1504; 254).

20   답 ①

① 행정소송과 내용이 같다. 기속력은 재결(판결)의 주문 및 이유에도 발생한다. 주문 및 이유를 통칭하여 "취지"라고 표현한다. 본 지문에서는 이유를 "처분 등의 구체적 위법사유에 관한 판단"이라고 표현하였다(주문에만 효력이 발생하는 판결의 기판력과 비교할 필요가 있다; ▷기본서 318쪽).

교원소청심사위원회의 결정은 역시 마찬가지이다(2012두12297).

② 어업면허 우선순위결정은 어업권 면허에 대한 관계에서 확약에 해당한다. 확약은 그 자체로는 처분성이 없다(94누6529, ▷기본서 100쪽).

다만, 확약을 근거로 본허가를 신청했다가 거부당했을 경우 신청권이 인정되는 결과, 본허가 거부처분의 처분성이 인정된다(90누4402, ▷기본서 101쪽).

③ 위법한 행정지도를 따른 결과 손해가 발생했다 하더라도, 이는 국민이 자발적으로 행정지도에 응한 것이므로 국가배상청구의 상당인과관계 요건이 충족되지 않으며(2006다18228), 형사처벌도 면제(위법성 조각)되지 않는다(93도3247, ▷기본서 109쪽).

④ 손실보상청구권의 일종이므로 공권이고, 해당 권리의 행사는 당사자소송에 의하는 것이 원칙이다(▷기본서 332쪽).

주거이전비는 당해 공익사업 시행지구 안에 거주하는 세입자들의 조기이주를 장려하여 사업추진을 원활하게 하려는 정책적 목적과 주거이전으로 인하여 특별한 어려움을 겪게 될 세입자들을 대상으로 하는 사회보장적인 차원에서 지급되는 금원의 성격을 가지므로, 적법하게 시행된 공익사업으로 인하여 이주하게 된 주거용 건축물 세입자의 주거이전비 보상청구권은 공법상의 권리이고, 따라서 그 보상을 둘러싼 쟁송은 민사소송이 아니라 공법상의 법률관계를 대상으로 하는 행정소송에 의하여야 한다(2007다8129).

11회 | 2023년 지방직 9급

정답 p.80

01	③	02	②	03	④	04	④	05	②
06	②	07	④	08	①	09	①	10	③
11	②	12	④	13	②	14	①	15	①
16	④	17	③	18	③	19	②	20	③

01 답 ③

> 행정기본법 제20조 【자동적 처분】 행정청은 법률로 정하는 바에 따라 완전히 자동화된 시스템(인공지능 기술을 적용한 시스템을 포함한다)으로 처분을 할 수 있다. 다만, 처분에 재량이 있는 경우는 그러하지 아니하다.

①, ② 일반적인 설명에 해당하나, 명시적인 판례는 발견되지 않는다.
③ 인공지능(AI) 기술을 적용한 시스템이 포함된다.
④ 기계적인 처분이 전제되므로, 기속행위만을 대상으로 한다.

02 답 ②

① 의회유보원칙의 적용 범위에 관해 설시한 판례이다. 사안의 중대성이 클수록 의회가 직접 법률로 근거를 마련해야 한다는 의미이다(2012두23808, ▷기본서 19쪽).
② 위임명령 및 집행명령 모두 법규명령이기는 하지만, 전자는 위임이 있기에 모법(상위법령)에 규정되지 않은 새로운 내용을 규정할 수 있는 반면, 후자는 위임이 없기에 새로운 내용을 규정할 수는 없고, 다만 모법을 구체화하는 내용만을 규정할 수 있을 뿐이다(▷기본서 49쪽).
그런데, 전자의 경우라 하더라도 위임이 없다면 새로운 내용을 규정할 수 없음은 물론이다.
③ 기본권 제한에 관한 법률유보원칙은 '법률에 의한 규율'을 요청하는 것이 아니라 '법률에 근거한 규율'을 요청하는 것이므로, 기본권 제한에는 법률의 근거가 필요할 뿐이고 기본권 제한의 형식이 반드시 법률의 형식일 필요는 없다(99헌마513, ▷기본서 19쪽).
법률에 의한 규율은 의회유보원칙만을 의미한다. 그런데, 중요사항이 아니라면 의회유보원칙을 고집할 이유가 없으므로, 그보다 범위가 넓은 '법률에 근거한 규율'이 더 타당한 설명이 된다.
④ 법률우위의 원칙 및 법률유보원칙을 포괄하는 법치행정의 원칙에 관한 설명이다(행정기본법 제8조, ▷기본서 18쪽).

03 답 ④

①, ③ 구체적 규범통제란, 구체적인 소송사건이 제기되었을 때 그 사건에 적용될 법령의 위헌여부를 선결적으로 심사하는 것을 말한다.
쉽게 말해, A라는 법령에 하자가 있어도 이를 곧바로 문제 삼을 수 있는 것이 아니라, 이에 근거한 처분에 대해 소송이 제기되었을 때 비로소 그 전제로서 A의 하자를 심사할 수 있다는 것이다.
중앙선거관리위원회규칙에 하자가 있고, 이에 근거한 처분에 대해 소송이 제기되었다면 구체적 규범통제가 이루어질 수 있음은 물론이다.
한편, 법규명령에 대한 구체적 규범통제는 (당연하게도) 법원이 수행하는데, 최종적 심사권한만큼은 (이 또한 당연하게도) 대법원이 갖는다(▷기본서 51쪽).

> 헌법 제107조 ① 법률이 헌법에 위반되는 여부가 재판의 전제가 된 경우에는 법원은 헌법재판소에 제청하여 그 심판에 의하여 재판한다.
> ② 명령·규칙 또는 처분이 헌법이나 법률에 위반되는 여부가 재판의 전제가 된 경우에는 대법원은 이를 최종적으로 심사할 권한을 가진다.
> ③ 재판의 전심절차로서 행정심판을 할 수 있다. 행정심판의 절차는 법률로 정하되, 사법절차가 준용되어야 한다.

② 어떠한 고시가 일반적·추상적 성격을 가질 때에는 법규명령 또는 행정규칙에 해당할 것이지만, 다른 집행행위의 매개 없이 그 자체로서 직접 국민의 구체적인 권리·의무나 법률관계를 규율하는 성격을 가질 때에는 항고소송의 대상이 되는 행정처분에 해당한다(95누8003, ▷기본서 240쪽).
④ 부작위위법확인소송의 부작위라 함은 "처분"의 부작위를 의미한다. 따라서 행정입법의 부작위는 부작위위법확인소송의 대상이 되지 않고, 다만 국가배상청구 및 헌법소원으로써 구제될 수 있을 뿐이다(2006다3561, ▷기본서 52쪽).

04 답 ④

① 통지에 처분성이 인정되지 않는다는 원칙적인 판례에 해당한다(2005다15482, ▷기본서 242쪽).
② 공무원과 지방자치단체의 관계도 종업원과 영업주의 관계와 다를 바가 없어 양벌규정의 법리가 적용되지 않을 이유가 없다는 취지이다(2004도2657, ▷기본서 163쪽).
③ 이는 어떠한 하명도 거치지 않고 행정청이 직접 대상물에 실력을 가하는 경우로서 즉시강제에 해당하고, 형사절차가 아니므로 영장주의는 적용되지 않는다(2000헌가12, ▷기본서 161쪽).
④ 공매는 공매결정, 공매통지, 공매처분 순으로 진행이 된다. 이 중 처분성을 갖는 것은 공매처분뿐이다. 공매통지에 하자가 있을 경우, 공매처분을 대상으로 소를 제기하여 공매처분에 절차상 하자가 있음을 다투어야 한다(2010두25527, ▷기본서 160쪽).

05 답 ②

① 공무원이 한 사직 의사표시는 사인의 공법행위에 해당한다. 이에 대한 철회나 취소는 의원면직처분이 있을 때까지 할 수 있는 것이고, 일단 면직처분이 있고 난 이후에는 철회나 취소할 여지가 없다. 민법상 비진의 의사표시의 무효에 관한 규정 또한 적용되지 않는다(99두9971, ▷기본서 38쪽).

② 허가제보다는 실체적 심사가 완화되어야 하기 때문에, 주민등록전입신고의 경우 그 심사범위를 전입신고자가 30일 이상 생활의 근거로 거주할 목적으로 거주지를 옮기는지 여부만으로 제한한다(2008두10997, ▷기본서 40쪽).

③ 형식적·절차적 요건은 흠결이 있다 하여도 그 성질상 신속하게 보완이 가능하다. 따라서, 민원인의 신청을 곧바로 반려하기 전에 보완을 요구하여야 하고, 이후에도 보완이 이루어지지 않으면 비로소 반려할 수 있다(행정절차법 제17조, ▷기본서 123쪽). 반면, 실체적 요건의 경우에는 성질상 신속한 보완이 가능하지 않은 경우가 많기 때문에, 민원인의 신청을 곧바로 반려할 수 있는 것이 원칙이다. 다만, 본 지문과 같이 민원인의 단순한 착오나 일시적 사정 등에 기한 착오라면 신속한 보완이 가능하므로, 보완을 요구한 뒤에야 반려할 수 있다고 본다(2003두6573, ▷기본서 124쪽).

④ 발신주의가 아닌, 도달주의가 원칙이다. 즉, 행정청에게 의사표시가 도달하여야 효력이 발생된다.

06 답 ②

① 취소판결의 제3자효에 관한 설명이다(▷기본서 316쪽).

> 행정소송법 제29조 【취소판결등의 효력】 ① 처분등을 취소하는 확정판결은 제3자에 대하여도 효력이 있다.
> ② 제1항의 규정은 제23조의 규정에 의한 집행정지의 결정 또는 제24조의 규정에 의한 그 집행정지결정의 취소결정에 준용한다.

② 기속력은 행정청 및 관계행정청으로 하여금 인용판결의 취지를 거스르지 못하도록 하는 효력을 말한다(▷기본서 319-320쪽).
[1] 인용판결의 취지를 온전히 이해하려면, 판결의 주문 외에도 그 결론에 이르게 된 이유(구체적 위법사유) 등을 종합적으로 고려할 필요가 있다. 이에, 기속력은 판결 주문뿐 아니라 이유에 대해서도 발생한다. 기판력이 판결 주문에만 발생한다는 전과 비교하여 알아두도록 한다.
[2] 기본적 사실관계의 동일성이 인정되는 사안에 대해서만 기속력이 미치므로, 기본적 사실관계의 동일성이 인정되지 않는다면 취소된 처분과 동일한 내용의 처분을 새롭게 하여도 인용판결의 취지를 거스르는 것이 아니다.

③ 사정판결은 처분시 이후에 형성된 공공의 이해관계(현저히 공공복리에 적합하지 아니한지 여부)를 고려하여 처분이 위법함에도 불구하고 원고의 청구를 기각하는 판결이다. 처분의 위법성 판단 기준시점은 원칙대로 처분시이다. 반면, 현저히 공공복리에 적합하지 아니한 사정이 있는지 여부는 처분시 이후의 사정을 최대한 고려해야 하기 때문에, 변론이 종결된 날을 기준으로 하여 그때까지 발생한 사정을 전반적으로 고려하도록 한다(▷기본서 312쪽).

④ 절차상 하자를 이유로 처분을 취소한 판결이 확정된 경우, 그 절차를 보완하여 다시 동일한 내용의 처분을 발령하는 것은 위 판결의 취지를 거스르는 것이라 볼 수 없다. 따라서, 기속력에 반하지 않는다(2003두13045, ▷기본서 320-1쪽).

07 답 ④

① 이 중 권력적 사실행위에는 처분성이 인정된다(▷기본서 107쪽).

② 원칙적으로 행정지도는 권고적 성격이 있음에 그쳐 처분성이 부정된다. 본 지문은 처분성이 부정되는 대표적인 사례이다(96누433, ▷기본서 108쪽).
따라서, 이를 불이행하여도 법적 불이익이 없음이 원칙이다(행정절차법 제48조 제2항, ▷기본서 108쪽). 애초에 강제성이 없었으므로, 이를 준수한 결과 손해가 발생하였다 하더라도 행정청에게 손해배상책임의 요건인 상당인과관계가 인정되기 어렵다(2006다18228, ▷기본서 108쪽).

③ 수형자의 영치품에 대한 사용신청 불허처분 후 수형자가 다른 교도소로 이송되었으므로, 원칙적으로는 종전 교도소에서 있었던 불허처분에 관해서는 더 이상 소의 이익이 없다고 보아야 한다. 그러나, 해당 사안에서는 원고가 다시 종전의 교도소로 재이송될 가능성이 높다는 점(의료교도소로 일시적으로 이송됨)을 감안하여 예외적으로 소의 이익을 인정하였다(2007두13203, ▷기본서 108쪽).

④ 이에 응하지 않을 경우 직접적인 징벌 등의 제재는 없다고 하여도 최소한 불리한 처우를 받을 수 있다는 심리적 압박은 존재하므로, 권력적 사실행위로서 헌법소원의 대상이 된다고 보았다(2005헌마277, ▷기본서 108쪽).

08 답 ①

① 개념적으로는 처분성이 있다 하여도, 개별법에서 항고소송 외 다른 불복절차(과태료재판 등)를 거치도록 한다면 항고소송의 대상인 처분이 될 수 없다(예 농지법상 이행강제금; 2018두42955, ▷기본시 158쪽).
나아가, 설령 관할청이 이행강제금 부과처분을 하면서 재결청에 행정심판을 청구하거나 관할 행정법원에 행정소송을 할 수 있다고 잘못 안내하거나 관할 행정심판위원회가 각하재결이 아닌 기각재결을 하면서 관할 법원에 행정소송을 할 수 있다고 잘못 안내하였다고 하더라도, 그러한 잘못된 안내로 행정법원의 항고소송 재판관할이 생긴다고 볼 수도 없다(2018두42955).

② 행정대집행의 절차가 인정되는 경우에는 따로 민사소송의 방법으로 공작물의 철거, 수거 등을 구할 수는 없다(99다18909, ▷기본서 150쪽).

③ **행정조사기본법 제5조【행정조사의 근거】** 행정기관은 법령등에서 행정조사를 규정하고 있는 경우에 한하여 행정조사를 실시할 수 있다. 다만, 조사대상자의 자발적인 협조를 얻어 실시하는 행정조사의 경우에는 그러하지 아니하다.
제20조【자발적인 협조에 따라 실시하는 행정조사】 ① 행정기관의 장이 제5조 단서에 따라 조사대상자의 자발적인 협조를 얻어 행정조사를 실시하고자 하는 경우 조사대상자는 문서·전화·구두 등의 방법으로 당해 행정조사를 거부할 수 있다.
② 제1항에 따른 행정조사에 대하여 조사대상자가 조사에 응할 것인지에 대한 응답을 하지 아니하는 경우에는 법령등에 특별한 규정이 없는 한 그 조사를 거부한 것으로 본다.
③ 행정기관의 장은 제1항 및 제2항에 따른 조사거부자의 인적 사항 등에 관한 기초자료는 특정 개인을 식별할 수 없는 형태로 통계를 작성하는 경우에 한하여 이를 이용할 수 있다.

④ 통고처분의 상대방이 범칙금을 납부하지 아니하면 당초의 통고처분은 그 효력을 상실하고, 이후 즉결심판 및 정식 형사재판의 절차로 진행된다(2002헌마275).
즉, 통고처분은 상대방의 임의의 승복을 그 발효요건으로 하기 때문에 그 자체만으로는 통고이행을 강제하거나 상대방에게 아무런 권리·의무를 형성하지 않으므로 행정심판이나 행정소송의 대상으로서의 처분성을 부여할 수 없다(96헌바4, ▷기본서 162쪽).

09   답 ①

⇨ ㄱ

ㄱ, ㄴ. 같은 국(공)유재산이라 하더라도, 행정재산을 빌려주는 것은 사용수익권의 부여(특허)로서 공법관계에 해당하고, 일반재산을 빌려주는 것은 사법상 행위(대부계약)에 해당한다(99다61675, ▷기본서 14쪽).
다만, 대부계약이 사법상 행위라 하더라도 개별법에서 체납처분절차에 따라 대부료를 징수하도록 하고 있으므로, 민사소송의 제기는 허용되지 않는다(2013다207941, ▷기본서 15쪽).

ㄷ. 변상금 부과처분은 항고소송의 대상이 되는 처분이자, 기속행위에 해당한다(99두9735, ▷기본서 14쪽).

구분		공적 목적	사적 목적
국공유	정의	행정재산	일반재산 (잡종재산)
	빌려줌	공법관계 (특허)	사법관계 ㄱ (but 민사소송 × ㄴ)
	안 빌려줌	변상금부과처분(기속행위) (항고소송 ㄷ) (or 부당이득반환청구)	
사유		사유공물	사유재산

10   답 ③

① "권고", "지도" 등은 행정지도로서 원칙적으로는 처분성이 부정된다. 구속력이 없기 때문이다. 따라서, 이를 따르지 않았다는 이유만으로 불이익한 조치를 하여서는 아니 된다(▷기본서 108쪽).

행정절차법 제48조【행정지도의 원칙】 ① 행정지도는 그 목적 달성에 필요한 최소한도에 그쳐야 하며, 행정지도의 상대방의 의사에 반하여 부당하게 강요하여서는 아니 된다.
② 행정기관은 행정지도의 상대방이 행정지도에 따르지 아니하였다는 것을 이유로 불이익한 조치를 하여서는 아니 된다.

② ▷기본서 108쪽

행정절차법 제51조【다수인을 대상으로 하는 행정지도】 행정기관이 같은 행정목적을 실현하기 위하여 많은 상대방에게 행정지도를 하려는 경우에는 특별한 사정이 없으면 행정지도에 공통적인 내용이 되는 사항을 공표하여야 한다.

③, ④ 위법한 행정지도를 따른 결과 손해가 발생했다 하더라도, 이는 국민이 자발적으로 행정지도에 응한 것이므로 국가배상청구의 상당인과관계 요건이 충족되지 않으며(2006다18228), 형사처벌도 면제(위법성 조각)되지 않는다(93도3247, ▷기본서 109쪽).

11   답 ②

①, ② 연속된 행정행위라 하여도, 선행행위와 후행행위는 개별적으로 다투어져야 하므로 하자의 승계는 통상적으로 부정된다. 다만, (i) 선행행위와 후행행위가 서로 합하여 1개의 법률효과가 발생시키는 경우, (ii) 그렇지 않더라도 하자의 승계를 부정하면 처분의 상대방이 이러한 상황을 예측할 수 없었을 뿐 아니라, 수인(=참고 인내)할 수도 없는 경우, (iii) 애초부터 선행행위가 무효였던 경우라면 하자의 승계가 인정된다(▷기본서 91쪽 이하).

③ 소득금액변동통지는 조세 부과처분과 그 실질이 유사하다. 조세 부과처분/소득금액변동통지와 체납처분 간에는 하자승계가 부정되지만(2009두14439, ▷기본서 87쪽), 체납처분 각 세부절차 간에는 하자승계가 긍정된다.

④ 표준지공시지가결정은 표준지의 소유자에게만 고지되고, 인근 토지소유자에게는 고지되지 않는다. 따라서, 표준지 소유자는 하자의 승계를 주장할 수 없고(2018두50147), 표준지의 인근 토지 소유자는 하자의 승계를 주장할 수 있다(2007두13845, ▷기본서 90쪽).
공교롭게도, 전자의 사안에서 후행처분은 과세처분이었고, 후자의 사안에서 후행처분은 수용재결이었다(과세처분이라서 하자승계가 부정되고, 수용재결이라서 하자승계가 인정된 것이 아님).

12   답 ④

① 이 중 "행정청의 처분등을 원인으로 하는 법률관계에 관한 소송"은 위법한 처분 과정에서 발생한 손해와 관련된 국가배상청구, 위법한 금전부과처분을 전제로 하는 부당이득반환청구 등과 대응되나, 판례는 이를 민사소송으로 다루고 있어 실무적으로는 그 사례를 찾아보기 힘든 유형에 해당한다(▷기본서 332쪽).
토지보상법의 보상금증감청구가 사실상 유일한 사례에 해당한다(▷기본서 338쪽).

> 행정소송법 제3조 【행정소송의 종류】 행정소송은 다음의 네 가지로 구분한다.
> 2. 당사자소송: 행정청의 처분등을 원인으로 하는 법률관계에 관한 소송 그 밖에 공법상의 법률관계에 관한 소송으로서 그 법률관계의 한쪽 당사자를 피고로 하는 소송

② 공법상 계약의 체결 및 해지는 처분성이 인정되지 않아 당사자소송으로 다투고, 처분이 아니므로 행정절차법이 적용되지도 않는다(2002두5948, 95누4636 등, ▷기본서 106쪽).
다만, 계약 존속 중 보수삭감 등의 인사상 불이익 조치는 처분성이 있어 행정절차법이 적용된다(2006두16328).

③ 공무원(군인)연금(명예퇴직수당 포함)의 지급을 구하는 소송의 순서는 (i) 일단 공무원연금공단에 급여지급을 신청(대상자 선정 및 금액 결정을 신청)하여 거부처분을 받아 이를 항고소송으로 다툰 뒤, (ii) 위 소송에서 인용판결이 있었음에도 이후 법령 개정으로 인해 금액이 기대에 미치지 못하는 등의 사정이 있으면 당사자소송을 제기하여야 한다(2008두5636, ▷기본서 335쪽). "미지급", "차액", "감액", "법령 개정"이라는 키워드가 등장하면 (ii)단계로 분류한다.

④ 민사상 가처분은 집행정지가 허용되지 않을 때 보충적으로 논의될 수 있는 제도이다. 당사자소송에는 집행정지 규정이 준용되지 않으므로, 대신 민사상 가처분이 허용된다(2016다262550, ▷기본서 339쪽).

13 답 ②

⇨ ㄱ, ㄷ

ㄱ. 내국인은 사실상 무제한적으로 청구권이 인정되나, 외국인은 아래와 같은 경우로 제한된다(▷기본서 134 - 5쪽).

> 공공기관의 정보공개에 관한 법률 제5조 【정보공개 청구권자】
> ① 모든 국민은 정보의 공개를 청구할 권리를 가진다.
> ② 외국인의 정보공개 청구에 관하여는 대통령령으로 정한다.
> 제3조 【외국인의 정보공개 청구】 법 제5조 제2항에 따라 정보공개를 청구할 수 있는 외국인은 다음 각 호의 어느 하나에 해당하는 자로 한다.
> 1. 국내에 일정한 주소를 두고 거주하거나 학술·연구를 위하여 일시적으로 체류하는 사람
> 2. 국내에 사무소를 두고 있는 법인 또는 단체

ㄴ. 정보공개법 제9조 제1항 제1호는 비공개 대상으로서 "다른 법률 또는 법률에서 위임한 명령(국회규칙·대법원규칙·헌법재판소규칙·중앙선거관리위원회규칙·대통령령 및 조례로 한정한다)에 따라 비밀이나 비공개 사항으로 규정된 정보"를 규정하고 있다. 즉, 법률 또는 법규명령이 일정한 정보를 비공개 대상으로 규정하고 있다면, 이를 공개하지 아니할 수 있다는 것이다(▷기본서 137쪽).
검찰보존사무규칙은 부령일 뿐 아니라, 법률의 위임을 받지 않고 제정되어 행정규칙에 불과하다. 따라서, 위 규칙에 의해 비공개 대상으로 규정된 사항은 정보공개법 제9조 제1항 제1호의 비공개 대상이 될 수 없다(2002두1342, ▷기본서 137쪽).

ㄷ. 교도소에 복역 중인 甲이 정보에 접근하는 것을 목적으로 정보공개를 청구한 것이 아니라, 청구가 거부되면 거부처분의 취소를 구하는 소송에서 승소한 뒤 소송비용 확정절차를 통해 자신이 그 소송에서 실제 지출한 소송비용보다 다액을 소송비용으로 지급받아 금전적 이득을 취하거나, 수감 중 변론기일에 출정하여 강제노역을 회피하는 것 등을 목적으로 정보공개를 청구한 사안이다. 권리의 남용으로 볼 여지가 많으므로, 정보공개청구의 소의 이익을 부정하였다(2014두9349, ▷기본서 144쪽).

ㄹ. 20일이 경과하면 부작위가 있는 것으로 보아 부작위위법확인소송을 제기할 수 있다. 거부처분이 있는 것으로 보는 것이 아니다(▷기본서 143쪽).

> 공공기관의 정보공개에 관한 법률 제19조 【행정심판】 ① 청구인이 정보공개와 관련한 공공기관의 결정에 대하여 불복이 있거나 정보공개 청구 후 20일이 경과하도록 정보공개 결정이 없는 때에는 「행정심판법」에서 정하는 바에 따라 행정심판을 청구할 수 있다. 이 경우 국가기관 및 지방자치단체 외의 공공기관의 결정에 대한 감독행정기관은 관계 중앙행정기관의 장 또는 지방자치단체의 장으로 한다.
> 제20조 【행정소송】 ① 청구인이 정보공개와 관련한 공공기관의 결정에 대하여 불복이 있거나 정보공개 청구 후 20일이 경과하도록 정보공개 결정이 없는 때에는 「행정소송법」에서 정하는 바에 따라 행정소송을 제기할 수 있다.

14 답 ①

① 원칙적으로 사무귀속주체가 국가배상법 제2조 또는 제5조에 따른 책임(국가배상책임의 3가지 유형을 말함)을 부담하나, 비용부담주체가 따로 존재할 경우 피해자 보호 차원에서 비용부담주체 또한 책임을 부담하도록 한다.
교통신호기 관리 사무는 본래 지방자치단체의 업무이므로, 사무귀속주체는 지방자치단체이다. 위 사무가 지방경찰청장에게 위임되었고, 경찰에 대한 급여 등은 국가가 부담하므로, 비용부담자는 국가이다. 따라서, 지방자치단체는 국가배상법 제2조, 국가는 국가배상법 제6조에 따른 국가배상책임을 부담한다(99다11120, ▷기본서 202쪽).

② 일반 법원의 재판 결과가 잘못되었음을 이유로 국가배상청구를 할 수는 없다. 재판에 대하여 따로 불복절차 내지 시정절차가 마련되어 있으므로, 상소를 통해 잘못된 재판 결과를 바로잡을 수 있기 때문이다.
다만, 헌재의 결정은 단심제이므로 잘못 각하되면 본안판단을 받지 못하고 다시 헌법재판을 청구하여야 하는 번거로움이 발생한다. 대법원은 이 점을 들어 헌재의 잘못을 꼬집는 판례를 내어놓은 것이다.
설령 본안에서 기각되었으리라는 사정이 있었더라도, 국가배상책임이 성립됨은 마찬가지이다. 본안심리로 넘어가서 기각결정을 받는 것과, 넘어가지도 못하고 바로 각하 당하는 것은 재판받을 권리의 보장면에서 분명한 차이가 있다(99다24218, ▷기본서 180쪽).

③ 사무귀속주체와 비용부담자 모두가 국민에 대한 관계에서 대외적인 책임의 주체가 된다. (96다42819, ▷기본서 203쪽).
이에 따라 사무귀속주체 및 비용부담자 중 1인이 배상을 마치면, 배상을 한 자는 내부적으로 각자의 과실비율에 따라 구상을 할 수 있다(▷기본서 202쪽).

> **국가배상법 제6조【비용부담자 등의 책임】** ① 제2조·제3조 및 제5조에 따라 국가나 지방자치단체가 손해를 배상할 책임이 있는 경우에 공무원의 선임·감독 또는 영조물의 설치·관리를 맡은 자와 공무원의 봉급·급여, 그 밖의 비용 또는 영조물의 설치·관리 비용을 부담하는 자가 동일하지 아니하면 그 <u>비용을 부담하는 자도 손해를 배상하여야 한다.</u>
> ② 제1항의 경우에 손해를 배상한 자는 <u>내부관계에서 그 손해를 배상할 책임이 있는 자에게 구상할 수 있다.</u>

④ [1] 군인연금법에 의한 보상을 받을 수 있는 상태에서는 국가배상금을 지급받을 수 없다. 통상적인 이중배상금지 논리와 다르지 않다.
[2] 반면, 위 [1]에도 불구하고 국가배상금을 이미 받은 상태라면, 군인연금법은 지급될 수 없다는 것이 판례의 입장이다. 군인연금법이라는 특별법에서 아래 [A]와 같이 규정하고 있는 점을 감안한 판례이므로, 해당 법리를 일반화하기 어렵다. 다른 법령에 따라 지급받은 급여와의 조정에 관한 조항을 두고 있지 아니한 보훈보상대상자 지원에 관한 법률과 달리, [A] 군인연금법 제41조 제1항은 "다른 법령에 따라 국가나 지방자치단체의 부담으로 이 법에 따른 급여와 같은 종류의 급여를 받은 사람에게는 그 급여금에 상당하는 금액에 대하여는 이 법에 따른 급여를 지급하지 아니한다."라고 명시적으로 규정하고 있다. 나아가 군인연금법이 정하고 있는 급여 중 사망보상금(군인연금법 제31조)은 일실손해의 보전을 위한 것으로 불법행위로 인한 소극적 손해배상과 같은 종류의 급여라고 봄이 타당하다(97다36873).
따라서 피고에게 군인연금법 제41조 제1항에 따라 원고가 받은 손해배상금 상당 금액에 대하여는 사망보상금을 지급할 의무가 존재하지 아니한다(2018두36691, ▷기본서 205쪽).

15 답 ①

① > **행정소송법 제26조【직권심리】** 법원은 필요하다고 인정할 때에는 직권으로 증거조사를 할 수 있고, 당사자가 주장하지 아니한 사실에 대하여도 판단할 수 있다.

단, 변론주의 원칙과의 조화를 고려할 때 직권심리의 범위는 일건 기록에 현출된 사항으로 제한된다(94누4820, ▷기본서 302쪽).
② 처분의 위법성 판단시점은 원칙적으로 그 처분 발령시점이다. 그 이후로 적용 법령이 달라진다 하여도, 어디까지나 처분 발령시점의 법령을 기준으로 판단하여야 한다.
다만, 이는 처분 당시 보유하였던 자료나 행정청에 제출된 자료만으로 위법 여부를 판단한다는 의미가 아님을 유의하여야 한다. 처분 당시 "존재"하였던 사실관계에 해당하기만 하면, (비록 처분시에 행정청이 현실적으로 보유하던 자료가 아니라 하더라도) 법원은 사실심 변론종결시까지 제출된 자료를 종합적으로 고려하여 처분의 위법성을 판단할 수 있다(92누19033, ▷기본서 305쪽).

③ 행정심판을 거쳐 행정소송에 이른 경우라면, 행정소송의 관할법원이 행정심판의 기록을 검토할 필요가 있다(▷기본서 286쪽).

> **행정소송법 제25조【행정심판기록의 제출명령】** ① 법원은 당사자의 신청이 있는 때에는 결정으로써 <u>재결을 행한 행정청에 대하여 행정심판에 관한 기록의 제출을 명할 수 있다.</u>
> ② 제1항의 규정에 의한 제출명령을 받은 행정청은 지체 없이 당해 행정심판에 관한 기록을 법원에 제출하여야 한다.

④ 처분의 적법성에 대한 증명책임이 피고 행정청에게 있다는 점만 안다면 답을 유추할 수 있다.
'그 요건을 갖추지 못하였다는 판단', 즉 '혼인파탄의 주된 귀책사유가 국민인 배우자에게 있지 않다는 판단'은 거부처분의 처분사유이므로, 이는 처분의 적법성과 직결된다. 따라서, 피고인 행정청이 입증책임을 부담한다(2018두66869 판결, ▷기본서 304쪽).

16 답 ④

① 하천법 제50조에 의한 하천수 사용권은 하천법 제33조에 의한 하천점용허가권과 마찬가지로 특허에 의한 공물사용권의 일종으로서, 양도가 가능하고 이에 대한 민사집행법상의 집행 역시 가능한 독립된 재산적 가치가 있는 구체적인 권리라고 보아야 한다. 따라서 하천법 제50조에 의한 하천수 사용권은 토지보상법 제76조 제1항이 손실보상의 대상으로 규정하고 있는 '물의 사용에 관한 권리'에 해당한다(2014두11601).

> **공익사업을 위한 토지 등의 취득 및 보상에 관한 법률 제76조【권리의 보상】** ① 광업권·어업권·양식업권 및 <u>물</u>(용수시설을 포함한다) <u>등의 사용에 관한 권리</u>에 대하여는 투자비용, 예상 수익 및 거래가격 등을 고려하여 평가한 <u>적정가격으로 보상하여야 한다.</u>

② 취소소송의 제기는 처분등의 효력이나 그 집행 또는 절차의 속행에 영향을 주지 아니한다(이른바 '집행부정지 원칙'; 행정심판법 제30조 제1항, ▷기본서 295쪽). 이 때문에 별도의 집행정지 신청이 필요한 것이다. 집행부정지 원칙은 비단 토지보상법뿐 아니라, 행정법 전반에 걸쳐 적용되는 원칙이다.

> **공익사업을 위한 토지 등의 취득 및 보상에 관한 법률 제88조【처분효력의 부정지】** 제83조에 따른 이의의 신청이나 제85조에 따른 행정소송의 제기는 사업의 진행 및 토지의 수용 또는 사용을 정지시키지 아니한다.

③ 사업인정이란 공익사업을 토지 등을 수용 또는 사용할 사업으로 결정하는 것으로서 공익사업의 시행자에게 그 후 일정한 절차를 거칠 것을 조건으로 일정한 내용의 수용권을 설정하여 주는 형성행위이다. 즉, 특허로서 재량행위의 성질을 갖는다(▷기본서 217쪽, 2017두71031).
따라서, 만약 사업인정을 받고자 하는 사업시행자가 공익을 실현할 의사나 능력이 없다면 사업인정 신청을 거부할 수도 있다(▷기본서 217쪽, 2009두1051).
④ 보상항목이 일부라도 누락되었다면, 보상금이 과소평가될 수밖에 없다. 이를 다투는 소송은 보상금증액청구이므로, 토지소유자가 사업시행자에 대하여 당사자소송을 제기하여야 한다(▷기본서 222쪽, 2015두4044).

17 답 ③

① 전통적인 의미의 과징금은 불법 이득 환수의 목적을 갖는다. 다만, 변형된 의미의 과징금 즉, 영업정지에 갈음하는 과징금 부과가 가능해짐에 따라 행정청이 재량에 의해 영업정지 및 과징금 부과 중 하나를 택할 수 있게 되었다(2017두43968, ▷기본서 165쪽).

② 원칙적으로 원처분주의에 따라 원처분의 하자는 원처분을 대상으로, 재결 고유의 하자는 재결을 대상으로 하여 다툰다. 그런데, 재결에 고유의 하자가 있는지 여부는 소송요건 심리 단계를 넘어 본안심리 단계까지 마쳐야 알 수 있는 것이다. 따라서, 원고가 재결에 고유한 하자가 있다고 주장하며 재결을 대상으로 제기한 소송에서 만약 본안심리까지 거친 결과 재결에 고유한 하자가 없다고 판단될 경우, 이는 본안심리의 결과로써 기각판결을 면치 못한다(93누16901, ▷기본서 254쪽).
대상적격 흠결로써 각하판결이 내려지는 것이 아님을 유의하여야 한다.

③ 청구인과는 달리, 피청구인 행정청은 행정심판에서 패소하였을 때 재결의 기속력으로 인하여 행정소송을 제기할 수 없다(97누15432, ▷기본서 355쪽).

④ 불이익변경금지 원칙 위반이다(행정심판법 제47조 제2항, ▷기본서 354쪽). 만일 이것이 허용된다면 국민의 입장에서 적극적으로 행정심판을 청구함으로써 권리구제를 받으려는 시도가 위축된다.

18 답 ③

①
> 행정절차법 제20조【처분기준의 설정·공표】① 행정청은 필요한 처분기준을 해당 처분의 성질에 비추어 되도록 구체적으로 정하여 공표하여야 한다. 처분기준을 변경하는 경우에도 또한 같다.
> ②「행정기본법」제24조에 따른 인허가의제의 경우 관련 인허가 행정청은 관련 인허가의 처분기준을 주된 인허가 행정청에 제출하여야 하고, 주된 인허가 행정청은 제출받은 관련 인허가의 처분기준을 통합하여 공표하여야 한다. 처분기준을 변경하는 경우에도 또한 같다.
> ③ 제1항에 따른 처분기준을 공표하는 것이 해당 처분의 성질상 현저히 곤란하거나 공공의 안전 또는 복리를 현저히 해치는 것으로 인정될 만한 상당한 이유가 있는 경우에는 처분기준을 공표하지 아니할 수 있다.
> ④ 당사자등은 공표된 처분기준이 명확하지 아니한 경우 해당 행정청에 그 해석 또는 설명을 요청할 수 있다. 이 경우 해당 행정청은 특별한 사정이 없으면 그 요청에 따라야 한다.

② 판례는 청문의 예외사유를 엄격히 해석하는 경향이 있다. 예컨대, (i) 청문통지서 2회 반송 및 청문회 불출석에도 불구하고 여전히 청문을 실시하여야 한다고 하였고(2000두3337), (ii) 별도 협약 체결을 통해 청문이 배제될 수 없다고 보았으며(2002두8350), (iii) 상대방이 이미 행정청에 위반사실을 시인하는 과정에서 의견진술할 기회가 있었다 하더라도 별도의 청문을 이행하여야 한다는 입장에 서있다(2016두63224, ▷기본서 119-120쪽).

③ 행정절차법은 원칙적으로 "당사자등"에 대하여 적용되는바, 이는 직접 당사자와 이해관계인을 아우르는 개념이다. 여기에서 이해관계인이라 함은 "행정청이 직권으로 또는 신청에 따라 행정절차에 참여하게 된 이해관계인"을 말한다(행정절차법 제2조 제4호 각 호, ▷기본서 115쪽). 따라서, 단순한 제3자는 "당사자등"에 해당하지 않는다.

④ 엄밀히 말하면, "거부처분"의 이유제시 정도를 완화한 판례에 해당한다(적극적 처분에 관한 이유제시 정도를 완화한 판례는 표현이 조금 다르다).
일반적으로 당사자가 근거규정 등을 명시하여 신청하는 인·허가 등을 거부하는 처분을 함에 있어 당사자가 그 근거를 알 수 있을 정도로 상당한 이유를 제시한 경우에는 당해 처분의 근거 및 이유를 구체적 조항 및 내용까지 명시하지 않았더라도 그로 말미암아 그 처분이 위법한 것이 된다고 할 수 없다(2000두8912, ▷기본서 121쪽).
[비교] 적극적 처분의 이유제시 완화 (▷기본서 121쪽)
처분 당시 당사자가 어떠한 근거와 이유로 처분이 이루어진 것인지를 충분히 알 수 있어서 그에 불복하여 행정구제절차로 나아가는 데에 별다른 지장이 없었던 것으로 인정되는 경우에는 처분서에 처분의 근거와 이유가 구체적으로 명시되어 있지 않다고 하더라도 그로 말미암아 그 처분이 위법한 것으로 된다고 할 수는 없다(대판 2013.11.14. 2011두18571).

19 답 ②

① 제재처분의 위법성 판단 시점에 관한 일반적인 법리(▷기본서 305쪽)와 다르지 않다.

> 질서위반행위규제법 제3조【법 적용의 시간적 범위】① 질서위반행위의 성립과 과태료 처분은 행위 시의 법률에 따른다.
> ② 질서위반행위 후 법률이 변경되어 그 행위가 질서위반행위에 해당하지 아니하게 되거나 과태료가 변경되기 전의 법률보다 가볍게 된 때에는 법률에 특별한 규정이 없는 한 변경된 법률을 적용한다.
> ③ 행정청의 과태료 처분이나 법원의 과태료 재판이 확정된 후 법률이 변경되어 그 행위가 질서위반행위에 해당하지 아니하게 된 때에는 변경된 법률에 특별한 규정이 없는 한 과태료의 징수 또는 집행을 면제한다.

② 행정질서벌(과태료)은 고의·과실을 요하는 반면(질서위반행위규제법 제7조, ▷기본서 164쪽), 과징금은 이를 요하지 않는다(2013두5005, ▷기본서 165쪽). 비교해서 숙지할 필요가 있다.

③ ▷기본서 164쪽

> 질서위반행위규제법 제20조【이의제기】① 행정청의 과태료 부과에 불복하는 당사자는 제17조 제1항에 따른 과태료 부과 통지를 받은 날부터 60일 이내에 해당 행정청에 서면으로 이의제기를 할 수 있다.
> ② 제1항에 따른 이의제기가 있는 경우에는 행정청의 과태료 부과처분은 그 효력을 상실한다.
> ③ 당사자는 행정청으로부터 제21조 제3항에 따른 통지를 받기 전까지는 행정청에 대하여 서면으로 이의제기를 철회할 수 있다.

④ **질서위반행위규제법 제44조【약식재판】** 법원은 상당하다고 인정하는 때에는 제31조 제1항에 따른 심문 없이 과태료 재판을 할 수 있다.
제45조【이의신청】 ① 당사자와 검사는 제44조에 따른 약식재판의 고지를 받은 날부터 7일 이내에 이의신청을 할 수 있다.

20   답 ③

① 강학상 인가에 해당한다(2013두635, ▷기본서 61쪽). 재개발조합에 대한 설립인가처분(설권적 처분)과 비교하여 숙지해 두어야 한다.
② 강학상 인가에 해당한다(2011두11112, ▷기본서 62쪽).
③ 조합이 설립된 경우이므로, 사업시행계획에 대한 인가는 강학상 인가에 해당한다(2011두25173, ▷기본서 61쪽). 기본행위에 하자가 있다면 기본행위만을 다투어야 하고, 인가에 하자가 있다면 인가만을 다투어야 한다.
④ 조합이 설립되지 않은 경우이므로, 사업시행계획에 대한 인가는 특허로서의 성격을 겸비한 인가에 해당한다(2011두19994, ▷기본서 62쪽). 따라서, 기본행위와 인가 중 어느 것에 하자가 있건 간에 인가에 대하여 항고소송을 제기하여야 한다.

▼ 재개발/재건축 관련 인가의 법적 성격

구분	"인가"의 성격	
	조합설립 ○	조합설립 ×
정비구역 지정 및 고시	–	–
조합설립추진위원회 구성	인가 (②)	해당사항 없음
조합설립	특허	해당사항 없음
사업시행계획	인가 (③)	특허 (④)
관리처분계획	인가	인가
관리처분	–	–

12회 | 2022년 지방직 9급

정답   p.86

01	②	02	④	03	③	04	③	05	②
06	④	07	②	08	①	09	④	10	②
11	①	12	③	13	①	14	②	15	④
16	①	17	②	18	④	19	③	20	④

01   답 ②

① 조례는 주민의 대표기관인 지방의회의 의결로 제정되는 지방자치단체의 자주법이다. 따라서, 법률이 주민의 권리·의무에 관한 사항에 관하여 구체적으로 아무런 범위도 정하지 아니한 채 조례로 정하도록 위임하였다고 하더라도, 포괄위임금지 원칙은 적용되지 않는다(90누6613). 포괄위임이 오히려 지방자치단체의 자율성을 도모하는 방안이 될 수 있기 때문이다(▷기본서 19쪽).
② 시행규칙(총리령 또는 부령)이라는 형식에 제재적 처분기준에 관한 내용을 규정하고 있을 경우, 이는 행정규칙의 지위를 갖는다(2018두49444 등). 설령 이들이 상위 법령의 위임을 받았다 하더라도 행정규칙으로 그 지위가 격하된다는 점을 유의하여야 한다(▷기본서 53쪽).
③ 고시, 훈령, 예규, 지침 등은 통상적으로 상위법령의 위임이 없어 행정규칙으로 분류되는 경우가 많다. 그러나, 이들 또한 상위 법령의 위임이 있다면 법규명령의 지위를 부여받게 된다. 이를 법령보충적 행정규칙 또는 행정규칙 형식의 법규명령이라고 한다. 다만, 형식적으로나 내용적으로나 위임의 범위를 철저히 준수해야 한다는 한계는 존재한다(2010다72076, 2014헌바382, ▷기본서 48쪽).
④ 하위 법령이 상위 법령의 위임 범위를 벗어났다면, 이는 위임의 한계를 일탈한 것으로서 허용되지 않고, 원칙적으로 무효가 된다(2011두30878, ▷기본서 50쪽).

02   답 ④

① 주택사업계획승인을 해주면서 이에 알짜배기 땅을 증여하라는 부담을 부가한 경우를 상정하여 보면, 판례는 부담(증여의무 부과)의 효력과 그 부관을 이행하기 위한 사법상 법률행위(증여의무를 이행함으로써 땅의 소유권을 이전하는 것)의 효력을 별개로 본다.
따라서, 부담이 무효이거나 이에 불가쟁력이 발생하였다 하더라도, 사법상 법률행위의 효력은 영향을 받지 않는다(다만, 부담이 무효인 경우 위 부관이 사법상 법률행위를 하게 된 동기 내지 연유로 작용하였음을 들어 사법상 법률행위를 취소할 여지가 남게 될 뿐이다)(2006다18174, ▷기본서 69쪽).
② 부관의 사후변경은 4가지 사유가 발생하는 때에 한하여 허용된다. 판례는 (i) 법률에 명문의 규정이 있거나 (ii) 그 변경이 미리 유보되어 있는 경우, (iii) 상대방의 동의가 있는 경우를 원칙적 사유로 보고, (iv) 사정변경이 있는 경우를 예외적 사유로 본다(97누2627, ▷기본서 66쪽).

③ 내용만 적법하다면 부관을 협약의 형식으로도 부가할 수 있다(2005다65500, ▷기본서 65쪽). 반면, 내용이 위법하다면 협약의 형식으로 부가하였는지와 무관하게 위법할 수밖에 없다(2007다63966, ▷기본서 66쪽).
④ 부담이 아닌 나머지 부관은 독립하여 취소소송의 대상이 되지 않는다(91누1264, ▷기본서 68쪽).

03   답 ③

⇨ ㄱ, ㄴ, ㄹ
ㄱ. 개인택시운송사업면허: 허가인 운전면허와 달리(2017도9230), 특허에 해당한다(2006두13886, ▷기본서 57쪽).
ㄴ. 특허이다(2012두22799, ▷기본서 59쪽).
ㄷ. 하명이자 기속행위이다(2012두4852, ▷기본서 54쪽).
ㄹ. 특허이다(2015두48846, ▷기본서 59쪽).

04   답 ③

① 공법상 계약의 체결 및 해지는 처분성이 인정되지 않아 당사자소송으로 다투고, 처분이 아니므로 행정절차법이 적용되지도 않는다(2002두5948, 95누4636 등, ▷기본서 106쪽).
다만, 계약 존속 중 보수삭감 등의 인사상 불이익 조치는 처분성이 있어 행정절차법이 적용된다(2006두16328).
② 나머지 후보자들은 적격자인데 반해, 특정 후보자만큼은 유독 부적격사유가 있다는 이유로 배제하는 경우라면 그 후보자의 부적격사유에 대해 상세히 이유제시를 할 필요가 있다.
이와 달리, 모두가 적격자이긴 한데 그 중에서 가장 적합한 자를 선정하여 임용제청하는 경우라면, 이 중 가장 압도적인 후보자를 임용제청하였을 것이므로 별다른 이유제시가 필요 없다(2016두57564, ▷기본서 122쪽).
③ (i) 외국인의 출입국·난민인정·귀화, (ii) 공무원 인사 관계법령에 따른 징계와 그 밖의 처분의 경우, 위 사항에 해당하는지 여부뿐 아니라 "해당 행정작용의 성질상 행정절차를 거치기 곤란하거나 거칠 필요가 없다고 인정되는지" 또는 "행정절차에 준하는 절차를 이미 거쳤는지" 여부도 추가로 따져보아야 한다(행정절차법 제3조 제2항 제9호, ▷기본서 113쪽).
대법원은 가급적 행정절차법을 적용하려는 입장에서, 위 배제사유를 좁게 해석하고자 한다. 따라서, 직권면직(2011두30687) 및 해임처분(2011두5001) 모두 공무원에 대한 것임에도 불구하고 행정절차법이 적용된다(▷기본서 114쪽).
반면, 직위해제 처분의 경우 직권면직과는 달리 행정절차법의 적용이 배제된다. 국가공무원법에 더 엄격한 절차가 규정되어 있기 때문이다(2012두26180, ▷기본서 114쪽).
④ 과세처분은 세금의 산출내역이 자세히 기재되어야 납세자의 불만이 최소화될 수 있다. 과세표준은 세율이 적용되는 기준금액이다. 이것이 누락되면 이유제시라는 행정절차가 누락된 결과 처분에 취소사유가 발생한다(84누289, ▷기본서 121쪽).

05   답 ②

⇨ ㄱ, ㄹ
ㄱ. 행정법 영역에서는 행정기본법에 명문화되기 전부터 판례에 의해 확고히 수용되어 왔고, 헌법 영역에서는 과잉금지원칙이라는 이름으로 수용되어 왔다(▷기본서 22쪽).
ㄴ. 평등의 원칙 및 신뢰보호원칙에서 자기구속의 법리가 파생되기 때문에 평등의 원칙과 자기구속의 법리에 대한 내용이 함께 다루어지고 있는 것이다. 자기구속의 법리는 "적법한" 행정관행을 그 전제로 한다(▷기본서 30쪽).
ㄷ. 임용결격사유가 있는 자를 공무원에 임용하는 행위는 "절대적"으로 무효이다(86누459, ▷기본서 33쪽: ▷기본서 243쪽). 신의칙이 적용되는 사례는 매우 제한적이다.
ㄹ. 지문 안에 답이 있다. "아무런 관련이 없는" 토지이므로, "부당"하게 "결부"된 것이다(96다49650, ▷기본서 31쪽).

06   답 ④

① 건축허가는 건물이라는 "물건"에 대한 대물적 허가이다. 따라서, 건물의 소유자나 건축주 등 어떤 "사람"이 건물을 지으려고 하는지에 대해서는 형식적으로만 심사를 한다(2014두41190, ▷기본서 57쪽).
② 보행자는 횡단보도를 통해서만 도로를 횡단하여야 하고, 차의 운전자는 횡단보도 앞에서 일시정지하는 등 횡단보도를 통행하는 보행자를 보호할 의무가 생겨난다. 이로써 국민의 권리·의무에 직접 영향을 미쳐야 한다는 규율성 요건은 넉넉히 충족되어 처분성이 인정된다 할 것이고, 보행자 및 차량 운전자가 시시각각 변화한다는 점에서 불특정 다수에 대한 일반처분이라고 볼 수 있다(98두8964, ▷기본서 242쪽).
③ 변상금 징수행위는 항고소송의 대상이 되는 처분이자, 기속행위이다(97누4098, ▷기본서 14쪽, 54쪽).
④ 공유수면매립면허의 설정 및 회복(공유수면의 점용·사용허가)은 특허(88누9206, ▷기본서 61쪽), 공유수면매립권 양수도 인가는 인가(90누5184)임을 유의하여야 한다.

07   답 ②

① 정보공개의 목적을 묻지 않음으로써, 정보공개청구권을 최대한 보장하려는 취지이다(2017두44558, ▷기본서 144쪽).
② 발언자의 인적사항은 의사결정과정에 있는 사항 그 자체라고는 할 수 없다. 다만 판례는 이를 의사결정과정에 있는 사항에 준하는 사항으로서 비공개 대상에 해당한다고 보았다.
발언자의 인적사항이 공개되면 익명성이 저하되어 자유로운 토론이 불가능해진다는 점이 고려되었다(2002두12946, ▷기본서 139쪽).
③ 8개 비공개대상 중 어느 것에 속하는지를 구체적으로 밝혀야 정보공개 거부처분이 적법한지를 논할 수 있다. 이는 피고가 증명책임을 부담하는 사항으로서, 피고가 개괄적인 사유만을 제시할 경우 패소할 수밖에 없다(2014두5477, ▷기본서 145쪽).

④ 원고는 피고가 정보를 보유할 것이라는 점에 대한 개연성만을 증명하면 족하고, 피고는 실제 보유여부에 대한 증명책임을 부담한다. 피고가 이미 폐기된 정보라는 점에 대한 입증에 성공하면 소의 이익 흠결로 인해 원고에게 각하판결이 내려지게 된다(2003두12707, ▷기본서 145쪽).

08   답 ①

① 처분청이 행정심판법에 따른 고지의무를 이행하지 아니하였다고 하더라도 행정심판의 청구기간이 연장될 수 있는 것에 그치고, 이로 인하여 처분에 절차상 하자가 발생하는 것은 아니다(87누529, ▷기본서 349쪽).
② 처분취소판결의 기판력이 국가배상청구에 미치는 것은 아니므로, 처분이 취소되었다는 사실만으로 곧바로 국가배상청구를 인용할 수는 없다(99다70600, ▷기본서 182쪽).
③ 항고소송에서 행정청이 패소한 뒤, 절차적 하자를 보완하여 이전과 동일한 내용의 처분을 하는 것은 앞선 확정판결의 취지를 거스르는 것이 아니므로, 확정판결의 기속력에 반하지 않는다(2003두13045 등, ▷기본서 320-1쪽).
④ 권한 없는 행정기관이 한 당연무효인 행정처분을 취소할 수 있는 권한은 당해 행정처분을 한 처분청에게 속하는 것이지, 당해 행정처분을 할 수 있는 적법한 권한을 가지는 행정청에 그 취소권이 귀속되는 것이 아니다(84누463, ▷기본서 97쪽).

09   답 ④

① 종전의 영업자(양도인)야말로 처분의 직접 상대방에 해당한다. 비록 신고의 수리는 신고를 이행한 현행 영업자(양수인)에게 행하여지지만, 종전의 영업자가 기존 지위의 박탈이라는 직접적인 법적 효과를 받기 때문이다(2001두7015, ▷기본서 115쪽).
② 지위승계가 이루어지는 경우, 양도인의 위법행위를 이유로 양수인에 대하여 제재를 하는 것이 가능하다. 즉, 지위승계로 인해 승계되는 공의무와 범위는 제재효과뿐 아니라 제재사유까지를 포함한다(2003두8005, ▷기본서 35쪽).
③ 영업양수도에 따른 지위승계신고 수리는 설권적 처분의 성격을 갖는 인가와 같다고 보아도 무방하다. 그렇다면 기본행위인 영업양수도에 하자가 있을 때 수리(인가)를 다투는 것이 가능하다(2005두3554, ▷기본서 273쪽).
④ 신고 수리가 되기 전이라면 아직 영업자 지위는 양도인에게 남아있는 상태이다. 따라서, 실제로는 양수인의 영업 행위 중 위법행위가 발생하였다 하더라도, 법적 제재는 영업자 지위를 보유중인 양도인에게 가해진다(94누9146, ▷기본서 35-6쪽).

10   답 ②

① 과징금은 반드시 현실적인 행위자가 아니라도 법령상 책임자로 규정된 자에게 부과되고, 원칙적으로 위반자의 고의·과실을 요하지 않는다(2013두5005, ▷기본서 165쪽).
② 위반행위자의 고의·과실이 없어도 "일단" 부과 가능하다는 뜻이다. 즉, 행정청은 위반행위자에게 고의·과실이 있다는 점에 대해 증명을 할 필요가 없는 반면, 위반행위자는 그러한 위반행위를 한 데 있어 정당한 이유가 있다는 점(즉, 고의·과실이 없다는 점)을 증명하여야 한다(2013두5005, ▷기본서 165쪽).
③, ④ 과태료와는 달리, 과징금은 처분성이 있으므로 취소소송이 제기될 수 있다. 나아가, 과징금은 원칙적으로 재량행위이므로 일부취소판결이 불가하다(98두2270, ▷기본서 165쪽).

11   답 ①

① 공무원의 위법행위와 국민의 손해 간에 상당인과관계가 인정되려면, 법령이 공무원에게 부과한 직무상 의무의 내용을 따져보아야 한다. 구체적으로, 위와 같은 의무가 단순히 공공 일반의 이익을 위한 것이거나 행정기관 내부의 질서를 규율하기 위한 것이 아니고, 부수적으로라도 사회구성원 개인의 안전과 이익을 보호하기 위하여 설정된 것이어야 한다(91다43466 등, ▷기본서 189쪽).
② 권력적 작용뿐 아니라, 비권력적 작용도 포함된다. 단, 사경제적 작용은 포함되지 않는다(▷기본서 177쪽).
③ 국가배상책임의 원칙적인 모습은 공무원이 경과실로 위법행위를 저질렀다는 전제하에, 국가가 공무원을 대신하여 손해를 배상하는 것이다. 만약 공무원이 직접 손해를 배상하였다면 국가의 법적 책임을 대신 이행한 것이 된다. 따라서 공무원은 국가에게 대신 배상한 금액만큼을 반환하여 달라고 요구할 수 있으나, 이를 국민으로부터 반환 받을 수는 없다(2012다54478, ▷기본서 174쪽). 결국, 최종적인 책임 주체는 국가이다.
④ 권원이라 함은 소유권, 임차권 등 해당 시설을 사용할 수 있는 법적 권리를 말한다. 국가배상법 제5조 제1항 소정의 '공공의 영조물'은 국가 또는 지방자치단체가 소유권, 임차권 그 밖의 권한에 기하여 법적으로 관리하고 있는 경우뿐만 아니라, 사실상의 관리를 하고 있는 경우도 포함된다(98다17381, ▷기본서 195쪽).

12   답 ③

① 종업원의 행위로 인해 영업주 처벌 여부가 문제되는 것은 맞지만, 반드시 종업원이 처벌 받아야만 영업주가 처벌되는 것은 아니고, 종업원이 처벌받지 않았다고 하여 반드시 영업주가 처벌되지 않는 것도 아니다(2005도7673, ▷기본서 163쪽). 각자의 귀책사유를 독립적으로 따져보아야 한다. 이 경우 영업주의 귀책사유는 종업원에 대한 선임·감독에 관한 것이다.
종속된다는 것은 종업원이 처벌 받으면 영업주 또한 처벌되어야 한다는 뜻이다.

② 납부하지 않으면 그 효력이 소멸(실효)되므로 해제조건이 내포되어 있다는 설명까지는 옳다(2002헌마275, ▷기본서 162쪽). 한편, 통고처분은 항고소송의 대상이 되지 않고, 정식 형사절차를 불복이 이루어진다(96헌바4, ▷기본서 162쪽).

③, ④ 이러한 점에서 통고처분과 유사하다. 효력이 상실됨과 동시에 비송사건절차법에 따른 과태료재판이 개시된다(질서위반행위규제법 제20조 제1항, ▷기본서 164쪽). 항고소송의 대상이 되지 않는다는 점도 같다.
과태료부과처분의 효력이 상실되는 결과 법원이 원점에서부터 과태료 부과여부를 결정한다. 이때 신뢰보호원칙은 적용되지 않는다(2003마715, ▷기본서 164쪽).

13　　답 ①

⇨ ㄱ, ㄴ

ㄱ. 철거의 목적이 된 건물 내에 점유자가 있는 경우에 해당한다. 철거를 하기 위해서는 먼저 점유자로부터 인도를 받아야 한다. 원칙적으로 대집행은 대체적 작위의무인 철거의무에 대해서는 적용될 수 있으나, 비대체적 작위의무인 인도의무에 대해서는 적용될 수 없다. 다만, 이 경우에는 인도의무가 철거의무를 이행하기 위한 부수적 의무에 해당하므로, 예외적으로 대집행 절차에 의해 퇴거 조치까지 이행하게끔 할 수 있다.
구체적으로, 점유자들이 퇴거 조치에 불응하는 것은 공무집행방해죄에 해당하므로, 경찰로부터 행정응원을 받아 이들을 현행범 체포하는 방식으로 점유를 이전 받도록 하고 있다(2016다213916, ▷기본서 151쪽).

ㄴ. 누군가가 국유재산 위에 불법 건축물을 지어놓았다면, 행정청은 대집행을 통해 위 건축물을 철거할 필요가 있다.
본 지문은 국가가 국유재산을 제3자로 하여금 사용할 권한을 부여하였는데, 누군가가 국유재산 위에 불법건축물을 지어놓아 제3자가 그 사용권한을 침해받고 있는 사안을 전제로 한다. 이때 행정청은 제3자를 위하여 대집행을 개시하여야 하지만, 만약 이를 개시하지 않는다면 제3자로서는 관리청을 대위하여 민사소송을 제기할 수 있다(2009다1122, ▷기본서 152쪽).

ㄷ. 같은 국(공)유재산이라 하더라도, 행정재산을 빌려주는 것은 사용수익권의 부여(특허)로서 공법관계에 해당하고, 일반재산을 빌려주는 것은 사법상 행위(대부계약)에 해당한다(99다61675, ▷기본서 14쪽).
다만, 대부계약이 사법상 행위라 하더라도 개별법에서 체납처분절차에 따라 대부료를 징수하도록 하고 있으므로, 민사소송의 제기는 허용되지 않는다(2013다207941, ▷기본서 15쪽).

ㄹ. 사용중지의무는 대체성이 없는 부작위의무이다. 대체성이 없으므로 대집행의 대상이 되지 않는다(2005두7464, ▷기본서 151쪽).

14　　답 ②

① 부당이득반환청구는 그 요건으로서 "법률상 원인이 없을 것"을 요구한다. 만약 조세부과처분에 취소사유가 있음에 불과하다면, 공정력으로 인해 위 처분은 취소되기 전까지 유효한 것으로 통용된다. 즉, 행정법원의 취소판결이 확정되기 전까지는 조세부과처분이 유효하여 "법률상 원인"이 있게 되므로, 부당이득반환청구는 인용될 수 없다.
반면 조세부과처분에 무효사유가 존재한다면, 공정력은 인정될 여지가 없다. 따라서, 행정법원의 무효확인판결이 없어도 해당 처분은 처음부터, 누구나 무효임을 확인해 줄 수가 있다. 즉, 민사법원은 조세부과처분이 무효인 탓에 "법률상 원인"이 없다는 이유로 부당이득반환청구를 인용할 수 있다(70다1439, ▷기본서 76쪽).

② 국가배상청구가 인용되기 위해서는 해당 처분이 위법한지 여부가 확인되면 족한 것이지, 실제로 취소될 필요까지는 없다. 국가배상청구는 부당이득반환청구와 달리 "법률상 원인이 없을 것"을 요구하지 않기 때문이다.
만약 처분에 취소사유를 뛰어넘는 무효사유가 있다면, 위법성이 인정될 가능성이 더욱 높을 것이다. 이에, 처분의 위법여부를 선결문제로 하는 국가배상청구 소송에서는 처분의 하자가 취소사유인지 무효사유인지를 불문하고 위법성이 있기만 하면 원고의 청구가 인용될 수 있다(72다337, ▷기본서 78쪽).
다만, 처분취소판결의 기판력이 국가배상청구에 미치는 것은 아니므로, 처분이 취소되었다는 사실만으로 곧바로 국가배상청구를 인용할 수는 없다(99다70600, ▷기본서 182쪽).

③ 분명 행정청으로부터 면허/허가를 받고 영업을 개시하였지만, 면허/허가에 무효사유가 있다면 법적으로는 처음부터 면허/허가를 받지 않고 영업을 한 것이나 마찬가지이다. 따라서, 이때는 형사법원이 면허/허가에 무효사유가 있는지를 판단한 뒤, 무효사유가 있다면 무면허/무허가××죄에 대해 유죄판결을 내린다.
반면, 면허/허가에 취소사유가 있는데 불과하다면, 공정력으로 인해 위 처분은 취소되기 전까지 유효한 것으로 통용된다. 즉, 행정법원의 취소판결이 확정되기 전까지는 면허/허가처분이 유효하여 "유면허/유허가" 상태가 되므로, 무면허/무허가××죄에 대해 무죄판결이 내려진다(80도2646, ▷기본서 79쪽).

④ 위 ③번과 논리가 유사하다. 면허/허가를 취소하는 처분을 취소하면, 면허/허가가 소급적으로 부활한다. 이에, "유면허/유허가" 상태가 되므로, 무면허/무허가××죄에 대해 무죄판결이 내려진다(93도277, ▷기본서 79쪽).

15 답 ④

① 공공계약은 국가계약의 일종으로서 사법상 계약에 해당한다(▷기본서 14쪽). 따라서, 사적자치와 계약 자유의 원칙 등이 그대로 적용된다.
② 형식은 계약이지만, 대등한 당사자 관계에서 체결하는 공법상 계약이 아니라, 관리청이 공권력을 가진 우월적 지위에서 행하는 행정처분으로서 특정인에게 행정재산을 사용할 수 있는 권리를 설정하여 주는 강학상 특허에 해당한다(2004다31074, ▷기본서 14쪽, 59쪽).
③ 계약직 공무원 채용계약은 대체로 공법상 계약에 해당한다(2002두5948, ▷기본서 106쪽). 위 계약의 특징은 (i) 체결 및 해지는 처분이 아니라서 행정절차법의 적용이 없다는 것, 이에 대한 다툼은 당사자소송으로 다뤄진다는 것(92누4611 등), (ii) 계약 효력 존속 중 계약직 공무원에 대한 인사상 불이익은 항고소송의 대상인 처분으로서, 행정절차법의 적용이 있다는 것이다(2006두16328).
한쪽 당사자가 다른 당사자를 상대로 계약의 이행을 청구하는 소송은 공법상 계약이 체결되었으니 이를 이행하라는 내용의 청구에 해당한다. 따라서, 이는 당사자소송으로 다투어진다.
④ 사법상 계약의 실질을 갖는다(2018두60588).

16 답 ①

① 사정판결의 의의에 해당한다(행정소송법 제28조 제1항, ▷기본서 311쪽). 직권으로도 가능하다는 것이 특징이다.
② 취소소송에서 인용판결이 확정되면 형성력에 의해 피고가 별도의 조치를 하지 않아도 처분이 당연히 소멸한다(90누5443, ▷기본서 315쪽).
③ 공사중지명령 취소소송(전소)에서 기각판결이 나왔다면, 이로써 공사중지명령의 "적법·유효"성이 확정되고, 이 점에 대해 기판력이 발생한다. 즉, 전소의 기판력에 의해 공사중지명령의 "적법·유효"성은 다툴 수 없게 된다.
그럼에도 이후 공사중지명령 해제신청 거부처분 취소소송(후소)이 제기되었다면, 이는 적법·유효한 공사중지명령을 해제시켜 달라는 청구에 해당하여 기판력에 반한다. 따라서, 후소는 전소와 동일하게 기각판결을 면치 못한다(2014두37665, ▷기본서 317쪽).
④ 기속력은 피고가 취소소송의 사안과 기본적인 사실관계의 동일성이 인정되는 사안에 대하여 판단을 내린 인용판결의 취지를 거스르지 않도록 하는 힘을 의미한다(▷기본서 318쪽).
  [1] 인용판결의 취지를 온전히 이해하려면, 판결의 주문 외에도 그 결론에 이르게 된 이유 등을 종합적으로 고려할 필요가 있다. 이에, 기속력은 판결 주문뿐 아니라 이유에 대해서도 발생한다. 기판력이 판결 주문에만 발생한다는 점과 비교하여 알아두도록 한다.
  [2] 기본적 사실관계의 동일성이 인정되는 사안에 대해서만 기속력이 미치므로, 기본적 사실관계의 동일성이 인정되지 않는다면 취소된 처분과 동일한 내용의 처분을 새롭게 하여도 인용판결의 취지를 거스르는 것이 아니다.

17 답 ②

① 기속력은 인용재결에 한하여 인정되는 효력이다(행정심판법 제49조, ▷기본서 356쪽). 기각재결의 경우 기속력이 발생하지 않으므로, 피청구인이 재결의 취지에 반하는 처분을 하더라도 문제되지 않는다.
따라서, A 행정청이 원처분을 직권으로 취소하는 것은 가능하다.
② 취소심판의 인용재결에는 취소재결, 변경재결, (처분)변경명령재결이 있다(▷기본서 355쪽). 참고로, 처분명령재결은 의무이행심판의 인용재결에 속한다.
③ 사정재결은 취소심판 및 의무이행심판에서만 인정된다(▷기본서 355쪽). 무효사유에 이르는 중대·명백한 하자를 적법한 것으로 승인하기는 어려울 것이다(행정심판법 제44조 제3항).
④ 재결에 고유한 위법이 있는 경우에는 재결을 대상으로 행정소송을 제기할 수 있을 뿐, 행정심판을 다시 청구하는 것은 행정심판 재청구 금지 원칙에 반해 허용되지 않는다(행정심판법 제51조, ▷기본서 349쪽).

18 답 ④

① 집행정지의 적극적 요건은 (i) 적법한 본안소송의 계속, (ii) 처분 등의 존재, (iii) 회복하기 어려운 손해예방의 필요, (iv) 긴급한 필요의 존재 4가지가 있고, 신청인(원고)에게 입증책임이 있다. 위 (i) 요건이 요구되기 때문에 본안소송과 동시에 집행정지를 신청하거나, 본안소송이 이미 제기된 이후에 집행정지를 신청할 수 있을 뿐, 본안소송을 제기하기도 전에 집행정지를 신청할 수는 없다(▷기본서 297쪽).
② 甲의 행정심판 청구가 적법하다면 행정심판을 거친 경우의 제소기간 특례가 적용되는 반면, 청구가 부적법하다면 제소기간 특례가 적용되지 않는다(▷기본서 284쪽).
甲은 2022.1.5. 처분을 통지 받았으므로, 이때가 처분이 있은 날이고, 동시에 이때가 처분이 있음을 안 날로 추정된다. 행정심판의 청구기간은 2022.1.5.로부터 90일이 되는 날까지이다. 재결이 2022.3.29.에 내려졌으므로, 행정심판은 이보다 이른 시점에 제기되었음을 추론할 수 있다. 따라서, 甲의 행정심판 청구는 제소기간을 준수한 적법한 청구이다.
甲이 적법한 행정심판 청구를 거쳐 재결을 받아왔으므로, 행정심판을 거친 경우의 제소기간 특례가 적용된다. 재결서 정본 송달일인 2022.4.2.로부터 90일이 되는 날 제소기간이 만료된다. 따라서, 제소기간의 기산점은 2022.4.2.이다. 2022.1.5.은 제소기간의 특례가 적용되지 않을 때의 기산점이다.
③ 처분명령재결에도 불구하고, 피청구인이 처분의무를 이행하지 아니하면 직접처분이 가능한 것은 맞다(행정심판법 제50조, 제50조의2, ▷기본서 357쪽). 다만, 이는 어디까지나 청구인의 신청을 필요로 하는 절차에 해당한다. 즉, 행정심판위원회의 직권으로 직접처분을 할 수는 없다.

④ 거부처분 취소판결이 확정된 경우라면 기속력의 일환으로서 행정청에게 재처분의무가 발생한다. 이때, (i) 행정청이 재처분을 아예 하지 않거나, (ii) 재처분을 한 것이 기속력에 반하여 무효가 되었다면, 재처분의무의 불이행으로 인한 간접강제의 필요성이 대두된다(2002무22, ▷기본서 322쪽).
본 지문은 (ii)의 경우에 해당하므로, 간접강제가 가능하다.

19 답 ③

① 재개발조합(재건축정비사업조합)에 대한 조합설립인가(㉠)는 설권적 처분의 성격을 갖는 인가, ㉢은 강학상 인가의 성격을 갖는다(▷기본서 62쪽).
② ㉡은 관리처분계획 수립을 위한 총회결의를 의미한다. 총회결의에 하자가 있어 이를 다투고자 한다면, 관리처분계획 인가가 있기 전후로 소제기 방식이 달라진다는 점에 유의하여야 한다. 인가가 있기 전이라면 총회결의를 대상으로 당사자소송을(민사소송 ×, 2007다2428), 인가가 있은 후라면 관리처분계획을 대상으로 항고소송을 제기하여야 한다(2007다2428, ▷기본서 336쪽). 어느 모로 보아도 옳지 않은 설명이다.
③, ④ 인가가 있은 후에 총회결의의 하자를 이유로 관리처분계획을 다투고자 하는 것이므로, 앞서 살펴본 바와 같이 이에 대한 항고소송을 제기하여야 한다.
A 주택재건축정비사업조합의 관리처분계획이 기본행위, B 구청장의 인가가 강학상 인가이므로, 관리처분계획에 하자가 있음을 이유로 인가를 다투는 것이 아님을 유의하여야 한다. 인가를 다투는 것이라면 그 피고는 B 구청장이 되겠지만, 관리처분계획을 다투는 것이므로 피고는 A 주택재건축정비사업조합이 된다.

20 답 ④

① 기판력은 확정판결에만 인정되는 효력이다. 재결에 기판력이 인정된다면 이를 대상으로 취소소송을 제기하여도 법원이 재결과 모순되는 판단을 하지 못하게 되는 결과, 원고가 아무런 구제도 받지 못하는 상황이 초래되어 부당하다(2013다6759, ▷기본서 356쪽).
② 무효인 하자에 대해 취소소송을 제기하는 것이 "무효선언을 구하는 취소소송"인데, 어디까지나 취소소송이므로 제소기간 및 전치주의 요건이 그대로 요구된다(84누175, ▷기본서 324쪽).
③ 거부처분의 특성상 거부행위 전후로 신청인의 법적 지위에 아무런 변동이 초래되지 않는다. 권익이 부여되지 않은 상태에서 권익을 부여하여 달라고 신청하였다가 이를 거부당하였으므로 거부 전후로 권익이 부여되지 않은 것은 동일하기 때문이다. 따라서, 거부행위가 신청인의 법률관계에 어떠한 변동을 일으켰다고 보기 어려워 규율성 요건이 충족되지 않았다고 판단될 여지가 있다.

이에, 거부처분의 경우에는 거부행위가 신청인의 법률관계에 어떠한 변동을 일으키는 경우가 아니더라도, 당해 거부행위로 인해 신청인이 실체상의 권리자로서 권리를 행사함에 중대한 지장을 초래하는 경우 또한 규율성 요건이 충족되었다고 보는 것이다(2000두9229, ▷기본서 237쪽).
④ 이는 어디까지나 행정심판 청구기간의 특례에 불과하다. "행정심판" 청구기간의 오고지로 인해 "행정소송"의 제소기간까지 덩달아 늘어난다고 볼 수 없다(2004두9302, ▷기본서 351쪽).

PART 4 지방직 7급

13회 | 2024년 지방직 7급

정답
p.94

01	①	02	④	03	①	04	③	05	②
06	④	07	④	08	③	09	③	10	③
11	②	12	④	13	②	14	④		

01 답 ①

① ▷기본서 95쪽

> 공공기관의 정보공개에 관한 법률 제18조【이의신청】① 청구인이 정보공개와 관련한 공공기관의 비공개 결정 또는 부분 공개 결정에 대하여 불복이 있거나 정보공개 청구 후 20일이 경과하도록 정보공개 결정이 없는 때에는 공공기관으로부터 정보공개 여부의 결정 통지를 받은 날 또는 정보공개 청구 후 20일이 경과한 날부터 30일 이내에 해당 공공기관에 문서로 이의신청을 할 수 있다.

② 청구인이 원하는 방식으로 공개되지 않은 이상, 적법한 공개로 보지 않는다는 취지이다(2012두11409 · 11416, ▷기본서 144쪽). 전자소송 시스템 도입 전 사례로서, 사본 제공의 방식으로 증거가 제출된 것으로 짐작된다.
③ 가분성이 있다는 전제하에 공공기관의 일부공개가 가능하고, 만약 전부비공개결정을 내렸다면 법원의 일부취소판결이 가능하다(▷기본서 145쪽).
④ 공공기관에게는 정보공개방법을 선택할 재량이 없다. 그럼에도 불구하고 이를 변경하여 정보를 공개한 경우, 일부거부처분에 대한 취소소송이 가능하다(2016두44674, ▷기본서 142쪽).

02 답 ④

① 행정계획의 수립, 변경에 관해서는 행정청에게 광범위한 재량이 주어지지만, 행정주체가 가지는 이와 같은 형성의 자유는 무제한적인 것이 아니라 그 행정계획에 관련되는 자들의 이익을 공익과 사익 사이에서는 물론이고 공익 상호간과 사익 상호간에도 정당하게 비교 · 교량하여야 한다는 제한이 있다(행정절차법 제40조의4, 96누8567, ▷기본서 103쪽). 만약 이익형량의 고려 대상에 마땅히 포함시켜야 할 사항을 누락하는 등 비교 · 형량을 제대로 하지 않았다면 행정계획결정은 위법하게 된다(96누8567, ▷기본서 104쪽).
② 행정계획의 수립, 변경에 관해서는 행정청에게 광범위한 재량이 주어지고, 원칙적으로 국민은 이를 입안, 취소, 변경하여 달라고 신청할 권리가 없다(84누227, ▷기본서 104쪽).

다만 예외적으로, (i) 도시계획구역 내의 토지소유자는 도시계획에 대한 변경신청권이 있고(2003두1806), (ii) 문화재보호구역 내 토지소유자는 보호구역의 지정해제를 요구할 신청권이 있으며(2003두8821), (iii) 폐기물처리사업 적정통보를 받은 자는 국토이용계획변경을 신청할 권리가 있다(2001두10936, ▷기본서 104쪽).
③ 행정계획은 처분성 인정 여부가 사안별로 다르다(▷기본서 104 - 5쪽).
도시"기본"계획, 환지계획, 4대강 살리기 마스터플랜(2010무111, ▷기본서 297쪽)은 그 자체로 국민의 권리, 의무에 직접적 영향이 있다고 볼 수 없어 처분성이 부정된다.
그에 반해 도시"관리"계획, "사업시행"계획, "관리처분"계획은 반대의 이유로 처분성이 인정되었다.
④ [1] 택지개발촉진법 제3조에 의한 건설교통부장관의 택지개발예정지구의 지정은 그 처분의 고시에 의하여 개발할 토지의 위치, 면적과 그 행사가 제한되는 권리내용 등이 특정되는 처분인 반면에, 같은 법 제8조에 의한 건설교통부장관의 택지개발계획 시행자에 대한 택지개발계획의 승인은 당해 사업이 택지개발촉진법상의 택지개발사업에 해당함을 인정하여 시행자가 그 후 일정한 절차를 거칠 것을 조건으로 하여 일정한 내용의 수용권을 설정하여 주는 처분으로서 그 승인고시에 의하여 수용할 목적물의 범위가 확정되는 것이므로, 그 두 처분은 후자가 전자의 처분을 전제로 하는 것이기는 하나 각각 단계적으로 별개의 법률효과를 발생하는 독립한 행정처분이다.
[2] 택지개발사업에 포함될 토지의 범위는 택지개발예정지구의 지정처분에 의하여 특정되는 것이어서 특정한 토지를 택지개발사업의 대상에 포함시킨 것이 잘못된 것이라는 이유로 이를 다투기 위하여는 택지개발예정지구 지정처분에 대하여 쟁송을 제기하여야 하고, 그 처분에 대하여 다투지 아니하여 이미 불가쟁력이 생겨 그 효력을 다툴 수 없게 된 경우에는 택지개발예정지구 지정처분에 하자가 있다고 할지라도 그것이 당연무효 사유가 아닌 한 택지개발계획의 승인처분에 대하여 그와 같은 사유를 들어 이를 다툴 수는 없다(95누8409, ▷기본서 89쪽).

03 답 ①

① [1] 원칙적으로, 재량행위에는 부관을 붙일 수 있고, 기속행위에는 부관을 붙일 수 없다. 그렇다면, 부관을 붙일 수 있는지 여부를 판단하기 위해서는 우선 재량행위와 기속행위를 구분하는 작업부터 해야 한다.
구분기준은 원칙적으로 법문언의 표현을 보는 것이다(98두17593). 그런데, 예외적으로 판례가 수익적 행정행위(처분)를 곧바로 재량행위로 보는 경우가 있다(2007두6663, ▷기본서 54쪽). 본 지문은 위 예외적인 상황을 전제로 하고 있다.

수익적 행정처분=재량행위이므로, 이에 부관을 붙일지 말지(결정재량), 붙인다면 어떤 방식으로 붙일지(선택재량) 자유롭게 결정할 수 있다(96다49650, ▷기본서 64쪽).

[2] 내용만 적법하다면 부관을 협약의 형식으로도 부가할 수 있다(2005다65500, ▷기본서 65쪽). 반면, 내용이 위법하다면 협약의 형식으로 부가하였는지와 무관하게 위법할 수밖에 없다(2007다63966, ▷기본서 66쪽).

② 부담이 아닌 나머지 부관은 독립하여 취소소송의 대상이 되지 않는다(91누1264, ▷기본서 68쪽).

③ 부담은 철회권의 유보와 중첩되어 부가되는 경우가 많다. 이에, 부담으로써 부과한 의무를 불이행할 시 주된 처분을 철회할지 말지는 행정청의 선택에 맡겨진다. 철회하지 않기로 결정한다면 주된 처분은 계속하여 유효한 상태로 남는다(89누2431, ▷기본서 63쪽).

④ 처분의 위법성 판단시점은 원칙적으로 그 처분 발령시점이다. 그 이후로 적용 법령이 달라진다 하여도, 어디까지나 처분 발령시점의 법령을 기준으로 판단하여야 한다(2005다65500, ▷기본서 66쪽). 부관 역시 마찬가지다.

04   답 ③

① ㉠ A처분 → ㉡ A처분(㉠) 취소 → ㉢ A처분 취소(㉡)의 취소 순으로 처분이 이어질 경우, ㉢ 단계에서는 ㉡이 사라지는 결과 ㉠만 남게 된다. 즉, A처분이 ㉡으로 인해 취소되었다가, 다시 부활하게 되는 것이다.

이러한 "부활"이 가능한지에 대해 판례는, 부활하게 되는 A처분이 국민의 입장에서 수익적이라면 이를 원칙적으로 긍정하나, 침익적이라면 이를 부정한다. 한 마디로, 국민에게 득이 되는 처분만 부활시킬 수 있다는 것이다. 조세부과처분은 침익적 처분이기 때문에 부활이 허용되지 않는다(94누7027, ▷기본서 98쪽).

② 직권취소에 개별법상 근거가 별도로 필요한지를 묻고 있다.
종전에는 법적 근거 없이도 취소 또는 철회를 할 수 있는지가 논란이 되었으나, 최근 행정기본법에 명시적인 법적 근거가 마련됨으로써 그와 같은 논란이 종식되었다. 행정기본법 제정 전에는 판례를 근거로(2019두31839), 행정기본법 제정 후에는 위 법률을 근거로 하여(행정기본법 제18조 및 제19조) 개별법상 별도의 근거 규정 없이도 직권 취소 및 철회가 가능하다고 보면 된다(▷기본서 95쪽).

③ 직권취소·철회권은 행정청 고유의 권한이므로, 국민에게는 이를 행사하여 달라고 요청할 신청권이 인정되지 않는 것이 원칙이다(96누6219, ▷기본서 96쪽).

산림법령에는 채석허가처분을 한 처분청이 산림을 복구한 자에 대하여 복구설계서승인 및 복구준공통보를 한 경우 그 취소신청과 관련하여 아무런 규정을 두고 있지 않고, 원래 행정처분을 한 처분청은 그 처분에 하자가 있는 경우에는 원칙적으로 별도의 법적 근거가 없더라도 스스로 이를 직권으로 취소할 수 있지만, 그와 같이 직권취소를 할 수 있다는 사정만으로 이해관계인에게 처분청에 대하여 그 취소를 요구할 신청권이 부여된 것으로 볼 수는 없으므로, 처분청이 위와 같이 법규상 또는 조리상의 신청권이 없이 한 이해관계인의 복구준공통보 등의 취소신청을 거부하더라도, 그 거부행위는 항고소송의 대상이 되는 처분에 해당하지 않는다(2004두701).

④ 도로점용허가는 도로의 일부에 대한 특정사용을 허가하는 것으로서 도로의 일반사용을 저해할 가능성이 있으므로 그 범위는 점용목적 달성에 필요한 한도로 제한되어야 한다. 도로관리청이 도로점용허가를 하면서 특별사용의 필요가 없는 부분을 점용장소 및 점용면적에 포함하는 것은 그 재량권 행사의 기초가 되는 사실인정에 잘못이 있는 경우에 해당하므로 그 도로점용허가 중 특별사용의 필요가 없는 부분은 위법하다.

이러한 경우 도로점용허가를 한 도로관리청은 위와 같은 흠이 있다는 이유로 유효하게 성립한 도로점용허가 중 특별사용의 필요가 없는 부분을 직권취소할 수 있음이 원칙이다. 직권취소이므로, 재량행위임에도 일부취소가 가능하다(▷기본서 56쪽).

다만 이 경우 행정청이 소급적 직권취소를 하려면 이를 취소하여야 할 공익상 필요와 그 취소로 당사자가 입을 기득권 및 신뢰보호와 법률생활 안정의 침해 등 불이익을 비교·교량한 후 공익상 필요가 당사자의 기득권 침해 등 불이익을 정당화할 수 있을 만큼 강한 경우여야 한다. 이에 따라 도로관리청이 도로점용허가 중 특별사용의 필요가 없는 부분을 소급적으로 직권취소하였다면, 도로관리청은 이미 징수한 점용료 중 취소된 부분의 점용면적에 해당하는 점용료를 반환하여야 한다(2016두56721, ▷기본서 98쪽).

05   답 ②

①, ③ 선행처분과 후행처분이 서로 다른 법률효과의 발생을 목적으로 함에도 불구하고, 예외적으로 하자의 승계가 인정되는 경우 2가지가 있다. 하나는 선행행위의 불가쟁력이나 구속력이 그로 인하여 불이익을 입는 자에게 수인한도를 넘는 가혹함을 가져오고 그 결과가 예측가능한 것이 아닌 때이고, 다른 하나가 본 지문의 "선행처분이 무효인 경우"이다(▷기본서 91쪽).

② 하자 있는 수익적 행정행위를 취소하고자 하는 상황에서 신뢰보호원칙 위반이 문제된다. 다만, (i) 수익적 행정행위의 하자가 상대방(국민)의 사기 등 부정행위로 인해 야기되었거나, (ii) 위와 같은 하자가 있음을 상대방이 처음부터 알았거나, 중과실로 몰랐을 때라면 "상대방의 귀책사유 없는 신뢰" 요건이 충족되지 않는 결과 상대방의 신뢰는 보호되지 않는다(▷기본서 26쪽).

④ 구 사립학교법 제20조의2 제2항 소정의 시정 요구는 사학의 자율성을 고려하여 관할청이 취임승인 취소사유를 발견하였더라도 바로 임원의 취임승인을 취소할 것이 아니라 일정한 기간을 주어 학교법인 스스로 이를 시정할 기회를 주고 학교법인이 이에 응하지 아니한 때에 한하여 취임승인을 취소한다는 취지이다.

따라서 관할청이 시정을 요구하면서 부여한 기간이 너무 불합리하거나 부당하지 않는 한 단기간이라는 이유만으로 그 시정 요구가 위법하다고 볼 수는 없으며, 또한 시정이 가능한 사항에 대하여만 시정 요구할 것을 전제로 하고 있다거나 시정이 불가능하여 시정 요구가 무의미한 경우에는 임원취임승인취소처분을 할 수 없다고 해석할 수는 없다(2006두19297).

06 답 ④

⇨ ㄷ, ㄹ

ㄱ. (i) 외국인의 출입국·난민인정·귀화, (ii) 공무원 인사 관계법령에 따른 징계와 그 밖의 처분의 경우, 위 사항에 해당하는지 여부뿐 아니라 "해당 행정작용의 성질상 행정절차를 거치기 곤란하거나 거칠 필요가 없다고 인정되는지" 또는 "행정절차에 준하는 절차를 이미 거쳤는지" 여부도 추가로 따져보아야 한다(행정절차법 제3조 제2항 제9호, ▷기본서 113쪽).

ㄴ. 사전통지와 의견청취에 공통된 예외사유이다.
이미 재판을 거쳐 오는 과정에서 충분히 의견 수렴이 되었을 것이기 때문에, 사전통지 및 의견청취를 구태여 다시 거칠 필요가 없다고 보는 것이다(행정절차법 제21조 제4항 제2호).
다만, 재판에 의해 밝혀진 사실이 일부에 불과하다는 등의 이유로 후속 의견청취 결과에 따라 처분 여부나 그 수위에 변동이 생길 여지가 있다면, 이때에는 다시 원칙으로 돌아가 사전통지 및 의견청취를 할 필요가 있다(2019두45944, ▷기본서 117쪽).

ㄷ. "거부처분"의 이유제시 정도를 완화한 판례에 해당한다.
일반적으로 당사자가 근거규정 등을 명시하여 신청하는 인·허가 등을 거부하는 처분을 함에 있어 당사자가 그 근거를 알 수 있을 정도로 상당한 이유를 제시한 경우에는 당해 처분의 근거 및 이유를 구체적 조항 및 내용까지 명시하지 않았더라도 그로 말미암아 그 처분이 위법한 것이 된다고 할 수 없다(2000두8912, ▷기본서 121쪽).

ㄹ. 판례는 청문의 예외사유를 엄격히 해석하는 경향이 있다. 예컨대, (i) 청문통지서 2회 반송 및 청문회 불출석에도 불구하고 여전히 청문을 실시하여야 한다고 하였고(2000두3337), (ii) 별도 협약 체결을 통해 청문이 배제될 수 없다고 보았으며(2002두8350), (iii) 상대방이 이미 행정청에 위반사실을 시인하는 과정에서 의견진술할 기회가 있었다 하더라도 별도의 청문을 이행하여야 한다는 입장에 서있다(2016두63224, ▷기본서 119 - 120쪽).

07 답 ④

① ▷기본서 36 - 7쪽

> **행정기본법 제7조【법령등 시행일의 기간 계산】** 법령등(훈령·예규·고시·지침 등을 포함한다. 이하 이 조에서 같다)의 시행일을 정하거나 계산할 때에는 다음 각 호의 기준에 따른다.
> 1. 법령등을 공포한 날(훈령·예규·고시·지침 등은 고시·공고 등의 방법으로 발령한 날을 말한다. 이하 이 조에서 같다)부터 시행하는 경우에는 공포한 날을 시행일로 한다.
> 2. <u>법령등을 공포한 날부터 일정 기간이 경과한 날부터 시행하는 경우 법령등을 공포한 날을 첫날에 산입하지 아니한다.</u>
> 3. 법령등을 공포한 날부터 일정 기간이 경과한 날부터 시행하는 경우 그 기간의 말일이 토요일 또는 공휴일인 때에는 그 말일로 기간이 만료한다.

② 당사자의 신청에 따른 처분은 법령등에 특별한 규정이 있거나 처분 당시의 법령등을 적용하기 곤란한 특별한 사정이 있는 경우를 제외하고는 처분 당시의 법령등에 따른다(행정기본법 제14조 제1항, ▷기본서 305쪽).

③ 기계적인 처분을 전제로 하므로, 기속행위만을 대상으로 한다. 나아가, 그 근거는 행정규칙이 아닌 법률이 되어야 한다.

> **행정기본법 제20조【자동적 처분】** 행정청은 법률로 정하는 바에 따라 완전히 자동화된 시스템(인공지능 기술을 적용한 시스템을 포함한다)으로 처분을 할 수 있다. 다만, <u>처분에 재량이 있는 경우는 그러하지 아니하다.</u>

④ 임의적 절차에 해당한다(▷기본서 343쪽).

> **행정기본법 제36조【처분에 대한 이의신청】** ③ 제1항에 따라 이의신청을 한 경우에도 그 이의신청과 관계없이 「행정심판법」에 따른 행정심판 또는 「행정소송법」에 따른 행정소송을 제기할 수 있다.

08 답 ③

① 즉, 과징금 납부의무는 일신전속성이 없다(99두35). 이와 달리, 이행강제금 납부의무는 일신전속성 때문에 승계가 불가하다(2006마470, ▷기본서 35쪽, 156쪽).

② 전통적인 의미의 과징금은 불법 이득 환수의 목적을 갖는 행정상 제재에 해당할 뿐(▷기본서 165쪽), 형사처벌에는 해당하지 않는다.

③ 부과받는 상대방의 입장에서 생각해보면, 추후에 새로운 자료가 나왔다는 이유로 계속하여 새로운 과징금을 부과하거나, 기존 처분을 변경할 경우 방어권 침해의 소지가 클 수밖에 없다. 나아가, 행정청의 입장에서도 한 번에 제대로 부과하지 않을 유인이 커지게 된다. 따라서 허용되지 않는다(99두1571, ▷기본서 166쪽).

④ 과징금은 원칙적으로 재량행위이므로 일부취소판결이 불가하다(98두2270, ▷기본서 165쪽).

09 답 ③

① 개념적으로는 처분성이 있다 하더라도, 개별법에서 항고소송 외 다른 불복절차(과태료재판 등)를 거치도록 한다면 항고소송의 대상인 처분이 될 수 없다(예 농지법상 이행강제금; 2018두42955, ▷기본서 158쪽).

② 철거의 목적이 된 건물 내에 점유자가 있는 경우에 해당한다. 철거를 하기 위해서는 먼저 점유자로부터 인도를 받아야 한다. 원칙적으로 대집행은 대체적 작위의무인 철거의무에 대해서는 적용될 수 있으나, 비대체적 작위의무인 인도의무에 대해서는 적용될 수 없다. 다만, 이 경우에는 인도의무가 철거의무를 이행하기 위한 부수적 의무에 해당하므로, 예외적으로 대집행 절차에 의해 퇴거 조치까지 이행하게끔 할 수 있다.

구체적으로, 점유자들이 퇴거 조치에 불응하는 것은 공무집행방해죄에 해당하므로, 경찰로부터 행정응원을 받아 이들을 현행범 체포하는 방식으로 점유을 이전 받도록 하고 있다(2016다213916, ▷기본서 151 - 2쪽).
③ 지방세의 결손처분은 국세의 결손처분과 마찬가지로 더 이상 납세의무가 소멸하는 사유가 아니라 체납처분을 종료하는 의미만을 가지게 되었고, 결손처분의 취소 역시 국민의 권리와 의무에 영향을 미치는 행정처분이 아니라 과거에 종료되었던 체납처분 절차를 다시 시작한다는 행정절차로서의 의미만을 가지게 되었다고 할 것이다(2018다272407).
④ 체납한 사실이 전혀 없음에도 압류를 당한 제3자의 입장에서 이는 중대명백한 하자임에 틀림이 없다(2005두15151, ▷기본서 83쪽).

10   답 ③

① [1] 국립대학교 총장은 공권력을 행사하는 주체이자 기본권 수범자로서의 지위를 갖는다. 그 결과 사적 단체 또는 사인의 경우 차별처우가 사회공동체의 건전한 상식과 법감정에 비추어 볼 때 도저히 용인될 수 있는 한계를 벗어난 경우에 한해 사회질서에 위반되는 행위로서 위법한 행위로 평가되는 것과 달리, 국립대학교 총장은 헌법상 평등원칙의 직접적인 구속을 받고, 국민의 기본권을 보호 내지 실현할 책임과 의무를 부담하므로, 그 차별처우의 위법성이 보다 폭넓게 인정된다.
[2] 국립대학교 법학전문대학원에 입학원서를 제출한 제칠일안식일예수재림교 신자 甲이 1단계 서류전형 평가 합격 통지와 함께 토요일 오전반으로 면접고사 일정이 지정되자, 토요일 일몰 전에 세속적 행위를 금지하는 안식일에 관한 종교적 신념을 지키기 위해 면접 일정을 토요일 오후 마지막 순번으로 변경해 달라는 취지의 이의신청서를 제출했으나, 총장이 이를 거부하고 면접평가에 응시하지 않은 甲에게 불합격 통지를 한 사안에서, 甲의 면접일시 변경을 거부함으로써 甲이 종교적 신념을 이유로 받게 된 중대한 불이익을 방치한 총장의 행위는 헌법상 평등원칙을 위반한 것으로 위법하고, 위법하게 지정된 면접일정에 응시하지 않았음을 이유로 한 불합격처분은 취소되어야 한다고 한 사례(2022두56661).
② 행정청이 재량권은 존중되어야 하므로, 사법심사를 함에 있어 함부로 재량권 일탈남용으로 보지 말아야 한다는 취지이다.
'환경오염 발생 우려'와 같이 장래에 발생할 불확실한 상황과 파급효과에 대한 예측이 필요한 요건에 관한 행정청의 재량적 판단은 그 내용이 현저히 합리성을 결여하였다거나 상반되는 이익이나 가치를 대비해 볼 때 형평이나 비례의 원칙에 뚜렷하게 배치되는 등의 사정이 없는 한 폭넓게 존중하여야 한다. 또한 처분이 재량권을 일탈·남용하였다는 사정은 그 처분의 효력을 다투는 자가 주장·증명하여야 한다(2021두33593).

③ GATT 협정은 국가와 국가 사이의 권리·의무관계를 설정하는 국제협정으로, 그 내용 및 성질에 비추어 이와 관련한 법적 분쟁은 위 WTO 분쟁해결기구에서 해결하는 것이 원칙이고, 사인(私人)에 대하여는 위 협정의 직접 효력이 미치지 아니한다고 보아야 할 것이므로, 위 협정에 따른 회원국 정부의 반덤핑부과처분이 WTO 협정위반이라는 이유만으로 사인이 직접 국내 법원에 회원국 정부를 상대로 그 처분의 취소를 구하는 소를 제기하거나 위 협정위반을 처분의 독립된 취소사유로 주장할 수는 없다 할 것이어서, 이 점에 관한 상고이유의 주장도 부적법하여 이유 없다(2008두17936, ▷기본서 16쪽).
④ 위반행위가 법령 개정 전후에 걸쳐 이루어진 경우 과징금을 부과하기 위한 근거법령을 정하는 문제와 관련하여 행위종료일을 기준으로 그 일자에 적용되는 법령을 위반행위 전(全) 기간에 적용하더라도 헌법상 금지되는 소급입법이라고 할 수 없다는 취지이다(2008두15169).

11   답 ②

① 사업인정은 수용권을 설정해 주는 행정처분으로서, 이에 따라 수용할 목적물의 범위가 확정되고, 수용권자가 목적물에 대한 현재 및 장래의 권리자에게 대항할 수 있는 공법상 권한이 생긴다(2019두47629, 2017두71031, ▷기본서 217쪽).
즉, 형성적 행위의 일종인 특허에 해당한다(▷기본서 56쪽).

법률행위적 행정행위	명령적 행위	하명	허가	면제
	형성적 행위	특허	인가	대리
준법률행위적 행정행위	확인적 행위	확인		
		공증		
		수리		
		통지		

② 수용 그 자체(수용여부, 시기, 범위 등)를 다툰다면 원처분인 수용재결에 대하여 항고소송을 제기해야 할 것이나(토지보상법 제85조 제1항, ▷기본서 221쪽), 보상금의 액수를 다툰다면 사업시행자 및 토지소유자 간에 당사자소송이 제기되어야 할 것이다(토지보상법 제85조 제2항).
③ 협의취득과 보상합의는 동일한 의미이다. 강제로 수용하기 전에 당사자 간에 자율적인 협의를 하도록 하고, 만약 협의가 성립할 경우 이를 사법상 매매계약으로 본다. 사법상 계약으로부터 발생한 철거의무이므로, 이를 불이행하였더라도 대집행이 불가하다(2006두7096, ▷기본서 218쪽).
④ 공익사업을 수행하여 공익을 실현할 의사나 능력이 없는 자에게 타인의 재산권을 공권력적·강제적으로 박탈할 수 있는 수용권을 설정하여 줄 수는 없으므로, 사업시행자에게 해당 공익사업을 수행할 의사와 능력이 있어야 한다는 것도 사업인정의 한 요건이라고 보아야 한다(2017두71031, ▷기본서 217쪽).

12 답 ④

① , ③ 거부처분이 취소된 경우, 행정청은 판결의 취지에 따라 다시 이전의 신청에 대한 처분을 하여야 한다. 거부처분이 위법하다는 이유로 취소되었으므로, 원칙적으로는 판결의 취지를 존중하여 신청에 따른 처분(즉, 인용처분)을 하여야 할 것이나, 기속력에 위반되지 않는 예외적인 경우에는 다시 거부처분을 하는 것도 가능할 것이다.

다시 거부처분을 되풀이함에도 기속력에 위반되지 않는다고 보는 예외적인 사례로는 (i) 기본적 사실관계의 동일성이 없는 다른 처분사유를 내세운 처분, (ii) 개정된 법령에 따른 처분, (iii) 처분의 절차 및 형식 흠결로 인해 인용판결이 내려진 후, 위 절차 및 형식을 보완한 처분의 경우를 들 수 있다(2003두13045 등, ▷기본서 320쪽).

② 기판력은 판결의 주문에만 발생하고(▷기본서 315쪽), 기속력은 판결주문뿐 아니라 판결이유에까지 발생한다. 즉, 기속력은 판결의 취지를 모두 고려한다.

④ 형성력으로 인해 거부처분은 소급적으로 소멸하겠으나, 신청에 대한 재처분(재임용결정)까지 이루어져야 공무원의 신분이 회복될 수 있다.

[1] 기간을 정하여 임용된 국·공립대학의 교원은 특별한 사정이 없는 한 그 임용기간의 만료로 교원으로서의 신분관계가 종료되는 것이고, 임용기간이 만료된 교원의 재임용이 거부되었다가 그 재임용거부처분이 법원의 판결에 의하여 취소되었다고 하더라도 임용권자는 다시 재임용 심의를 하여 재임용 여부를 결정할 의무를 부담할 뿐, 위와 같은 취소 판결로 인하여 당연히 그 교원이 재임용거부처분 당시로 소급하여 신분관계를 회복한다고 볼 수는 없다.

[2] 그러므로 재임용거부처분 취소판결을 거쳐 재임용된 교원이라 하더라도 임용기간 만료로 교원으로서의 신분을 상실한 후 재임용되기 전까지의 기간은 공무원연금법 제23조 제1항에 정한 재직기간에 산입할 수 없다(2009두416).

13 답 ②

① 실체심리라 함은 본안심리를 말한다. 잘못된 각하재결이 내려진 경우이므로, 재결의 고유한 하자가 있는 것이 되어 이를 대상으로 소송을 제기할 수 있다(▷기본서 254쪽).

② ▷기본서 351쪽

> 행정심판법 제15조【선정대표자】 ① 여러 명의 청구인이 공동으로 심판청구를 할 때에는 청구인들 중에서 3명 이하의 선정대표자를 선정할 수 있다.
> ② 청구인들이 제1항에 따라 선정대표자를 선정하지 아니한 경우에 위원회는 필요하다고 인정하면 청구인들에게 선정대표자를 선정할 것을 권고할 수 있다.
> ③ 선정대표자는 다른 청구인들을 위하여 그 사건에 관한 모든 행위를 할 수 있다. 다만, 심판청구를 취하하려면 다른 청구인들의 동의를 받아야 하며, 이 경우 동의받은 사실을 서면으로 소명하여야 한다.
> ④ <u>선정대표자가 선정되면 다른 청구인들은 그 선정대표자를 통해서만 그 사건에 관한 행위를 할 수 있다.</u>
> ⑤ 선정대표자를 선정한 청구인들은 필요하다고 인정하면 선정대표자를 해임하거나 변경할 수 있다. 이 경우 청구인들은 그 사실을 지체 없이 위원회에 서면으로 알려야 한다.

③ 행정소송과는 달리 가구제 수단으로서 임시처분이 허용되지만, 어디까지나 집행정지로 그 목적을 달성할 수 없는 경우에 한하여 보충적으로 적용된다(행정심판법 제31조 제3항, ▷기본서 353쪽).

④
> 행정심판법 제48조【재결의 송달과 효력 발생】 ① 위원회는 지체 없이 당사자에게 재결서의 정본을 송달하여야 한다. 이 경우 중앙행정심판위원회는 재결 결과를 소관 중앙행정기관의 장에게도 알려야 한다.
> ② 재결은 청구인에게 제1항 전단에 따라 송달되었을 때에 그 효력이 생긴다.
> ③ 위원회는 재결서의 등본을 지체 없이 참가인에게 송달하여야 한다.
> ④ <u>처분의 상대방이 아닌 제3자가 심판청구를 한 경우 위원회는 재결서의 등본을 지체 없이 피청구인을 거쳐 처분의 상대방에게 송달하여야 한다.</u>

14 답 ④

① [1] 국가배상법 제2조 소정의 "공무원"이라 함은 국가공무원법이나 지방공무원법에 의하여 공무원으로서의 신분을 가진 자에 국한하지 않고, 널리 공무를 위탁받아 실질적으로 공무에 종사하고 있는 일체의 자를 가리키는바, 서울특별시 종로구 통, 반설치조례에 의하면 통장은 동장의 추천에 의하여 구청장이 위촉하고 동장의 감독을 받아 주민의 거주·이동상황 파악 등의 임무를 수행하도록 규정되어 있고, 주민등록법 제14조와 같은 법 시행령 제7조의2 등에 의하면 주민등록 전입신고를 하여야 할 신고의무자가 전입신고를 할 경우에는 신고서에 관할이장(시에 있어서는 통장)의 확인인을 받아 제출하도록 규정되어 있는 점 등에 비추어 보면 통장이 전입신고서에 확인인을 찍는 행위는 공무를 위탁받아 실질적으로 공무를 수행하는 것이라고 보아야 하므로, 통장은 그 업무범위 내에서는 국가배상법 제2조 소정의 공무원에 해당한다.

[2] 동사무소 주민등록업무 담당공무원이 우송되어 온 주민등록표가 용지의 마멸 훼손상태, 정정방법, 기재내용 등이 비정상적이어서 위조의 의심이 있는데도 전주거지에 확인하여 보는 등의 조치를 취하지 아니한 채 접수한 잘못과 통장이 실전입 여부도 확인함이 없이 전입신고서에 날인하여 준 잘못으로 말미암아 동사무소에 허무인의 주민등록표와 인감대장이 비치되고, 그로 인하여 허위의 주민등록표와 인감증명서가 발급되어 무효인 근저당권 설정등기 등이 경료됨으로써 이를 믿고 물품을 외상판매한 피해자에 대하여 지방자치단체(구)에게 국가배상법 제2조 소정의 손해배상책임이 있다고 본 사례(91다5570)

② 직무행위는 객관적·외형적으로 판단하므로, 제3자의 관점에서는 해당 공무원이 평소와 같이 공무원증 발급 업무를 수행하였다고 볼 수밖에 없다. 따라서, 위조행위가 수반되었음에도 공무원의 직무집행에 해당한다(2004다26805, ▷기본서 178쪽).

③ 국가배상청구의 요건인 "직무행위"에는 권력적 작용뿐 아니라, 비권력적 작용도 포함된다. 단, 사경제적 작용은 포함되지 않는다(▷기본서 177쪽).

④ [1] 원칙적으로 사무귀속주체가 국가배상법 제2조 또는 제5조에 따른 책임(국가배상책임의 3가지 유형을 말함)을 부담하나, 비용부담주체가 따로 존재할 경우 피해자 보호 차원에서 비용부담주체 또한 책임을 부담하도록 한다(99다11120, ▷기본서 202쪽).

[2] 도로의 유지·관리에 관한 상위 지방자치단체의 행정권한이 행정권한 위임조례로 하위 지방자치단체장에게 위임되었다면 그것은 기관위임이지 단순한 내부위임이 아니다. 기관위임의 경우 위임받은 하위 지방자치단체장은 상위 지방자치단체 산하 행정기관의 지위에서 그 사무를 처리하는 것이므로 사무귀속의 주체가 달라진다고 할 수 없다. 따라서 하위 지방자치단체장을 보조하는 그 지방자치단체 소속 공무원이 위임사무를 처리하면서 고의 또는 과실로 타인에게 손해를 가하거나 위임사무로 설치·관리하는 영조물의 하자로 타인에게 손해를 발생하게 한 경우에는 권한을 위임한 상위 지방자치단체가 그 손해배상책임을 진다(2017다223538).

14회 | 2023년 지방직 7급

정답

01	③	02	④	03	①	04	②	05	①
06	②	07	④	08	④	09	③	10	②
11	③	12	④	13	③	14	③	15	③

01 답 ③

① 관련 법령이 정신병원 등의 개설에 관하여는 허가제로, 정신과 의원 개설에 관하여는 신고제로 각 규정하고 있는 것은 각 의료기관의 개설 목적 및 규모 등 차이를 반영한 합리적 차별로서 평등의 원칙에 반한다고 볼 수 없다(2018두44302).

② (i) 재량준칙은 일반적으로 행정조직 내부에서만 효력을 가질 뿐 대외적인 구속력을 갖는 것은 아니므로 행정처분이 이를 위반하였다고 하여 그러한 사정만으로 곧바로 위법하게 되는 것은 아니고, (ii) 다만 그 재량준칙이 정한 바에 따라 되풀이 시행되어 행정관행이 이루어지게 되면 평등의 원칙이나 신뢰보호의 원칙에 따라 행정기관은 상대방에 대한 관계에서 그 규칙에 따라야 할 자기구속을 받게 된다(2011두28783, ▷기본서 31쪽).

③ 건축주(허가처분의 상대방)의 대리인인 건축사에게 귀책사유가 있는 경우이다. 이때 건축주에게는 실제로 귀책사유가 없다 하더라도, 대리인에게 귀책사유가 있으므로 결국 위 허가처분에 대한 신뢰는 귀책사유가 있는 것이 된다. 즉, 상대방과 그로부터 신청행위를 위임받은 수임인 등 관계자 모두를 기준으로 판단하여야 한다(2001두1512, ▷기본서 27쪽).

④ 자동차가 대중적인 교통수단이고 그에 따라 자동차운전면허가 대량으로 발급되어 교통상황이 날로 혼잡해짐에 따라 교통법규를 엄격히 지켜야 할 필요성은 더욱 커지는 점, 음주운전으로 인한 교통사고 역시 빈번하고 그 결과가 참혹한 경우가 많아 대다수의 선량한 운전자 및 보행자를 보호하기 위하여 음주운전을 엄격하게 단속하여야 할 필요가 절실한 점 등에 비추어 보면, 음주운전으로 인한 교통사고를 방지할 공익상의 필요는 더욱 중시되어야 하고 운전면허의 취소는 일반의 수익적 행정행위의 취소와는 달리 그 취소로 인하여 입게 될 당사자의 불이익보다는 이를 방지하여야 하는 일반예방적 측면이 더욱 강조되어야 한다(2017두59949, 2017두67476, ▷기본서 32쪽).

02 답 ④

① 위임명령(▷기본서 47쪽)의 전형적인 사례이다(2003두4355).

② 행정규칙은 대외적 구속력이 아닌, 내부적 구속력만이 인정된다. 따라서, 이는 처분의 위법성 판단기준은 되지 않으나, 징계 여부의 판단기준은 될 수 있다(▷기본서 52쪽).

다만, 이러한 행정규칙이 상위법령에 반한다면 이는 무효이므로 내부적 구속력조차 인정될 수 없다(2020두42262). 따라서, 무효인 행정규칙을 위반한 행위는 징계의 대상이 될 수 없다.

③, ④ 법령보충적 행정규칙 또는 행정규칙 형식의 법규명령은 형식적으로나 내용적으로나 위임의 범위를 철저히 준수해야 한다는 한계는 존재한다(2010다72076, 2014헌바382, ▷기본서 48쪽).

③은 내용적 한계, ④는 형식적 한계에 관한 내용이다.

03 답 ①

① 직권취소의 법적 효과는 판결에 의한 취소와 동일하다. 즉, 처분이 소급적으로 소멸한다(행정기본법 제18조 제1항, ▷기본서 98쪽).
② 철회는 처분의 성립 당시에는 아무런 하자가 없었음에도 후발적인 사정이 발생함에 따라 처분의 효력을 소멸시키는 것을 말한다(행정기본법 제19조 제1항, ▷기본서 96쪽). 이는 처분 성립 당시의 하자를 전제로 하는 취소와는 구별된다(행정기본법 제18조 제1항).
철회의 사유는 1. 법률에서 정한 철회 사유에 해당하게 된 경우, 2. 법령등의 변경이나 사정변경으로 처분을 더 이상 존속시킬 필요가 없게 된 경우, 3. 중대한 공익을 위하여 필요한 경우, 3가지이다(행정기본법 제19조 제1항 각 호).
③ A처분 → ⓒ A처분(㉠) 취소 → ⓒ A처분 취소(ⓒ)의 취소 순으로 처분이 이어질 경우, ⓒ 단계에서는 ⓒ이 사라지는 결과 ㉠만 남게 된다. 즉, A처분이 ⓒ으로 인해 취소되었다가, 다시 부활하게 되는 것이다.
이러한 "부활"이 가능한지에 대해 판례는, 부활하게 되는 A처분이 국민의 입장에서 수익적이라면 이를 원칙적으로 긍정하나, 침익적이라면 이를 부정한다. 한 마디로, 국민에게 득이 되는 처분만 부활시킬 수 있다는 것이다. 조세부과처분은 침익적 처분이기 때문에 부활이 허용되지 않는다(94누7027, ▷기본서 98쪽).
④ 행정행위의 직권취소는 소급효를 갖는 것이 원칙이나, 예외적으로 취소처분의 상대방이 침해받는 사익이 상당하다는 등의 정당한 사유가 있다면 장래효를 갖게 할 수도 있다(행정기본법 제18조 제1항, ▷기본서 95쪽).

04 답 ②

⇨ ㄱ, ㄹ
ㄱ, ㄴ. ▷기본서 105쪽

> 행정기본법 제27조【공법상 계약의 체결】① 행정청은 법령등을 위반하지 아니하는 범위에서 행정목적을 달성하기 위하여 필요한 경우에는 공법상 법률관계에 관한 계약(이하 "공법상 계약"이라 한다)을 체결할 수 있다. 이 경우 계약의 목적 및 내용을 명확하게 적은 계약서를 작성하여야 한다.
> ② 행정청은 공법상 계약의 상대방을 선정하고 계약 내용을 정할 때 공법상 계약의 공공성과 제3자의 이해관계를 고려하여야 한다.

ㄷ. 행정청이 자신과 상대방 사이의 법률관계를 일방적인 의사표시로 종료시켰다고 하더라도 곧바로 그 의사표시가 행정청으로서 공권력을 행사하여 행하는 행정처분이라고 단정할 수는 없고, 관계법령이 상대방의 법률관계에 관하여 구체적으로 어떻게 규정하고 있는지에 따라 개별적으로 판단하여야 한다. 즉, 계약의 해지가 처분성을 갖는지 여부에 대해 사안마다 개별적으로 판단한다는 취지이다(2013두6244, ▷기본서 105쪽).
그런데, 수험적으로는 전문직/계약직 공무원 채용계약 및 중소기업 정보화지원사업 협약의 해지는 공법상 계약의 해지로서 처분이 아니므로 당사자소송으로 다툰다고 숙지하면 족하다. 따라서, 본 지문의 협약은 공법상 계약에 해당한다.
구체적으로, 공법상 계약의 체결(이행의 청구) 및 해지는 처분성이 인정되지 않아 당사자소송으로 다투고, 처분이 아니므로 행정절차법이 적용되지도 않는다(2002두5948, 95누4636 등, ▷기본서 106쪽).
다만, 계약 존속 중 보수삭감 등의 인사상 불이익 조치는 처분성이 있어 행정절차법이 적용된다(2006두16328).
ㄹ. '공공계약'은 그 명칭에도 불구하고 사법상 계약에 해당한다(2014두11328, ▷기본서 14쪽).

05 답 ①

① 판례는 양도인에게 제재사유가 발생하였으나 아직 제재처분은 이루어지지 않은 상태에서 그 지위가 승계된 경우, 위 제재사유가 양수인에게 승계되었음을 이유로 양수인에 대한 제재처분이 가능하다는 입장이다. 즉, 이미 성립한 공의무뿐 아니라 제재사유 또한 승계 대상이 되는 것이다(2001두1611, ▷기본서 35쪽).
② 공무원 임용을 위한 면접전형에 있어서 임용신청자의 능력이나 적격성 등에 관한 판단은 면접위원의 고도의 교양과 학식, 경험에 기초한 자율적 판단에 의존하는 것으로서 오로지 면접위원의 자유재량에 속하고, 그와 같은 판단이 현저하게 재량권을 일탈 내지 남용한 것이 아니라면 이를 위법하다고 할 수 없다(97누11911).
③ 가축분뇨법에 따른 처리방법 변경허가는 허가권자의 재량행위에 해당한다. 허가권자는 변경허가 신청 내용이 가축분뇨법에서 정한 처리시설의 설치기준과 정화시설의 방류수 수질기준을 충족하는 경우에도 반드시 이를 허가하여야 하는 것은 아니고, 자연과 주변 환경에 미칠 수 있는 영향 등을 고려하여 허가 여부를 결정할 수 있다(2021두35681).
④ 재미동포 인기가수와 관련된 사안이다. LA재외공관장이 법무부장관의 입국금지결정만을 근거로 사증발급거부처분을 하였는데, 대법원은 LA재외공관장이 자신에게 주어진 고유의 재량을 전혀 행사하지 않은 이른바 재량권 불행사가 재량권 일탈남용의 일종이라고 보았다(2017두38874, ▷기본서 71쪽).

06 답 ②

① 해당 처분의 성질상 의견청취가 현저히 곤란하거나 명백히 불필요하다고 인정될 만한 상당한 이유가 있는 경우에는 사전통지를 생략할 수 있다(행정절차법 제21조 제4항 제3호, ▷기본서 117쪽).
퇴직연금의 환수결정은 당사자에게 의무를 과하는 처분이기는 하나, 관련 법령에 따라 당연히 환수금액이 정하여지는 것이므로, 성질상 사전통지가 요구되지 않는다(99두5443, ▷기본서 117쪽).

② 처분청이 행정심판법에 따른 고지의무를 이행하지 않았다면 행정심판의 청구기간이 연장되는 특혜가 인정되므로, 그 밖에 이로 인하여 처분의 절차상 하자가 발생된다고는 볼 수 없다(87누529, ▷기본서 349쪽).

③ 행정절차법 제19조 제1항은 "행정청은 신청인의 편의를 위하여 처분의 처리기간을 종류별로 미리 정하여 공표하여야 한다."라고 정하고 있다.
이처럼 처분이나 민원의 처리기간을 정하는 것은 신청에 따른 사무를 가능한 한 조속히 처리하도록 하기 위한 것이다. 처리기간에 관한 규정은 훈시규정에 불과할 뿐 강행규정이라고 볼 수 없다. 행정청이 처리기간이 지나 처분을 하였더라도 이를 처분을 취소할 절차상 하자로 볼 수 없다(2018두41907).

④ 판례는 청문의 예외사유를 엄격히 해석하는 경향이 있다. 예컨대, (i) 청문통지서 2회 반송 및 청문회 불출석에도 불구하고 여전히 청문을 실시하여야 한다고 하였고(2000두3337), (ii) 별도 협약 체결을 통해 청문이 배제될 수 없다고 보았으며(2002두8350), (iii) 상대방이 이미 행정청에 위반사실을 시인하는 과정에서 의견진술의 기회가 있었다 하더라도 별도의 청문을 이행하여야 한다는 입장에 서있다(2016두63224, ▷기본서 119-120쪽).

07　　답 ④

① 시장 등의 결정의 대외적 공표행위가 있기 전까지는 비공개대상인데 반해, 이미 시장 등의 결정의 대외적 공표행위가 있은 후에는 공개대상이 된다(99추85, ▷기본서 138쪽).

② 공공기관의 정보공개에 관한 법률에 의한 정보공개제도는 공공기관이 보유·관리하는 정보를 그 상태대로 공개하는 제도이지만, 전자적 형태로 보유·관리되는 정보의 경우에는, 그 정보가 청구인이 구하는 대로는 되어 있지 않다고 하더라도, 그 공공기관이 공개청구대상정보를 보유·관리하고 있는 것으로 볼 수 있고, 이러한 경우에 기초자료를 검색·편집하는 것은 새로운 정보의 생산 또는 가공에 해당한다고 할 수 없다(2009두6001, ▷기본서 136쪽).

③ 비공개대상을 규정할 수 있는 것에는 법률뿐 아니라, 위임명령도 포함된다(▷기본서 137쪽).

> 공공기관의 정보공개에 관한 법률 제9조【비공개 대상 정보】
> ① 공공기관이 보유·관리하는 정보는 공개 대상이 된다. 다만, 다음 각 호의 어느 하나에 해당하는 정보는 공개하지 아니할 수 있다.
> 1. 다른 법률 또는 법률에서 위임한 명령(국회규칙·대법원규칙·헌법재판소규칙·중앙선거관리위원회규칙·대통령령 및 조례로 한정한다)에 따라 비밀이나 비공개 사항으로 규정된 정보

④ 특별한 정함이 없는 이상 임의적 전치주의가 원칙이다.

> 공공기관의 정보공개에 관한 법률 제19조【행정심판】② 청구인은 제18조에 따른 이의신청 절차를 거치지 아니하고 행정심판을 청구할 수 있다.

08　　답 ④

① 질서위반행위규제법 제3조【법 적용의 시간적 범위】① 질서위반행위의 성립과 과태료 처분은 행위 시의 법률에 따른다.
② 질서위반행위 후 법률이 변경되어 그 행위가 질서위반행위에 해당하지 아니하게 되거나 과태료가 변경되기 전의 법률보다 가볍게 된 때에는 법률에 특별한 규정이 없는 한 변경된 법률을 적용한다.
③ 행정청의 과태료 처분이나 법원의 과태료 재판이 확정된 후 법률이 변경되어 그 행위가 질서위반행위에 해당하지 아니하게 된 때에는 변경된 법률에 특별한 규정이 없는 한 과태료의 징수 또는 집행을 면제한다.

② 질서위반행위규제법 제10조【심신장애】① 심신(心神)장애로 인하여 행위의 옳고 그름을 판단할 능력이 없거나 그 판단에 따른 행위를 할 능력이 없는 자의 질서위반행위는 과태료를 부과하지 아니한다.
② 심신장애로 인하여 제1항에 따른 능력이 미약한 자의 질서위반행위는 과태료를 감경한다.
③ 스스로 심신장애 상태를 일으켜 질서위반행위를 한 자에 대하여는 제1항 및 제2항을 적용하지 아니한다.

③ 질서위반행위규제법 제19조【과태료 부과의 제척기간】① 행정청은 질서위반행위가 종료된 날(다수인이 질서위반행위에 가담한 경우에는 최종행위가 종료된 날을 말한다)부터 5년이 경과한 경우에는 해당 질서위반행위에 대하여 과태료를 부과할 수 없다.
② 제1항에도 불구하고 행정청은 제36조 또는 제44조에 따른 법원의 결정이 있는 경우에는 그 결정이 확정된 날부터 1년이 경과하기 전까지는 과태료를 정정부과 하는 등 해당 결정에 따라 필요한 처분을 할 수 있다.

④ 질서위반행위규제법 제20조【이의제기】① 행정청의 과태료 부과에 불복하는 당사자는 제17조 제1항에 따른 과태료 부과 통지를 받은 날부터 60일 이내에 해당 행정청에 서면으로 이의제기를 할 수 있다.
② 제1항에 따른 이의제기가 있는 경우에는 행정청의 과태료 부과처분은 그 효력을 상실한다.
③ 당사자는 행정청으로부터 제21조 제3항에 따른 통지를 받기 전까지는 행정청에 대하여 서면으로 이의제기를 철회할 수 있다.

09　　답 ③

⇨ ㄱ, ㄷ, ㄹ

ㄱ. 이행강제금은 일정한 기한까지 의무를 이행하시 않을 때에는 일정한 금전적 부담을 과할 뜻을 미리 계고함으로써 의무자에게 심리적 압박을 주어 장래에 그 의무를 이행하게 하려는 행정상 간접적인 강제집행 수단의 하나에 해당한다(2009헌바140, ▷기본서 155쪽).

ㄴ. 행정청은 의무자가 행정상 의무를 이행할 때까지 이행강제금을 반복하여 부과할 수 있다. 다만, 의무자가 의무를 이행하면 새로운 이행강제금의 부과를 즉시 중지하되, 이미 부과한 이행강제금은 징수하여야 한다(행정기본법 제31조 제5항, ▷기본서 156쪽).

ㄷ. 대집행의 적용 범위는 대체성이 있는 의무에 한한다. 즉, 대체적 작위의무에 국한되고, 그 밖에 비대체적 작위의무 및 부작위의무에는 적용이 없다. 대체적 작위의무의 대표적인 사례가 철거의무이고(99다18909, ▷기본서 150쪽), 비대체적 작위의무의 대표적인 사례는 인도의무이다(97누157). 특정 공간을 인도하여 줄 수 있는 자는 그 공간을 현재 점유하고 있는 자 뿐이다.

ㄹ. 금지규정이 존재하는 상태에서는 그 상대방에게 금지의무, 즉 부작위의무만이 부과된 상태이다. 이는 대체성이 없으므로 해당 의무가 불이행되더라도 대집행을 할 수 없다(2005두7464, ▷기본서 151쪽).

금지의무가 불이행되었다면 이에 대해 시정명령을 내려야 할 것이나, 법률유보원칙에 따를 때 이러한 침익적 처분은 별도의 법률상 근거가 없이는 발령될 수 없다. 따라서, 시정명령을 내릴 수 있는 권한은 금지규정으로부터 당연히 도출된다고 볼 수 없다.

만약 별도의 규정이 마련되어 시정명령이 내려진다면, 철거의무 등의 대체적 작위의무가 내려질 수 있고(즉, 부작위의무 위반행위를 대체적 작위의무로 전환할 수 있고), 이러한 의무가 불이행될 경우 대집행이 가능하다(96누4374, ▷기본서 153 - 4쪽).

10　　　　　　　　　　　　　　　　　　　　답 ②

① 처분의 위법여부를 선결문제로 하는 국가배상청구 사안에 해당한다. 처분의 취소판결이 있어야만 그 행정처분의 위법임을 이유로 한 손해배상 청구를 할 수 있는 것은 아니다(79다262, 72다337, ▷기본서 78쪽).

② 이미 납부한 세금을 돌려달라는 취지의 부당이득반환청구가 인용되려면, 국가가 법률상 원인 없이 세금을 징수하였어야 한다. 여기에서 법률상 원인은 유효한 조세부과처분을 의미하므로, 위 처분의 효력 유무에 따라 부당이득의 성립이 결정된다. 만약 부과처분이 무효라면, 누구든지 언제나(처음부터) 무효임을 확인시켜 줄 수 있다. 즉, 무효확인판결이 있어야만 비로소 처분이 무효로 되는 것이 아니다. 따라서, 민사법원이라 하더라도 처분의 무효 여부 정도는 확인시켜 줄 수 있다. 민사법원은 부과처분이 무효인 점을 확인한 뒤, 국가가 세금을 징수한 것에는 유효한 부과처분이라는 법률상 원인이 없다는 점을 이유로 부당이득반환청구를 인용할 수 있다.

③ 반면 부과처분에 취소사유가 있는데 불과하다면, 행정법원의 취소판결이 확정됨으로써 비로소 처분이 무효로 된다. 민사법원이 행정소송의 취소판결을 내릴 권한은 없는 것이므로, 민사법원은 처분을 취소시켜줄 수 없다. 즉, 민사법원은 위 처분에 취소사유가 있다고 판단하는 것까지는 가능하지만(위법성 심사), 여기에서 더 나아가 그 효력까지 소멸시킬 수는 없다. 따라서, 공정력으로 인해 처분은 유효한 것으로 통용되므로, 국가가 세금을 징수한 것에는 유효한 부과처분이라는 법률상 원인이 있다. 결국, 부당이득반환청구는 인용될 수 없다(70다1439, ▷기본서 76쪽).

④ 적법한 명령을 위법한 것만이 ××명령위반죄라는 범죄를 구성한다. 형사법원은 선결문제로서 ××명령의 위법성을 심사할 수 있고, 만약 위 명령이 위법하다면 무죄판결을 선고해야 한다(2001도2841, ▷기본서 80쪽).

11　　　　　　　　　　　　　　　　　　　　답 ③

① 구법상으로는 60일/30일이었는데, 법이 개정되어 기간이 연장되었다(▷기본서 221쪽).

> 공익사업을 위한 토지 등의 취득 및 보상에 관한 법률 제85조 【행정소송의 제기】① 사업시행자, 토지소유자 또는 관계인은 제34조에 따른 재결에 불복할 때에는 재결서를 받은 날부터 90일 이내에, 이의신청을 거쳤을 때에는 이의신청에 대한 재결서를 받은 날부터 60일 이내에 각각 행정소송을 제기할 수 있다.
> ② 제1항에 따라 제기하려는 행정소송이 보상금의 증감에 관한 소송인 경우 그 소송을 제기하는 자가 토지소유자 또는 관계인일 때에는 사업시행자를, 사업시행자일 때에는 토지소유자 또는 관계인을 각각 피고로 한다.

②, ③ 사업인정 이전에는 매수청구, 이후에는 수용청구를 한다. 협의 절차를 거쳐야 한다는 점은 다른 보상절차와 동일하나, 수용재결을 기다릴 필요가 없다는 점에서 차이가 있다. 구체적인 내용은 아래와 같다.

잔여지수용청구의 경우, 사업시행자와 사이에 매수 협의를 시도해 본 뒤, 수용을 거절당하면 토지수용위원회에 수용청구를 할 수 있다.

수용청구가 이루어질 경우 토지수용위원회가 별도의 조치를 하지 않아도 사업시행자는 잔여지를 수용하게 되는 효과가 발생한다(이른바 형성권적 성질). 따라서, 사업시행자가 잔여지 수용청구를 거부하는 취지의 수용재결을 내리더라도, 토지소유자는 (청구를 거부하는 취지의 수용재결을 대상으로 항고소송을 제기할 필요 없이) 사업시행자가 이미 잔여지를 수용하였음을 전제로 기존 수용대상토지에 대한 보상금에 더해 잔여지에 대한 보상금까지 지급하여 달라는 청구를 할 수 있다. 이는 보상금 증감(정확히는 증액)에 관한 소송에 해당하므로, 피고는 사업시행자가 되고, 소송 종류는 당사자소송이 된다(▷기본서 225쪽).

④ 하나의 재결에서 피보상자별로 여러 가지의 토지, 물건, 권리 또는 영업(이처럼 손실보상 대상에 해당하는지, 나아가 그 보상금액이 얼마인지를 심리·판단하는 기초 단위를 이하 '보상항목'이라고 한다)의 손실에 관하여 심리·판단이 이루어졌을 때, 피보상자 또는 사업시행자가 반드시 재결 전부에 관하여 불복하여야 하는 것은 아니며, 여러 보상항목들 중 일부에 관해서만 불복하는 경우에는 그 부분에 관해서만 개별적으로 불복의 사유를 주장하여 행정소송을 제기할 수 있다. 이러한 보상금 증감 소송에서 법원의 심판범위는 하나의 재결 내에서 소송당사자가 구체적으로 불복신청을 한 보상항목들로 제한된다.

법원이 구체적인 불복신청이 있는 보상항목들에 관해서 감정을 실시하는 등 심리한 결과, 재결에서 정한 보상금액이 일부 보상항목의 경우 과소하고 다른 보상항목의 경우 과다한 것으로 판명되었다면, 법원은 보상항목 상호간의 유용을 허용하여 항목별로 과다 부분과 과소 부분을 합산하여 보상금의 합계액을 정당한 보상금으로 결정할 수 있다(2017두41221, ▷기본서 222쪽).

12 답 ④

① 권한의 위임이나 대리가 이루어진 사안이라 하더라도 피고적격에 관한 원칙적인 법리가 달리 적용되지 않는다. 최종적으로 표시된 명의에 따라 피고적격을 부여하면 된다(▷기본서 276-8쪽).
참고로, 주체의 하자는 피고적격이 부여된 자와 법적인 권한이 있는 자가 다를 경우 발생한다. 내부위임은 (외부) 위임과는 달리 권한이 이전되지 않으므로, 해당 처분을 행할 법적 권한은 여전히 권한을 내부위임한 위임청에 남아 있다. 그럼에도 내부위임을 받은 자가 처분을 행하였다면, 이는 주체의 하자가 있는 경우로서 무효이다.

② 행정권한의 위임은 행정관청이 법률에 따라 특정한 권한을 다른 행정관청에 이전하여 수임관청의 권한으로 행사하도록 하는 것이어서 권한의 법적인 귀속을 변경하는 것이므로 법률이 위임을 허용하고 있는 경우에 한하여 인정된다(▷기본서 276쪽).
이에 반하여 행정권한의 내부위임은 법률이 위임을 허용하고 있지 아니한 경우에도 행정관청의 내부적인 사무처리의 편의를 도모하기 위하여 그의 보조기관 또는 하급행정관청으로 하여금 그의 권한을 사실상 행사하게 하는 것이다(94누6475, ▷기본서 277쪽).

③ 각론 문제에 해당한다.
사립학교법에 규정된 교육감의 학교법인 임원취임의 승인취소권은 교육감이 지방자치단체의 교육·학예에 관한 사무의 특별집행기관으로서 가지는 권한이고 정부조직법상의 국가행정기관의 일부로서 가지는 권한이라고 할 수 없으므로 국가행정기관의 사무나 지방자치단체의 기관위임사무 등에 관한 권한위임의 근거규정인 정부조직법 제5조 제1항, 행정권한의 위임 및 위탁에 관한 규정 제4조에 의하여 교육장에게 권한위임을 할 수 없고, 구 지방교육자치에 관한 법률에 의하여 조례에 의하여서만 교육장에게 권한위임이 가능하다 할 것이므로, 행정권한의 위임 및 위탁에 관한 규정 제4조에 근거하여 교육감의 학교법인 임원취임의 승인취소권을 교육장에게 위임함을 규정한 대전직할시교육감소관 행정권한의 위임에 관한 규칙 제6조 제4호는 조례로 정하여야 할 사항을 규칙으로 정한 것이어서 무효이다(95누8669).

④ 각론 문제에 해당한다.

> 행정권한의 위임 및 위탁에 관한 규정 제7조 【사전승인 등의 제한】 수임 및 수탁사무의 처리에 관하여 위임 및 위탁기관은 수임 및 수탁기관에 대하여 사전승인을 받거나 협의를 할 것을 요구할 수 없다.

13 답 ③

⇨ ㄱ, ㄷ, ㄹ

ㄱ. 행정심판은 단심제이다. 행정심판을 한번 거치고 나면 다시 행정심판을 청구할 수 없다(재청구 금지의 원칙; 행정심판법 제51조, ▷기본서 349쪽).

ㄴ. 행정소송과는 달리 가구제 수단으로서 임시처분이 허용되지만, 어디까지나 집행정지로 그 목적을 달성할 수 없는 경우에 한하여 보충적으로 적용된다(행정심판법 제31조 제3항, ▷기본서 353-4쪽).

ㄷ. 의무이행심판에서 청구가 인용되어 처분의 이행을 명령하는 재결(처분명령재결)이 있었다면 피청구인에게 처분의무가 발생한다. 그럼에도 이를 이행하지 아니한다면, 간접강제와 직접처분이 모두 가능하다(행정심판법 제50조, 제50조의2, ▷기본서 357쪽).
처분명령재결의 경우에만 직접처분이 허용됨을 숙지하도록 한다.

ㄹ.
> 행정심판법 제54조 【전자정보처리조직을 이용한 송달 등】 ① 피청구인 또는 위원회는 제52조 제1항에 따라 행정심판을 청구하거나 심판참가를 한 자에게 전자정보처리조직과 그와 연계된 정보통신망을 이용하여 재결서나 이 법에 따른 각종 서류를 송달할 수 있다. 다만, 청구인이나 참가인이 동의하지 아니하는 경우에는 그러하지 아니하다.

14 답 ③

① 중간처분은 처분성이 인정되지 않음이 원칙이나, 예외적으로 처분성이 인정된 사안에 해당한다(97누21086, ▷기본서 252쪽).
폐기물처리업의 허가를 받기 위하여는 먼저 사업계획서를 제출하여 허가권자로부터 사업계획에 대한 적정통보를 받아야 하고, 그 적정통보를 받은 자만이 일정기간 내에 시설, 장비, 기술능력, 자본금을 갖추어 허가신청을 할 수 있다. 따라서, 적정통보를 받지 못한 자는 허가를 받을 길이 사라지므로, 이를 부적정통보 단계에서부터 다툴 수 있게 해주어야 한다.

②, ③, ④ 폐기물관리법령에 의한 폐기물처리업 사업계획에 대한 적정통보와 국토이용관리법령에 의한 국토이용계획변경은 각기 그 제도적 취지와 결정단계에서 고려해야 할 사항들이 다르다. 이와 같은 이유에서, 폐기물처리업 적정통보는 국토이용계획변경 허가에 대한 공적 견해표명으로서의 성격이 부정되었다. 즉, 폐기물처리업 적정통보가 있었음에도 폐기물처리업 허가를 거부하면 이는 신뢰보호원칙 위반이 되지만, 나머지 경우에 대해서는 신뢰보호원칙 위반이 아니게 된다(2004두8828, ▷기본서 24쪽).

15 답 ③

① 통고처분의 상대방이 범칙금을 납부하지 아니하면 당초의 통고처분은 그 효력을 상실하고, 이후 즉결심판 및 정식 형사재판의 절차로 진행된다(2002헌마275).
즉, 통고처분은 상대방의 임의의 승복을 그 발효요건으로 하기 때문에 그 자체만으로는 통고이행을 강제하거나 상대방에게 아무런 권리의무를 형성하지 않으므로 행정심판이나 행정소송의 대상으로서의 처분성을 부여할 수 없다(96헌바4, ▷기본서 162쪽).

② 본안청구가 이유 있는지 여부는 원칙적으로 본안소송에서 판단되어야 할 것이나, 본안소송 패소가 "명백"히 예상된다면 집행정지 단계에서도 이를 고려하여 집행정지 신청을 배척한다(94두23, ▷기본서 298쪽).
집행정지의 소극적 요건이므로, 행정청에게 입증책임이 있다.

③ 국가배상법 제5조 제1항 소정의 "공공의 영조물"이라 함은 국가 또는 지방자치단체에 의하여 특정 공공의 목적에 공여된 유체물 내지 물적 설비를 지칭하며, 특정 공공의 목적에 공여된 물이라 함은 일반공중의 자유로운 사용에 직접적으로 제공되는 공공용물에 한하지 아니하고, 행정주체 자신의 사용에 제공되는 공용물도 포함하며 국가 또는 지방자치단체가 소유권, 임차권 그밖의 권한에 기하여 관리하고 있는 경우뿐만 아니라 사실상의 관리를 하고 있는 경우도 포함한다(98다17381, ▷기본서 195쪽).

④ 소송 중 처분의 효과가 소멸한 경우 원칙적으로 소송을 계속 이어나갈 실익이 없다(2001두5200 등, ▷기본서 267쪽).
다만, 처분의 소멸에도 불구하고 소의 이익이 있다고 볼 수 있는 예외적인 경우라면 소의 이익을 인정할 수 있다(행정소송법 제12조 2문).

15회 | 2022년 지방직 7급

정답
p.105

01	①	02	②	03	④	04	②	05	③
06	①	07	③	08	④	09	③	10	③
11	③	12	②	13	④	14	④	15	③
16	④	17	④						

01
답 ①

① 조세나 부담금 부과처분이 있은 뒤, 체납처분 절차가 진행 중이었는데, 다만 위헌결정이 내려질 때까지 절차가 전부 완료되지는 못한 경우를 의미한다. 예컨대, 부과처분 이후 납부의무를 이행하지 않아 이를 집행하기 위하여 체납처분 절차를 진행하였으나 시간이 촉박하여 위헌결정 이전까지 독촉, 압류까지만 진행된 경우를 생각하면 된다.
이때 제소기간을 넘겨 불가쟁력이 발생한 부과처분에 대해서는 위헌결정의 소급효가 미치지 않아 취소소송을 제기하여도 승소할 수 없으나, 남은 체납처분 절차(위 사례에서는 매각, 청산)만큼은 진행되지 않도록 하는 것이 대법원의 입장이다. 그럼에도 불구하고 체납처분이 이루어졌다면 이는 중대·명백한 하자가 있는 경우로서 무효이다(2010두10907, ▷기본서 86쪽).

② 법률에 근거를 두고 발령된 처분의 하자가 중대하다고 평가하기는 어렵지 않을 것이나, 문제는 그 하자가 명백한지 여부이다. 법률에 하자가 있어 이를 더 이상 적용할 수 없다는 법리를 선언한 판결이 선고되기 "전"이라면 명백성이 부정되는 결과 취소사유로 평가될 것이나, 판결이 선고된 "후"라면 명백하다고 볼 수 있어 이는 당연무효사유로 평가될 것이다(▷기본서 51쪽). 본 지문은 후자의 경우를 전제하고 있으므로 중대·명백한 하자가 존재하여 해당 처분은 무효로 된다.

③ 청문절차를 인정하는 취지는 처분의 상대방이 청문회에 출석하도록 하여 처분에 대한 의견을 직접 진술하게 하고자 함이다. 따라서, 상대방이 청문절차의 하자를 문제 삼을 수 있음에도 이를 문제 삼지 않고 직접 출석하여 의견까지 모두 진술하였다면, 절차상의 하자가 치유되었다고 보지 않을 이유가 없다(92누2844, ▷기본서 93쪽).

④ 소득금액변동통지는 조세 부과처분과 그 실질이 유사하다(2002두1878, ▷기본서 242쪽). 조세 부과처분과 체납처분 간에는 하자의 승계가 부정된다. 소득금액변동통지와 체납처분 간의 관계 또한 같다(2009두14439, ▷기본서 87쪽).

02
답 ②

① 인허가가 의제된다 하더라도, 이는 절차적 집중을 의미할 뿐 실체적 집중을 의미하지는 않는다. 즉, 인허가의제 제도가 적용될 때에도, 건축법(A)상 허가 요건과는 별도로 국토의 계획 및 이용에 관한 법령(B)이 정한 도시계획시설사업에 관한 실시계획인가 요건은 별도로 충족되어야 한다.

다만 A법상의 허가를 받는 절차를 밟는 것만으로도 B법상의 인허가 절차까지 같이 처리되는 절차상의 편의가 제공될 뿐이다(92누1162, ▷기본서 128쪽).

② '부분 인허가 의제'가 허용되는 경우, 부분적으로나마 의제된 인허가를 대상으로 소송을 제기하여야 한다. 주된 인허가에 대해서 소송을 제기하는 것이 아님을 유의하여야 한다(2016두38792, ▷기본서 130쪽).

③ 관련 인허가(도시·군관리계획결정)가 의제되므로, 의제되는 인허가에 대한 별도의 절차인 의견청취를 거칠 필요가 없다는 것이다(절차집중; 92누1162, ▷기본서 128쪽).

④ 주된 인허가인 (A) 건축허가를 신청하면서 관련 인허가로 (B) 형질변경허가 및 (C) 농지전용허가를 의제하여 달라고 신청하였으나, (B) 형질변경허가 및 (C) 농지전용허가에 대해 불허가 사유가 있음을 들어 (A), (B), (C) 전부를 불허가한 사안이다. 이 때 (B) 및 (C) 거부처분이 아닌, (A) 거부처분을 소송의 대상으로 삼아야 한다는 점에 유의하여야 한다. (B) 및 (C) 거부처분이 존재한다고 볼 수 없기 때문이다(99두10988, ▷기본서 130쪽).

03 답 ④

① 법규명령은 법제처의 심사를 거치고(대통령령은 국무회의에 상정되어 심의된다) 반드시 공포하여야 효력이 발생되는데 반하여, 행정규칙은 법제처의 심사를 거칠 필요도 없고 공포 없이도 효력을 발생하게 된다는 점에서 차이가 있다는 뜻이다(99헌바91, ▷기본서 52쪽).

② 부작위위법확인소송의 부작위라 함은 "처분"의 부작위를 의미한다. 따라서 행정입법의 부작위는 부작위위법확인소송의 대상이 되지 않고, 다만 국가배상청구 및 헌법소원으로써 구제될 수 있을 뿐이다(2006다3561, ▷기본서 52쪽).

③ 시행규칙(총리령 및 부령)에 제재적 처분기준이 규정된 경우이므로 위 시행규칙이 법규명령 형식의 행정규칙에 해당함을 인지하여야 한다.
처분이 적법한지는 행정규칙에 적합한지 여부가 아니라 상위법령의 규정과 입법 목적 등에 적합한지 여부에 따라 판단해야 한다(2021두39362, ▷기본서 52쪽).

④ 법률이 행정부가 아니거나 행정부에 속하지 않는 공법적 기관의 정관에 특정 사항을 정할 수 있다고 위임하는 경우에는 그러한 권력분립의 원칙을 훼손할 여지가 없다. 이는 자치입법에 해당되는 영역이므로 자치적으로 정하는 것이 바람직하다.
다만 법률이 자치적인 사항을 정관에 위임할 경우 원칙적으로 헌법상의 포괄위임입법금지원칙이 적용되지 않는다 히더라도, 그 사항이 국민의 권리·의무에 관련되는 것일 경우에는, 적어도 국민의 권리와 의무의 형성에 관한 사항을 비롯하여 국가의 통치조직과 작용에 관한 기본적이고 본질적인 사항은 반드시 국회가 정하여야 한다는 법률유보 내지 의회유보의 원칙이 지켜져야 할 것이다(2005헌바31, ▷기본서 19쪽).

04 답 ②

①, ② 행정기본법 제28조 제1항의 "법률로 정하는 바에 따라"는 개별법상의 근거가 별도로 필요하다는 뜻이다(▷기본서 165쪽).

> 행정기본법 제28조【과징금의 기준】① 행정청은 법령등에 따른 의무를 위반한 자에 대하여 <u>법률로 정하는 바에 따라</u> 그 위반행위에 대한 제재로서 과징금을 부과할 수 있다.
> ② 과징금의 근거가 되는 법률에는 과징금에 관한 다음 각 호의 사항을 명확하게 규정하여야 한다.
> 1. 부과·징수 주체
> 2. 부과 사유
> 3. <u>상한액</u>

③ 전통적인 의미의 과징금은 불법 이득 환수의 목적을 갖는다. 다만, 변형된 의미의 과징금 즉, 영업정지에 갈음하는 과징금 부과가 가능해짐에 따라 행정청이 재량에 의해 영업정지 및 과징금 부과 중 하나를 택할 수 있게 되었다(2017두43968, ▷기본서 166쪽).

④ 행정질서벌(과태료)은 고의·과실을 요하는 반면(질서위반행위규제법 제7조, ▷기본서 164쪽), 과징금은 이를 요하지 않는다(2013두5005, ▷기본서 165쪽). 비교해서 숙지할 필요가 있다.

05 답 ③

① 행정청이 문서에 의하여 처분을 하였으나 그 처분서의 문언만으로는 행정처분의 내용이 불분명한 경우, 처분 경위나 처분 이후의 상대방의 태도 등을 고려하여 처분서의 문언과 달리 그 처분의 내용을 해석할 수 있다(2009두18035, ▷기본서 122쪽).

② 불특정 다수를 대상으로 하므로, 성질상 사전통지 및 의견청취를 하지 아니할 개별적 예외사유가 된다(행정절차법 제21조 제4항 제3호, ▷기본서 117쪽; 동법 제22조 제4항, ▷기본서 119쪽). 도로구역변경처분이 대표적 사례이다(2007두1767, ▷기본서 117쪽).

③ 판례는 청문의 예외사유를 엄격히 해석하는 경향이 있다. 예컨대, (i) 청문통지서 2회 반송 및 청문회 불출석에도 불구하고 여전히 청문을 실시하여야 한다고 하였고(2000두3337), (ii) 별도 협약 체결을 통해 청문이 배제될 수 없다고 보았으며(2002두8350), (iii) 상대방이 이미 행정청에 위반사실을 시인하는 과정에서 의견을 진술할 기회가 있었다 하더라도 별도의 청문을 이행하여야 한다는 입장에 서있다(2016두63224, ▷기본서 119-120쪽).

④ (i) 외국인의 출입국·난민인정·귀화, (ii) 공무원 인사 관계법령에 따른 징계와 그 밖의 처분의 경우, 위 사항에 해당하는지 여부뿐 아니라 "해당 행정작용의 성질상 행정절차를 거치기 곤란하거나 거칠 필요가 없다고 인정되는지" 또는 "행정절차에 준하는 절차를 이미 거쳤는지" 여부도 추가로 따져보아야 한다(행정절차법 제3조 제2항 제9호, ▷기본서 113쪽).
대법원은 가급적 행정절차법을 적용하려는 입장에서, 위 배제사유를 좁게 해석하고자 한다. 따라서, 육군3사관학교의 사관생도에 대한 징계 역시 공무원에 대한 것임에도 불구하고 행정절차법이 적용된다.

징계권자나 그 소속 직원이 징계대상자의 변호사가 징계위원회의 심의에 출석하는 것을 막았다면, 이는 의견청취 절차가 제대로 이행되지 않은 것이므로 절차상 하자가 발생한다(2016두33339, ▷기본서 114쪽).

06 답 ①

① 보유하지 않는 정보를 공개하기란 불가능하다. 따라서, 소의 이익이 부정된다(2003두9459, ▷기본서 145쪽).
구체적으로, 원고는 피고가 정보를 보유할 것이라는 점에 대한 개연성만을 증명하면 족하고, 피고는 실제 보유여부에 대한 증명책임을 부담한다. 피고가 이미 폐기된 정보라는 점에 대한 입증에 성공하면 소의 이익 흠결로 인해 원고에게 각하판결이 내려지게 된다(2003두12707, ▷기본서 145쪽).
② 정보공개법 제9조 제1항 제5호는 "의사결정과정에 있는 사항 등으로서 공개될 경우 업무의 공정한 수행이나 연구·개발에 현저한 지장을 초래한다고 인정할 만한 상당한 이유가 있는 정보"를 비공개 대상 정보로 규정하고 있다.
이미 의사가 결정되거나 집행되었다면 해당 회의 관련 자료나 회의록은 의사결정 "과정"에 있는 사항이라고는 볼 수 없다. 다만, 판례는 위 제5호의 범위를 다소 확대하여 위와 같은 회의 관련 자료나 회의록을 의사결정과정에 있는 사항에 "준하는" 사항으로서 비공개 대상 정보로 보고 있다(2002두12946, ▷기본서 139쪽).
③ 청구인이 원하는 방식으로 공개되지 않은 이상, 적법한 공개로 보지 않는다는 취지이다(2012두11409·11416, ▷기본서 144쪽).
④ 공공기관에게는 정보공개방법을 선택할 재량이 없다. 그럼에도 불구하고 이를 변경하여 정보를 공개한 경우, 일부거부처분에 대한 취소소송이 가능하다(2016두44674, ▷기본서 142쪽).

07 답 ③

① 보조금 교부는 수익적 행정행위로서 교부대상의 선정과 취소, 기준과 범위 등에 관하여 교부기관에 상당히 폭넓은 재량이 부여되어 있다(2002두12946). 따라서, 원칙적으로 부관을 붙일 수 있고, 개별법 또한 조건을 붙일 수 있도록 허용하고 있다(보조금 관리에 관한 법률 제18조).
② 내용만 적법하다면 부관을 협약의 형식으로도 부가할 수 있다(2005다65500). 반면, 내용이 위법하다면 협약의 형식으로 부가하였는지와 무관하게 위법할 수밖에 없다(2007다63966, ▷기본서 66쪽).
③ 부관에 하자가 있음에도 이를 이행함으로써 이미 소유권이전이 이루어졌다면, 그 이후로는 부관의 하자를 이유로 소유권이전계약(증여)의 효력을 더 이상 문제 삼을 수 없음이 원칙이다(98다53134). 부관이 소유권이전의 동기 내지 연유로 작용하였다는 점을 들어 소유권이전을 취소할 여지가 있을 뿐이다(2006다18174, ▷기본서 69쪽).
④ 처분의 위법성 판단시점은 원칙적으로 그 처분 발령시점이다. 그 이후로 적용 법령이 달라진다 하여도, 어디까지나 처분 발령시점의 법령을 기준으로 판단하여야 한다(2005다65500, ▷기본서 66쪽). 부관도 마찬가지이다.

08 답 ④

① 행정대집행의 절차가 인정되는 경우에는 따로 민사소송의 방법으로 공작물의 철거, 수거 등을 구할 수는 없다(99다18909, ▷기본서 150쪽).
② 대집행 비용은 국세징수법에 따라 징수할 수 있으므로, 민사소송으로 이를 청구하는 것은 허용되지 않는다(▷기본서 155쪽, 2010다48240).
③ 철거의 목적이 된 건물 내에 점유자가 있는 경우에 해당한다. 철거를 하기 위해서는 먼저 점유자로부터 인도를 받아야 한다. 원칙적으로 대집행은 대체적 작위의무인 철거의무에 대해서는 적용될 수 있으나, 비대체적 작위의무인 인도의무에 대해서는 적용될 수 없다. 다만, 이 경우에는 인도의무가 철거의무를 이행하기 위한 부수적 의무에 해당하므로, 예외적으로 대집행 절차에 의해 퇴거 조치까지 이행하게끔 할 수 있다.
구체적으로, 점유자들이 퇴거 조치에 불응하는 것은 공무집행방해죄에 해당하므로, 경찰로부터 행정응원을 받아 이들을 현행범 체포하는 방식으로 점유를 이전 받도록 하고 있다(2016다213916, ▷기본서 151 – 2쪽).
④ 금지규정이 존재하는 상태에서는 그 상대방에게 금지의무, 즉 부작위의무만이 부과된 상태이다. 이는 대체성이 없으므로 해당 의무가 불이행되더라도 대집행을 할 수 없다(2005두7464, ▷기본서 153쪽).
금지의무가 불이행되었다면 이에 대해 시정명령을 내려야 할 것이나, 법률유보원칙에 따를 때 이러한 침익적 처분은 별도의 법률상 근거가 없이는 발령될 수 없다. 따라서, 시정명령을 내릴 수 있는 권한은 금지규정으로부터 당연히 도출된다고 볼 수 없다. 만약 별도의 규정이 마련되어 시정명령이 내려진다면, 철거의무 등의 대체적 작위의무가 내려질 수 있고(즉, 부작위의무 위반행위를 대체적 작위의무로 전환할 수 있고), 이러한 의무가 불이행될 경우 대집행이 가능하다(96누4374, ▷기본서 153 – 4쪽).

09 답 ③

① 수자원 보호를 위해 실체적 심사를 요구하는 것으로 이해된다(99다37382, ▷기본서 42쪽).
② 공무원이 한 사직 의사표시의 철회나 취소는 사인의 공법행위에 해당한다. 이는 의원면직처분이 있을 때까지 할 수 있는 것이고, 일단 면직처분이 있고 난 이후에는 철회나 취소할 여지가 없다. 민법상 비진의 의사표시의 무효에 관한 규정 또한 적용되지 않는다(99두9971, ▷기본서 38쪽).
③ 형식적 요건에 흠결이 있는 경우에 한하여 신고를 곧바로 반려할 것이 아니라 보완을 요구하고, 보완을 하지 아니하였을 때 비로소 반려할 수 있다. 형식적 요건은 쉽게 보완될 수 있기 때문에, 바로 반려하지 말라는 취지이다(행정절차법 제40조 제3항 및 제4항, ▷기본서 39쪽).
반면, 실체적 요건은 그 성질상 쉽게 보완될 수 없기 때문에, 행정청에게 이러한 보완을 요구할 의무가 없다. 따라서, 신고에 실체적 요건의 흠결이 있는 경우에는 곧바로 반려가 가능하다.

> 행정절차법 제40조 【신고】 ① 법령등에서 행정청에 일정한 사항을 통지함으로써 의무가 끝나는 신고를 규정하고 있는 경우 신고를 관장하는 행정청은 신고에 필요한 구비서류, 접수기관, 그 밖에 법령등에 따른 신고에 필요한 사항을 게시(인터넷 등을 통한 게시를 포함한다)하거나 이에 대한 편람을 갖추어 두고 누구나 열람할 수 있도록 하여야 한다.
> ② 제1항에 따른 신고가 다음 각 호의 요건을 갖춘 경우에는 신고서가 접수기관에 도달된 때에 신고 의무가 이행된 것으로 본다.
> 1. 신고서의 기재사항에 흠이 없을 것
> 2. 필요한 구비서류가 첨부되어 있을 것
> 3. 그 밖에 법령등에 규정된 형식상의 요건에 적합할 것
> ③ 행정청은 제2항 각 호의 요건을 갖추지 못한 신고서가 제출된 경우에는 지체 없이 상당한 기간을 정하여 신고인에게 보완을 요구하여야 한다.
> ④ 행정청은 신고인이 제3항에 따른 기간 내에 보완을 하지 아니하였을 때에는 그 이유를 구체적으로 밝혀 해당 신고서를 되돌려 보내야 한다.

④ 본래 수리를 요하는 신고는 수리/수리거부 모두 처분성이 인정되고, 수리를 요하지 않는 신고는 수리/수리거부 모두 처분성이 부정되는 차이가 있다. 일단, 인허가 의제효과를 수반하는 건축신고는 전자(97누6780), 일반적인 건축신고는 후자에 해당하긴 하는데(2010두14954, ▷기본서 41쪽), 일반적인 건축신고(착공신고)만큼은 예외적으로 수리거부행위에 처분성이 부여된다는 특징이 있다(2008두167, 2010두7321, ▷기본서 41쪽).

10 답 ③

① 법령의 범위를 좁게 해석할수록 공무원의 행위가 위법하다고 판단될 가능성이 낮아지고, 이에 비례하여 국민의 권리 구제 가능성도 낮아진다. 따라서, 판례는 일정한 사안에 관해서는 법령 또는 법령을 위반한 행위의 범위를 확장하여 해석한다.
구체적으로, '법령을 위반하여'라고 함은 엄격하게 형식적 의미의 법령에 명시적으로 공무원의 행위의무가 정하여져 있음에도 이를 위반하는 경우만을 의미하는 것은 아니고, 인권존중·권력남용금지·신의성실과 같이 공무원으로서 마땅히 지켜야 할 준칙이나 규범을 지키지 아니하고 위반한 경우를 비롯하여 널리 그 행위가 객관적인 정당성을 결여하고 있는 경우도 포함한다(2012다204587, ▷기본서 184쪽).

② 처분의 위법성을 따질 때의 논리와 같다(▷기본서 184쪽).
  1. 직무행위의 위법성은 행정규칙 준수 여부와 무관 (2017다211559)
    상급행정기관이 소속 공무원이나 하급행정기관에 대하여 업무처리지침이나 법령의 해석·적용 기준을 정해 주는 '행정규칙'은 일반적으로 행정조직 내부에서만 효력을 가질 뿐 대외적으로 국민이나 법원을 구속하는 효력이 없다. 공무원의 조치가 행정규칙을 위반하였다고 해서 그러한 사정만으로 곧바로 위법하게 되는 것은 아니고, 공무원의 조치가 행정규칙을 따른 것이라고 해서 적법성이 보장되는 것도 아니다. 공무원의 조치가 적법한지는 행정규칙에 적합한지 여부가 아니라 상위법령의 규정과 입법 목적 등에 적합한지 여부에 따라 판단해야 한다.

  2. 다만, 직무행위가 행정규칙을 준수하였다면 이를 섣불리 위법하다고 보아서는 안 됨 (2001다62312, ▷기본서 145-146쪽)
    구체적인 경우 어느 행정처분을 할 것인가에 관하여 행정청 내부에 일응의 기준을 정해 둔 경우 그 기준에 따른 행정처분을 하였다면 이에 관여한 공무원에게 그 직무상의 과실이 있다고 할 수 없다.

③ 교통할아버지는 공무위탁사인의 대표적인 사례이다. 교통할아버지에 대한 공무의 위탁은 일시적이고 한정적이지만, 그렇다고 하여 국가배상법상 공무원이 아니라고 볼 것은 아니다(98다39060, ▷기본서 177쪽).

④ 공무원의 위법행위와 국민의 손해 간에 상당인과관계가 인정되려면, 법령이 공무원에게 부과한 직무상 의무의 내용을 따져보아야 한다. 구체적으로, 위와 같은 의무가 단순히 공공 일반의 이익을 위한 것이거나 행정기관 내부의 질서를 규율하기 위한 것이 아니고, 부수적으로라도 사회구성원 개인의 안전과 이익을 보호하기 위하여 설정된 것이어야 한다(91다43466 등, ▷기본서 189쪽).

11 답 ③

① 행정행위가 되기 위해서는 그 행위의 주체가 행정청이어야 한다는 뜻이다(▷기본서 236쪽). 참고로, 공법인 또는 공무위탁사인의 경우 공무를 위탁받은 범위 내에서만 행정청의 지위를 갖는다(2005두8269, ▷기본서 34쪽).

② 각론 문제에 해당한다.
국가가 지방자치단체장에게 사무를 위임하였는데(기관위임사무), 지방자치단체가 그 과정에서 하자 있는 처분을 발령하였을 경우, 국가는 감독권을 행사하여 곧바로 이를 취소하는 등의 조치를 취할 수 있다. 따라서, 기관위임사무의 경우 국가가 지방자치단체장을 상대로 취소소송을 제기하는 것을 허용할 이유가 없다(2005두6935).

③ 서울시가 양양군수로부터 "중증 장애인 휴양시설"에 관한 건축협의를 받았으나, 양양군수가 사후에 주민들의 민원을 이유로 건축협의를 취소한 사안에 해당한다.
건축법상의 건축협의는 건축허가의 실질을 갖는다. 따라서, 건축협의의 취소는 건축허가에 대한 취소처분과 동일하다. 서울시의 입장에서 항고소송 외에는 이를 다툴 수 있는 법적 수단이 없다는 점을 들어 예외적으로 원고적격 및 대상적격을 인정하였다(2012두22980, ▷기본서 251쪽, 257쪽).

④ 본 문제가 대상적격 인정여부를 묻고 있다는 점에 주의해야 한다. 무엇에 근거를 두었건 간에, 행정청의 행위가 국민의 권리·의무에 직접 영향을 미치는지를 기준으로 대상적격이 인정된다(2001두3532 등, ▷기본서 250쪽).
반면, 위법한 행정행위가 발령되었을 때, 위 행위의 근거가 무엇인지 등에 대한 내용은 본안심리 단계에서 다루어질 내용이다. 행정규칙에 근거한 행정행위라면 법률유보원칙 위반으로 위법하다고 결론 날 가능성이 높을 것이다.

12 답 ②

⇨ ㄱ, ㄴ, ㄷ

ㄱ. 주체의 하자가 있어 무효인 처분이라고 하려면, 법에 정해진 처분권자가 아닌 엉뚱한 행정청의 명의로 처분이 이루어졌어야 한다. 그런데, 본 지문에서는 (과정이야 어떻게 되었건 결국) "처분권자인 행정관청의 이름으로 행정처분"이 이루어졌다고 하였으므로, 주체의 하자는 인정되지 않는다.
  실질적으로 위 명의를 사용하여 처분을 발령한 자가 전결규정에 정해진 전결권자가 아닌 보조기관에 불과하다는 점은 처분의 위법성에 아무런 영향을 미치지 않는다. 행정규칙은 대외적 구속력이 없어 행정법의 법원으로 인정되지 않기 때문이다(97누1105, ▷기본서 52쪽).

ㄴ. 권한의 위임이나 대리가 이루어진 사안이라 하더라도 피고적격에 관한 원칙적인 법리가 달리 적용되지 않는다. 최종적으로 표시된 명의에 따라 피고적격을 부여하면 된다. 따라서, 내부위임을 받은 행정청이 피고가 된다(94누2763, ▷기본서 277쪽).
  주체의 하자는 피고적격이 부여된 자와 법적인 권한이 있는 자가 다를 경우 발생한다. 내부위임은 (외부) 위임과는 달리 권한이 이전되지 않으므로, 해당 처분을 행할 법적 권한은 여전히 권한을 내부위임한 위임청에 남아 있다. 그럼에도 내부위임을 받은 자가 처분을 행하였다면, 이는 주체의 하자가 있는 경우로서 무효이다(▷기본서 276쪽).

ㄷ. 각론 문제에 해당한다.
  시·도지사가 지방자치단체의 "조례"에 의하여 이를 구청장 등에게 재위임할 수는 없고, 행정권한의 위임 및 위탁에 관한 규정에 의하여 위임기관의 장의 승인을 얻은 후 지방자치단체의 장이 제정한 "규칙"이 정하는 바에 따라 재위임하는 것만이 가능하다(94누5694).

ㄹ. A 행정청(=피대리 행정청)이 직접 모든 일을 하기 어렵다면, B 행정청(=대리 행정기관)으로 하여금 A의 대리인이 되어 대신 업무를 처리하도록 할 수 있을 것이다. 이 경우 대리인 B는 자신이 발령하는 처분이 A를 위하여 하는 것임을 밝힘으로써(이른바 "현명"), 대리인으로서 하는 행위의 효과가 직접 A에게 귀속되도록 하여야 한다. 그 결과, B는 A의 명의를 표시하여 처분등을 발령하게 되므로, 이때 피고적격은 A에게 부여된다.
  문제는 B가 현명을 하지 않은 경우, 즉 B가 A의 대리인임을 밝히지 않고 마치 자신이 처분등을 발령하는 것처럼 공문에 B의 명의를 표시한 경우이다. 이때는 처분의 상대방인 국민이 B가 A의 대리인인 것을 알 수가 없으므로, 대리관계와는 무관하게 공문에 명의가 표시된 B가 피고로 특정된다.
  다만, B가 현명을 하지 않은 경우라 하더라도, (i) B가 A를 대리한다는 의사로 처분등을 하였고, (ii) A는 물론 처분등의 상대방도 대리관계를 알고서 이를 받아들인 예외적인 경우에는 A가 피고로 특정이 된다(2005부4, ▷기본서 279쪽). 본 지문은 대리 행정기관인 B에게 피고적격이 부여된다는 취지이므로 옳지 않은 선지이다.

13 답 ④

① 보상항목이 일부라도 누락되었다면, 보상금이 과소평가될 수밖에 없다. 이를 다투는 소송은 보상금증액청구이므로, 토지소유자가 사업시행자에 대하여 당사자소송을 제기하여야 한다(2015두4044, ▷기본서 222쪽).

②, ④ 사업시행자와 토지소유자 사이에 "협의가 성립되지 아니하거나 협의를 할 수 없을 때", 사업시행자는 관할 토지수용위원회에 수용재결을 신청할 수 있다(토지보상법 제28조 제1항, ▷기본서 219쪽). 토지소유자는 이러한 신청권이 없음에 유의하여야 한다.
  "협의가 성립되지 아니하거나 협의를 할 수 없을 때"라 함은, (i) 협의절차를 거쳤으나 보상액 등에 관하여 협의가 성립하지 아니한 경우는 물론, (ii) 토지소유자 등이 손실보상대상에 해당한다고 주장하며 보상을 요구하는데도 사업시행자가 손실보상대상에 해당하지 아니한다며 보상대상에서 이를 제외한 채 협의를 하지 않아 결국 협의가 성립하지 않은 경우도 포함된다(④; 2011두2309).
  대신, 토지소유자는 사업시행자에 대하여 위와 같은 신청권을 행사하여 달라고 청구할 수 있다(동법 제30조 제1항). 사업시행자는 청구를 받은 날로부터 60일 이내에 관할 토지수용위원회에 수용재결을 신청하여야 한다(동법 제30조 제2항).
  만약 사업시행자가 이를 거부할 경우 위 기간을 넘긴 시점부터 가산금이 부과되는 등의 제재가 예정되어 있고(동법 제30조 제3항), 토지소유자나 관계인의 재결신청 청구에도 사업시행자가 재결신청을 하지 않을 때 토지소유자나 관계인은 사업시행자를 상대로 거부처분 취소소송 또는 부작위 위법확인소송의 방법으로 다툴 수 있으므로(2018두57865), 사업시행자가 재결신청의 청구를 거부한다고 하여 이를 이유로 민사소송의 방법으로 그 절차 이행을 구하는 것은 허용되지 않는다(②; 97다13016).

③ 토지보상법은 사업시행자로 하여금 우선 협의취득 절차를 거치도록 하고, 협의가 성립되지 않거나 협의를 할 수 없을 때에 수용재결취득 절차를 밟도록 예정하고 있기는 하다. 이렇게 규정하는 이유는, 수용재결을 통해 토지를 강제적으로 수용하기보다는 당사자 간의 자율적인 협의를 유도하여 분쟁 가능성을 최소화하기 위함이다.
  따라서, 설령 토지수용위원회의 수용재결이 있은 후라고 하더라도 그 결론에 대하여 상호 불만이 있다면 토지소유자 등과 사업시행자가 다시 협의하여 토지 등의 취득이나 사용 및 그에 대한 보상에 관하여 임의로 계약을 체결할 수 있다(2016두64241, ▷기본서 218쪽).

14 답 ④

① 총회결의에 하자가 있어 이를 다투고자 한다면, 관리처분계획 인가가 있기 전후로 소제기 방식이 달라진다는 점에 유의하여야 한다. 인가가 있기 전이라면 총회결의를 대상으로 당사자소송을 (민사소송 ×, 2007다2428), 인가가 있은 후라면 관리처분계획을 대상으로 항고소송을 제기하여야 한다(2007다2428, ▷기본서 336쪽).

관리처분계획"안"이라 함은 인가를 받지 않아 아직 그 효력이 발생되지 않은 관리처분계획을 의미한다. 따라서, 관리처분계획은 아직 법적으로 존재하지도 않으므로, 그 절차에 해당하는 총회결의를 대상으로 당사자소송을 제기하여야 한다.
당사자소송의 가구제수단으로는 행정소송법상의 집행정지가 허용되지 않고, 다만 민사집행법상의 가처분이 준용된다(2016다262550, ▷기본서 339쪽).

② 관할을 위반하여 제기된 소는 원칙적으로 각하되어야 한다. 다만 구소가 각하된 뒤 신소를 새롭게 제기하면 제소기간을 도과할 우려가 있다. 이에, 판례는 관할 위반의 사안을 너그럽게 바라보는 관점에서, 잘못 제기된 소를 곧바로 각하하지 않고 제대로 된 관할법원에 이송하도록 하고 있다.
다만, 이는 어디까지나 이송을 받은 관할법원에서 적법한 소 제기로 취급될 것임을 전제로 한다. 이송을 받은 관할법원에서 어차피 각하될 운명이라면, 처음부터 각하하지 않고 구태여 이송까지 해줄 이유가 없기 때문이다. 즉, 행정사건을 민사사건으로 오해하여 민사소송을 제기한 경우, 행정소송으로 제기되었더라도 어차피 부적법하게 되는 경우가 아닐 때에만 관할법원에 이송을 한다(95다28960, ▷기본서 13쪽).
본 지문은 애초부터 취소소송의 소송요건 중 하나인 제소기간을 도과하였음을 전제로 하고 있으므로, 민사소송으로 잘못 제기된 소송을 구태여 행정법원에 이송해 줄 필요가 없다. 이송을 해주어도 어차피 각하될 운명이기 때문이다.

③ (i) 최초에 재건축조합 설립인가가 있었는데, 후속처분으로서 이에 대한 (ii) 경미한 변경인가가 뒤따른 사안에 해당한다. 경미한 변경은 일부변경으로서 별도의 소의 이익을 가지지 않는다고 보면 된다(2015두295, ▷기본서 246쪽). 따라서, 변경된 원처분인 설립인가(i)는 변경인가 뒤에도 여전히 소의 이익을 가진다(2010두25107, ▷기본서 270쪽).

④ [1] 전소로 조세부과처분에 대한 취소소송을 제기하여 취소판결이 선고되고, 이어 위 판결이 확정까지 된다면 후소로서 부당이득반환청구소송을 제기할 경우 인용판결이 내려질 것이다.
[2] 반면, 전소가 위와 같이 제기되었는데 취소판결이 선고되었을 뿐 아직 위 판결이 확정되지는 않았다면, 이 상태에서 부당이득반환청구를 제기하여도 곧바로 인용판결이 내려질 수는 없다. 취소판결이 확정되지 않아 아직 조세부과처분이 취소된 상태가 아니기 때문이다.
[3] 한편, 전소로 조세부과처분 취소소송을, 후소로 부당이득반환청구 소송을 제기하지 않고, 전소의 청구(제1청구)와 후소의 청구(제2청구)를 병합하여 하나의 소송으로 제기하는 것도 가능하다. 이때, 1심에서 제1청구에 대한 인용판결을 선고하면서 제2청구도 동시에 인용판결을 선고하는 것이 가능한지가 문제된다. 앞서 살핀 2번의 논리에 따르면 아직 조세부과처분에 대한 취소판결이 확정되지는 않았으므로, 원칙적으로는 제2청구를 기각하여야 한다.
그러나, 대법원은 예외적으로 제1청구와 제2청구에 대해 한꺼번에 인용판결을 내릴 수 있다는 입장을 취하고 있다. 즉, 판례는 주된 청구인 금전납부의무 부과처분 취소소송에 병합된 부당이득반환청구가 인용되기 위해서는 금전납부의무 부과처분이 취소되면(즉, 취소판결이 선고되면) 충분하고, 그 처분의 취소가 확정되어야 하는 것은 아니라고 보고 있다(2008두23153, ▷기본서 290쪽).

15 답 ③

①, ② 조합설립추진위원회 구성승인처분은 강학상 인가, 조합설립인가처분은 설권적 처분의 성격을 갖는 인가에 해당한다(2011두8291, ▷기본서 62쪽).
③ 구 도시 및 주거환경정비법은 조합이 정관을 변경하고자 하는 경우에는 총회를 개최하여 조합원 과반수 또는 3분의 2 이상의 동의를 얻어 시장·군수의 인가를 받도록 규정하고 있다. 여기서 시장 등의 인가는 그 대상이 되는 기본행위를 보충하여 법률상 효력을 완성시키는 행위로서 이러한 인가를 받지 못한 경우 변경된 정관은 효력이 없고, 시장 등이 변경된 정관을 인가하더라도 정관변경의 효력이 총회의 의결이 있었던 때로 소급하여 발생한다고 할 수 없다(2013도11532, 유사 95누4810, ▷기본서 60쪽).
④ 도시환경정비사업을 직접 시행하려는 토지 등 소유자들은 시장·군수로부터 사업시행인가를 받기 전에는 행정주체로서의 지위를 가지지 못한다. 따라서 그가 작성한 사업시행계획은 인가처분의 요건 중 하나에 불과하고 항고소송의 대상이 되는 독립된 행정처분에 해당하지 아니한다고 할 것이다(2011두19994).

16 답 ④

① <u>국회법 제98조의2 【대통령령 등의 제출 등】① 중앙행정기관의 장은 법률에서 위임한 사항이나 법률을 집행하기 위하여 필요한 사항을 규정한 대통령령·총리령·부령·훈령·예규·고시 등이 제정·개정 또는 폐지되었을 때에는 10일 이내에 이를 국회 소관 상임위원회에 제출하여야 한다. 다만, 대통령령의 경우에는 입법예고를 할 때(입법예고를 생략하는 경우에는 법제처장에게 심사를 요청할 때를 말한다)에도 그 입법예고안을 10일 이내에 제출하여야 한다.</u>

② 거부처분의 대상적격이 인정되기 위한 가장 중요한 요건은 법규상 또는 조리상 신청권이다.
이는 신청인이 그 신청에 따른 단순한 응답을 받을 권리를 의미하는 것이지, 반드시 신청의 인용이라는 만족적 결과를 얻을 권리를 의미하는 것은 아니다(2007두20638 등, ▷기본서 239쪽).

③, ④ ③은 행정개입청구권을, ④는 무하자재량행사청구권에 대한 설명이다. 두 권리 모두 개인적 공권의 특수한 형태로서, 강학상 개념에 불과할 뿐, 이를 뒷받침하는 명시적인 대법원 판례는 발견되지 않는다. 개인적 공권의 일종이므로, 강행법규성 및 사익보호성이 모두 요구된다(▷기본서 34쪽).
전자는 주로 행정청에게 재량이 부여된 상황에서, (i) 국민의 생명, 신체, 재산 등 중대한 개인적 법익에 대한 위해가 존재하고, (ii) 이러한 위해가 행정권 발동에 의해 제거 가능한데 반해, (iii) 국민의 개인적인 노력으로는 제거가 불가한 때 발생한다. 위와 같이 불가피한 상황에서는 행정청의 재량이 "0"으로 수축하기 때문에, 기속행위와 유사하게 행정청에게는 국민의 위해를 제거할 의무가 발생하고, 국민은 행정청에게 의무를 이행하도록 요구할 권리가 생긴다는 것이다.
후자는 말 그대로 하자 없는 재량권의 행사를 요구할 수 있는 권리를 의미한다. 이름에서부터 알 수 있듯이, 행정청에게 재량이 부여되어 있음을 전제로 한다.

구분	무하자재량행사청구권	행정개입청구권
의의	하자 없는 재량권의 행사를 요구할 수 있는 권리	자기 또는 제3자에게 행정권을 발동할 것을 요구하는 권리
요건	강행법규의 존재	<기속행위> 강행법규의 존재 <재량행위> 강행법규 해석상 재량이 "0"으로 수축 생명, 신체, 재산 등 중대한 개인적 법익에 대한 위해가 존재 이러한 위해가 행정권 발동에 의해 제거 가능 개인적인 노력으로는 제거 불가
	사익보호성	

17 답 ④

① 지정이 이미 해제되었으므로 원칙적으로는 이를 굳이 소송으로 취소시킬 소의 이익이 없다 할 것이나, 본 사안에서는 예외적으로 교도소장이 위법한 지정행위를 향후에도 반복할 위험성이 있다고 보아 소의 이익을 인정하였다(2013두20899, ▷기본서 268쪽).

② 처분변경으로 인한 소변경과 구분하여야 한다.
피고의 처분변경으로 인해 소의 대상을 변경하는 경우, 변경 전 처분에 대하여 제소기간 요건을 충족시켰다면 변경 후 처분을 기준으로 위 요건을 또 다시 충족시켜야 할 필요가 없다(2018두58431; ▷기본서 295쪽). 즉, (소변경 시점이 아니라) 처음 소가 제기된 때에 변경 후 처분을 대상으로 소를 제기한 것으로 취급한다.
반면, 소변경이 피고의 처분변경으로 인한 것이 아닌 경우, 소변경이 이루어진 시점에 변경 후 처분을 대상으로 소를 제기한 것으로 취급한다(행정소송법 제8조 제2항, 민사소송법 제265조, ▷기본서 294쪽).

③ 집행정지의 실효에 관한 설명이다. 집행정지 결정이 내려질 땐, 집행정지 기간의 시기와 종기가 정해진다. 종기가 도래하면(통상적으로 본안소송의 판결 선고시로 정함) 집행정지 결정은 당연히 실효되는 것(=대상이 된 처분이 당연히 부활하는 것)이고, 별도의 취소 조치가 필요 없다(2002다48023, ▷기본서 299쪽).

④ 처분사유의 변경은 피고가 신청하는 것이고, 기본적 사실관계의 동일성이 인정되어야만 받아들여질 수 있다.
그런데, 본 지문의 경우에는 피고가 신청하지도 않은데다가, 기본적 사실관계의 동일성도 인정되지 않는 사유를 법원이 직권으로 인정한 것이므로, 이는 직권심리주의의 범위를 일탈하였다고 볼 수밖에 없다(2011두26589, ▷기본서 302쪽).

16회 | 2021년 지방직 7급

정답 p.112

01	④	02	②	03	②	04	③	05	④
06	①	07	②	08	③	09	②	10	②
11	②	12	①						

01 답 ④

①, ④ 사인의 "공법"행위이므로, 비진의 의사표시에 관한 민법상 규정은 적용되지 않는다. 정확히는, "공무원이 한 사직 의사표시의 철회나 취소는 그에 터잡은 의원면직처분이 있을 때까지 할 수 있는 것이고, 일단 면직처분이 있고 난 이후에는 (민법상 비진의 의사표시 규정은 적용되지 않으므로) 철회나 취소할 여지가 없다."
①은 이를 거꾸로 뒤집어 서술한 것이다(99두9971, ▷기본서 38쪽). 사직서 제출(사인의 공법행위)에 따른 의원면직처분(그에 따른 행정행위)이 행하여지기 전까지는 사직의 의사표시를 철회할 수 있다는 의미이다.

② 신고필증의 교부는 의원개설신고(수리를 요하지 않는 신고)에서든, 납골당설치신고(수리를 요하는 신고)에서든 특별한 법적 의미가 없다(84도2953, 2009두6766, ▷기본서 42쪽).

③ 즉, 수리를 하면 종전 영업자(양도인)는 기존 지위가 박탈되고, 현행 영업자(양수인)는 새롭게 지위가 생겨나게 된다. 이러한 적극적인 효과가 있음을 감안하여 형식적 심사뿐 아니라, 실체적 심사까지 진행하는 것이다(2011두29144, ▷기본서 43쪽).

02 답 ②

① 시행령이 법률에 저촉될 경우 원칙적으로 해당 시행령은 무효로 취급되는 다소 극단적인 결과가 초래된다(▷기본서 51쪽). 따라서, 이러한 해석을 최대한 자제하겠다는 취지이다.
즉, 하위규범이 상위규범에 저촉되어 무효라고 선언되는 경우에는 그로 인한 법적 혼란과 법적 불안정은 물론, 그에 대체되는 새로운 규범이 제정될 때까지의 법적 공백과 법적 방황이 상당히 심각할 것이므로 이러한 폐해를 회피하기 위해서 이러한 해석을 하는 것이다(2011두6264).

② 하자 있는 법규명령의 효력을 묻고 있다. 원칙적으로는 무효이지만, 예외적으로 무효가 아닌 경우가 2가지 있다. 본 지문은 이 중 법률에서 정한 서분요건을 하위 법령에 불과한 부령이 임의로 변경한 경우를 묻고 있다. 판례는 (무효까지는 아니고) 행정규칙으로서의 효력 정도는 인정하였다(2011두10584, ▷기본서 51쪽).

③ 부령의 형식으로 규정된 제재적 행정처분의 기준은 법규명령 형식의 행정규칙으로서, 대외적 구속력이 없다(▷기본서 53쪽). 따라서, 위와 같은 부령을 위반하였다고 해서 그러한 사정만으로 곧바로 위법하게 되는 것은 아니고, 처분이 부령을 따른 것이라고 해서 적법성이 보장되는 것도 아니다.

처분이 적법한지는 행정규칙에 적합한지 여부가 아니라 상위법령의 규정과 입법 목적 등에 적합한지 여부에 따라 판단해야 한다(2021두39362, ▷기본서 52쪽).
④ 존중하긴 하지만, 그렇다고 하여 이에 기속되는 것은 아님을 유의하여야 한다. 처분의 적법성 여부는 여전히 행정규칙이 아닌, 상위법령의 준수 여부를 기준으로 판단한다(2021두60960, ▷기본서 53쪽).

03 답 ②

⇨ ㄴ, ㅁ

ㄱ. 공법인은 공무를 위탁받은 범위 내에서만 행정청의 지위를 갖고, 행정청의 지위에서 행한 행위만이 처분이 될 여지가 있다. 공법인이 내부적으로 임직원을 징계하는 등 불이익한 조치를 취한 것은 공무를 위탁받은 범위 내에서 행해지는 행위가 아니므로 사법상 징계에 불과하다. 따라서, 처분이 되지 않는다(2005두8269, ▷기본서 236쪽).

ㄴ. 통지는 원칙적으로 처분성이 없지만, 실질을 살펴보았을 때 상대방의 권리·의무에 직접 영향을 준다면 예외적으로 처분성이 인정된다. 임용기간만료를 통지한 것의 실질은 조교수 임용을 거부하는 처분이므로 처분성이 인정된다(2000두7735, ▷기본서 242쪽).

ㄷ. 금고 이상의 형을 선고받는 등 당연퇴직사유가 발생한 자는 별도의 조치 없이도 퇴직한다(국가공무원법 제69조). 따라서, 당연퇴직사유 발생 이후 형식적으로 인사발령 조치를 통해 퇴직을 명했다 하더라도, 이는 별도의 법적 의미를 갖지 않는 행위이므로 처분성이 없다(84누374, ▷기본서 243쪽).

ㄹ. 어업면허 우선순위결정은 어업권 면허에 대한 관계에서 확약에 해당한다. 확약은 그 자체로는 처분성이 없다(94누6529, ▷기본서 100쪽).
다만, 확약을 근거로 본허가를 신청했다가 거부당했을 경우 신청권이 인정되는 결과, 본허가 거부처분의 처분성이 인정된다(90누4402, ▷기본서 101쪽).

ㅁ. ㄴ.과 같이, 형식은 통지이나 실질은 처분인 경우에 해당한다. 소득금액변동통지를 받게 되면, 설령 법인이 소득의 귀속자에게 현실적으로 소득금액을 지급한 사실이 없더라도 이를 그 귀속자에게 지급한 것으로 확정이 된다. 법인이 소득금액을 지급할 때에는 일정한 금액을 원천징수하여 납부해야 하므로, 소득금액변동통지가 이루어지게 되면 법인은 원천징수액 납세의무가 발생하게 된다(2002두1878, ▷기본서 242쪽).

04 답 ③

① 정보공개법이 정보공개청구권이라는 권리를 국민 개개인에게 구체적으로 보장하고 있으므로, 이는 (i) 강행법규성, (ii) 사익보호성을 모두 충족한 결과 개인적 공권으로 평가될 수 있다. 따라서, 정보공개가 거부당한 사람은 그 자체만으로도 개인적 공권 즉, 법률상 이익의 침해를 이유로 원고적격을 인정받아 항고소송을 제기할 수 있다(2003두8395 등, ▷기본서 143쪽).

② 정보공개법 제9조 제1항 제4호는 "진행 중인 재판에 관련된 정보"를 비공개 대상으로 규정하고 있다. 이는 (i) 반드시 그 정보가 진행 중인 재판의 소송기록 그 자체에 포함된 내용의 정보일 필요는 없으나, 재판에 관련된 일체의 정보가 그에 해당하는 것은 아니고, (ii) 진행 중인 재판의 심리 또는 재판결과에 구체적으로 영향을 미칠 위험이 있는 정보에 한정된다고 봄이 상당하다(2009두19021, ▷기본서 138쪽).

③ 가분성이 있다는 전제하에 공공기관의 일부공개가 가능하고, 만약 전부비공개결정을 내렸다면 법원의 일부취소판결이 가능하다(▷기본서 145쪽).

④ 8개 비공개대상 중 어느 것에 속하는지를 구체적으로 밝혀야 정보공개 거부처분이 적법한지를 논할 수 있다. 이는 피고가 증명책임을 부담하는 사항으로서, 피고가 개괄적인 사유만을 제시할 경우 패소할 수밖에 없다(2014두5477, ▷기본서 145쪽).

05 답 ④

① 철회는 처분의 성립 당시에는 아무런 하자가 없었음에도 후발적인 사정이 발생함에 따라 처분의 효력을 소멸시키는 것을 말한다(행정기본법 제19조 제1항, ▷기본서 96쪽). 이는 처분 성립 당시의 하자를 전제로 하는 취소와는 구별된다(행정기본법 제18조 제1항).
철회의 사유는 1. 법률에서 정한 철회 사유에 해당하게 된 경우, 2. 법령등의 변경이나 사정변경으로 처분을 더 이상 존속시킬 필요가 없게 된 경우, 3. 중대한 공익을 위하여 필요한 경우, 3가지이다(행정기본법 제19조 제1항 각 호). 당사자의 신청과는 무관하게 위 3가지 사유 중 하나가 발생하면 직권으로 처분을 철회할 수 있다.

② 기계적인 처분을 전제로 하므로, 기속행위만을 대상으로 한다. 나아가, 그 근거는 행정규칙이 아닌 법률이 되어야 한다.

> 행정기본법 제20조【자동적 처분】행정청은 법률로 정하는 바에 따라 완전히 자동화된 시스템(인공지능 기술을 적용한 시스템을 포함한다)으로 처분을 할 수 있다. 다만, 처분에 재량이 있는 경우는 그러하지 아니하다.

③ • 원칙: 당사자의 신청에 따른 처분은 법령등에 특별한 규정이 있거나 처분 당시의 법령등을 적용하기 곤란한 특별한 사정이 있는 경우를 제외하고는 처분 당시의 법령등에 따른다(행정기본법 제14조).
• 예외: 신청 후 행정청이 정당한 이유 없이 처리를 늦추고 있는 동안 법령이 개정되었다면, 처리를 부당히 늦추지 않았을 경우 적용되었을 법령(= 신청시의 법령)을 적용한다(92누13813, ▷기본서 305쪽).

④ 법령등의 효력 발생 전에 사실관계 또는 법률관계가 이미 완성되거나 종결되었다면, 이는 진정소급입법으로서 원칙적으로 허용되지 않는다(▷기본서 28쪽).

06 답 ①

① 지문에서 명백성 요건이 충족됨을 전제하였으므로, 중대·명백한 하자가 발생하였음을 추론할 수 있다. 실제로도 무효사유로 인정된 사안이다(2018두47783).
② 도시계획결정은 처분성이 인정된다(99두11257, ▷기본서 102쪽). 이와 같이 처분성이 인정되는 행정계획은 불특정 다수를 대상으로 하는 일반처분일 것이므로, 송달이 아닌 공고(고시)로써 효력이 발생된다.
나아가, 일반처분의 경우, 처분의 상대방이 처분이 있는 날에 처분을 알았다고 "간주"된다. 즉, 고시 또는 공고가 있었다는 사실을 현실적으로 알았는지 여부에 관계없이 고시가 효력을 발생하는 날에 행정처분이 있음을 알았다고 본다(2004두619, ▷기본서 74쪽, 283쪽).
③ 행정계획을 수립하는 과정에서 여러 가지 이해관계가 충돌할 수밖에 없다. 구체적으로, 공익과 공익 간, 공익과 사익 간, 사익과 사익 간 여러 가지 충돌이 있기 마련이다. 이때 행정청이 재량권을 합리적으로 행사하여 충돌하는 각종 이익을 비교·형량할 필요가 있다. 비교·형량이 제대로 되지 않은 경우라면 행정계획결정은 위법하게 된다(96누8567, ▷기본서 105쪽).
④ 행정계획의 수립, 변경에 관해서는 행정청에게 광범위한 재량이 주어지고, 원칙적으로 국민은 이를 입안, 취소, 변경하여 달라고 신청할 권리가 없다(84누227, ▷기본서 104쪽).
다만 예외적으로, (i) 도시계획구역 내의 토지소유자는 도시계획에 대한 변경신청권이 있고(2003두1806), (ii) 문화재보호구역 내 토지소유자는 보호구역의 지정해제를 요구할 신청권이 있으며(2003두8821), (iii) 폐기물처리사업 적정통보를 받은 자는 국토이용계획변경을 신청할 권리가 있다(2001두10936, ▷기본서 104쪽).
본 지문의 "산업단지 안의 토지소유자"는 위 (i) 및 (ii)와 유사한 논리로 산업단지개발계획에 대한 변경신청권이 인정되었다(2016두44186).

07 답 ②

① (i) 외국인의 출입국·난민인정·귀화, (ii) 공무원 인사 관계법령에 따른 징계와 그 밖의 처분의 경우, 위 사항에 해당하는지 여부뿐 아니라 "해당 행정작용의 성질상 행정절차를 거치기 곤란하거나 거칠 필요가 없다고 인정되는지" 또는 "행정절차에 준하는 절차를 이미 거쳤는지" 여부도 추가로 따져보아야 한다(행정절차법 제3조 제2항 제9호, ▷기본서 113쪽).
대법원은 가급적 행정절차법을 적용하려는 입장에서, 위 배제사유를 좁게 해석하고자 한다. 따라서, 직권면직(2011두30687) 및 해임처분(2011두5001) 모두 공무원에 대한 것임에도 불구하고 행정절차법이 적용된다(▷기본서 114쪽).
반면, 직위해제 처분의 경우 직권면직과는 달리 행정절차법의 적용이 배제된다. 국가공무원법에 더 엄격한 절차가 규정되어 있기 때문이다(2012두26180, ▷기본서 116쪽).

② 행정예고와 행정입법예고 기간을 구분하여야 한다.

> **행정절차법 제46조【행정예고】** ③ 행정예고기간은 예고 내용의 성격 등을 고려하여 정하되, 20일 이상으로 한다.
> **제43조【예고기간】** 입법예고기간은 예고할 때 정하되, 특별한 사정이 없으면 40일(자치법규는 20일) 이상으로 한다.

③ 신청인의 행정청에 대한 신청의 의사표시는 명시적이고 확정적인 것이어야 한다고 할 것이므로 신청인이 신청에 앞서 행정청의 허가업무 담당자에게 신청서의 내용에 대한 검토를 요청한 것만으로는 다른 특별한 사정이 없는 한 명시적이고 확정적인 신청의 의사표시가 있었다고 하기 어렵다(2003두13236).
④ 사전통지와 의견청취 절차는 권"익"을 "침"해하는 "침익"적 처분에 대해서만 적용이 있다. 권익을 침해하려면 일단 권익이 있어야 한다. 그런데, 거부처분은 권익의 발생을 신청했다가 이를 거부당한 것이므로, 애초에 권익이 발생하지 않은 것이나 마찬가지이다. 따라서, 거부처분은 침익적 처분이 아니라서 사전통지와 의견청취의 대상이 되지 않는다(2003두674, ▷기본서 116쪽).

08 답 ③

행정청이 자신과 상대방 사이의 법률관계를 일방적인 의사표시로 종료시켰다고 하더라도 곧바로 그 의사표시가 행정청으로서 공권력을 행사하여 행하는 행정처분이라고 단정할 수는 없고, 관계법령이 상대방의 법률관계에 관하여 구체적으로 어떻게 규정하고 있는지에 따라 개별적으로 판단하여야 한다. 즉, 계약의 해지가 처분성을 갖는지 여부에 대해 사안마다 개별적으로 판단한다는 취지이다(2013두6244, ▷기본서 106쪽).
그런데, 수험적으로는 전문직/계약직 공무원 채용계약 및 중소기업 정보화지원사업 협약의 해지는 공법상 계약의 해지로서 처분이 아니므로 당사자소송으로 다툰다고 숙지하면 족하다. 따라서, ②는 공법상 계약에 해당하고, ①은 공법상 계약이 아닌 사법상 계약에 해당한다.
구체적으로, 공법상 계약의 체결(이행의 청구) 및 해지는 처분성이 인정되지 않아 당사자소송으로 다투고, 처분이 아니므로 행정절차법이 적용되지도 않는다(④; 2002두5948, 95누4636 등, ▷기본서 106쪽).
다만, 계약 존속 중 보수삭감 등의 인사상 불이익 조치는 처분성이 있어 행정절차법이 적용된다(2006두16328).

09 답 ②

① 공무원이 직무수행과정에서 위법한 행위를 함으로써 국민에게 손해를 발생시킨 경우, 그 공무원이 속한 국가 또는 지자체는 공무원을 대신하여 국민에게 손해를 배상해 주어야 한다. 상당인과관계는 손해배상청구가 인용되기 위한 기본적인 요건이 된다(2010다13527, ▷기본서 173쪽).
② 국민의 생명, 신체, 재산 등에 대하여 절박하고 중대한 위험상태가 발생하였거나 발생할 우려가 있어서, 국가가 초법규적, 일차적으로 그 위험 배제에 나서지 아니하면 이를 보호할 수 없는 경우에는 형식적 의미의 법령에 근거가 없더라도 작위의무가 인정된다(2010다95666, ▷기본서 188쪽).

③, ④ 영조물인지 여부를 따질 때 중요한 것은 공공의 목적에 활용되고 있는지 여부이다. 누구의 소유인지 등은 중요하지 않다(▷기본서 195쪽).
예컨대, 옹벽이 아직 설치가 완료되지 아니한 상태라면 이는 공공의 목적에 활용 중이라고 보기 어렵다(98다17381, ▷기본서 195쪽).

10 답 ②

① 조세심판은 조세 분야의 특별행정심판에 해당한다. 조세심판원의 결정은 행정심판의 재결이므로, 이 역시 기속력을 갖는다(국세기본법 제80조 제1항).
② 공무원(군인)연금의 지급을 구하는 소송의 순서는 (i) 일단 공무원연금공단에 급여지급을 신청(대상자 선정 및 금액 결정을 신청)하여 거부처분을 받아 이를 항고소송으로 다툰 뒤, (ii) 위 소송에서 인용판결이 있었음에도 이후 법령 개정으로 인해 금액이 기대에 미치지 못하는 등의 사정이 있으면 당사자소송을 제기하여야 한다(2008두5636, ▷기본서 334쪽). "미지급", "차액", "감액", "법령 개정"이라는 키워드가 등장하면 (ii)단계로 분류한다.
③ 조세나 부담금 부과처분이 있은 뒤, 체납처분 절차가 진행 중이었는데, 다만 위헌결정이 내려질 때까지 절차가 전부 완료되지는 못한 경우를 의미한다. 예컨대, 부과처분 이후 납부의무를 이행하지 않아 이를 집행하기 위하여 체납처분 절차를 진행하였으나 시간이 촉박하여 위헌결정 이전까지 독촉, 압류까지만 진행된 경우를 생각하면 된다.
이때 제소기간을 넘겨 불가쟁력이 발생한 부과처분에 대해서는 위헌결정의 소급효가 미치지 않아 취소소송을 제기하여도 승소할 수 없으나, 남은 체납처분 절차(위 사례에서는 매각, 청산)만큼은 진행되지 않도록 하는 것이 대법원의 입장이다. 그럼에도 불구하고 체납처분이 이루어졌다면 이는 중대·명백한 하자가 있는 경우로서 무효이다(2010두10907, ▷기본서 86쪽).
④ 위법한 세무조사에 의해 위법하게 수집된 자료를 토대로 한 과세처분은 절차상 하자로 인해 위법하다(2016두47659, ▷기본서 125쪽).

11 답 ②

① 비대체적 직위의무는 본인이 스스로 이행하시 않으면 (강제력이 동원되지 않는 한) 대신 이행해 줄 수 없는 의무를 말한다. 이때 스스로 이행할 때까지 이행강제금을 부과하여 경제적 부담을 주려는 의도에서 이행강제금이 부과된다. 경제적 부담이 누적되는 동안 심리적 압박 또한 커질 수밖에 없다(2009헌바140, ▷기본서 155쪽).
② 애초에 이행강제금이 왜 부과되는지를 생각해보면, 의무의 불이행이 있었기 때문이다. 따라서, 의무가 이행된 상태에서는 이행강제금이 부과될 수가 없다.
시정명령에 따른 기한을 도과하여 의무가 이행되었더라도 마찬가지이다(2015두35116, ▷기본서 157쪽).
③ 이행강제금 부과하기 위한 절차인 계고 및 통지를 거치지 않으면 이행강제금 부과행위가 위법하게 된다는 취지이다(2018마5608). 참고로, 농지법상 이행강제금은 항고소송의 대상이 되는 처분에 해당하지 않는다(2018두42955, ▷기본서 158쪽).
④ 이행강제금 납부의무는 일신전속적인 성질로 인해 타인에게 승계될 수가 없다. 따라서, 이행강제금을 부과 받은 사람이 사망하였다면, 이는 자녀 등에게 상속될 여지조차 없어 그 누구도 납부할 수 없게 된 것이므로, 무효가 된다(2006마470, ▷기본서 156쪽).

12 답 ①

① 통고처분은 항고소송의 대상이 되지 않고, 정식 형사절차를 통해 불복이 이루어진다(96헌바4, ▷기본서 162쪽).
② 공무원과 지방자치단체의 관계도 종업원과 영업주의 관계와 다를 바가 없어 양벌규정의 법리가 적용되지 않을 이유가 없다는 취지이다(2004도2657, ▷기본서 163쪽).
③ 전통적인 과징금은 불법(부당)이득의 환수적인 성격이 강한 반면, 변형된 의미의 과징금은 영업정지에 갈음하는 처분에 해당한다(2017두43968, ▷기본서 166쪽).
영업정지에 갈음한다는 언급이 없으므로, 전통적인 과징금으로 본다.
④ 가산세는 과징금과 유사하게 취급하면 된다.
행정질서벌(과태료)은 고의·과실을 요하는 반면(질서위반행위규제법 제7조, ▷기본서 164쪽), 과징금은 이를 요하지 않는다(2013두5005, ▷기본서 165쪽).

PART 5 군무원 9급

17회 | 2025년 군무원 9급

정답
p.118

01	②	02	②	03	②	04	③	05	③
06	①	07	④	08	①	09	③	10	②
11	④	12	④	13	④	14	③	15	②
16	③	17	①	18	④	19	②	20	①
21	③	22	②	23	④	24	①	25	①

01   답 ②

① 세금을 다시 돌려달라는 소송은 크게 (i) 너무 많이 냈거나, 잘못 납부한 세금을 돌려달라는 소송(과오납금반환청구소송) 및 (ii) 부가가치세 환급세액을 돌려달라는 소송으로 구분된다. 전자는 민사상 부당이득반환청구소송으로, 후자는 당사자소송으로 취급된다(▷기본서 14쪽, 332쪽).

② 아래 조항에 대한 위헌결정으로 인해 당사자소송의 피고가 국가인지 지방자치단체인지를 불문하고 가집행선고가 가능해졌다(2020헌가12, ▷기본서 339쪽). 기존에는 피고가 국가인 당사자소송에서는 가집행선고가 허용되지 않았다.

> 행정소송법 제43조【가집행선고의 제한】국가를 상대로 하는 당사자소송의 경우에는 가집행선고를 할 수 없다.

③ 관할을 위반하여 제기된 소는 원칙적으로 각하되어야 한다. 다만 구소가 각하된 뒤 신소를 새롭게 제기하면 제소기간을 도과할 우려가 있다. 이에, 판례는 관할 위반의 사안을 너그럽게 바라보는 관점에서, 잘못 제기된 소를 곧바로 각하하지 않고 제대로 된 관할법원에 이송하도록 하고 있다.
다만, 이는 어디까지나 이송을 받은 관할법원에서 적법한 소 제기로 취급될 것임을 전제로 한다. 이송을 받은 관할법원에서 어차피 각하될 운명이라면, 처음부터 각하하지 않고 구태여 이송까지 해줄 이유가 없기 때문이다(95다28960, ▷기본서 13, 288쪽).

④ 공무원(군인)연금(명예퇴직수당 포함)의 지급을 구하는 소송의 순서는 (i) 일단 공무원연금공단에 급여지급을 신청(대상자 선정 및 금액 결정을 신청)하여 거부처분을 받아 이를 항고소송으로 다툰 뒤, (ii) 위 소송에서 인용판결이 있었음에도 이후 법령 개정으로 인해 금액이 기대에 미치지 못하는 등의 사정이 있으면 당사자소송을 제기하여야 한다(2008두5636, ▷기본서 332쪽). "미지급", "차액", "감액", "법령 개정"이라는 키워드가 등장하면 (ii)단계로 분류한다.

02   답 ②

① 대집행은 대체적 작위의무의 불이행에 대하여 인정되고, 이행강제금은 전통적으로 비대체적 작위의무 및 부작위의무의 불이행에 대하여 인정되어 왔다. 그러나, 이행강제금의 적용 범위가 대체적 작위의무까지 확대된 결과, 대체적 작위의무 불이행에 대해서는 대집행과 이행강제금 모두 적용이 가능하게 되었다. 이 중 어떤 수단을 동원하여 이행을 강제할 것인지는 행정청의 재량에 달린 문제이다(2006마470, ▷기본서 156쪽).

② 개념적으로는 처분성이 있다 하더라도, 개별법에서 항고소송 외 다른 불복절차(과태료재판 등)를 거치도록 한다면 항고소송의 대상인 처분이 될 수 없다(예 농지법상 이행강제금; 2018두42955, ▷기본서 158쪽). 나아가, 설령 관할청이 이행강제금 부과처분을 하면서 재결청에 행정심판을 청구하거나 관할 행정법원에 행정소송을 할 수 있다고 잘못 안내하거나 관할 행정심판위원회가 각하재결이 아닌 기각재결을 하면서 관할 법원에 행정소송을 할 수 있다고 잘못 안내하였다고 하더라도, 그러한 잘못된 안내로 행정법원의 항고소송 재판관할이 생긴다고 볼 수도 없다(2018두42955).

③ [1] 이행강제금 납부의무는 일신전속적인 성질로 인해 타인에게 승계될 수가 없다. 따라서, 이행강제금을 부과 받은 사람이 사망하였다면, 이는 자녀 등에게 상속될 여지조차 없어 그 누구도 납부할 수 없게 된 것이므로, 무효가 된다(2006마470, ▷기본서 156쪽). 이행강제금을 부과받은 사람의 이의에 의하여 비송사건절차법에 의한 재판절차가 개시된 후에 그 이의한 사람이 사망한 때에는 사건 자체가 목적을 잃고 절차가 종료한다.
[2] 구 건축법상 이행강제금을 부과받은 사람이 이행강제금사건의 제1심결정 후 항고심결정이 있기 전에 사망한 경우, 항고심결정은 당연무효이고, 이미 사망한 사람의 이름으로 제기된 재항고는 보정할 수 없는 흠결이 있는 것으로서 부적법하다(2006마470).

④ 의무불이행 상태에서는 반복 부과가 가능하지만, 의무가 이행되고 나면 더 이상 부과할 수가 없다. 어느 시점에서 의무가 이행되었다면, 그 전까지 부과된 것은 적법하므로 징수가 가능하다(행정기본법 제31조 제5항, ▷기본서 156쪽).
의무이행기한이 정해졌음에도 이를 지키지 않고 장기간 의무불이행 상태를 야기한 자라 하더라도, 의무를 이행한 시점 이후로는 이행강제금을 부과할 수가 없다. 이행강제금은 어디까지나 의무불이행 상태를 시정하기 위한 조치이기 때문이다(2015두35116, ▷기본서 157쪽).

03 답 ②

① 선행처분의 내용 중 일부만을 소폭 변경하는 후행처분이 있는 경우 선행처분도 후행처분에 의하여 변경되지 아니한 범위 내에서 존속하고, 후행처분은 선행처분의 내용 중 일부를 변경하는 범위 내에서 효력을 가지지만, 선행처분의 주요 부분을 실질적으로 변경하는 내용으로 후행처분을 한 경우에는 선행처분은 특별한 사정이 없는 한 그 효력을 상실한다(2021두60748, 2015두295, ▷기본서 246쪽).

② 제소기간을 넘겨 불가쟁력이 발생한 부과처분에 대해서는 위헌결정의 소급효가 미치지 않아 취소소송을 제기하여도 승소할 수 없다(▷기본서 85쪽).

③ 수익적 행정처분을 구하는 신청에 대한 거부처분이 있은 후 당사자가 다시 신청을 한 경우에는 신청의 제목 여하에 불구하고 그 내용이 새로운 신청을 하는 취지라면 관할 행정청이 이를 다시 거절하는 것은 새로운 거부처분이라고 보아야 한다.
나아가 어떠한 처분이 수익적 행정처분을 구하는 신청에 대한 거부처분이 아니라고 하더라도, 해당 처분에 대한 이의신청의 내용이 새로운 신청을 하는 취지로 볼 수 있는 경우에는, 그 이의신청에 대한 결정의 통보를 새로운 처분으로 볼 수 있다(2021두53894, 2017두52764, ▷기본서 245쪽).

④ 공법인인 협회가 자신의 공행정활동에 필요한 재원을 마련하기 위하여 회비납부의무자에 대하여 한 '회비납부통지'는 납부의무자의 구체적인 부담금액을 산정·고지하는 '부담금 부과처분'으로서 항고소송의 대상이 된다고 보아야 한다(2018다241458, ▷기본서 243쪽).

04 답 ③

▷기본서 36 - 7쪽

> **행정기본법 제6조【행정에 관한 기간의 계산】** ① 행정에 관한 기간의 계산에 관하여는 이 법 또는 다른 법령등에 특별한 규정이 있는 경우를 제외하고는 「민법」을 준용한다(①).
> ② 법령등 또는 처분에서 국민의 권익을 제한하거나 의무를 부과하는 경우 권익이 제한되거나 의무가 지속되는 기간의 계산은 다음 각 호의 기준에 따른다. 다만, 다음 각 호의 기준에 따르는 것이 국민에게 불리한 경우에는 그러하지 아니하다.
>   1. 기간을 일, 주, 월 또는 연으로 정한 경우에는 기간의 첫날을 산입한다(②).
>   2. 기간의 말일이 토요일 또는 공휴일인 경우에도 기간은 그 날로 만료한다(③).
>
> **제7조【법령등 시행일의 기간 계산】** 법령등(훈령·예규·고시·지침 등을 포함한다. 이하 이 조에서 같다)의 시행일을 정하거나 계산할 때에는 다음 각 호의 기준에 따른다.
>   1. 법령등을 공포한 날(훈령·예규·고시·지침 등은 고시·공고 등의 방법으로 발령한 날을 말한다. 이하 이 조에서 같다)부터 시행하는 경우에는 공포한 날을 시행일로 한다.
>   2. 법령등을 공포한 날부터 일정 기간이 경과한 날부터 시행하는 경우 법령등을 공포한 날을 첫날에 산입하지 아니한다(④).
>   3. 법령등을 공포한 날부터 일정 기간이 경과한 날부터 시행하는 경우 그 기간의 말일이 토요일 또는 공휴일인 때에는 그 말일로 기간이 만료한다.

05 답 ③

① 입법자가 규율의 형식도 선택할 수도 있다 할 것이므로, 헌법이 인정하고 있는 위임입법의 형식은 예시적인 것으로 보아야 할 것이고, 법률이 행정규칙에 위임하더라도 그 행정규칙은 위임된 사항만을 규율할 수 있으므로, 국회입법의 원칙과 상치되지도 않는다(99헌바91, ▷기본서 48쪽).

② 구체적 규범통제에 관한 설명이다. 법원은 명령·규칙(=법규명령)이 헌법이나 법률에 위반되는 여부가 재판의 전제가 된 경우에 한하여, 즉 처분등에 대하여 행정소송이 제기된 경우에 한하여 법규명령의 하자를 심사할 수 있고, 최종적인 심사권은 대법원이 갖는다(헌법 제107조 제2항, ▷기본서 51쪽).

③ 법령보충적 규칙은 현행법상 허용된다.
다만, 형식적으로나 내용적으로나 위임의 범위를 철저히 준수해야 한다는 한계는 존재한다(2010다72076, 2014헌바382, ▷기본서 48쪽).

④ 행정규칙은 법규명령과 같은 엄격한 제정 및 개정절차를 요하지 아니하므로, 재산권 등과 같은 기본권을 제한하는 작용을 하는 법률이 입법위임을 할 때에는 "대통령령", "총리령", "부령" 등 법규명령에 위임함이 바람직하고, 금융감독위원회의 고시와 같은 형식으로 입법위임을 할 때에는 적어도 행정규제기본법 제4조 제2항 단서에서 정한 바와 같이 법령이 전문적·기술적 사항이나 경미한 사항으로서 업무의 성질상 위임이 불가피한 사항에 한정된다 할 것이고, 그러한 사항이라 하더라도 포괄위임금지의 원칙상 법률의 위임은 반드시 구체적·개별적으로 한정된 사항에 대하여 행하여져야 한다(99헌바91).

06 답 ①

① 진정한 담당자가 아닌, 민원실 차원의 가벼운 회신에 근거한 신뢰이므로, 보호가치가 없다고 본 사안이다(2003두1875, ▷기본서 25쪽).

② 신뢰보호원칙에 대한 일반론에 해당한다(행정기본법 제12조 제1항, ▷기본서 21쪽).

> **행정기본법 제12조【신뢰보호의 원칙】** ① 행정청은 공익 또는 제3자의 이익을 현저히 해칠 우려가 있는 경우를 제외하고는 행정에 대한 국민의 정당하고 합리적인 신뢰를 보호하여야 한다.
> ② 행정청은 권한 행사의 기회가 있음에도 불구하고 장기간 권한을 행사하지 아니하여 국민이 그 권한이 행사되지 아니할 것으로 믿을 만한 정당한 사유가 있는 경우에는 그 권한을 행사해서는 아니 된다. 다만, 공익 또는 제3자의 이익을 현저히 해칠 우려가 있는 경우는 예외로 한다.

③ 소극적 부작위는 묵시적 의사표시를 말한다.
공적 견해나 의사는 명시적 또는 묵시적으로 표시되어야 하지만 (즉, 묵시적 의사표시도 명시적 의사표시 못지않게 공적 견해표명으로 인정받을 수 있음), 묵시적 표시가 있다고 하기 위하여는 단순한 과세누락과는 달리 과세관청이 상당기간의 불과세 상태에 대하여 과세하지 않겠다는 의사표시를 한 것으로 볼 수 있는 사정이 있어야 한다(97누11065).

즉, 세금을 부과할 수 있다는 점을 "알면서도" 장기간 이를 부과하지 않았다는 특별한 사정을 요한다(80누6, ▷기본서 24-5쪽).
④ 신뢰보호의 원칙이 적용되기 위해서는, 개인의 신뢰를 창출하여 신뢰의 대상이 되는 행정기관의 선행조치가 존재하여야 한다.

07 답 ④

① 개인정보 보호법 제2조【정의】이 법에서 사용하는 용어의 뜻은 다음과 같다.
  1. "개인정보"란 살아 있는 개인에 관한 정보로서 다음 각 목의 어느 하나에 해당하는 정보를 말한다.

② 개인정보 보호법 제23조【민감정보의 처리 제한】③ 개인정보처리자는 재화 또는 서비스를 제공하는 과정에서 공개되는 정보에 정보주체의 민감정보가 포함됨으로써 사생활 침해의 위험성이 있다고 판단하는 때에는 재화 또는 서비스의 제공 전에 민감정보의 공개 가능성 및 비공개를 선택하는 방법을 정보주체가 알아보기 쉽게 알려야 한다.

③ 개인정보 보호법 제24조의2【주민등록번호 처리의 제한】① 제24조 제1항에도 불구하고 개인정보처리자는 다음 각 호의 어느 하나에 해당하는 경우를 제외하고는 주민등록번호를 처리할 수 없다.
  1. 법률·대통령령·국회규칙·대법원규칙·헌법재판소규칙·중앙선거관리위원회규칙 및 감사원규칙에서 구체적으로 주민등록번호의 처리를 요구하거나 허용한 경우
  2. 정보주체 또는 제3자의 급박한 생명, 신체, 재산의 이익을 위하여 명백히 필요하다고 인정되는 경우
  3. 제1호 및 제2호에 준하여 주민등록번호 처리가 불가피한 경우로서 보호위원회가 고시로 정하는 경우

④ 개인정보 보호법 제2조【정의】이 법에서 사용하는 용어의 뜻은 다음과 같다.
  7. "고정형 영상정보처리기기"란 일정한 공간에 설치되어 지속적 또는 주기적으로 사람 또는 사물의 영상 등을 촬영하거나 이를 유·무선망을 통하여 전송하는 장치로서 대통령령으로 정하는 장치를 말한다.
  7의2. "이동형 영상정보처리기기"란 사람이 신체에 착용 또는 휴대하거나 이동 가능한 물체에 부착 또는 거치(据置)하여 사람 또는 사물의 영상 등을 촬영하거나 이를 유·무선망을 통하여 전송하는 장치로서 대통령령으로 정하는 장치를 말한다.
제25조【고정형 영상정보처리기기의 설치·운영 제한】
제25조의2【이동형 영상정보처리기기의 운영 제한】

08 답 ①

① 불복 기간의 경과로 확정된다는 것은 불가쟁력이 발생했다는 점을 시사한다. 그런데, 그 이후의 설명은 기판력에 관한 설명인데다, 확정판결과는 달리 재결에는 기판력이 인정되지 않는다(2013다6759, ▷기본서 356쪽). 재결에 기판력이 인정된다면 이를 대상으로 취소소송을 제기하여도 법원이 재결과 모순되는 판단을 하지 못하게 되는 결과, 원고가 아무런 구제도 받지 못하는 상황이 초래되어 부당하다.

② 이미 납부한 세금을 돌려달라는 취지의 부당이득반환청구가 인용되려면, 국가가 법률상 원인도 없이 세금을 징수하였어야 한다. 여기에서 법률상 원인은 유효한 조세부과처분을 의미하므로, 위 처분의 효력 유무에 따라 부당이득의 성립이 결정된다. 만약 부과처분이 무효라면, 누구든지 언제나(처음부터) 무효임을 확인시켜 줄 수 있다. 즉, 취소판결 또는 무효확인판결이 있어야만 비로소 처분이 무효로 되는 것이 아니다. 따라서, 민사법원이라 하더라도 처분의 무효 여부 정도는 확인시켜 줄 수 있다. 민사법원은 부과처분이 무효인 점을 확인한 뒤, 국가가 세금을 징수한 것에는 유효한 부과처분이라는 법률상 원인이 없다는 점을 이유로 부당이득반환청구를 인용할 수 있다(70다1439, ▷기본서 77쪽).
반면 부과처분에 취소사유가 있는데 불과하다면, 행정법원의 취소판결이 확정됨으로써 비로소 처분이 무효로 된다. 민사법원이 행정소송의 취소판결을 내릴 권한은 없는 것이므로, 민사법원은 처분을 취소시켜줄 수 없다. 즉, 민사법원은 위 처분에 취소사유가 있다고 판단하는 것까지는 가능하지만(위법성 심사), 여기에서 더 나아가 그 효력까지 소멸시킬 수는 없다. 따라서, 공정력으로 인해 처분은 유효한 것으로 통용되므로, 국가가 세금을 징수한 것에는 유효한 부과처분이라는 법률상 원인이 있다. 결국, 부당이득반환청구는 인용될 수 없다.

③ 처분의 위법여부를 선결문제로 하는 국가배상청구 사안에 해당한다. 처분의 취소판결이 있어야만 그 행정처분의 위법임을 이유로 한 손해배상 청구를 할 수 있는 것은 아니다(79다262, 72다337, ▷기본서 78쪽).

④ ▷기본서 76쪽

행정소송법 제11조【선결문제】① 처분등의 효력 유무 또는 존재 여부가 민사소송의 선결문제로 되어 당해 민사소송의 수소법원이 이를 심리·판단하는 경우에는 제17조, 제25조, 제26조 및 제33조의 규정을 준용한다.
  ② 제1항의 경우 당해 수소법원은 그 처분등을 행한 행정청에게 그 선결문제로 된 사실을 통지하여야 한다.
제26조【직권심리】법원은 필요하다고 인정할 때에는 직권으로 증거조사를 할 수 있고, 당사자가 주장하지 아니한 사실에 대하여도 판단할 수 있다.

09 답 ③

① 필요적 전치주의를 의미한다(▷기본서 286쪽).

도로교통법 제142조【행정소송과의 관계】이 법에 따른 처분으로서 해당 처분에 대한 행정소송은 행정심판의 재결(裁決)을 거치지 아니하면 제기할 수 없다.

② 청구인과는 달리, 피청구인 행정청은 행정심판에서 패소하였을 때 재결의 기속력으로 인하여 행정소송을 제기할 수 없다(97누15432, ▷기본서 355쪽).

③ ▷기본서 343쪽

> **행정기본법 제36조【처분에 대한 이의신청】** ④ 이의신청에 대한 결과를 통지받은 후 행정심판 또는 행정소송을 제기하려는 자는 그 결과를 통지받은 날(제2항에 따른 통지기간 내에 결과를 통지받지 못한 경우에는 같은 항에 따른 통지기간이 만료되는 날의 다음 날을 말한다)부터 90일 이내에 제1항의 처분(이의신청 결과 처분이 변경된 경우에는 변경된 처분으로 한다)에 대하여 행정심판 또는 행정소송을 제기할 수 있다.

④ ▷기본서 279쪽

> **법원조직법 70조【행정소송의 피고】** 대법원장이 한 처분에 대한 행정소송의 피고는 법원행정처장으로 한다.

10   답 ②

①
> **공익사업을 위한 토지 등의 취득 및 보상에 관한 법률 제62조【사전보상】** 사업시행자는 해당 공익사업을 위한 공사에 착수하기 이전에 토지소유자와 관계인에게 보상액 전액을 지급하여야 한다. 다만, 제38조에 따른 천재지변 시의 토지 사용과 제39조에 따른 시급한 토지 사용의 경우 또는 토지소유자 및 관계인의 승낙이 있는 경우에는 그러하지 아니하다.

② 토지보상법은 사업시행자로 하여금 우선 협의취득 절차를 거치도록 하고, 협의가 성립되지 않거나 협의를 할 수 없을 때에 수용재결취득 절차를 밟도록 예정하고 있기는 하다. 이렇게 규정하는 이유는, 수용재결을 통해 토지를 강제적으로 수용하기보다는 당사자 간의 자율적인 협의를 유도하여 분쟁 가능성을 최소화하기 위함이다.
따라서, 설령 토지수용위원회의 수용재결이 있은 후라고 하더라도 그 결론에 대하여 상호 불만이 있다면 토지소유자 등과 사업시행자가 다시 협의하여 토지 등의 취득이나 사용 및 그에 대한 보상에 관하여 임의로 계약을 체결할 수 있다(2016두64241, ▷기본서 218쪽).

③ 당해 공익사업으로 인한 개발이익은 보상 범위에서 배제된다(공익사업을 위한 토지 등의 취득 및 보상에 관한 법률 제67조 제2항, ▷기본서 214쪽). 다만, 다른 공익사업으로 인한 개발이익은 보상 범위에 포함된다.

> **공익사업을 위한 토지 등의 취득 및 보상에 관한 법률 제67조【보상액의 가격시점 등】** ① 보상액의 산정은 협의에 의한 경우에는 협의 성립 당시의 가격을, 재결에 의한 경우에는 수용 또는 사용의 재결 당시의 가격을 기준으로 한다.
> ② 보상액을 산정할 경우에 해당 공익사업으로 인하여 토지 등의 가격이 변동되었을 때에는 이를 고려하지 아니한다.

④ 잔여지는 토지소유자의 전체 토지 중 수용되고 남은 토지이다. 잔여지에 대한 보상은 크게 (i) 잔여지를 계속 보유하는 것을 전제로 그 지가 하락으로 인한 손실을 보상하는 잔여지 손실보상, (ii) 잔여지를 종래 목적으로 사용할 수 없을 경우 이를 기존 수용대상토지와 더불어 추가로 수용하여 달라는 매수(수용)청구로 구분된다(▷기본서 225쪽).

사업시행자가 동일한 토지소유자에 속하는 일단의 토지 일부를 취득함으로 인하여 잔여지의 가격이 감소하거나 그 밖의 손실이 있을 때 등에는 잔여지를 종래의 목적으로 사용하는 것이 가능한 경우라도 잔여지 손실보상의 대상이 되며, 잔여지를 종래의 목적에 사용하는 것이 불가능하거나 현저히 곤란한 경우이어야만 잔여지 손실보상청구를 할 수 있는 것이 아니다(2015두4044).

11   답 ④

① 조세나 부담금 부과처분이 있은 뒤, 체납처분 절차가 진행 중이었는데, 다만 위헌결정이 내려질 때까지 절차가 전부 완료되지는 못한 경우를 의미한다. 예컨대, 부과처분 이후 납부의무를 이행하지 않아 이를 집행하기 위하여 체납처분 절차를 진행하였으나 시간이 촉박하여 위헌결정 이전까지 독촉, 압류까지만 진행된 경우를 생각하면 된다.
이때 제소기간을 넘겨 불가쟁력이 발생한 부과처분에 대해서는 위헌결정의 소급효가 미치지 않아 취소소송을 제기하여도 승소할 수 없으나, 남은 체납처분 절차(위 사례에서는 매각, 청산)만큼은 진행되지 않도록 하는 것이 대법원의 입장이다. 그럼에도 불구하고 체납처분이 이루어졌다면 이는 중대·명백한 하자가 있는 경우로서 무효이다(2010두10907, ▷기본서 86쪽).

② 환경영향평가를 누락한 처분은 이례적으로 무효에 해당한다(2006두330). 다만, 환경영향평가를 부실하게나마 거친 처분은 곧바로 하자가 있는 것은 아니고, 내용상의 하자가 있는지를 판단하는 요소 중 하나로 취급된다는 점에 유의하여야 한다(2006두330, ▷기본서 126쪽).

③ 과세예고 통지 후 과세전적부심사 청구나 그에 대한 결정이 있기도 전에 과세처분을 하는 것은 원칙적으로 과세전적부심사 이후에 이루어져야 하는 과세처분을 그보다 앞서 함으로써 과세전적부심사 제도 자체를 형해화시킬 뿐만 아니라 과세전적부심사 결정과 과세처분 사이의 관계 및 불복절차를 불분명하게 할 우려가 있으므로, 그와 같은 과세처분은 납세자의 절차적 권리를 침해하는 것으로서 절차상 하자가 중대하고도 명백하여 무효이다(2016두49228, ▷기본서 124쪽).

④ 형식절차상 하자이므로 원칙적으로 취소사유가 된다(91누971, ▷기본서 125쪽).

12   답 ④

①, ② ㉠ A처분 → ㉡ A처분(㉠) 취소 → ㉢ A처분 취소(㉡)의 취소 순으로 처분이 이어질 경우, ㉢ 단계에서는 ㉡이 사라지는 결과 ㉠만 남게 된다. 즉, A처분이 ㉡으로 인해 취소되었다가, 다시 부활하게 되는 것이다.
이러한 "부활"이 가능한지에 대해 판례는, 부활하게 되는 A처분이 국민의 입장에서 수익적이라면 이를 원칙적으로 긍정하나, 침익적이라면 이를 부정한다. 즉, 국민에게 득이 되는 처분만 부활시킬 수 있다는 것이다. 조세부과처분(병역처분)은 침익적 처분이기 때문에 부활이 허용되지 않는다(94누7027, 2001두9653, ▷기본서 98쪽).

③ 병역법상 신체등위판정은 행정청이라고 볼 수 없는 군의관이 하도록 되어 있으며, 그 자체만으로 바로 병역법상의 권리·의무가 정하여지는 것이 아니라 그에 따라 지방병무청장이 병역처분을 함으로써 비로소 병역의무의 종류가 정하여지는 것이므로 항고소송의 대상이 되는 행정처분이라 보기 어렵다(93누3356). 한편, 지방병무청장은 군의관의 신체등위판정이 금품수수에 따라 위법 또는 부당하게 이루어졌다고 인정하는 경우에는 그 위법 또는 부당한 신체등위판정을 기초로 자신이 한 병역처분을 직권으로 취소할 수 있다(2001두9653).
④ 직권취소와 철회의 의의에 해당한다(▷기본서 95쪽).

13 답 ④

① 조합장/임원의 지위확인청구는 민사소송인데 반해(2009마168, ▷기본서 337쪽), 조합원의 지위확인은 당사자소송으로 취급한다(94다31235)는 점을 유의할 필요가 있다.
② 각론 문제에 해당한다.
지방의회 의결을 받아야 하는 중요 재산의 취득·처분에 해당함에도 지방의회의 의결을 받지 아니한 채 중요 재산에 관한 매매계약을 체결하였다면 이는 강행규정인 지방자치법령에 위반된 계약으로서 무효가 된다(2024다211762).

> 지방자치법 제47조【지방의회의 의결사항】① 지방의회는 다음 각 호의 사항을 의결한다.
> 6. 대통령령으로 정하는 중요 재산의 취득·처분

③ 관할을 위반하여 제기된 소는 원칙적으로 각하되어야 한다. 다만 구소가 각하된 뒤 신소를 새롭게 제기하면 제소기간을 도과할 우려가 있다. 이에, 판례는 관할 위반의 사안을 너그럽게 바라보는 관점에서, 잘못 제기된 소를 곧바로 각하하지 않고 제대로 된 관할법원에 이송하도록 하고 있다. 다만, 이는 어디까지나 이송을 받은 관할법원에서 적법한 소 제기로 취급될 것임을 전제로 한다. 이송을 받은 관할법원에서 어차피 각하될 운명이라면, 처음부터 각하하지 않고 구태여 이송까지 해줄 이유가 없기 때문이다. 즉, 행정사건을 민사사건으로 오해하여 민사소송을 제기한 경우, 행정소송으로 제기되었더라도 어차피 부적법하게 되는 경우가 아닐 때에만 관할법원에 이송을 한다(95다28960, ▷기본서 13, 288쪽).
④ 공법상 법률관계에 관한 소송으로서, 처분등 또는 부작위를 다투는 소송이 아니므로 당사자소송으로 분류함이 타당하다(▷기본서 336쪽).
국가 등 과세주체가 당해 확정된 조세채권의 소멸시효 중단을 위하여 납세의무자를 상대로 제기한 조세채권존재확인의 소는 공법상 당사자소송에 해당한다(2017두41771).

14 답 ③

① 행정계획의 수립, 변경에 관해서는 행정청에게 광범위한 재량이 주어지지만, 행정주체가 가지는 이와 같은 형성의 자유는 무제한적인 것이 아니라 그 행정계획에 관련되는 자들의 이익을 공익과 사익 사이에서는 물론이고 공익 상호간과 사익 상호간에도 정당하게 비교·교량하여야 한다는 제한이 있다(96누8567, ▷기본서 103쪽). 만약 이익형량의 고려 대상에 마땅히 포함시켜야 할 사항을 누락하는 등 비교·형량을 제대로 하지 않았다면 행정계획결정은 위법하게 된다(96누8567, ▷기본서 104쪽).

> 행정절차법 제40조의4【행정계획】행정청은 행정청이 수립하는 계획 중 국민의 권리·의무에 직접 영향을 미치는 계획을 수립하거나 변경·폐지할 때에는 관련된 여러 이익을 정당하게 형량하여야 한다.

② 개발제한구역지정처분은 건설부장관이 법령의 범위 내에서 도시의 무질서한 확산 방지 등을 목적으로 도시정책상의 전문적·기술적 판단에 기초하여 행하는 일종의 행정계획으로서 그 입안·결정에 관하여 광범위한 형성의 자유를 가지는 계획재량처분에 해당한다(96누1313, 2007헌마862, ▷기본서 58쪽).
③ 행정계획은 처분성 인정 여부가 사안별로 다르다(▷기본서 102-3쪽).
도시"기본"계획, 환지계획, 4대강 살리기 마스터플랜은 그 자체로 국민의 권리, 의무에 직접적 영향이 있다고 볼 수 없어 처분성이 부정된다.
④ [1] 비구속적 행정계획안이나 행정지침이라도 국민의 기본권에 직접적으로 영향을 끼치고, 앞으로 법령의 뒷받침에 의하여 그대로 실시될 것이 틀림없을 것으로 예상될 수 있을 때에는, 공권력행사로서 예외적으로 헌법소원의 대상이 될 수 있다(99헌마538, ▷기본서 102쪽).
[2] 이 사건 개선방안은 7개 중소도시권과 7개 대도시권에서 개발제한구역을 해제하거나 조정하기 위한 추상적이고 일반적인 기준들만을 담고 있을 뿐, 개발제한구역의 해제지역이 구체적으로 확정되어 있지 않아서, 해당지역 주민들은 개발제한구역을 해제하는 구체적인 도시계획결정이 내려진 이후에야 비로소 법적인 영향을 받게 되므로, 이 사건 개선방안이 청구인들의 기본권에 직접적으로 영향을 끼칠 가능성이 없다. 그리고 이 사건 개선방안의 내용들은 건설교통부장관이 마련한 후속지침들에 반영되었고, 해당 지방자치단체들이 이 지침들에 따라서 관련 절차들을 거친 후 내려지는 도시계획결정을 통하여 실시될 예정이지만, 예고된 내용이 그대로 틀림없이 실시될 것으로 예상할 수는 없다. 따라서 이 사건 개선방안의 발표는 예외적으로 헌법소원의 대상이 되는 공권력의 행사에 해당되지 아니한다(99헌미538).

15 답 ②

①, ②, ③ ▷기본서 149쪽

> **행정기본법 제30조【행정상 강제】** ① 행정청은 행정목적을 달성하기 위하여 필요한 경우에는 법률로 정하는 바에 따라 필요한 최소한의 범위에서 다음 각 호의 어느 하나에 해당하는 조치를 할 수 있다.
> 1. 행정대집행(①): 의무자가 행정상 의무(③)(법령등에서 직접 부과하거나 행정청이 법령등에 따라 부과한 의무를 말한다. 이하 이 절에서 같다)로서 <u>타인이 대신하여 행할 수 있는 의무(④)</u>를 이행하지 아니하는 경우 법률로 정하는 다른 수단으로는 그 이행을 확보하기 곤란하고 그 불이행을 방치하면 공익을 크게 해칠 것으로 인정될 때에 행정청이 의무자가 하여야 할 행위를 <u>스스로 하거나 제3자에게 하게 하고(②)</u> 그 비용을 의무자로부터 징수하는 것

④ 대집행의 적용 범위는 대체성이 있는 의무에 한한다. 즉, 대체적 작위의무에 국한되고, 그 밖에 비대체적 작위의무 및 부작위의무에는 적용이 없다.
대체적 작위의무의 대표적인 사례가 철거의무이고(99다18909, ▷기본서 150쪽), 비대체적 작위의무의 대표적인 사례는 인도의무이다(97누157, ▷기본서 151쪽). 특정 공간을 인도하여 줄 수 있는 자는 그 공간을 현재 점유하고 있는 자 뿐이다.

16 답 ③

① 처분의 정당성 여부에 대한 사법심사는 불가하다. 재량권일탈남용, 즉 위법성 여부에 대한 사법심사가 가능할 뿐이다(98두17593, ▷기본서 55쪽).

② 개발부담금 부과처분 및 조세부과처분 모두 공통적으로 기속행위의 성질을 갖는다. 따라서, 원칙적으로 일부취소판결이 가능하나, 당사자가 제출한 자료에 의하여 적법하게 부과될 정당한 부과금액이 산출될 수 없을 경우에는 부과처분 전부를 취소할 수밖에 없다(2002두868, ▷기본서 315쪽).

③ ▷기본서 289쪽

> **행정소송법 제10조【관련청구소송의 이송 및 병합】** ① 취소소송과 다음 각 호의 1에 해당하는 소송(이하 "관련청구소송"이라 한다)이 각각 다른 법원에 계속되고 있는 경우에 관련청구소송이 계속된 법원이 상당하다고 인정하는 때에는 당사자의 신청 또는 직권에 의하여 이를 취소소송이 계속된 법원으로 이송할 수 있다.
> 1. 당해 처분등과 관련되는 손해배상·부당이득반환·원상회복등 청구소송
> 2. 당해 처분등과 관련되는 취소소송

④ 과징금은 원칙적으로 재량행위이므로 일부취소판결이 불가하다(98두2270, ▷기본서 165쪽).

17 답 ①

① 우선, 시행규칙에 제재적 처분기준이 규정된 경우이므로 위 시행규칙이 법규명령 형식의 행정규칙에 해당함을 인지하여야 한다.

처분과 동일하게, 행정규칙은 공무원의 행위에 대한 위법성 판단기준이 되지 않지만(2017다211559), 행정규칙을 준수하였다면 섣불리 그 적법성을 부인하지 않는다(2001다62312, ▷기본서 184쪽).

② 판례는 귀책사유와 위법성 요건을 한데 묶어 "보통 일반의 공무원을 표준으로 하여 볼 때 객관적 주의의무를 결하여 그 행정처분이 (주관적 정당성이 아닌) 객관적 정당성을 상실하였다고 인정될 정도에 이르렀는지"를 판단하는 입장이다(99다70600 등, ▷기본서 182쪽).

③ 위임인인 국가는 사무귀속주체로서 5조, 수임인인 서울시는 비용부담자로서 6조의 책임을 부담할 것이다(▷기본서 202쪽). 자동차운전면허시험 관리업무는 국가행정사무이고 지방자치단체의 장인 서울특별시장은 국가로부터 그 관리업무를 기관위임받아 국가행정기관의 지위에서 그 업무를 집행하므로, 국가는 면허시험장의 설치 및 보존의 하자로 인한 손해배상책임을 부담한다(91다34097).

④ "영조물의 설치 또는 관리의 하자"라 함은 기본적으로 통상의 안정성을 갖추지 못한 상태를 말하는 것이다(96다54102 등, ▷기본서 196쪽).
따라서, 영조물의 설치 및 관리에 있어서 항상 완전무결한 상태를 유지할 정도의 고도의 안전성을 갖추지 아니하였다고 하여 영조물의 설치 또는 관리에 하자가 있는 것으로는 할 수 없는 것으로서, 영조물의 설치자 또는 관리자에게 부과되는 방호조치의무의 정도는 영조물의 위험성에 비례하여 사회통념상 일반적으로 요구되는 정도의 것을 말하므로, 영조물인 도로의 경우도 다른 생활필수시설과의 관계이나 그것을 설치하고 관리하는 주체의 재정적, 인적, 물적 제약 등을 고려하여 그것을 이용하는 자의 상식적이고 질서 있는 이용 방법을 기대한 상대적인 안전성을 갖추는 것으로 족하다(99다54998).

18 답 ④

> ① **공공기관의 정보공개에 관한 법률 제8조의2【공개대상 정보의 원문공개】** 공공기관 중 중앙행정기관 및 대통령령으로 정하는 기관은 전자적 형태로 보유·관리하는 정보 중 공개대상으로 분류된 정보를 국민의 정보공개 청구가 없더라도 정보통신망을 활용한 정보공개시스템 등을 통하여 공개하여야 한다.

> ② **공공기관의 정보공개에 관한 법률 제11조의2【반복 청구 등의 처리】** ① 공공기관은 제11조에도 불구하고 제10조 제1항 및 제2항에 따른 정보공개 청구가 다음 각 호의 어느 하나에 해당하는 경우에는 정보공개 청구 대상 정보의 성격, 종전 청구와의 내용적 유사성·관련성, 종전 청구와 동일한 답변을 할 수밖에 없는 사정 등을 종합적으로 고려하여 해당 청구를 종결 처리할 수 있다. 이 경우 종결 처리 사실을 청구인에게 알려야 한다.
> 1. 정보공개를 청구하여 정보공개 여부에 대한 결정의 통지를 받은 자가 정당한 사유 없이 해당 정보의 공개를 다시 청구하는 경우
> 2. 정보공개 청구가 제11조 제5항에 따라 민원으로 처리되었으나 다시 같은 청구를 하는 경우

③ ▷기본서 143쪽

> 공공기관의 정보공개에 관한 법률 제19조【행정심판】 ① 청구인이 정보공개와 관련한 공공기관의 결정에 대하여 불복이 있거나 정보공개 청구 후 20일이 경과하도록 정보공개 결정이 없는 때에는 「행정심판법」에서 정하는 바에 따라 행정심판을 청구할 수 있다. 이 경우 국가기관 및 지방자치단체 외의 공공기관의 결정에 대한 감독행정기관은 관계 중앙행정기관의 장 또는 지방자치단체의 장으로 한다.

④ 문제은행 방식을 채택하고 있어 정보공개로 인한 부작용이 크다고 보았다(2006두15936, ▷기본서 139쪽).

19 답 ②

① 처분에 취소사유가 존재하는 경우라면 해당 처분은 공정력으로 인해 취소되기 전까지는 일단 유효한 것으로 인정받는다(▷기본서 75쪽).

> 행정기본법 제15조【처분의 효력】 처분은 권한이 있는 기관이 취소 또는 철회하거나 기간의 경과 등으로 소멸되기 전까지는 유효한 것으로 통용된다. 다만, 무효인 처분은 처음부터 그 효력이 발생하지 아니한다.

②
> 행정기본법 제20조【자동적 처분】 행정청은 법률로 정하는 바에 따라 완전히 자동화된 시스템(인공지능 기술을 적용한 시스템을 포함한다)으로 처분을 할 수 있다. 다만, 처분에 재량이 있는 경우는 그러하지 아니하다.

③ • 원칙: 당사자의 신청에 따른 처분은 법령등에 특별한 규정이 있거나 처분 당시의 법령등을 적용하기 곤란한 특별한 사정이 있는 경우를 제외하고는 처분 당시의 법령등에 따른다(행정기본법 제14조, ▷기본서 305쪽).
• 예외: 신청 후 행정청이 정당한 이유 없이 처리를 늦추고 있는 동안 법령이 개정되었다면, 처리를 부당히 늦추지 않았을 경우 적용되었을 법령(=신청시의 법령)을 적용한다(92누13813, ▷기본서 306쪽).

④ 이행강제금, 과태료, 벌금, 과징금의 병과는 원칙적으로 이중처벌금지, 일사부재리 원칙에 위반되지 않는다(2001두7220, ▷기본서 164, 167쪽). 금전부과적 성격은 동일하지만, 각각의 목적과 효과가 다르다. 벌금 외 나머지는 형사처벌에 해당하지 않으므로 이중처벌의 문제가 발생하지 않는다.

20 답 ①

① [1] 도시계획결정의 효력은 도시계획결정고시로 인하여 생기고 지적고시도면의 승인고시로 인하여 생기는 것은 아니라고 할 것이나,
[2] 일반적으로 도시계획결정고시의 도면만으로는 구체적인 범위나 개별토지의 도시계획선을 특정할 수 없으므로, 결국 도시계획결정 효력의 구체적, 개별적인 범위는 지적고시도면에 의하여 확정된다(92누5607).

② 하자의 명백성이 없어 취소사유에 불과하다는 취지이다.
과세대상이 되는 법률관계나 사실관계(소득 또는 행위)가 전혀 없는 사람에게 한 과세처분은 그 하자가 중대하고도 명백하다고 할 것이나 과세대상이 되지 아니하는 어떤 법률관계나 사실관계에 대하여 이를 과세대상이 되는것으로 오인할 만한 객관적인 사정이 있는 경우에 그것이 과세대상이 되는지의 여부가 그 사실관계를 정확히 조사하여야 비로소 밝혀질 수 있는 경우라면 그 하자가 중대한 경우라도 외관상 명백하다고 할 수 없어 위와 같이 과세요건사실을 오인한 위법의 과세처분을 당연무효라고는 볼 수 없다(94다35787, 82누154, ▷기본서 72쪽).

③ 법령상 근거가 있는지 여부는 법률유보원칙과 관련되어 있고, 행정절차법 위반 여부는 절차상 하자 유무와 관련이 있다. 모두 본안심리의 대상이 된다(2015다34444).

④ 처분변경으로 인한 소변경과 구분하여야 한다.
피고의 처분변경으로 인해 소의 대상을 변경하는 경우, 변경 전 처분에 대하여 제소기간 요건을 충족시켰다면 변경 후 처분을 기준으로 위 요건을 또 다시 충족시켜야 할 필요가 없다(2018두58431; ▷기본서 298쪽). 즉, (소변경 시점이 아니라) 처음 소가 제기된 때에 변경 후 처분을 대상으로 소를 제기한 것으로 취급한다.
반면, 소변경이 피고의 처분변경으로 인한 것이 아닌 경우, 소변경이 이루어진 시점에 변경 후 처분을 대상으로 소를 제기한 것으로 취급한다(행정소송법 제8조 제2항, 민사소송법 제265조, ▷기본서 297쪽).

21 답 ③

① 공법상 계약의 한쪽 당사자가 다른 당사자를 상대로 효력을 다투거나(해촉) 이행을 청구(채용)하는 소송은 공법상 당사자소송으로 제기하여야 한다(2019다277133, ▷기본서 106쪽).
즉, 분쟁의 실질이 공법상 권리·의무의 존부·범위에 관한 다툼이 아니라 손해배상액의 구체적인 산정방법·금액에 국한되는 등의 특별한 사정이 없는 한 공법상 당사자소송으로 제기되어야 한다.

② ▷기본서 105쪽

> 행정기본법 제27조【공법상 계약의 체결】 ① 행정청은 법령등을 위반하지 아니하는 범위에서 행정목적을 달성하기 위하여 필요한 경우에는 공법상 법률관계에 관한 계약(이하 "공법상 계약"이라 한다)을 체결할 수 있다. 이 경우 계약의 목적 및 내용을 명확하게 적은 계약서를 작성하여야 한다.

③ 구 종합유선방송법상의 종합유선방송위원회는 그 설치의 법적 근거, 법에 의하여 부여된 직무, 위원의 임명절차 등을 종합하여 볼 때 국가기관이고, 그 사무국 직원들의 근로관계는 사법(사법)상의 계약관계이므로, 사무국 직원들은 국가를 상대로 민사소송으로 그 계약에 따른 임금과 퇴직금의 지급을 청구할 수 있다(2001다54038).

④ 계약직/전문직 공무원 채용계약은 대체로 공법상 계약에 해당한다(2002두5948, ▷기본서 106쪽). 위 계약의 특징은 (i) 체결 및 해지는 처분이 아니라서 행정절차법의 적용이 없다는 것, 이에 대한 다툼은 당사자소송으로 다뤄진다는 것(92누4611 등, ▷기본서 106쪽), (ii) 계약 효력 존속 중 계약직 공무원에 대한 인사상 불이익은 항고소송의 대상인 처분으로서, 행정절차법의 적용이 있다는 것이다(2006두16328, ▷기본서 106쪽).

22   답 ②

①, ③ 관리처분계획이 기본행위이고, 이에 대한 인가는 강학상 인가에 해당한다. 총회결의는 관리처분계획의 절차에 해당한다.
  1. 관리처분계획안에 대한 인가가 아직 나오지 않은 경우
     기본행위에 대한 인가가 없으므로, 관리처분계획안은 처분으로서의 효력이 발생하지 않았다. 따라서, 관리처분계획은 아직 처분이 아니다. 그렇다면, 총회결의를 대상으로 삼아 소송을 제기할 수밖에 없다. 총회결의는 재개발조합이라는 행정청/행정주체가 한 행위이므로 공법상의 행위이다. 이에 대한 소송은 민사소송이 아닌 당사자소송일 수밖에 없다(2007다2428, ▷기본서 336쪽).
  2. 관리처분계획안에 대한 인가가 나온 경우
     인가로 인하여 관리처분계획의 처분으로서의 효력이 발생하였다. 기본행위인 관리처분계획에 하자가 있다면 이를 다투고, 인가에 하자가 있다면 인가를 다투면 된다. 총회결의라는 관리처분계획의 절차에 하자가 있음을 다투는 소송이므로, 관리처분계획에 대한 항고소송을 제기하여 그 소송에서 총회결의의 하자를 주장하면 된다(2007다2428, ▷기본서 336쪽).
② 재개발(재건축)조합이 설립되지 않은 경우이므로, 사업시행계획에 대한 인가는 특허로서의 성격을 겸비한 인가에 해당한다(2011두19994, ▷기본서 62쪽). 따라서, 기본행위와 인가 중 어느 것에 하자가 있건 간에 인가에 대하여 항고소송을 제기하여야 한다.
④ 토지거래허가 이외의 사안에까지 일반화할 수 있는 법리인지는 다소 의문이 있다.
   일단 토지거래허가를 받으면 그 계약은 소급하여 유효한 계약이 되고 이와 달리 불허가가 된 때에는 무효로 확정되므로 허가를 받기까지는 유동적 무효의 상태에 있다고 보는 것이 타당하므로 허가받을 것을 전제로 한 거래계약은 허가받기 전의 상태에서는 거래계약의 채권적 효력도 전혀 발생하지 않으므로 권리의 이전 또는 설정에 관한 어떠한 내용의 이행청구도 할 수 없으나 일단 허가를 받으면 그 계약은 소급해서 유효화되므로 허가 후에 새로이 거래계약을 체결할 필요는 없다(90다12243).

23   답 ④

① 행정절차법 제9조【당사자등의 자격】다음 각 호의 어느 하나에 해당하는 자는 행정절차에서 당사자등이 될 수 있다.
   1. 자연인
   2. 법인, 법인이 아닌 사단 또는 재단(이하 "법인등"이라 한다)
   3. 그 밖에 다른 법령등에 따라 권리·의무의 주체가 될 수 있는 자

② ▷기본서 73쪽

행정절차법 제14조【송달】③ 정보통신망을 이용한 송달은 송달받을 자가 동의하는 경우에만 한다. 이 경우 송달받을 자는 송달받을 전자우편주소 등을 지정하여야 한다.

③ ▷기본서 123쪽

행정절차법 제17조【처분의 신청】⑦ 행정청은 신청인의 편의를 위하여 다른 행정청에 신청을 접수하게 할 수 있다. 이 경우 행정청은 다른 행정청에 접수할 수 있는 신청의 종류를 미리 정하여 공시하여야 한다.

④ 사전통지 및 의견청취의 개별적 예외사유에 해당한다. 이미 재판을 거쳐 오는 과정에서 충분히 의견 수렴이 되었을 것이기 때문에, 사전통지 및 의견청취를 구태여 다시 거칠 필요가 없다고 보는 것이다(행정절차법 제21조 제4항 제2호).
   다만, 재판에 의해 밝혀진 사실이 일부에 불과하다는 등의 이유로 후속 의견청취 결과에 따라 처분 여부나 그 수위에 변동이 생길 여지가 있다면, 이때에는 다시 원칙으로 돌아가 사전통지 및 의견청취를 할 필요가 있다(2019두45944, ▷기본서 117쪽).

행정절차법 제21조【처분의 사전 통지】④ 다음 각 호의 어느 하나에 해당하는 경우에는 제1항에 따른 통지를 하지 아니할 수 있다.
   2. 법령등에서 요구된 자격이 없거나 없어지게 되면 반드시 일정한 처분을 하여야 하는 경우에 그 자격이 없거나 없어지게 된 사실이 법원의 재판 등에 의하여 객관적으로 증명된 경우
제22조【의견청취】④ 제1항부터 제3항까지의 규정에도 불구하고 제21조 제4항 각 호의 어느 하나에 해당하는 경우와 당사자가 의견진술의 기회를 포기한다는 뜻을 명백히 표시한 경우에는 의견청취를 하지 아니할 수 있다.

24   답 ①

① 해임처분의 법적 효과는 (i) 공무원 신분의 박탈, (ii) 보수지급의 중단 두 가지이다. 따라서, 해임처분에 대한 소송의 승소로 인해 누릴 수 있는 이익은 공무원 신분의 회복, 보수의 수령 두 가지이다. 소송 계속 중 임기가 만료되었다면 (i)과 관련한 이익은 충족될 수 없게 된 것이지만, 추후 승소 후 미지급 보수를 한꺼번에 청구할 수 있다는 점에서 여전히 (ii)와 관련된 소의 이익이 인정된다(2012두26180, 2022두50571, ▷기본서 271쪽).

② 정보공개법이 정보공개청구권이라는 권리를 국민 개개인에게 구체적으로 보장하고 있으므로, 이는 (i) 강행법규성, (ii) 사익보호성을 모두 충족한 것으로서 개인적 공권으로 평가될 수 있다(▷기본서 34쪽). 정보공개를 거부당한 사람은 그 자체만으로도 개인적 공권 즉, 법률상 이익의 침해를 이유로 원고적격을 인정받아 항고소송을 제기할 수 있다(2003두8395 등, ▷기본서 143쪽).
③ 아랫집 주인이 공동주택의 발코니에 설치된 벽을 해체해 분쟁이 일어난 사건에서, 처분의 제3자인 위층 집 주인도 벽체 해체 행위 승인 처분을 다투는 원고적격이 있다고 본 예외적인 사안에 해당한다.
집합건물 공용부분의 대수선과 관련한 행정청의 허가, 사용승인 등 일련의 처분에 관하여는 처분의 직접 상대방 외에 해당 집합건물의 구분소유자에게도 취소를 구할 원고적격이 인정된다고 보는 것이 타당하다(2021두58998).
④ 소의 이익에 관한 원칙적인 설명에 해당한다. 이미 소멸한 처분에 대한 소의 이익은 인정되지 않는다(▷기본서 267쪽, 2019두49953 판결).

25 답 ①

① 정보공개의 목적을 묻지 않음으로써, 정보공개청구권을 최대한 보장하려는 취지이다(2017두44558, ▷기본서 144쪽).
정보공개청구의 목적이었던 징계처분 취소소송의 승소가 물 건너갔어도, 여전히 정보공개거부처분 취소소송의 소의 이익은 인정된다(2022두33439, ▷기본서 144쪽).
② 법무사 사무실에서 사무원을 채용하기 위해서는 소속 지방법무사회로부터 채용승인을 받아야 한다. 만약 지방법무사회가 법무사의 채용승인 신청을 거부할 경우, 처분의 직접 상대방은 해당 법무사이지만, 결과적으로 사무원으로 채용되길 희망했던 자에게도 불이익한 영향이 초래된다. 따라서, 처분의 상대방인 법무사뿐 아니라 처분의 제3자인 취업희망자 또한 위 거부처분에 대한 원고적격이 인정된다(2015다34444, ▷기본서 266쪽).
③ 국민권익위원회가 경기도 선관위 위원장 또는 소방청장에게 인사 관련 조치요구를 한 사안에 해당한다. 조치요구를 받은 자의 입장에서는 이에 불응할 경우 과태료 등 법적 불이익이 예정되어 있어 다툼이 불가피한데, 기관소송이 허용되지 않고, 동시에 헌법상 권한쟁의심판까지 허용되지 않는 상황이므로 예외적으로 항고소송을 통해 조치요구를 다툴 수 있도록 허용하였다(2011두1214, 2014두35379, ▷기본서 257쪽).
④ 대리를 하면서 현명까지 하였다면, 원칙에 따라 그 명의자인 피대리행정청이 피고가 된다(▷기본서 277쪽).
구체적으로, A 행정청(=피대리 행정청)이 직접 모든 일을 하기 어렵다면, B 행정청(=대리 행정기관)으로 하여금 A의 대리인이 되어 대신 업무를 처리하도록 할 수 있을 것이다. 이 경우 대리인 B는 자신이 발령하는 처분이 A를 위하여 하는 것임을 밝힘으로써(이른바 "현명"), 대리인으로서 하는 행위의 효과가 직접 A에게 귀속되도록 하여야 한다. 그 결과, B는 A의 명의를 표시하여 처분등을 발령하게 되므로, 이때 피고적격은 A에게 부여된다.

| 18회 | 2024년 군무원 9급 |

정답 p.126

01	②	02	③	03	④	04	④	05	③
06	③	07	②	08	④	09	①	10	③
11	③	12	④	13	②	14	①	15	④
16	①	17	②	18	②	19	①	20	④
21	②	22	③	23	②	24	①	25	①

01 답 ②

① ▷기본서 164쪽

> 질서위반행위 규제법 제7조【고의 또는 과실】고의 또는 과실이 없는 질서위반행위는 과태료를 부과하지 아니한다.

② 더 중한 금액을 부과한다. 각각 부과하는 경우는 둘 이상의 행위가 경합하는 경우이다.

> 질서위반행위 규제법 제13조【수개의 질서위반행위의 처리】
> ① 하나의 행위가 2 이상의 질서위반행위에 해당하는 경우에는 각 질서위반행위에 대하여 정한 과태료 중 가장 중한 과태료를 부과한다.
> ② 제1항의 경우를 제외하고 2 이상의 질서위반행위가 경합하는 경우에는 각 질서위반행위에 대하여 정한 과태료를 각각 부과한다. 다만, 다른 법령(지방자치단체의 조례를 포함한다. 이하 같다)에 특별한 규정이 있는 경우에는 그 법령으로 정하는 바에 따른다.

③
> 질서위반행위 규제법 제15조【과태료의 시효】① 과태료는 행정청의 과태료 부과처분이나 법원의 과태료 재판이 확정된 후 5년간 징수하지 아니하거나 집행하지 아니하면 시효로 인하여 소멸한다.

④ ▷기본서 164쪽

> 질서위반행위 규제법 제20조【이의제기】① 행정청의 과태료 부과에 불복하는 당사자는 제17조 제1항에 따른 과태료 부과 통지를 받은 날부터 60일 이내에 해당 행정청에 서면으로 이의제기를 할 수 있다.
> ② 제1항에 따른 이의제기가 있는 경우에는 행정청의 과태료 부과처분은 그 효력을 상실한다.

02 답 ③

① 중요사항이 아닌 경우, 하위 법령에 위임하여 법률에 근거한 규율을 실현할 수 있으므로, "법률"의 범위에 법규명령과 조례도 포함된다(▷기본서 18쪽). 다만, 법률우위원칙과는 달리 관습법 등 불문법은 포함되지 않는다(▷기본서 18쪽).
② 기본권 실현과 관련된 영역 및 본질적 사항은 중요사항을 의미한다. 중요사항이므로 의회유보원칙이 적용된다(98헌바70, ▷기본서 19쪽).

③ 일반적으로 사법적 행위에도 적용된다고 이해된다. 사법상 행위든, 공법상 행위든 법률을 위반하지 않아야 함은 공통되기 때문이다.
④ 따라서, 상하위 법령이 충돌시, 상위 법령에 위배되는 하위 법령은 무효이다.
'1994년 관세 및 무역에 관한 일반협정'(이하 'GATT'라 한다)은 조약으로서 각 헌법 제6조 제1항에 의하여 국내법령과 동일한 효력을 가지므로 지방자치단체가 제정한 조례가 GATT나 AGP에 위반되는 경우에는 그 효력이 없다(2004추10, ▷기본서 16쪽).

03　　　　　　　　　　　　　　　　　　　답 ④

① 조합설립인가처분은 설권적 처분의 성격을 갖는 인가에 해당한다(2011두8291, ▷기본서 62쪽).
② 준법률행위적 행정행위로서 확인에 불과하다.
친일반민족행위자 재산의 국가귀속에 관한 특별법 제3조 제1항 본문, 제9조 규정들의 취지와 내용에 비추어 보면, 같은 법 제2조 제2호에 정한 친일재산은 친일반민족행위자재산조사위원회가 국가귀속결정을 하여야 비로소 국가의 소유로 되는 것이 아니라 특별법의 시행에 따라 그 취득·증여 등 원인행위시에 소급하여 당연히 국가의 소유로 되고, 위 위원회의 국가귀속결정은 당해 재산이 친일재산에 해당한다는 사실을 확인하는 이른바 준법률행위적 행정행위의 성격을 가진다(2008두13491, ▷기본서 56쪽).
③ 법률에 의하여 이미 권리의무가 확정된다. 따라서, 원칙적인 통지로서 처분성이 부정된다.
국민건강보험 직장가입자 또는 지역가입자 자격 변동은 법령이 정하는 사유가 생기면 별도 처분 등의 개입 없이 사유가 발생한 날부터 변동의 효력이 당연히 발생하므로, 이는 甲 등의 가입자 자격의 변동 여부 및 시기를 확인하는 의미에서 한 사실상 통지행위에 불과할 뿐, 위 각 통보에 의하여 가입자 자격이 변동되는 효력이 발생한다고 볼 수 없고, 또한 위 각 통보로 甲 등에게 지역가입자로서의 건강보험료를 납부하여야 하는 의무가 발생함으로써 甲 등의 권리의무에 직접적 변동을 초래하는 것도 아니므로, 위 각 통보의 처분성이 인정되지 않는다(2016두41729, ▷기본서 244쪽).
④ 원칙적으로 통지는 처분성을 갖지 않으나(▷기본서 242쪽), 통지 그 자체로써 의무 부과의 효과를 갖는 예외적 통지에 해당한다. 구 교통안전공단법에 의하여 설립된 교통안전공단의 사업목적과 분담금의 부담에 관한 같은 법 제13조, 그 납부통지에 관한 같은 법 제17조, 제18조 등의 규정 내용에 비추어 교통안전공단이 그 사업목적에 필요한 재원으로 사용할 기금 조성을 위하여 같은 법 제13조에 정한 분담금 납부의무자에 대하여 한 분담금 납부통지는 그 납부의무자의 구체적인 분담금 납부의무를 확정시키는 효력을 갖는 행정처분이라고 보아야 할 것이고, 이는 그 분담금 체납자로부터 국세징수법에 의한 강제징수를 할 수 있음을 정한 규정이 없다고 하여도 마찬가지이다(2000다12716).

04　　　　　　　　　　　　　　　　　　　답 ④

① 직권취소 및 쟁송취소 모두 소급효가 있다(행정기본법 제18조 제1항, ▷기본서 98쪽; 90누5443, ▷기본서 315쪽).
②, ③ 기속력은 피고가 취소소송의 사안과 기본적인 사실관계의 동일성이 인정되는 사안에 대하여 판단을 내린 인용판결의 취지를 거스르지 않아야 한다는 것이다(▷기본서 320쪽).
　[1] 인용판결의 취지를 온전히 이해하려면, 판결의 주문 외에도 그 결론에 이르게 된 이유(구체적 위법사유) 등을 종합적으로 고려할 필요가 있다. 이에, 기속력은 판결 주문뿐 아니라 이유에 대해서도 발생한다. 기판력이 판결 주문에만 발생한다는 점과 비교하여 알아두도록 한다.
　[2] 기본적 사실관계의 동일성이 인정되는 사안에 대해서만 기속력이 미치므로, 기본적 사실관계의 동일성이 인정되지 않는다면 취소된 처분과 동일한 내용의 처분을 새롭게 하여도 인용판결의 취지를 거스르는 것이 아니다(2003두7705).
④ 취소소송에서 인용판결이 확정되면 형성력에 의해 피고가 별도의 조치를 하지 않아도 처분이 당연히 소멸한다(90누5443, ▷기본서 315쪽).

05　　　　　　　　　　　　　　　　　　　답 ③

① 개인정보 보호법 제15조【개인정보의 수집·이용】① 개인정보처리자는 다음 각 호의 어느 하나에 해당하는 경우에는 개인정보를 수집할 수 있으며 그 수집 목적의 범위에서 이용할 수 있다.
　1. 정보주체의 동의를 받은 경우
　7. 공중위생 등 공공의 안전과 안녕을 위하여 긴급히 필요한 경우

② 개인정보 보호법 제30조【개인정보 처리방침의 수립 및 공개】① 개인정보처리자는 다음 각 호의 사항이 포함된 개인정보의 처리 방침(이하 "개인정보 처리방침"이라 한다)을 정하여야 한다. 이 경우 공공기관은 제32조에 따라 등록대상이 되는 개인정보파일에 대하여 개인정보 처리방침을 정한다.

③ 개인정보 보호법 제33조【개인정보 영향평가】① 공공기관의 장은 대통령령으로 정하는 기준에 해당하는 개인정보파일의 운용으로 인하여 정보주체의 개인정보 침해가 우려되는 경우에는 그 위험요인의 분석과 개선 사항 도출을 위한 평가(이하 "영향평가"라 한다)를 하고 그 결과를 보호위원회에 제출하여야 한다.

④ 개인정보 보호법 제35조【개인정보의 열람】① 정보주체는 개인정보처리자가 처리하는 자신의 개인정보에 대한 열람을 해당 개인정보처리자에게 요구할 수 있다.
② 제1항에도 불구하고 정보주체가 자신의 개인정보에 대한 열람을 공공기관에 요구하고자 할 때에는 공공기관에 직접 열람을 요구하거나 대통령령으로 정하는 바에 따라 보호위원회를 통하여 열람을 요구할 수 있다.

06 답 ③

①, ②
[1] 소송 중 처분의 효과가 소멸한 경우 원칙적으로 소송을 계속 이어나갈 실익이 없다(2001두5200 등, ▷기본서 267쪽). 다만, 처분의 소멸에도 불구하고 소의 이익이 있다고 볼 수 있는 예외적인 경우라면 소의 이익을 인정할 수 있다(행정소송법 제12조 2문). 대표적인 사례가 제재처분의 전력이 남아 있어 추후 가중적 제재처분이 내려질 위험이 있는 경우이다(2003두1684, ▷기본서 272쪽).

[2] 국민의 재판청구권을 보장한 헌법 제27조 제1항의 취지와 행정처분으로 인한 권익침해를 효과적으로 구제하려는 행정소송법의 목적 등에 비추어 행정처분의 존재로 인하여 국민의 권익이 실제로 침해되고 있는 경우는 물론이고 권익침해의 구체적·현실적 위험이 있는 경우에도 이를 구제하는 소송이 허용되어야 한다는 요청을 고려하면, 규칙이 정한 바에 따라 선행처분을 가중사유 또는 전제요건으로 하는 후행처분을 받을 우려가 현실적으로 존재하는 경우에는, 선행처분을 받은 상대방은 비록 그 처분에서 정한 제재기간이 경과하였다 하더라도 그 처분의 취소소송을 통하여 그러한 불이익을 제거할 권리보호의 필요성이 충분히 인정된다고 할 것이므로, 선행처분의 취소를 구할 법률상 이익이 있다고 보아야 한다(2003두1684).

③ 직권으로 당초의 처분을 취소하고 새로운 처분을 하였다면 당초의 처분은 존재하지 않게 되므로, 이미 사라진 처분의 취소를 구하는 소는 원칙적으로 소의 이익이 없다(2001두5200, 96누1931, ▷기본서 267쪽).
다만, 그 행정처분과 동일한 사유로 위법한 처분이 반복될 위험성이 있어 행정처분의 위법성 확인 내지 불분명한 법률문제에 대한 해명이 필요한 경우에는 예외적으로 소의 이익이 인정된다(2013두20899, ▷기본서 268쪽).
위와 같은 반복될 가능성이 있는 경우란 불분명한 법률문제에 대한 해명이 필요한 상황에 대한 대표적인 예시일 뿐이며, 반드시 '해당 사건의 동일한 소송 당사자 사이에서' 반복될 위험이 있는 경우만을 의미하는 것은 아니다(2020두30450, ▷기본서 268쪽).

④ 소송 중 처분의 효과가 소멸한 경우 원칙적으로 소송을 계속 이어나갈 실익이 없다(2001두5200 등, ▷기본서 267쪽).

07 답 ②

① 포괄위임금지원칙에 따라 위임명령은 구체성·명확성을 갖추어야 하는데, 규율대상에 따라 그 정도가 달라질 수 있다는 취지이다. 위임의 구체성·명확성의 요구 정도는 그 규율대상의 종류와 성격에 따라 달라질 것이지만, 처벌법규나 조세를 부과하는 조세법규와 같이 국민의 기본권을 직접적으로 제한하거나 침해할 소지가 있는 법규에서는 구체성·명확성의 요구가 강화되어 그 위임의 요건과 범위가 더 엄격하게 규정되어야 하는 반면에, 일반적인 급부행정이나 조세감면혜택을 부여하는 조세법규의 경우에는 위임의 구체성 내지 명확성의 요구가 완화되어 그 위임의 요건과 범위가 덜 엄격하게 규정될 수 있으며, 그리고 규율대상이 지극히 다양하거나 수시로 변화하는 성질의 것일 때에는 위임의 구체성·명확성의 요건이 완화되어야 할 것이다.
또한 위임조항 자체에서 위임의 구체적 범위를 명백히 규정하고 있지 않다고 하더라도 당해 법률의 전반적 체계와 관련규정에 비추어 위임조항의 내재적인 위임의 범위나 한계를 객관적으로 분명히 확정할 수 있다면 이를 포괄적인 백지위임에 해당하는 것으로는 볼 수 없다(2003헌가23).

② 헌법에서 법률로 정하도록 하고 있는 조세와 같은 국회입법의 전속사항이라 하더라도(예 헌법 제59조: 조세의 종목과 세율은 법률로 정한다), 중요사항이 아니라면 의회유보원칙이 적용되지 않아 하위 법령에 위임이 가능하다는 점에서 옳지 않다는 취지로 이해된다.

③ 위임입법에 관한 헌법 제75조는 처벌법규에도 적용되는 것이지만 처벌법규의 위임은 특히 긴급한 필요가 있거나 미리 법률로써 자세히 정할 수 없는 부득이한 사정이 있는 경우에 한정되어야 하고 이 경우에도 법률에서 범죄의 구성요건은 처벌대상인 행위가 어떠한 것일 것이라고 이를 예측할 수 있을 정도로 구체적으로 정하고 형벌의 종류 및 그 상한과 폭을 명백히 규정하여야 한다(91헌가4).

④ 위임이든 재위임이든 논리가 같다. 포괄위임금지원칙 적용에 따른 위임명령의 구체성·명확성을 적정 수준에서 요구하겠다는 것이다.

[1] 위임명령은 법률이나 상위명령에서 구체적으로 범위를 정한 개별적인 위임이 있을 때에 가능하고, 여기에서 구체적인 위임의 범위는 규제하고자 하는 대상의 종류와 성격에 따라 달라지는 것이어서 일률적 기준을 정할 수는 없지만, 적어도 위임명령에 규정될 내용 및 범위의 기본사항이 구체적으로 규정되어 있어서 누구라도 당해 법률이나 상위법령으로부터 위임명령에 규정될 내용의 대강을 예측할 수 있어야 하나, 이 경우 그 예측가능성의 유무는 당해 위임조항 하나만을 가지고 판단할 것이 아니라 그 위임조항이 속한 법률의 전반적인 체계와 취지 및 목적, 당해 위임조항의 규정형식과 내용 및 관련 법규를 유기적·체계적으로 종합하여 판단하여야 하며, 나아가 각 규제 대상의 성질에 따라 구체적·개별적으로 검토함을 요한다.

[2] 또한 법률에서 위임받은 사항을 전혀 규정하지 않고 재위임하는 것은 복위임금지 원칙에 반할 뿐 아니라 위임명령의 제정 형식에 관한 수권법의 내용을 변경하는 것이 되므로 허용되지 않으나 위임받은 사항에 관하여 대강을 정하고 그 중의 특정사항을 범위를 정하여 하위법령에 다시 위임하는 경우에는 재위임이 허용된다(2013두14238, ▷기본서 49쪽).

08 답 ④

① 법조문의 형식으로 제정된 행정입법은 그 자체로는 대상 인물 및 사안이 특정되지 않은 상태이다. 이에, 국민의 권리·의무에 직접적인 영향을 주지 않으므로 처분성이 없다(2005두15168, ▷기본서 240쪽).

② 하위 법령이 상위 법령의 위임 범위를 벗어났다면, 이는 위임의 한계를 일탈한 것으로서 허용되지 않고, 원칙적으로 무효가 된다(2011두30878, ▷기본서 50쪽).
즉, 행정 각부 장관이 부령으로 제정할 수 있는 범위는 법률 또는 대통령령이 위임한 사항이나 또는 법률 또는 대통령령을 실시하기 위하여 필요한 사항에 한정되므로 법률 또는 대통령령으로 규정할 사항은 부령으로 규정하였다고 하면 그 부령은 무효임을 면치 못한다고 해석된다(4294민상9).
③ 상위 법령에 위임의 근거규정이 명확히 마련되어 있는 것으로 족하다는 뜻이다.
법령의 위임관계는 반드시 하위 법령의 개별조항에서 위임의 근거가 되는 상위 법령의 해당 조항을 구체적으로 명시하고 있어야만 하는 것은 아니라고 할 것이다(99두5658).
④ 하자 있는 법규명령의 효력을 묻고 있다. 원칙적으로는 무효이지만, 예외적으로 무효가 아닌 경우가 2가지 있다. 본 지문은 이 중 상위법령의 위임이 없었다가, 위임규정이 사후적으로 생겨난 경우를 묻고 있다. 판례는 위임규정이 생겨난 때부터, 즉 "그때부터(Cf. 소급하여)" 유효로 전환된다고 본다(93추83, ▷기본서 50쪽).

09 답 ①

①
> 행정조사기본법 제17조【조사의 사전통지】① 행정조사를 실시하고자 하는 행정기관의 장은 제9조에 따른 출석요구서, 제10조에 따른 보고요구서·자료제출요구서 및 제11조에 따른 현장출입조사서(이하 "출석요구서등"이라 한다)를 <u>조사개시 7일 전까지 조사대상자에게 서면으로 통지하여야 한다. 다만, 다음 각 호의 어느 하나에 해당하는 경우에는 행정조사의 개시와 동시에 출석요구서등을 조사대상자에게 제시하거나 행정조사의 목적 등을 조사대상자에게 구두로 통지할 수 있다.</u>
> 1. 행정조사를 실시하기 전에 관련 사항을 미리 통지하는 때에는 증거인멸 등으로 행정조사의 목적을 달성할 수 없다고 판단되는 경우
> 2. 「통계법」 제3조 제2호에 따른 지정통계의 작성을 위하여 조사하는 경우
> 3. 제5조 단서에 따라 <u>조사대상자의 자발적인 협조를 얻어 실시하는 행정조사의 경우</u>

②, ④ 위법한 세무조사에 의해 위법하게 수집된 자료를 토대로 한 과세처분은 절차상 하자로 인해 위법하다(2016두47659, ▷기본서 125쪽).
③ 원칙적으로 종국적인 처분이 아닌 중간단계의 행위는 처분성(또는 소의 이익)이 부정된다.
종국적인 단계에서 국민의 권리·의무에 영향을 미치는 것은 세무조사에 기초한 과세처분이지만, 중간단계 처분일지라도 세무조사결정에 대하여 다투도록 허용한다면 분쟁을 조기에 근본적으로 해결할 수 있는 이점이 있다. 따라서, 세무조사결정의 처분성을 인정한다(2009두23617, ▷기본서 252쪽).

10 답 ③

①, ②, ④ ▷기본서 343쪽

> 행정기본법 제36조【처분에 대한 이의신청】① 행정청의 처분(「행정심판법」 제3조에 따라 같은 법에 따른 행정심판의 대상이 되는 처분을 말한다. 이하 이 조에서 같다)에 이의가 있는 당사자는 처분을 받은 날부터 30일 이내에 해당 행정청에 이의신청을 할 수 있다.
> ③ 제1항에 따라 이의신청을 한 경우에도 그 이의신청과 관계없이 「행정심판법」에 따른 행정심판 또는 「행정소송법」에 따른 행정소송을 제기할 수 있다.
> ⑥ 다른 법률에서 이의신청과 이에 준하는 절차에 대하여 정하고 있는 경우에도 그 법률에서 규정하지 아니한 사항에 관하여는 이 조에서 정하는 바에 따른다.

③ 과징금의 일반규정은 행정기본법에 규정되어 있다(▷기본서 165쪽). 다만, 개별법에 별도의 근거규정이 있어야 부과가 가능하다("법률로 정하는 바에 따라", ▷기본서 127쪽).

> 행정기본법 제28조【과징금의 기준】① 행정청은 법령등에 따른 의무를 위반한 자에 대하여 법률로 정하는 바에 따라 그 위반행위에 대한 제재로서 과징금을 부과할 수 있다.
> ② 과징금의 근거가 되는 법률에는 과징금에 관한 다음 각 호의 사항을 명확하게 규정하여야 한다.
> 1. 부과·징수 주체
> 2. 부과 사유
> 3. 상한액
> 4. 가산금을 징수하려는 경우 그 사항
> 5. 과징금 또는 가산금 체납 시 강제징수를 하려는 경우 그 사항

11 답 ③

① 이미 존재하는 하천의 제방이 계획홍수위를 넘고 있다면 그 하천은 용도에 따라 통상 갖추어야 할 안전성을 갖추고 있다고 보아야 하고, 그와 같은 하천이 그 후 새로운 하천시설을 설치할 때 기준으로 삼기 위하여 제정한 '하천시설기준'이 정한 여유고를 확보하지 못하고 있다는 사정만으로 바로 안전성이 결여된 하자가 있다고 볼 수는 없다(2001다48057, ▷기본서 200쪽).
② 업무를 위임한 사무귀속주체는 5조에 따른 책임을 부담한다(▷기본서 202쪽).
[1] 구 하천법은 "지방하천은 그 관할 구역의 시·도지사가 관리한다"(제8조 제2항), "하천공사와 하천의 유지·보수는 이 법에 특별한 규정이 있는 경우를 제외하고는 하천관리청이 시행한다"(제27조 제5항 본문)고 정하면서, "국토해양부장관은 필요하다고 인정하는 때에는 시·도지사가 시행할 하천공사를 대행할 수 있다"(제28조 제1항)고 정하고 있다.
[2] 국토해양부장관이 하천공사를 대행하더라도 이는 국토해양부장관이 하천관리에 관한 일부 권한을 일시적으로 행사하는 것으로 볼 수 있을 뿐 하천관리청이 국토해양부장관으로 변경되는 것은 아니므로, 국토해양부장관이 하천공사를 대행하던 중 지방하천의 관리상 하자로 인하여 손해가 발생하였다면 하천관리청이 속한 지방자치단체는 국가와 함께 국가배상법 제5조 제1항에 따라 지방하천의 관리자로서 손해배상책임을 부담한다(2011다85413).

③ 2가지 청구권이 경합할 수 있고, 피해자가 선택하여 청구할 수 있다(민법상 청구권 경합).
④ 국가배상청구소송은 배상심의회에 배상신청을 하지 아니하고도 제기할 수 있다(국가배상법 제9조, ▷기본서 208쪽). 만약 행정소송 제기 전에 배상심의회에 배상신청을 하여 배상결정이 내려져도, 배상결정을 받은 신청인이 배상금 지급을 청구하지 아니하면 그 결정에 동의하지 아니한 것으로 본다(국가배상법 제15조 제3항). 따라서, 구속되지 아니한다.
참고로, 과거에는 신청인이 동의한 배상결정에 재판상의 화해의 효력과 같은, 강력하고도 최종적인 효력을 부여하여 재심의 소에 의하여 취소 또는 변경되지 않는 한 그 효력을 다툴 수 없도록 하고 있었으나, 이러한 국가배상법 규정에 대한 위헌결정이 내려졌다. 이로 인해 신청인이 배상결정에 동의하여도 신청인은 해당 결정에 확정적으로 구속되지 않게 되었다(91헌가7).

> 국가배상법 제15조【신청인의 동의와 배상금 지급】① 배상결정을 받은 신청인은 지체 없이 그 결정에 대한 동의서를 첨부하여 국가나 지방자치단체에 배상금 지급을 청구하여야 한다.
> ② 배상금 지급에 관한 절차, 지급기관, 지급시기, 그 밖에 필요한 사항은 대통령령으로 정한다.
> ③ 배상결정을 받은 신청인이 배상금 지급을 청구하지 아니하거나 지방자치단체가 대통령령으로 정하는 기간 내에 배상금을 지급하지 아니하면 그 결정에 동의하지 아니한 것으로 본다.

12 답 ④

①, ② 직권에 의한 간접강제가 허용되지 아니하는 점은 소송과 같다(▷기본서 357쪽).

> 행정심판법 제50조의2【위원회의 간접강제】① 위원회는 피청구인이 제49조 제2항(제49조 제4항에서 준용하는 경우를 포함한다) 또는 제3항에 따른 처분을 하지 아니하면 청구인의 신청에 의하여 결정으로 상당한 기간을 정하고 피청구인이 그 기간 내에 이행하지 아니하는 경우에는 그 지연기간에 따라 일정한 배상을 하도록 명하거나 즉시 배상을 할 것을 명할 수 있다.
> ④ 청구인은 제1항 또는 제2항에 따른 결정에 불복하는 경우 그 결정에 대하여 행정소송을 제기할 수 있다.

④ 이미 행정심판위원회가 직접 처분을 하였으므로, 기속력에 따른 (재)처분의무의 이행 문제는 발생하지 않는다(▷기본서 357쪽).

> 행정심판법 제50조【위원회의 직접 처분】① 위원회는 피청구인이 제49조 제3항에도 불구하고 처분을 하지 아니하는 경우에는 당사자가 신청하면 기간을 정하여 서면으로 시정을 명하고 그 기간에 이행하지 아니하면 직접 처분을 할 수 있다. 다만, 그 처분의 성질이나 그 밖의 불가피한 사유로 위원회가 직접 처분을 할 수 없는 경우에는 그러하지 아니하다.
> ② 위원회는 제1항 본문에 따라 직접 처분을 하였을 때에는 그 사실을 해당 행정청에 통보하여야 하며, 그 통보를 받은 행정청은 위원회가 한 처분을 자기가 한 처분으로 보아 관계 법령에 따라 관리·감독 등 필요한 조치를 하여야 한다(④).

> 제49조【재결의 기속력 등】③ 당사자의 신청을 거부하거나 부작위로 방치한 처분의 이행을 명하는 재결이 있으면 행정청은 지체 없이 이전의 신청에 대하여 재결의 취지에 따라 처분을 하여야 한다(③).

13 답 ②

① 어떠한 행위를 중단하라는 것은 부작위의무(금지의무)를 부과한 것이므로, 대집행의 대상이 될 수 없다(2005두7464, ▷기본서 151쪽).
하천유수인용(하천류수인용)허가신청이 불허되었음을 이유로 하천유수인용행위를 중단할 것과 이를 불이행할 경우 행정대집행법에 의하여 대집행하겠다는 내용의 계고처분은 대집행의 대상이 될 수 없는 부작위의무에 대한 것으로서 그 자체로 위법함이 명백한바, 이러한 경우 법원으로서는 마땅히 석명권을 행사하여 원고로 하여금 위 계고처분의 위법사유를 밝히게 하고, 나아가 위와 같은 법리에 따라 그 취소 여부를 가려 보아야 한다(96누5445).
② 대집행은 대체적 작위의무에 한하여 적용된다. 철거의무와 다르게 인도(점유이전, 퇴거, 명도)의무는 비대체적 작위의무에 해당하므로 대집행의 대상이 되지 않는다(97누157, ▷기본서 150쪽).
③ 대집행계고처분 취소소송의 변론종결 전에 대집행영장에 의한 통지절차를 거쳐 사실행위로서 대집행의 실행이 완료된 경우에는 행위가 위법한 것이라는 이유로 손해배상이나 원상회복 등을 청구하는 것은 별론으로 하고 처분의 취소를 구할 법률상 이익은 없다(93누6164, ▷기본서 154쪽).
④ 철거명령과 계고처분을 1장의 문서로 한꺼번에 할 수 있고, 철거명령에서 주어진 일정기간이 자진철거에 필요한 상당한 기간이라면 그 기간 속에는 계고시에 필요한 '상당한 이행기간'도 포함되어 있다고 본다(91누13564, ▷기본서 154-5쪽).

14 답 ①

① 일반적으로 조합설립행위는 합동행위에 속하는 것으로 이해된다.
② 일반적으로 공법상 계약의 성립·효력뿐만 아니라 하자 등과 관련한 적용법규는 특별규정이 있으면 특별규정이, 특별규정이 없다면 민법이 유추적용되며, 공법상 계약에 행정절차법은 적용되지 않는 것으로 이해된다.
③ 공중보건의사 채용계약은 계약직/전문직 공무원 채용계약으로서, 이는 대체로 공법상 계약에 해당한다(2002두5948, ▷기본서 106쪽). 위 계약의 특징은 (i) 체결 및 해지는 처분이 아니라서 행정절차법의 적용이 없다는 것, 이에 대한 다툼은 당사자소송으로 다뤄진다는 것(92누4611 등, ▷기본서 106쪽), (ii) 계약 효력 존속 중 계약직 공무원에 대한 인사상 불이익은 항고소송의 대상인 처분으로서, 행정절차법의 적용이 있다는 것이다(2006두16328, ▷기본서 106쪽).

④ 행정청이 자신과 상대방 사이의 법률관계를 일방적인 의사표시로 종료시켰다고 하더라도 곧바로 그 의사표시가 행정청으로서 공권력을 행사하여 행하는 행정처분이라고 단정할 수는 없고, 관계법령이 상대방의 법률관계에 관하여 구체적으로 어떻게 규정하고 있는지에 따라 개별적으로 판단하여야 한다. 즉, 계약의 해지가 처분성을 갖는지 여부에 대해 사안마다 개별적으로 판단한다는 취지이다(2013두6244, ▷기본서 105쪽).

15 답 ④

① 이 사건 도시관리계획을 고시한 것만으로는 피고가 이 사건 도시관리계획의 유지나 원고들의 이 사건 사업 시행에 관한 공적인 견해를 표명하였다고 보기 어렵고, 일반적으로 기존 행정계획의 존속에 대한 특정인의 기대이익을 행정계획의 변경에 대한 공익보다 항상 우선시할 수도 없으므로, 이 사건 처분이 신뢰보호 원칙에 반하지 않는다(2015두50382).
② • 헌법재판소: 우리재판소는 최근의 결정에서(장래입법이 문제된 사례), "헌법상 법치국가의 원칙으로부터 신뢰보호의 원리가 도출된다. 법률의 개정시 구법질서에 대한 당사자의 신뢰가 합리적이고도 정당하며 법률의 개정으로 야기되는 당사자의 손해가 극심하여 새로운 입법으로 달성하고자 하는 공익적 목적이 그러한 당사자의 신뢰의 파괴를 정당화할 수 없다면 그러한 새 입법은 신뢰보호의 원칙상 허용될 수 없다. 이러한 신뢰보호원칙의 위배 여부를 판단하기 위하여는 한편으로는 침해받은 이익의 보호가치, 침해의 중한 정도, 신뢰가 손상된 정도, 신뢰침해의 방법 등과 다른 한편으로는 새 입법을 통해 실현하고자 하는 공익적 목적을 종합적으로 비교·형량하여야 한다."라고 판시한 바 있다(94헌바39).
• 대법원: 실질적 법치주의의 원리는 형벌법규의 소급효 금지, 일사부재리 내지 이중처벌의 금지, 소급입법에 의한 재산권박탈 금지 등을 규정하고 있는 헌법 제13조가 전형적으로 이를 구현하고 있는바, 이러한 명시적인 규정이 있는 경우뿐만 아니라 기존 법질서에 대하여 국민의 합리적이고 정당한 신뢰가 형성되어 있는 경우 이를 적절한 범위에서 보호하여야 한다는 이른바 신뢰보호의 원칙 역시 같은 이유에서 우리 헌법의 기본원리인 법치주의 원리에 속하는 것이라고 할 것이다(2003두12899).
③ 신뢰를 부여한 시점 이후에 제반 사정이 현저히 변경되었다면, 신뢰를 지속적으로 보호해 달라고 요청하기 어려울 것이디(▷기본서 27쪽, 신뢰보호원칙의 한계; 2018두34732).
④ 명시적 의사표시뿐 아니라, 묵시적 의사표시도 공적 견해표명이 될 수 있으나, 추상적 질의에 대한 일반적 견해표명은 그렇지 않다. 즉, 중요한 사실관계와 법적인 쟁점을 제대로 드러내지 아니한 채 질의한 데 따른 것이라면 공적인 견해표명에 의하여 정당한 기대를 가지게 할 만한 신뢰가 부여된 경우라고 볼 수 없다(2011두5940, ▷기본서 25쪽).

16 답 ①

① 공법상 법률관계에 관한 소송으로서, 처분등 또는 부작위를 다투는 소송이 아니므로 당사자소송으로 분류함이 타당하다(▷기본서 336쪽).
국가 등 과세주체가 당해 확정된 조세채권의 소멸시효 중단을 위하여 납세의무자를 상대로 제기한 조세채권존재확인의 소는 공법상 당사자소송에 해당한다(2017두41771).
② 행정청이 자신과 상대방 사이의 법률관계를 일방적인 의사표시로 종료시켰다고 하더라도 곧바로 그 의사표시가 행정청으로서 공권력을 행사하여 행하는 행정처분이라고 단정할 수는 없고, 관계법령이 상대방의 법률관계에 관하여 구체적으로 어떻게 규정하고 있는지에 따라 개별적으로 판단하여야 한다. 즉, 계약의 해지가 처분성을 갖는지 여부에 대해 사안마다 개별적으로 판단한다(2013두6244, ▷기본서 105쪽).
그런데, 수험적으로는 전문직/계약직 공무원 채용계약 및 중소기업 정보화지원사업 협약의 해지는 공법상 계약의 해지로서 처분이 아니므로 당사자소송으로 다툰다고 숙지하면 족하다.
(시립합창단원 위촉계약은) 공법상 근로계약에 해당한다고 보아야 할 것이므로, 광주시문화예술회관장이 재위촉을 하지 아니한 것을 항고소송의 대상이 되는 불합격처분이라고 할 수는 없다(2001두7794, ▷기본서 106쪽).
③ 법률의 규정만으로는 신청인에게 구체적인 보상금 지급청구권이 있다고 볼 수 없다. 따라서, 위 법률에 근거하여 행정청이 지급 또는 거부결정을 하는 것이 비로소 보상금 지급청구권에 영향을 미치게 된다는 점에서 처분이 되고, 이에 대한 소송은 항고소송에 해당한다(2005두16185, ▷기본서 333쪽).
광주민주화운동 사안과 비교하여야 한다(92누3335, ▷기본서 333쪽).
④ 공무원(군인)연금의 지급을 구하는 소송의 순서는 (i) 일단 공무원연금공단에 급여지급을 신청(대상자 선정 및 금액 결정을 신청)하여 거부처분을 받아 이를 항고소송으로 다툰 뒤, (ii) 위 소송에서 인용판결이 있었음에도 이후 법령 개정으로 인해 금액이 기대에 미치지 못하는 등의 사정이 있으면 당사자소송을 제기하여야 한다(2008두5636, ▷기본서 335쪽).
"미지급", "차액", "감액", "법령 개정"이라는 키워드가 등장하면 (ii)단계로 분류한다. 이러한 키워드가 있으므로("법령의 개정") 본 지문은 (ii)단계에 해당한다.

17 답 ①

① 국가배상청구의 요건인 "직무행위"에는 권력적 작용뿐 아니라, 비권력적 작용도 포함된다. 단, 사경제적 작용은 포함되지 않는다(▷기본서 177쪽). 국가의 철도운행사업은 사경제적 작용에 해당한다.
국가의 철도운행사업과 관련하여 발생한 사고로 인해 손해배상청구를 할 때, 공무원의 직무상 과실을 원인으로 한 경우에는 사경제작용으로 인해 입은 손해의 배상을 구하는 것이므로 국가배상법이 적용되지 않는다.

다만, 이때에도 철도 등 영조물 설치·관리의 하자를 원인으로 한 경우라면 국가배상법이 적용된다(99다7008). 즉, 승강장, 대합실 등 시설관리상의 하자로 인한 책임은 영조물 설치관리상의 하자로 보아야 한다(▷기본서 195쪽).
② 국가배상청구의 요건인 "직무행위"에는 권력적 작용뿐 아니라, 비권력적 작용도 포함된다. 단, 사경제적 작용은 포함되지 않는다(▷기본서 177쪽).
③ 처분취소판결의 기판력이 국가배상청구에 미치는 것은 아니므로, 처분이 취소되었다는 사실만으로 곧바로 국가배상청구를 인용할 수는 없다(99다70600, ▷기본서 183쪽).
④ 국가배상책임의 원칙적인 모습은 공무원이 경과실로 위법행위를 저질렀다는 전제하에, 국가가 공무원을 대신하여 손해를 배상하는 것이다. 만약 공무원이 직접 손해를 배상하였다면 국가의 법적 책임을 대신 이행한 것이 된다. 따라서 공무원은 국가에게 대신 배상한 금액만큼을 반환하여 달라고 요구할 수 있으나, 이를 국민으로부터 반환 받을 수는 없다(2012다54478, ▷기본서 174쪽). 결국, 최종적인 책임 주체는 국가이다.

18   답 ②

① 원칙 10일 이내이나, 부득이한 사유가 있으면 10일 이내에서 연장할 수 있다(▷기본서 141쪽).

> **공공기관의 정보공개에 관한 법률 제11조【정보공개 여부의 결정】** ① 공공기관은 제10조에 따라 정보공개의 청구를 받으면 그 청구를 받은 날부터 10일 이내에 공개 여부를 결정하여야 한다.
> ② 공공기관은 부득이한 사유로 제1항에 따른 기간 이내에 공개 여부를 결정할 수 없을 때에는 그 기간이 끝나는 날의 다음 날부터 기산(起算)하여 10일의 범위에서 공개 여부 결정기간을 연장할 수 있다. 이 경우 공공기관은 연장된 사실과 연장 사유를 청구인에게 지체 없이 문서로 통지하여야 한다.

② 원고적격이 광범위하게 인정된다.
정보공개법이 정보공개청구권이라는 권리를 국민 개개인에게 구체적으로 보장하고 있으므로, 이는 (i) 강행법규성, (ii) 사익보호성을 모두 충족한 결과 개인적 공권으로 평가될 수 있다. 따라서, 정보공개가 거부당한 사람은 그 자체만으로도 개인적 공권 즉, 법률상 이익의 침해를 이유로 원고적격을 인정받아 항고소송을 제기할 수 있다(2003두8395 등, ▷기본서 143쪽).
③ 개별법이 특별히 요구하지 않는 한, 임의적 전치주의가 원칙이다.

> **공공기관의 정보공개에 관한 법률 제19조【행정심판】** ① 청구인이 정보공개와 관련한 공공기관의 결정에 대하여 불복이 있거나 정보공개 청구 후 20일이 경과하도록 정보공개 결정이 없는 때에는「행정심판법」에서 정하는 바에 따라 행정심판을 청구할 수 있다. 이 경우 국가기관 및 지방자치단체 외의 공공기관의 결정에 대한 감독행정기관은 관계 중앙행정기관의 장 또는 지방자치단체의 장으로 한다.
> ② 청구인은 제18조에 따른 이의신청 절차를 거치지 아니하고 행정심판을 청구할 수 있다.

④ 문서의 진위 여부를 확인해야 한다는 등의 특별한 사정이 없는 한, 내용을 확인하기 위한 통상적인 목적이라면 사본도 대상이 되지 않을 이유가 없다(2006두3049, ▷기본서 136쪽).

19   답 ①

① 항고소송과는 달리, 민사소송 및 당사자소송의 피고적격은 행정청이 아닌 행정주체 등에게 부여된다(▷기본서 332쪽).

> **행정소송법 제3조【행정소송의 종류】** 행정소송은 다음의 네 가지로 구분한다.
> 2. 당사자소송: 행정청의 처분등을 원인으로 하는 법률관계에 관한 소송 그 밖에 공법상의 법률관계에 관한 소송으로서 그 법률관계의 한쪽 당사자를 피고로 하는 소송

②, ③ 민중소송 및 기관소송은 법률이 정한 경우에 법률에 정한 자에 한하여 예외적으로 제기할 수 있어, 그 사례가 매우 드물다(행정소송법 제45조, ▷기본서 232쪽).
④ 토지관할 중 특별재판적으로서, 원고의 입장에서는 보통재판적 외에도 관할이 인정되어 선택권이 생기는 효과가 있다(▷기본서 288쪽).

> **행정소송법 제9조【재판관할】** ① 취소소송의 제1심 관할법원은 피고의 소재지를 관할하는 행정법원으로 한다.
> ② 제1항에도 불구하고 다음 각 호의 어느 하나에 해당하는 피고에 대하여 취소소송을 제기하는 경우에는 대법원소재지를 관할하는 행정법원에 제기할 수 있다.
> 1. 중앙행정기관, 중앙행정기관의 부속기관과 합의제행정기관 또는 그 장
> 2. 국가의 사무를 위임 또는 위탁받은 공공단체 또는 그 장
> ③ 토지의 수용 기타 부동산 또는 특정의 장소에 관계되는 처분등에 대한 취소소송은 그 부동산 또는 장소의 소재지를 관할하는 행정법원에 이를 제기할 수 있다.

20   답 ④

① 내용만 적법하다면 부관을 협약의 형식으로도 부가할 수 있다(2005다65500, ▷기본서 65쪽). 반면, 내용이 위법하다면 협약의 형식으로 부가하였는지와 무관하게 위법할 수밖에 없다(2007다63966, ▷기본서 66쪽).
② 반면, 재량행위는 법령에 별도의 근거가 없더라도 재량권을 일탈남용하지 않는 범위 내에서 부관을 붙일 수 있다(행정기본법 제17조 제1항, ▷기본서 64쪽).

> **행정기본법 제17조【부관】** ① 행정청은 처분에 재량이 있는 경우에는 부관(조건, 기한, 부담, 철회권의 유보 등을 말한다. 이하 이 조에서 같다)을 붙일 수 있다.
> ② 행정청은 처분에 재량이 없는 경우에는 법률에 근거가 있는 경우에 부관을 붙일 수 있다.

③ 기한의 일종인 불확정기한에 관한 설명이다.
④ 부관 중 부담만이 독립하여 항고소송의 대상이 되고, 그 외 나머지 부관은 전부 독립쟁송 가능성이 부정된다(91누1264, ▷기본서 68쪽).

21   답 ②

① 종업원의 행위로 인해 영업주의 처벌 여부가 문제되는 것은 맞지만, 반드시 종업원이 처벌 받아야만 영업주가 처벌되는 것은 아니고, 종업원이 처벌받지 않았다고 하여 반드시 영업주가 처벌되지 않는 것도 아니다(2005도7673, ▷기본서 163쪽). 각자의 귀책사유를 독립적으로 따져보아야 한다. 이 경우 영업주의 귀책사유는 종업원에 대한 선임·감독에 관한 것이다.
② 통고처분은 상대방의 임의의 승복을 그 발효요건으로 하기 때문에 그 자체만으로는 통고이행을 강제하거나 상대방에게 아무런 권리의무를 형성하지 않으므로 행정심판이나 행정소송의 대상으로서의 처분성을 부여할 수 없다(96헌바4, ▷기본서 162쪽).
③ 행정청은 고발과 통고처분 중 1가지 수단을 택할 수 있다(2014도10748, ▷기본서 162쪽).
통고처분을 할 것인지의 여부는 관세청장 또는 세관장의 재량에 맡겨져 있고, 따라서 관세청장 또는 세관장이 관세범에 대하여 통고처분을 하지 아니한 채 고발하였다는 것만으로는 그 고발 및 이에 기한 공소의 제기가 부적법하게 되는 것은 아니다(2006도1993).
④ 공무원과 지방자치단체의 관계도 종업원과 영업주의 관계와 다를 바가 없어 양벌규정의 법리가 적용되지 않을 이유가 없다는 취지이다(2004도2657, ▷기본서 163쪽).

22   답 ③

① "처분의 위법성 판단시점은 처분시"라는 출제의도로 이해되나, 아래 판례를 고려하면 일반화할 수 있는 표현인지 다소 의문이 있다. 행정처분의 위법 여부는 행정처분이 있을 때의 법령과 사실 상태를 기준으로 판단하여야 하며, 법원은 행정처분 당시 행정청이 알고 있었던 자료뿐만 아니라 사실심 변론종결 당시까지 제출된 모든 자료를 종합하여 처분 당시 존재하였던 객관적 사실을 확정하고 그 사실에 기초하여 처분의 위법 여부를 판단할 수 있다. 행정청으로부터 행정처분을 받았으나 나중에 그 행정처분이 행정쟁송절차에서 취소되었다면, 그 행정처분은 처분 시에 소급하여 효력을 잃게 된다(92누19033, ▷기본서 307쪽).
② "행정쟁송법"이라는 이름의 실정법은 존재하지 않는다. 행정소송법 및 행정심판법에서 아래와 같이 용어를 구분하고 있다는 출제의도로 이해된다.

> 행정소송법 제4조【항고소송】항고소송은 다음과 같이 구분한다.
> 2. 무효등 확인소송: 행정청의 처분등의 효력 유무 또는 존재 여부를 확인하는 소송
> 행정심판법 제5조【행정심판의 종류】행정심판의 종류는 다음 각 호와 같다.
> 2. 무효등확인심판: 행정청의 처분의 효력 유무 또는 존재 여부를 확인하는 행정심판

③ (제소기간이 지나지 않았다는 전제하에) 위헌결정에는 소급효가 폭넓게 인정되므로, 위헌결정 전에 내려진 행정처분이라 하더라도 그 영향이 미치는 탓에 하자가 발생한다. 이로써 위 처분은 효력이 없는 법률에 근거하여 발령된 것이 되어 중대한 하자를 내포한다.

다만, 처분 발령시점을 기준으로는 위헌결정이 아직 없었기 때문에 그 당시 하자가 명백하였다고 볼 수는 없다. 따라서, 하자가 중대하지만 명백하지는 않기 때문에 취소사유가 있는 것에 불과하다(96누1689, ▷기본서 84쪽).
④ 협의"절차"를 거치지 않은 것이므로, 원칙적으로 절차상 하자에 의해 취소사유가 발생한다. 형식/절차상 하자의 전형적인 사례에 해당한다(▷기본서 125쪽).
원지적도가 없는 상태에서 토지조서 및 물건조서를 작성하였다거나, 건설부장관이 토지수용법 제16조의 규정에 따라 토지수용사업승인을 한 후 그 뜻을 토지소유자 등에게 통지하지 아니하였다거나, 기업자가 토지소유자와 협의를 거치지 아니한 채 토지의 수용을 위한 재결을 신청하였다는 등의 하자들 역시 절차상 위법으로서 이의재결의 취소를 구할 수 있는 사유가 될지언정 당연무효의 사유라고 할 수는 없다(93누2148).

23   답 ②

① 국공유재산이 일반재산임을 전제하면, 옳은 선지가 된다. 대부료는 강제징수 절차(독촉, 압류, 매각, 청산)로 징수되고, 각각의 절차에 처분성이 인정된다.
같은 국(공)유재산이라 하더라도, 행정재산을 빌려주는 것은 사용수익권의 부여(특허)로서 공법관계에 해당하고, 일반재산을 빌려주는 것은 사법상 행위(대부계약)에 해당한다(99다61675, ▷기본서 14쪽).
다만, 대부계약이 사법상 행위라 하더라도 개별법에서 체납처분 절차에 따라 대부료를 징수하도록 하고 있으므로, 민사소송을 제기함으로써 대부료를 징수하는 것은 허용되지 않는다(2013다207941, ▷기본서 15쪽).
② 시립합창단원 위촉계약은 공법상 근로계약에 해당한다고 보아야 할 것이므로, 광주시문화예술회관장이 재위촉을 하지 아니한 것을 항고소송의 대상이 되는 불합격처분이라고 할 수는 없다(2001두7794, ▷기본서 106쪽).
③ 입주변경계약 취소(입주계약 해지)는 행정청인 관리권자로부터 관리업무를 위탁받은 산업단지관리공단이 우월적 지위에서 입주기업체들에게 일정한 법률상 효과를 발생하게 하는 것으로서 항고소송의 대상이 되는 행정처분에 해당한다(2014두46843).
④ 법령에 근거한 입찰참가자격제한조치는 처분성이 인정되었으나, 사법상 계약에 근거한 입찰참가자격제한조치는 처분성이 부정된다.

24   답 ①

① 행정대집행의 절차가 인정되는 경우에는 따로 민사소송의 방법으로 공작물의 철거, 수거 등을 구할 수는 없다(99다18909, ▷기본서 150쪽).
② 국가배상법상의 "공무원"은 공무원 및 공무수탁사인을 의미한다. 공무를 위탁받은 공법인은 국가배상법상의 공무원에 해당하지 않는다(2007다82950, ▷기본서 177쪽).

따라서, LH공사는 경과실로 위법행위를 한 경우에도 국가 또는 지자체가 대신 손해배상책임을 부담하지 않는다. 즉, 공사가 직접 손해배상책임을 진다.
③ 대집행은 대체적 작위의무의 불이행에 대하여 인정되고, 이행강제금은 전통적으로 비대체적 작위의무 및 부작위의무의 불이행에 대하여 인정되어 왔다. 그러나, 이행강제금의 적용 범위가 대체적 작위의무까지 확대된 결과, 대체적 작위의무 불이행에 대해서는 대집행과 이행강제금 모두 적용이 가능하게 되었다. 이 중 어떤 수단을 동원하여 이행을 강제할 것인지는 행정청의 재량에 달린 문제이다(2006마470, ▷기본서 156쪽).
④ 공매는 공매결정, 공매통지, 공매처분 순으로 진행이 된다. 이 중 처분성을 갖는 것은 공매처분뿐이다. 공매통지에 하자가 있을 경우, 공매처분을 대상으로 소를 제기하여 공매처분에 절차상 하자가 있음을 다투어야 한다(2010두25527, ▷기본서 160쪽).

25 답 ①

① 청문을 실시하여야 하는 경우는 다음 각 호 3가지 경우에 국한된다(▷기본서 118쪽).

> **행정절차법 제22조【의견청취】** ① 행정청이 처분을 할 때 다음 각 호의 어느 하나에 해당하는 경우에는 청문을 한다.
> 1. 다른 법령등에서 청문을 하도록 규정하고 있는 경우
> 2. 행정청이 필요하다고 인정하는 경우
> 3. 다음 각 목의 처분을 하는 경우
>   가. 인허가 등의 취소
>   나. 신분·자격의 박탈
>   다. 법인이나 조합 등의 설립허가의 취소

② 판례는 청문의 예외사유를 엄격히 해석하는 경향이 있다.
예컨대, (i) 청문통지서 2회 반송 및 청문회 불출석에도 불구하고 여전히 청문을 실시하여야 한다고 하였고(2000두3337), (ii) 별도 협약 체결을 통해 청문이 배제될 수 없다고 보았으며(2002두8350), (iii) 상대방이 이미 행정청에 위반사실을 시인하는 과정에서 의견진술할 기회가 있었다 하더라도 별도의 청문을 이행하여야 한다는 입장에 서있다(2016두63224, ▷기본서 120쪽).

③
> **행정절차법 제35조【청문의 종결】** ① 청문 주재자는 해당 사안에 대하여 당사자등의 의견진술, 증거조사가 충분히 이루어졌다고 인정하는 경우에는 청문을 마칠 수 있다.
> ② <u>청문 주재자는 당사자등의 전부 또는 일부가 정당한 사유 없이 청문기일에 출석하지 아니하거나 제31조 제3항에 따른 의견서를 제출하지 아니한 경우에는 이들에게 다시 의견진술 및 증거제출의 기회를 주지 아니하고 청문을 마칠 수 있다.</u>

④
> **행정절차법 제35조의2【청문결과의 반영】** 행정청은 처분을 할 때에 제35조 제4항에 따라 받은 청문조서, 청문 주재자의 의견서, 그 밖의 관계 서류 등을 충분히 검토하고 상당한 이유가 있다고 인정하는 경우에는 청문결과를 반영하여야 한다.

19회 | 2023년 군무원 9급

정답
p.133

01	③	02	①	03	③	04	②	05	①
06	③	07	④	08	④	09	②	10	④
11	①	12	④	13	③	14	②	15	④
16	③	17	①	18	③	19	①	20	②
21	②	22	④	23	④	24	②	25	①

01 답 ③

① 부당결부금지 원칙에 관한 설명이다(행정기본법 제13조, ▷기본서 21쪽).
② 평등의 원칙에 관한 설명이다(행정기본법 제9조, ▷기본서 21쪽).
③ 신뢰보호원칙에 관한 설명이다(행정기본법 제12조, ▷기본서 21쪽).
④ 신의성실의 원칙에 관한 설명이다(행정기본법 제11조, ▷기본서 21쪽).

02 답 ①

① 송달(고지)이 정식으로 이루어져야 행정행위의 효력이 발생한다. 판례는 정식으로 송달이 이루어지기 전에 우연히 홈페이지에 접속하여 처분의 내용을 안 것만으로는 효력이 발생되지 않는다는 입장이다(2019두38656, ▷기본서 283쪽).
②, ④ (i) 행정행위가 주체, 내용, 절차, 형식의 적법(성립)요건을 모두 갖추면 행정행위가 내부적으로 성립하고, (ii) 위 행정행위가 외부에 "표시"되면 행정행위가 외부적으로 성립하며, (iii) 위 행정행위가 외부에 표시되어 상대방에게 "도달"하면 행정행위가 효력을 발생한다. (ii) 단계까지 완료되었다면 이미 행정행위가 외부에 표시되었으므로 행정청은 자신이 표시한 내용에 어느 정도 구속을 받을 수밖에 없다(2017두38874, ▷기본서 70쪽).
③ 처분이 외부에 표시되어 상대방에게 송달까지 되어야 효력이 발생된다. 그런데, 본 사안에서는 입국금지결정을 내부전산망에 입력하였을 뿐, 외부에 표시하지 않았으므로, 위 결정은 처분으로서 효력이 발생되지 않았다고 보아야 한다(2017두38874, ▷기본서 252쪽).

03 답 ③

① 부관의 사후변경은 4가지 사유가 발생하는 때에 한하여 허용된다. 판례는 (i) 법률에 명문의 규정이 있거나 (ii) 그 변경이 미리 유보되어 있는 경우, (iii) 상대방의 동의가 있는 경우를 원칙적 사유로 보고, (iv) 사정변경이 있는 경우를 예외적 사유로 본다(97누2627, ▷기본서 66쪽).
본 지문은 위 (iii)에 해당한다.

② 재량권이 인정되기 때문에, 법령에 별도의 근거가 없더라도 재량권을 일탈남용하지 않는 범위 내에서 부관을 붙일 수 있다(행정기본법 제17조 제1항, ▷기본서 64쪽).
③ 부관의 내용적 한계에 해당한다(행정절차법 제17조 제4항 제3호, ▷기본서 65쪽).
④ 부담의 경우, 부담만을 독립적인 대상으로 특정하여 취소소송을 제기할 수 있다. 이를 진정 일부취소소송이라고 한다(91누1264, ▷기본서 67-8쪽).
반면, 부담이 아닌 나머지 부관의 경우, 진정 일부취소소송이 불가하다. 이때에는 (i) 전체취소소송 또는 (ii) 부관에 대한 변경신청이 거부될 경우 그 거부처분을 대상으로 하는 취소소송을 고려해 보아야 한다(▷기본서 67쪽).

04 답 ②

① 법조문의 표현(문언)을 기준으로 "~해야 한다."는 기속행위, "~할 수 있다."는 재량행위로 보되, 그 밖에 여러 가지 기준을 종합하여 판단한다는 뜻이다(98두17593, ▷기본서 54쪽).
② 재미동포 인기가수와 관련된 사안이다. LA재외공관장이 법무부장관의 입국금지결정만을 근거로 사증발급거부처분을 하였는데, 대법원은 LA재외공관장이 자신에게 주어진 고유의 재량을 전혀 행사하지 않은 이른바 재량권 불행사가 재량권 일탈남용의 일종이라고 보았다(2017두38874, ▷기본서 71쪽).
③ 재량행위는 행정행위의 내용을 재량껏 결정할 수 있기 때문에, 부관을 붙이는 것도 가능하다. 반면, 기속행위는 법에서 정한 방식 및 내용대로만 행정행위를 할 수 있기 때문에 법령에 다른 정함이 있지 않는 한 부관을 붙일 수 없다(행정기본법 제17조, ▷기본서 56쪽).
④ 재량행위의 사법심사는 재량권 일탈·남용이 있는지를 기준으로 한다(98두17593, ▷기본서 55쪽). 법규의 해석·적용을 통하여 일정한 결론을 도출한 후 그 결론에 비추어 행정청이 한 판단의 적법 여부를 독자의 입장에서 판정하는 방식은 기속행위의 사법심사 방식이다.

05 답 ①

① 국가배상법상 공무원의 직무행위에는 권력적 작용뿐 아니라, 비권력적 작용도 포함된다. 단, 사경제적 작용은 포함되지 않는다(▷기본시 177쪽).
② "영조물의 설치 또는 관리의 하자"라 함은 기본적으로 통상의 안정성을 갖추지 못한 상태를 말하는 것이다(96다54102 등, ▷기본서 196쪽).
판례는 이에 더해 영조물의 이용상태 및 정도가 일정한 한도를 초과하여 제3자에게 사회통념상 참을 수 없는 피해를 입히는지(수인한도 초과 여부)를 고려하기도 한다. 이에, 사격장에 방음시설을 제대로 설치하지 않아 인근 마을에 참을 수 없는 소음공해를 일으키는 경우에도 영조물의 설치, 관리상 하자로 인정될 수 있다(2002다14242 등, ▷기본서 197쪽).

③ 상호보증은 외국의 법령, 판례 및 관례 등에 의하여 발생요건을 비교하여 인정되면 충분하고 반드시 당사국과의 조약이 체결되어 있을 필요는 없으며, 당해 외국에서 구체적으로 우리나라 국민에게 국가배상청구를 인정한 사례가 없더라도 실제로 인정될 것이라고 기대할 수 있는 상태이면 충분하다(2013다208388, ▷기본서 208쪽).
④ 임의적 절차이므로, 배상심의회의 배상결정을 거치지 않고 행정소송으로 나아갈 수 있다(국가배상법 제9조, ▷기본서 208쪽).

06 답 ③

① 정보의 공개 및 우송 등에 드는 비용은 실비의 범위에서 청구인이 부담한다(정보공개법 제17조 제1항, ▷기본서 141쪽).
② "사립"대학교가 정보공개법상 정보공개 의무자인 "공공"기관에 포함된다는 점을 유의하여야 한다(2004두2783, ▷기본서 134쪽).
③ 원고는 피고가 정보를 보유할 것이라는 점에 대한 개연성만을 증명하면 족하고, 피고는 이미 폐기된 정보라는 점 또는 비공개 대상에 해당한다는 점에 대한 입증책임을 부담한다(2003두12707, 2014두5477, ▷기본서 145쪽).
④ 외국인은 (i) 국내에 일정한 주소를 두고 거주하는 사람, (ii) 학술·연구를 위하여 일시적으로 체류하는 사람, (iii) 국내에 사무소를 두고 있는 법인 또는 단체에 한하여 정보공개청구권을 갖는다(정보공개법 제5조 제2항, 동법 시행령 제3조 각 호, ▷기본서 134-5쪽).
(iii)의 경우 학술·연구를 위한 목적이 필요하지 않다.

07 답 ④

① 잔여지는 토지소유자의 전체 토지 중 수용되고 남은 토지이다. 잔여지에 대한 보상은 크게 (i) 잔여지를 계속 보유하는 것을 전제로 그 지가 하락으로 인한 손실을 보상하는 잔여지 손실보상, (ii) 잔여지를 종래 목적으로 사용할 수 없을 경우 이를 기존 수용대상토지와 더불어 추가로 수용하여 달라는 매수(수용)청구로 구분된다.
(ii) 수용청구가 이루어질 경우 토지수용위원회가 별도의 조치를 하지 않아도 사업시행자는 잔여지를 수용하게 되는 효과가 발생한다. 따라서, 사업시행자가 잔여지 수용청구를 거부하는 내용의 수용재결을 내리더라도, 토지소유자는 사업시행자가 이미 잔여지를 수용하였음을 전제로 기존 수용대상토지에 대한 보상금에 더해 잔여지에 대한 보상금까지 지급하여 달라는 청구를 할 수 있다. 이는 보상금 증감(정확히는 증액)에 관한 소송에 해당하므로, 피고는 사업시행자가 되고, 소송 종류는 당사자소송이 된다(▷기본서 225쪽).
② 수용재결이 원처분, 이의재결이 행정심판의 재결에 해당한다. 원처분주의하에서 원처분에 하자가 있으면 원처분을, 재결에 고유한 하자가 있으면 재결을 다투어야 한다. 수용재결에 불복하는 경우에는 수용재결을 대상으로, 관할 토지수용위원회(중앙 또는 지방)를 피고로 하여 항고소송을 제기하여야 한다(▷기본서 221쪽).

③ 제소기간이 행정소송법과는 다르게 규정되어 있다. 이의신청(특별행정심판)을 거치지 않는 경우에는 수용재결서를 받은 날부터 90일 이내에, 거치는 경우에는 이의신청 재결서를 받은 날부터 60일 이내에 행정소송을 제기하여야 한다(토지보상법 제85조 제1항, ▷기본서 221쪽).

④ 사업인정과 수용재결 간에는 하자의 승계가 인정되지 않는다(▷기본서 88쪽).
이는 절차상의 위법으로서 수용재결 단계 전의 사업인정 단계에서 다툴 수 있는 취소사유에 해당하기는 하나, 더 나아가 그 사업인정 자체를 무효로 할 중대하고 명백한 하자라고 보기는 어렵고, 따라서 이러한 위법을 들어 수용재결처분의 취소를 구하거나 무효확인을 구할 수는 없다(2000두5142, 219쪽).

08 답 ②

① 공법인은 공무를 위탁받은 범위 내에서만 행정청의 지위를 갖고, 행정청의 지위에서 행한 행위만이 처분이 될 여지가 있다. 공법인이 내부적으로 임직원을 징계하는 등 불이익한 조치를 취한 것은 공무를 위탁받은 범위 내에서 행해지는 행위가 아니므로 사법상 징계에 불과하다. 따라서, 처분이 되지 않는다(2005두8269, ▷기본서 236쪽).
한국지하철공사의 임직원 징계 역시 마찬가지이다(89누2103).

② 입찰참가자격 제한조치를 할 수 있는 근거는 크게 (i) 법률 또는 (ii) 사법상 계약 두 가지이다. 전자를 근거로 한다면 이는 공법에 근거한 공권력의 행사로서 처분성이 인정될 가능성이 있고, 후자를 근거로 한다면 이는 사법상 계약에 근거한 조치로서 처분성이 부정될 것이다(2016두33537, ▷기본서 245쪽).

③ 행정재산이라 함은 공적 목적에 사용되는 국공유재산을 말한다. 그럼에도 이를 특정인에게 사용하도록 허가해주었으므로, 이는 성질상 특허로 보아야 한다(예 국립의료원 부설 주차장에 관한 위탁관리용역운영계약, 2004다31074, ▷기본서 14, 59쪽).

④ 지방자치단체가 기부채납받은 공유재산을 무상으로 기부자에게 사용을 허용하는 행위는 사경제주체로서 상대방과 대등한 입장에서 하는 사법상 행위이지 행정청이 공권력의 주체로서 행하는 공법상 행위라고 할 수 없으므로, 기부자가 기부채납한 부동산을 일정기간 무상사용한 후에 한 사용허가기간 연장신청을 거부한 행정청의 행위도 단순한 사법상의 행위일 뿐 행정처분 기타 공법상 법률관계에 있어서의 행위는 아니다(93누7365).

09 답 ②

①, ③ 각론 문제에 해당한다.
국가공무원법상 직무상 비밀이라 함은 국가 공무의 민주적, 능률적 운영을 확보하여야 한다는 이념에 비추어 볼 때 당해 사실이 일반에 알려질 경우 그러한 행정의 목적을 해할 우려가 있는지 여부를 기준으로 판단하여야 하며, 구체적으로는 행정기관이 비밀이라고 형식적으로 정한 것에 따를 것이 아니라 실질적으로 비밀로서 보호할 가치가 있는지, 즉 그것이 통상의 지식과 경험을 가진 다수인에게 알려지지 아니한 비밀성을 가졌는지, 또한 정부나 국민의 이익 또는 행정목적 달성을 위하여 비밀로서 보호할 필요성이 있는지 등이 객관적으로 검토되어야 한다.
이 사건 보고서의 내용 중 은행감독원의 자료는 이미 국회에 제출되어 공개된 것이고, 법령상 개선사항은 추상적 의견에 불과한 것이어서 비밀이라 할 수 없으며, 개별법인의 비업무용 부동산 보유 실태 역시 오늘날과 같은 고도 정보사회에 있어서 일반인에게 알려지지 않은 비밀인지 의문일 뿐 아니라, 나아가 위 감사보고서는 감사자료로 분류된 이상 최종적으로 종결된 것이지 이를 중간단계에 있는 내부보고용 문서라고 볼 수 없어 특별한 사정이 없는 한 이에 기초한 추후의 감사를 전제로 하여 비밀로서 보호할 필요도 인정되지 않으므로 결국 이 사건 보고서는 그 내용이나 성격으로 보아 국가공무원법 제60조 소정의 직무상 비밀에 해당하지 아니한다(94누7171).

② 평등의 원칙은 같은 것을 같게, 다른 것을 다르게 취급하라는 상대적 평등을 의미한다. 이는 엄연히 다른 것까지 같게 취급하는 절대적 평등과는 구분되어야 한다. 반성의 정도(개전의 정)가 다르면 징계 수위도 달라질 수밖에 없다(99두2611, ▷기본서 29쪽).

④ 수 개의 처분사유 중 일부가 적법하지 않다고 하더라도 다른 처분사유로써 그 처분의 정당성이 인정되는 경우 그 처분을 위법하다고 할 수 없다(2003두1264, ▷기본서 306쪽). 징계처분 역시 마찬가지이다(2002두6620).

10 답 ④

① 대지 또는 건축물의 소유권 이전에 관한 고시의 효력이 발생하면 조합원 등이 관리처분계획에 따라 분양받을 대지 또는 건축물에 관한 권리의 귀속이 확정되고 조합원 등은 이를 토대로 다시 새로운 법률관계를 형성하게 되는데, 이전고시의 효력 발생으로 대다수 조합원 등에 대하여 권리귀속 관계가 획일적·일률적으로 처리되는 이상 그 후 일부 내용만을 분리하여 변경할 수 없고, 그렇다고 하여 전체 이전고시를 모두 무효화시켜 처음부터 다시 관리처분계획을 수립하여 이전고시 절차를 거치도록 하는 것도 정비사업의 공익적·단체법적 성격에 배치되어 허용될 수 없다.
위와 같은 정비사업의 공익적·단체법적 성격과 이전고시에 따라 이미 형성된 법률관계를 유지하여 법적 안정성을 보호할 필요성이 현저한 점 등을 고려할 때, 이전고시의 효력이 발생한 이후에는 조합원 등이 해당 정비사업을 위하여 이루어진 수용재결이나 이의재결의 취소 또는 무효확인을 구할 법률상 이익이 없다고 해석함이 타당하다(2018두55326, ▷기본서 62쪽).

② 재개발조합에 대한 설립인가처분은 설권적 처분(특허)의 성질을 겸하는 인가에 해당한다. 설권적 처분(특허)의 성질을 겸하는 인가의 경우, 기본행위 및 인가 중 어느 쪽에 하자가 있는지를 불문하고 오로지 인가만을 대상으로 소송을 제기하여야 한다(2008다60568, 2009두4845, ▷기본서 64쪽).

③ 도시 및 주거환경정비법에 따른 이전고시는 준공인가의 고시로 사업시행이 완료된 이후에 관리처분계획에서 정한 바에 따라 종전의 토지 또는 건축물에 대하여 정비사업으로 조성된 대지 또는 건축물의 위치 및 범위 등을 정하여 소유권을 분양받을 자에게 이전하고 가격의 차액에 상당하는 금액을 청산하거나 대지 또는 건축물을 정하지 않고 금전적으로 청산하는 공법상 처분이다(2013다73551).

④ 조합설립추진위원회는 조합설립을 위한 추진체에 불과하다. 조합설립인가가 내려진 결과 조합이 설립되면, 조합설립위원회는 조합에 모든 권리·의무를 포괄승계하고 소멸한다.
따라서, 조합설립추진위원회 구성승인처분을 다투는 소, 이미 소멸한 추진위원회관련 처분에 소를 제기할 것이 아니라, 조합설립인가처분을 대상으로 소를 제기하여야 한다(2011두11112, ▷기본서 270쪽).

11 답 ①

① 국립대학인 서울대학교의 "94학년도 대학입학고사주요요강"은 사실상의 준비행위 내지 사전안내로서 행정쟁송의 대상이 될 수 있는 행정처분이나 공권력의 행사는 될 수 없다.
그러나, 그 내용이 국민의 기본권에 직접 영향을 끼치는 내용이고 앞으로 법령의 뒷받침에 의하여 그대로 실시될 것이 틀림없을 것으로 예상되어 그로 인하여 직접적으로 기본권 침해를 받게 되는 사람에게는 사실상의 규범작용으로 인한 위험성이 이미 현실적으로 발생하였다고 보아야 할 것이므로 이는 헌법소원의 대상이 되는 헌법재판소법 제68조 제1항 소정의 공권력의 행사에 해당된다고 할 것이며, 이 경우 헌법소원 외에 달리 구제방법이 없다(92헌마68).

② 행정계획을 수립하는 과정에서 여러 가지 이해관계가 충돌할 수밖에 없다. 구체적으로, 공익과 공익 간, 공익과 사익 간, 사익과 사익 간 여러 가지 충돌이 있기 마련이다. 이때 행정청이 재량권을 합리적으로 행사하여 충돌하는 각종 이익을 비교·형량할 필요가 있다. 비교·형량이 제대로 되지 않은 경우라면 행정계획결정은 위법하게 된다(96누8567, ▷기본서 104쪽).

③ 개발제한구역지정처분은 건설부장관이 법령의 범위 내에서 도시의 무질서한 확산 방지 등을 목적으로 도시정책상의 전문적·기술적 판단에 기초하여 행하는 일종의 행정계획으로서 그 입안·결정에 관하여 광범위한 형성의 자유를 가지는 계획재량처분에 해당한다(96누1313).

④ 인가로 인하여 관리처분계획의 처분으로서의 효력이 발생한다. 기본행위인 관리처분계획에 하자가 있다면 이를 다투고, 인가에 하자가 있다면 인가를 다투면 된다. 총회결의라는 관리처분계획의 절차에 하자가 있음을 다투는 소송이므로, 관리처분계획에 대한 항고소송을 제기하여 그 소송에서 총회결의의 하자를 주장하면 된다(2007다2428, ▷기본서 336쪽).

12 답 ④

① 한 사람이 여러 종류의 자동차 운전면허를 취득하는 경우뿐 아니라 이를 취소 또는 정지함에 있어서도 서로 별개의 것으로 취급하는 것이 원칙이다.
따라서, 한 사람이 여러 종류의 자동차 운전면허를 취득하는 경우 1개의 운전면허증을 발급하고 그 운전면허증의 면허번호는 최초로 부여한 면허번호로 하여 이를 통합관리하고 있더라도, 이는 자동차 운전면허증 및 그 면허번호 관리상의 편의를 위한 것에 불과할 뿐, 여러 종류의 면허를 서로 별개의 것으로 취급할 수 없다거나 각 면허의 개별적인 취소 또는 정지를 분리하여 집행할 수 없는 것은 아니다(95누8850, ▷기본서 313쪽).

② 신뢰보호원칙의 한계 측면에서, 취소와 철회 모두 공통적으로 수익적 행정행위를 대상으로 하는 경우라면 이를 박탈하기에 앞서 이로 인해 달성될 공익과 이로 인해 침해될 국민의 불이익 중 무엇이 더 큰지 따져보아야 한다(이른바 비교·형량; 행정기본법 제18조 제2항 본문 및 제19조 제2항, ▷기본서 95-6쪽).
하지만, 신뢰보호원칙의 요건이 애초부터 충족되지 않은 것이라면, 한계를 따질 필요도 없이 신뢰는 보호되지 않는다고 보아야 한다. 이러한 관점에서, 취소의 경우 (i) 애초에 수익적 행정행위가 국민의 거짓 또는 부정한 방법을 통해 얻어진 경우 또는 (ii) 국민이 처분의 위법성을 알고 있었거나, 중대한 과실로 몰랐던 경우에 해당한다면, 수익적 행정행위를 박탈함으로써 침해될 국민의 불이익이 매우 작다고 할 수 있으므로 비교·형량이 불필요하다. 이때는 수익적 행정행위라 하더라도 비교·형량 없이 곧바로 직권취소할 수 있다(행정기본법 제18조 제2항 단서 및 각 호).
주의할 것은 철회의 경우 위와 같은 규정을 두고 있지 않다는 것이다. 철회를 하기 위해서는 여전히 비교·형량을 거쳐야 한다(행정기본법 제19조 제2항).

③ 직권취소는 원칙적으로 소급효를 갖지만, 예외적으로 당사자의 신뢰를 보호할 가치가 있는 등 정당한 사유가 있는 경우에는 장래를 향하여 취소할 수 있다(행정기본법 제18조 제1항, ▷기본서 95쪽).

④ 종전에는 법적 근거 없이도 취소 또는 철회를 할 수 있는지가 논란이 되었으나, 최근 행정기본법에 명시적인 법적 근거가 마련됨으로써 그와 같은 논란이 종식되었다. 행정기본법 제정 전에는 판례를 근거로(2019두31839), 행정기본법 제정 후에는 위 법률을 근거로 하여(행정기본법 제18조 및 제19조) 개별법상 별도의 근거 규정 없이도 직권 취소 및 철회가 가능하다고 보면 된다(▷기본서 95쪽).

13 답 ③

①, ② ▷기본서 108쪽

> 행정절차법 제49조【행정지도의 방식】① 행정지도를 하는 자는 그 상대방에게 그 행정지도의 취지 및 내용과 신분을 밝혀야 한다.
> ② 행정지도가 말로 이루어지는 경우에 상대방이 제1항의 사항을 적은 서면의 교부를 요구하면 그 행정지도를 하는 자는 직무 수행에 특별한 지장이 없으면 이를 교부하여야 한다.

③ 행정지도는 원칙적으로 임의적인 권고에 그치므로, 부당한 강요가 있어서는 안 되고, 권고를 따르지 않았다는 이유로 불이익을 주어서도 안 된다(▷기본서 108쪽).

> 행정절차법 제48조【행정지도의 원칙】① 행정지도는 그 목적 달성에 필요한 최소한도에 그쳐야 하며, 행정지도의 상대방의 의사에 반하여 부당하게 강요하여서는 아니 된다.
> ② 행정기관은 행정지도의 상대방이 행정지도에 따르지 아니하였다는 것을 이유로 불이익한 조치를 하여서는 아니 된다.

④ 일방적으로 강요할 수 없으니, 상대방으로부터 의견을 제출 받아 이를 참작하여야 할 것이다(▷기본서 108쪽).

> 행정절차법 제50조 【의견제출】 행정지도의 상대방은 해당 행정지도의 방식·내용 등에 관하여 행정기관에 의견제출을 할 수 있다.

14 답 ②

① 행정대집행의 절차가 인정되는 경우에는 따로 민사소송의 방법으로 공작물의 철거, 수거 등을 구할 수는 없다(99다18909, ▷기본서 150쪽).
② 철거의 목적이 된 건물 내에 점유자가 있는 경우에 해당한다. 철거를 하기 위해서는 먼저 점유자로부터 인도를 받아야 한다. 원칙적으로 대집행은 대체적 작위의무인 철거의무에 대해서는 적용될 수 있으나, 비대체적 작위의무인 인도의무에 대해서는 적용될 수 없다. 다만, 이 경우에는 인도의무가 철거의무를 이행하기 위한 부수적 의무에 해당하므로, 예외적으로 대집행 절차에 의해 퇴거 조치까지 이행하게끔 할 수 있다.
구체적으로, 점유자들이 퇴거 조치에 불응하는 것은 공무집행방해죄에 해당하므로, 경찰로부터 행정응원을 받아 이들을 현행범 체포하는 방식으로 점유를 이전 받도록 하고 있다(2016다213916, ▷기본서 151 - 2쪽).
③ 대집행은 침익적 성격이 크기 때문에, 의무를 불이행했다고 하여 곧바로 대집행의 실행에 들어가는 것이 아니라, "다른 수단으로써 그 이행을 확보하기 곤란하고 또한 그 불이행을 방치함이 심히 공익을 해할 것으로 인정될 때에 한하여", 계고 및 통지를 거쳐 실시한다(행정기본법 제30조 제1항 제1호, 행정대집행법 제2조, ▷기본서 149쪽).
위와 같은 사정은 행정청에게 입증책임이 있다(96누8086, ▷기본서 149쪽).
④ 과세관청이 체납처분으로서 행하는 공매는 우월한 공권력의 행사로서 행정소송의 대상이 되는 공법상의 행정처분에 해당한다(84누201, ▷기본서 252쪽).
공매가 처분이라면, 이를 취소하는 공매취소처분도 처분성을 갖는다. 공매에 의하여 재산을 매수한 자는 그 공매처분이 취소된 경우에 그 취소처분의 위법을 주장하여 행정소송을 제기할 법률상 이익이 있다(84누201).

15 답 ④

① 변상금 부과처분은 항고소송의 대상이 되는 처분이자, 기속행위에 해당한다(99두9735, ▷기본서 14쪽, 54쪽).
② 국가나 지자체 소속 청원경찰은 엄밀히 말하면 국가(지방)공무원법상의 공무원은 아니지만, (i) 그 근무관계를 사법상의 고용계약관계로 보기는 어려우므로 그에 대한징계처분의 시정을 구하는 소는 행정소송의 대상이지 민사소송의 대상이 아니고, (ii) 국가배상법을 적용함에 있어서도 공무원으로 취급된다(92다47564, ▷기본서 176쪽).
③ 조세부과처분에 대한 항고소송이 그 사례에 해당한다(▷기본서 332쪽).
④ 개발부담금은 실질적으로 조세와 같다. 법적 성질도 조세와 동일하게 기속행위에 해당한다(▷기본서 54쪽).

조세부과처분이 취소되면 과오납금 반환청구를 민사소송에 해당하는 부당이득반환청구로 제기하는 것과 동일하다(▷기본서 332쪽).

16 답 ③

① 감염병의 예방 및 관리에 관한 법률(이하 '감염병예방법'이라 한다) 제71조에 의한 예방접종 피해에 대한 국가의 보상책임은 무과실책임이지만, 질병, 장애 또는 사망(이하 '장애 등'이라 한다)이 예방접종으로 발생하였다는 점이 인정되어야 한다(2017두52764).
여기서 예방접종과 장애 등 사이의 인과관계는 반드시 의학적·자연과학적으로 명백히 증명되어야 하는 것은 아니고, 간접적 사실관계 등 제반 사정을 고려할 때 인과관계가 있다고 추단되는 경우에는 증명이 있다고 보아야 한다.
인과관계를 추단하기 위해서는 특별한 사정이 없는 한 예방접종과 장애 등의 발생 사이에 시간적 밀접성이 있고, 피해자가 입은 장애 등이 예방접종으로부터 발생하였다고 추론하는 것이 의학이론이나 경험칙상 불가능하지 않으며, 장애 등이 원인불명이거나 예방접종이 아닌 다른 원인에 의해 발생한 것이 아니라는 정도의 증명이 있으면 족하다.
그러나 이러한 정도에 이르지 못한 채 예방접종 후 면역력이 약해질 수 있다는 막연한 추측을 근거로 현대의학상 예방접종에 내재하는 위험이 현실화된 것으로 볼 수 없는 경우까지 곧바로 인과관계를 추단할 수는 없다. 특히 피해자가 해당 장애 등과 관련한 다른 위험인자를 보유하고 있다거나, 해당 예방접종이 오랜 기간 널리 시행되었음에도 해당 장애 등에 대한 보고 내지 신고 또는 그 인과관계에 관한 조사·연구 등이 없다면, 인과관계 유무를 판단할 때 이를 고려할 수 있다.

> 감염병의 예방 및 관리에 관한 법률 제71조 【예방접종 등에 따른 피해의 국가보상】 ① 국가는 제24조 및 제25조에 따라 예방접종을 받은 사람 또는 제40조 제2항에 따라 생산된 예방·치료 의약품을 투여 받은 사람이 그 예방접종 또는 예방·치료 의약품으로 인하여 질병에 걸리거나 장애인이 되거나 사망하였을 때에는 대통령령으로 정하는 기준과 절차에 따라 다음 각 호의 구분에 따른 보상을 하여야 한다.
> 1. 질병으로 진료를 받은 사람: 진료비 전액 및 정액 간병비
> 2. 장애인이 된 사람: 일시보상금
> 3. 사망한 사람: 대통령령으로 정하는 유족에 대한 일시보상금 및 장제비
> ② 제1항에 따라 보상받을 수 있는 질병, 장애 또는 사망은 예방접종약품의 이상이나 예방접종 행위자 및 예방·치료 의약품 투여자 등의 <u>과실 유무에 관계없이 해당 예방접종 또는 예방·치료 의약품을 투여받은 것으로 인하여 발생한 피해로서</u> 질병관리청장이 인정하는 경우로 한다.
> ③ 질병관리청장은 제1항에 따른 보상청구가 있는 날부터 120일 이내에 제2항에 따른 질병, 장애 또는 사망에 해당하는지를 결정하여야 한다. 이 경우 미리 위원회의 의견을 들어야 한다.
> ④ 제1항에 따른 보상의 청구, 제3항에 따른 결정의 방법과 절차 등에 관하여 필요한 사항은 대통령령으로 정한다.

② 소송요건은 법원의 직권조사사항이므로, 당사자가 별도로 주장하지 않아도 법원이 스스로 조사를 개시한다. 즉, 당사자는 주장책임을 별도로 부담하지 않는다(▷기본서 303쪽).
법원은 매 심급마다 소송요건을 직권으로 조사하며, 상고심에 올라갔을 때도 마찬가지로 소송요건을 원점에서부터 다시 검토한다(2003두15195, ▷기본서 303쪽).
③ 국민권익위원회가 경기도 선관위 위원장 또는 소방청장에게 인사 관련 조치요구를 한 사안을 떠올려보면 이해가 쉽다.
(i) 조치요구를 받은 자의 입장에서는 이에 불응할 경우 과태료 등 법적 불이익이 예정되어 있어 다툼이 불가피한데, (ii) 기관소송이 허용되지 않고, (iii) 동시에 헌법상 권한쟁의심판까지 허용되지 않는 상황이므로 예외적으로 항고소송을 통해 조치요구를 다툴 수 있도록 허용하였다(2011두1214, 2014두35379, ▷기본서 257쪽).
④ 관할을 위반하여 제기된 소는 원칙적으로 각하되어야 한다. 다만 구소가 각하된 뒤 신소를 새롭게 제기하면 제소기간을 도과할 우려가 있다. 이에, 판례는 관할 위반의 사안을 너그럽게 바라보는 관점에서, 잘못 제기된 소를 곧바로 각하하지 않고 제대로 된 관할법원에 이송하도록 하고 있다.
다만, 이는 어디까지나 이송을 받은 관할법원에서 적법한 소제기로 취급될 것임을 전제로 한다. 이송을 받은 관할법원에서 어차피 각하될 운명이라면, 처음부터 각하하지 않고 구태여 이송까지 해줄 이유가 없기 때문이다. 즉, 행정사건을 민사사건으로 오해하여 민사소송을 제기한 경우, 행정소송으로 제기되었더라도 어차피 부적법하게 되는 경우가 아닐 때에만 관할법원에 이송을 한다(95다28960, ▷기본서 13쪽).

17 답 ①

① (i) 외국인의 출입국·난민인정·귀화, (ii) 공무원 인사 관계법령에 따른 징계와 그 밖의 처분의 경우, 위 사항에 해당하는지 여부뿐 아니라 "해당 행정작용의 성질상 행정절차를 거치기 곤란하거나 거칠 필요가 없다고 인정되는지" 또는 "행정절차에 준하는 절차를 이미 거쳤는지" 여부도 추가로 따져보아야 한다(행정절차법 제3조 제2항 제9호, ▷기본서 113쪽).
대법원은 가급적 행정절차법을 적용하려는 입장에서, 위 배제사유를 좁게 해석하고자 한다. 따라서, 직권면직(2011두30687) 및 해임처분(2011두5001) 모두 공무원에 대한 것임에도 불구하고 행정절차법이 적용된다(▷기본서 114쪽).
반면, 직위해제 처분의 경우 직권면직과는 달리 행정절차법의 적용이 배제된다. 국가공무원법에 더 엄격한 절차가 규정되어 있기 때문이다(2012두26180, ▷기본서 114쪽).
② 위 ①과 같은 관점에서, 진급예정자명단에 포함된 장교 등에 대하여 의견제출의 기회를 부여하지 아니한 채 진급선발을 취소하는 처분을 한 것은 절차상 하자가 있어 위법하다고 판시하였다(2006두20631, ▷기본서 116쪽).
③ 절차의 하자는 그 자체로 독자적인 위법사유를 구성하고, 대개 처분에 취소사유를 초래하는데 그친다(91누971 등, ▷기본서 124쪽).
④ 행정규칙은 대외적 구속력이 없어 행정법의 법원으로 인정되지 않기 때문이다(97누1105, ▷기본서 52쪽).

18 답 ③

① 제3자의 원고적격은 원칙적으로 부정되나, 본 지문과 같이 법률상 이익을 갖는 경우에는 예외적으로 인정될 수 있다(▷기본서 259쪽).
경업자 관계가 대표적인 사례인데, 처분의 근거가 되는 법률에 과당경쟁으로 인한 경영 불합리를 방지하기 위한 목적으로 거리제한 규정 등이 존재하여야 한다.
② 자연인이 아닌 甲 수녀원은 쾌적한 환경에서 생활할 수 있는 이익을 향수할 수 있는 주체가 아니므로 위 처분으로 위와 같은 생활상의 이익이 직접적으로 침해되는 관계에 있다고 볼 수도 없으므로, 甲 수녀원에 처분의 무효 확인을 구할 원고적격이 없다(2010두2005, ▷기본서 258쪽).
③ 외국인에게 원고적격이 있는지를 판단하는 기준은 해당 외국인이 "대한민국과 실질적 관련성이 있거나, 대한민국에서 법적으로 보호가치 있는 이해관계를 형성한 경우"인지 여부이다(2014두42506, ▷기본서 258쪽).
대한민국에 입국을 원하는 외국인은 과거에 대한민국에서 출생하여 오랜 기간 대한민국 국적을 보유하면서 거주한 이력이 있는 경우에 한하여 법률상 이익이 인정된다. 인정된 사례로는 미국 국적의 스티브 유(2017두38874; 재외동포법에 근거한 법률상 이익 인정), 부정된 사례로는 중국 국적의 조선족 동포 사안을 들 수 있다(2014두42506; 출입국관리법에 근거한 법률상 이익 부정).
반면, 외국인이 체류자격변경 불허가처분, 강제퇴거명령 등을 받아 강제추방을 앞두고 있는 경우라면, 그 전에 이미 대한민국에 적법하게 입국하여 상당한 기간을 체류하였을 것이 전제되므로 법률상 이익이 인정된다(2014두42506).
④ 환경영향평가 대상지역 밖의 주민이라 할지라도 공유수면매립면허처분 등으로 인하여 그 처분 전과 비교하여 수인한도를 넘는 환경피해를 받거나 받을 우려가 있는 경우에는, 공유수면매립면허처분 등으로 인하여 환경상 이익에 대한 침해 또는 침해 우려가 있다는 것을 입증함으로써 그 처분 등의 무효확인을 구할 원고적격을 인정받을 수 있다(2006두330, ▷기본서 262쪽).

19 답 ①

①, ③ 원칙적으로 사무귀속주체가 국가배상법 제2조 또는 제5조에 따른 책임(국가배상책임의 3가지 유형을 말함)을 부담하나, 비용부담주체가 따로 존재할 경우 피해자 보호 차원에서 비용부담주체 또한 책임을 부담하도록 한다(▷기본서 202쪽).
교통신호기 관리 사무는 본래 지방자치단체의 업무이므로, 사무귀속주체는 지방자치단체이다. 위 사무가 지방경찰청장에게 위임되었고, 경찰에 대한 급여 등은 국가가 부담하므로, 비용부담자는 국가이다. 따라서, 지방자치단체는 국가배상법 제2조, 국가는 국가배상법 제6조에 따른 국가배상책임을 부담한다(99다11120, ▷기본서 202쪽).

② 각론 문제에 해당한다.
국가배상법 제5조 소정의 공공의 영조물이란 공유나 사유임을 불문하고 행정주체에 의하여 특정 공공의 목적에 공여된 유체물 또는 물적 설비를 의미하므로 사실상 군민의 통행에 제공되고 있던 도로 옆의 암벽으로부터 떨어진 낙석에 맞아 소외인이 사망하는 사고가 발생하였다고 하여도 동 사고지점 도로가 피고 군에 의하여 노선인정 기타 공용개시가 없었으면 이를 영조물이라 할 수 없다(80다2478).
④ 국가배상법 제2조 제1항 단서의 "전투·훈련 등 직무 집행"을 넓게 해석하는 것이 판례의 대체적인 경향이다. 다만, 본 지문과 같이 결론이 상반되는 70년대 판례도 간혹 출제되고 있음을 유의해야 한다(숙직실에서 당직을 서는 행위는 위 직무집행에 속하지 않는다고 본 사안).
경찰서지서의 숙직실은 국가배상법 제2조 제1항 단서에서 말하는 전투·훈련에 관련된 시설이라고 볼 수 없으므로 위 숙직실에서 순직한 경찰공무원의 유족들은 국가배상법 제2조 제1항 본문에 의하여 국가배상법 및 민법의 규정에 의한 손해배상을 청구할 권리가 있다(77다2389, ▷기본서 205쪽).

20 답 ②

① 기속력은 인용재결에 한하여 인정되는 효력이다(행정심판법 제49조, ▷기본서 356쪽). 행정소송법과 내용이 같다(행정소송법 제30조, ▷기본서 319쪽).
② 확정판결과는 달리 재결에는 기판력이 인정되지 않는다(2013다6759, ▷기본서 356쪽). 재결에 기판력이 인정된다면 이를 대상으로 취소소송을 제기하여도 법원이 재결과 모순되는 판단을 하지 못하게 되는 결과, 원고가 아무런 구제도 받지 못하는 상황이 초래되어 부당하다.
③ 기본적 사실관계의 동일성이 인정되는 사안에 대해서만 기속력이 미치므로, 기본적 사실관계의 동일성이 인정되지 않는다면 (예 절차적 하자를 이유로 취소된 처분의 경우 절차적 하자 보완) 취소된 처분과 동일한 내용의 처분을 새롭게 하여도 인용판결의 취지를 거스르는 것이 아니다. 행정소송법과 내용이 같다 (▷기본서 320 – 1쪽).
④ 형성력이란 인용재결이 별도의 후속조치 없이도 그 자체로 일정한 법률관계를 형성시키는 힘을 말한다. 취소재결, 변경재결, 처분재결이 형성력을 갖는다(▷기본서 355쪽).

21 답 ②

① 개인정보 보호법 제3조【개인정보 보호 원칙】① 개인정보처리자는 개인정보의 처리 목적을 명확하게 하여야 하고 그 목적에 필요한 범위에서 최소한의 개인정보만을 적법하고 정당하게 수집하여야 한다.
② 개인정보처리자는 개인정보의 처리 목적에 필요한 범위에서 적합하게 개인정보를 처리하여야 하며, 그 목적 외의 용도로 활용하여서는 아니 된다.
③ 개인정보처리자는 개인정보의 처리 목적에 필요한 범위에서 개인정보의 정확성, 완전성 및 최신성이 보장되도록 하여야 한다.
④ 개인정보처리자는 개인정보의 처리 방법 및 종류 등에 따라 정보주체의 권리가 침해받을 가능성과 그 위험 정도를 고려하여 개인정보를 안전하게 관리하여야 한다.
⑤ 개인정보처리자는 제30조에 따른 개인정보 처리방침 등 개인정보의 처리에 관한 사항을 공개하여야 하며, 열람청구권 등 정보주체의 권리를 보장하여야 한다.
⑥ 개인정보처리자는 정보주체의 사생활 침해를 최소화하는 방법으로 개인정보를 처리하여야 한다.
⑦ 개인정보처리자는 개인정보를 익명 또는 가명으로 처리하여도 개인정보 수집목적을 달성할 수 있는 경우 익명처리가 가능한 경우에는 익명에 의하여, 익명처리로 목적을 달성할 수 없는 경우에는 가명에 의하여 처리될 수 있도록 하여야 한다.
⑧ 개인정보처리자는 이 법 및 관계법령에서 규정하고 있는 책임과 의무를 준수하고 실천함으로써 정보주체의 신뢰를 얻기 위하여 노력하여야 한다.

② 개인정보 보호법 제16조【개인정보의 수집 제한】① 개인정보처리자는 제15조 제1항 각 호의 어느 하나에 해당하여 개인정보를 수집하는 경우에는 그 목적에 필요한 최소한의 개인정보를 수집하여야 한다. 이 경우 최소한의 개인정보 수집이라는 입증책임은 개인정보처리자가 부담한다.
② 개인정보처리자는 정보주체의 동의를 받아 개인정보를 수집하는 경우 필요한 최소한의 정보 외의 개인정보 수집에는 동의하지 아니할 수 있다는 사실을 구체적으로 알리고 개인정보를 수집하여야 한다.
③ 개인정보처리자는 정보주체가 필요한 최소한의 정보 외의 개인정보 수집에 동의하지 아니한다는 이유로 정보주체에게 재화 또는 서비스의 제공을 거부하여서는 아니 된다.

③ 개인정보 보호법 제15조【개인정보의 수집·이용】① 개인정보처리자는 다음 각 호의 어느 하나에 해당하는 경우에는 개인정보를 수집할 수 있으며 그 수집 목적의 범위에서 이용할 수 있다.
1. 정보주체의 동의를 받은 경우
2. 법률에 특별한 규정이 있거나 법령상 의무를 준수하기 위하여 불가피한 경우
3. 공공기관이 법령 등에서 정하는 소관 업무의 수행을 위하여 불가피한 경우
4. 정보주체와 체결한 계약을 이행하거나 계약을 체결하는 과정에서 정보주체의 요청에 따른 조치를 이행하기 위하여 필요한 경우
5. 명백히 정보주체 또는 제3자의 급박한 생명, 신체, 재산의 이익을 위하여 필요하다고 인정되는 경우
6. 개인정보처리자의 정당한 이익을 달성하기 위하여 필요한 경우로서 명백하게 정보주체의 권리보다 우선하는 경우. 이 경우 개인정보처리자의 정당한 이익과 상당한 관련이 있고 합리적인 범위를 초과하지 아니하는 경우에 한한다.
7. 공중위생 등 공공의 안전과 안녕을 위하여 긴급히 필요한 경우

④ 개인정보 보호법 제21조【개인정보의 파기】① 개인정보처리자는 보유기간의 경과, 개인정보의 처리 목적 달성, 가명정보의 처리 기간 경과 등 그 개인정보가 불필요하게 되었을 때에는 지체 없이 그 개인정보를 파기하여야 한다. 다만, 다른 법령에 따라 보존하여야 하는 경우에는 그러하지 아니하다.
② 개인정보처리자가 제1항에 따라 개인정보를 파기할 때에는 복구 또는 재생되지 아니하도록 조치하여야 한다.

③ 개인정보처리자가 제1항 단서에 따라 개인정보를 파기하지 아니하고 보존하여야 하는 경우에는 해당 개인정보 또는 개인정보파일을 다른 개인정보와 분리하여서 저장·관리하여야 한다.
④ 개인정보의 파기방법 및 절차 등에 필요한 사항은 대통령령으로 정한다.

22 답 ④

① 도축장 사용정지·제한명령은 구제역과 같은 가축전염병의 발생과 확산을 막기 위한 것이고, 도축장 사용정지·제한명령이 내려지면 국가가 도축장 영업권을 강제로 취득하여 공익 목적으로 사용하는 것이 아니라 소유자들이 일정기간 동안 도축장을 사용하지 못하게 되는 효과가 발생할 뿐이다. 이와 같은 재산권에 대한 제약의 목적과 형태에 비추어 볼 때, 도축장 사용정지·제한명령은 공익목적을 위하여 이미 형성된 구체적 재산권을 박탈하거나 제한하는 헌법 제23조 제3항의 수용·사용 또는 제한에 해당하는 것이 아니라, 도축장 소유자들이 수인하여야 할 사회적 제약으로서 헌법 제23조 제1항의 재산권의 내용과 한계에 해당한다.
따라서 이에 대한 보상금은 도축장 사용정지·제한명령으로 인한 도축장 소유자들의 경제적인 부담을 완화하고 그러한 명령의 준수를 유도하기 위하여 지급하는 시혜적인 급부에 해당한다(2012헌바367).
② 토지보상법상의 이의신청은 그 명칭과는 다르게 이의신청이 아닌, 특별행정심판에 해당한다(▷기본서 220쪽). 따라서, 토지보상법을 우선적으로 적용하되, 특별한 규정이 없는 경우에는 행정심판법을 적용한다.
③ 특별행정심판이라 함은 행정심판법이 아닌 개별법에 근거하여 토지수용위원회, 소청심사위원회, 조세심판원, 노동위원회 등이 주관하는 행정심판을 의미한다(▷기본서 346쪽). 공무원연금법상 공무원연금급여 재심위원회에 대한 심사청구 제도 역시 마찬가지이다.
④ 기속력이 미치는 시간적 범위는 처분시다. 처분 후에 발생한 새로운 사유를 내세워 후속처분을 하는 것은 기속력에 반하지 않는다(▷기본서 319-320쪽).

23 답 ④

①, ③ ▷기본서 34쪽

구분	무하자재량행사청구권	행정개입청구권
의의	하자 없는 재량권의 행사를 요구할 수 있는 권리	자기 또는 제3자에게 행정권을 발동할 것을 요구하는 권리
요건	강행법규의 존재	<기속행위> 강행법규의 존재 <재량행위> 강행법규 해석상 재량이 "0"으로 수축 생명, 신체, 재산 등 중대한 개인적 법익에 대한 위해가 존재 이러한 위해가 행정권 발동에 의해 제거 가능 개인적인 노력으로는 제거 불가
	사익보호성	

② 공무원연금법상의 퇴직급여, 유족급여 등 각종 급여를 받을 권리, 즉 연금수급권에는 사회적 기본권의 하나인 사회보장수급권의 성격과 재산권의 성격이 불가분적으로 혼재되어 있으므로, 입법자로서는 연금수급권의 구체적 내용을 정함에 있어 반드시 민법상 상속의 법리와 순위에 따라야 하는 것이 아니라 공무원연금제도의 목적 달성에 알맞도록 독자적으로 규율할 수 있고, 여기에 필요한 정책판단·결정에 관하여는 입법자에게 상당한 정도로 형성의 자유가 인정된다(97헌마333).
④ 생태·자연도 1등급으로 지정되었던 지역을 (지극히 형식적으로) 2등급 또는 3등급으로 변경하였을 뿐이다. 위 변경으로 인해 비로소 인근 주민들에게 개별적·구체적 이익 침해가 발생하였다고 보기는 어렵다(2011두29052, ▷기본서 264-5쪽).

24 답 ②

① 교육부장관이 특정 후보자를 임용제청에서 제외하고 다른 후보자를 임용제청함으로써 대통령이 임용제청된 다른 후보자를 총장으로 임용한 경우에는, 임용제청에서 제외된 후보자는 대통령이 자신에 대하여 총장 임용 제외처분을 한 것으로 보아 이를 다투어야 한다(이때 피고는 소속 장관이 행정소송의 피고가 된다; ▷기본서 279쪽).
이러한 경우에는 (대상적격은 인정될 수 있겠으나) 교육부장관의 임용제청 제외처분을 별도로 다툴 소의 이익이 없어진다(2016두57564).
② 산림 내에서의 토사채취는 국토 및 자연의 유지와 환경의 보전에 직접적으로 영향을 미치는 행위이므로 법령이 규정하는 토사채취의 제한지역에 해당하는 경우는 물론이거니와 그러한 제한지역에 해당하지 않더라도 허가관청은 토사채취허가신청 대상토지의 형상과 위치 및 그 주위의 상황 등을 고려하여 국토 및 자연의 유지와 환경보전 등 중대한 공익상 필요가 있다고 인정될 때에는 그 허가를 거부할 수 있다(2005두9736).
③ 교육부장관의 임용제청 제외처분은 대통령의 최종적인 총장 임용 제외처분이 있기 전까지는 소송요건이 충족된다(2015두47492, ▷기본서 279쪽). 본 사안의 경우, 본안심리 단계에서 해당 처분이 대학의 자율성을 제한하지 않는다는 이유로 원고의 청구를 기각하였다(2015두50092).
④ 직권으로 당초의 처분을 취소하고 새로운 처분을 하였다면 당초의 처분은 존재하지 않게 되므로, 이미 사라진 처분의 취소를 구하는 소는 원칙적으로 소의 이익이 없다(2001두5200 등 다수, ▷기본서 267쪽).
절차상 또는 형식상 하자로 무효인 행정처분에 대하여 행정청이 적법한 절차 또는 형식을 갖추어 다시 동일한 행정처분을 하였다면, 종전의 무효인 행정처분은 직권으로 취소된 것과 마찬가지이다. 따라서, 이에 대한 무효확인청구는 이미 소멸한 처분을 대상으로 하므로 소의 이익이 인정되지 않는다(2009두16879, ▷기본서 267쪽).

(지방병무청장이 병역감면요건 구비 여부를 심사하지 않은 채 병역감면신청서 회송처분을 하고 이를 전제로 공익근무요원 소집통지를 하였다가, 병역감면신청을 재검토하기로 하여 신청서를 제출받아 병역감면요건 구비 여부를 심사한 후 다시 병역감면 거부처분을 하고 이를 전제로 다시 공익근무요원 소집통지를 한 경우, 병역감면신청서 회송처분과 종전 공익근무요원 소집처분은 직권으로 취소되었다고 볼 수 있으므로, 그에 대한 무효확인과 취소를 구하는 소는 더 이상 존재하지 않는 행정처분을 대상으로 하거나 과거의 법률관계의 효력을 다투는 것에 불과하므로 소의 이익이 없어 부적법하다고 한 사례)

25 답 ①

① 피고가 2008.12.31. 원고에 대하여 한 공사낙찰적격심사 감점처분(이하 '이 사건 감점조치'라 한다)의 근거로 내세운 규정은 피고의 공사낙찰적격심사세부기준(이하 '이 사건 세부기준'이라 한다) 제4조 제2항인 사실, 이 사건 세부기준은 공공기관의 운영에 관한 법률 제39조 제1항, 제3항, 구 공기업·준정부기관 계약사무규칙 제12조에 근거하고 있으나, 이러한 규정은 공공기관이 사인과 사이의 계약관계를 공정하고 합리적·효율적으로 처리할 수 있도록 관계 공무원이 지켜야 할 계약사무처리에 관한 필요한 사항을 규정한 것으로서 공공기관의 내부규정에 불과하여 대외적 구속력이 없는 것임을 알 수 있다(2010두6700).

②, ③ 부동산(건물+토지)의 소유권 귀속에 관한 법률관계는 등기부에 등재됨으로써 변동된다. 즉, 소유권 귀속에 관한 법률관계는 "등기부"에 누가 소유자로 기재되었는지에 따라 좌우된다. 반면, 건축물대장이나 지적공부(토지대장)에 소유자가 누가 기재되어 있는지는 소유권 관련 법률관계에 특별한 영향이 없다. 따라서, 원고가 특정 토지의 소유권을 주장하면서 토지대장에 타인이 소유자로 기재되어 있는 것을 고쳐달라고 신청했다가 거부당해도 이는 처분성이 인정되지 않는다.
반면, "공법상 규제, 세금 부과, 보상금 산정" 등의 법률관계는 건축물대장 및 지적공부(토지대장)의 기재내용에 따라 좌우되므로, 위 사항과 관련하여 건축물대장 및 지적공부(토지대장)의 내용을 작성 또는 변경하여 달라고 하는 것은 법적으로 큰 의미가 있다. 따라서 이러한 사항의 작성 또는 변경을 신청하였다가 거부당하였다면 이는 처분성이 인정된다(2003두9015, 2007두17359, ▷기본서 237-8쪽).

④ 통지는 이미 앞 단계에서 결정된 사실을 알리는 행위일 뿐(이른바 "관념의 통지"), 국민의 권리·의무에 추가적으로 영향을 미친다고 보기 어렵다. 다만, 예외적으로 그 내용을 살펴보았을 때 통지가 있음으로써 비로소 국민의 권리·의무에 직접 영향이 발생한다면 이는 처분성이 인정된다(▷기본서 242쪽).
이 사건 감점조치는 행정청이나 그 소속 기관 또는 그 위임을 받은 공공단체의 공법상의 행위가 아니라 장차 그 대상자인 원고가 피고가 시행하는 입찰에 참가하는 경우에 그 낙찰적격자 심사 등 계약 사무를 처리함에 있어 피고 내부규정인 이 사건 세부기준에 의하여 종합취득점수의 10/100을 감점하게 된다는 뜻의 사법상의 효력을 가지는 통지행위에 불과하다(2010두6700).

20회 | 2022년 군무원 9급

정답 p.140

01	①	02	④	03	②	04	②	05	①
06	②	07	④	08	③	09	③	10	①
11	②	12	③	13	③	14	③	15	①
16	④	17	①	18	③	19	④	20	①
21	④	22	④	23	②	24	④	25	②

01 답 ①

① 법령등을 공포한 날부터 일정 기간이 경과한 날부터 시행하는 경우, 초일은 불산입, 기간의 말일이 토요일 또는 공휴일이면 그 말일로 기간이 만료한다(행정기본법 제7조 제2호 및 제3호, ▷기본서 36-7쪽).

② 진정소급입법은 원칙적으로 허용되지 아니하나, 예외적으로 소급입법을 통해 달성되는 공익이 이로 인해 침해되는 사익보다 크다면 허용될 여지가 있다는 취지이다(97헌바76, ▷기본서 28쪽).

③ 처분의 위법성 판단시점은 처분시이다. 다만, 처분이 내려지기 전 법령의 개정이 있었던 2가지 경우, 즉 (i) 신청에 따른 처분, (ii) 제재처분에 대하여는 행정기본법이 특별한 규정을 마련해놓고 있다. 이 중 (i)이 출제되었다.
처분을 신청한 시점에는 A법령이 통용되었으나, 이후 그 신청에 대한 처분을 하는 시점에는 B법령으로 개정되었다면, 원칙에 따라 B법령을 적용한다. 다만 예외적으로 행정청이 허가신청을 수리하고도 정당한 이유 없이 그 처리를 늦추어 그 사이에 허가기준이 변경되었다면 신청시의 법령인 B를 적용한다(행정기본법 제14조 제2항, ▷기본서 305쪽).

④ 본 시험 시행 당시에는 옳은 선지였으나, 이후 판례가 변경된 점을 감안한다면 옳지 않은 선지로 보는 것이 타당하다. 즉, 법령이 개정되어 기존에 이미 행하여진 행위를 더 이상 처벌의 대상으로 삼지 않게 되었다면, 개정된 법령에 따라 처벌을 하지 않아야 한다.

1. 변경 후 판례: 대판 2022.12.22. 2020도16420 전합
범죄 후 법률이 변경되어 그 행위가 범죄를 구성하지 아니하게 되거나 형이 구법보다 가벼워진 경우에는 신법에 따라야 하고(형법 제1조 제2항), 범죄 후의 법령 개폐로 형이 폐지되었을 때는 판결로써 면소의 선고를 하여야 한다(형사소송법 제326조 제4호). 이러한 형법 제1조 제2항과 형사소송법 제326조 제4호의 규정은 입법자가 법령의 변경 이후에도 종전 법령 위반행위에 대한 형사처벌을 유지한다는 내용의 경과규정을 따로 두지 않는 한 그대로 적용되어야 한다.
따라서 범죄의 성립과 처벌에 관하여 규정한 형벌법규 자체 또는 그로부터 수권 내지 위임을 받은 법령의 변경에 따라 범죄를 구성하지 아니하게 되거나 형이 가벼워진 경우에는,

종전 법령이 범죄로 정하여 처벌한 것이 부당하였다거나 과형이 과중하였다는 반성적 고려에 따라 변경된 것인지 여부를 따지지 않고 원칙적으로 형법 제1조 제2항과 형사소송법 제326조 제4호가 적용된다.
2. 변경 전 판례: 대판 2007.9.6. 2007도4197
종전에 허가를 받거나 신고를 하여야만 할 수 있던 행위의 일부를 허가나 신고 없이 할 수 있도록 법령이 개정되었다 하더라도 이는 법률 이념의 변천으로 과거에 범죄로서 처벌하던 일부 행위에 대한 처벌 자체가 부당하다는 반성적 고려에서 비롯된 것이라기보다는 사정의 변천에 따른 규제 범위의 합리적 조정의 필요에 따른 것이라고 보이므로, 위 개발제한구역의 지정 및 관리에 관한 특별조치법과 같은 법 시행규칙의 신설 조항들이 시행되기 전에 이미 범하여진 개발제한구역 내 비닐하우스 설치행위에 대한 가벌성이 소멸하는 것은 아니다.

02　　　　　　　　　　　　　　　　답 ④

① (i) 재량준칙은 일반적으로 행정조직 내부에서만 효력을 가질 뿐 대외적인 구속력을 갖는 것은 아니므로 행정처분이 이를 위반하였다고 하여 그러한 사정만으로 곧바로 위법하게 되는 것은 아니고, (ii) 다만 그 재량준칙이 정한 바에 따라 되풀이 시행되어 행정관행이 이루어지게 되면 평등의 원칙이나 신뢰보호의 원칙에 따라 행정기관은 상대방에 대한 관계에서 그 규칙에 따라야 할 자기구속을 받게 된다(2011두28783, ▷기본서 31쪽).
② 신뢰보호원칙은 기본적으로 행정청의 행정행위에 대해 적용되는 것이다. 헌법재판소의 위헌결정이 행정청의 행정행위라고 보기는 어렵다(2002두6965, ▷기본서 25쪽).
③ 부당결부금지의 원칙은 행정기본법상 명문의 규정이 있다(행정기본법 제13조, ▷기본서 21쪽). 자기구속의 법리에 관한 설명이다.
④ 법원이나 헌법재판소의 분명한 판단이 있었다면, 그때부터는 해당 법조문에 대한 해석이 뚜렷해졌다고 보아야 한다. 위 판단 "이후"에도 이에 반하는 처분을 하였다면, 이는 중대하면서도 명백한 하자가 있으므로 무효. 반면, 위와 같은 판단이 있기 "이전"이라면 아직 해당 법조문에 해석이 뚜렷하다고 볼 수 없으므로 이는 중대하지만 명백하지는 않은 하자라는 점에서 취소 사유에 불과하다(92누9463).

03　　　　　　　　　　　　　　　　답 ②

① 한의사면허는 강학상 허가이다. 원고가 수익적 처분의 제3자임에도 원고적격을 인정받기 위해 한의사면허가 특허라는 전제하에 독점적 이익의 침해를 주장하였으나 인정되지 않았다(97누4289, ▷기본서 59쪽).
② 건축허가는 강학상 허가이자, 기속행위 내지는 기속재량행위로 본다(2009두8946, ▷기본서 57쪽). 법에서 정한 요건이 충족되면 원칙적으로 허가를 주어야 하지만, 중대한 공익상 필요가 있다면 법에서 정한 사유가 아니라 하더라도 이를 들어 허가를 거부할 수 있다.
③ 처분을 신청한 시점에는 A법령이 통용되었으나, 이후 그 신청에 대한 처분을 하는 시점에는 B법령으로 개정되었다면, 원칙에 따라 B법령을 적용한다. 다만 예외적으로 행정청이 허가신청을 수리하고도 정당한 이유 없이 그 처리를 늦추어 그 사이에 허가기준이 변경되었다면 신청시의 법령인 A를 적용한다(행정기본법 제14조 제2항, ▷기본서 305쪽).
④ 석유판매업 등록은 원칙적으로 대물적 허가에 해당한다. 사업정지 등의 제재처분은 사업자 개인의 자격에 대한 제재가 아니라 사업의 전부나 일부에 대한 것으로서 대물적 처분에 해당한다. 지위승계에는 종전 석유판매업자가 유사석유제품을 판매함으로써 받게 되는 사업정지 등 제재처분의 승계가 포함되어 그 지위를 승계한 자에 대하여 사업정지 등의 제재처분을 취할 수 있다(2003두8005, ▷기본서 35쪽).

04　　　　　　　　　　　　　　　　답 ②

① 사전통지와 의견청취에 공통된 예외사유이다. 구체적으로, 이는 "성질상 의견청취가 현저히 곤란하거나 명백히 불필요하다고 인정될 때"에 해당하는데(행정절차법 제21조 제4항 제3호, ▷기본서 119쪽), 대표적인 사례가 불특정 다수에 대한 일반처분이다(2007두1767, ▷기본서 119쪽). 불특정 다수에게 개별적으로 통지하고 그로부터 의견을 청취하는 것은 불가능에 가깝기 때문이다.
② 사전통지와 의견청취 절차는 권"익"을 "침"해하는 "침익"적 처분에 대해서만 적용이 있다. 권익을 침해하려면 일단 권익이 있어야 한다. 그런데, 거부처분은 권익의 발생을 신청했다가 이를 거부당한 것이므로, 애초에 권익이 발생하지 않은 것이나 마찬가지이다. 따라서, 거부처분은 침익적 처분이 아니라서 사전통지와 의견청취의 대상이 되지 않는다(2003두674, ▷기본서 116쪽).
반면, 이유제시 절차는 거부처분에도 (다소 완화된 형태로) 적용이 됨을 비교해 두어야 한다(2000두8912, ▷기본서 121쪽).
③ 행정절차법은 원칙적으로 "당사자등"에 대하여 적용되는바, 이는 직접 당사자와 이해관계인을 아우르는 개념이다. 여기에서 이해관계인이라 함은 "행정청이 직권으로 또는 신청에 따라 행정절차에 참여하게 된 이해관계인"을 말한다(행정절차법 제2조 제4호 각 호, ▷기본서 115쪽). 따라서, 단순한 제3자는 "당사자등"에 해당하지 않는다.
참고로, 본 지문과 같이 신청에 따라 참여한 이해관계인뿐 아니라, 행정청이 직권으로 참가시킨 이해관계인도 포함된다.
④ (i) 외국인의 출입국·난민인정·귀화, (ii) 공무원 인사 관계법령에 따른 징계와 그 밖의 처분의 경우, 위 사항에 해당하는지 여부뿐 아니라 "해당 행정작용의 성질상 행정절차를 거치기 곤란하거나 거칠 필요가 없다고 인정되는지" 또는 "행정절차에 준하는 절차를 이미 거쳤는지" 여부도 추가로 따져보아야 한다(행정절차법 제3조 제2항 제9호, ▷기본서 113쪽).
따라서, 공무원의 정규임용제외 처분은 공무원에 대한 처분임에도 불구하고 행정절차법의 적용이 배제되지 않는다(2008두16155, ▷기본서 114쪽).

05   답 ①

① 법원의 판결은 처분이 무효임을 확인하거나, 취소하는 것 둘 중 하나로 선고될 수밖에 없다. 따라서, 위 두 청구의 양립가능성을 전제로 하는 단순병합(둘 다 인용해달라) 및 선택적 병합(둘 다 인용 가능하지만, 이 중 하나만 인용해달라)은 허용되지 않는다 (▷기본서 324쪽).
② 무효사유가 취소사유보다 더 큰 하자이다. 그러므로, 취소소송을 제기하면서 해당 처분에 무효사유가 있음을 주장 및 입증하는데 성공한다면 인용판결이 내려질 것이다. 이러한 취지로 제기하는 소송이 "무효선언을 구하는 의미의 취소소송"이다. 다만, 이는 어디까지나 취소소송이므로 그 소송요건인 제소기간 및 전치주의가 준수되어야 한다(84누175, ▷기본서 324쪽).
③ 판례는 원고가 단순히 무효확인만을 청구한 경우에도, 여기에 취소청구를 예비적으로 병합한 것으로 보는 입장에 서있다. 이 때 무효확인소송이 취소소송으로서의 소송요건을 갖추었다면 취소판결이 가능하다(2015두38856, ▷기본서 325쪽).
④ [1] 취소 확정판결의 기판력은 그 판결의 주문에만 미치고, 또한 소송물인 행정처분의 위법성 존부에 관한 판단 그 자체에만 미치는 것이므로 전소와 후소가 그 소송물을 달리하는 경우에는 전소 확정판결의 기판력이 후소에 미치지 아니한다(2015두48235, ▷기본서 317쪽).
[2] 다만, 후소의 소송물이 전소의 소송물과 동일하지 않더라도 전소의 소송물에 관한 판단이 후소의 선결문제가 되거나 모순관계에 있을 때에는 후소에서 전소 확정판결의 판단과 다른 주장을 하는 것은 허용되지 않는다(94다46114).

06   답 ②

① 행정처분 A가 있은 후 이를 기초로 제3자가 권리 B를 취득한 경우를 상정하여 보면, A 취소소송에서 인용판결이 확정되어도 취소되는 것은 A뿐인 것이지, 그 외에 제3자의 권리 B가 함께 취소되는 것은 아니다(83다카2022, ▷기본서 316쪽).
② (i) 형성력은 "취소"소송의 "확정"된 "인용"판결에만, (ii) 기속력은 소송유형을 불문하고 "확정"된 "인용"판결에만, (iii) 기판력은 소송유형 및 인용/기각 여부를 불문하고 "확정"판결이기만 하면 발생한다. 즉, 전소가 인용되었든 기각되었든 상관없이 전소와 후소 간 모순된 판결이 나오지만 않으면 된다(▷기본서 315쪽).
③ 기본적인 사실관계의 동일성은 객관적인 동일성을 따지는 것이지, 당사자가 이를 주관적으로 알고 있었는지와는 무관하다.
따라서, 종전 사유와 객관적인 동일성이 없는 "다른" 사유라면, 기속력에 저촉되지 않는다(▷기본서 320쪽).
④ 법령이 개정되었고, 새로운 법령이 거부처분을 하도록 규정하고 있다면, 또 다시 거부처분을 하여도 기속력에 반하지 않는다(97두22, ▷기본서 320쪽).
단, 만약 개정 법령에 경과규정을 둠으로써 일정 기간 동안 잠정적으로 개정 전 법령을 적용하도록 하는 경우라면, 개정된 법령에 따라 또 다시 거부처분을 하는 것은 기속력에 반한다.

07   답 ④

① 처분청이 행정심판법에 따른 고지의무를 이행하지 않았다면 행정심판의 청구기간이 연장되는 특혜가 인정되므로, 그 밖에 이로 인하여 처분의 절차상 하자가 발생된다고는 볼 수 없다(87누529, ▷기본서 349쪽).
② 행정청은 행정심판이 청구되기 전후로 처분을 직권취소할 수 있다.

> 행정심판법 제25조【피청구인의 직권취소 등】① 제23조 제1항·제2항 또는 제26조 제1항에 따라 심판청구서를 받은 피청구인은 그 심판청구가 이유 있다고 인정하면 심판청구의 취지에 따라 직권으로 처분을 취소·변경하거나 확인을 하거나 신청에 따른 처분(이하 이 조에서 "직권취소등"이라 한다)을 할 수 있다. 이 경우 서면으로 청구인에게 알려야 한다.
> ② 피청구인은 제1항에 따라 직권취소등을 하였을 때에는 청구인이 심판청구를 취하한 경우가 아니면 제24조 제1항 본문에 따라 심판청구서·답변서를 보내거나 같은 조 제3항에 따라 답변서를 보낼 때 직권취소등의 사실을 증명하는 서류를 위원회에 함께 제출하여야 한다.

③ 행정심판의 가구제 수단은 행정소송에서 인정되는 집행정지 외에도 임시처분이 추가로 인정된다(행정심판법 제31조, ▷기본서 353쪽). 본 선지는 임시처분에 관한 설명이다. 집행정지와의 관계에서 보충적으로 인정되므로, 결과적으로 집행정지는 적극적 처분을 대상으로, 임시처분은 소극적 처분(거부처분) 및 부작위를 대상으로 한다.
④ [1] A가 성남시장의 골프장건설 불허가처분에 대해 의무이행심판을 청구하였고, 경기도 행정심판위원회가 이에 대해 처분명령재결을 내렸다.
[2] 성남시장이 위 재결에 따른 재처분의무를 이행하지 않자, 경기도 행정심판위원회가 직접처분의 일환으로 골프장건설허가처분과 더불어 진입도로개설허가처분까지 하였다.
[3] 성남시장은, '진입도로개설허가처분은 애초에 자신이 부담하는 재처분의무의 범위에 포함되지 않으므로, 경기도 행정심판위원회가 이에 대해서까지 직접처분을 한 것은 자신의 권한을 침해한 것'이라는 이유로 헌법상 권한쟁의심판을 청구하였다.
[4] 이에 대해 헌법재판소는 '청구인(성남시장)은 인용재결내용에 포함되어 있지 아니한 이 사건 진입도로에 대한 지정처분을 할 의무는 없으므로, 피청구인(경기도 행정심판위원회)이 이 사건 진입도로에 대하여까지 청구인의 불이행을 이유로 지정처분을 한 것은 인용재결의 범위를 넘어 청구인의 권한을 침해한 것이라고 하지 않을 수 없다'고 판시하였다(98헌라4).

08   답 ③

① 영조물의 설치 또는 관리의 하자에 관한 문제이다. 영조물인지 여부를 따질 때 중요한 것은 공공의 목적에 활용되고 있는지 여부이다. 누구의 소유인지 등은 중요하지 않다(▷기본서 195쪽). 예컨대, 옹벽이 아직 설치가 완료되지 아니한 상태라면 이는 공공의 목적에 활용 중이라고 보기 어렵다(98다17381, ▷기본서 195쪽).

② 甲 등이 원동기장치자전거를 운전하던 중 'ㅏ' 형태의 교차로에서 유턴하기 위해 신호를 기다리게 되었고, 위 교차로 신호등에는 유턴 지시표지 및 그에 관한 보조표지로서 '좌회전 시, 보행신호 시 / 소형 승용, 이륜에 한함'이라는 표지가 설치되어 있었으나, 실제 좌회전 신호 및 좌회전할 수 있는 길은 없었는데, 甲이 위 신호등이 녹색에서 적색으로 변경되어 유턴을 하다가 맞은편 도로에서 직진 및 좌회전 신호에 따라 직진 중이던 차량과 충돌하는 사고가 발생하자, 甲 등이 위 교차로의 도로관리청이자 보조표지의 설치·관리주체인 지방자치단체를 상대로 손해배상을 구한 사안에 해당한다.

신호등의 신호체계 및 위 교차로의 도로구조와 맞지 않는 부분이 있더라도, 일반적이고 평균적인 운전자의 인식을 기준으로 하여 영조물 이용자의 상식적이고 질서 있는 이용 방법을 기대한 상대적인 안전성을 갖추면 해당 영조물에 하자가 있다고 볼 수 없다(2022다225910, ▷기본서 198쪽).

③ 이미 존재하는 하천의 제방이 계획홍수위를 넘고 있다면 그 하천은 용도에 따라 통상 갖추어야 할 안전성을 갖추고 있다고 보아야 하고, 그와 같은 하천이 그 후 새로운 하천시설을 설치할 때 기준으로 삼기 위하여 제정한 '하천시설기준'이 정한 여유고를 확보하지 못하고 있다는 사정만으로 바로 안전성이 결여된 하자가 있다고 볼 수는 없다(2001다48057, ▷기본서 200쪽).

④ 소음 등 공해의 위험지역으로 이주하였더라도 그 위험에 접근할 당시 위험이 존재하는 사실을 정확하게 알 수 없는 경우가 많고 근무지나 가족관계 등의 사정에 따라 불가피하게 위험지역으로 이주할 수도 있는 것이므로, 위험지역에 이주하게 된 경위와 동기 등 여러 사정에 비추어 위험의 존재를 인식하고 그로 인한 피해를 용인하면서 접근한 것으로 볼 수 없는 경우에는 가해자의 면책을 인정할 수 없고 손해배상액의 산정에 있어 형평의 원칙상 이와 같은 사정을 과실상계에 준하여 감액사유로 고려할 수 있을 뿐이다(2002다14242, ▷기본서 197쪽; 위험에의 접근 이론).

위와 같은 법리는 공군비행장 주변의 항공기 소음 피해로 인한 손해배상 사건에서 공군에 속한 군인이나 군무원의 경우 일반인에 비하여 그 피해에 관하여 잘 인식하거나 인식할 수 있는 지위에 있다는 이유만으로 가해자의 면책이나 손해배상액의 감액에 있어 달리 적용되지 않는다(2013다23914, ▷기본서 198쪽).

09 답 ③

① 이라크 파병결정은 사법심사를 부정(▷기본서 11쪽, 2003도7878), 한미군사연합훈련(2007헌마369)은 사법심사를 긍정하였다.

② 사면의 내용에 대한 해석문제에 불과하다는 말의 뜻은 결국 사법심사를 강행하겠다는 것이다(97헌바74, ▷기본서 11쪽).

③ 동일한 판례 내에서 남북정상회담의 개최 및 대북송금행위에 대한 판단을 달리한 점에 유의하여야 한다(2003도7878, ▷기본서 11쪽).

④ 서훈취소는 서훈수여의 경우와는 달리 이미 발생된 서훈대상자 등의 권리 등에 영향을 미치는 행위로서 관련 당사자에게 미치는 불이익의 내용과 정도 등을 고려하면 사법심사의 필요성이 크다. 따라서 기본권의 보장 및 법치주의의 이념에 비추어 보면, 비록 서훈취소가 대통령이 국가원수로서 행하는 행위라고 하더라도 법원이 사법심사를 자제하여야 할 고도의 정치성을 띤 행위라고 볼 수는 없다(2012두26920, ▷기본서 11쪽). 줬다 빼앗는 상황이므로, 권익 구제의 필요성이 크다고 볼 수 있다.

10 답 ①

① 불복 기간의 경과로 확정된다는 것은 불가쟁력이 발생했다는 점을 시사한다. 그런데, 그 이후의 설명은 기판력에 관한 설명인데다, 확정판결과는 달리 재결에는 기판력이 인정되지 않는다(2013다6759, ▷기본서 356쪽). 재결에 기판력이 인정된다면 이를 대상으로 취소소송을 제기하여도 법원이 재결과 모순되는 판단을 하지 못하게 되는 결과, 원고가 아무런 구제도 받지 못하는 상황이 초래되어 부당하다.

② 제소기간이 이미 도과되어 불가쟁력이 발생하였음에도, 그 처분에 대한 취소 또는 변경을 신청할 수 있다고 가정해보면, 행정청이 이를 거부할 경우 거부처분에 대한 취소소송이 가능하게 되어 사실상 불가쟁력이 발생한 처분에 대한 취소소송을 허용하게 되는 셈이 된다. 이에 제소기간 및 불가쟁력 제도가 무색하게 되므로(형해화), 원칙적으로 허용하지 않음이 타당하다(2005두11104, ▷기본서 81쪽).

다만, 예외적으로 새만금 사건에서 환경영향평가 대상지역 "내"에 거주하는 주민에게 이미 불가쟁력이 발생한 공유수면매립면허 처분에 대한 변경신청권을 인정함으로써, 변경신청의 거부처분에 대한 취소소송의 대상적격을 인정하였음을 유의해야 한다(2006두330, ▷기본서 81쪽).

③ 불가쟁력이 발생하였다면 제소기간 도과로 인하여 취소소송을 제기할 수 없을 뿐, 처분의 위법사유를 선결문제 삼아 그 과정에서 발생한 손해를 이유로 국가배상을 청구하는 것은 가능하다. 즉, 미리 그 행정처분의 취소판결이 있어야만, 그 행정처분의 위법임을 이유로 한 손해배상 청구를 할 수 있는 것은 아니다(72다337, ▷기본서 78쪽).

④ 다시 말해, 불가변력이라 함은 행정청이 자신의 입장을 함부로 번복하지 못하도록 하는 효력을 말하며, 그 대표적인 사례로는 행정심판의 재결을 들 수 있다(▷기본서 82쪽). 이에 반해 불가쟁력은 국민이 더 이상 취소소송을 제기하지 못하도록 하는 효력을 말한다.

11 답 ②

① 재량행위는 행정행위의 내용을 재량껏 결정할 수 있기 때문에, 부관을 붙이는 것도 가능하다. 반면, 기속행위는 법에서 정한 방식 및 내용대로만 행정행위를 할 수 있기 때문에 법령에 다른 정함이 있지 않는 한 부관을 붙일 수 없다(행정기본법 제17조, ▷기본서 56쪽).

② 부관에 하자가 있음에도 이를 이행함으로써 이미 소유권이전이 이루어졌다면, 그 이후로는 부관의 하자를 이유로 소유권이전계약(증여)의 효력을 더 이상 문제 삼을 수 없음이 원칙이다(98다53134). 부관이 소유권이전의 동기 내지 연유로 작용하였다는 점을 들어 소유권이전을 취소할 여지가 있을 뿐이다(2006다18174, ▷기본서 69쪽).

③, ④ (i) 기한이 부관으로 부가되어 있는데, 기한이 만료되었다면 이는 "허가 자체의 존속기간"이 만료된 것이므로, 허가의 효력은 소멸한다.

(ii) 다만, 허가된 사업의 성질에 비추어 기한이 부당하게 짧다면, 이를 "허가 조건의 존속기간"으로 보아 그 기한이 도래하면 기한의 연장 여부를 심사한다. 이때 최소한 기한 도래 전에 기한을 연장하여 달라고 신청을 하였어야 한다(2005두12404).

(iii) 위 (ii)와 같이 "허가 조건의 존속기간"으로 볼 수 있다 하더라도, 이미 기한이 수차례 연장되어 허가된 사업의 성질상 충분한 기간이 주어졌다면, 행정청은 재량에 따라 기한 연장을 거부할 수 있고, 이때 허가의 효력은 소멸한다(2003두12837, ▷기본서 63쪽).

12 답 ③

① 행정계획의 수립, 변경에 관해서는 행정청에게 광범위한 재량이 주어지고, 원칙적으로 국민은 이를 입안, 취소, 변경하여 달라고 신청할 권리가 없다(84누227, ▷기본서 104쪽).

②, ③ 행정계획을 수립하는 과정에서 여러 가지 이해관계가 충돌할 수밖에 없다. 구체적으로, 공익과 공익 간, 공익과 사익 간, 사익과 사익 간 여러 가지 충돌이 있기 마련이다. 이때 행정청이 재량권을 합리적으로 행사하여 충돌하는 각종 이익을 비교·형량할 필요가 있다. 비교·형량이 제대로 되지 않은 경우라면 행정계획결정은 위법하게 된다(96누8567, ▷기본서 103쪽). 비교·형량이 잘못되면 형량의 하자가 발생한다. 그 유형은 행정주체가 행정계획을 입안·결정함에 있어서 (i) 이익형량을 전혀 행하지 아니하거나 (ii) 이익형량의 고려 대상에 마땅히 포함시켜야 할 사항을 누락한 경우 또는 (iii) 이익형량을 하였으나 정당성·객관성이 결여된 경우 등이 있다. 판례는 하자별로 위법의 판단기준을 달리하지 않고, 이를 모두 재량권을 일탈·남용한 것으로서 위법하다고 본다(96누8567, ▷기본서 104쪽).

④ 택지개발지구 내의 토지 및 그 지상 건축물은 택지개발사업계획 단계에서 뿐만 아니라 사업의 준공 이후에도 택지개발지구 내의 토지의 이용 및 그 지상 건축물의 용도에 관하여 택지개발계획의 승인권자가 최종 승인한 상세계획에 따라 이용 및 관리되어야 할 것이고, 이와 같이 승인된 상세계획을 변경 승인하는 절차를 거치지 아니하는 이상 임의로 상세계획에 반하는 토지 및 그 지상 건축물의 용도를 변경할 수는 없으므로, 판매시설인 이 사건 건물을 일반목욕장의 용도로 변경하기 위하여 필요한 이 사건 상세계획 승인권자의 변경 승인이 있었음을 인정할 아무런 증거가 없는 이 사건에서, 피고가 원고의 영업신고를 수리하지 아니하고 영업소를 폐쇄한 이 사건 처분은 적법하다(2006두3742).

13 답 ③

▷ ㄴ, ㄷ

ㄱ. 공법인은 공무를 위탁받은 범위 내에서만 행정청의 지위를 갖고, 행정청의 지위에서 행한 행위만이 처분이 될 여지가 있다. 공법인이 내부적으로 임직원을 징계하는 등 불이익한 조치를 취한 것은 공무를 위탁받은 범위 내에서 행해지는 행위가 아니므로 사법상 징계에 불과하다. 따라서, 처분이 되지 않는다(2005두8269, ▷기본서 236쪽).

ㄴ. 고시는 법조문의 형식으로 제정된 행정입법으로서, 그 자체로는 대상 인물 및 사안이 특정되지 않은 상태이다. 이에, 국민의 권리·의무에 직접적인 영향을 주지 않으므로 처분성이 없다(2005두15168, ▷기본서 240쪽).

다만, 청소년유해매체물 결정 및 고시 등은 별도의 집행행위 없이도 "엑스존닷컴" 관리자 및 이에 접속하려는 네티즌 등에게 각종 의무를 부과하는 법적 효과를 발생시키는 점에서 처분성을 갖는다(이른바 처분적 고시). 참고로, 위 고시는 불특정 다수를 대상으로 하므로, 이는 처분 중에서도 일반적 처분이라고 보아야 한다(2004두619, ▷기본서 241쪽).

ㄷ. 행정계획의 수립, 변경에 관해서는 행정청에게 광범위한 재량이 주어지고, 원칙적으로 국민은 이를 입안, 취소, 변경하여 달라고 신청할 권리가 없다(84누227, ▷기본서 104쪽).

다만 예외적으로, (i) 도시계획구역 내의 토지소유자는 도시계획에 대한 변경신청권이 있고(2003두1806), (ii) 문화재보호구역 내 토지소유자는 보호구역의 지정해제를 요구할 신청권이 있으며(2003두8821), (iii) 폐기물처리사업 적정통보를 받은 자는 국토이용계획변경을 신청할 권리가 있다(2001두10936, ▷기본서 104쪽).

본 지문은 위 (iii)의 경우를 의미한다. 즉, 원고의 국토이용계획변경신청을 피고가 거부한다면 이는 실질적으로 원고에 대한 폐기물처리업허가신청을 불허하는 결과가 되므로, 원고는 위 국토이용계획변경의 입안 및 결정권자인 피고에 대하여 그 계획변경을 신청할 법규상 또는 조리상 권리를 가진다.

ㄹ. 금고 이상의 형을 선고받는 등 당연퇴직사유가 발생한 자는 별도의 조치 없이도 퇴직한다(국가공무원법 제69조). 따라서, 당연퇴직사유 발생 이후 형식적으로 인사발령 조치를 통해 퇴직을 명했다 하더라도, 이는 별도의 법적 의미를 갖지 않는 행위이므로 처분성이 없다(84누374, ▷기본서 243쪽).

14 답 ③

① 헌법에는 시행령, 시행규칙 제정의무를 규정한 아래와 같은 조항이 존재하는데 반해, 개별법에는 아래와 같은 일반적인 조항이 존재하지 않는다.

> **헌법 제75조** 대통령은 법률에서 구체적으로 범위를 정하여 위임받은 사항과 법률을 집행하기 위하여 필요한 사항에 관하여 대통령령을 발할 수 있다.
> **제95조** 국무총리 또는 행정각부의 장은 소관사무에 관하여 법률이나 대통령령의 위임 또는 직권으로 총리령 또는 부령을 발할 수 있다.

②, ④ 대통령령이 법률의 위임에도 불구하고 이에 반하여 아무런 내용을 규정하지 않았으므로 위법하고, 이는 이러한 위임을 허용한 헌법의 취지에도 반하므로 위헌이기도 하다(2006다3561, ▷기본서 179쪽). 즉, 헌법적 의무를 위반한 것이다.
다만, 행정입법 부작위의 위법/위헌성을 다투기 위해서는 부작위 위법확인소송이 아닌, 국가배상 및 헌법소원을 청구하여야 한다(91누11261 등, ▷기본서 179쪽, ▷기본서 52쪽).
③ 행정입법의 부작위가 위헌·위법이라고 하기 위하여는 행정청에게 행정입법을 하여야 할 작위의무를 전제로 하는 것이다. 그 작위의무가 인정되기 위하여는 행정입법의 제정이 법률의 집행에 필수불가결한 것이어야 한다.
만일 하위 행정입법의 제정 없이 상위 법령의 규정만으로도 집행이 이루어질 수 있는 경우라면 하위 행정입법을 제정하여야 할 작위의무는 인정되지 아니한다(2004두10432, ▷기본서 179쪽).

15 답 ①

① 세금을 다시 돌려달라는 소송은 크게 (i) 너무 많이 냈거나, 잘못 납부한 세금을 돌려달라는 소송(과오납금반환청구소송) 및 (ii) 부가가치세 환급세액을 돌려달라는 소송으로 구분된다. 전자는 민사상 부당이득반환청구소송으로, 후자는 당사자소송으로 취급된다(▷기본서 14쪽, 332쪽).
② 조합장/임원의 지위확인청구는 민사소송인데 반해(2009마168, ▷기본서 337쪽), 조합원의 지위확인은 당사자소송으로 취급한다(94다31235)는 점을 유의할 필요가 있다.
③, ④ 형식으로 보나 실질로 보나 당사자소송이므로(2016다221658, 2007다25261, ▷기본서 337쪽), 항고소송의 성격을 가진다는 표현은 옳지 않다.

16 답 ④

① 제3자의 소송참가 사안이다. 제3자가 제3자효 행정행위에 대하여 소송을 제기한 경우에, 위 행정행위의 상대방이 위 소송에 참가하는 경우를 떠올리면 된다. 신청뿐 아니라, 직권으로도 참가시킬 수 있다는 점을 유의해야 한다(행정소송법 제16조, ▷기본서 291쪽).
② 행정청의 소송참가 사안이다. 이 역시 신청뿐 아니라 법원의 직권으로도 참가시키는 것이 가능하다(행정소송법 제17조, ▷기본서 292쪽).
③ 의견을 들어야 한다는 점은 제3자의 소송참가 및 행정청의 소송참가 모두 마찬가지이다(행정소송법 제16조 제2항, ▷기본서 291쪽; 행정소송법 제17조 제2항, ▷기본서 292쪽). 다만, 법원이 그 의견에 구속되지는 않는다.
④ 소의 종류의 변경 사안이다. 피고경정, 소송참가(제3자/행정청), 재심, 소변경(종류/대상) 제도 중 신청뿐 아니라 법원의 직권에 의한 결정이 가능한 것은 원칙적으로 소송참가(제3자/행정청)이다(▷기본서 293쪽).

17 답 ①

① 법령에 따른 행위제한을 하는 근본적인 취지가 환경 보전의 공익상 필요에 기인한 것이었으므로, 두 사유가 동일하다고 본 것이다(97누14378, ▷기본서 309쪽).
② 군부대장의 동의가 없다는 것과 토지가 탄약창에 근접하다는 사유는 동일성이 없다(91누70, ▷기본서 309쪽).
③ 처음에는 온천으로서의 규정온도는 충족하나, "온천지구로 지정되면 시화지구공업단지조성목적에 배치되고, 부근지가가 상승하여 투기의 대상이 될 염려가 있다."는 사유로 거부하였다가, 나중에는 온천으로서 법적 요건(규정온도 미달)을 미충족했다는 사유로 변경한 제시한 사안이다. 두 사유는 동일성이 없다고 보아야 한다(92누3052, ▷기본서 309쪽).
④ 기간도과로 인해 이주대책을 신청할 권리가 없어 사업시행자가 이주대책을 실시할 법률상 의무가 없다는 것과 사업지구 내 가옥 소유자가 아니라는 것은 동일성이 없다(98두17043, ▷기본서 309쪽).

18 답 ③

① 소급입법은 항상 신뢰보호원칙에 위반되는지가 문제된다. 지문과 같이 개정된 허가기준의 소급적용을 인정하지 않음으로써 달성되는 사익이 소급적용을 인정함으로써 달성되는 공익보다 크다면 신뢰보호의 한계적 상황이 발생하는 결과 소급적용에 제한이 가해질 수 있다(▷기본서 27쪽, 신뢰보호원칙의 한계 참조).
② 산림훼손허가는 강학상 허가이자 기속행위이므로, 법령에서 정하는 제한사유에 해당되지 않는 한 신청을 받아주어야 한다. 다만, 판례는 중대한 공익상의 필요가 있다면 설령 이를 법령에서 제한사유로 규정하고 있지 않더라도 허가의 거부사유로 삼을 수 있다고 본다(97누1228, ▷기본서 57쪽).
③ 연장 신청이 없이 기한이 도래해 버렸다면 허가의 효력은 이미 소멸한 뒤다. 그렇다면, 허가의 효력이 소멸한 뒤에 기간연장을 해봤자 이는 이미 소멸해버린 종전 허가의 연장을 신청하는 것으로 평가될 수는 없고, 대신 아예 새로운 허가를 신청한 것으로 해석된다(2018다284400, ▷기본서 63쪽).
④ 예컨대, 무허가 노점상에서 떡볶이를 판매하였다면, 해당 노점상이 행정상 제재를 받을 뿐이지, 떡볶이에 관한 매매계약이 무효로 되는 것은 아니다(▷기본서 57쪽, 각주 1번).

19 답 ④

① 부담에는 철회권 유보의 성격이 내포되어 있다. 이에, 부담으로써 부과한 의무를 불이행할 시 주된 처분을 철회할지 말지는 행정청의 선택에 맡겨진다. 철회하지 않기로 결정한다면 주된 처분은 계속하여 유효한 상태로 남는다(89누2431, ▷기본서 63쪽).
② 외형상 하나의 행정처분처럼 보여도, 실질적으로 여러 개의 처분으로 나누어진다면, 그 중 일부 처분에만 위법성이 있는 경우 그 일부 처분만 취소할 수 있다. 이는 실질적으로는 일부취소가 아니라 전부취소이므로, 해당 처분이 재량행위라 하여도 법원에 의한 취소판결이 가능하다(2011두9263, ▷기본서 314쪽).

③ 철회는 처분의 성립 당시에는 아무런 하자가 없었음에도 후발적인 사정이 발생함에 따라 처분의 효력을 소멸시키는 것을 말한다(행정기본법 제19조 제1항, ▷기본서 96쪽). 이는 처분 성립 당시의 하자를 전제로 하는 취소와는 구별된다(행정기본법 제18조 제1항).
④ 취소(철회)권은 말 그대로 행정청의 권한이므로, 취소(철회)를 할지 말지는 행정청의 재량에 속한다. 따라서, "원칙적으로" 이해관계인의 취소(철회)신청권을 인정하지 않는다(96누6219, ▷기본서 96쪽).

20 답 ①

① 이행강제금 납부의무는 일신전속적인 성질로 인해 타인에게 승계될 수가 없다. 따라서, 이행강제금을 부과 받은 사람이 사망하였다면, 이는 자녀 등에게 상속될 여지조차 없어 그 누구도 납부할 수 없게 된 것이므로, 무효가 된다(2006마470, ▷기본서 156쪽).
②, ③ 의무불이행 상태에서는 반복 부과가 가능하지만, 의무가 이행되고 나면 더 이상 부과할 수가 없다. 어느 시점에서 의무가 이행되었다면, 그 전까지 부과된 것은 적법하므로 징수가 가능하다(행정기본법 제31조 제5항, ▷기본서 156쪽).
의무이행기한이 정해졌음에도 이를 지키지 않고 장기간 의무불이행 상태를 야기한 자라 하더라도, 의무를 이행한 시점 이후로는 이행강제금을 부과할 수가 없다. 이행강제금은 어디까지나 의무불이행 상태를 시정하기 위한 조치이기 때문이다(2015두35116, ▷기본서 157쪽).
④ 이행강제금은 현재의 의무불이행 상태에 대하여 가해지는 행정강제의 일종으로서, 장래에 의무를 이행하도록 하는 목적을 가진다. 행정벌은 과거의 의무불이행 사실에 대한 제재라는 점에서 행정강제와 구분된다(▷기본서 148쪽).

21 답 ④

① [1] 입법자는 생활보상의 일환으로 이주대책을 실시할지 말지를 재량에 따라 결정하여 입법행위를 할 수 있다. 즉, 토지보상법에 이주대책의 수립 및 실시를 의무로 규정한다고 하여도, 그 적용 범위에서 세입자 등을 배제하는 것이 가능하다(입법재량의 부여)(2004헌마19, ▷기본서 227쪽). 이는 세입자의 재산권을 침해하는 것이 아니다.
[2] 입법자가 입법재량에 따라 이주대책을 실시하여야 한다는 내용의 법을 마련하였다면, 사업시행자는 위 법에 따라 반드시 이주대책을 실시하여야 한다(2011다40465, ▷기본서 226쪽). 다만, 이주대책의 구체적인 내용을 결정하는데 있어서는 사업시행자의 재량이 인정된다(2004두7481, ▷기본서 228쪽).
② 손실보상을 청구하기 위해서는 협의취득을 거쳐 수용재결을 받은 뒤 비로소 이의신청(행정심판) 또는 행정소송을 제기하여야 한다(2018두227, 유사 2010다23210, ▷기본서 223쪽).
③ 위 ①과 마찬가지로, 헌재는 생계대책의 실시여부 또한 입법자의 재량에 속한다고 본다. 따라서 현행 토지보상법에 생계대책의 근거규정이 마련되어 있지 않은 것 자체가 위헌이라고 볼 수는 없다(2012헌바71, ▷기본서 228쪽).

그렇다면 사업시행자의 입장에서는 생계대책을 수립하거나 실시할 법적 의무는 없는 셈이다. 그럼에도, 이러한 상황에서 굳이 생계대책에 관한 내부규정을 두었다면, 대법원은 이에 따라 생계대책 관련 보상을 하여야 한다고 본다. 만약 보상을 거부하면 거부처분에 대한 항고소송이 가능하다(2008두17905, ▷기본서 228쪽).
④ 손실보상청구권의 발원인은 적법한 공행정작용이다. 권력적/비권력적 사실행위 모두 공행정작용에 포함될 수 있음은 물론이다(▷기본서 213쪽). 반면 사경제작용은 공행정작용에 포함되지 않는다.

22 답 ②

①, ④ 행정소송과 내용이 같다.
즉, 원칙적으로는 동일한 내용의 처분을 반복해서는 안 되지만(①; 86누127), 기속력에 위반되지 않는 범위 내에서 다시 동일한 내용의 처분을 할 수도 있다(▷기본서 320-1쪽; ④). 예컨대, (i) 기본적 사실관계의 동일성이 없거나, (ii) 처분 후 법령이 개정되었거나(97두22), (iii) 절차 위반을 이유로 취소된 처분의 절차가 보완된 경우 등이 있다(2003두13045).
② 의무이행재결이란 의무이행심판의 인용재결을 뜻한다.
의무이행심판에서 청구가 인용되어 처분의 이행을 명령하는 재결(처분명령재결)이 있었다면 피청구인에게 처분의무가 발생한다. 그럼에도 이를 이행하지 아니한다면, 간접강제와 직접처분이 모두 가능하다(행정심판법 제50조, 제50조의2, ▷기본서 357쪽).
처분명령재결의 경우에만 직접처분이 허용됨을 숙지하도록 한다.
③ 확정판결과는 달리 재결에는 기판력이 인정되지 않는다(2013다6759, ▷기본서 356쪽). 재결에 기판력이 인정된다면 이를 대상으로 취소소송을 제기하여도 법원이 재결과 모순되는 판단을 하지 못하게 되는 결과, 원고가 아무런 구제도 받지 못하는 상황이 초래되어 부당하다.

23 답 ②

① 처분성은 있으나, 소송을 제기할 때 즈음이면 행위가 종료되는 경우가 많다. 따라서, 대상적격은 충족될 수 있어도 소의 이익이 부정되는 경우가 대부분이다. 이러한 점 때문에 사후적으로 국가배상청구를 통해 손해를 보전 받는 쪽을 택하곤 한다(▷기본서 161쪽).
② 행정행위(철거명령 및 대집행)로 인한 손해배상은 국가배상청구소송이라는 민사소송으로 다투어진다. 위 소송을 심리하는 민사법원이 원고의 국가배상청구를 인용하기 위해서는 그 선결문제로서 공무원이 발령한 행정행위가 위법한지 여부를 판단하여야 한다. 다만, 여기에서 더 나아가 취소판결을 내림으로써 행정행위의 효력까지 소멸시킬 필요는 없다.

민사법원이라 하여도, 행정행위가 위법한지 여부 정도는 판단할 수 있다(취소사유가 있는 행정행위를 취소시킴으로써 그 효력을 소멸시킬 수 없을 뿐이다). 따라서, 국가배상청구소송을 담당하는 민사법원은 행정대집행이 위법한지 여부를 판단한 뒤, 이를 토대로 국가배상청구의 인용 여부를 판단할 수 있다. 이에 앞서 반드시 행정법원에서 처분의 취소판결을 얻어야만 하는 것은 아니다(72다337, ▷기본서 78쪽).

③ 선결문제는 크게 4가지 유형(처분의 효력유무를 선결문제로 하는 민사소송, 처분의 위법여부를 선결문제로 하는 민사소송, 처분의 효력유무를 선결문제로 하는 형사소송, 처분의 위법여부를 선결문제로 하는 형사소송)으로 나뉘는데, 행정소송법이 직접적으로 규정을 두고 있는 것은 처분의 효력유무를 선결문제로 하는 민사소송뿐이다(행정소송법 제11조, ▷기본서 76쪽).

과세처분이 무효임을 확인하여 부당이득반환청구를 인용하거나, 유효임을 확인하여 부당이득반환청구를 기각하는 사례를 들 수 있다.

④ 공무원에게 고의 또는 중과실이 있는 경우, 국민은 국가(지자체) 또는 공무원 중 1인을 택하여 손해배상을 청구할 수 있다. 이 중 궁극적인 책임주체는 공무원이다. 국가(지자체)가 청구를 받은 경우라면 이를 공무원에게 구상함으로써 공무원이 궁극적인 책임을 부담하도록 할 수 있다(95다38677, ▷기본서 175쪽).

24   답 ④

① 소송 중 처분의 효과가 소멸한 경우 원칙적으로 소송을 계속 이어나갈 실익이 없다(2001두5200 등, ▷기본서 267쪽). 다만, 처분의 소멸에도 불구하고 소의 이익이 있다고 볼 수 있는 예외적인 경우라면 소의 이익을 인정할 수 있다(행정소송법 제12조 2문). 대표적인 사례가 제재처분의 전력이 남아있어 추후 가중적 제재처분이 내려질 위험이 있는 경우이다(2003두1684, ▷기본서 272쪽).

참고로, 종전 판례는 가중적 제재요건이 행정규칙에 규정된 경우에는 소의 이익을 부정하였으나, 이후 입장을 변경하여 가중적 제재요건이 법규명령 및 행정규칙 중 어디에 규정되어 있는지를 불문하고 소의 이익을 인정하고 있다.

②, ④ 직권으로 당초의 처분을 취소하고 새로운 처분을 하였다면 당초의 처분은 존재하지 않게 되므로, 이미 사라진 처분의 취소를 구하는 소는 원칙적으로 소의 이익이 없다(2001두5200, 96누1931, ▷기본서 267쪽).

다만, 그 행정처분과 동일한 사유로 위법한 처분이 반복될 위험성이 있어 행정처분의 위법성 확인 내지 불분명한 법률문제에 대한 해명이 필요한 경우에는 예외적으로 소의 이익이 인정된다(2013두20899, ▷기본서 268쪽).

③ 우리나라의 정서를 고려하여 이례적으로 소의 이익을 인정한 판례이다. 이미 검정고시에 합격하여 복학의 여지가 없다 하더라도, 인격적 이익의 회복, 즉 명예회복을 위해 퇴학처분을 취소할 소의 이익이 있다고 본 사안이다(91누4737, ▷기본서 271쪽).

25   답 ②

① 신청뿐 아니라 직권에 의한 집행정지 결정 및 취소가 가능하고, 처분등의 전부뿐 아니라 일부에 대해서도 집행정지가 가능함을 유의해야 한다(행정소송법 제23조 제2항, ▷기본서 295쪽).

② 아직 피고가 패소한 상황이 아니므로, 집행 또는 절차의 정지만으로 목적을 달성할 수 있다면 처분의 근본적인 효력까지 정지시킬 필요가 없다(행정소송법 제23조 제2항 단서, ▷기본서 295쪽).

본 지문은 반대로 서술되어 있다.

③ 집행정지의 적극적 요건인 '회복하기 어려운 손해'는 (i) 금전보상이 불능한 경우뿐만 아니라 (ii) 금전보상으로는 사회관념상 행정처분을 받은 당사자가 참고 견딜 수 없거나 또는 참고 견디기가 현저히 곤란한 경우의 유형, 무형의 손해를 의미한다. 결국 돈으로 해결될 수 없는 손해가 초래될 것 같은 경우에만 집행정지를 인용해주겠다는 것이다.

기업이 금전납부의무를 부과 받는 경우, 통상적으로는 추후 승소한 뒤 납부한 금전을 돌려받음으로써 손해가 회복될 수 있다. 따라서, 금전납부로 인하여 중대한 경영상의 위기를 맞게 될 것으로 예상되는 극단적인 상황에 한하여 본 요건이 충족된다. "사업자의 자금사정이나 경영전반에 미치는 파급효과가 매우 중대하다."는 것은 중대한 경영상 위기와 같은 의미이다(2001무29, ▷기본서 298쪽).

④ 집행정지의 실효에 관한 설명이다. 집행정지 결정이 내려질 땐, 집행정지 기간의 시기와 종기가 정해진다. 종기가 도래하면(통상적으로 본안소송의 판결 선고시로 정함) 집행정지 결정은 당연히 실효되는 것(= 대상이 된 처분이 당연히 부활하는 것)이고, 별도의 취소 조치가 필요가 없다(2002다48023, ▷기본서 299쪽).

PART 6 군무원 7급

21회 | 2025년 군무원 7급

정답

01	②	02	②	03	③	04	①	05	②
06	③	07	①	08	③	09	②	10	④
11	②	12	③	13	①	14	①	15	④
16	①	17	②	18	④	19	④	20	④
21	①	22	③	23	④						

01 답 ②

① 권한의 위임이나 대리가 이루어진 사안이라 하더라도 피고적격에 관한 원칙적인 법리가 달리 적용되지 않는다. 최종적으로 표시된 명의에 따라 피고적격을 부여하면 된다(▷기본서 275쪽). 참고로, 주체의 하자는 피고적격이 부여된 자와 법적인 권한이 있는 자가 다를 경우 발생한다. 내부위임은 (외부)위임과는 달리 권한이 이전되지 않으므로, 해당 처분을 행할 법적 권한은 여전히 권한을 내부위임한 위임청에 남아 있다. 그럼에도 내부위임을 받은 자가 처분을 행하였다면, 이는 주체의 하자가 있는 경우로서 무효이다(▷기본서 276 - 7쪽).

② 행정권한의 위임은 행정관청이 법률에 따라 특정한 권한을 다른 행정관청에 이전하여 수임관청의 권한으로 행사하도록 하는 것이어서 권한의 법적인 귀속을 변경하는 것이므로 법률이 위임을 허용하고 있는 경우에 한하여 인정된다(▷기본서 276쪽).
이에 반하여 행정권한의 내부위임은 법률이 위임을 허용하고 있지 아니한 경우에도 행정관청의 내부적인 사무처리의 편의를 도모하기 위하여 그의 보조기관 또는 하급행정관청으로 하여금 그의 권한을 사실상 행사하게 하는 것이다(▷기본서 277쪽, 94누6475).

③ 각론 문제에 해당한다.
사립학교법에 규정된 교육감의 학교법인 임원취임의 승인취소권은 교육감이 지방자치단체의 교육·학예에 관한 사무의 특별집행기관으로서 가지는 권한이고 정부조직법상의 국가행정기관의 일부로서 가지는 권한이라고 할 수 없으므로 국가행정기관의 사무나 지방자치단체의 기관위임사무 등에 관한 권한위임의 근거규정인 정부조직법 제5조 제1항, 행정권한의 위임 및 위탁에 관한 규정 제4조에 의하여 교육장에게 권한위임을 할 수 없고, 구 지방교육자치에 관한 법률에 의하여 조례에 의하여서만 교육장에게 권한위임이 가능하다 할 것이므로, 행정권한의 위임 및 위탁에 관한 규정 제4조에 근거하여 교육감의 학교법인 임원취임의 승인취소권을 교육장에게 위임함을 규정한 대전직할시교육감 소관 행정권한의 위임에 관한 규칙 제6조 제4호는 조례로 정하여야 할 사항을 규칙으로 정한 것이어서 무효이다(95누8669).

④ 각론 문제에 해당한다.

> **행정권한의 위임 및 위탁에 관한 규정 제7조【사전승인 등의 제한】** 수임 및 수탁사무의 처리에 관하여 위임 및 위탁기관은 수임 및 수탁기관에 대하여 사전승인을 받거나 협의를 할 것을 요구할 수 없다.

02 답 ②

⇨ ㄱ, ㄷ, ㅁ

ㄱ. 거부처분 취소판결이 확정된 경우라면 기속력의 일환으로서 행정청에게 재처분의무가 발생한다. 이때, (i) 행정청이 재처분을 아예 하지 않거나, (ii) 재처분을 한 것이 기속력에 반하여 무효가 되었다면, 재처분의무의 불이행으로 인한 간접강제의 필요성이 대두된다(2002무22, ▷기본서 321쪽).

ㄴ. 단, 거부처분도 재처분을 한 것으로 보아 간접강제 신청이 불가하다(▷기본서 331쪽)

> **행정소송법 제38조【준용규정】** ②제9조, 제10조, 제13조 내지 제19조, 제20조, 제25조 내지 제27조, 제29조 내지 제31조, 제33조 및 제34조(거부처분취소판결의 간접강제)의 규정은 부작위위법확인소송의 경우에 준용한다.

ㄷ. 무효확인판결에도 기속력은 있다. 따라서, 거부처분에 대한 무효확인판결이 확정되면 재처분의무가 발생한다. 그러나, 재처분의무 불이행에 대한 간접강제 제도는 인정되지 않는다(▷기본서 327쪽).
거부처분에 대한 취소판결과의 차이점이다.

ㄹ. 재처분의무의 불이행을 전제로 간접강제를 실시하는 것이다. 불이행 상태가 해소되었다면 간접강제를 더 이상 실시할 이유가 없다(이행강제금의 법리와 같다)(2002두2444, ▷기본서 321쪽).

ㅁ. ▷기본서 357쪽

> **행정심판법 제50조의2【위원회의 간접강제】** ① 위원회는 피청구인이 제49조 제2항(제49조 제4항에서 준용하는 경우를 포함한다) 또는 제3항에 따른 처분을 하지 아니하면 청구인의 신청에 의하여 결정으로 상당한 기간을 정하고 피청구인이 그 기간 내에 이행하지 아니하는 경우에는 그 지연기간에 따라 일정한 배상을 하도록 명하거나 즉시 배상을 할 것을 명할 수 있다.
> ② 위원회는 사정의 변경이 있는 경우에는 당사자의 신청에 의하여 제1항에 따른 결정의 내용을 변경할 수 있다.

03 답 ③

① 상호보증은 외국의 법령, 판례 및 관례 등에 의하여 발생요건을 비교하여 인정되면 충분하고 반드시 당사국과의 조약이 체결되어 있을 필요는 없으며, 당해 외국에서 구체적으로 우리나라 국민에게 국가배상청구를 인정한 사례가 없더라도 실제로 인정될 것이라고 기대할 수 있는 상태이면 충분하다(2013다208388, ▷기본서 208쪽).

> 국가배상법 제7조【외국인에 대한 책임】이 법은 외국인이 피해자인 경우에는 해당 국가와 상호 보증이 있을 때에만 적용한다.

② 국가배상법상의 "공무원"은 공무원 및 공무수탁사인을 의미한다. 공무를 위탁받은 공법인은 국가배상법상의 공무원에 해당하지 않는다(2007다82950, ▷기본서 177쪽).
따라서, LH공사는 그 임직원이 경과실로 위법행위를 한 경우에도 국가 또는 지자체가 대신 손해배상책임을 부담하지 않는다. 즉, 공사가 직접 손해배상책임을 진다.
③ 국가배상청구의 요건인 "직무행위"에는 권력적 작용뿐 아니라, 비권력적 작용도 포함된다. 단, 사경제적 작용은 포함되지 않는다(▷기본서 177쪽).
④ 국민의 생명, 신체, 재산 등에 대하여 절박하고 중대한 위험상태가 발생하였거나 발생할 우려가 있어서, 국가가 초법규적, 일차적으로 그 위험 배제에 나서지 아니하면 이를 보호할 수 없는 경우에는 형식적 의미의 법령에 근거가 없더라도 작위의무가 인정된다(2010다95666, ▷기본서 188쪽).

04 답 ①

① 원칙적으로 행정지도는 권고적 성격이 있음에 그쳐 처분성이 부정된다(96누433). 따라서, 이를 불이행하여도 법적 불이익이 없음이 원칙이다(행정절차법 제48조 제2항). 애초에 강제성이 없었으므로, 이를 준수한 결과 손해가 발생하였다 하더라도 행정청에게 손해배상책임의 요건인 상당인과관계가 인정되기 어렵다(2006다18228, ▷기본서 109쪽).
②, ③ "권고", "지도" 등은 행정지도로서 원칙적으로는 처분성이 부정된다. 구속력이 없기 때문이다. 따라서, 이를 따르지 않았다는 이유만으로 불이익한 조치를 하여서는 아니 된다(▷기본서 108쪽).

> 행정절차법 제48조【행정지도의 원칙】 ① 행정지도는 그 목적 달성에 필요한 최소한도에 그쳐야 하며, 행정지도의 상대방의 의사에 반하여 부당하게 강요하여서는 아니 된다.
> ② 행정기관은 행정지도의 상대방이 행정지도에 따르지 아니하였<u>다는 것을 이유로 불이익한 조치를 하여서는 아니 된다.</u>

④ [1] 이른바 행정지도라 함은 행정주체가 일정한 행정목적을 실현하기 위하여 권고 등과 같은 비강제적인 수단을 사용하여 상대방의 자발적 협력 내지 동의를 얻어내어 행정상 바람직한 결과를 이끌어내는 행정활동으로 이해되고, 따라서 적법한 행정지도로 인정되기 위하여는 우선 그 목적이 적법한 것으로 인정될 수 있어야 할 것이므로,
[2] 주식매각의 종용이 정당한 법률적 근거 없이 자의적으로 주주에게 제재를 가하는 것이라면 이 점에서 벌써 행정지도의 영역을 벗어난 것이라고 보아야 할 것이고 만일 이러한 행위도 행정지도에 해당된다고 한다면 이는 행정지도라는 미명하에 법치주의의 원칙을 파괴하는 것이라고 하지 않을 수 없다(93다49482).

05 답 ②

① 예외적 행정지도에 해당한다.
교육인적자원부장관의 대학총장들에 대한 이 사건 학칙시정요구는 고등교육법 제6조 제2항, 동법 시행령 제4조 제3항에 따른 것으로서 그 법적 성격은 대학총장의 임의적인 협력을 통하여 사실상의 효과를 발생시키는 행정지도의 일종이지만, 그에 따르지 않을 경우 일정한 불이익조치를 예정하고 있어 사실상 상대방에게 그에 따를 의무를 부과하는 것과 다를 바 없으므로 단순한 행정지도로서의 한계를 넘어 규제적·구속적 성격을 상당히 강하게 갖는 것으로서 헌법소원의 대상이 되는 공권력의 행사라고 볼 수 있다(2002헌마337, ▷기본서 109쪽).
② 조합설립인가처분은 설권적 처분의 성격을 갖는 인가에 해당한다(2011두8291, ▷기본서 62쪽).
③ 국가계약의 일종으로서 사법상 계약에 해당하므로, 사법관계를 전제로 한 국가계약법 조항이 적용된다(▷기본서 14쪽).
[1] 국가가 수익자인 수요기관을 위하여 국민을 계약상대자로 하여 체결하는 요청조달계약에는 다른 법률에 특별한 규정이 없는 한 당연히 국가계약법이 적용된다.
[2] 그러나 위 법리에 의하여 요청조달계약에 적용되는 국가계약법 조항은 국가가 사경제 주체로서 국민과 대등한 관계에 있음을 전제로 한 사법(사법)관계에 관한 규정에 한정되고, 고권적 지위에서 국민에게 침익적 효과를 발생시키는 행정처분에 관한 규정까지 당연히 적용된다고 할 수 없다(2014두14389).
④ 재미동포 인기가수와 관련된 사안이다. LA재외공관장이 법무부장관의 입국금지결정만을 근거로 사증발급거부처분을 하였는데, 대법원은 LA재외공관장이 자신에게 주어진 고유의 재량을 전혀 행사하지 않은 이른바 재량권 불행사가 재량권 일탈남용의 일종이라고 보았다(2017두38874, ▷기본서 71쪽).

06 답 ③

① 인용재결이 내려진 경우, 패소한 행정청은 재결에 기속되어 재결의 취지에 따른 처분의무를 부담하게 되므로 이에 불복하여 행정소송을 제기할 수 없다(인용재결의 기속력; 97누15432, ▷기본서 355쪽).
반면, 기각재결이 내려진 경우, 패소한 청구인(국민)은 이에 불복하여 소송을 제기할 수 있다.
② 기속력은 피고가 취소소송의 사안과 기본적인 사실관계의 동일성이 인정되는 사안에 대하여 판단을 내린 인용판결의 취지를 거스르지 않도록 하는 힘을 의미한다(▷기본서 319쪽).
기본적 사실관계의 동일성이 인정되는 사안에 대해서만 기속력이 미치므로, 기본적 사실관계의 동일성이 인정되지 않는다면 취소된 처분과 동일한 내용의 처분을 새롭게 하여도 인용판결의 취지를 거스르는 것이 아니다.
③ 기판력은 확정판결에만 인정되는 효력이다. 재결에 기판력이 인정된다면 이를 대상으로 취소소송을 제기하여도 법원이 재결과 모순되는 판단을 하지 못하게 되는 결과, 원고가 아무런 구제도 받지 못하는 상황이 초래되어 부당하다(2013다6759, ▷기본서 356쪽).

④ 따라서, 재결서 정본의 송달일과 재결이 있은 날(효력이 발생한 날)은 항상 동일하다.

> **행정심판법 제48조【재결의 송달과 효력 발생】** ① 위원회는 지체 없이 당사자에게 재결서의 정본을 송달하여야 한다. 이 경우 중앙행정심판위원회는 재결 결과를 소관 중앙행정기관의 장에게도 알려야 한다.
> ② 재결은 청구인에게 제1항 전단에 따라 송달되었을 때에 그 효력이 생긴다.

07   답 ①

① **행정절차법 제33조【증거조사】** ① 청문 주재자는 직권으로 또는 당사자의 신청에 따라 필요한 조사를 할 수 있으며, 당사자등이 주장하지 아니한 사실에 대하여도 조사할 수 있다.
② 증거조사는 다음 각 호의 어느 하나에 해당하는 방법으로 한다.
1. 문서·장부·물건 등 증거자료의 수집
2. 참고인·감정인 등에 대한 질문
3. 검증 또는 감정·평가
4. 그 밖에 필요한 조사

② **행정절차법 제30조【청문의 공개】** 청문은 당사자가 공개를 신청하거나 청문 주재자가 필요하다고 인정하는 경우 공개할 수 있다. 다만, 공익 또는 제3자의 정당한 이익을 현저히 해칠 우려가 있는 경우에는 공개하여서는 아니 된다.

③ **행정절차법 제27조【의견제출】** ① 당사자등은 처분 전에 그 처분의 관할 행정청에 서면이나 말로 또는 정보통신망을 이용하여 의견제출을 할 수 있다.
④ 당사자등이 정당한 이유 없이 의견제출기한까지 의견제출을 하지 아니한 경우에는 의견이 없는 것으로 본다.

④ **행정절차법 제29조【청문 주재자의 제척·기피·회피】** ① 청문 주재자가 다음 각 호의 어느 하나에 해당하는 경우에는 청문을 주재할 수 없다.
1. 자신이 당사자등이거나 당사자등과 민법 제777조 각 호의 어느 하나에 해당하는 친족관계에 있거나 있었던 경우
2. 자신이 해당 처분과 관련하여 증언이나 감정(鑑定)을 한 경우
3. 자신이 해당 처분의 당사자등의 대리인으로 관여하거나 관여하였던 경우
4. 자신이 해당 처분업무를 직접 처리하거나 처리하였던 경우
5. 자신이 해당 처분업무를 처리하는 부서에 근무하는 경우. 이 경우 부서의 구체적인 범위는 대통령령으로 정한다.
② 청문 주재자에게 공정한 청문 진행을 할 수 없는 사정이 있는 경우 당사자등은 행정청에 기피신청을 할 수 있다. 이 경우 행정청은 청문을 정지하고 그 신청이 이유가 있다고 인정할 때에는 해당 청문 주재자를 지체 없이 교체하여야 한다.
③ 청문 주재자는 제1항 또는 제2항의 사유에 해당하는 경우에는 행정청의 승인을 받아 스스로 청문의 주재를 회피할 수 있다.

08   답 ③

① '침익적 행정처분 근거 규정 엄격해석의 원칙'이란 단순히 행정실무상의 필요나 입법정책적 필요만을 이유로 문언의 가능한 범위를 벗어나 처분상대방에게 불리한 방향으로 확장해석하거나 유추해석해서는 안 된다는 것이지, 처분상대방에게 불리한 내용의 법령해석은 일체 허용되지 않는다는 취지가 아니다.
단, 문언의 가능한 범위 내라면 체계적 해석과 목적론적 해석은 허용된다(2020두51587, 2023두30994, ▷기본서 18쪽).

② [1] 행정청이 문서로 처분을 한 경우 원칙적으로 처분서의 문언에 따라 어떤 처분을 하였는지 확정하여야 한다.
[2] 그러나 처분서의 문언만으로는 행정청이 어떤 처분을 하였는지 불분명한 경우에는 처분 경위와 목적, 처분 이후 상대방의 태도 등 여러 사정을 고려하여 처분서의 문언과 달리 처분의 내용을 해석할 수 있다.
[3] 특히 행정청이 행정처분을 하면서 논리적으로 당연히 수반되어야 하는 의사표시를 명시적으로 하지 않았다고 하더라도, 그것이 행정청의 추단적 의사에도 부합하고 상대방도 이를 알 수 있는 경우에는 행정처분에 위와 같은 의사표시가 묵시적으로 포함되어 있다고 볼 수 있다(2017다269152, ▷기본서 122쪽).

③ [1] 임시이사를 선임하면서 임기를 '후임 정식이사가 선임될 때까지'로 기재한 것은 근거 법률의 해석상 당연히 도출되는 사항을 주의적·확인적으로 기재한 이른바 '법정부관'일 뿐, 행정청의 의사에 따라 붙이는 본래 의미의 행정처분 부관이라고 볼 수 없다.
[2] 후임 정식이사가 선임되었다는 사유만으로 임시이사의 임기가 자동적으로 만료되어 임시이사의 지위가 상실되는 효과가 발생하지 않고, 관할 행정청이 후임 정식이사가 선임되었음을 이유로 임시이사를 해임하는 행정처분을 해야만 비로소 임시이사의 지위가 상실되는 효과가 발생한다(2017다269152).
[비교] 직권취소(제2처분)의 소급효에 의하여 원래부터 정식이사취임승인이 취소되지 않고 존재하였던 것으로 취급된다. 따라서, 이 경우에는 위 2017다269152 사안과 달리 별도의 해임결정이 없더라도 정식이사의 지위와 양립 불가능한 임시이사의 지위는 당연히 소멸한다.
행정처분이 취소되면 그 소급효에 의하여 처음부터 그 처분이 없었던 것과 같은 효과를 발생하게 되는바, 행정청이 의료법인의 이사에 대한 이사취임승인취소처분(제1처분)을 직권으로 취소(제2처분)한 경우에는 그로 인하여 이사가 소급하여 이사로서의 지위를 회복하게 되고, 그 결과 위 제1처분과 제2처분 사이에 법원에 의하여 선임결정된 임시이사들의 지위는 법원의 해임결정이 없더라도 당연히 소멸된다(96누3401).

④ 조합이 설립된 경우이므로, 사업시행계획에 대한 인가는 강학상 인가에 해당한다(2011두25173, ▷기본서 62쪽). 기본행위에 하자가 있다면 기본행위만을 다투어야 하고, 인가에 하자가 있다면 인가만을 다투어야 한다.

09 답 ②

① 동일한 판례 내에서 남북정상회담의 개최 및 대북송금행위에 대한 판단을 달리한 점에 유의하여야 한다(2003도7878, ▷기본서 11쪽).
② 개성공단 전면중단 조치가 고도의 정치적 결단을 요하는 문제이기는 하나, 조치 결과 개성공단 투자기업인 청구인들에게 기본권 제한이 발생하였고, 국민의 기본권 제한과 직접 관련된 공권력의 행사는 고도의 정치적 고려가 필요한 행위라도 헌법과 법률에 따라 결정하고 집행하도록 견제하는 것이 헌법재판소 본연의 임무이므로, 그 한도에서 헌법소원심판의 대상이 될 수 있다(2016헌마364).
③ 사법심사를 한 결과, 신행정수도를 세종시로 이전하려는 시도가 좌초되었다(2004헌마554, ▷기본서 12쪽).
④ [1] 고도의 정치성을 띤 국가행위에 대하여는 이른바 통치행위라 하여 법원 스스로 사법심사권의 행사를 억제하여 그 심사대상에서 제외하는 영역이 있으나,
  [2] 이와 같이 통치행위의 개념을 인정한다고 하더라도 과도한 사법심사의 자제가 기본권을 보장하고 법치주의 이념을 구현하여야 할 법원의 책무를 태만히 하거나 포기하는 것이 되지 않도록 그 인정을 지극히 신중하게 하여야 하며, 그 판단은 오로지 사법부만에 의하여 이루어져야 한다(2003도7878, ▷기본서 12쪽).

10 답 ④

① 전반부는 법률우위원칙, 후반부는 법률유보원칙을 의미한다(▷기본서 18쪽).

> 행정기본법 제8조【법치행정의 원칙】행정작용은 법률에 위반되어서는 아니 되며, 국민의 권리를 제한하거나 의무를 부과하는 경우와 그 밖에 국민생활에 중요한 영향을 미치는 경우에는 법률에 근거하여야 한다.

② (i) 재량준칙은 일반적으로 행정조직 내부에서만 효력을 가질 뿐 대외적인 구속력을 갖는 것은 아니므로 행정처분이 이를 위반하였다고 하여 그러한 사정만으로 곧바로 위법하게 되는 것은 아니고, (ii) 다만 그 재량준칙이 정한 바에 따라 되풀이 시행되어 행정관행이 이루어지게 되면 평등의 원칙이나 신뢰보호의 원칙에 따라 행정기관은 상대방에 대한 관계에서 그 규칙에 따라야 할 자기구속을 받게 된다(2011두28783, ▷기본서 30-1쪽).
③ 사정변경 그 자체로 공적 견해표명은 자동으로 실효된다(▷기본서 27쪽, 신뢰보호원칙의 한계). 따라서, 기존 공적 견해표명에 반하는 처분을 하더라도 이는 신뢰보호원칙을 위반한 것이라고 볼 수 없다.
④ 신뢰보호원칙의 일종인 실권의 법리에 관한 설명이다(▷기본서 21쪽).

> 행정기본법 제12조【신뢰보호의 원칙】② 행정청은 권한 행사의 기회가 있음에도 불구하고 장기간 권한을 행사하지 아니하여 국민이 그 권한이 행사되지 아니할 것으로 믿을 만한 정당한 사유가 있는 경우에는 그 권한을 행사해서는 아니 된다. 다만, 공익 또는 제3자의 이익을 현저히 해칠 우려가 있는 경우는 예외로 한다.

11 답 ②

① [1] 어느 법률조항의 개정이 자구만 형식적으로 변경된 데 불과하여 개정 전후 법률조항들 자체의 의미내용에 아무런 변동이 없고, 개정 법률조항이 해당 법률의 다른 조항이나 관련 다른 법률과의 체계적 해석에서도 개정 전 법률조항과 다른 의미로 해석될 여지가 없어 양자의 동일성이 그대로 유지되고 있는 경우에는 '개정 전 법률조항'에 대한 위헌결정의 효력은 그 주문에 개정 법률조항이 표시되어 있지 아니하더라도 '개정 법률조항'에 대하여도 미친다.
  [2] 그러나 이와 달리 '개정 법률조항'에 대한 위헌결정이 있는 경우에는, 비록 그 법률조항의 개정이 자구만 형식적으로 변경된 것에 불과하여 개정 전후 법률조항들 사이에 실질적 동일성이 인정된다 하더라도, '개정 법률조항'에 대한 위헌결정의 효력이 '개정 전 법률조항'에까지 그대로 미친다고 할 수는 없다(2015모2204).
② 법률에 근거를 두고 발령된 처분의 하자가 중대하다고 평가하기는 어렵지 않을 것이나, 문제는 그 하자가 명백한지 여부이다. 법률에 하자가 있어 이를 더 이상 적용할 수 없다는 법리를 선언한 판결이 선고되기 "전"이라면 명백성이 부정되는 결과 취소사유로 평가될 것이나, 판결이 선고된 "후"라면 명백하다고 볼 수 있어 이는 당연무효사유로 평가될 것이다(▷기본서 51쪽).
③ 선행처분과 후행처분이 서로 다른 법률효과의 발생을 목적으로 함에도 불구하고, 예외적으로 하자의 승계가 인정되는 경우 2가지가 있다.
  하나는 선행행위의 불가쟁력이나 구속력이 그로 인하여 불이익을 입는 자에게 수인한도를 넘는 가혹함을 가져오고 그 결과가 예측가능한 것이 아닌 때이고, 다른 하나가 본 지문의 "선행처분이 무효인 경우"이다(2016두35144, ▷기본서 91쪽).
④ 무효사유가 취소사유보다 더 큰 하자이다. 그러므로, 취소소송을 제기하면서 해당 처분에 무효사유가 있음을 주장 및 입증하는데 성공한다면 인용판결이 내려질 것이다. 이러한 취지로 제기하는 소송이 "무효선언을 구하는 의미의 취소소송"이다. 다만, 이는 어디까지나 취소소송이므로 그 소송요건인 제소기간 및 전치주의가 준수되어야 한다(84누175, ▷기본서 324쪽).

12 답 ③

① 제3자의 원고적격은 원칙적으로 부정되나, 본 지문과 같이 법률상 이익을 갖는 경우에는 예외적으로 인정될 수 있다(▷기본서 259쪽).
  경업자 관계가 대표적인 사례인데, 처분의 근거가 되는 법률에 과당경쟁으로 인한 경영 불합리를 방지하기 위한 목적으로 거리제한 규정 등이 존재하여야 한다.
② 처분의 상대방이 아닌 제3자의 원고적격은 원칙적으로 인정되지 않는다. 다만, 경업자 관계/경원자 관계/이웃주민(인인) 소송 등의 경우 예외적으로 원고적격이 인정된다. 본 지문은 경원자 소송에 관한 사안에 해당한다(▷기본서 260쪽 이하).

③ 거리제한규정이 없어 경업자 관계가 부정된 사안이다.
의료법상 의료인은 신고만으로 의원이나 치과의원을 개설할 수 있고 건축법 기타 건축관계법령상 의원 상호간의 거리나 개소에 아무런 제한을 두고 있지 아니하므로 치과의원을 경영하는 원고로서는 그 치과의원과 같은 아파트 단지 내에서 30미터 정도의 거리에 있는 건물에 대하여 당초에 상품매도점포로서의 근린생활시설로 되어 있던 용도를 원고와 경합관계에 있는 치과의원을 개설할 수 있도록 의원으로서의 근린생활시설로 변경한 서울특별시장의 용도변경처분으로 인하여 받게 될 불이익은 간접적이거나 사실적, 경제적인 불이익에 지나지 아니하여 그것만으로는 원고에게 위 용도변경처분의 취소를 구할 소익이 있다고 할 수 없다(90누813).

④ 원고 A가 이미 자리 잡은 사업구역에 B가 들어와 사업을 하던 중 과징금을 부과받자, B가 이에 대해 행정심판을 청구하여 취소재결을 받았다. A가 과징금을 부활시키기 위한 목적으로 위 취소재결에 대해 제3자로서 취소소송을 제기하자, A와 B 간 경업자 관계가 인정되지 않는다는 이유로 원고적격이 부정되어 각하판결이 내려진 사안이다.
면허받은 장의자동차운송사업구역에 위반하였음을 이유로 한 행정청의 과징금부과처분에 의하여 동종업자의 영업이 보호되는 결과는 사업구역제도의 반사적 이익에 불과하기 때문에 그 과징금부과처분을 취소한 재결에 대하여 처분의 상대방 아닌 제3자는 그 취소를 구할 법률상 이익이 없다고 한 사례(91누13700)

13 답 ①

① 송달(고지)이 정식으로 이루어져야 행정행위의 효력이 발생한다. 판례는 정식으로 송달이 이루어지기 전에 정보공개청구를 통해 또는 우연히 홈페이지에 접속하여 처분의 내용을 안 것만으로는 효력이 발생되지 않는다는 입장이다(2014두8254, 2019두38656, ▷기본서 283쪽).

② 체류자격 변경허가는 명칭과는 달리 특허에 해당하므로, 재량행위의 성격을 갖는다. 따라서, 요건을 모두 갖추었다 하더라도 허가를 해줄 수도 있고, 거부할 수도 있다(2009두19069, ▷기본서 59쪽).
귀화허가와 함께 특허의 대표적인 사례에 해당한다.

③ 국토의 계획 및 이용에 관한 법률상 개발행위허가는 허가기준 및 금지요건이 불확정개념으로 규정된 부분이 많아 그 요건에 해당하는지 여부는 행정청의 재량판단의 영역에 속한다. 그러므로 그에 대한 사법심사는 행정청의 공익판단에 관한 재량의 여지를 감안하여 원칙적으로 재량권의 일탈·남용이 있는지 여부만을 대상으로 하고, 사실오인과 비례·평등원칙 위반 여부 등이 판단 기준이 된다(2020두51280).
참고로, 판례는 불확정요건의 해석과 관련하여 판단여지 개념을 인정하지 않고, 이를 재량판단의 영역으로 포섭하고 있다.

④ 재미동포 인기가수와 관련된 사안이다. LA재외공관장이 법무부장관의 입국금지결정만을 근거로 사증발급거부처분을 하였는데, 대법원은 LA재외공관장이 자신에게 주어진 고유의 재량을 전혀 행사하지 않은 이른바 재량권 불행사가 재량권 일탈남용의 일종이라고 보았다(2017두38874, ▷기본서 71쪽).

14 답 ①

① 침익적 성격이 강하므로, 즉시강제는 다른 수단으로는 행정목적을 달성할 수 없는 경우에만 허용되며(보충성), 이 경우에도 최소한으로만 실시하여야 한다(행정기본법 제33조 제1항, ▷기본서 160쪽).

② 이행강제금 부과를 위해서는 문서로 계고 및 통지를 이행하여야 한다(▷기본서 156쪽).

> 행정기본법 제31조【이행강제금의 부과】③ 행정청은 이행강제금을 부과하기 전에 미리 의무자에게 적절한 이행기간을 정하여 그 기한까지 행정상 의무를 이행하지 아니하면 이행강제금을 부과한다는 뜻을 문서로 계고(戒告)하여야 한다.
> ④ 행정청은 의무자가 제3항에 따른 계고에서 정한 기한까지 행정상 의무를 이행하지 아니한 경우 이행강제금의 부과 금액·사유·시기를 문서로 명확하게 적어 의무자에게 통지하여야 한다.

③ 대집행의 의의에 해당한다(▷기본서 149쪽).

> 행정기본법 제30조【행정상 강제】① 행정청은 행정목적을 달성하기 위하여 필요한 경우에는 법률로 정하는 바에 따라 필요한 최소한의 범위에서 다음 각 호의 어느 하나에 해당하는 조치를 할 수 있다.
> 1. 행정대집행: 의무자가 행정상 의무(법령등에서 직접 부과하거나 행정청이 법령등에 따라 부과한 의무를 말한다. 이하 이 절에서 같다)로서 타인이 대신하여 행할 수 있는 의무를 이행하지 아니하는 경우 법률로 정하는 다른 수단으로는 그 이행을 확보하기 곤란하고 그 불이행을 방치하면 공익을 크게 해칠 것으로 인정될 때에 행정청이 의무자가 하여야 할 행위를 스스로 하거나 제3자에게 하게 하고 그 비용을 의무자로부터 징수하는 것

④ 직접강제의 의의에 해당한다(▷기본서 158쪽).

> 행정기본법 제32조【직접강제】① 직접강제는 행정대집행이나 이행강제금 부과의 방법으로는 행정상 의무 이행을 확보할 수 없거나 그 실현이 불가능한 경우에 실시하여야 한다.

15 답 ④

①, ③ 인허가의제의 의의에 해당한다(▷기본서 127쪽).

> 행정기본법 제24조【인허가의제의 기준】① 이 절에서 "인허가의제"란 하나의 인허가(이하 "주된 인허가"라 한다)를 받으면 법률로 정하는 바에 따라 그와 관련된 여러 인허가(이하 "관련 인허가"라 한다)를 받은 것으로 보는 것을 말한다.
> ② 인허가의제를 받으려면 주된 인허가를 신청할 때 관련 인허가에 필요한 서류를 함께 제출하여야 한다. 다만, 불가피한 사유로 함께 제출할 수 없는 경우에는 주된 인허가 행정청이 별도로 정하는 기한까지 제출할 수 있다.

② 법률에 의제의 근거가 있는 관련 인허가만 의제된다(▷기본서 127쪽).

> **행정기본법 제25조 【인허가의제의 효과】** ① 제24조 제3항·제4항에 따라 협의가 된 사항에 대해서는 주된 인허가를 받았을 때 관련 인허가를 받은 것으로 본다.
> ② 인허가의제의 효과는 주된 인허가의 해당 법률에 규정된 관련 인허가에 한정된다.

④ ▷기본서 127쪽

> **행정기본법 제26조 【인허가의제의 사후관리 등】** ① 인허가의제의 경우 관련 인허가 행정청은 관련 인허가를 직접 한 것으로 보아 관계 법령에 따른 관리·감독 등 필요한 조치를 하여야 한다.

16 답 ①

▷ ㄱ, ㄴ, ㄹ

ㄱ. 총회결의에 하자가 있어 이를 다투고자 한다면, 관리처분계획인가가 있기 전후로 소제기 방식이 달라진다는 점에 유의하여야 한다. 인가가 있기 전이라면 총회결의를 대상으로 당사자소송을(민사소송 X, 2007다2428), 인가가 있은 후라면 관리처분계획을 대상으로 항고소송을 제기하여야 한다(2007다2428, ▷기본서 336쪽).
관리처분계획"안"이라 함은 인가를 받지 않아 아직 그 효력이 발생되지 않은 관리처분계획을 의미한다. 따라서, 관리처분계획은 아직 법적으로 존재하지도 않으므로, 그 절차에 해당하는 총회결의를 대상으로 당사자소송을 제기하여야 한다.
당사자소송의 가구제수단으로는 행정소송법상의 집행정지가 허용되지 않고, 다만 민사집행법상의 가처분이 준용된다(2016다262550, ▷기본서 339쪽).

ㄴ. 도시 및 주거환경정비법 제57조 제1항에 규정된 청산금의 징수에 관하여는 지방세체납처분의 예(독촉, 압류, 매각, 청산)에 의한 징수 또는 징수 위탁과 같은 간이하고 경제적인 특별구제절차가 마련되어 있으므로, 시장·군수가 사업시행자의 청산금 징수 위탁에 응하지 아니하였다는 등의 특별한 사정이 없는 한 시장·군수가 아닌 사업시행자가 이와 별개로 공법상 당사자소송의 방법으로 청산금 청구를 할 수는 없다(2016두39498).

ㄷ. 공무원(군인)연금(명예퇴직수당 포함)의 지급을 구하는 소송의 순서는 (i) 일단 공무원연금공단에 급여지급을 신청(대상자 선정 및 금액 결정을 신청)하여 거부처분을 받아 이를 항고소송으로 다툰 뒤, (ii) 위 소송에서 인용판결이 있었음에도 이후 법령 개정으로 인해 금액이 기대에 미치지 못하는 등의 사정이 있으면 당사자소송을 제기하여야 한다(2008두5636, ▷기본서 334-5쪽).
본 지문은 (i)에 해당한다.

ㄹ. 공중보건의사 채용계약은 계약직/전문직 공무원 채용계약으로서, 이는 대체로 공법상 계약에 해당한다(2002두5948, ▷기본서 106쪽).

공법상 계약의 특징은 (i) 체결 및 해지는 처분이 아니라서 행정절차법의 적용이 없다는 것, 이에 대한 다툼은 당사자소송으로 다뤄진다는 것(92누4611 등, ▷기본서 106쪽), (ii) 계약 효력 존속 중 계약직 공무원에 대한 인사상 불이익은 항고소송의 대상인 처분으로서, 행정절차법의 적용이 있다는 것이다(2006두16328, ▷기본서 106쪽).

ㅁ. 세금을 다시 돌려달라는 소송은 크게 (i) 너무 많이 냈거나, 잘못 납부한 세금을 돌려달라는 소송(과오납금반환청구소송) 및 (ii) 부가가치세 환급세액을 돌려달라는 소송으로 구분된다. 전자는 민사상 부당이득반환청구소송으로, 후자는 당사자소송으로 취급된다(▷기본서 332쪽).

17 답 ②

① 하자 치유와는 달리, 직권취소는 행정소송(심판) 제기 이후에도 가능하다(2016두56721, ▷기본서 94쪽).

② 소멸시효는 권리를 행사할 수 있는 때부터 진행한다(민법 제166조 제1항). 금전의 납부 또는 징수가 이루어져야 반환청구권을 행사할 수 있으므로, 소멸시효도 그 때부터 진행된다.
지방재정법 제87조 제1항에 의한 변상금부과처분이 당연무효인 경우에 이 변상금부과처분에 의하여 납부자가 납부하거나 징수당한 오납금은 지방자치단체가 법률상 원인 없이 취득한 부당이득에 해당하고, 이러한 오납금에 대한 납부자의 부당이득반환청구권은 처음부터 법률상 원인이 없이 납부 또는 징수된 것이므로 납부 또는 징수시에 발생하여 확정되며, 그 때부터 소멸시효가 진행한다(2004다50143).

③ 당연무효인 1차 변상금부과처분을 비롯하여 여러 차례에 걸친 변상금부과처분과 이에 의한 각 납부 또는 징수가 있은 후에 이와 같이 여러 차례에 걸쳐 부과되었던 변상금의 부과대상, 점유기간, 적용요율 등에 오류 또는 누락이 있다는 이유로 변상금 총액을 새로이 산정하여 그 동안 납부 또는 징수된 금원과의 차액에 관하여 추가로 변상금부과처분이 이루어졌다고 하더라도, 당연무효인 1차 변상금부과처분에 의하여 납부 또는 징수당한 오납금에 대한 부당이득반환청구권의 소멸시효의 기산일이 달라진다고 할 수 없다(2004다50143).

④ 제척기간은 권리자로 하여금 권리를 신속하게 행사하도록 함으로써 그 권리를 중심으로 하는 법률관계를 조속하게 확정하려는 데에 그 제도의 취지가 있는 것으로서, 소멸시효가 일정한 기간의 경과와 권리의 불행사라는 사정에 의하여 그 효과가 발생하는 것과는 달리 관계 법령에 따라 정당한 사유가 인정되는 등 특별한 사정이 없는 한 그 기간의 경과 자체만으로 곧 권리 소멸의 효과를 발생시킨다. 따라서 추상적 권리 행사에 관한 제척기간은 권리자의 권리행사 태만 여부를 고려하지 않으며, 또 당사자의 신청만으로 추상적 권리가 실현되므로 기간 진행의 중단·정지를 상정하기 어렵다. 이러한 점에서 제척기간은 소멸시효와 근본적인 차이가 있다(2018두47264).

18 답 ④

① (위임조례와는 달리) 자치조례에는 포괄위임금지 원칙이 적용되지 않는다.
  [1] 지방자치법 제9조 제1항과 제15조 등의 관련 규정에 의하면 지방자치단체는 원칙적으로 그 고유사무인 자치사무와 법령에 의하여 위임된 단체위임사무에 관하여 이른바 자치조례를 제정할 수 있는 외에, 개별 법령에서 특별히 위임하고 있을 경우에는 그러한 사무에 속하지 아니하는 기관위임사무에 관하여도 그 위임의 범위 내에서 이른바 위임조례를 제정할 수 있지만,
  [2] 조례가 규정하고 있는 사항이 그 근거 법령 등에 비추어 볼 때 자치사무나 단체위임사무에 관한 것이라면 이는 자치조례로서 지방자치법 제15조가 규정하고 있는 '법령의 범위 안'이라는 사항적 한계가 적용될 뿐, 위임조례와 같이 국가법에 적용되는 일반적인 위임입법의 한계가 적용될 여지는 없다(2000추29).
② 부령에 위임할 때도 포괄위임금지원칙이 적용된다는 당연한 설명이다.
  헌법 제75조는 위임입법의 근거를 마련하는 한편 대통령령으로 입법할 수 있는 사항을 법률에서 구체적으로 범위를 정하여 위임받은 사항으로 한정함으로써 위임입법의 범위와 한계를 제시하고 있다. 그리고 헌법 제95조는 부령에의 위임근거를 마련하면서 '구체적으로 범위를 정하여'라는 문구를 사용하고 있지는 않지만, 법률의 위임에 의한 대통령령에 가해지는 헌법상의 제한은 당연히 법률의 위임에 의한 부령의 경우에도 적용된다(2017헌가23).

> 헌법 제75조 대통령은 법률에서 구체적으로 범위를 정하여 위임받은 사항과 법률을 집행하기 위하여 필요한 사항에 관하여 대통령령을 발할 수 있다.
> 제95조 국무총리 또는 행정각부의 장은 소관사무에 관하여 법률이나 대통령령의 위임 또는 직권으로 총리령 또는 부령을 발할 수 있다.

③ 위임이든 재위임이든 논리가 같다. 포괄위임금지원칙 적용에 따른 위임명령의 구체성·명확성을 적정 수준에서 요구하겠다는 것이다.
  [1] 위임명령은 법률이나 상위명령에서 구체적으로 범위를 정한 개별적인 위임이 있을 때에 가능하고, 여기에서 구체적인 위임의 범위는 규제하고자 하는 대상의 종류와 성격에 따라 달라지는 것이어서 일률적 기준을 정할 수는 없지만, 적어도 위임명령에 규정될 내용 및 범위의 기본사항이 구체적으로 규정되어 있어서 누구라도 당해 법률이나 상위법령으로부터 위임명령에 규정될 내용의 대강을 예측할 수 있어야 하나, 이 경우 그 예측가능성의 유무는 당해 위임조항 하나만을 가지고 판단할 것이 아니라 그 위임조항이 속한 법률의 전반적인 체계와 취지 및 목적, 당해 위임조항의 규정형식과 내용 및 관련 법규를 유기적·체계적으로 종합하여 판단하여야 하며, 나아가 각 규제 대상의 성질에 따라 구체적·개별적으로 검토함을 요한다.
  [2] 또한 법률에서 위임받은 사항을 전혀 규정하지 않고 재위임하는 것은 복위임금지 원칙에 반할 뿐 아니라 위임명령의 제정 형식에 관한 수권법의 내용을 변경하는 것이 되므로 허용되지 않으나 위임받은 사항에 관하여 대강을 정하고 그 중의 특정사항을 범위를 정하여 하위법령에 다시 위임하는 경우에는 재위임이 허용된다(2013두14238, ▷기본서 49쪽).
④ 재개발조합이 설립되어 이를 통해 사업이 추진되는 사안의 경우, 조합의 정관에 대한 포괄 위임으로써 자율적인 사업 추진이 가능하게 되는 것이고(2006두14476, ▷기본서 20쪽) 조합 설립 없이 사업이 추진되는 사안이라면 토지등소유자가 제정하는 자치규약에 대한 포괄위임을 금지하고 있다(2010헌바1, ▷기본서 21쪽).

19 답 ④

① 정보공개청구의 목적, 권리구제 가능성 등은 고려대상이 되지 않는다(2008두8680).
② [1] 공공기관이 보유·관리하는 정보라 함은 당해 공공기관이 작성하여 보유·관리하고 있는 정보뿐만 아니라 경위를 불문하고 당해 공공기관이 보유·관리하고 있는 모든 정보를 의미한다고 할 것이므로,
  [2] 제3자와 관련이 있는 정보라고 하더라도 당해 공공기관이 이를 보유·관리하고 있는 이상 정보공개법 제9조 제1항 단서 각 호의 비공개사유에 해당하지 아니하면 정보공개의 대상이 되는 정보에 해당한다고 보아야 할 것이다(2008두8680).
③ 따라서 정보공개법 제11조 제3항이 "공공기관은 공개청구 된 공개대상정보의 전부 또는 일부가 제3자와 관련이 있다고 인정되는 때에는 그 사실을 제3자에게 지체 없이 통지하여야 하며, 필요한 경우에는 그의 의견을 청취할 수 있다.", 제21조 제1항이 " 제11조 제3항의 규정에 의하여 공개청구된 사실을 통지받은 제3자는 통지받은 날부터 3일 이내에 당해 공공기관에 대하여 자신과 관련된 정보를 공개하지 아니할 것을 요청할 수 있다."고 규정하고 있다고 하더라도(▷기본서 142쪽), 이는 공공기관이 보유·관리하고 있는 정보가 제3자와 관련이 있는 경우 그 정보공개여부를 결정함에 있어 공공기관이 제3자와의 관계에서 거쳐야 할 절차를 규정한 것에 불과할 뿐, 제3자의 비공개요청이 있다는 사유만으로 정보공개법상 정보의 비공개사유에 해당한다고 볼 수 없다(2008두8680).
④ 사면결정은 통치행위로서 사법심사의 대상이 되지 않으므로, 국민의 정치적 심판을 받게 하기 위하여 정보공개를 긍정하였다. 즉, 사면대상자들의 사면실시건의서와 그와 관련된 국무회의 안건자료에 관한 정보는 그 공개로 얻는 이익이 그로 인하여 침해되는 당사자들의 사생활의 비밀에 관한 이익보다 더욱 크므로 구 공공기관의 정보공개에 관한 법률제7조 제1항 제6호에서 정한 비공개사유에 해당하지 않는다(2005두241, ▷기본서 140쪽).

20 답 ④

① 추후 불이행시 인가의 효력을 소멸시키는 효과가 있으므로, 이는 취소라는 표현에도 불구하고 철회로 해석된다. 나아가, 곧바로 철회하는 것이 아니라, 철회할 수 있도록 한 것이므로, 이는 철회권의 유보로 해석된다.
행정청이 종교단체에 대하여 기본재산전환인가를 함에 있어 인가조건을 부가하고 그 불이행시 인가를 취소할 수 있도록 한 경우, 인가조건의 의미는 철회권을 유보한 것이라고 본 사례 (2003다6422)

② [1] 기한이 부관으로 부가되어 있는데, 기한이 만료되었다면 이는 "허가 자체의 존속기간"이 만료한 것이므로, 허가의 효력은 소멸한다.
[2] 다만, 허가된 사업의 성질에 비추어 기한이 부당하게 짧다면, 이를 "허가 조건의 존속기간"으로 보아 그 기한이 도래하면 기한의 연장 여부를 심사한다. 이때, 최소한 기한 도래 전에 기한을 연장하여 달라고 신청을 하였어야 한다 (2005두12404, ▷기본서 63쪽).
[3] 위 [2]와 같이 "허가 조건의 존속기간"으로 볼 수 있다 하더라도, 이미 기한이 수차례 연장된 결과 허가된 사업의 성질상 충분한 기간이 주어졌다면, 행정청은 재량에 따라 기한 연장을 거부할 수 있고, 이때 허가의 효력은 소멸한다 (2003두12837, ▷기본서 63쪽).

③ 주된 처분과 무관한 부관을 붙이게 되면 부당결부금지 원칙에 걸리게 된다. 가령 주택사업계획승인을 내어주면서, 위 계획과 무관한 알짜배기 땅을 지자체에 증여하도록 하는 부담을 부가한다면 이는 부당결부금지 원칙으로서 재량권을 일탈남용한 처분이 된다(96다49650, ▷기본서 31쪽, 65쪽).

④ 주택사업계획승인을 해주면서 이에 알짜배기 땅을 증여하라는 부담을 부가한 경우를 상정해 보면, 판례는 부담(증여의무 부과)의 효력과 그 부관을 이행하기 위한 사법상 법률행위(증여의무를 이행함으로써 땅의 소유권을 이전하는 것)의 효력을 별개로 본다.
따라서, 부담이 무효이거나 이에 불가쟁력이 발생하였다 하더라도, 사법상 법률행위의 효력은 영향을 받지 않는다(다만, 부담이 무효인 경우 위 부관이 사법상 법률행위를 하게 된 동기 내지 연유로 작용하였음을 들어 사법상 법률행위를 취소할 여지가 남게 될 뿐이다)(2006다18174, ▷기본서 69쪽).

21 답 ①

① 택지개발지구 내의 토지 및 그 지상 건축물은 택지개발사업계획 단계에서 뿐만 아니라 사업의 준공 이후에도 택지개발지구 내의 토지의 이용 및 그 지상 건축물의 용도에 관하여 택지개발계획의 승인권자가 최종 승인한 상세계획에 따라 이용 및 관리되어야 할 것이고, 이와 같이 승인된 상세계획을 변경 승인하는 절차를 거치지 아니하는 이상 임의로 상세계획에 반하는 토지 및 그 지상 건축물의 용도를 변경할 수는 없으므로, 판매시설인 이 사건 건물을 일반목욕장의 용도로 변경하기 위하여 필요한 이 사건 상세계획 승인권자의 변경 승인이 있었음을 인정할 아무런 증거가 없는 이 사건에서, 피고가 원고의 영업신고를 수리하지 아니하고 영업소를 폐쇄한 이 사건 처분은 적법하다(2006두3742).

② 고도의 재량이 인정되는 재량행위에 해당한다.
자연환경 보호 등을 목적으로 하는 도시관리계획결정은 식생이 양호한 수림의 훼손 등과 같이 장래 발생할 불확실한 상황과 파급효과에 대한 예측 등을 반영한 행정청의 재량적 판단으로서, 그 내용이 현저히 합리성을 결여하거나 형평이나 비례의 원칙에 뚜렷하게 반하는 등의 사정이 없는 한 폭넓게 존중해야 한다 (2022두61816).

③ 행정계획은 처분성 인정 여부가 사안별로 다르다(▷기본서 102-3쪽).
도시"기본"계획, 환지계획(97누6889), 4대강 살리기 마스터플랜은 그 자체로 국민의 권리, 의무에 직접적 영향이 있다고 볼 수 없어 처분성이 부정된다.
그에 반해 도시"관리"계획, "사업시행"계획, "관리처분"계획은 반대의 이유로 처분성이 인정되었다.

④ 행정계획의 수립뿐 아니라 변경에 관해서도 행정청에게 광범위한 재량이 주어지지만, 행정주체가 가지는 이와 같은 형성의 자유는 무제한적인 것이 아니라 그 행정계획에 관련되는 자들의 이익을 공익과 사익 사이에서는 물론이고 공익 상호간과 사익 상호간에도 정당하게 비교·교량하여야 한다는 제한이 있다 (2010두5806, ▷기본서 103쪽).

22 답 ③

① 교육공무원 승진후보자 명부 제외행위는 처분성이 인정되었고 (2017두34162, ▷기본서 280쪽), 경찰공무원 승진후보자 명부 삭제행위는 처분성이 부정되었다(97누7325, ▷기본서 280쪽).

② 운전면허 행정처분처리대장상 벌점의 배점은 도로교통법규 위반행위를 단속하는 기관이 도로교통법 시행규칙 별표 16의 정하는 바에 의하여 도로교통법규 위반의 경중, 피해의 정도 등에 따라 배정하는 점수를 말하는 것으로 자동차운전면허의 취소, 정지처분의 기초자료로 제공하기 위한 것이고 그 배점 자체만으로는 아직 국민에 대하여 구체적으로 어떤 권리를 제한하거나 의무를 명하는 등 법률적 규제를 하는 효과를 발생하는 요건을 갖춘 것이 아니어서 그 무효확인 또는 취소를 구하는 소송의 대상이 되는 행정처분이라고 할 수 없다(94누2190).

③ 중간단계의 행위는 원칙적으로 처분성이 인정되지 않는다(▷기본서 251쪽).
甲 시장이 감사원으로부터 감사원법 제32조에 따라 乙에 대하여 징계의 종류를 정직으로 정한 징계 요구를 받게 되자 감사원법 제36조 제2항에 따라 감사원에 징계 요구에 대한 재심의를 청구하였고, 감사원이 재심의청구를 기각하자 乙이 감사원의 징계 요구와 그에 대한 재심의결정의 취소를 구하고 甲 시장이 감사원의 재심의결정 취소를 구하는 소를 제기한 사안에서, 징계 요구는 징계 요구를 받은 기관의 장이 요구받은 내용대로 처분하지 않더라도 불이익을 받는 규정도 없고, 징계 요구 내용대로 효과가 발생하는 것도 아니며, 징계 요구에 의하여 행정청이 일정한 행정처분을 하였을 때 비로소 이해관계인의 권리관계에 영향을 미칠 뿐, 징계 요구 자체만으로는 징계 요구 대상 공무원의 권리·의무에 직접적인 변동을 초래하지도 아니하므로, 행정청 사이의 내부적인 의사결정의 경로로서 '징계 요구, 징계 절차 회부, 징계'로 이어지는 과정에서의 중간처분에 불과하여, 감사

원의 징계 요구와 재심의결정이 항고소송의 대상이 되는 행정처분이라고 할 수 없다(2014두5637).
④ 친일반민족행위자재산조사위원회의 재산조사개시결정이 있는 경우 조사대상자는 위 위원회의 보전처분 신청을 통하여 재산권행사에 실질적인 제한을 받게 되고, 위 위원회의 자료제출요구나 출석요구 등의 조사행위에 응하여야 하는 법적 의무를 부담하게 되는 점, '친일반민족행위자 재산의 국가귀속에 관한 특별법'에서 인정된 재산조사결정에 대한 이의신청절차만으로는 조사대상자에 대한 권리구제 방법으로 충분치 아니한 점, 조사대상자로 하여금 개개의 과태료 처분에 대하여 불복하거나 조사종료 후의 국가귀속결정에 대하여만 다툴 수 있도록 하는 것보다는 그에 앞서 재산조사개시결정에 대하여 다툼으로써 분쟁을 조기에 근본적으로 해결할 수 있는 점 등을 종합하면, 친일반민족행위자재산조사위원회의 재산조사개시결정은 조사대상자의 권리·의무에 직접 영향을 미치는 독립한 행정처분으로서 항고소송의 대상이 된다고 봄이 상당하다(2009두6513).

23 답 ④

① 기본적인 사실관계의 동일성은 객관적인 동일성을 따지는 것이지, 당사자가 이를 주관적으로 알고 있었는지와는 무관하다(91누3895, ▷기본서 307쪽).
② 토지형질변경 불허가처분의 당초의 처분사유인 국립공원에 인접한 미개발지의 합리적인 이용대책 수립시까지 그 허가를 유보한다는 사유와 그 처분의 취소소송에서 추가하여 주장한 처분사유인 국립공원 주변의 환경·풍치·미관 등을 크게 손상시킬 우려가 있으므로 공공목적상 원형유지의 필요가 있는 곳으로서 형질변경허가가 금지 대상이라는 사유는 기본적 사실관계에 있어서 동일성이 인정된다고 한 사례(2000두8684)
③ 지역의 폐기물처리업체들이 한데 모여 특정 업체를 밀어주기 위해 입찰에 아예 참가하지 않고 유찰을 유도함으로써 수의계약의 방식으로 절차가 진행되도록 야기한 사안에 해당한다.
  [1] 침익적 행정처분의 근거가 되는 행정법규는 엄격하게 해석·적용하여야 하고 행정처분의 상대방에게 불리한 방향으로 지나치게 확장해석하거나 유추해석하여서는 안 되며, 그 입법 취지와 목적 등을 고려한 목적론적 해석이 전적으로 배제되는 것은 아니라 하더라도 그 해석이 문언의 통상적인 의미를 벗어나서는 안 될 것인바,
  [2] 국가를 당사자로 하는 계약에 관한 법률 시행령 제76조 제1항 본문이 입찰참가자격 제한의 대상을 '계약상대자 또는 입찰자'로 정하고 있는 점 등에 비추어 보면, 같은 항 제7호에 규정된 '특정인의 낙찰을 위하여 담합한 자'는 '당해 경쟁입찰에 참가한 사람'으로서 그 입찰에서 특정인이 낙찰되도록 하기 위한 목적으로 담합한 사람을 의미한다고 보아야 하고, 당해 경쟁입찰에 참가하지 아니함으로써 경쟁입찰의 성립 자체를 방해하는 담합행위자는 설사 그 경쟁입찰을 유찰시켜 수의계약이 체결되도록 하기 위한 목적에서 비롯된 것이라 하더라도 위 '계약상대자 또는 입찰자'에 해당한다고 할 수 없다(2007두13791).
④ 처분사유인 품행 미단정은 그대로 두고, 그 기초 사실 내지 평가요소만 추가한 것이므로, 이는 처분사유 추가변경의 요건인 기본적 사실관계의 동일성을 따질 필요 없이 허용된다는 취지이다. 외국인 甲이 법무부장관에게 귀화신청을 하였으나 법무부장관이 심사를 거쳐 '품행 미단정'을 불허사유로 국적법상의 요건을 갖추지 못하였다며 신청을 받아들이지 않는 처분을 하였는데, 법무부장관이 甲을 '품행 미단정'이라고 판단한 이유에 대하여 제1심 변론절차에서 자동차관리법위반죄로 기소유예를 받은 전력 등을 고려하였다고 주장하였다가 원심 변론절차에서 불법 체류한 전력이 있다는 추가적인 사정까지 고려하였다고 주장한 사안에서, 법무부장관이 원심에서 추가로 제시한 불법 체류 전력 등의 제반 사정은 처분사유의 근거가 되는 기초 사실 내지 평가요소에 지나지 않으므로, 추가로 주장할 수 있다고 한 사례(2016두31616, ▷기본서 307쪽)

22회 | 2024년 군무원 7급

정답
p.160

01	③	02	①	03	①	04	②	05	④
06	②	07	④	08	④	09	②	10	②
11	①	12	④	13	①	14	①	15	③
16	③	17	④	18	③	19	④	20	③
21	①	22	④	23	④				

01 답 ③

① 부당결부금지원칙을 준수해야 한다(행정기본법 제13조, ▷기본서 21쪽).
② 재량행위는 행정행위의 내용을 재량껏 결정할 수 있기 때문에, 부관을 붙이는 것도 가능하다. 반면, 기속행위(재량이 없는 경우)는 법에서 정한 방식 및 내용대로만 행정행위를 할 수 있기 때문에 법령에 다른 정함이 있지 않는 한 부관을 붙일 수 없다(행정기본법 제17조, ▷기본서 56쪽).
③, ④ 부관의 사후변경은 4가지 사유가 발생하는 때에 한하여 허용된다. 판례는 (i) 법률에 명문의 규정이 있거나 (ii) 그 변경이 미리 유보되어 있는 경우, (iii) 상대방의 동의가 있는 경우를 원칙적 사유로 보고, (iv) 사정변경이 있는 경우를 예외적 사유로 본다(97누2627, ▷기본서 66쪽).

02 답 ①

①
> 행정조사기본법 제4조【행정조사의 기본원칙】④ 행정조사는 법령등의 위반에 대한 처벌보다는 법령등을 준수하도록 유도하는 데 중점을 두어야 한다.

②
> 행정조사기본법 제5조【행정조사의 근거】행정기관은 법령등에서 행정조사를 규정하고 있는 경우에 한하여 행정조사를 실시할 수 있다. 다만, 조사대상자의 자발적인 협조를 얻어 실시하는 행정조사의 경우에는 그러하지 아니하다.

③, ④
> 행정조사기본법 제8조【조사대상의 선정】① 행정기관의 장은 행정조사의 목적, 법령준수의 실적, 자율적인 준수를 위한 노력, 규모와 업종 등을 고려하여 명백하고 객관적인 기준에 따라 행정조사의 대상을 선정하여야 한다.
> ② 조사대상자는 조사대상 선정기준에 대한 열람을 행정기관의 장에게 신청할 수 있다.

03 답 ①

⇨ ㄱ, ㄴ, ㄷ

ㄱ. ▷기본서 349쪽
> 행정심판법 제3조【행정심판의 대상】② 대통령의 처분 또는 부작위에 대하여는 다른 법률에서 행정심판을 청구할 수 있도록 정한 경우 외에는 행정심판을 청구할 수 없다.

ㄴ. ▷기본서 346쪽
> 행정심판법 제4조【특별행정심판 등】③ 관계 행정기관의 장이 특별행정심판 또는 이 법에 따른 행정심판 절차에 대한 특례를 신설하거나 변경하는 법령을 제정·개정할 때에는 미리 중앙행정심판위원회와 협의하여야 한다.

ㄷ. ▷기본서 348쪽
> 행정심판법 제14조【법인이 아닌 사단 또는 재단의 청구인 능력】법인이 아닌 사단 또는 재단으로서 대표자나 관리인이 정하여져 있는 경우에는 그 사단이나 재단의 이름으로 심판청구를 할 수 있다.

ㄹ, ㅁ. ▷기본서 351쪽
> 행정심판법 제15조【선정대표자】① 여러 명의 청구인이 공동으로 심판청구를 할 때에는 청구인들 중에서 3명 이하의 선정대표자를 선정할 수 있다.
> ② 청구인들이 제1항에 따라 선정대표자를 선정하지 아니한 경우에 위원회는 필요하다고 인정하면 청구인들에게 선정대표자를 선정할 것을 권고할 수 있다.
> ③ 선정대표자는 다른 청구인들을 위하여 그 사건에 관한 모든 행위를 할 수 있다. 다만, 심판청구를 취하하려면 다른 청구인들의 동의를 받아야 하며, 이 경우 동의받은 사실을 서면으로 소명하여야 한다.
> ④ 선정대표자가 선정되면 다른 청구인들은 그 선정대표자를 통해서만 그 사건에 관한 행위를 할 수 있다.
> ⑤ 선정대표자를 선정한 청구인들은 필요하다고 인정하면 선정대표자를 해임하거나 변경할 수 있다. 이 경우 청구인들은 그 사실을 지체 없이 위원회에 서면으로 알려야 한다.

04 답 ②

①, ③
> 공공기관의 정보공개에 관한 법률 제6조【공공기관의 의무】① 공공기관은 정보의 공개를 청구하는 국민의 권리가 존중될 수 있도록 이 법을 운영하고 소관 관계 법령을 정비하며, 정보를 투명하고 적극적으로 공개하는 조직문화 형성에 노력하여야 한다.
> ③ 행정안전부장관은 공공기관의 정보공개에 관한 업무를 종합적·체계적·효율적으로 지원하기 위하여 통합정보공개시스템을 구축·운영하여야 한다.

② 정보공개법상 정보공개 청구권자는 모든 국민과 일정한 외국인으로서 그 범위가 매우 넓다(정보공개법 제5조, 동법 시행령 제3조, ▷기본서 134-5쪽).

> **공공기관의 정보공개에 관한 법률 제5조 【정보공개 청구권자】**
> ① 모든 국민은 정보의 공개를 청구할 권리를 가진다.
> ② 외국인의 정보공개 청구에 관하여는 대통령령으로 정한다.
> **시행령 제3조 【외국인의 정보공개 청구】** 법 제5조 제2항에 따라 정보공개를 청구할 수 있는 외국인은 다음 각 호의 어느 하나에 해당하는 자로 한다.
> 1. 국내에 일정한 주소를 두고 거주하거나 학술·연구를 위하여 일시적으로 체류하는 사람
> 2. 국내에 사무소를 두고 있는 법인 또는 단체

④ **공공기관의 정보공개에 관한 법률 제8조 【정보목록의 작성·비치 등】** ② 공공기관은 정보의 공개에 관한 사무를 신속하고 원활하게 수행하기 위하여 정보공개 장소를 확보하고 공개에 필요한 시설을 갖추어야 한다.

05   답 ④

⇨ ㄱ, ㄴ, ㄷ, ㄹ

ㄱ. 현재는 질서위반행위규제법에 따른 과태료의 대상이 되지 않는다.

> **질서위반행위규제법 제2조 【정의】** 이 법에서 사용하는 용어의 뜻은 다음과 같다.
> 1. "질서위반행위"란 법률(지방자치단체의 조례를 포함한다. 이하 같다)상의 의무를 위반하여 과태료를 부과하는 행위를 말한다. 다만, 다음 각 목의 어느 하나에 해당하는 행위를 제외한다.
>   가. 대통령령으로 정하는 사법(私法)상·소송법상 의무를 위반하여 과태료를 부과하는 행위
>   나. 대통령령으로 정하는 법률에 따른 징계사유에 해당하여 과태료를 부과하는 행위

ㄴ. 실제로 경미한 행정법규 위반 등에 대한 벌금 형벌을 과태료 부과로 전환해 비범죄화한 사례가 많다.

ㄷ. 결과적으로 당사자(부과받을 자 = 상대방)의 주소지 지방법원이 관할법원으로 된다.

> **질서위반행위규제법 제25조 【관할 법원】** 과태료 사건은 다른 법령에 특별한 규정이 있는 경우를 제외하고는 당사자의 주소지의 지방법원 또는 그 지원의 관할로 한다.
> **비송사건절차법 제247조 【과태료사건의 관할】** 과태료사건은 다른 법령에 특별한 규정이 있는 경우를 제외하고는 과태료를 부과받을 자의 주소지의 지방법원이 관할한다.

ㄹ. 이러한 점에서 통고처분과 유사하다. 효력이 상실됨과 동시에 비송사건절차법에 따른 과태료재판이 개시된다(질서위반행위규제법 제20조 제1항, ▷기본서 164쪽). 항고소송의 대상이 되지 않는다는 점도 같다.
과태료부과처분의 효력이 상실되는 결과 법원이 원점에서부터 과태료 부과여부를 결정한다. 이때 신뢰보호원칙은 적용되지 않는다(2003마715, ▷기본서 164쪽).

06   답 ②

① 광역 지자체 밑에 있는 기초 지자체의 처분에 대해서는 광역 지자체 소속 행정심판위원회에, 광역 지자체의 처분에 대해서는 중앙행정심판위원회에, 감사원 등 독립기관(법원행정처장 포함)의 처분에 대해서는 위 독립기관 소속 행정심판위원회에 행정심판을 청구한다(행정심판법 제6조, ▷기본서 347쪽).

> **행정심판법 제6조 【행정심판위원회의 설치】** ① 다음 각 호의 행정청 또는 그 소속 행정청(행정기관의 계층구조와 관계없이 그 감독을 받거나 위탁을 받은 모든 행정청을 말하되, 위탁을 받은 행정청은 그 위탁받은 사무에 관하여는 위탁한 행정청의 소속 행정청으로 본다. 이하 같다)의 처분 또는 부작위에 대한 행정심판의 청구(이하 "심판청구"라 한다)에 대하여는 다음 각 호의 행정청에 두는 행정심판위원회에서 심리·재결한다.
> 1. 감사원, 국가정보원장, 그 밖에 대통령령으로 정하는 대통령 소속기관의 장
> 2. 국회사무총장·법원행정처장·헌법재판소사무처장 및 중앙선거관리위원회사무총장
> 3. 국가인권위원회, 그 밖에 지위·성격의 독립성과 특수성 등이 인정되어 대통령령으로 정하는 행정청

② (i) 거부처분 취소재결, 거부처분 무효확인재결, 거부처분 또는 부작위를 대상으로 하는 처분명령재결에 대해서는 간접강제가, (ii) 거부처분 또는 부작위를 대상으로 하는 처분명령재결에 대해서는 직접처분이 허용된다(행정심판법 제50조, 제50조의2, ▷기본서 356 - 7쪽).

③ 일반처분은 그 대상이 불특정 다수인 점을 고려할 때, 처분의 효력발생요건으로서 원칙적인 모습의 송달(통지)은 불가하고, 대신 공고(고시)를 이행하여야 한다. 이 경우 효력발생시점은 근거법규에 특별한 정함이 있다면 그때, 없다면 공고일로부터 5일이 된다. 나아가, 이때가 효력발생일(처분이 있은 날)이 되고, 또한 처분이 있음을 안 날로 간주된다(▷기본서 74쪽).

④ 불이익 처분의 제3자로서 원칙적으로 원고적격이 인정되지 않는다(93누24247, ▷기본서 265쪽).

07   답 ④

행정기본법 의의에 해당한다.

08   답 ④

① 영업양수도에 따른 지위승계의 경우, 제재사유와 효과가 모두 승계된다.
대표적으로 원칙적으로 대물적 허가에 해당하는 석유판매업 등록이 있다. 이와 관련한 사업정지 등의 제재처분은 사업자 개인의 자격에 대한 제재가 아니라 사업의 전부나 일부에 대한 것으로서 대물적 처분에 해당한다. 지위승계에는 종전 석유판매업자가 유사석유제품을 판매함으로써 받게 되는 사업정지 등 제재처분의 승계가 포함되어 그 지위를 승계한 자에 대하여 사업정지 등의 제재처분을 취할 수 있다(2003두8005, ▷기본서 35쪽).

② 개별법에 아래와 같은 규정이 있는 경우가 존재한다. 양수인으로 하여금 양도인의 제재전력을 확인할 수 있도록 하는 제도에 해당한다.

> **건설산업기본법 제17조【건설업의 양도 등】** ① 건설사업자는 다음 각 호의 어느 하나에 해당하는 경우에는 국토교통부령으로 정하는 바에 따라 국토교통부장관에게 신고하여야 한다.
> 1. 건설사업자가 건설업을 양도하려는 경우
> 2. 건설사업자인 법인이 다른 법인과 합병하려는 경우. 다만, 건설사업자인 법인이 건설사업자가 아닌 법인을 흡수합병하려는 경우는 제외한다.
> ② 제1항 제1호에 따라 건설업양도신고를 하려는 자가「국가를 당사자로 하는 계약에 관한 법률」또는「지방자치단체를 당사자로 하는 계약에 관한 법률」에 따라 부정당업자로서 입찰참가자격 제한의 처분을 받고 제한기간 중에 있는 때에는 그 사실을 양수자가 확인하였음을 국토교통부령으로 정하는 바에 따라 증명하여야 한다.

③ 청구기간, 제소기간의 제한을 받지 아니하는 행정심판 및 행정소송은 여전히 제기 가능하다(예 무효확인소송).
④ 국가배상청구가 인용되기 위해서는 해당 처분이 위법한지 여부가 확인되면 족한 것이지, 실제로 취소될 필요까지는 없다. 국가배상청구는 부당이득반환청구와 달리 "법률상 원인이 없을 것"을 요구하지 않기 때문이다.
만약 처분에 취소사유를 뛰어넘는 무효사유가 있다면, 위법성이 인정될 가능성이 더욱 높을 것이다. 이에, 처분의 위법여부를 선결문제로 하는 국가배상청구 소송에서는 처분의 하자가 취소사유인지 무효사유인지를 불문하고 위법성이 있기만 하면 원고의 청구가 인용될 수 있다(72다337, ▷기본서 78쪽). 다만, 처분취소판결의 기판력이 국가배상청구에 미치는 것은 아니므로, 처분이 취소되었다는 사실만으로 곧바로 국가배상청구를 인용할 수는 없다(99다70600, ▷기본서 182쪽).

09 답 ②

①, ③, ④ ▷기본서 112-3쪽

> **행정절차법 제3조【적용 범위】** ① 처분, 신고, 확약, 위반사실 등의 공표, 행정계획, 행정상 입법예고, 행정예고 및 행정지도의 절차(이하 "행정절차"라 한다)에 관하여 다른 법률에 특별한 규정이 있는 경우를 제외하고는 이 법에서 정하는 바에 따른다.
> ② 이 법은 다음 각 호의 어느 하나에 해당하는 사항에 대하여는 적용하지 아니한다.
> 1. 국회 또는 지방의회의 의결을 거치거나 동의 또는 승인을 받아 행하는 사항
> 2. 법원 또는 군사법원의 재판에 의하거나 그 집행으로 행하는 사항
> 3. 헌법재판소의 심판을 거쳐 행하는 사항
> 4. 각급 선거관리위원회의 의결을 거쳐 행하는 사항
> 5. 감사원이 감사위원회의의 결정을 거쳐 행하는 사항
> 6. 형사(刑事), 행형(行刑) 및 보안처분 관계 법령에 따라 행하는 사항
> 7. 국가안전보장·국방·외교 또는 통일에 관한 사항 중 행정절차를 거칠 경우 국가의 중대한 이익을 현저히 해칠 우려가 있는 사항
> 8. 심사청구, 해양안전심판, 조세심판, 특허심판, 행정심판, 그 밖의 불복절차에 따른 사항
> 9. 「병역법」에 따른 징집·소집, 외국인의 출입국·난민인정·귀화, 공무원 인사 관계 법령에 따른 징계와 그 밖의 처분, 이해 조정을 목적으로 하는 법령에 따른 알선·조정·중재(仲裁)·재정(裁定) 또는 그 밖의 처분 등 해당 행정작용의 성질상 행정절차를 거치기 곤란하거나 거칠 필요가 없다고 인정되는 사항과 행정절차에 준하는 절차를 거친 사항으로서 대통령령으로 정하는 사항

② 행정지도를 말한다(▷기본서 108쪽).

10 답 ②

① 법령등의 효력 발생 전에 사실관계 또는 법률관계가 이미 완성되거나 종결되었다면, 이는 진정소급입법으로서 원칙적으로 허용되지 않는다(▷기본서 28쪽).
② • 원칙: 당사자의 신청에 따른 처분은 법령등에 특별한 규정이 있거나 처분 당시의 법령등을 적용하기 곤란한 특별한 사정이 있는 경우를 제외하고는 처분 당시의 법령등에 따른다(행정기본법 제14조).
• 예외: 신청 후 행정청이 정당한 이유 없이 처리를 늦추고 있는 동안 법령이 개정되었다면, 처리를 부당히 늦추지 않았을 경우 적용되었을 법령(=신청시의 법령)을 적용한다(92누13813, ▷기본서 305쪽).
③, ④ 원칙적으로는 위반행위시의 법률을 적용하되, 예외적으로 제재의 수위가 가벼워진 경우에는 제재처분시의 법률을 적용한다(행정기본법 제14조, ▷기본서 306쪽).

11 답 ①

① 법에서 정한 청문사유가 아니므로, 청문 미실시만으로 취소사유가 되지는 않는다는 취지로 이해된다(▷기본서 118쪽).

> **행정절차법 제22조【의견청취】** ① 행정청이 처분을 할 때 다음 각 호의 어느 하나에 해당하는 경우에는 청문을 한다.
> 1. 다른 법령등에서 청문을 하도록 규정하고 있는 경우
> 2. 행정청이 필요하다고 인정하는 경우
> 3. 다음 각 목의 처분을 하는 경우
>   가. 인허가 등의 취소
>   나. 신분·자격의 박탈
>   다. 법인이나 조합 등의 설립허가의 취소

② 제소기간이 경과하지 않아 소급효가 미친다는 점을 전제하는 선지로 이해되나(2010헌마535, ▷기본서 84쪽), 만약 이미 법률에 대한 위헌결정이 있고 난 이후에 처분이 내려진 경우라면 이는 무효사유가 된다. 일반화할 수 있는 표현인지 다소 의문이 있다.
③ 명령위반죄를 전제로 하는 선지로 이해된다. 적법한 명령을 위법한 것만이 ××명령위반죄라는 범죄를 구성한다. 형사법원은 선결문제로서 ××명령의 위법성을 심사할 수 있고, 만약 위 명령이 위법하다면 무죄판결을 선고해야 한다(2001도2841, ▷기본서 80쪽).

④ 조세나 부담금 부과처분이 있은 뒤, 체납처분 절차가 진행 중이었는데, 다만 위헌결정이 내려질 때까지 절차가 전부 완료되지는 못한 경우를 의미한다. 예컨대, 부과처분 이후 납부의무를 이행하지 않아 이를 집행하기 위하여 체납처분 절차를 진행하였으나 시간이 촉박하여 위헌결정 이전까지 독촉, 압류까지만 진행된 경우를 생각하면 된다.

이때 제소기간을 넘겨 불가쟁력이 발생한 부과처분에 대해서는 위헌결정의 소급효가 미치지 않아 취소소송을 제기하여도 승소할 수 없으나, 남은 체납처분 절차(위 사례에서는 매각, 청산)만큼은 진행되지 않도록 하는 것이 대법원의 입장이다. 그럼에도 불구하고 체납처분이 이루어졌다면 이는 중대·명백한 하자가 있는 경우로서 무효이다(2010두10907, ▷기본서 86쪽).

12   답 ③

①, ④ 특별한 희생에 해당하므로 정당한 보상을 해야 한다는 취지이다.

② 1999.7.22. 발표한 개발제한구역제도개선방안은 건설교통부장관이 개발제한구역의 해제 내지 조정을 위한 일반적인 기준을 제시하고, 개발제한구역의 운용에 대한 국가의 기본방침을 천명하는 정책계획안으로서 비구속적 행정계획안에 불과하므로 공권력행사가 될 수 없으며, 이 사건 개선방안을 발표한 행위도 대내외적 효력이 없는 단순한 사실행위에 불과하므로 공권력의 행사라고 할 수 없다.

비구속적 행정계획안이나 행정지침이라도 국민의 기본권에 직접적으로 영향을 끼치고, 앞으로 법령의 뒷받침에 의하여 그대로 실시될 것이 틀림없을 것으로 예상될 수 있을 때에는, 공권력행위로서 예외적으로 헌법소원의 대상이 될 수 있다(99헌마538).

③ '20년의 장기간 동안 집행되지 아니한 도시계획시설결정은 실효된다'는 내용의 법률을 믿고 청구인이 1985년부터 자신의 토지 위에 내려진 도시계획시설결정의 실효를 기다린 사안에 해당한다. 2000년도에 이르러 위 20년의 기산점이 2000.7.1.로 개정됨에 따라, 청구인이 위 개정 법률에 대한 헌법소원심판청구를 하였다.

도시계획시설결정의 실효제도는 도시계획시설부지로 하여금 위와 같은 사회적 제약으로부터 벗어나게 하는 것으로서, 종래 입법화되지 않았던 제도를 새로 도입함으로써 결과적으로 개인의 재산권이 보다 보호되는 측면이 있는 것은 사실이나, 이와 같은 보호는 입법자가 새로운 제도를 도입함에 따라 얻게 되는 법률에 기한 권리라 할 것이지, 헌법상 재산권으로부터 당연히 도출되는 권리로서 법률이 마련되기 이전의 시점부터 존재하는 권리라고 하기는 어렵다(2002헌바84).

13   답 ①

① 유가보조금 반환명령이라는 처분의 특성에 기인한 특별한 해석으로 보아야 한다.

관할 행정청은 양수인의 선의·악의를 불문하고 양수인에 대하여 불법증차 차량에 관하여 지급된 유가보조금의 반환을 명할 수 있다. 다만 그에 따른 양수인의 책임범위는 지위승계 후 발생한 유가보조금 부정수급액에 한정되고, 지위승계 전에 발생한 유가보조금 부정수급액에 대해서까지 양수인을 상대로 반환명령을 할 수는 없다. 유가보조금 반환명령은 '운송사업자 등'이 유가보조금을 지급받을 요건을 충족하지 못함에도 유가보조금을 청구하여 부정수급하는 행위를 처분사유로 하는 '대인적 처분'으로서, '운송사업자'가 불법증차 차량이라는 물적 자산을 보유하고 있음을 이유로 한 운송사업 허가취소 등의 '대물적 제재처분'과는 구별되고, 양수인은 영업양도·양수 전에 벌어진 양도인의 불법증차 차량의 제공 및 유가보조금 부정수급이라는 결과 발생에 어떠한 책임이 있다고 볼 수 없기 때문이다(2018두55968).

② 이행강제금 납부의무는 일신전속적인 성질로 인해 타인에게 승계될 수가 없다. 따라서, 이행강제금을 부과 받은 사람이 사망하였다면, 이는 자녀 등에게 상속될 여지조차 없어 그 누구도 납부할 수 없게 된 것이므로, 무효가 된다(2006마470, ▷기본서 156쪽).

③ 대표적으로 원칙적으로 대물적 허가에 해당하는 석유판매업 등록이 있다. 이와 관련한 사업정지 등의 제재처분은 사업자 개인의 자격에 대한 제재가 아니라 사업의 전부나 일부에 대한 것으로서 대물적 처분에 해당한다. 지위승계에는 종전 석유판매업자가 유사석유제품을 판매함으로써 받게 되는 사업정지 등 제재처분의 승계가 포함되어 그 지위를 승계한 자에 대하여 사업정지 등의 제재처분을 취할 수 있다(2003두8005, ▷기본서 35쪽).

④ 제재사유의 승계는 되지만, 이와는 별개로 그로 인한 처분에 재량권 일탈남용이 있으면 제재처분이 위법하게 된다는 취지이다. 가사 양도·양수 당시에는 양도인에 대한 운송사업면허 취소사유가 현실적으로 발생하지 않은 경우라도 그 원인되는 사실이 이미 존재하였다면, 관할관청으로서는 그 후 발생한 운송사업면허 취소사유에 기하여 양수인의 사업면허를 취소할 수 있는 것이다.

또한, 개인택시 운송사업면허와 같은 수익적 행정처분을 취소 또는 철회하거나 중지하는 경우에는 이미 부여된 그 국민의 기득권을 침해하는 것이 되므로, 비록 취소 등의 사유가 있다고 하더라도 그 취소권 등의 행사는 기득권의 침해를 정당화할 만한 중대한 공익상의 필요 또는 제3자의 이익보호의 필요가 있는 때에 한하여 상대방이 받는 불이익과 비교·교량하여 결정하여야 하고, 그 처분으로 인하여 공익상의 필요보다 상대방이 받게 되는 불이익 등이 막대한 경우에는 재량권의 한계를 일탈한 것으로서 그 자체가 위법하게 된다(2009두17018).

14   답 ①

① 행정소송과 민사소송 간 소변경은 인정된다. 한편, 소변경은 청구의 기초가 동일하다는 전제 하에 가능한 것이다(▷기본서 293쪽).

② 직권에 의한 소변경이 불가하므로, 석명권 행사를 통하여 신청을 유도하는 것이다(2013두14863, ▷기본서 294쪽).
④ 총회결의에 하자가 있어 이를 다투고자 한다면, 관리처분계획인가가 있기 전후로 소제기 방식이 달라진다는 점에 유의하여야 한다. 인가가 있기 전이라면 총회결의를 대상으로 당사자소송을(민사소송 ×, 2007다2428), 인가가 있은 후라면 관리처분계획을 대상으로 항고소송을 제기하여야 한다(2007다2428, ▷기본서 336쪽).
관리처분계획"안"이라 함은 인가를 받지 않아 아직 그 효력이 발생되지 않은 관리처분계획을 의미한다. 따라서, 관리처분계획은 아직 법적으로 존재하지도 않으므로, 그 절차에 해당하는 총회결의를 대상으로 당사자소송을 제기하여야 한다.

15 답 ③

①, ②, ④ 행정권한의 위임은 행정관청이 법률에 따라 특정한 권한을 다른 행정관청에 이전하여 수임관청의 권한으로 행사하도록 하는 것이어서 권한의 법적인 귀속을 변경하는 것이므로 법률이 위임을 허용하고 있는 경우에 한하여 인정된다(▷기본서 276쪽). 수임관청이 권한을 가지고 있으므로, 수임관청의 명의로 처분을 발령하는 것이 원칙이다.
이에 반하여 행정권한의 내부위임은 법률이 위임을 허용하고 있지 아니한 경우에도 행정관청의 내부적인 사무처리의 편의를 도모하기 위하여 그의 보조기관 또는 하급행정관청으로 하여금 그의 권한을 사실상 행사하게 하는 것이다(▷기본서 277쪽, 94누6475).
③ 내부위임의 경우, 처분권한은 위임관청에게 남아있으므로, 처분의 명의도 위임관청의 것으로 하여야 한다. 만약 이를 위반할 경우 주체의 하자가 발생한다(▷기본서 277쪽).

16 답 ③

면허정지처분에 관한 기간의 산정은 침익적 처분의 기간계산에 따라야 하고, 과태료 납부기한의 산정은 민법에 따라야 한다(▷기본서 36-7쪽).
후자가 침익적 처분의 기간계산에 따르는 것이 아님을 유의하여야 한다. 납부기한은 과태료의 납부를 최대한 미룰 수 있는 기한이지, 과태료 부과라는 침익적 효과가 지속되는 기한이 아니다.
따라서, 면허정지기간의 말일이 토요일 또는 공휴일이라 하더라도 그 날인 15일에 기간의 만료일이 도래하고, 과태료 납부기한은 말일이 토요일 또는 공휴일이므로 만료일은 그 다음 날이 되어 18일이 된다(15일 → 16일 → 17일 → 18일).

> **행정기본법 제6조【행정에 관한 기간의 계산】** ① 행정에 관한 기간의 계산에 관하여는 이 법 또는 다른 법령등에 특별한 규정이 있는 경우를 제외하고는 민법을 준용한다.
> ② 법령등 또는 처분에서 국민의 권익을 제한하거나 의무를 부과하는 경우 권익이 제한되거나 의무가 지속되는 기간의 계산은 다음 각 호의 기준에 따른다. 다만, 다음 각 호의 기준에 따르는 것이 국민에게 불리한 경우에는 그러하지 아니하다.
> 1. 기간을 일, 주, 월 또는 연으로 정한 경우에는 기간의 첫날을 산입한다.
> 2. 기간의 말일이 토요일 또는 공휴일인 경우에도 기간은 그 날로 만료한다.
> **민법 제157조【기간의 기산점】** 기간을 일, 주, 월 또는 연으로 정한 때에는 기간의 초일은 산입하지 아니한다. 그러나 그 기간이 오전 영시로부터 시작하는 때에는 그러하지 아니하다.
> **제161조【공휴일 등과 기간의 만료점】** 기간의 말일이 토요일 또는 공휴일에 해당한 때에는 기간은 그 익일로 만료한다.

17 답 ④

▷기본서 81쪽

> **행정기본법 제37조【처분의 재심사】** ⑧ 다음 각 호의 어느 하나에 해당하는 사항에 관하여는 이 조를 적용하지 아니한다.
> 1. 공무원 인사 관계 법령에 따른 징계 등 처분에 관한 사항
> 2. 「노동위원회법」제2조의2에 따라 노동위원회의 의결을 거쳐 행하는 사항
> 3. 형사, 행형 및 보안처분 관계 법령에 따라 행하는 사항
> 4. 외국인의 출입국·난민인정·귀화·국적회복에 관한 사항
> 5. 과태료 부과 및 징수에 관한 사항
> 6. 개별 법률에서 그 적용을 배제하고 있는 경우

18 답 ③

① **행정기본법 제22조【제재처분의 기준】** ① 제재처분의 근거가 되는 법률에는 제재처분의 주체, 사유, 유형 및 상한을 명확하게 규정하여야 한다. 이 경우 제재처분의 유형 및 상한을 정할 때에는 해당 위반행위의 특수성 및 유사한 위반행위와의 형평성 등을 종합적으로 고려하여야 한다.

②, ③, ④
> **행정기본법 제23조【제재처분의 제척기간】** ① 행정청은 법령 등의 위반행위가 종료된 날부터 5년이 지나면 해당 위반행위에 대하여 제재처분(인허가의 정지·취소·철회, 등록 말소, 영업소 폐쇄와 정지를 갈음하는 과징금 부과를 말한다. 이하 이 조에서 같다)을 할 수 없다.
> ② 다음 각 호의 어느 하나에 해당하는 경우에는 제1항을 적용하지 아니한다.
> 1. 거짓이나 그 밖의 부정한 방법으로 인허가를 받거나 신고를 한 경우
> 2. 당사자가 인허가나 신고의 위법성을 알고 있었거나 중대한 과실로 알지 못한 경우
> 3. 정당한 사유 없이 행정청의 조사·출입·검사를 기피·방해·거부하여 제척기간이 지난 경우
> 4. 제재처분을 하지 아니하면 국민의 안전·생명 또는 환경을 심각하게 해치거나 해칠 우려가 있는 경우
> ③ 행정청은 제1항에도 불구하고 행정심판의 재결이나 법원의 판결에 따라 제재처분이 취소·철회된 경우에는 재결이나 판결이 확정된 날부터 1년(합의제행정기관은 2년)이 지나기 전까지는 그 취지에 따른 새로운 제재처분을 할 수 있다.
> ④ 다른 법률에서 제1항 및 제3항의 기간보다 짧거나 긴 기간을 규정하고 있으면 그 법률에서 정하는 바에 따른다.

19 답 ④

①, ② 이행강제금을 부과하기에 앞서 계고 및 통지를 거쳐야 한다(행정기본법 제31조 제3항 및 제4항, ▷기본서 156쪽).
③, ④ 늦게라도 이행하였다면 더 이상 부과할 수는 없으나, 이미 부과하였다면 나중에라도 징수할 수 있다(행정기본법 제31조 제5호, 2015두25116, ▷기본서 157쪽).

20 답 ③

① 즉, 필수불가결하여야만 행정입법 부작위가 인정된다(2006다3561, ▷기본서 179쪽).
③ 행정입법 부작위에 대하여 국가배상청구권이 인정된 대표적 사례에 해당한다(▷기본서 179쪽).
④ 상위법령을 시행하기 위하여 하위법령을 제정하거나 필요한 조치를 함에 있어서는 상당한 기간을 필요로 하며 합리적인 기간 내의 지체를 위헌적인 부작위로 볼 수 없으나, 이 사건의 경우 현행 규정이 제정된 때(1976.4.15)로부터 이미 20년 이상이 경과되었음에도 아직 치과전문의제도의 실시를 위한 구체적 조치를 취하고 있지 아니하고 있으므로 합리적 기간내의 지체라고 볼 수 없고, 법률의 시행에 반대하는 여론의 압력이나 이익단체의 반대와 같은 사유는 지체를 정당화하는 사유가 될 수 없다(96헌마246).

21 답 ①

① 국가배상법상의 군인의 신분은 예비역군인인 경우에 있어서는 소집명령서를 받고 실역에 복무하기 위하여 지정된 장소에 도착하여 군통수권의 지휘하에 들어가 군부대의 구성원이 되었을 때 비로소 시작되는 것이고 부대 영문인 위병소가 있는 곳에 도착한 것만으로서는 아직 국가배상법상의 군인의 신분을 취득하였다고 할 수 없다(74다1441, ▷기본서 204쪽).
② 원칙대로라면 국가배상금이 아닌 보훈급여금을 수령하였어야 하나, 국가배상금을 이미 수령해버린 사안에 해당한다. 이 상태에서 보훈급여금의 지급을 청구하였다면, 보훈급여금을 지급하여주고 이미 수령한 국가배상금을 반환 받으면 원칙적인 모습으로 회복될 수가 있다. 따라서, 국가보훈처장은 국가배상법에 따라 손해배상을 받았다는 사정을 들어 보상금 등 보훈급여금의 지급을 거부할 수 없다(2015두60075, ▷기본서 205쪽).
③ 보상금청구권이 발생하여 이를 행사할 수 있었으므로, 이중배상금지 원칙에 따라 국가배상청구는 불가하다. 이후 위 보상금청구권의 시효가 완성되어 청구권이 소멸하여도 마찬가지이다. 소멸시효가 완성되기 전에 적극적으로 행사하지 않은 원고의 잘못이라는 취지로 이해된다(2000다39735, ▷기본서 206쪽).
④ 영외에서 거주하는 군인이 정기휴가 마지막날에 다음날의 근무를 위하여 소속 부대 및 자택이 위치한 지역으로 운전하여 귀가하던 중 교통사고를 당한 경우, 사고장소가 휴가 목적지와 소속 부대 및 자택 사이의 순리적인 경로에 있다는 점에서 이는 귀대의 연속선상에 있는 것으로 볼 수 있으므로 '귀대중 사고'에 해당한다고 한 사례(2002두9544)

22 답 ④

① 집행부정지원칙이 적용되므로, 집행정지를 본안소송 제기와 동시에 또는 이후에 별도로 신청하여야 한다(행정소송법 제23조 제1항, ▷기본서 295쪽).
② 위임명령 및 집행명령 모두 법규명령이기는 하지만, 전자는 위임이 있기에 모법(상위법령)에 규정되지 않은 새로운 내용을 규정할 수 있는 반면, 후자는 위임이 없기에 새로운 내용을 규정할 수는 없고, 다만 모법을 구체화하는 내용만을 규정할 수 있을 뿐이다(▷기본서 49쪽).
그런데, 전자의 경우라 하더라도 위임이 없다면 새로운 내용을 규정할 수 없음은 물론이다.
③ 위임범위를 벗어난 법규명령은 무효라는 취지이다(▷기본서 50쪽).
의료법 제41조는 "각종 병원에는 응급환자와 입원환자의 진료 등에 필요한 당직의료인을 두어야 한다."라고 규정하는 한편, 제90조에서 제41조를 위반한 사람에 대한 처벌규정을 두었다. 이와 같이 의료법 제41조는 각종 병원에 응급환자와 입원환자의 진료 등에 필요한 당직의료인을 두어야 한다고만 규정하고 있을 뿐, 각종 병원에 두어야 하는 당직의료인의 수와 자격에 아무런 제한을 두고 있지 않고 이를 하위 법령에 위임하고 있지도 않다.
그런데도 의료법 시행령 제18조 제1항(이하 '시행령 조항'이라 한다)은 "법 제41조에 따라 각종 병원에 두어야 하는 당직의료인의 수는 입원환자 200명까지는 의사·치과의사 또는 한의사의 경우에는 1명, 간호사의 경우에는 2명을 두되, 입원환자 200명을 초과하는 200명마다 의사·치과의사 또는 한의사의 경우에는 1명, 간호사의 경우에는 2명을 추가한 인원 수로 한다."라고 규정하고 있다. 의료법 제41조가 "환자의 진료 등에 필요한 당직의료인을 두어야 한다."라고 규정하고 있을 뿐인데도 시행령 조항은 당직의료인의 수와 자격 등 배치기준을 규정하고 이를 위반하면 의료법 제90조에 의한 처벌의 대상이 되도록 함으로써 형사처벌의 대상을 신설 또는 확장하였다. 그러므로 시행령 조항은 위임입법의 한계를 벗어난 것으로서 무효이다(2015도16014).
④ 현행법하에서는 구체적 규범통제만이 허용된다(▷기본서 51쪽). 즉, 법규명령에 근거를 둔 처분등에 대하여 소송이 제기되지 않았음에도 불구하고 법규명령의 하자를 심사하는 것(추상적 규범통제)은 허용되지 않는다.

23 답 ④

①, ②, ③ 행정청의 재량권은 존중되어야 하므로, 사법심사를 함에 있어 함부로 재량권 일탈남용으로 보지 말아야 한다는 취지이다.
④ 판례는 불확정요건의 해석과 관련하여 판단여지 개념을 인정하지 않고, 이를 재량판단의 영역으로 포섭하고 있다.

23회 | 2023년 군무원 7급

정답

01	②	02	②	03	④	04	②	05	④
06	④	07	①	08	③	09	④	10	①
11	①	12	③	13	③	14	③	15	②
16	②	17	④	18	④	19	③	20	③
21	①								

01 답 ②

① ▷기본서 40쪽

> 행정기본법 제34조 【수리 여부에 따른 신고의 효력】 법령등으로 정하는 바에 따라 행정청에 일정한 사항을 통지하여야 하는 신고로서 법률에 신고의 수리가 필요하다고 명시되어 있는 경우(행정기관의 내부 업무 처리 절차로서 수리를 규정한 경우는 제외한다)에는 행정청이 수리하여야 효력이 발생한다.

② 수리를 요하는 신고이다. 다만, 허가제보다는 실체적 심사가 완화되어야 하기 때문에, 주민등록전입신고의 경우 그 심사범위를 전입신고자가 30일 이상 생활의 근거로 거주할 목적으로 거주지를 옮기는지 여부만으로 제한한다(2008두10997, ▷기본서 40쪽).

③ 골목상권 보호를 위하여 실체적 심사를 요하는 "수리를 요하는 신고"로 해석한다고 이해하면 족하다(2015두295, ▷기본서 43쪽).

④ '회원모집계획서 제출'은 골프장의 회원을 모집하려는 목적의 신고라고 보면 된다. 골프장이 들어서면 해당 지역 공동체의 이해관계에 상당한 영향을 끼치게 되므로, 이는 실체적 심사를 요하는 수리를 요하는 신고로 본다(2006두16243, ▷기본서 42쪽).

02 답 ②

① 대상 지역 전체에 대해 매립면허를 주면서도, 일부 지역에 대해서는 국가에 귀속시킨다는 취지의 부관을 덧붙인 것이므로, 해당 부관은 법률효과의 일부배제라고 보아야 한다. 따라서, 독립적인 취소소송의 대상이 되지 않는다(90누8503, ▷기본서 68쪽).

② 내인가 → 본인가 신청 → 내인가 취소 순으로 처분이 이루어진 것이다. 내인가 취소는 본인가 신청에 대한 거부행위이다. 내인가기 확약이고, 이로 인해 신청권이 인정되있다고 볼 수 있다. 따라서, 내인가 취소처분의 대상적격이 인정된다(90누4402, ▷기본서 101쪽).

③ 임의부관과는 달리, 법정부관에 대하여는 행정행위에 부관을 붙일 수 있는 한계에 관한 일반적 원칙이 적용되지는 않는다(92누1728, ▷기본서 64쪽).

④ 행정청이 상대방에게 장차 어떤 처분을 하겠다고 확약 또는 공적인 의사표명을 하였다고 하더라도, 그 자체에서 상대방으로 하여금 언제까지 처분의 발령을 신청하도록 유효기간을 두었는데도 그 기간 내에 상대방의 신청이 없었다거나 확약 또는 공적인 의사표명이 있은 후에 사실적·법률적 상태가 변경되었다면, 그와 같은 확약 또는 공적인 의사표명은 행정청의 별다른 의사표시를 기다리지 않고 실효된다(95누10877, ▷기본서 101쪽).

03 답 ④

① 사전통지와 의견청취 절차는 권"익"을 "침"해하는 "침익"적 처분에 대해서만 적용이 있다. 권익을 침해하려면 일단 권익이 있어야 한다. 그런데, 거부처분은 권익의 발생을 신청했다가 이를 거부당한 것이므로, 애초에 권익이 발생하지 않은 것이나 마찬가지이다. 따라서, 거부처분은 침익적 처분이 아니라서 사전통지와 의견청취의 대상이 되지 않는다(2003두674, ▷기본서 116쪽).

반면, 이유제시 절차는 거부처분에도 (다소 완화된 형태로) 적용이 됨을 비교해 두어야 한다(2000두8912, ▷기본서 121쪽).

② 지위가 승계되면, 종전 영업자(양도인)는 지위를 상실하고, 신규 영업자(양수인)는 지위를 새로 갖게 된다. 즉, 지위승계신고 수리로써 종전 영업자에게는 침익적 처분이, 신규 영업자에 대해서는 수익적 처분이 내려지게 되는 것이다. 따라서, 침익적 처분을 받는 종전 영업자에 대해서는 사전통지를 이행할 의무가 있다(2001두7015, ▷기본서 115쪽).

③ 형식/절차상 하자의 전형적인 사례에 해당한다(91누971, ▷기본서 125쪽).

④
> 행정절차법 제28조 【청문 주재자】 ① 행정청은 소속 직원 또는 대통령령으로 정하는 자격을 가진 사람 중에서 청문 주재자를 공정하게 선정하여야 한다.
> ② 행정청은 다음 각 호의 어느 하나에 해당하는 처분을 하려는 경우에는 청문 주재자를 2명 이상으로 선정할 수 있다. 이 경우 선정된 청문 주재자 중 1명이 청문 주재자를 대표한다.
> 1. 다수 국민의 이해가 상충되는 처분
> 2. 다수 국민에게 불편이나 부담을 주는 처분
> 3. 그 밖에 전문적이고 공정한 청문을 위하여 행정청이 청문 주재자를 2명 이상으로 선정할 필요가 있다고 인정하는 처분
> ③ 행정청은 청문이 시작되는 날부터 7일 전까지 청문 주재자에게 청문과 관련한 필요한 자료를 미리 통지하여야 한다.
> ④ 청문 주재자는 독립하여 공정하게 직무를 수행하며, 그 직무 수행을 이유로 본인의 의사에 반하여 신분상 어떠한 불이익도 받지 아니한다.
> ⑤ 제1항 또는 제2항에 따라 선정된 청문 주재자는 형법이나 그 밖의 다른 법률에 따른 벌칙을 적용할 때에는 공무원으로 본다.
> ⑥ 제1항부터 제5항까지에서 규정한 사항 외에 청문 주재자의 선정 등에 필요한 사항은 대통령령으로 정한다.

04
답 ②

①, ② ▷기본서 343쪽

> **행정기본법 제36조【처분에 대한 이의신청】** ④ 이의신청에 대한 결과를 통지받은 후 행정심판 또는 행정소송을 제기하려는 자는 그 결과를 통지받은 날(제2항에 따른 통지기간 내에 결과를 통지받지 못한 경우에는 같은 항에 따른 통지기간이 만료되는 날의 다음 날을 말한다)부터 90일 이내에 제1항의 처분(이의신청 결과 처분이 변경된 경우에는 변경된 처분으로 한다)에 대하여 행정심판 또는 행정소송을 제기할 수 있다.
> ⑧ 다음 각 호의 어느 하나에 해당하는 사항에 관하여는 이 조를 적용하지 아니한다.
> 1. 공무원 인사 관계법령에 따른 징계 등 처분에 관한 사항
> 2. 국가인권위원회법 제30조에 따른 진정에 대한 국가인권위원회의 결정
> 3. 노동위원회법 제2조의2에 따라 노동위원회의 의결을 거쳐 행하는 사항
> 4. 형사, 행형 및 보안처분 관계법령에 따라 행하는 사항
> 5. 외국인의 출입국·난민인정·귀화·국적회복에 관한 사항
> 6. 과태료 부과 및 징수에 관한 사항

③, ④ ▷기본서 81쪽

> **행정기본법 제37조【처분의 재심사】** ① 당사자는 처분(제재처분 및 행정상 강제는 제외한다. 이하 이 조에서 같다)이 행정심판, 행정소송 및 그 밖의 쟁송을 통하여 다툴 수 없게 된 경우(법원의 확정판결이 있는 경우는 제외한다)라도 다음 각 호의 어느 하나에 해당하는 경우에는 해당 처분을 한 행정청에 처분을 취소·철회하거나 변경하여 줄 것을 신청할 수 있다.
> 1. 처분의 근거가 된 사실관계 또는 법률관계가 추후에 당사자에게 유리하게 바뀐 경우
> 2. 당사자에게 유리한 결정을 가져다주었을 새로운 증거가 있는 경우
> 3. 민사소송법 제451조에 따른 재심사유에 준하는 사유가 발생한 경우 등 대통령령으로 정하는 경우
> ② 제1항에 따른 신청은 해당 처분의 절차, 행정심판, 행정소송 및 그 밖의 쟁송에서 당사자가 중대한 과실 없이 제1항 각 호의 사유를 주장하지 못한 경우에만 할 수 있다.
> ③ 제1항에 따른 신청은 당사자가 제1항 각 호의 사유를 안 날부터 60일 이내에 하여야 한다. 다만, 처분이 있은 날부터 5년이 지나면 신청할 수 없다.
> ⑤ 제4항에 따른 처분의 재심사 결과 중 처분을 유지하는 결과에 대해서는 행정심판, 행정소송 및 그 밖의 쟁송수단을 통하여 불복할 수 없다.

05
답 ④

① 일사부재리(이중처벌금지)원칙은 형사절차에 적용되는 것이므로, 행정적 제재와는 무관하다.
즉, 직위해제처분이 공무원에 대한 불이익한 처분이긴 하나 징계처분과 같은 성질의 처분이라 할 수 없으므로 동일한 사유로 직위해제처분을 하고 다시 감봉처분을 하였다 하여 일사부재리원칙에 위배된다 할 수 없다(83누184).

②, ④ 직위해제는 비위 혐의자를 잠정적으로 직무에서 배제하는 처분이고, 면직처분은 확정적으로 공무원 신분을 박탈하는 처분이므로, 두 처분이 의도하는 법률효과가 다르다(84누191, ▷기본서 88쪽). 따라서, 하자가 승계되지 않는다.
③ 행정적 차원에서 추가 조사가 이루어진 결과 혐의가 어느 정도 입증되었다는 사정이 없는 이상 기소되었다는 사정만으로 직위해제를 할 수는 없다(2016두38273, ▷기본서 126쪽).

06
답 ④

① 공매는 공매결정, 공매통지, 공매처분 순으로 진행이 된다. 이 중 처분성을 갖는 것은 공매처분뿐이다. 공매통지에 하자가 있을 경우, 공매처분을 대상으로 소를 제기하여 공매처분에 절차상 하자가 있음을 다투어야 한다(2010두25527, ▷기본서 160쪽).

②
> **행정조사기본법 제5조【행정조사의 근거】** 행정기관은 법령등에서 행정조사를 규정하고 있는 경우에 한하여 행정조사를 실시할 수 있다. 다만, 조사대상자의 자발적인 협조를 얻어 실시하는 행정조사의 경우에는 그러하지 아니하다.
> **제20조【자발적인 협조에 따라 실시하는 행정조사】** ① 행정기관의 장이 제5조 단서에 따라 조사대상자의 자발적인 협조를 얻어 행정조사를 실시하고자 하는 경우 조사대상자는 문서·전화·구두 등의 방법으로 당해 행정조사를 거부할 수 있다.

③ 일반적인 과징금 납부의무는 승계가 되지만, 회사 분할 과정에서는 승계되지 않는다. 회사 분할 시 신설회사 또는 존속회사가 승계하는 것은 분할하는 회사의 권리와 의무이고, 분할하는 회사의 분할 전 법 위반행위를 이유로 과징금이 부과되기 전까지는 단순한 사실행위만 존재할 뿐 과징금과 관련하여 분할하는 회사에 승계 대상이 되는 어떠한 의무가 있다고 할 수 없으므로, 특별한 규정이 없는 한 신설회사에 대하여 분할하는 회사의 분할 전 법 위반행위를 이유로 과징금을 부과하는 것은 허용되지 않는다(2008두18335, ▷기본서 35쪽).
④ 체납자 등은 자신에 대한 공매통지의 하자만을 공매처분의 위법사유로 주장할 수 있을 뿐 다른 권리자에 대한 공매통지의 하자를 들어 공매처분의 위법사유로 주장하는 것은 허용되지 않는다(2007두18154, ▷기본서 252쪽).

07
답 ①

① 대집행은 계고, 통지, 실행, 비용납부의 순서로 진행된다. 계고, 통지는 대집행 실행을 위한 사전 절차인데, 실행이 끝났다면 구태여 계고, 통지를 뒤늦게 다툴 실익이 없다(93누6164, ▷기본서 154쪽).
② 국가배상법상의 "공무원"은 공무원 및 공무수탁사인을 의미한다. 공무를 위탁받은 공법인은 국가배상법상의 공무원에 해당하지 않는다(2007다82950, ▷기본서 177).
따라서, LH공사는 경과실로 위법행위를 한 경우에도 국가 또는 지자체가 대신 손해배상책임을 부담하지 않는다. 즉, 공사가 직접 손해배상책임을 진다.

③ 대집행은 대체적 작위의무의 불이행에 대해서만 적용되므로, 비대체적 작위의무 또는 부작위의무에 대해서는 적용이 없다. 인도(퇴거, 점유이전) 의무는 비대체적 작위의무이다. A가 특정한 장소를 점유하고 있다면, 그 장소를 비우고 인도해줄 수 있는 사람은 그 누구도 아닌 A뿐이므로, 이는 대체성이 없다(97누157, ▷기본서 151쪽).

④ 철거의 목적이 된 건물 내에 점유자가 있는 경우에 해당한다. 철거를 하기 위해서는 먼저 점유자로부터 인도를 받아야 한다. 원칙적으로 대집행은 대체적 작위의무인 철거의무에 대해서는 적용될 수 있으나, 비대체적 작위의무인 인도의무에 대해서는 적용될 수 없다. 다만, 이 경우에는 인도의무가 철거의무를 이행하기 위한 부수적 의무에 해당하므로, 예외적으로 대집행 절차에 의해 퇴거 조치까지 이행하게끔 할 수 있다.

구체적으로, 점유자들이 퇴거 조치에 불응하는 것은 공무집행방해죄에 해당하므로, 경찰로부터 행정응원을 받아 이들을 현행범 체포하는 방식으로 점유를 이전 받도록 하고 있다(2016다213916, ▷기본서 151쪽).

08 답 ③

① 토지보상법은 임의적 전치주의를 채택하고 있다(토지보상법 제85조 제1항, ▷기본서 220쪽).

② 수용재결이 원처분, 이의재결이 행정심판의 재결에 해당한다. 원처분주의하에서 원처분에 하자가 있으면 원처분을, 재결에 고유한 하자가 있으면 재결을 다투어야 한다. 전자를 다투는 것이 오히려 통상적이다(▷기본서 221쪽).

③, ④ 이의신청은 특별행정심판에 해당하고, 수용재결은 원처분에 해당한다. 이의신청(행정심판)을 청구 받은 중앙토지수용위원회가 취소재결 또는 변경재결을 할 수 있음은 물론이다(▷기본서 220쪽).

> 공익사업을 위한 토지 등의 취득 및 보상에 관한 법률 제84조 【이의신청에 대한 재결】 ① 중앙토지수용위원회는 제83조에 따른 이의신청을 받은 경우 제34조에 따른 재결이 위법하거나 부당하다고 인정할 때에는 그 재결의 전부 또는 일부를 취소하거나 보상액을 변경할 수 있다.
> ② 제1항에 따라 보상금이 늘어난 경우 사업시행자는 재결의 취소 또는 변경의 재결서 정본을 받은 날부터 30일 이내에 보상금을 받을 자에게 그 늘어난 보상금을 지급하여야 한다. 다만, 제40조 제2항 제1호·제2호 또는 제4호에 해당할 때에는 그 금액을 공탁할 수 있다.

09 답 ④

① 개인택시운송사업면허는 특정인에게 권리나 이익을 부여하는 행정행위로서 법령에 특별한 규정이 없는 한 재량행위이다(2006두13886, ▷기본서 57쪽).

행정청이 면허발급 여부를 심사함에 있어서 이미 설정된 면허기준의 해석상 당해 신청이 면허발급의 우선순위에 해당함이 명백함에도 이를 제외시켜 면허거부처분을 하였다면 특별한 사정이 없는 한 그 거부처분은 재량권을 남용한 위법한 처분이 된다(2009두19137).

② 공무원 임용을 위한 면접전형에 있어서 임용신청자의 능력이나 적격성 등에 관한 판단은 면접위원의 고도의 교양과 학식, 경험에 기초한 자율적 판단에 의존하는 것으로서 오로지 면접위원의 자유재량에 속하고, 그와 같은 판단이 현저하게 재량권을 일탈 내지 남용한 것이 아니라면 이를 위법하다고 할 수 없다(97누11911).

③ 도로점용허가는 특허에 해당하고, 특허는 원칙적으로 재량행위에 속한다(2002두5795, ▷기본서 58쪽).

④ 도로점용허가는 도로의 일부에 대한 특정사용을 허가하는 것으로서 도로의 일반사용을 저해할 가능성이 있으므로 그 범위는 점용목적 달성에 필요한 한도로 제한되어야 한다. 도로관리청이 도로점용허가를 하면서 특별사용의 필요가 없는 부분을 점용장소 및 점용면적에 포함하는 것은 그 재량권 행사의 기초가 되는 사실인정에 잘못이 있는 경우에 해당하므로 그 도로점용허가 중 특별사용의 필요가 없는 부분은 위법하다.

이러한 경우 도로점용허가를 한 도로관리청은 위와 같은 흠이 있다는 이유로 유효하게 성립한 도로점용허가 중 특별사용의 필요가 없는 부분을 직권취소할 수 있음이 원칙이다. 직권취소이므로, 재량행위임에도 일부취소가 가능하다(▷기본서 58쪽).

다만 이 경우 행정청이 소급적 직권취소를 하려면 이를 취소하여야 할 공익상 필요와 그 취소로 당사자가 입을 기득권 및 신뢰보호와 법률생활 안정의 침해 등 불이익을 비교·교량한 후 공익상 필요가 당사자의 기득권 침해 등 불이익을 정당화할 수 있을 만큼 강한 경우여야 한다. 이에 따라 도로관리청이 도로점용허가 중 특별사용의 필요가 없는 부분을 소급적으로 직권취소하였다면, 도로관리청은 이미 징수한 점용료 중 취소된 부분의 점용면적에 해당하는 점용료를 반환하여야 한다(2016두56721, ▷기본서 98쪽).

10 답 ①

① 국민권익위원회가 경기도 선관위 위원장 또는 소방청장에게 인사 관련 조치요구를 한 사안을 떠올려보면 이해가 쉽다.
(i) 조치요구를 받은 자의 입장에서는 이에 불응할 경우 과태료 등 법적 불이익이 예정되어 있어 다툼이 불가피한데, (ii) 기관소송이 허용되지 않고, (iii) 동시에 헌법상 권한쟁의심판까지 허용되지 않는 상황이므로 예외적으로 항고소송을 통해 조치요구를 다툴 수 있도록 허용하였다(2011두1214, 2014두35379, ▷기본서 257쪽).

② 외국인에게 원고적격이 있는지를 판단하는 기준은 해당 외국인이 "대한민국과 실질적 관련성이 있거나, 대한민국에서 법적으로 보호가치 있는 이해관계를 형성한 경우"인지 여부이다(2014두42506, ▷기본서 258쪽).

대한민국에 입국을 원하는 외국인은 과거에 대한민국에서 출생하여 오랜 기간 대한민국 국적을 보유하면서 거주한 이력이 있는 경우에 한하여 법률상 이익이 인정된다. 인정된 사례로는 미국 국적의 스티브 유(2017두38874), 부정된 사례로는 중국 국적의 조선족 동포 사안을 들 수 있다(2014두42506).

상반된 사례가 공존하므로, 본 선지와 같이 외국인 일반에 대하여 원고적격이 인정된다고 단정 지을 수는 없다.

③ 제3자의 원고적격은 예외적으로만 인정된다(▷기본서 259쪽). 경업자 관계가 대표적인 사례인데, 처분의 근거가 되는 법률에 과당경쟁으로 인한 경영 불합리를 방지하기 위한 목적으로 거리제한 규정 등이 존재하여야 한다.
담배 소매업에 대한 지정처분의 경우, 일반소매인 간에는 거리제한규정이 있으나, 일반소매인과 구내소매인 간에는 그러한 제한이 없다. 따라서, 일반소매인으로부터 일정 거리 이내에 또 다른 일반소매인이 추가로 지정을 받은 경우에 한해서만 기존 소매인의 원고적격이 인정된다(2008두402, ▷기본서 260쪽).
④ 자연인이 아닌 甲 수녀원은 쾌적한 환경에서 생활할 수 있는 이익을 향수할 수 있는 주체가 아니므로 위 처분으로 위와 같은 생활상의 이익이 직접적으로 침해되는 관계에 있다고 볼 수도 없으므로, 甲 수녀원에 처분의 무효확인을 구할 원고적격이 없다(2010두2005, ▷기본서 258쪽).

11   답 ①

① 불이익변경금지 원칙에 위반되어 허용되지 않는다(행정심판법 제47조 제2항, ▷기본서 354쪽).
② 소송 중 처분의 효과가 소멸한 경우 원칙적으로 소송을 계속 이어나갈 실익이 없다(2001두5200 등, ▷기본서 267쪽).
다만, 처분의 소멸에도 불구하고 소의 이익이 있다고 볼 수 있는 예외적인 경우라면 소의 이익을 인정할 수 있다(행정소송법 제12조 2문). 대표적인 사례가 제재처분의 전력이 남아있어 추후 가중적 제재처분이 내려질 위험이 있는 경우이다(2003두1684, ▷기본서 272쪽). 그런데, 법령에서 "1년 이내 2회 이상" 위반행위로 인한 재재처분이 내려질 때에 한하여 가중적 제재를 한다는 등의 특별한 규정을 두고 있다면, 추후 가중적 제재처분이 내려질 위험은 최초 제재처분이 있은 날로부터 1년이 지난 시점부터 소멸한다. 즉, 새로운 제재처분을 받음이 없이 1년이 경과하여 실제로 가중된 제재처분을 받을 우려가 없게 된 경우, 최초 제재처분을 다툴 소의 이익이 더 이상 인정될 수 없다(98두10080, ▷기본서 272쪽).
③ 재량행위의 일부취소에 관한 제약은 어디까지나 일부취소 "판결"에만 적용되는 것이다. 행정청이 스스로 처분을 취소하는 직권취소 또는 행정심판의 경우, 사법부의 행정청에 대한 재량권 침해의 소지가 없기 때문에 일부취소가 가능하다(▷기본서 58쪽, 2005두3172; Cf. ▷기본서 314쪽).
④ 처분사유의 추가변경의 객관적 요건인 기본적 사실관계의 동일성은 행정심판에서도 마찬가지로 요구된다. 반면, 이의신청과 같은 내부절차에서는 기본적 사실관계의 동일성이 없이도 처분사유의 추가·변경이 가능하다(2012두3859, ▷기본서 344쪽).

12   답 ④

① 국가배상청구소송은 배상심의회에 배상신청을 하지 아니하고도 제기할 수 있다(국가배상법 제9조, ▷기본서 208쪽). 즉, 배상신청은 임의적 절차에 해당한다.
② 공무원의 위법한 직무집행으로 인해 손해를 입은 국민은 국가배상청구를 할 수 있지만, 피해자가 군인/경찰 등인 경우에는 이중배상금지 원칙에 의해 청구가 제한될 수 있다(국가배상법 제2조 제1항 단서).
공익근무요원 및 경비교도대원은 병역을 이행하는 형태 중 하나이지만, 공식적으로는 각각 행정안전부 및 법무부에 소속되어 있다. 이에 이중배상금지 원칙이 적용되는 군인/경찰 등으로 보지 않는다(97다4036, 97다45919, ▷기본서 204쪽).
이와 달리, 전투경찰순경은 군인/경찰 등에 포함된다(94헌마118, ▷기본서 204쪽).
③ 국가배상책임의 원칙적인 모습은 공무원이 경과실로 위법행위를 저질렀다는 전제하에, 국가가 공무원을 대신하여 손해를 배상하는 것이다. 만약 공무원이 직접 손해를 배상하였다면 국가의 법적 책임을 대신 이행한 것이 된다. 따라서 공무원은 국가에게 대신 배상한 금액만큼을 반환하여 달라고 요구할 수 있으나, 이를 국민으로부터 반환 받을 수는 없다(2012다54478, ▷기본서 174쪽). 결국, 최종적인 책임 주체는 국가이다.
④ 국가배상청구권의 소멸시효기간은 (i) 피해자가 그 손해 및 가해자를 안 날(주관적 기산점)로부터 3년(민법 제766조 제1항), (ii) 불법행위가 이루어진 날(객관적 기산점)로부터 5년(국가재정법 제96조 제1항) 중 이른 날에 만료된다. 즉, 위 기간이 도과되면 국가배상청구권은 소멸한다.
다만, '민간인 집단희생사건', '중대한 인권침해·조작의혹사건'의 경우에는 (i) 피해자가 그 손해 및 가해자를 안 날(주관적 기산점)로부터 3년만을 적용하여 소멸시효를 따진다. 사안의 특성상 불법행위가 이루어진 날로부터 5년 이내에 진상규명이 이루어지기 어렵기 때문이다(2014헌바148, ▷기본서 208쪽).

13   답 ③

① 이유제시 절차는 처분 상대방의 불복결정에 편의를 주기 위한 목적을 가지고 있다. 과세관청이 과세처분에 앞서 납세의무자에게 보낸 과세예고통지서 등에 납세고지서의 필요적 기재사항이 제대로 기재되어 있어 납세의무자가 그 처분에 대한 불복 여부의 결정 및 불복신청에 전혀 지장을 받지 않았음이 명백하다면, 이로써 납세고지서의 하자가 보완되거나 치유될 수 있다(99두8039; 유사 2011두18571, ▷기본서 121쪽).
② 주체의 하자는 피고적격이 부여된 자와 법적인 권한이 있는 자가 다를 경우 발생한다. 내부위임은 (외부) 위임과는 달리 권한이 이전되지 않으므로, 해당 처분을 행할 법적 권한은 여전히 권한을 내부위임한 위임청에 남아 있다. 그럼에도 내부위임을 받은 자가 처분을 행하였다면, 이는 주체의 하자가 있는 경우로서 무효이다(▷기본서 277쪽).

③ 국무회의에서 건국훈장 독립장이 수여된 망인에 대한 서훈취소를 의결하고 대통령이 결재함으로써 서훈취소가 결정된 후 국가보훈처장이 망인의 유족 甲에게 '독립유공자 서훈취소결정 통보'를 하자 甲이 국가보훈처장을 상대로 서훈취소결정의 무효확인 등의 소를 제기한 사안에 해당한다. 甲이 서훈취소처분을 행한 행정청(대통령)이 아니라 국가보훈처장을 상대로 제기한 위 소는 피고를 잘못 지정한 경우에 해당하므로, 법원으로서는 석명권을 행사하여 정당한 피고로 경정하게 하여 소송을 진행해야 한다(2013두2518, ▷기본서 281쪽).

서훈취소 처분의 통지가 처분권한자인 대통령이 아니라 그 보좌기관인 피고에 의하여 이루어졌다고 하더라도, 그 처분이 대통령의 인식과 의사에 기초하여 이루어졌고, 앞서 보았듯이 그 통지로 이 사건 서훈취소처분의 주체(대통령)와 내용을 알 수 있으므로, 이 사건 서훈취소 처분의 외부적 표시의 방법으로서 위 통지의 주체나 형식에 어떤 하자가 있다고 보기도 어렵다(▷기본서 280쪽).

④ 환경영향평가를 누락한 처분은 이례적으로 무효에 해당한다(2006두330). 다만, 환경영향평가를 부실하게나마 거친 처분은 곧바로 하자가 있는 것은 아니고, 내용상의 하자가 있는지를 판단하는 요소 중 하나로 취급된다는 점에 유의하여야 한다(2006두330, ▷기본서 126쪽).

14   답 ③

① ▷기본서 287쪽

> **행정소송법 제9조【재판관할】** ① [보통재판적] 취소소송의 제1심 관할법원은 피고의 소재지를 관할하는 행정법원으로 한다.
> ② [특별재판적] 제1항에도 불구하고 다음 각 호의 어느 하나에 해당하는 피고에 대하여 취소소송을 제기하는 경우에는 대법원소재지를 관할하는 행정법원에 제기할 수 있다.
> 1. 중앙행정기관, 중앙행정기관의 부속기관과 합의제행정기관 또는 그 장
> 2. 국가의 사무를 위임 또는 위탁받은 공공단체 또는 그 장
> ③ [특별재판적] <u>토지의 수용 기타 부동산 또는 특정의 장소에 관계되는 처분등에 대한 취소소송은 그 부동산 또는 장소의 소재지를 관할하는 행정법원에 이를 제기할 수 있다.</u>

② 공무수탁사인을 말한다(▷기본서 34쪽).

> **행정소송법 제2조【정의】** ② 이 법을 적용함에 있어서 행정청에는 법령에 의하여 행정권한의 위임 또는 위탁을 받은 행정기관, 공공단체 및 그 기관 또는 사인이 포함된다.

③ ▷기본서 51쪽

> **행정소송법 제6조【명령·규칙의 위헌판결등 공고】** ① 행정소송에 대한 대법원판결에 의하여 명령·규칙이 헌법 또는 법률에 위반된다는 것이 확정된 경우에는 <u>대법원은 지체 없이 그 사유를 행정안전부장관에게 통보하여야 한다.</u>
> ② 제1항의 규정에 의한 통보를 받은 행정안전부장관은 지체 없이 이를 관보에 게재하여야 한다.

④ 관할 위반으로 인한 이송에 해당한다(▷기본서 288쪽).

> **행정소송법 제7조【사건의 이송】** 민사소송법 제34조 제1항의 규정은 원고의 고의 또는 중대한 과실 없이 행정소송이 심급을 달리하는 법원에 잘못 제기된 경우에도 적용한다.

> **민사소송법 제34조【관할위반 또는 재량에 따른 이송】** ① 법원은 소송의 전부 또는 일부에 대하여 관할권이 없다고 인정하는 경우에는 결정으로 이를 관할법원에 이송한다.

15   답 ②

① 거부처분의 대상적격이 인정되기 위한 가장 중요한 요건은 법규상 또는 조리상 신청권이다. 이는 신청인이 그 신청에 따른 단순한 응답을 받을 권리를 의미하는 것이지, 반드시 신청의 인용이라는 만족적 결과를 얻을 권리를 의미하는 것은 아니다(2007두20638 등, ▷기본서 239쪽).

② 일반적인 건축신고는 수리를 요하지 않는 신고이나, 건축신고로써 의제되는 인허가가 있다면 이로 인해 그 성격이 수리를 요하는 신고로 전환된다(2010두14954, ▷기본서 41쪽).

③ 건축신고 및 착공신고는 수리를 요하지 않는 신고임에도 불구하고, 수리거부행위에 처분성이 부여된다. 수리를 거부당해도 이와 무관하게 신고의 효력이 발생하기는 하나, 이를 무시하고 건축을 강행할 경우 추후 시정명령, 이행강제금, 벌금 등의 법적 제재가 예정되어 있으므로, 수리거부 단계에서부터 미리 그 불이익을 다툴 수 있게 한 것이다(2008두167, ▷기본서 41쪽).

④ 건축주명의변경신고는 수리를 요하는 신고와 수리를 요하지 않는 신고로서의 성격이 혼재되어 있다. 실체적 심사는 요하지 않으면서도(≒수리를 요하지 않는 신고), 수리거부의 처분성이 인정된다(≒수리를 요하는 신고)(91누4911, ▷기본서 41쪽).

16   답 ②

① 조세나 부담금 부과처분이 있은 뒤, 체납처분 절차가 진행 중이었는데, 다만 위헌결정이 내려질 때까지 절차가 전부 완료되지는 못한 경우를 의미한다. 예컨대, 부과처분 이후 납부의무를 이행하지 않아 이를 집행하기 위하여 체납처분 절차를 진행하였으나 시간이 촉박하여 위헌결정 이전까지 독촉, 압류까지만 진행된 경우를 생각하면 된다.

이때 제소기간을 넘겨 불가쟁력이 발생한 부과처분에 대해서는 위헌결정의 소급효가 미치지 아니하여 취소소송을 제기하여도 승소할 수 없으나, 남은 체납처분 절차(위 사례에서는 매각, 청산)만큼은 진행되지 않도록 하는 것이 대법원의 입장이다. 그럼에도 불구하고 체납처분이 이루어졌다면 이는 중대·명백한 하자가 있는 경우로서 무효이다(2010두10907, ▷기본서 86쪽).

② 각론 문제에 해당한다.

서울특별시행정권한위임조례의 규정에 근거한 관리처분계획의 인가 등 처분은 결과적으로 적법한 위임 없이 권한 없는 자에 의하여 행하여진 것과 마찬가지가 되어 그 하자가 중대하나, 지방자치단체의 사무에 관한 조례와 규칙은 조례가 보다 상위규범이라고 할 수 있고, 또한 헌법 제107조 제2항의 "규칙"에는 지방자치단체의 조례와 규칙이 모두 포함되는 등 이른바 규칙의 개념이 경우에 따라 상이하게 해석되는 점 등에 비추어 보면, 위 처분의 위임과정의 하자가 객관적으로 명백한 것이라고 할 수 없으므로 결국 당연무효 사유는 아니라고 봄이 상당하다(94누5694).

③ 종전에는 법률유보원칙과 관련하여 법적 근거 없이도 취소 또는 철회를 할 수 있는지가 논란이 되었으나, 최근 행정기본법에 명시적인 법적 근거가 마련됨으로써 그와 같은 논란이 종식되었다. 행정기본법 제정 전에는 판례를 근거로(2019두31839 등), 행정기본법 제정 후에는 위 법률을 근거로 하여(행정기본법 제18조 및 제19조) 개별법상 별도의 근거 규정 없이도 직권 취소 및 철회가 가능하다고 보면 된다(▷기본서 95쪽).
④ 선행처분에 무효인 하자가 있다면 더 나아가 살펴볼 필요도 없이 하자의 승계가 당연히 인정된다(2016두35144 등, ▷기본서 91쪽).

17   답 ④

① 지자체는 정보공개 의무자에 해당할 뿐, 정보공개 청구권자는 될 수 없다.
참고로, 지방자치법 제3조 제1항에 따르면 지자체는 법인에 해당하는데, 정보공개법은 정보공개 청구권자의 모든 국민에 법인을 포함시키고 있다. 이에 입각하여 지자체가 정보공개를 청구하였으나, 지자체는 그 성질에 비추어 정보공개 청구권자가 될 수 없다고 보아야 한다(2005구합10484, ▷기본서 134쪽).
② 사법시험 제2차 시험의 답안지는 공개대상인 반면, 채점위원별 평가 결과는 비공개대상에 해당한다(2000두6114, ▷기본서 139쪽).
③ ▷기본서 135쪽

> 공공기관의 정보공개에 관한 법률 제4조【적용 범위】① 정보의 공개에 관하여는 다른 법률에 특별한 규정이 있는 경우를 제외하고는 이 법에서 정하는 바에 따른다.
> ② 지방자치단체는 그 소관 사무에 관하여 법령의 범위에서 정보공개에 관한 조례를 정할 수 있다.
> ③ <u>국가안전보장에 관련되는 정보 및 보안 업무를 관장하는 기관에서 국가안전보장과 관련된 정보의 분석을 목적으로 수집하거나 작성한 정보에 대해서는 이 법을 적용하지 아니한다.</u> 다만, 제8조 제1항에 따른 정보목록의 작성·비치 및 공개에 대해서는 그러하지 아니한다.

④ [1] 정보공개법 제9조 제1항 제6호는 "성명·주민등록번호 등 개인정보 보호법 제2조 제1호에 따른 개인정보로서 공개될 경우 사생활의 비밀 또는 자유를 침해할 우려가 있다고 인정되는 정보"를 비공개대상으로 규정하고 있다.
정보공개법 제9조 제1항 제6호 본문의 규정에 따라 비공개대상이 되는 정보에는 (i) 구 공공기관의 정보공개에 관한 법률의 이름·주민등록번호 등 정보 형식이나 유형을 기준으로 비공개대상정보에 해당하는지를 판단하는 '개인식별정보'뿐만 아니라 (ii) 그 외에 정보의 내용을 구체적으로 살펴 '개인에 관한 사항의 공개로 개인의 내밀한 내용의 비밀 등이 알려지게 되고, 그 결과 인격적·정신적 내면생활에 지장을 초래하거나 자유로운 사생활을 영위할 수 없게 될 위험성이 있는 정보'도 포함된다(2011두2361, ▷기본서 139쪽).
[2] 甲이 친족인 망 乙 등에 대한 독립유공자 포상신청을 하였다가 독립유공자서훈 공적심사위원회의 심사를 거쳐 포상에 포함되지 못하였다는 내용의 공적심사 결과를 통지받자 국가보훈처장에게 '망인들에 대한 독립유공자서훈 공적심사위원회의 심의·의결 과정 및 그 내용을 기재한 회의록' 등의 공개를 청구한 사안에 해당한다.
공적심사위원회의 심사에는 심사위원들의 전문적·주관적 판단이 상당 부분 개입될 수밖에 없는 심사의 본질에 비추어 공개를 염두에 두지 않은 상태에서의 심사가 그렇지 않은 경우보다 더 자유롭고 활발한 토의를 거쳐 객관적이고 공정한 심사 결과에 이를 개연성이 큰 점 등 위 회의록 공개에 의하여 보호되는 알권리의 보장과 비공개에 의하여 보호되는 업무수행의 공정성 등의 이익 등을 비교·교량해 볼 때, 위 회의록은 정보공개법 제9조 제1항 제5호에서 정한 '공개될 경우 업무의 공정한 수행에 현저한 지장을 초래한다고 인정할 만한 상당한 이유가 있는 정보'에 해당한다(2013두20301).
[3] 정보의 공개에 관하여는 다른 법률에 특별한 규정이 있는 경우를 제외하고는 이 법에서 정하는 바에 따른다(정보공개법 제4조 제1항). 형사재판확정기록의 공개에 관한 사항은 형사소송법에 특별한 규정이 있다(2013두20882, ▷기본서 135쪽).

18   답 ④

① 취소소송의 원고적격과 기본적인 논리가 같다.

> 행정심판법 제13조【청구인 적격】③ 의무이행심판은 처분을 신청한 자로서 행정청의 거부처분 또는 부작위에 대하여 일정한 처분을 구할 법률상 이익이 있는 자가 청구할 수 있다.

② 의무이행심판에 대해 처분명령재결이 나왔을 때 기속력의 일환으로서 처분의무가 발생한다는 뜻이다(▷기본서 356쪽).

> 행정심판법 제49조【재결의 기속력 등】③ 당사자의 신청을 거부하거나 부작위로 방치한 처분의 이행을 명하는 재결이 있으면 행정청은 지체 없이 이전의 신청에 대하여 재결의 취지에 따라 처분을 하여야 한다.

③ 의무이행심판의 인용재결에는 (i) 신청에 따른 처분을 하는 처분재결, (ii) 처분을 할 것을 피청구인에게 명하는 처분명령재결이 있다(행정심판법 제43조 제5항, ▷기본서 354쪽).
④ 거부처분에 대한 의무이행심판청구는 청구기간의 제한이 있다(▷기본서 350쪽).

> 행정심판법 제27조【심판청구의 기간】① 행정심판은 처분이 있음을 알게 된 날부터 90일 이내에 청구하여야 한다.
> ③ 행정심판은 처분이 있었던 날부터 180일이 지나면 청구하지 못한다. 다만, 정당한 사유가 있는 경우에는 그러하지 아니하다.
> ⑦ 제1항부터 제6항까지의 규정은 <u>무효등확인심판청구와 부작위에 대한 의무이행심판청구에는 적용하지 아니한다.</u>

19 답 ③

① 실체심리라 함은 본안심리를 말한다. 잘못된 각하재결이 내려진 경우이므로, 재결의 고유한 하자가 있는 것이 되어 이를 대상으로 소송을 제기할 수 있다(▷기본서 254쪽).
② 취소소송은 행정청의 원처분을 대상으로 하되(원처분주의), 다만 "재결 자체에 고유한 위법이 있음을 이유로 하는 경우"에 한하여 행정심판의 재결도 취소소송의 대상으로 삼을 수 있다(행정소송법 제19조, ▷기본서 254쪽).
③ 공매는 공매결정, 공매통지, 공매처분 순으로 진행이 된다. 이 중 처분성을 갖는 것은 공매처분뿐이다. 공매통지에 하자가 있을 경우, 공매처분을 대상으로 소를 제기하여 공매처분에 절차상 하자가 있음을 다투어야 한다(2010두25527, ▷기본서 160쪽).
④ 병역법상 신체등위판정은 행정청이라고 볼 수 없는 군의관이 하도록 되어 있으며, 그 자체만으로 바로 병역법상의 권리·의무가 정하여지는 것이 아니라 그에 따라 지방병무청장이 병역처분을 함으로써 비로소 병역의무의 종류가 정하여지는 것이므로 항고소송의 대상이 되는 행정처분이라 보기 어렵다(93누3356). 한편, 신체등위판정과 병역처분의 관계는 위 ③의 공매통지와 공매처분의 관계와 유사하다. 즉, 지방병무청장은 군의관의 신체등위판정이 금품수수에 따라 위법 또는 부당하게 이루어졌다고 인정하는 경우에는 그 위법 또는 부당한 신체등위판정을 기초로 자신이 한 병역처분을 직권으로 취소할 수 있다(2001두9653).

20 답 ③

① 훈령은 행정규칙의 일종으로서, 상급행정기관이 하급행정기관에 대하여 장기간에 걸쳐 그 권한 행사를 일반적으로 지시하기 위하여 발하는 명령이다. 그 개념에 비추어 볼 때 타당한 설명에 해당한다(특별한 언급이 없는 한 상위법령의 위임이 없다고 전제하면 된다).
② (i) 재량준칙은 일반적으로 행정조직 내부에서만 효력을 가질 뿐 대외적인 구속력을 갖는 것은 아니므로 행정처분이 이를 위반하였다고 하여 그러한 사정만으로 곧바로 위법하게 되는 것은 아니고, (ii) 다만 그 재량준칙이 정한 바에 따라 되풀이 시행되어 행정관행이 이루어지게 되면 평등의 원칙이나 신뢰보호의 원칙에 따라 행정기관은 상대방에 대한 관계에서 그 규칙에 따라야 할 자기구속을 받게 된다(2011두28783, ▷기본서 31쪽).
③ 고시, 훈령, 예규, 지침 등은 통상적으로 상위법령의 위임이 없어 행정규칙으로 분류되는 경우가 많다. 그러나, 이들 또한 상위법령의 위임이 있다면 법규명령의 지위를 부여받게 된다. 이를 법령보충적 행정규칙 또는 행정규칙 형식의 법규명령이라고 한다. 다만, 형식적으로나 내용적으로나 위임의 범위를 철저히 준수해야 한다는 한계는 존재한다(2010다72076, 2014헌바382, ▷기본서 48쪽).
구체적으로, 재산제세조사사무처리규정이 국세청장의 훈령형식으로 되어 있다 하더라도 이에 의한 거래지정은 소득세법 시행령의 위임에 따라 그 규정의 내용을 보충하는 기능을 가지면서 그와 결합하여 대외적인 구속력이 있는 법령명령으로서의 효력을 갖게 된다고 보아야 한다(87누1028).
④ 행정규칙은 대외적 구속력이 인정되지 않지만, 내부적 구속력은 인정된다. 따라서, 행정규칙을 위반했을 때에는 내부적 징계가 가능하다. 다만, 행정규칙이 상위 법령에 위반된다면 이는 무효이므로, 이때에는 내부적 구속력조차 인정되지 않는다(▷기본서 52쪽).
집행증서 작성사무 지침은 공증인의 감독기관인 피고가 상위법령의 구체적인 위임 없이 공증인이 직무수행에서 준수하여야 할 세부적인 사항을 규정한 '행정규칙'이라고 보아야 한다. 따라서 공증인이 직무수행에서 위 지침을 위반한 경우에는 공증인법 제79조 제1호에 근거한 직무상 명령을 위반한 것이라고 볼 수 있다. 한편 공무원이 상급행정기관이나 감독권자의 직무상 명령을 위반하였다는 점을 징계사유로 삼으려면 그 직무상 명령이 상위법령에 반하지 않는 적법·유효한 것이어야 한다(2020두42262).

21 답 ①

① 법령상 근거가 있는지 여부는 법률유보원칙과 관련되어 있고, 행정절차법 위반 여부는 절차상 하자 유무와 관련이 있다. 모두 본안심리의 대상이 된다(2015다34444).
② 처분의 위법성 판단시점은 원칙적으로 그 처분 발령시점이다. 그 이후로 적용 법령이 달라진다 하여도, 어디까지나 처분 발령 시점의 법령을 기준으로 판단하여야 한다(2005다65500, ▷기본서 66쪽).
다만, 이는 처분 당시 보유하였던 자료나 행정청에 제출된 자료만으로 위법여부를 판단한다는 의미가 아님을 유의하여야 한다. 처분 당시 "존재"하였던 사실관계에 해당하기만 하면, (비록 처분시에 행정청이 현실적으로 보유하던 자료가 아니라 하더라도) 법원은 사실심 변론종결시까지 제출된 자료를 종합적으로 고려하여 처분의 위법성을 판단할 수 있다(92누19033, ▷기본서 305쪽).
③ 개발부담금 부과처분 및 조세부과처분 모두 공통적으로 기속행위의 성질을 갖는다. 따라서, 원칙적으로 일부취소판결이 가능하나, 당사자가 제출한 자료에 의하여 적법하게 부과될 정당한 부과금액이 산출할 수 없을 경우에는 부과처분 전부를 취소할 수밖에 없다(2002두868, ▷기본서 315쪽).
④ [1] 법원은 당사자의 명백한 주장이 없는 경우에도 직권으로 사정판결을 할 수 있다(행정소송법 제28조, ▷기본서 312쪽).
[2] 그 요건인 현저히 공공복리에 적합하지 아니한지 여부는 위법한 행정처분을 취소·변경하여야 할 필요와 그 취소·변경으로 인하여 발생할 수 있는 공공복리에 반하는 사태 등을 비교·교량하여 판단하여야 한다(2005두2506, ▷기본서 312쪽).

24회 | 2022년 군무원 7급

정답

01	②	02	③	03	③	04	③	05	①
06	②	07	①	08	④	09	①	10	③
11	④	12	④	13	④	14	①	15	②
16	③	17	④	18	①	19	②		

01 답 ②

① 법률우위의 원칙 및 법률유보원칙을 포괄하는 법치행정의 원칙에 관한 설명이다(행정기본법 제8조, ▷기본서 17-8쪽).
② 평등의 원칙은 일체의 차별적 대우를 부정하는 절대적 평등을 의미하는 것이 아니라 입법과 법의 적용에 있어서 합리적인 근거가 없는 차별을 배제하는 상대적 평등을 뜻한다("같은 것은 같게, 다른 것은 다르게"; 92헌바43, ▷기본서 29쪽).
③ 신의성실의 원칙에 관한 설명이다(행정기본법 제11조, ▷기본서 21쪽).
④ 신뢰보호원칙에 관한 설명이다(행정기본법 제12조, ▷기본서 21쪽).

02 답 ③

① 질서위반행위규제법 제3조 【법 적용의 시간적 범위】 ① 질서위반행위의 성립과 과태료 처분은 행위 시의 법률에 따른다.
② 질서위반행위 후 법률이 변경되어 그 행위가 질서위반행위에 해당하지 아니하게 되거나 과태료가 변경되기 전의 법률보다 가볍게 된 때에는 법률에 특별한 규정이 없는 한 변경된 법률을 적용한다.
③ 행정청의 과태료 처분이나 법원의 과태료 재판이 확정된 후 법률이 변경되어 그 행위가 질서위반행위에 해당하지 아니하게 된 때에는 변경된 법률에 특별한 규정이 없는 한 과태료의 징수 또는 집행을 면제한다.

② 질서위반행위규제법 제6조 【질서위반행위 법정주의】 법률에 따르지 아니하고는 어떤 행위도 질서위반행위로 과태료를 부과하지 아니한다.

③, ④

질서위반행위규제법 제12조 【다수인의 질서위반행위 가담】 ① 2인 이상이 질서위반행위에 가담한 때에는 각자가 질서위반행위를 한 것으로 본다.
② 신분에 의하여 성립하는 질서위반행위에 신분이 없는 자가 가담한 때에는 신분이 없는 자에 대하여도 질서위반행위가 성립한다.
③ 신분에 의하여 과태료를 감경 또는 가중하거나 과태료를 부과하지 아니하는 때에는 그 신분의 효과는 신분이 없는 자에게는 미치지 아니한다.

03 답 ③

① 개별공시지가결정과 이를 기초로 한 과세처분은 별개의 법률효과 발생을 목적으로 한다. 다만, 개별공시지가가 결정되었을 때 이를 토지소유자에게 직접 고지하지 않기 때문에, 토지소유자는 이를 다툴 시기를 놓치는 경우가 많다. 그럼에도 하자의 승계를 인정하지 않는다면, 토지소유자의 입장에서는 다툴 수도 없었던 개별공시지가로 인해 과세를 당하게 된다. 이는 토지소유자가 예측할 수 없었던 상황이므로(예측가능성 ×), 참을 수 있는 한계(수인한도 초과)를 넘는 조치라고 볼 수 있다. 따라서 예외적으로 하자의 승계가 인정된다. 보통 기출문제에는 고지 여부에 대한 언급이 없다. 이 경우 고지되지 않았다고 전제하고 문제를 풀면 된다(93누8542, ▷기본서 89쪽).
(참고로, 개별공시지가결정이 있은 뒤 이를 토지소유자에게 직접 고지한 사안에 대한 판례도 존재한다(96누6059, ▷기본서 90쪽). 이 경우에는 예측가능성이 있고, 수인한도를 초과하는 불이익이 없으므로 하자의 승계가 부정된다. 혹시라도 고지가 이루어졌다는 언급이 있다면 결론이 반대가 됨을 유의하여야 한다)
② 취소사유와 무효사유의 구분기준인 중대명백설에 관한 일반론에 해당한다(94누4615, ▷기본서 83쪽).
③ 무효사유가 취소사유보다 더 큰 하자이다. 그러므로, 취소소송을 제기하면서 해당 처분에 무효사유가 있음을 주장 및 입증하는데 성공한다면 인용판결이 내려질 것이다. 이러한 취지로 제기하는 소송이 "무효선언을 구하는 의미의 취소소송"이다. 다만, 이는 어디까지나 취소소송이므로 그 소송요건인 제소기간 및 전치주의가 준수되어야 한다(84누175, ▷기본서 233쪽).
④ 국가배상청구소송은 민사소송이다. 위 소송을 심리하는 민사법원이 원고의 국가배상청구를 인용하기 위해서는 그 선결문제로서 공무원이 발령한 행정행위가 위법한지 여부를 판단하여야 한다. 다만, 여기에서 더 나아가 취소판결을 내림으로써 행정행위의 효력까지 소멸시킬 필요는 없다.
민사법원이라 하여도, 행정행위가 위법한지 여부 정도는 판단할 수 있다. 다만, 취소사유가 있는 행정행위를 취소시킴으로써 그 효력을 소멸시킬 수는 없을 뿐이다(72다337, ▷기본서 78쪽).

04 답 ③

① 철회는 처분의 성립 당시에는 아무런 하자가 없었음에도 후발적인 사정이 발생함에 따라 처분의 효력을 소멸시키는 것을 말한다(행정기본법 제19조 제1항, ▷기본서 96쪽). 구체적인 철회 사유는 (i) 법률에서 정한 철회 사유에 해당하게 된 경우, (ii) 법령등의 변경이나 사정변경으로 처분을 더 이상 존속시킬 필요가 없게 된 경우, (iii) 중대한 공익을 위하여 필요한 경우 등이 있다. 이는 처분 성립 당시의 하자를 전제로 하는 취소와는 구별된다(행정기본법 제18조 제1항).
② 하자 있는 법규명령에 근거를 두고 발령된 처분의 하자가 중대하다고 평가하기는 어렵지 않을 것이나, 문제는 그 하자가 명백한지 여부이다. 법규명령의 하자를 선언한 판결이 선고되기 "전"이라면 명백성이 부정되는 결과 취소사유로 평가될 것이나, 판결이 선고된 "후"라면 명백하다고 볼 수 있어 이는 당연무효 사유로 평가될 것이다(▷기본서 51쪽).

③ 불복기간이 경과하여도 불가쟁력이 발생할 뿐, 기판력이 발생하는 것은 아니다. 위 두 효력은 논리필연적인 관계가 없다.
나아가, 기판력은 확정판결에만 인정되는 효력이다. 재결에 기판력이 인정된다면 이를 대상으로 취소소송을 제기하여도 법원이 재결과 모순되는 판단을 하지 못하게 되는 결과, 원고가 아무런 구제도 받지 못하는 상황이 초래되어 부당하다(2013다6759, ▷기본서 356쪽).

④ 도로점용허가가 내려질 경우, 주된 행정행위인 허가보다 중요한 것은 이에 부가된 부관의 일종인 기한이다. 얼마나 오래 도로를 독점적으로 사용할 수 있는지가 허가의 실효성을 결정짓기 때문이다. 즉, 도로점용허가의 점용기간은 위 허가의 본질적인 요소에 해당한다.
따라서, 점용기간에 하자가 있다면 허가 전체에 하자가 발생하게 된다(84누604, ▷기본서 68쪽).

05 답 ①

⇨ ㄱ, ㄴ

> **행정조사기본법 제4조【행정조사의 기본원칙】** ① 행정조사는 조사목적을 달성하는데 필요한 (ㄱ: 최소한의) 범위 안에서 실시하여야 하며, (ㄴ: 다른 목적) 등을 위하여 조사권을 남용하여서는 아니 된다.
> ② 행정기관은 (ㄷ: 조사목적)에 적합하도록 조사대상자를 선정하여 행정조사를 실시하여야 한다.
> ③ 행정기관은 유사하거나 동일한 사안에 대하여는 공동조사 등을 실시함으로써 행정조사가 (ㄹ: 중복되지) 아니하도록 하여야 한다.
> ④ 행정조사는 법령등의 위반에 대한 (ㅁ: 처벌)보다는 법령등을 준수하도록 (ㅂ: 유도)하는 데 중점을 두어야 한다.
> ⑤ 다른 (ㅅ: 법률)에 따르지 아니하고는 행정조사의 대상자 또는 행정조사의 내용을 공표하거나 직무상 알게 된 비밀을 누설하여서는 아니 된다.
> ⑥ 행정기관은 행정조사를 통하여 알게 된 정보를 다른 법률에 따라 내부에서 이용하거나 다른 기관에 제공하는 경우를 제외하고는 원래의 (ㅇ: 조사목적) 이외의 용도로 이용하거나 타인에게 제공하여서는 아니 된다.

06 답 ②

⇨ ㄷ, ㄹ

ㄱ. 환경오염소송은 일정한 영향권 내에 있는 자에게 법률상 이익이 추정되고, 영향권 밖에 있는 자는 법률상 이익이 추정되지 않는다. 본 지문에서는 주거지역 외에 거주하는 자의 경우이므로, 법률상 이익이 추정되지 않아 원고적격이 부정될 가능성이 높다(73누96, ▷기본서 263쪽).

ㄴ. 공사중지명령의 원인사유가 해소된 자가 제기한 공사중지명령 해제 거부처분 취소소송에서, 대상적격과 관련하여 거부처분의 신청권이 인정된 사안을 기준으로 출제한 듯하다(2003두7590, 2007두1811, ▷기본서 96쪽).

반대해석상 공사중지명령의 원인사유가 해소되지 않았다면 대상적격이 부정된다는 논리로 이해되고, 판례가 법률상 이익(소의 이익)이라는 개념으로 대상적격, (협의의) 소의 이익, 원고적격을 모두 포섭하고 있다는 점에서 법률상 이익의 문제로 출제한 것으로 보인다.

ㄷ. 경원자 관계의 경우, 그 특성상 타인에 대한 처분이 내려지면 이는 곧 나에 대한 거부처분이나 다름없다. 거부처분을 받은 "나"는 (i) 처분의 직접 상대방으로서 거부처분에 대해 취소소송을 제기하거나, (ii) 경원자 지위에서 타인에게 내려진 처분에 대한 취소소송을 제기할 수 있다(2009두8359, ▷기본서 261쪽).

ㄹ. 수익적 처분의 제3자는 원칙적으로 원고적격이 인정되지 않으나(▷기본서 259쪽), 본 지문의 사안은 예외적인 경우에 해당한다.
예정인원을 초과하여 골프장의 회원을 모집하게 되면, 기존 회원의 권익이 침해되므로 예외적으로 법률상 이익의 침해를 인정한다는 취지이다(2006두16243).

07 답 ①

① 행정행위로 인한 손해배상은 국가배상청구소송이라는 민사소송으로 다투어진다. 위 소송을 심리하는 민사법원이 원고의 국가배상청구를 인용하기 위해서는 그 선결문제로서 공무원이 발령한 행정행위가 위법한지 여부를 판단하여야 한다. 다만, 여기에서 더 나아가 취소판결을 내림으로써 행정행위의 효력까지 소멸시킬 필요는 없다.
민사법원이라 하여도, 행정행위가 위법한지 여부 정도는 판단할 수 있다(취소사유가 있는 행정행위를 취소시킴으로써 그 효력을 소멸시킬 수 없을 뿐이다). 따라서, 국가배상청구소송을 담당하는 민사법원은 영업정지처분이 위법한지 여부를 판단한 뒤, 이를 토대로 국가배상청구의 인용 여부를 판단할 수 있다. 이에 앞서 반드시 행정법원에서 처분의 취소판결을 얻어야만 하는 것은 아니다(72다337, ▷기본서 78쪽).

② 이미 납부한 세금을 돌려달라는 취지의 부당이득반환청구가 인용되려면, 국가가 법률상 원인도 없이 세금을 징수하였어야 한다. 여기에서 법률상 원인은 유효한 조세부과처분을 의미하므로, 위 처분의 효력 유무에 따라 부당이득의 성립이 결정된다. 만약 부과처분이 무효라면, 누구든지 언제나(처음부터) 무효임을 확인시켜 줄 수 있다. 즉, 취소판결 또는 무효확인판결이 있어야만 비로소 처분이 무효로 되는 것이 아니다. 따라서, 민사법원이라 하더라도 처분의 무효 여부 정도는 확인시켜 줄 수 있다. 민사법원은 부과처분이 무효인 점을 확인한 뒤, 국가가 세금을 징수한 것에는 유효한 부과처분이라는 법률상 원인이 없다는 점을 이유로 부당이득반환청구를 인용할 수 있다(70다1439, ▷기본서 77쪽).

③ 조세를 납부할 의무가 있어야 조세포탈죄가 성립할 수 있다. 따라서, 조세부과처분이 무효라면 조세포탈죄는 성립하지 않는다. 조세부과처분의 효력 유무를 선결문제로 하여 부당이득반환청구가 민사법원에 계속 중인 경우와 논리가 유사하다(83도2933, ▷기본서 77쪽).

④ 적법한 명령을 위법한 것만이 ××명령위반죄라는 범죄를 구성한다. 형사법원은 선결문제로서 ××명령의 위법성을 심사할 수 있고, 만약 위 명령이 위법하다면 무죄판결을 선고해야 한다(2001도2841, ▷기본서 80쪽).

08　　　　　　　　　　　　　　　　　답 ④

① 선행처분인 국제항공노선 운수권배분 실효처분 및 노선면허거부처분에 대하여 이미 불가쟁력이 생겨 그 효력을 다툴 수 없게 된 이상, 이는 독립하여 별개의 법률효과를 목적으로 하는 독립한 행정처분이므로 그에 위법사유가 있더라도 그것이 당연무효사유가 아닌 한 그 하자가 후행처분인 노선면허처분에 승계된다고 할 수 없다(2003두3123).
② 보충역에는 공익근무요원 외에도 다양한 종류가 있다(사회복무요원, 예술·체육요원, 공중보건의사 등). 따라서, 보충역편입 단계에서는 아직 구체적인 병역의 종류가 특정되지 않은 관계로, 추후 공익근무요원으로 복무하게 될지 아직 예상하기 어렵다. 이러한 점 때문에 두 처분의 목적이 서로 다르다고 본 것이다(2001두5422, ▷기본서 88쪽).
③ 토지구획정리사업은 대지로서의 효용증진과 공공시설의 정비를 위하여 실시하는 토지의 교환·분합 기타의 구획변경, 지목 또는 형질의 변경이나 공공시설의 설치·변경에 관한 사업으로서, 그 시행인가는 사업지구에 편입될 목적물의 범위를 확정하고 시행자로 하여금 목적물에 관한 현재 및 장래의 권리자에게 대항할 수 있는 법적 지위를 설정해 주는 행정처분의 성격을 갖는 것이므로, 사업시행자의 자격이나 토지소유자의 동의 여부 및 특정 토지의 사업지구 편입 등에 하자가 있다고 주장하는 토지소유자 등은 시행인가 단계에서 그 하자를 다투었어야 하며, 시행인가처분에 명백하고도 중대한 하자가 있어 당연무효라고 볼 특별한 사정이 없는 한, 사업시행 후 시행인가처분의 하자를 이유로 환지청산금 부과처분의 효력을 다툴 수는 없다(2002두424).
④ 이행명령은 의무를 이행할 의무를 부과하는 것인데, 이 단계에서 상대방이 의무를 이행할지 여부는 아직 알 수가 없다. 반면, 대집행은 위 의무가 이미 불이행된 상황에서 이를 강제로 이행시키는 것을 내용으로 한다. 두 처분이 전제하는 상황이 아예 다르므로, 동일한 법률효과 발생을 목적으로 발생한다고 볼 수 없다.
따라서, 이행명령과 대집행 절차 사이에는 하자의 승계가 부정되나, 대집행의 세부 절차(계고, 통지, 실행, 비용납부명령) 간에는 하자의 승계가 인정된다(93누14271, ▷기본서 87쪽).

09　　　　　　　　　　　　　　　　　답 ①

① 임용결격사유가 있는 자를 공무원에 임용하는 행위는 "절대적"으로 무효이다(86누459, ▷기본서 33쪽, 243쪽).
임용결격자가 공무원으로 임용되어 사실상 근무하여 왔다고 하더라도 적법한 공무원으로서의 신분을 취득하지 못한 자로서는 공무원연금법 소정의 퇴직급여를 청구할 수 없다(2001다61012, ▷기본서 243쪽).
② 직위해제가 되어 잠정적으로 직무에서 배제되고 있는 상태라 하더라도 그 자체만으로 징계처분을 못하는 것은 아니라는 취지이다(82누46).
③ (i) 외국인의 출입국·난민인정·귀화, (ii) 공무원 인사 관계법령에 따른 징계와 그 밖의 처분의 경우, 위 사항에 해당하는지 여부뿐 아니라 "해당 행정작용의 성질상 행정절차를 거치기 곤란하거나 거칠 필요가 없다고 인정되는지" 또는 "행정절차에 준하는 절차를 이미 거쳤는지" 여부도 추가로 따져보아야 한다(행정절차법 제3조 제2항 제9호, ▷기본서 113쪽).
대법원은 가급적 행정절차법을 적용하려는 입장에서, 위 배제사유를 좁게 해석하고자 한다. 따라서, 직권면직(2011두30687) 및 해임처분(2011두5001) 모두 공무원에 대한 것임에도 불구하고 행정절차법이 적용된다(▷기본서 114쪽).
반면, 직위해제 처분의 경우 직권면직과는 달리 행정절차법의 적용이 배제된다. 국가공무원법에 더 엄격한 절차가 규정되어 있기 때문이다(2012두26180, ▷기본서 114쪽).
④ 공무원/교원에 대한 징계의 경우 취소소송을 제기하기 위해서는 소청심사라는 특별행정심판을 반드시 거쳐야 한다(필요적 전치주의; ▷기본서 286쪽).

10　　　　　　　　　　　　　　　　　답 ③

①
> **공익사업을 위한 토지 등의 취득 및 보상에 관한 법률 제42조 【재결의 실효】** ① 사업시행자가 수용 또는 사용의 개시일까지 관할 토지수용위원회가 재결한 보상금을 지급하거나 공탁하지 아니하였을 때에는 해당 토지수용위원회의 재결은 효력을 상실한다.
> ② 사업시행자는 제1항에 따라 재결의 효력이 상실됨으로 인하여 토지소유자 또는 관계인이 입은 손실을 보상하여야 한다.

② ▷기본서 217쪽

> **공익사업을 위한 토지 등의 취득 및 보상에 관한 법률 제40조 【보상금의 지급 또는 공탁】** ① 사업시행자는 제38조 또는 제39조에 따른 사용의 경우를 제외하고는 수용 또는 사용의 개시일(토지수용위원회가 재결로써 결정한 수용 또는 사용을 시작하는 날을 말한다. 이하 같다)까지 관할 토지수용위원회가 재결한 보상금을 지급하여야 한다.
> ② 사업시행자는 다음 각 호의 어느 하나에 해당할 때에는 수용 또는 사용의 개시일까지 수용하거나 사용하려는 토지등의 소재지의 공탁소에 보상금을 공탁(供託)할 수 있다.
> 　1. 보상금을 받을 자가 그 수령을 거부하거나 보상금을 수령할 수 없을 때
> 　2. 사업시행자의 과실 없이 보상금을 받을 자를 알 수 없을 때
> 　3. 관할 토지수용위원회가 재결한 보상금에 대하여 사업시행자가 불복할 때
> 　4. 압류나 가압류에 의하여 보상금의 지급이 금지되었을 때
> ③ 사업인정고시가 된 후 권리의 변동이 있을 때에는 그 권리를 승계한 자가 제1항에 따른 보상금 또는 제2항에 따른 공탁금을 받는다.
> ④ 사업시행자는 제2항 제3호의 경우 보상금을 받을 자에게 자기가 산정한 보상금을 지급하고 그 금액과 토지수용위원회가 재결한 보상금과의 차액(差額)을 공탁하여야 한다. 이 경우 보상금을 받을 자는 그 불복의 절차가 종결될 때까지 공탁된 보상금을 수령할 수 없다.

③ 사업시행자가 보상의 주체가 된다(▷기본서 217쪽).

> **공익사업을 위한 토지 등의 취득 및 보상에 관한 법률 제61조 【사업시행자 보상】** 공익사업에 필요한 토지등의 취득 또는 사용으로 인하여 토지소유자나 관계인이 입은 손실은 사업시행자가 보상하여야 한다.

④ **공익사업을 위한 토지 등의 취득 및 보상에 관한 법률 제46조 【위험부담】** 토지수용위원회의 재결이 있은 후 수용하거나 사용할 토지나 물건이 토지소유자 또는 관계인의 고의나 과실 없이 멸실되거나 훼손된 경우 그로 인한 손실은 사업시행자가 부담한다.

11 답 ④

① 법인 대표자와 법인의 관계는 영업주와 종업원의 관계와는 다르다. 대표자의 행위가 곧 법인의 행위이므로, 대표자가 법인 대표자에게 일정한 범죄행위가 있으면 법인이 그와 같은 대표자의 범죄에 대해 선임감독상의 과실이 있는지를 묻지 않고 곧바로 법인에게 대표자와 같은 처벌을 가할 수 있다(2010헌가61, ▷기본서 163쪽).
② 예컨대 A/B/C 3개의 위법행위가 각 1개월의 영업정지사유가 되어 총 3개월의 영업정지처분이 내려졌는데, 이 중 A가 적법한 영업정지사유로 인정되지 않는다면, 3개월 영업정지처분 중 A에 상응하는 1개월 영업정지처분만 일부 취소함이 타당하다(2019두63515, ▷기본서 314쪽).
③ 행정대집행의 절차가 인정되는 경우에는 따로 민사소송의 방법으로 공작물의 철거, 수거 등을 구할 수는 없다(99다18909, ▷기본서 150쪽).
④ 대집행은 대체적 작위의무의 불이행에 대하여 인정되고, 이행강제금은 전통적으로 비대체적 작위의무 및 부작위의무의 불이행에 대하여 인정되어 왔다. 그러나, 이행강제금의 적용 범위가 대체적 작위의무까지 확대된 결과, 대체적 작위의무 불이행에 대해서는 대집행과 이행강제금 모두 적용이 가능하게 되었다. 이 중 어떤 수단을 동원하여 이행을 강제힐 깃인지는 행정청의 재량에 달린 문제이다(2006마470, ▷기본서 156쪽).

12 답 ④

자기구속의 원칙은 별도의 근거 조문이 존재하지 않는다. 해석을 통해 평등의 원칙 및 신뢰보호의 원칙으로부터 파생될 뿐이다(2011두28783, ▷기본서 31쪽).

13 답 ④

①, ② 이미 납부한 세금을 돌려달라는 취지의 부당이득반환청구가 인용되려면, 국가가 법률상 원인도 없이 세금을 징수하였어야 한다. 여기에서 법률상 원인은 유효한 조세부과처분을 의미하므로, 위 처분의 효력 유무에 따라 부당이득의 성립이 결정된다. 만약 부과처분에 취소사유가 있는데 불과하다면, 행정법원의 취소판결이 확정됨으로써 비로소 처분이 무효로 된다. 민사법원이 행정소송의 취소판결을 내릴 권한은 없는 것이므로, 민사법원은 처분을 취소시켜줄 수 없다.

즉, 민사법원은 위 처분에 취소사유가 있다고 판단하는 것까지는 가능하지만(위법성 심사), 여기에서 더 나아가 그 효력까지 소멸시킬 수는 없다. 따라서, 공정력으로 인해 처분은 유효한 것으로 통용되므로, 국가가 세금을 징수한 것에는 유효한 부과처분이라는 법률상 원인이 있다. 결국, 부당이득반환청구는 인용될 수 없다(70다1439, ▷기본서 77쪽).
③ 취소처분이 취소되었으므로, 영업허가가 소급적으로 부활한다. 따라서, 유허가영업이 된다(93도277, ▷기본서 79쪽).
④ 이미 법리가 명백하게 밝혀져 있음에도 이에 반하는 처분을 하였다면 그 처분은 명백한 하자를 내포할 수밖에 없다. 따라서, 해당 부과처분은 무효이다(2018다287287).

14 답 ①

① 직권취소는 처분청이 스스로 처분을 취소하는 처분을 의미한다(▷기본서 95쪽).
② 직권취소에 개별법상 근거가 별도로 필요한지를 묻고 있다.
종전에는 법적 근거 없이도 취소 또는 철회를 할 수 있는지가 논란이 되었으나, 최근 행정기본법에 명시적인 법적 근거가 마련됨으로써 그와 같은 논란이 종식되었다. 행정기본법 제정 전에는 판례를 근거로(2019두31839), 행정기본법 제정 후에는 위 법률을 근거로 하여(행정기본법 제18조 및 제19조) 개별법상 별도의 근거 규정 없이도 직권 취소 및 철회가 가능하다고 보면 된다(▷기본서 95쪽).
③ 취소소송에서 처분의 적법성에 대한 증명책임은 피고 행정청에게 있다. 직권취소처분 취소소송 역시 마찬가지다(63누142, ▷기본서 304쪽).
일정한 행정처분으로 국민이 일정한 이익과 권리를 취득하였을 경우에 종전 행정처분에 하자가 있음을 전제로 직권으로 이를 취소하는 행정처분은 이미 취득한 국민의 기존 이익과 권리를 박탈하는 별개의 행정처분으로, 취소될 행정처분에 하자가 있어야 하고, 나아가 행정처분에 하자가 있다고 하더라도 취소해야 할 공익상 필요와 취소로 당사자가 입게 될 기득권과 신뢰보호 및 법률생활 안정의 침해 등 불이익을 비교·교량한 후 공익상 필요가 당사자가 입을 불이익을 정당화할 만큼 강한 경우에 한하여 취소할 수 있는 것이며, 하자나 취소해야 할 필요성에 관한 증명책임은 기존 이익과 권리를 침해하는 처분을 한 행정청에 있다. 이러한 신뢰보호와 이익형량의 취지는 구 산업집적활성화 및 공장설립에 관한 법률에 따른 입주계약 또는 변경계약을 취소하는 경우에도 마찬가지로 적용될 수 있다(2014두46843).
④ 병역법상 신체등위판정은 행정청이라고 볼 수 없는 군의관이 하도록 되어 있으며, 그 자체만으로 바로 병역법상의 권리·의무가 정하여지는 것이 아니라 그에 따라 지방병무청장이 병역처분을 함으로써 비로소 병역의무의 종류가 정하여지는 것이므로 항고소송의 대상이 되는 행정처분이라 보기 어렵다(93누3356). 지방병무청장은 군의관의 신체등위판정이 금품수수에 따라 위법 또는 부당하게 이루어졌다고 인정하는 경우에는 그 위법 또는 부당한 신체등위판정을 기초로 자신이 한 병역처분을 직권으로 취소할 수 있다(2001두9653).

15 답 ②

① 하천법 제50조에 의한 하천수 사용권은 토지보상법 제76조 제1항이 손실보상의 대상으로 규정하고 있는 '물의 사용에 관한 권리'에 해당한다(2014두11601).

> 공익사업을 위한 토지 등의 취득 및 보상에 관한 법률 제76조 【권리의 보상】 ① 광업권·어업권·양식업권 및 물(용수시설을 포함한다) 등의 사용에 관한 권리에 대하여는 투자비용, 예상 수익 및 거래가격 등을 고려하여 평가한 적정가격으로 보상하여야 한다.
> ② 제1항에 따른 보상액의 구체적인 산정 및 평가방법은 국토교통부령으로 정한다.

② 토지보상법은 사업시행자로 하여금 우선 협의취득 절차를 거치도록 하고, 협의가 성립되지 않거나 협의를 할 수 없을 때에 수용재결취득 절차를 밟도록 예정하고 있기는 하다. 이렇게 규정하는 이유는, 수용재결을 통해 토지를 강제적으로 수용하기보다는 당사자 간의 자율적인 협의를 유도하여 분쟁 가능성을 최소화하기 위함이다.
따라서, 설령 토지수용위원회의 수용재결이 있은 후라고 하더라도 그 결론에 대하여 상호 불만이 있다면 토지소유자 등과 사업시행자가 다시 협의하여 토지 등의 취득이나 사용 및 그에 대한 보상에 관하여 임의로 계약을 체결할 수 있다(2016두64241, ▷기본서 218쪽).

③
> 공익사업을 위한 토지 등의 취득 및 보상에 관한 법률 제42조 【재결의 실효】 ① 사업시행자가 수용 또는 사용의 개시일까지 관할 토지수용위원회가 재결한 보상금을 지급하거나 공탁하지 아니하였을 때에는 해당 토지수용위원회의 재결은 효력을 상실한다.
> ② 사업시행자는 제1항에 따라 재결의 효력이 상실됨으로 인하여 토지소유자 또는 관계인이 입은 손실을 보상하여야 한다.

④ 잔여지 보상의 경우 (i) 잔여지의 가격이 감소하는 등의 손실이 있기는 하지만, 종전의 목적에 여전히 사용 가능한 경우에 청구하는 "손실보상", (ii) 종전의 목적에 사용하는 것이 현저히 곤란하다고 여겨질 때 기존의 수용 범위에 포함된 토지 외에 잔여지까지도 마저 수용하여 달라고 청구하는 "수용청구"로 구분된다(▷기본서 225쪽).
본 지문은 후자에 관한 설명이다.

16 답 ③

①, ② 정보공개법상 정보공개 청구권자는 모든 국민과 일정한 외국인으로서 그 범위가 매우 넓다.
모든 국민에는 자연인/법인/비법인사단 및 재단이 포함되며, 외국인은 국내에 주소를 두고 거주하는 외국인 등으로 제한된다(정보공개법 제5조, 동법 시행령 제3조, ▷기본서 134 - 5쪽).

> 공공기관의 정보공개에 관한 법률 시행령 제3조 【외국인의 정보공개 청구】 법 제5조 제2항에 따라 정보공개를 청구할 수 있는 외국인은 다음 각 호의 어느 하나에 해당하는 자로 한다.
> 1. 국내에 일정한 주소를 두고 거주하거나 학술·연구를 위하여 일시적으로 체류하는 사람
> 2. 국내에 사무소를 두고 있는 법인 또는 단체

③ 반대로 생각해보면, 같은 이유에서 비공개 결정을 할 이유도 없는 것이다. 인터넷 검색이나 도서관 열람 등을 통해 쉽게 알 수 있다고 하여도 마찬가지이다(2008두13101, ▷기본서 144쪽). 소송요건과 관련지어 생각해본다면, 소의 이익을 부정할만한 사유가 되지 않는다.

④
> 공공기관의 정보공개에 관한 법률 제2조 【정의】 이 법에서 사용하는 용어의 뜻은 다음과 같다.
> 1. "정보"란 공공기관이 직무상 작성 또는 취득하여 관리하고 있는 문서(전자문서를 포함한다. 이하 같다) 및 전자매체를 비롯한 모든 형태의 매체 등에 기록된 사항을 말한다.

17 답 ④

⇨ ㄹ, ㅁ
▷기본서 311쪽

> 행정소송법 제28조 【사정판결】 ① 원고의 청구가 (ㄱ: 이유있다)고 인정하는 경우에도 처분등을 취소하는 것이 현저히 (ㄴ: 공공복리)에 적합하지 아니하다고 인정하는 때에는 법원은 원고의 청구를 (ㄷ: 기각)할 수 있다. 이 경우 법원은 그 판결의 (ㄹ: 주문)에서 그 처분등이 (ㅁ: 위법함)을 명시하여야 한다.
> ② 법원이 제1항의 규정에 의한 판결을 함에 있어서는 미리 원고가 그로 인하여 입게 될 (ㅂ: 손해)의 정도와 배상방법 그 밖의 사정을 조사하여야 한다.
> ③ 원고는 피고인 행정청이 속하는 국가 또는 공공단체를 상대로 (ㅅ: 손해배상), (ㅇ: 제해시설의 설치) 그 밖에 적당한 구제방법의 청구를 당해 취소소송등이 계속된 법원에 병합하여 제기할 수 있다.

18   답 ①

① ▷기본서 117쪽

> **행정절차법 제21조【처분의 사전 통지】** ② 행정청은 청문을 하려면 청문이 시작되는 날부터 10일 전까지 제1항 각 호의 사항을 당사자등에게 통지하여야 한다. 이 경우 제1항 제4호부터 제6호까지의 사항은 청문 주재자의 소속·직위 및 성명, 청문의 일시 및 장소, 청문에 응하지 아니하는 경우의 처리방법 등 청문에 필요한 사항으로 갈음한다.
> ③ 제1항 제6호에 따른 기한은 의견제출에 필요한 기간을 10일 이상으로 고려하여 정하여야 한다.

② 사전통지와 의견청취 절차는 권"익"을 "침"해하는 "침익"적 처분에 대해서만 적용이 있다. 권익을 침해하려면 일단 권익이 있어야 한다. 그런데, 거부처분은 권익의 발생을 신청했다가 이를 거부당한 것이므로, 애초에 권익이 발생하지 않은 것이나 마찬가지이다. 따라서, 거부처분은 침익적 처분이 아니라서 사전통지와 의견청취의 대상이 되지 않는다(2003두674, ▷기본서 116쪽).

반면, 이유제시 절차는 거부처분에도 (다소 완화된 형태로) 적용이 됨을 비교해 두어야 한다(2000두8912, ▷기본서 121쪽).

③ 법에 규정된 개별적 예외사유에 해당되지 않는 한 해당 절차를 함부로 생략할 수는 없다.

'의견청취가 현저히 곤란하거나 명백히 불필요하다고 인정될 만한 상당한 이유가 있는 경우'에 해당하는지는 해당 행정처분의 성질에 비추어 판단하여야 하며(2000두3337, ▷기본서 119쪽), 처분상대방이 이미 행정청에 위반사실을 시인하였다거나 처분의 사전통지 이전에 의견을 진술할 기회가 있었다는 사정을 고려하여 판단할 것은 아니다(2016두41811).

④ 이는 개별적 예외사유에 해당하므로, 일반처분과 같이 성질상 의견청취가 현저히 곤란한 경우라면 사전통지를 생략할 수 있다(2007두1767, ▷기본서 117쪽).

19   답 ②

① 통치행위로서 사법심사의 대상으로 삼지 않았다(▷기본서 11쪽, 2003도7878).

② 동일한 판례 내에서 남북정상회담의 개최 및 대북송금행위에 대한 판단을 달리한 점에 유의하여야 한다(2003도7878, ▷기본서 11쪽).

③ 결론적으로 대통령의 사면결정은 통치행위로서 사법심사의 대상이 되지 않는다. 다만, 사면의 내용에 대한 해석의 문제는 사법심사의 대상이 된다(97헌바74, ▷기본서 11쪽).

④ 금융실명제를 실시하고자 하는 취지의 긴급재정경제명령이 통치행위에 속한다고 보긴 하였지만, 그럼에도 불구하고 사법심사를 긍정하였다(▷기본서 12쪽, 93헌마186).

MEMO

해커스공무원 gosi.Hackers.com

공무원 학원 · 공무원 인강 · 공무원 행정법 무료 특강 ·
회독용 답안지 · 합격예측 온라인 모의고사

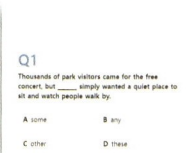

해커스공무원 단기 합격생이 말하는
공무원 합격의 비밀!

해커스공무원과 함께라면
다음 합격의 주인공은 바로 여러분입니다.

대학교 재학 중,
7개월 만에 국가직 합격!

김*석 합격생

영어 단어 암기를 하프모의고사로!

하프모의고사의 도움을 많이 얻었습니다. **모의고사의 5일 치 단어를 일주일에 한 번씩 외웠고**, 영어 단어 **100개씩은 하루에** 외우려고 노력했습니다.

가산점 없이
6개월 만에 지방직 합격!

김*영 합격생

국어 고득점 비법은 기출과 오답노트!

이론 강의를 두 달간 들으면서 **이론을 제대로 잡고 바로 기출문제로** 들어갔습니다. 문제를 풀어보고 기출강의를 들으며 **틀렸던 부분을 필기하며 머리에 새겼습니다.**

직렬 관련학과 전공,
6개월 만에 서울시 합격!

최*숙 합격생

한국사 공부법은 기출문제 통한 복습!

한국사는 휘발성이 큰 과목이기 때문에 **반복 복습이 중요하다고 생각**했습니다. 선생님의 강의를 듣고 나서 바로 **내용에 해당되는 기출문제를 풀면서 복습**했습니다.

여러분의 합격을 응원하는
해커스공무원의 특별 혜택

FREE 공무원 행정법 특강

해커스공무원(gosi.Hackers.com) 접속 후 로그인 ▶ 상단의 [무료강좌] 클릭하여 이용

회독용 답안지(PDF)

해커스공무원(gosi.Hackers.com) 접속 후 로그인 ▶ 상단의 [교재·서점 → 무료 학습 자료] 클릭 ▶ 본 교재의 [자료받기] 클릭하여 이용

▲ 바로가기

해커스공무원 온라인 단과강의 20% 할인쿠폰

B35B527B7D7468CY

해커스공무원(gosi.Hackers.com) 접속 후 로그인 ▶ 상단의 [나의 강의실] 클릭 ▶ 좌측의 [쿠폰등록] 클릭 ▶ 위 쿠폰번호 입력 후 이용

* 등록 후 7일간 사용 가능(ID당 1회에 한해 등록 가능)

합격예측 온라인 모의고사 응시권 + 해설강의 수강권

A87962228E89BFFQ

해커스공무원(gosi.Hackers.com) 접속 후 로그인 ▶ 상단의 [나의 강의실] 클릭 ▶ 좌측의 [쿠폰등록] 클릭 ▶ 위 쿠폰번호 입력 후 이용

* ID당 1회에 한해 등록 가능

쿠폰 이용 관련 문의 **1588-4055**

단기 합격을 위한 해커스공무원 커리큘럼

입문 — 탄탄한 기본기와 핵심 개념 완성!
누구나 이해하기 쉬운 개념 설명과 풍부한 예시로 부담없이 쌩기초 다지기
TIP 베이스가 있다면 **기본 단계**부터!

기본+심화 — 필수 개념 학습으로 이론 완성!
반드시 알아야 할 기본 개념과 문제풀이 전략을 학습하고
심화 개념 학습으로 고득점을 위한 응용력 다지기

기출+예상 문제풀이 — 문제풀이로 집중 학습하고 실력 업그레이드!
기출문제의 유형과 출제 의도를 이해하고 최신 출제 경향을 반영한
예상문제를 풀어보며 본인의 취약영역을 파악 및 보완하기

동형모의고사 — 동형모의고사로 실전력 강화!
실제 시험과 같은 형태의 실전모의고사를 풀어보며 실전감각 극대화

마무리 — 시험 직전 실전 시뮬레이션!
각 과목별 시험에 출제되는 내용들을 최종 점검하며 실전 완성

PASS

* 커리큘럼 및 세부 일정은 상이할 수 있으며,
자세한 사항은 해커스공무원 사이트에서 확인하세요.

단계별 교재 확인 및 수강신청은 여기서!
gosi.Hackers.com